福 特 基 金 会 资 助 项 目

A PROJECT FUNDED BY THE AMERICAN FORD FOUNDATION

《民族文化生态村——当代中国应用人类学的开拓》丛书编委

尹绍亭　王国祥　罗　钰　李树华　孙　琦

刀彦伟　黄绍忠　陈学礼　刀文成　彭多意

胡仕海　朱映占　张　海　张海超　王　焱

赵文娟　曹津永

◎ 西南边疆民族研究书系

The Ethnic Cultural and Ecological Villages
—— An Exploration in China's Applied Anthropology

The Road of Exploration and Practice

主编 尹绍亭 / 副主编 王国祥 罗 钰

民族文化生态村
—— 当代中国应用人类学的开拓

探索实践之路

王国祥◎著

云南大学出版社
Yunnan University Press

总　序

民族文化生态村，是在中国当代市场经济和全球化背景下形成的一种以文化为中心的乡村和谐发展的理论和开拓探索的实践。

市场经济和全球化，是一对"孪生姐妹"。一个国家一旦选择了市场经济，那就必须开放国门，就必须融入世界经济体系，结果自然免不了要淌进"全球化"的潮流之中。实行市场经济和开放政策，是中国发展的正确选择。中国几十年闭关自守实行计划经济，结果贫穷落后、暮气沉沉，而改革开放30年来，便繁荣昌盛、生机勃勃，此足以说明市场经济和全球化的无比伟大。

然而，30年来，从文化的角度观之，市场经济和全球化却构成了对中国文化前所未有的严峻考验和挑战。一种文化能否从容应对市场经济和全球化，取决于它的根基、结构、内涵和自信。根基牢固、结构稳定、内涵深厚、传统悠久、自信度高、进取心强，便可能因势利导，兼收并蓄，发展创造，乘势而上，不断迈向新的阶段。反之，则很容易变质、衰落，甚至土崩瓦解。就中国文化而言，其根基不可谓不深厚，其结构不可谓不牢固，其传统不可谓不悠久，然而中国文化的不幸之处在于，当市场经济和全球化的大潮涌来之时，它刚刚经历了史无前例的"文化大革命"的浩劫，根基、结构、传统均遭到了严重的颠覆和破坏，国人陷于深深的彷徨、迷茫和错乱之中，精神空虚、道德沦丧、信仰失落已非个别现象。以如此虚弱、凋敝的状态去应对突如其来、汹涌澎湃、势不可当的市场经济和全球化，去应对崇尚

科技、高度发达的工业文明、以物质和金钱崇拜为核心的工业文化，其结果，盲目、混乱、消极、庸俗、变态自是不可避免，在许多方面，陷入了深深的困境和危机。

环境发生了巨变，促使文化必须作出相应的调适和重建。显然，在当代中国，传统文化、地域文化和民族文化的保护、传承和发展，已成为非常紧迫的重大课题。而欲从事这样的课题，采取本本主义的理论研究是不行的，必须深入实际进行研究和探索，即必须到田野中去进行研究和探索。田野可以选择城市，而我们选择了乡村，因为中国毕竟还是一个乡村大国，而且56个民族的绝大多数人口仍然居住于乡村。基于这样的动机和理念，以文化保护和可持续发展为宗旨、以乡村探索为途径的"民族文化生态村建设"项目，由我们策划和推动，终于应运而生。

该项目受美国福特基金会资助，由云南大学负责组织实施。项目选择了五个试点，分三期进行，从1998年10月开始至2008年10月结束，已历时10个春秋。10年来，项目取得了显著成绩和许多实质性的成果，产生了广泛而深远的影响，当然也有不足乃至不成功的案例和教训。作为一个创造性、应用性、探索性的项目，其主要目标之一，是必须及时总结经验和教训，进行推广和交流，从而丰富和完善成果，并最大限度地实现成果共享。在项目进行的过程中，项目组曾经举行过各种形式的培训和交流活动，此外，项目成员、试点所在地政府、媒体以及国内外的学者和各类考察者，都曾写作发表过大量的关于文化生态村的调查、研究、宣传的文章。在本项目的全部计划即将结束之际，我们又精心推出这套总结性的丛书，希望能够对时下各地区、各民族建设文化生态村的热情和企盼有一个积极的、有效的回应。而且，随着国民文化保护意识的觉醒和增强，随着国家对文化遗产保护事业的日益重视，随着社会各界所参与的文化事业的蓬勃发展，随着学术界、文化界文化研究事业的推进，像民族文化生态

村建设项目这样具有创新性和开拓性的文化保护和传承的理论和方法、勇于实践和富于成效的试验和范例，相信是会受到人们的欢迎的。

俗话说，"十年磨一剑"。平心而论，本丛书尚未达到预期的目标，存在着许多不足和缺憾，然而它毕竟是试点村的村民、干部和学者十年求索、十年实践、十年心血的积累。如果本丛书的问世能够对当代的文化保护、传承事业有些许的贡献，尤其是如果本丛书能够为广大农民、基层干部和文化官员所利用，认为具有参考和应用价值的话，那么我们就感到十分满足了。

尹绍亭
2008 年 9 月

目　录

民族文化生态村——当代中国应用人类学的开拓

探索实践之路

1

CONTENTS

民族文化生态村——当代中国应用人类学的开拓

探索实践之路

路碑（自序）

> 探索，魅力无穷。
> 最后的微笑是属于不畏劳苦的探索者的。
>
> ——题记

　　我的一生是为学术的一生，虽然羞与大师比。我的著作，有写在书本上的，也有写在大地上的。写在大地上的，最令我欣慰的一项是民族文化生态村。20世纪90年代末，尹绍亭教授提出了探索乡村社区和谐发展的文化生态村构想，并且陆续开始五个文化生态村的试点建设。我欣然加盟，作为课题组（建设项目专家组）成员，主要负责新平县南碱傣寨、丘北县仙人洞彝寨，担任项目组组长。从启动之日至今已经将近十年，终于初步达到预期目的，其间的酸甜苦辣一言难尽！

　　从弱冠之年，我还在云南大学读书时就向往从事少数民族文学和人类学、民族学的调查研究。大学毕业后，不单在云南走遍东西南北，足迹还布及中国南方以及北方十余个省（区、市），乃至中南半岛上的泰国、老挝、越南、缅甸、柬埔寨五国。相继出版了几部关于古代越人——僚人和当今傣族、布朗族、克木人的专著。这些著作是通过遍访周谘考察实际、梳理文献引幽发微、发掘语言"化石"追根溯源，这些当属理论的范畴；而民族文化生态村建设则是文化人类学理论的应用，在实际中创造，又从实践中提升理论。在长期与村民共建文化生态村中，我感到实践、创造的快乐。这在我的学术生涯中开创了另一方天地，是我学术道路的一个里程碑。我认为：一个人类学家，只有把理论和实践结合起来，才会有真知灼见，也才可能有创造。我以此自勖，并为此而努力。

村民的淳朴和智慧无时无刻不使我感动。相处日久，感情交融在一起，亲如家人。现今我已回到城市生活，村民还不时来电话问候；有时老远地从乡下来城里看望我们。那种亲切、思念之情催人泪下！我不禁时时想起那些建设民族文化生态村的日日夜夜。

从事民族文化生态村工作将近十年，有许多经验教训值得汲取，由此而探索出一些理论原则，对于日后其他地区建设类似民族文化生态村这样的项目，或许有一定的参考价值。于是，我把这些年的实践和思考记录下来，成了这本书。

在此，作词一首，调寄《浪淘沙》以抒怀：

> 旭日升岫岚，
> 层林透丹。
> 和谐发展续诗篇。
> 农村建设探新径，
> 快马加鞭！
>
> 社区焕腆颜，
> 树立样板。
> 百舸争流逐千帆。
> 生态鲜花遍原野，
> 云崖胜览。

第一章　富饶的贫困

明代著名政治家和学者刘基（伯温）诗云："江南千条水，云贵万重山；五百年后看，云贵胜江南。"云南不但有好山好水，还有丰富多彩的民族文化。各个民族、各种文化在此长期并存，构成了一处世界上少有的多民族群体、多文化形态共生带，在人类世界的文化环境中占据着文化信息传承多样性中心的地位，相当于生物界里很少遭到破坏的基因信息遗传多样性中心。民族文化生态村首先在"彩云之南"的大地上发芽生根，源于这里的自然环境和人文环境。

云南第一批五个民族文化生态村全部诞生在自然环境优美、地方特色浓厚、民族风情万千的地区。且看两个民族文化生态村——南碱傣寨和仙人洞彝寨。

首先介绍它们在建设民族文化生态村之前的 20 世纪 90 年代末的情况。

第一节　南碱傣寨

南碱村是云南省新平彝族傣族自治县腰街镇曼蚌村的一个居民小组，村民全是傣族。该村距腰街镇 13 千米、距新平县城 48 千米，距昆明 230 千米。

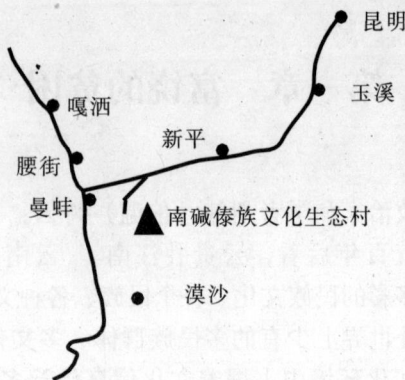

昆明

玉溪

嘎洒

新平

腰街

曼蚌

▲ 南碱傣族文化生态村

漠沙

一、自然环境

南碱村名，追本溯源，应是傣语。新平县政府 1986 年编印的《云南省新平彝族傣族自治县地名志》第 140 页载："南碱：水漩涡之意，因丫味河注入漠沙江出现一大漩涡，村子就建立在漩涡旁的江岸，故以此景象命名。"但此说不完全正确，水漩涡，傣语应是"南半必"（nam^{31} pa：n^{24} pi^{24}）。真实的村名，询诸父老，应为"纳格"（na^{33} kə^{31}），"纳"是田，"格"是一种高大乔木。村名译成汉语应是"格"树田。现今的村名"南碱"虽然与傣语村名"纳格"相去甚远，但约定俗成就叫"南碱"。

南碱是一个自然村，现今的行政组织形式是生产合作社，20 世纪 80 年代初属漠沙区曼蚌大队。1984 年从漠沙区和夏洒区各划出 3 个大队组成腰街区，曼蚌大队在其中。就是说，南碱是从漠沙划入腰街的。1999 年改制，撤销曼蚌办事处，建立行政村，南碱自然村称生产合作社或居民小组。

村中干部 3 人：社长（亦称组长）、副社长（副组长）、会计，每人每日 1 元津贴。现名腰街镇曼蚌村委会南碱社的这个自

图1　河畔台地上的南碱傣寨

然村，坐落在漠沙江（元江上游）西岸的山坡上、河口糖厂的下方。村落范围：北界漠沙江对岸的鹅圈山山脊线，东沿至山谷与上腊东村分界，南部包括村寨所处的山地（房后山），西达河口糖厂前的山沟。村寨总面积625平方千米。

南碱地貌类型为红河谷谷坡及山地，地质构造属沿红河大断裂发育的红河谷地，岩性主要是哀牢山变质岩带岩系。

南碱土壤类型分为三种，即燥红土、水稻土和赤红土。

南碱处于云南省最干热的红河谷，平均气温约为23.7℃，积温大于7 500℃，一年内炎热期达9个月，5月温度可超过40℃；4～5月为燥热期，温度约29℃～30℃；暖春期3个月，最低气温15℃。平均气温22℃。年平均降水700mm～900mm，5～9月降水较多。全年无霜冻，常有骤雨。

南碱村地处南碱河（亦名丫味河）汇入漠沙江口之畔。漠沙江是元江的上游，自双柏县碍嘉入境，自西北而东南，穿越哀牢山、邋岨山，斜贯新平县境，入元江县，全长113.7千米。南

图 2　坐落在河谷台地上的美丽小山村——南碱

碱村下的漠沙江底有一处下伏巨石，成巨大的漩涡，人称"南碱滩"。此处浊流汹涌冲击，翻起惊涛骇浪，发出雷鸣吼声，类似金沙江虎跳峡的怒涛。丫味河的"丫味"是彝语，意思是横过山丫的河流，发源于新平县平掌乡仓房村。流经纸厂、小坝多、曼蚌等村，长约 15 千米，为元江支流，属长流河。水盛时宽约 10 米，常年清澈，蜿蜒多姿，河中怪石嶙峋。丫味河从北边依南碱村而过，流经地区植被保护较好。丫味河水绿，漠沙江水浑，丫味河的水以湍急之势冲进漠沙江，黄绿相间，蔚为奇观。

村边丫味河和村寨后山片断地存在河谷季雨林。原生及次生植被发育及保护良好。后山背阴坡在海拔 700 米以下主要是竹木混生林。坡上为稀树草丛植被，并分布有大片甘蔗种植地。在漠沙江畔山地向阳坡出现干热性稀树灌木草丛。后山植被的垂直地带景观发育较好。

竹有牡竹、大竹（龙竹）、凤尾竹、绵竹、白竹、弯担竹等。散生的树木高大，有扁叶榕、小叶榕、木棉、红椿、野杜果、酸角树、黄杨木树、栎树、"胖婆娘树"等。村寨后山的一株攀枝花树，传说是建寨时遗存至今的"元老"，至少有几百年历史。

村外野生木棉枝繁叶茂。

图3 野生木棉

村外有成片的疣粒野生稻（Oryza meyeriana）生长。野生稻具有较高的科研价值。为保护现存的自然生态环境和生物多样性，政府拟划定"疣粒野谷"保护区1 000亩，投资30万元，封山连片保护，设专人管理。此为南碱村又一份珍贵的自然遗产。

南碱的自然条件适宜种植热带水果和冬季蔬菜。原有杧果树

图 4　野生稻

373 棵，荔枝树 126 棵。新平县政府已计划投入 53.97 万元，将南碱建成热带新品种经济果蔬品种试验基地，计划 3 年内实现净收入 68 万元，增加农民收入。

农业土地利用类型的组合形成优美的田园风光。稻田、蔗田、果园、山地、水渠协调成趣。风车转、水碓唱，白鹅浮绿水，美不胜收。

村寨背山面江而建，房屋坐向多为北偏西 5～10 度。村寨海拔 470～490 米（村舍所处地区约 484 米），周围山地相对高度不超过 800 米。气候干热，是天然温室，有河流水源补给，适合种植双季稻及冬季作物，适宜栽培热带水果（香蕉、荔枝、杧果、菠萝蜜、番石榴、木瓜等）、经济林木（槟榔树、油棕等），土壤水分条件稍好的地段，还可以作为速生材造林基地。

南碱从村口跨石桥上坡1 254米即达省道新（平）细（丫口）公路92千米处；往西北行13千米达腰街，由此可通楚雄、赴滇西；西行38千米至漠沙，通元江、墨江，直趋滇西南并可出国境；北行48千米即入县治桂山镇，上昆明。

二、社　区

人口54户271人，全是傣族。新平县傣族，是傣族中的一个支系，因其服饰特点被外族称为花腰傣。花腰傣包括：傣雅（tai^{53}ja^{24}，主要在漠沙镇）、傣赛（tai^{53}sai^{53}，主要在戞洒镇）、傣卡（tai^{53}kha^{53}，主要在腰街镇）。南碱村傣族，自称傣卡，俗称"汉傣"。

傣卡既有花腰傣的共性，还有自身的个性。

南碱村历史，问村老，一位80岁的老人说，来此居住已经十辈人，就是说南碱村至少已有数百年历史。姓白的人家是从戞洒东磨迁来。东磨，意为"有矿藏的地方"，因为这里曾经开采过银矿。此村现时仍在，不到20户、不到300人。姓刀的人家从戞洒完允迁来。完允在戞洒镇上边。南碱村最初是16户人家，清代发展到50余户。道光《新平县志》卷一记载的村寨有："南方南涧"。古时，村寨周围原筑有土墙，现今残存一段。汉族地主统治南碱村时，白姓中人做地主的代理人；刀姓中人是祭司。生齿日繁，一部分人迁到峨德河口居住，已有两三百年。南碱村遭遇天灾人祸，败了。到20世纪40年代末仅剩20余户。现今才繁衍到50余户。

三、民族文化

南碱的民族文化积淀深厚。仅举数端以见一般。

1. 语言

南碱村民普遍讲傣雅语，音韵柔美铿锵，从语言上表现出浓烈的民族风尚。傣雅（tai⁵³ja²⁴）语属于汉藏语系壮侗语族壮傣语支（或称台语支）西南语群中傣语的一种方言，既不同于西双版纳傣仂（tai⁵¹lɯ³³）语，也不同于金平县、江城县的傣端（tai⁵¹dɔm⁵⁵）语和德宏、临沧地区的傣讷（tai⁵⁴tew³¹）语，傣雅语有 25 个声母、58 个韵母、6 个舒声调、4 个促声调。1943 年南开大学邢公畹（庆兰）曾赴漠沙坝调查傣雅语，记录了大量的词汇和语言结构模式资料。后经整理校改、分析，编纂成为专著《红河上游傣雅语》，约 50 万字，1989 年由语文出版社付梓。南碱村由于以前交通闭塞，出外谋生的人不多，男子仅会说简单的汉语，中年和老年妇女所讲的汉语更少，所以南碱的傣雅语比较纯正，日后可作为语言学家研究傣雅语的一个基点。

2. 服饰

傣雅、傣卡、傣赛被称做"花腰傣"，是因为这个傣族支系的妇女的服饰别具一格，腰间所缠锦带如彩虹。早在 20 世纪初期，就有外国学者报道过她们的服饰。美国人威廉·克里夫顿·杜德（William Clifton Dodd，D.D）在《台族——汉族的兄长》(The Tai Race—Elder Brother of the Chinese) 中写道："其所以称为'花腰傣'显然是由于这族妇女的裙子缀着花边，花纹作水平纹。"一个傣族支系，竟然以衣着而得名，可见花腰傣的服饰是如何地吸引人，具有何等价值了。

村中成年妇女，无论老少都会用木制水平机织傣锦，并刺绣精美的衣饰。从她们的服饰可以认识这个民族支系的历史、特性、文化的地域特点以及审美观念。

村中老妪日常仍着傣装（多是傣裙和包头），中年以下妇女着傣装的已经不普遍。

现今男子全是着市面流行的装束。傣卡男子的传统服装是：黑色面暗花圆领土布对襟长袖短衫，大腰打折裤。戴黑沿帽或以黑纱包头。

3. 傣味

傣卡人的风味食品甚佳，被誉为"傣家三味"的腌猪肉、凉拌狗肉、干黄鳝闻名遐迩。腌猪肉傣语叫"肋姆宋"（$nə^{55}$ $mu^{55}sum^{11}$）。杀年猪时，选用上等肉块，切成薄片，拌以精盐、作料、炒糯米粉和甜酒曲，装于坛内密封四五个月，散发出扑鼻的醇香后，即可捞出生食。新平傣族的腌猪肉与众不同，别有风味，所以当地人言："宁肯三年不喝茅台酒，不可一日不食'肋姆宋'。"凉拌狗肉，一种叫"肋麻凉"（$nə^{55}ma^{55}liaŋ^{31}$），另一种叫"控麻"（$khum^{24}ma^{55}$），"控麻"尤为傣卡人喜好。"控麻"的制作方法是：将剔骨的上等狗肉放到锅里煮熟，捞出切碎、冷却，撒上作料，食时还要滴上几滴狗苦胆汁或猪苦胆汁。"控麻"有滋阴壮阳、辅助治疗口腔疾病的功效。

干黄鳝，傣语叫"巴应夯"（$pa^{33}jin^{24}haŋ^{11}$）。在初春或秋末的夜间（子夜12时以前），傣家人用电筒照射水面，用竹制的锯齿形黄鳝夹夹起浮在水面的黄鳝；或者用入口如漏斗的黄鳝笋，于黄昏时分支进水田中，诱使黄鳝钻入而不能钻出，次日清晨即一一收取。将收获的黄鳝用辣火刨死，剔除肚杂，抹上作料晾晒即成。食时用油炸，就糯米饭食，香脆异常。傣家有谚语说："干黄鳝、腌鸭蛋，二两小酒——天天干！"

其实，傣家人的美味何止这三种！特别应该提及的是鲜花宴。热坝及山间盛产花卉。傣卡人经常食用的鲜花不下60种。他们或者用花窨茶、糟糖、染饭、做糕饼和饮料，或者用花烹饪菜肴，最常用的花是村中或周边的攀枝花、芭蕉花等。用花做的肴馔有：苦刺花（槐花）烩面瓜、珍珠菜（甜菜花）籴石蹦（棘蛙）、木通花炒兔丁、大白花（杜鹃花的一种）炖猪脚、鹌鹑花炖肥肠、碎米花煎鸡蛋、凉拌大白花……用来做糍粑（糕饼）的花有：云南石梓、棕包花、棠梨花等。

傣家人不但将花入馔，还用果入馔，所用果有麻勾老（ma：k^{44}kjeu^{11}lau^{53}，树瓜）、芭蕉（ma：k^{11}kjau^{11}），杧果（ma：k^{44}muŋ^{31}）、等等。

野菜入席也是傣家人的喜好。常食的野菜，至少可举出：帕哈宋（phak^{11}xa^{11}sum^{11}，奶浆果）、帕空（phak^{11}khum^{24}，苦菜）、帕孩（phak^{11}xa：i^{53}，鱼腥草）、帕宛（phak^{11}vjen^{11}，四芽菜，又名梅花菜）。

图 5　捞青苔做食品

昆虫及卵富含高蛋白，也是傣家的美食。炸蜂蛹、竹虫、知了（蝉）、蚂蚱，香脆可口。蚁子酱，傣语叫"亥慕"（khai^{24}mwot^{42}），是用一种蚂蚁蛋做成的；用家菜或野菜做成的酱称

"南滮"（$nam^{31}mi^{24}$）。

因为近江河，鱼的种类多。当地特产鱼有三种，一种是"巴嘿"（$pa^{33}xje^{11}$），当地人叫"面瓜鱼"或"木瓜鱼"，头尾甚大，腹白，无鳞，身圆，肉黄，皮灰黑色，长约3米。一种是"巴魂"（$pa^{33}xon^{11}$），即卷尾鱼，头扁，身圆，尾扁，声似鹅叫，做汤特鲜。一种是"巴好"（$pa^{33}ha:u^{55}$）。其他的鱼有花鲂鱼，傣语叫"巴吾乃"（$pa^{24}vu^{24}lai^{53}$）；鲇鱼，傣语叫"巴呼"（$pa^{33}xut^{11}$）；红尾巴鱼，傣语叫"巴喔"（$pa^{33}vo^{24}$）。水产类还有泥鳅，傣语叫"巴基"（$pa^{33}tçi^{24}$）；田螺（$ho^{31}hjau^{55}$）。煮螺蛳也是一道特色菜。腌酸鱼与前述腌酸猪肉齐名。

图6　捕　鱼

牛肉也是傣家人喜好的食品。牛肉汤锅是出名的美味。用生牛肉腌熟的佳肴是酸牛肉，傣语叫"喔宋"（$vo^{53}sum^{11}$）；酸牛头，傣语叫"贺海宋"（$ho^{55}xa:i^{54}sum^{11}$）；酸牛筋，傣语叫"哈海宋"（$xa^{55}xa:i^{54}sum^{11}$）；再就是牛肉干巴（$phak^{11}hian^{11}xai^{54}$），另外是炸牛皮（$na\eta^{55}xa:i^{54}$）、熬牛骨汤（$nam^{31}lok^{44}$）。

用猪肉做的特色肴馔，除上述的腌猪肉片外，还有"苤连"（凉拌猪血），煮、蒸或炸粉肠，"肋涅满"（油泡肉），"考作塞"（饭塞肠，即血肠）。

禽和蛋类有凉鹅，凉拌鹅、鸭肚杂、腌鸭蛋。

傣卡制作肴馔的方法有煮、炖、蒸、炸、炒、凉拌，尤擅腌制。

傣卡喜食酸，有酸猪肉、酸鱼、酸菜等。

南碱主产稻米，主食为籼米（傣语 khau^{11} pa：n^{33}），过去是糯米（khau^{11}no^{55}）。过节食五彩饭（khau^{11}la：i^{53}），系用多种植物染色而成。

用米做的糕饼有多种，"龙"粑，傣语叫"考贺麻"（khau^{11}ho^{33} mwak^{33}），是祭"龙"时吃的糖粑粑。"考涅"（khau^{11}ljek^{44}），糯米粑，不用叶包。"考栋"（khau^{11}ton^{24}），棕叶粑。扁米粥，傣语叫"考茅"（khau^{11}maw^{24}），即将半饱的糯稻谷煮炒至干脆，脱壳熬粥，清香扑鼻，是当地独特的食品。青包谷，傣语叫"考路"（khau^{11}lu^{24}）。汤圆，傣语叫"考涅暖"（khau^{11}ljek^{11}lwa：m^{11}）。米花糖，傣语叫"考榜"（khau^{11}pan^{53}）。

4. 土掌房

南碱村原有民居46座，均为土掌房，依坡而建，高差2米左右，另一部分高差约14米，此部分密集，高低错落，甚为美观。土墙土顶，墙体厚实（外墙45厘米），呈现敦厚朴实的风格。土掌房是就地取材，隔热性能好，屋顶平实可兼做晒场。清代有诗赞道：

冬杪炎热尚不停，
平生闻见未曾经。
黄瓜茄子园中熟，
麦穗苗身野外青。

山色枯焦无润色，

人客憔悴甚伶仃。

家家平屋重铺土，

蔽门藏阴得少宁。

　　土掌房是云南住屋文化多样性的一个大单元，有多种价值，也是一道风景。一次，我同来自大洋彼岸的学者参观，他站在山头上，注目南碱村的土掌房群，若有所思，叹道："我想到了欧洲中世纪的古堡。"

　　5. 竹编

　　南碱多竹，品种有凤尾竹、大竹（龙竹）、绵竹、白竹、弯担竹等。成年男子大多会用竹篾编织器物，并有多位手艺精湛者。他们剖的篾丝细如毫发，编织中若断了，可用火接。

　　所编器物，最精美的是名为"央"（jaŋ⁵⁵）的小篾箩。"央"箩用细篾丝织成，缀以色线流苏和绒球，妇女挂于腰间，盛小用品，颇增妩媚。"央"箩样式多种，南碱的"央"箩多呈长方形，与漠沙的喇叭形不同，但同样精致、小巧、可爱。

　　南碱的斗笠亦不同于漠沙的鸡㘰帽和戛洒的锅盖帽，自成一款。

　　6. 宗教

　　傣雅（包括傣卡）的宗教信仰，与傣仲、傣讷不同的是，不信奉南传上座部佛教，而信仰万物有灵的自然宗教（巫教）。

　　从 20 世纪 20 年代起，漠沙坝的少数傣雅人信仰基督教，傣卡不信仰基督教。

　　现今傣卡老人依然相信鬼神（phi⁵⁵）主宰一切。在傣雅语中鬼神是不分的：鬼即神，神即鬼，都叫做"匹"（phi⁵⁵）。管天管地的神也名"匹"（phi⁵⁵）。同当地其他民族一样，相信"扑尸鬼"是最凶恶的鬼。通人与鬼（神）的巫师，男性称"匹摩"（phi^{55}mo^{55}），女性称"雅摩"（ja^{11}mo^{55}）。南碱现有雅摩三人，年岁最大的是白克依，64 岁（1935 年生），经常在村中或村外作法事。祭鬼（神）傣语叫"星匹"（qin^{11}phi^{55}）。

图 7 "雅摩"作法

傣卡人有祭山神（土地神）的习俗。山神，傣语叫"匹令"（phi^{55}lin^{33}）。祭山神，叫"灶"（sa：u^{23}）。每家人常年在大树脚置三块石头，中秋节时在石头上架锅煮鸡以祭祀山神。

7. 赶花街和祭"龙"

最具民族特色的节日是赶花街，在元宵节前的正月十三日，是傣族姑娘赛装比美的游街盛会，也是小伙子择偶交侣的大好时机，傣语叫"还弄"（hwan^{11} luŋ^{55}），意思是大玩。赶花街是一曲青春之歌，是傣族的情人节。

最具地方特点的盛大节日是祭"龙"，傣语叫"过磨龙"（ko^{24} mu^{11} noŋ^{31}）。南碱与别的傣寨不同的是，一年两次祭"龙"，在三个地方举行。

第一次是在农历二月属牛和属虎日，共两天。第一天是在村东的榕树下。榕树，傣语叫"顿海"（tɔn^{11} hai^{53}），当地人叫"万年青"。此树高约 10 米，树围 2 米；从苍劲蟠虬的根可见其经历了无数沧桑岁月。树的根部用石块砌有祭台。用煮熟的猪头祭祀。祭时"匹摩"或"雅摩"念诵祈福的韵语，把猪颌骨挂在树上，参祭者在村北的小屋内飨胙。第二天祭"龙"是在村西后山的树林中。林中有一棵笔直光滑的树，叫"顿哈朗"（tɔn^{11} xa^{55} naŋ^{53}），直译是姑娘大腿树，即酸角树（tɔn^{11} ma：k^{44} xa：m^{24}）。杀羊祭祀后，在树下煮食羊肉，将羊角挂于树上。从祭祀对象、地点、仪式、飨馔等方面看，南碱在二月间的祭"龙"，所祭不是汉族中传说的有须、有角、有鳞、有脚、能够兴风降雨的龙，而是中国古代盛行的春社，即在春天祭祀土地；龙即垄，祭垄即祭社。祭"龙"的真实含义可以从傣语中看出来。傣语叫祭"垄"为"黑社"（hit^{11} sə^{11}），"黑"的意思是做、祭；"社"是汉文古籍上春社、秋社中"社"的译音。

第二次是在农历四月属马日在漠沙江畔的"广集"（kwaŋ^{53} je^{53}）山上祭龙。这次祭的龙，是江龙，即传说中住在水晶宫里的龙，叫"涅"（nək^{33}），有须、有角、有鳞、有脚，而不是垄（土地）。祭江龙是两年一次。在广集山上的一棵高大的黄杨木树下，树根被鹅卵石围着，石台上供奉着一公一母一子的鹅卵石，它们是村民供奉的对象，叫"匹"（phi^{55}），是护佑人畜平安的鬼（神）。每次都要杀牛、烹大鱼祭祀，祭后在树下飨胙，将牛头骨挂于树上，将鱼骨留到农历六月二十三日叫人魂

图 8 祭 "垄" 时编织法器 "达了"

（ho^{24}xan^{55}）时倒进江中。

广集山是南碱河与漠沙河交汇处的一座山丘，山头平敞，乔木有"胖婆娘树"（傣语叫"顿乍刮"）、酸角树（傣语叫"顿汗"）和攀枝花树等十余种。此山丘作为祭祀圣地，又是临江眺望的好去处。

傣卡祭祀特点集中体现在祭 "龙" 上。

南碱的两次祭龙活动，可以说是傣卡文化的集中体现，它和该村其他文化、生态资源一样，具有十分珍贵的价值。

8. 其他节日

南碱除过"磨龙"节和花街外，还过春节、端午节、中秋节，具有自身的特点。

过春节，傣语叫"过养"（ko^{24}ja：ŋ^{54}）或"磨养"（mu^{11}ja：ŋ^{54}），即过年。在腊月底杀猎、宰牛、敲（杀）狗、冲糍粑，做清洁卫生。旧年三十中午立幼松于屋前（现时为保护森林改成插松枝），并撒松毛，奉米酒、糍粑和果品供祖先，祈求人丁康泰、五谷丰登。正月初一抢挑"新水"。中午在青松毛上饮宴。初二日新娘偕新郎携礼品回娘家拜年。"布冒"、"布绍"在场上丢花包、打陀螺、荡秋千、唱调子。节日最后一天，全村在村头土地神位前吃团圆饭。

端午节叫"过考董"（ko²⁴khau¹¹tum¹¹），直译：粽子节，又叫"龙"粑节。吃"龙"粑，杀鹅，喝药酒。

中秋节，傣卡叫"过八月细哈"（ko²⁴pa¹¹ji¹¹sip¹¹ha¹¹），杀大鹅，做硕大的月饼，在房顶赏月，放铳。

9. 民间文艺和体育

生活在林边水涯的傣家人，外秀内慧，性格活泼，爱唱擅跳。

傣卡民歌曲调柔美，有劳动歌、仪式歌、情歌、儿歌等。比较有特色的是《谷魂歌》、《祝米歌》、《唤月歌》、《哭嫁歌》、《哭丧歌》等。唱歌，傣语叫"洪喊"（hwoŋ³¹xa：m⁵³）。歌手称"摩喊"（mo¹¹xa：m⁵³）。南碱歌手仅存两位老妪。有几位妇女能用树叶吹奏成歌。

伴奏乐器有"竽夯"（pi²⁴xa：ŋ⁵⁵）、口弦（pje⁵³）等。

傣雅人中存在说唱艺术，歌手在农闲时讲唱故事。最有名的故事歌是《罗三和娥娘》（lo⁵³sa：m⁵⁵naŋ⁵⁵vo¹¹），与元江县和西双版纳傣仂人中流传的《召三路朗亚斑》、德宏傣讷人中流传的《娥并与桑洛》是讲唱同一个故事（大同小异）。其他的故事歌有《懒阿大》（ʔa：i¹¹kha：n²¹）等。

民间文学，有神话《洪水》（nam³¹luŋ⁵⁵），传说《祭龙节的由来》、《孔雀与来梅哈》、《扁米》（khau¹¹maw²⁴）、《结婚为什么偷臼》，故事《阿叶哈毫》（ʔa¹¹je¹¹xa¹¹hjau¹¹），又名《叶卡娇和玉娘》（je¹¹kha¹¹jau¹¹ʔi¹³naŋ⁵²）及《蛤蟆儿子》（lok³³phu³⁴paŋ⁵⁴）、《帽头牛》（vo⁵⁴ho⁵⁵mok³³），寓言《鹭鸶》（nok⁴²jaŋ⁵³）等。

谚语、歇后语甚多。

舞蹈有大鼓舞、狮子舞等。

图9 花腰傣"猫猫舞"

第二节 仙人洞彝寨

　　仙人洞村是云南省文山壮族苗族自治州丘北县双龙营镇普者黑村的一个居民小组，位于普者黑风景名胜区内，距昆明287千米，距丘北县城13千米，村民除一户外，全是彝族。

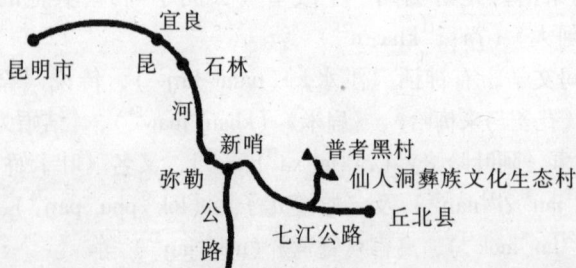

一、独特、优美的生态环境

"仙人洞"为汉语称呼；撒尼语叫"哦勒且"（ꈀꇇꐒ，$\eta o^{55} n\gamma^{55} t\varsigma he^{33}$），直译：鱼多的村寨。

仙人洞村 1999 年有 173 户 759 人（其中男 403 人，女 356 人）；到 2002 年 4 月，有 180 户 776 人。居民除一户姓戴的汉族外，其余全属彝族的一个支系——撒尼（ꌠꆀ，$sa^{33} \eta i^{21}$），又自称"尼"（ꆀ，ηi^{21}），与其他居住山区、从事畜牧业的彝族不同，这里的撒尼人居住水滨，从事农业，这在全国是罕见的。

仙人洞村是中国云南省丘北县双龙营乡普者黑行政村的一个自然村，与普者黑自然村（居民一半是彝族〔黑彝〕、一半是汉族）隔湖相望。

仙人洞村处于云贵高原南缘的滇东南石灰岩溶岩山原地带的残丘、湖泊、平坝区，海拔 1 450 米。各种溶岩地形发育充分，有孤峰、峰丛、峰林、岩丘、溶斗多种组合形态，平均高度 200 米，造型各异，与湖泊相映，构成丰富的立体景观。仙人洞村附近有两个大溶洞，传说有仙人住过，故名仙人洞。村东的老仙人洞在山上，溶岩千奇百怪，更有奇特之处：用洞中积水煮的白米饭竟成红色。村北的新仙人洞在湖边，湖水入洞成河。据测验，溶洞中的古地磁、PH 值、温度、钙离子变化十分奇特。仙人洞顶部滴水的硬度在中国当名列第一。

仙人洞村处于喀斯特地貌发育地带，山清水秀、峰奇、洞异，组合成协调的美景。1999 年 10 月联合国教科文组织地貌顾问、斯洛文尼亚国家喀斯特研究所所长安德烈·克朗伊奇（АНДРЕ КРАНЙЧ）率团来此考察后认为："这里的 33 座孤峰

图10　湖光山色中的仙人洞村

是中国的珍宝。这种亚热带喀斯特地貌可以与尼日利亚、泰国的媲美。"另一位专家玛亚·克朗伊奇（МАЯА КРАНЙЧ）谈到这里的水光山色时如此描述："洞穴，迷宫一样美丽的地下空间，壮丽多彩的化学沉积物似石制的鲜花，翠绿清澈的水显得深邃、神秘。"

仙人洞村畔的天然湖泊称仙人湖，湖水面积2平方千米，平均水深3~8米，能见度达5米。此湖通过清水河与相距2 000米外的普者黑村前的普者黑湖连接，总面积4.83平方千米，蓄水量1 900万立方米，平均水深3~8米，最深处达30米。湖面宽阔，烟波浩渺，湖水澄澈，能见度达5米。

与仙人湖相连的湖泊，经普者黑湖，往北一直连接到曰者乡的摆落湖，大小湖泊16个，由清水河相连如串珠，全长21千米，以仙人湖和普者黑湖最大。普者黑是彝语，直译为鱼虾塘。

湖中有小石山矗立，山形美观。仙人湖中的小石山彝语叫"观测"山，树木滴翠，湖畔及周边座座披绿的孤峰拔地而起，遥相呼应。湖中屹山，山外飘云，碧水长天，悠然怡人。可以说是："无山无水不入神。"

仙人湖中的野生植物有蔺草、野荞瓜、海菜花等。海菜花属名 Ottelia，植物原名 Ottelambel，为水鳖科大型沉水草本植物。海菜的叶丛深沉，似锦带万卷，相互交织铺成厚达 3 米的水下绿茵。星星点点的白色花朵散开在水面上如银河落天。每天，撒尼女子迎着朝阳，唱着歌儿，驾驶柳叶扁舟，在湖面上穿梭，捞海菜花做猪饲料。

夏季，上千亩的野生荷花以红、白二色艳俏湖面，荷举芳姿，莲呈清雅，映在碧水长天之中，景致迷人。据《中国花卉报》报道，中国的荷花研究所在湖中发现两个品种是现今世界上独一无二的。与荷花世代为伴的撒尼人创造了内涵丰富的荷文化。

图 11　彝家采莲女

湖中鱼肥虾多。从湖中可以捕捞到 25 千克的大鱼。珍贵鱼种有：弓鱼、银鱼、花鱼、黑鱼、猪嘴鱼、胖油鱼。

湖上或湖畔游弋着野鸭、水鸡；僻远处有可贵的太阳鸟、绿翠鸟。

湖畔林木草丛间飞舞着 20 余种蝴蝶，包括双层蝶等名贵品种。

仙人洞村海拔 1 300～1 456 米。有水田 400 余亩、旱地 460 亩。村中 100 余户种植农作物，40 余户从事渔业。

仙人洞村的土壤多是油红土，含铁，是辣椒主产区。民谚："丘北辣椒冠全滇，仙人洞村辣椒冠丘北。"辣椒是这里驰名遐迩的特产。仙人洞村及附近种植辣椒 2 000 余亩，出口辣椒 200 万千克。

仙人洞村及周边地区尚存亚热带雨林 5 000 亩。

仙人洞村竹林特别茂盛，竹的品种甚多。有大竹、金竹、花竹、绵竹、鸡蛋壳竹、金棵竹。

仙人洞村处于低纬度季风区，具有终年温暖湿润的中亚热带气候特征。年平均温度 16.2℃，年降雨量 1 100 mm，积温 4 500℃～7 600℃，霜期 34 天。最热月（7 月）气温 18℃～25℃、最冷月（1 月）6℃～12℃。最高气温约 30℃，最低气温约 0℃，年温差 12℃～13℃。这样的气候适宜农作物生长，动植物繁衍，也是发展旅游的良好条件。

普者黑的山水田园胜景被专家推崇为"世界罕见，中国独一无二"。人与自然和谐相依的风光使得仙人洞村在 1997 年建成的普者黑省级风景名胜区中格外亮丽抢眼。

二、丰富、独特的民族文化

仙人洞村已有约四百年的历史。传说村民是从石林县等地的撒尼聚居区逃来这"甜蜜的地方"的。石林撒尼人中往昔流传一部叙事诗，叫《逃到甜蜜的地方》，唱叙旧社会一对青年男女为争取婚姻自由，到外地寻找乐土。仙人洞村的百姓说，他们的祖籍在石林。他们带来了原住地的文化。仙人洞村一带地方的确是一方乐土：不但有优美优越的自然环境，人与自然和谐共处，还有融洽和睦的人际关系；就是在民族压迫厉害的旧社会，他们也是"化外之民"，在20世纪30年代的户籍上竟然没有仙人洞村之名，反动统治阶级对于偏处一隅的撒尼人往往鞭长莫及，撒尼人的社会形态和良好的风习得以长期延续。撒尼人迁来后，与壮族、苗族为邻，在新的环境里他们的文化有所发展。现今，仙人洞村撒尼人的物质文化、精神文化和典章制度文化虽然已有某些表面的变化，然而核心仍然坚持着撒尼人的传统，撒尼人的生活习俗和仪礼风尚在村中随处可见。

丘北县内的撒尼人聚居村落共10个，约1 400户。在双龙乡内的是：仙人洞村、排龙新村、枝白山村、红薯山村、大麦冲村、麻栗树村；在八道哨乡内的是：白脸山村、豹子坡村；在曰者乡内的是：丫堵老寨、丫堵新寨。这些村落相距不远，大体连成一片。仙人洞村是撒尼人聚居最多的村寨。

撒尼人和彝族中的其他支系一样，历史悠久，智慧、勤劳、善良、勇敢，在创造物质财富的同时创造了精神财富；撒尼人的文化光辉丰厚。仙人洞村的撒尼人在明朝末年从外地迁来，他们不但带来了原有的文化，还在新的环境创造了新的文化（表现在服饰、歌舞、医药、耕种、渔业诸方面）。尽管后来先后遭受极"左"思潮和市场经济的冲击，传统文化受到一些损失，但是由于地理和历史的原因，更由于民族文化本身具有顽强的生命力，所以仙人洞村的彝族文化未伤元气，民族文化的基本内容还是被一代一代承袭下来了，成为今天可贵的精神财富，并可利用它产生经济效益，增进民族活力。

撒尼人历来注重民族道德规范，坚持思想品德教育；继承民

图12 牛车驮载悠悠岁月

族传统美德、加强个人道德品质修养已成为彝族社会一般人的自觉行动。仙人洞村早就订立了村规民约，并且定期检查、修订。每年过密枝节时，在隆重的祭典上，毕摩都要宣读和检查。村规民约是颇为神圣的清规戒律，不可违反。1950年以来，仙人洞村无一犯罪人员，民风可谓淳朴！

仙人洞村民在村内无一例外地使用撒尼语。撒尼语属汉藏语系藏缅语族彝语支的东南部方言。撒尼语中至今保存着一些彝语的古词汇和独特的语法现象，是彝语研究家和语言学家难得的宝贵资料。

仙人洞村男子现今普遍着市面流行的大众化服装，仅有麻布褂和肥腿大裆裤尚留存有撒尼服装的遗韵。妇女则坚持着民族服装。撒尼妇女的围腰具有木、水、火、土的丰富内涵。撒尼女人从孩提到老年，一生须换七次花腰带，每一种花腰带标志人生的一个阶段。到17岁后，腰带上的颜色须七色俱全。仙人洞村妇女头套前的蝴蝶结体现了撒尼妇女期望像"会飞的花朵"——蝴蝶那样美丽的心愿和对爱情的坚贞。她们的头套无论款式和刺绣都与石林撒尼妇女的头套有差别，表现出仙人洞撒尼妇女的创造。撒尼妇女服饰的图案大有讲究，值得细致研究。村中现有绣工 300 余人，尚存古老的织布机和织彩带机。撒尼服饰是值得开发的工艺品。

仙人洞村的食物全是绿色食品，主要是稻米、蔬菜、荷藕、鱼虾。

撒尼人的婚姻无父母之命，不唯财产是问，只要两情相悦，追求爱情中的至善至美。撒尼人家，子女刚成年就为他在正房外辟建花房或情人房。他们恋爱、结婚后才允许搬回正房居住。撒尼人的婚礼简朴。"背着娃娃谈恋爱"、抢婚、闹婚的习俗颇为特别。

撒尼人都是一夫一妻制小家庭。

撒尼人一般行土葬。坟前的石虎是汉代守护神的遗意。

撒尼民间文化丰富。最大宗的是民间歌谣。除传统情歌外，还有歌颂家乡风光、歌颂新生活的。传说最多的是关于山川风物的，有仙人洞的传说、仙人湖的传说、青龙山的传说、辣椒的传说、白荷花与红荷花的传说……故事神奇、美丽。

音乐包括声乐和乐器。声乐主要是民歌，有彝族调、丘北调、赶马调、酒歌等，古朴优美。仙人洞村尚存古曲调 12 首。吹树叶、口弦、三弦胡、大三弦和小三弦、月琴、响把，都是别具特色，甚至是很古老的民族乐器。仙人洞村计有民族乐器46 件。

撒尼舞蹈风格奔放、热情、风趣。老人表演的把式舞，包括长刀舞、三叉舞、铁耙舞，起源于送葬驱鬼的仪式，民俗风味浓厚。二步弦舞有小鸡掏食、苍蝇搓脚、老鹰展翅、喜鹊走路、田蛙跳水、老牛擦痒、虎抬头、龙摆尾等动作，幽默、逗趣。大三

探索实践之路

图 13 撒尼婚姻奇俗：背（抱）着娃娃谈恋爱

弦舞，嘭嘭咚咚，令人情不自禁，手之舞之，足之蹈之，跳得西山太阳落、跳得黄灰做得药。村中现有老年歌舞队 2 个，平均60 岁的 24 人、70 岁的 30 人；青年歌舞队 2 个，平均 25 岁的 23人、18 岁的 26 人，共计 103 人。撒尼人的美术有绘画、刺绣、甲马、木刻、石雕等。虎的造型神态各异，最富特色。现有工匠12 人。

仙人洞村的体育成绩惊人。1994 年全省比赛中，村民钱自强获 50 千克级摔跤金牌。1998 年云南省第六届民族运动会文山赛区划船比赛，仙人洞村 25 人参赛，女子获 3 金 2 银、男子获 1

图14　撒尼人结婚仪式

金2银2铜；摔跤比赛，4人参赛，钱国兴获90千克级金牌，杨林春获70千克级银牌、毕李云获52千克级银牌。

仙人洞村积淀了丰厚的宗教文化。撒民人信仰自然宗教，普遍存在万物有灵的观念，崇拜石头和树木的表现尤为突出。最隆重的是一年一度祭祀"石娃娃"。石娃娃是一个形似人的天然石，藏于村旁仙人山密枝林的陡峭山岩的隙穴中，穴口用石头封闭。每年冬月过密枝节时，由毕摩登岩取出此密枝神石，把神石置于铺垫着青冈栎枝的石板上，用一枝拴着红丝线的青冈栎蘸水洒涮，又用酒蘸涮。待毕摩布置完祭坛，等待在岩脚的村民才轮流上去进香献食。祭毕，将石娃娃放回隙穴中，封闭穴口。此处是圣地。不许打柴、放牧，平时无人上去，颇为神秘。仙人山密枝林中每家认有一棵高大的乔木为庇佑自家的神树，每三年宰山羊祭祀；平时，若患病、分娩则宰献公鸡。祭祀时都要请毕摩念经。密枝林是彝族以原始信仰的方式保护森林的措施。村中有一棵高大的榕树，称作"龙"树，实即是"社"（土地神）的代

27

表，每年都要祭祀，祭祀时拴的红布、红线常年留存。密枝林、"龙"树都应当是民族植物学研究的内容。村东竹篷边上的山坡上有一座山神庙，居中的山神是一块天然石，村民遇事来献祭，将蘸血的鸡毛粘在石上。村民若在山野发现有略似人形的自然石，则将孩子领去磕头，拜之为干爹干妈，以求孩子健康成长，如石一样坚实。无子女的人家都上老仙人洞去求嗣。洞内的溶岩石隙有一条酷似女阴；另有石笋酷似男根。居民每家都在堂屋右上方设祖灵位，标志物是三片青冈叶和三撮鸡毛，代表三代祖先。祭桌上供陶虎、陶葫芦、陶灯。后来受汉族影响，立"天地国（君）亲师位"和"×氏门中本音祖先位"的牌子。毕摩（丂罕，音 pi^{33}mo^{21}）是彝族祭司。仙人洞村现有毕摩 7 人，他们是：杨铸保、钱树昌、赵文福、钱汝良、李成云、范金荣、张玉先。他们都能背诵经典，例如《消灾经》、《祭山经》、《祭"龙"经》等。毕摩不是迷信职业者，应当说他们是继承了传统文化的彝族知识分子。他们未脱离农业劳动，不但通晓宗教文化，还会辨识草药、治疗常见病、制造古老乐器（例如三弦胡琴）以及工艺品。在一个村寨中现今竟然存在 7 位毕摩，实在是难能可贵的。然而他们毕竟年事已高，7 人中，93 岁 1 人、70 岁以上 4 人、50 岁以上 2 人。抢救他们掌握的知识和技能使之传承下去，已是当务之急。

仙人洞村的民族节日有：密枝节、火把节、祭"龙"节等。节日是集中展示撒尼文化的窗口。

仙人洞村中现时尚有部分古老的生产、生活用具留存。有古代织布机 16 台。另有：彩带机、木水缸、石碓、石磨、龙骨水车等。

斯洛文尼亚的学者塔德伊·斯拉内贝（ТАДЫЙ СЙЛАБЭ）说："我第二次来到普者黑（景区），才发现如此宝贵的彝族文化。"美国得克萨斯州出版大学教授雷·布塞尔（Roy Burcell）

称赞道："这些音乐、舞蹈及服装是很有价值的，应当立即得到保护。"

到过仙人洞村的人，无不啧啧赞赏这里原始的、真实的生态美。

图 15　童　趣

无论是南碱村还是仙人洞村，尽管拥有丰富独特的自然和文化资源，过去由于封闭在一隅，加之历代反动政府和剥削阶级的残酷压榨，因此生产力低，文盲普遍。1949 年以后，虽然在政治上翻了身，但是由于多种社会原因，经济形态单一，生活贫困。一方面是资源的富饶，另一方面却是经济的贫困，这无异于是"捧着金饭碗讨饭"！

第二章　路在何方

云南少数民族农村，地处边远，且不说自然条件恶劣的地区，就是自然条件好点儿的地区，由于历史的原因，社会发展总体水平偏低，发展面临诸多困难。

第一节　渴望赶走贫困

云南少数民族农村首先面临的困难是贫困。

南碱村总面积 6.25 平方千米。耕地面积 439 亩，其中水田 216 亩，山地 213 亩。人均占地 8~9 分。在曼蚌村所属 21 个居民小组中是人多地少的一个村寨。近年，随着人口增加，人均占田 6~7 分，地 6 分左右，人口增长与有限耕地数的比差越来越大。为了扩大土地，盲目开垦，使植被覆盖率下降。

1966 年以前，人民公社时期，南碱是一个生产队，每个劳动力一天最高收入是 5 角钱。分口粮，向生产队交款。有些家庭人口多，劳动力少，所得工分不够口粮钱，倒欠生产队的款。例如刀文成家，有一年到了年终，扣除口粮款后，仅分得 5 角钱。

1966 年后，一个劳动力每天可得七八角钱，口粮仍旧欠缺。

20 世纪 80 年代初期，改革开放，南碱种植水稻和甘蔗，水稻种植两季，合计亩产约 750 千克。粮食基本够吃。年人均纯收入 600 元左右。

仙人洞村人均占有耕地 1.22 亩，比南碱村的人均占有耕地面积大，但是，由于处在喀斯特地区，土少石头多，土地难保水，所以种植的水稻产量低，口粮缺乏。守着偌大的淡水湖，水产异常丰富，可是每天捕捞的鱼虾和鲜藕却卖不出去，因为距县城有 13 千米，无公路运输。村民守着景致如画的娇山柔水而过着极为贫困的生活。1993 年，全村人均纯收入仅 150 元，人均有粮不足 183 千克，是全县出名的"口袋村"（背口袋乞讨）。周边村寨有两句顺口溜："有儿不讨仙人洞姑娘，有女不嫁仙人洞儿郎。" 1997 年以前仙人洞村人均年收入仅 280 元。

　　无论是南碱村还是仙人洞村，都是以单一的粮食作物为主要经济支柱。传统农业仍然是重要的生产部门和收入来源。在农业结构中又主要是以粮食种植为主。传统农业构成长期不变，使其经济基础薄弱，经济效率低下，收入因受粮食价格下调和农副产品受规模经济的影响价格下调而不断降低，市场适应能力弱，市场风险系数的加大进一步加大了生产成本，使其更加倾向于传统产业和传统生产技术，从而进一步强化了传统产业结构格局的保持，阻碍了生产技术的进步和劳动生产率的提高。如果继续沿袭固有的自然经济模式，在短时期内，难以实现物质文明跨越式的发展。

　　南碱村和仙人洞村的经济发展程度低下，决定了村民的生活消费水平低下。其消费以满足生存需求为主，吃、穿、用、住方面的支出占总消费支出的 50% 以上。根据需求层次理论，人们只有在其生存需求得到大部分的满足后，才重视追求发展需求。南碱村和仙人洞村的消费结构中 60% 以上的家庭为自给消费，村民生活中的食物支出与家庭总收入之比（即恩格尔系数）约为 0.5～0.6，系数越大说明生活水平越低。这种状况表明，南碱村和仙人洞村基本上处于贫困和欠发达状态。这种状态不仅在这两个村如此，云南的农村还有贫困胜于此的。

　　基础设施差。仙人洞村四周皆山，湖水泱泱，直到 20 世纪 90 年代也才仅有一条窄小的土路通向外界，更不用说修筑公路。

图16 昔日村中主干道窄小泥泞

仙人洞村长期不通电，有效灌溉面积仅为20%。南碱村濒临漠沙江（元江的一段），但不通舟楫。距省道新（平）细（丫口）公路1千米；村民以往到曼蚌大队交公粮和猪肉需要步行8千米。南碱村和仙人洞村后来虽然有了一些基础设施，但是标准低或损毁严重。

社会事业发展滞后。20世纪90年代下半叶，南碱村和仙人洞村尚不通电话，不能接收广播电视，文化生活贫乏，信息闭塞，科技知识匮乏，医疗卫生条件差。村落布局缺乏规划，房屋建筑是见缝插针，你挨我挤，村道湫隘、泥泞，牛粪猪尿遍地横流。村中原先无厕所，村民男女都在野外"方便"。后来建了两座厕所，不敷270人使用，而且都极其简陋、污秽。村民家中无卫生间，每天收工后，男女都在村头于薄暮中半裸用沟水洗沐。生病缺医少药，多是请村中的"雅摩"（巫婆）送鬼消灾。"因病致贫、因贫致病"现象交织发生。

图 17　昔日：人住楼上，牲畜关楼下，人畜混居，疫情频发

　　近年来，南碱村和仙人洞村的生产和生活水平虽有提高，但是仅勉强维持温饱。如果建房盖屋、婚嫁丧葬、生病住院，或者有孩子在镇、县、市、省城上学，家庭收入就入不敷出了。以一年的教育费用为例，最少需 800 ~ 1 000 元，高的达 5 000 ~ 8 000元，是年人均纯收入的数倍或十余倍。所以，南碱村一直完不成政府分派的各项生产指标，过去被称为"难整村"。就是说，由于贫穷，人心不齐，村上的各项工作难以推动，干部束手无策，村民陷于困顿之中。

　　自然发展能力弱。南碱村中无小学，须到 8 千米外的曼蚌小学上学，幼小的孩子难以上学。上初中须到 13 千米外的腰街镇；上高中须到 48 千米外的新平县城。

　　现代教育收效不大，仙人洞村直至 1992 年尚有 40% ~ 50%的适龄儿童未进入村中那所简陋的不完全小学，1950 年以来村中无一名高中毕业生。仙人洞村平均受教育的年限只有 5 年。南碱村平均受教育的年限稍长些，但也很有限。劳动力素质差，缺乏实用技术人才；生产方式落后，产业结构单一，产业基础薄弱，积累能力低，群众增收困难。

第二节　渴望一片蓝天

生态环境的被污染和破坏，是云南农村发展面临的又一个重大障碍，村民无不为此忧心。

南碱村1999年统计：粮食总产量18.2万千克、甘蔗1 020吨。农业总收入56万元，人均收入2 157元，人均纯收入1 627元。2000年统计：总收入528 550元，人均纯收入1 755元。村民经济收入的85%～90%来源于甘蔗种植。为了增加收入，"把甘蔗种上山"成为口号，农民除了在村寨附近的山头种植甘蔗，连漠沙江对岸的鹅圈山边东一块西一块垦为蔗地，露出片片黄土，成为斑痕累累的"癞痢头"。20世纪70年代末迅速发展起来的甘蔗种植业，破坏了坡地植被，造成水土流失。大量优质表层土被冲走，地力贫瘠。

不处理好生态环境的良性循环关系，就必然会受到大自然的惩罚。2001年6月初，新平县峨德河、平甸河的洪灾和曼蚌河出现的泥石流灾害，很出乎人们的意料，既早又猛，在新平历史上是极为罕见的。峨德、曼蚌与南碱是近邻。曼蚌河这一地带以前是松林满坡，沟边坡坎杂树丛生，而今都在单一农业观的支配下，被砍得所剩无几。这样的环境，必然影响水土保持，加上山洪突出、排洪不畅等因素，洪水没遮没拦地冲蚀、淘挖山体，自然就形成泥石流。其必然导致生态环境的进一步恶化，出现恶性循环。

漠沙江上游的糖厂、造纸厂以及洗矿厂所排污水直接进入戛洒江、漠沙江和下游的元江，造成大面积污染。

在小农经济条件下，公共资源的自由利用促使农民尽可能地将公共资源转变为私有财富，或通过滥用公共资源获得个人的效用或便利，从而最终使全体成员的长远利益遭到损害或毁灭。这就是美国学者哈丁（Handin）提出的"公地的悲剧"定律。这个定律，在傣族农村表现得相当普遍。我们看到，在戛洒江、漠沙江及其支流（例如南碱河），每天都有两三人为一群，身背电瓶，用长竿牵引电线，入水电鱼，"竭泽而渔"。这虽然仅是个别人的行为，但是，这种聚沙成塔式的对环境的破坏，其危害是不可低估的，国际环境学界把它称作"微小行为的暴行"。在人的因素对环境的影响方面，由一个民族的文化背景决定的人的行为方式是有强烈作用的。所以，环境保护，要求人的现代化。

寨老回忆儿时的景象：那时，山是绿的，水是绿的，河里的鱼儿欢快游泳。现今，山秃了，水浑了，河里的鱼儿不见了。父老问：如何才能遏止生态恶化呢？

彝寨仙人洞村，也像傣寨南碱村，同样面临粗放型掠夺性农业开发对生态环境的破坏，例如烤烟生产过度发展，烤烟以木柴作燃料，毁灭林木，破坏了自然生态。

第三节　渴望留住民族的"根"

当今，保存在农业社会中长期形成和发展的民族文化，以传统知识为基础的民族文化，在工业化和城市化的狂飙式进程中，正以几何级数的速度迅速蜕变和消失，社会文化正在走向单一化。如何在这个日益全球化和商业化的世界上保持文化的多样性，成了必须面对的问题。

花腰傣的文化传统也正受到"现代"浪潮的冲击。学校的双语（傣语和汉语）教学仅到小学二年级。作为民族构成要素和基本条件的傣语正在悄然缩小使用范围。青年一代已逐渐不说傣话，影响到整个民族文化的传递、保存和发展。在花腰傣文化中地位显著的服饰，穿戴程序繁复，需两个小时，年轻女子已经不会穿戴；甚至认为"土"，不爱穿戴。日常穿着民族服装的，多是老年妇女和少量中年妇女。民族文化保存者和传播者的"雅摩"已日渐凋零，后继无人。经过多次政治运动冲击，花腰傣歌舞已经销声匿迹，青年人唱的是流行歌曲，跳的是"迪斯科"。

仙人洞村别具特色的土掌房已逐渐被砖混结构的盒式楼房取代，刺眼的瓷砖房与环境极不协调。

民族文化的保存者与传播者"毕摩"携带丰富的本土知识和技能一个个相继悄然辞世，就像消失了一座座图书馆，无人抢救。民族文化的日渐式微，甚至面临消亡的危险，村民忧心如焚。

撒尼妇女系的传统花围腰是用红、黑、绿、蓝四种颜色彩带垂直排列而成的，每一种颜色都有寓意。红色是火的象征；黑色代表神圣；绿色代表土地和山林；蓝色是仙人湖清澈的湖水和倒映其中的蓝天。花围腰伴随撒尼妇女的一生：从孩童学习针线到少女预备嫁妆到老年寿终入殓，都离不开花围腰。花围腰成了妇女生命中的一个符号，是撒尼文化的浓缩表现和标志。20 世纪80 年代以后，花围腰从撒尼年轻人的视野中日渐淡出，城里流行的服装时尚成为撒尼人的服装时尚。撒尼人渐行渐远的民族文化不仅仅是花围腰！

2005 年10 月23 日美国《国际先驱论坛报》报道："对自己的历史如此自豪的中国在保护历史文化方面却表现得不怎么样。直接的表现就是，现在中国一些地方政府为实现经济目标，确实草率地除去了很多'文化障碍'。""这种草率常常是不必要的破坏。"正像有人说的："当幸福仅剩下钞票衡量的时候，文化传统中一切有价值却不能马上带来金钱的东西便被当做'糟粕'而废除并被人渐渐忘记。"

文化是民族的重要特征，是维系一个民族生存、延续的灵魂，是民族发展繁荣的动力和保持活力的源泉。文化既为经济社会全面协调发展提供强大的精神动力，也是经济社会发展的重要内容。这个民族的根基根脉是万万不可以丢弃的！

图 18　撒尼水龙舞与火龙舞

探索实践之路

中国民间文艺家协会主席冯骥才在全国政协第十届三次会议上说："少数民族文化的含义是超文化的，文化不仅仅是他们的特色，他们的旅游资源，更是他们安身立命之本，是他们民族的重要载体，如果这种文化没有了，连文化的载体也没有了……他们的民族就会消失。"

没有过去和现在，就没有未来，文化遗产不仅是联系过去与未来的纽带，也是我们未来创造新型社会的"基因"。文化遗产包括有形的物质文化遗产和无形的非物质文化遗产。有形的物质文化遗产基本上是文物古迹，是逝去的物化遗迹；无形的非物质文化遗产一般都是存活于社会现实里的某种文化形态，即存活于特定人群里的文化传统，包括各种传统文化表现形式和文化空间。传统文化表现形式如民俗活动、表演艺术、传统知识和技能，以及与之相关的器具、实物、手工制品等。"活"是非物质文化遗产的最大特点，所以非物质文化遗产被誉为"文化活化石"。与物质文化遗产不同，非物质文化遗产是一个世代绵延的文化传承过程，更主要的是以民族记忆、口传心授的方式一代代地传递。非物质文化遗产的传承方式，使其在人类的精神世界始终处于一种鲜活的状态，如同鱼儿生活在水中一样。因此，非物质文化遗产与世代传承的民族民间文化的技艺者、表演者、知识者密切相关，总是与特定民族、群体的生产生活环境和生存状态交融在一起。传承者断代，环境改变，民族民间文化发生剧烈变化。这个变化过程不再是传统意义上的缓慢的文化变迁，而是迅速的蜕变和消失。而"对许多民族来说，非物质文化是本民族基本的识别标志，是维系社区生存的生命线，是民族发展的源泉"（1999年11月联合国教科文组织第30届大会决议《人类口头和非物质遗产代表作名录》）。

2006年夏天，非物质文化遗产国际论坛在成都举行，发表宣言指出："非物质文化遗产是每个民族古老的生命记忆和活态基因，是确定文化特性、激发人类创造力的重要因素，最能够体现一个民族的智慧和精神，是我们永远的精神家园。无论东方与西方，无论发达与落后，无论贫穷与富庶，全世界各民族所创造的各种文明都是神圣的，我们强烈呼吁国际社会和各国政府高度重视保护人类创造的非物质文化遗产，让所有人都享有同样的自由、尊严和平等的权利。"

如果不尽快保护民族文化这个民族的"根"，虽然将来仍然称为"傣族"、"彝族",那时的"傣族"、"彝族"也许只是户口簿上的一个符号。

第四节　坚持科学发展观

中国西部欠发达地区,尤其是少数民族地区,受经济、教育、社会发展程度及交通、自然条件的限制,如果继续沿袭固有的自然经济模式,在短时期是难以实现物质文明跨越式发展的。出路之一是,积极迎合当代世界发展潮流,即人类消费观念和文化观念正在发生的深刻变化,发挥自己的民族文化、生态文化、旅游文化上的优势,打开寨门,在与世界的交流过程中,拉动社区社会、经济、文化、教育的全面发展,坚定地朝着可持续发展道路前进。

因为村民原本就有改变"一穷二白"面貌的强烈愿望,经过启发教育后,认识到民族文化生态村建设的理念正适合自己的心愿,因而对民族文化表现出巨大的热情。就是说,在南碱村和仙人洞村等地建设民族文化生态村,有着广泛的群众基础。

"发展是硬道理。"发展是一个完整的概念,既包括社会、经济、政治,也包括文化、生态、科技、教育等。如果单纯追求经济效益,GNP(国民生产总值)和GDP(国内生产总值)在短期内增长了,但如果不注意发展作为民族立足之本的民族文化,甚至抛弃民族文化的话,人们就会成为逐利的"经济动物",民族的优秀传统就会不正常衰亡,民族的向心力、凝聚力就会消失,"文化链"、"民族链"就会断裂,人类不能持续发展,就像自然受到破坏,会造成"生物链"的断裂,影响生态失衡,世界不能持续发展一样。

贯彻落实科学发展观,构建社会主义和谐社会,就是要坚持以人为本，从人民群众的根本利益出发谋发展、促发展，就是要把文化建设同经济建设、政治建设、社会建设一并纳入发展全局，促进全面协调发展。文化和谐是民族和谐的重要基础，是社会和谐的重要保障，是人与自然和谐的重要体现。实现各民族文化的普遍繁荣与和谐共处是为贯彻落实科学发展观、构建和谐社会创造良好的文化环境，打下坚实的基础。

世界上一些民族在现代化进程中，以牺牲本民族传统文化来实现经济和社会的转型不是没有教训的。诸如环境受破坏，人际关系紧张，贫富差距拉大，道德失落。我们的农村、尤其是少数民族地区，同样面临一方面需要发展经济，另一方面需要保护生态和文化传统的现实，需要解决传统与现代化的矛盾。这就必须建立科学的发展观，并且坚持下去。

如何在矛盾中求得合理的发展？在建设社会主义新农村、构建和谐社会中怎样贡献自己的力量？有见识的人类学家、民族学家思索着，积极地探索各种方式。尹绍亭教授则于 1997 年提出了民族文化生态村的理念，并且付诸实践。

第三章　敬礼，"纤夫"

　　率先提出民族文化生态村理念的是尹绍亭教授。

　　他为什么会提出这个新理念呢？有两方面的原因。

　　其一是作为一个人类学家的时代责任感。当今，如何使民族文化生存的环境不至于被破坏？如何挽救民族民间文化精华？如何保护文化的多样性，使各个民族独特的文化既保留自己的特色又随着时代的前进而发展？是当今面临的重大课题。这个问题，对于向现代化迈进的发展中国家来说，尤为突出；对于被称为世界上最具特色的民族文化"集成块"的中国云南省来说，更是当务之急。于是，他以铁肩担道义的气魄、敢为人先的勇气，试图摸索出一种模式，闯出一条路来。

　　其二是以赤子之心回报人民。他在读研究生时就在基诺族聚居区从事生态人类学研究，以后，他相继在云南省社会科学院社会学研究所任负责人、在云南省民族博物馆任副馆长、在云南大学任人类学系主任和教授、人类学博物馆馆长、博士研究生导师。主要研究领域为生态人类学、人类学博物馆和文化遗产保护等。出版专著：《一个充满争议的文化生态体系——云南刀耕火种研究》、《云南刀耕火种志》、《人与森林——生态人类学视野中的刀耕火种》（中文、英文）、《云南の烧畑——人类生态学的研究》（日文）、《云南物质文化——农耕卷》、《文化生态与物质文化》（论文篇和杂文篇两卷）。主要论文：《基诺族刀耕火种的民族生态学研究》等十几篇。他前后在基诺山调查研究二十来年，为基诺族的进步、发展由衷高兴，也为他们的优秀传统文化快速变异和即将消失而深忧。他引用一位基诺族资深研究者前些年说的话："按现在的变化速度，颇有特色的基诺族服饰可能在 20 年内消失，民族传统歌舞可能在 20 年内消失，传统竹楼可能在 10 年内消失，既是民族特征之一又是文化载体的民族语言可能消失于 30 年内！"的确，目前在基诺族青少年中，已经难得听到基诺语；认为祖辈穿戴的服饰土气，穿着别扭，哪怕是在节日里也不穿民族服装；民族歌舞乐器已经难得一见；对传统礼节习俗不屑一顾，对本族的历史文化一无所知。一些人沉迷于着迷彩服、染黄头发、披长发、打扑克（现在是打麻将）、唱卡拉 OK、跳迪斯科。伴随"时髦"而来的则是：懒惰、赌博，甚至偷盗。路不拾遗、夜不闭户的古朴民风已经成为历史的记忆。先辈淳朴、善良、勤劳、智慧、坚韧的美德在逐渐消失。尹绍亭多次提到，基诺族老人向他发问："基诺族的文化快丢光了！怎么办？"尹绍亭说："面对基诺老人迷惘而焦渴的目光我寝食难安。"怎么办？这个历史向人们提出的难题，人们不得不正视，不得不思考！尹绍亭说："人类学者比较其他学者，特别善于从被调查研究的对象中获取知识，但是，只有单方面的索取是不公平的，尤其是当你感到你是在向一群面临诸多困难的贫困人群不断索取的时候，自然会思考应尽的责任和义务。"这种责任和义务的自觉，就是一个人类学家的良心。良心激发行动，他在心底喊出："我们应该为他们做点什么呢？"他运用自己的知识和才智，借鉴欧洲生态博物馆的理念而又有所超越，提出了"民族文化生态村"的理念，首先在西双版纳景洪市基诺乡巴卡小寨试验，以后又陆续投入其他民族文化生态村建设，就是希望解决基诺族以及其他民族农村面临的问题，为其健康发展探寻一条可行之路。这是一个最具创造性，也最具挑战性的应用项目，从事它，其艰辛是可想而知的。尹绍亭全身心地投入：构想、策划、奔走、协调，发挥项目组全体成员的团队精神，同心同德，共同奋斗。

2004 年 2 月 20 日《云南日报》发表记者杨燕、万迎春采写的长篇通讯《抢救民族民间文化刻不容缓》。她们满怀激情地写道:"面对严峻的现实,一批有识之士,自愿地把保护民族民间文化的纤绳勒在了自己的肩上。他们是邓启耀、郭净、田丰、赵耀鑫、尹绍亭、王国祥(孟翔)、罗钰、陈学礼、孙琦、施红、王东焱、艾若茂、沙林……这是一份长长的名单,责任和使命让越来越多的人参与到这支队伍中来。"

这份名单中,有几位是从事"民族文化生态村"建设的逆水前行的"纤夫",他们是尹绍亭、王国祥(孟翔)、罗钰、陈学礼、孙琦、施红、王东焱;需要补充的是,还有罗树昆、杨大禹、施维琳、朱映占、张海、胡仕海等人。

王国祥(孟翔),傣名孟翔,笔名东方既晓,系云南省社会科学院研究员、云南省文史研究馆馆员。从 1958 年作为"云南省民族民间文学西双版纳调查队"成员开始,即从事民族学、文化人类学研究,已经半个世纪。50 年来,他在中国西南地区以及整个南中国行走,甚至涉足中南半岛五个国家。出版专著:《傣族历史文化求是录》、《西双版纳旅游》、《布朗族文学简史》、《山花·恋曲·布朗女》(中文、英文)、《白云生处人家——布朗族风土记》、《西双版纳雨林中的克木人》。50 年来,他在民族地区生活和工作,深切体味农民的贫困,目睹生态环境的恶化,眼见民族民间文化快速蜕变和消失。面对这样的状况,人类学者如果仍然仅限于袖手旁观式的"观察"和"研究",能不说他"迂腐"和"冷漠"吗?王国祥(孟翔)希望自己掌握经世致用之学,回报人民,用参与式的方法研究民族学和人类学,为少数民族扶危解困贡献自己的绵薄之力。他曾经在云南边疆为抢救民族民间文化遗产奋力拼搏,然而个人的力量毕竟有限。他期望投入到集体力量之中,找到一种强大的驱动力。民族文化生态村依靠村民的知识和力量,加上政府的支持和学者的指导，就有望使村民脱贫致富，实现传统文化与现代文明结合，让乡村得到和谐和可持续发展。王国祥（孟翔）从民族文化生态村看到了希望，所以欣然加盟尹绍亭组织的团队。王国祥（孟翔）作为项目负责人之一，担任了南碱傣族文化生态村建设项目专家组组长、仙人洞彝族文化生态村建设项目专家组组长、和顺文化生态村建设项目专家组副组长。是他，首次作了南碱村和仙人洞村的寨情和文化资源考察，写成报告；是他设计了南碱傣族文化生态村和仙人洞彝族文化生态村建设方案；是他策划了这两个村的一些节日活动；他还调查了和顺街巷名称、主要宅第、名人业绩和故居等，写出报告，并编成《和顺辞典》。王国祥（孟翔）经常住在农村，年复一年，和村民一起，为建设社会主义新农村殚精竭虑。多年后，王国祥（孟翔）以自己长期工作过的两个村寨——南碱傣寨和仙人洞彝寨为个案研究，写出专著《民族文化生态村探索实践之路》。

罗树昆原本是丘北县的农艺师，1992 年曾获联合国中国部发明创新科技之星奖。由于工作关系，他对丘北县普者黑独特的自然和人文景观情有独钟。他点上松明火把，背几个红薯上山考察。1992 年王国祥（孟翔）去丘北考察旅游资源就是他陪同的。后来，他当了县旅游局局长，顶着阻力，克服困难，终于在1994 年把普者黑打造成省级风景区对外开放。他曾荣获云南省旅游先进个人奖。1999 年又与文化生态村课题组合作，在建设仙人洞彝族文化生态村中花大力气，作出贡献。《文山日报》、《云南政协报》、《春城晚报》都作过报道。

杨大禹是昆明理工大学建筑学院教授，博士研究生导师。著有《云南少数民族住屋——形式与文化研究》、《和顺民居》。施红是一位年轻的女建筑师。他们在民族文化生态村建设中主持建筑规划和设计方面的工作，在保护与更新传统民居、设计村寨博物馆等项目中工作成效卓著。

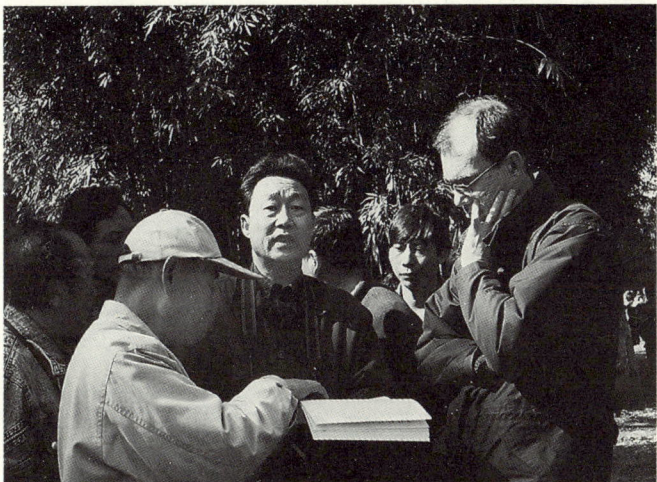

图 19　策划仙人洞彝族文化生态村建设

　　孙琦副教授是服装方面的专家，曾任教于云南艺术学院，现为云南大学人类学博物馆艺术部主任，专著有《少数民族服装工艺卷》、《筇竹寺五百罗汉造型赏析》。南碱花腰傣文化传习馆是她和胡世海等人设计、布局的，他们著有《乡村文化传习馆建设》一书。

　　王东焱是西南林学院园林学院的年轻副教授，他作了《云南民族文化生态村村徽设计及说明》、《南碱傣族文化生态村绿化规划设计》。他在环境规划和村寨绿化方面贡献了才智和汗水。

　　陈学礼、朱映占、张海都是人类学硕士毕业生，在云南大学供职。陈学礼是月湖彝族文化生态村建设项目专家组组长；张海是南碱傣族文化生态村建设项目专家组副组长；朱映占是巴卡基诺族文化生态村建设项目专家组副组长。硕士生曹金勇参加了后阶段的工作。他们在各自负责的民族文化生态村建设中成绩斐然。他们都撰写了关于民族文化生态村的研究著作。

民族文化生态村建设课题组在用人方面建立了灵活的机制。它以为数甚少的几个人物（尹绍亭等）为工作班子，负责总提调，其他则从各个单位征集各种专业的有识之士，作为志愿者，共42人。进行村落规划和新民居设计时从工业大学募集志愿者；进行文化传习馆建设时从博物馆和艺术学院募集志愿者；举行民族节日等盛大活动时从民委、社会科学院、大学等单位选聘人员策划、组织。因此，征集来的人员经过选拔，往往是这个专业的优秀者。不像一些单位的课题，局限于一个单位，从一个单位中自然难以选出各方面都较优秀的人才。由于"纤夫"们的奋力，"民族文化生态村"这只上水船在几年内冲过急流险滩，终于迎来了两岸的无限风光。

第四章 路是怎样走出来的？

1997 年尹绍亭提出"民族文化生态村"的构想，次年获得美国福特基金会的资助并启动，先后选择了五个村寨作为建设试点，它们是：腾冲县和顺汉族文化生态村、景洪市巴卡基诺族文化生态村、石林县月湖彝族文化生态村、丘北县仙人洞彝族文化生态村、新平县南碱傣族文化生态村。它们所处的地区不同，民族成分不同，把它们作为试点，从单体说，各具特点；从整体上说，又具代表性。经过近十年的艰苦努力，终于踩出一条路来，探索出民族文化生态村这种以保护促发展、以发展强化保护的具有中国特色和民族特色的一种乡村建设模式。

第一节 民族文化生态村的理念

为什么提出建设民族文化生态村呢？因为在全球一体化的背景下，现代文明的成果日益丰富，但同时对人类的生存环境和传统文化带来了巨大冲击。保护环境，保护生态，保护历史文化遗产，保护文化多样性日益迫切。提出建设民族文化生态村，还因为 20 世纪 80 年代以来，中国市场经济活跃，发达国家工业化带来的生态失衡和环境破坏也在重演，而且日益剧烈。而农村仍然处在封闭的自给自足的自然经济之中，农民依靠以粮食为主的农业收入艰难地维持生活，渴望发展经济，脱贫致富。在全国建设社会主义新农村的强烈呼声中，为了有效地发展经济，切实保护文化传统，创造具有民族气质的社会主义新文化，提出了民族文

图 20　仙人洞彝族文化生态村

化生态村的建设思路。

　　非物质文化遗产的保护，关键在于活态传承。把民族民间文化从原生土壤中采摘出来，置于档案资料库或者博物馆中，成为死标本，那不是保护，也远谈不上科学。传统文化是要文化生态维系的。保护文化生态的根本途径是传承。只有传承才能谈得上保护和发展。而保护的目的是为了更好地"开创"。

　　文化生态村的"生态"（Ecological）含义，既包括自然生态，也包括人文生态，即某种文化与这种文化的自然环境和人文环境。就是说，让这种鲜活的文化传统通过世代传承绵延。所

图21　南碱傣族文化生态村

以，民族文化生态村的核心理念是：在原生地对某一文化及其环境加以完整的保护，并且由文化的主人保护自己，使民族文化正常发展持续下去。

民族文化生态村不仅着眼于文化，更不满足于在村中建设一座供游人观光的展厅（博物馆）。它是在原生环境中以先进的新方式保存历史记忆，展示现实生活，提升社区居民的文化自觉和创造力，并使之获得全社会的广泛尊重。建设民族文化生态村，既非一味追求经济效益，也不是单纯保护传统文化，它所探索的是一种辩证的、综合的价值准则，它所追求的是乡村经济、社会与文化全方位的、可持续的进步和发展以及人们生存环境的改善和生活质量的提高。

总之，民族文化生态村是一种促进社会发展，特别是某些弱势群体、弱势地域的社会发展方式。民族文化生态村建设，实际上是一种社区建设、新农村建设，是一种文化、经济、生态环境协调发展的社区发展道路，它的存在和发展必然和中国社会整体的发展密不可分。它是新农村建设中的一种创造。所以，民族文化生态村具有如下特征：①原地整体活态保护性；②经济、社会、文化全方位发展的协调性；③优秀传统与现代文明的结合性；④村民的主体性。

总的来说：民族文化生态村，是弘扬村社文化，保护生态环境，整合各类资源，由当地民众自觉参与，自主经营、管理，以达到可持续发展，提高村民生活水平为目的的一种乡村发展模式。

所以，民族文化生态村不同于现今一些省（区）搞的"生态博物馆"；与以旅游、娱乐为目的的商业性的人造"民族村"、"民俗村"也大不相同；与西方"原住民保留地"更有本质的区别，不可同日而语。

第二节　历　程

我们的民族文化生态村建设已经走过了将近十年的历程，经历了预备阶段、实施阶段，现今已步入持续发展阶段。从发展态势看，它是可以长久持续下去的。

一、预备阶段做的工作

（一）成立各学科的专家组

从各个单位征集老、中、青专家作为志愿者，从事民族文化生态村建设，包括各种专业，例如：文化人类学、生态人类学、民族学、地理学、植物学、建筑学、园林学、服装学、历史学、宗教学、文物学、博物馆学，以及美术、工艺、体育，等等。

（二）摸清寨情

仙人洞彝族文化生态村项目组虽然是 1999 年成立的，但是，项目组成员王国祥（孟翔）教授早在 1992 年 5 月就已经对仙人洞村以及丘北县的旅游资源作过调查，在 1992 年 11 月 30 日《云南日报》上发表《丘北山水似桂林》，这是在省报上推出的第一篇报道仙人洞村及其他景区的自然风光和人文风情的文章，后来有人套用这句话成"不是桂林胜似桂林"，不胫而走。另外他还写有《碧玉青罗色色殊——仙人洞村及周边素描》。1999 年 6 月仙人洞彝族文化生态村建设项目启动后，项目组组长王国祥（孟翔）以及其他成员 10 余人又对仙人洞村情包括地理、历史、户籍、人口、土地、物产、生产、生活、信仰、教育、文化等作了长期、深入的调查，写出调查报告，作为立项的根据。

2000 年 8 月，王国祥（孟翔）驻南碱村，经过一个多月的调查，写出《新平县南碱文化生态资源调查》和《南碱傣族文化生态村建设项目建议书》。吕彪、刁力（女）、黄斐然、沈谦对南碱的土掌房逐户进行调查。

（三）规划设计

在调查寨情的基础上，王国祥（孟翔）写出《丘北县仙人洞彝族文化生态村建设方案》，内容为：（1）建设仙人洞彝族文化生态村的意义；（2）建设仙人洞彝族文化生态村的指导思想和原则；（3）仙人洞彝族文化生态村规划；（4）建设经费概算。

杨大禹经过勘测，写出了《仙人洞村落民居规划设计方案》，包括：（1）民居规划设计的依据；（2）背景与现状；（3）目标与内容。绘图 28 幅。建筑学家蒋高宸兼顾玉溪地区干热河谷农村传统土掌房民居保护与更新研究子课题，以南碱村落民居为个案，带领一批中、青年建筑师进行村落规划和民居改良，设计出三套民居改良的方案，供村民新建房屋时选择和在此基础上根据各家的情况适当变通。他们绘出了 20 幅图。

二、实施阶段做的工作

（一）民族文化生态村理念的培训

村民虽然有自发的、朴素的环境保护意识和文化传统继承的意识，但是，"民族文化生态村"是新生事物，村民对之毕竟陌生，对其实质不甚明了。要他们自愿投入民族文化生态村建设，就必须在开始时对村民进行培训，向他们灌输，让他们从思想上认识：什么是民族文化生态村？民族文化生态村包含哪些内容？为什么要搞民族文化生态村？怎样建设民族文化生态村？村民在民族文化生态村建设中的地位和作用是怎样的？启发和培养村民的文化自主意识，激发他们建设社会主义新农村的热情。觉悟提高了，自主意识增强了，精神力量就会转化成物质力量，积极投入到文化生态村建设中去，变"要我做"为"我要做"。

项目组在南碱村于 2002 年 11 月、2003 年 1 月，连续举行了 4 期专题培训，搞培训活动 13 次，培训村民 540 余人次。对妇女、青年、中老年人和儿童分层培训。

通过培训实践，项目组得到如下体会：

（1）培训要有针对性。首先是针对村民的思想实际。例如：部分村民不明了文化生态村与自己的切身利益有什么关系。自家

图22 培训——民族文化生态村建设的第一课

的庄稼活计忙，为文化生态村建设投工投劳岂不耽误自家的活计？培训的老师通过新平县近年发生的两次大的泥石流灾害（一次在近旁的曼蚌）告诫村民保护生态环境；通过旧村改造前后的对比提高村民保护传统文化和生态环境的自觉性，都收到良好效果。青年通过培训，生龙活虎地投工投劳，推动了文化生态村建设。其次，针对村民的需要。例如村中青年有学习电脑的迫切要求，有开展村中文艺活动的要求，妇女有服装创新的要求，培训就从这些要求着手。

（2）培训不是一蹴而就的，一定要围绕"为什么要建设民族文化生态村"和"村民在建设中的地位和作用"这两个中心问题反复宣传教育，讲深讲透，使村民把认识化为行动，积极参与。

（3）方式方法灵活多样。方式除专题讲座外，还可通过小组讨论互相启发、家庭访问个别谈心。分层举办培训班，例如通过科技学校、妇女学校、民兵之家进行宣讲，发动教师对在校学生进行保护生态环境和保护民族文化的教育。再有就是"搭船"培训，利用村中各种集会（村委会、村民大会、节日聚会）宣讲"民族文化生态村"。如此在村中造成建设文化生态村的浓浓氛围。

（4）语言通俗易懂，利用影视、图片作形象展示。

（5）组织村民代表到其他民族文化生态村互相观摩、切磋，开阔眼界，通过参与加深认识，是立竿见影的培训方式。仙人洞彝族文化生态村的两位代表到了千里之外的西双版纳巴卡小赛基诺族文化生态村，参观了基诺族博物馆，参加了基诺族纺织刺绣比赛大会，同时与同样前来观摩的新平县南碱傣族文化生态村代表交流，增长见识，深受鼓舞，表示要向巴卡基诺族文化生态村所长学习，回去搞好仙人洞彝族文化生态村的文化遗产保护。仙人洞村代表参观南碱花腰傣文化传习馆，回村后立即筹备建造撒尼文化传习馆，由建筑师施红设计了图纸。南碱村代表到仙人洞村参观，参加了彝族火把节和当地的山歌比赛、民族服装赛装会，举行座谈。通过学习、交流和比较相互间的工作经验，发觉自己的差距和不足，对于自身的优势和今后的发展方向有了清楚的认识。

2002年项目组送给南碱村一台电脑，开办了两期培训班，教授他们基本的操作方法。村里年轻人第一次接触电脑，个个都表现出极大的热情与信心，大家用心地学习，其中几个已经完全掌握了电脑的操作。同时引起一些中年村民跃跃欲试。通过 PAI（农村快速评估）的培训方式，普查出村民家中的民族文物 10 余件，青年人画出图画 10 余张，培养了他们总结传统知识的能力。通过持续不断的培训，有群众说："什么是文化？什么是生态？为什么搞文化生态村？过去我们是模糊的，现在多少晓得点儿了。建设文化生态村，就是建设我们的美好家园，我们当然要好好干！"

图 23　南碱村民到巴卡基诺族文化生态村交流

图 24　南碱傣族文化生态村代表去仙人洞彝族文化生态村参
　　　　加赛装会

（二）提高村民综合素质的全方位培训

一个地方村民的综合素质，关系着这个地方经济社会发展的程度。除了对村民进行文化生态村理念的培训之外，其他方面的培训，包括政治时事教育、能力培训、科技宣传、文化培训，亦不可少，而且应当经常化。

庄稼活是村民的生计，对村民进行农业科技的培训应当贯穿于生态村建设之中。南碱村在村中盖了130平方米的综合培训大楼，每年举办12期培训，每次培训到场的户数达90%以上。文化生态村建设之前，到会户数往往不到一半。

2002 年南碱村妇女学校的课程表

授课内容	教　师	单　位
青枣栽培与管理	刘志穷	县农业局
果树病虫害防治	矿家顺	镇农科站
蔬菜栽培与管理	矿家顺 马云志	镇农科站
冬早蔬菜种植	马云志 白绍福	南碱社
晚稻小秧稀植及管理	白绍福	南碱社
养殖技术	杨绍金	镇兽医站
稻谷管理	矿家顺	镇农科站
甘蔗生产	刀文成 白绍福	南碱社
青贮配合饲养技术	杨绍金	镇兽医站

除了科技培训外，还广泛开展精神文明、文化、科技、教育的宣传、培训。

2002 年全村的培训表

主持培训单位	培训人	性别	民族	年龄	文化程度	授课种类	讲授内容
曼蚌村委会	刀永平	男	傣	32	初中	年终总结	总结一年工作
南碱社	方美琼	女	傣	46	小学	"三八"活动	宣传"4·18"妇女维权
镇机关工委	李家寿	男	彝	52	大专	思想教育	青少年道德教育
腰街中学	张桂仙	女	汉	31	大专	家庭教育	家庭教育知识
腰街妇联	徐玉芳	女	汉	40	中专	维权教育	"两纲""两法"
镇科技站	唐家顺	男	彝	31	中专	农业科技	青枣各个阶段管理技术
镇兽医站	杨绍金	男	傣	36	中专	农业科技	香梅克斯栽培技术
南碱社	刀文成	男	傣	49	小学	思想教育	学习村规民约
镇中学副校长	李家发	男	彝	35	大专	精神文明	精神文明
县第二医院	刀英	女	傣	29	中专	妇幼卫生	三优知识

　　民族文化生态村建设项目组经常组织多方面的培训。鉴于传统手工艺的渐渐萎缩，新平县仅戛洒镇土锅寨和腰街镇曼蚌大寨还存在制陶技艺，主要是妇女从事制陶。2003 年 10 月，项目组联合云南省文化遗产保护中心、云南省博物馆在腰街镇曼蚌大寨举行土陶培训班，由当地民间制陶艺人杨阿娥（69 岁）、马阿玉（66 岁）和万阿月（63 岁）担任师傅，向女性村民传授制陶技术。原计划招收学员 12 名，由于村民热情高涨，学员扩展到 44 人，年龄从 22 岁~48 岁。中央电视台教育、科技频道对培训过程作了全程采访记录，云南电视台"走遍云南"摄制组拍摄了整个活动。

　　2004 年 8 月，云南大学、云南民族大学、云南省妇幼保健院、云南生物多样性和传统知识研究会等组成的民族社区社会性别研究课题组到南碱村，运用参与式调查方法，研究妇女在文化生态村建设中的角色和作用，并组织了社区能力建设培训活动。活动分青年妇女组、中老年妇女组、青年学习组、中老年学习组进行，内容包括：对文化生态村理念的探讨、对文化生态村资源

探索实践之路

（包括传统文化及手工艺品）开发的认识、对村寨建设远景的展望等。130人参加了活动。仙人洞村的技术夜校常年不辍。1999年为农民上课的技术员有8人，2000年有7人，2001年有7人。

（三）组建管理委员会

民族文化生态村建设，实际是社区建设，牵涉这个社区的方方面面。为协调、组织各方面的力量，仙人洞村和南碱村相继由专家组、基层官员、村民代表三个方面的人员组成生态村管理委员会和建设项目组。管委会是决策领导机构，项目组是具体实施机构。项目组成员包括专家和村民代表（村干部），由王国祥（孟翔）任组长，主持文化生态村建设工作。村中文化生态村建设的运转，主要依靠原先的村民小组干部加上新选的村民代表。村民小组领导班子负责全村的行政工作，文化生态村的建设工作则与项目组的工作交叉，例如村会计管理全村账目，新选的村民代表则专管文化生态村的账目。

（四）创建民族文化传习馆

现今，电话、广播、影视作品普及，村民在一起聊天的时间少了，聚在一起纺织、刺绣、歌舞的场面消失了，传统文化的重要内容随着传承场所的消失而逐渐退缩到家庭之内的个人身上，传统的东西被长久地深藏于各家各户最隐蔽的角落和村民记忆的最深处。家庭领域的传承活动必须依赖村寨公共领域的支持，才能对内持续、对外推广。因此，在村中建立文化传习馆，为文化传承提供公共的空间，是完全必要的。这是一个保护文化、展示文化、发展文化的空间。有了这个传承文化的场所，就能够促进村民的沟通和交流，使传习持续并创造性地发展。

南碱花腰傣文化传习馆的筹建开始于2002年2月。这是一个少花钱办大事的实例。以现今的规模，建筑包工头的开价是93 800元。这仅是盖一个框架，还不算上填土、装修、购买展品的费用。这些如果全部加起来，要到20多万元。经过项目组与

58

村民讨论，发挥村民的积极性和创造性，就地取材，村民投工投劳4 000个工，课题组投资 1.5 万元、县委组织部投入 500 元，就把村寨南端的台地上一座占地 260 平方米的土掌房建盖起来。孙琦副教授带领她的学生 11 人与村民一起同吃、同住、同劳动，建馆、布展，于 10 月 2 日竣工开馆。总共花费了 3 万元！这是傣乡建立的第一座文化传习馆，《中国民族报》、《云南日报》都作了报道。

图25　2003 年 10 月 1 日南碱 "花腰傣文化传习馆" 开馆

在建筑花腰傣文化传习馆时，对传习馆的讲解人员和工作人员进行了培训。编印了《花腰傣文化传习馆工作人员学习材料》（上、下）。

传习馆前的广场，是拆除旧民房开辟的，为村民进行文化娱乐和传习活动的另一场所。场地原先是土质的，晴天灰沙眯眼，雨天稀泥烂地，村中大一点儿的活动无法开展。2004 年用鹅卵石和水泥镶嵌地面，平整光滑。

在传习馆下方建起一处草顶走廊，约 30 米。村民在此集会、

探索实践之路

图26　庆祝花腰傣文化传习馆落成

休憩，既宽敞又凉爽。

　　在旁边的水沟上建摇椅，利用水的落差拉动木椅平滑，推前拉后，儿童坐上玩耍特别喜欢。此处支撑起一座草亭，遮阳、美观，成为一处风景。

　　南碱花腰傣文化传习馆以及其他建筑，不但包容着村民的汗水和智慧，还融入了他们的感情。他们用鹅卵石在文化传习馆前的广场和道路上镶嵌图案和文字，美观大方。镶嵌在广场上的，是一个硕大的太极图，四周为十二生肖图像。道路上的图案有：民族文化生态村村标，傣家的吉祥物：鱼、牛、鸭、孔雀、象，等等。文字内容丰富。迎面镶嵌的标语是："南碱欢迎您"，表达了南碱人热情好客的情怀。另一组文字是："抬头看馆，低头看路，脚踩按摩。"第一句是写实，指文化传习馆在上方，流露出村民热爱、自豪的感情。第二句的"路"是一语双关：既告诫游人勿跌倒，又隐含走稳人生道路。第三句告知这种嵌石路具有按摩足心以起保健的功能。"保护自然、保护生态、改善环境",说明环保意识深入民心。"民族团结"、"民族亲和"是傣家人的心声。嵌在房前水沟旁的两行文字语言直白,却含画意诗情:"路边溪水长年流,抬头看有花果香。"

图27　村民用鹅卵石在大路上镶嵌吉祥图案

在花腰傣文化传习馆的建设中,出现的好人好事令人感动不已。例如孙琦老师,她在传习馆建设过程中,赤脚劳动,不幸被蜈蚣咬伤,伤口中毒感染。她因为全身心工作而未及早察觉。待她行动困难时已疼痛难忍。这时她才挣扎着搭车去13千米外的腰街镇卫生所医治。医生不给她注射麻醉剂就操刀排毒。侥幸抢救及时,她才逃过一劫。村民至今还传颂孙琦老师的敬业爱岗精神。在民族文化生态村建设项目组中,像她这样忘我工作的专家不止一人。

村民从建馆到管理传习馆都表现出很大的积极性。开馆后,村中青年组织自觉建立了管理制度,分组管理,天天开馆,担任解说和维护。

仙人洞撒尼文化传习馆，经过专家多次调研、讨论，先后提出三个方案供村民选择。2004 年 7 月，项目组成员施红去仙人洞村，再次与当地村民协商传习馆的建设方案。在广泛征求村民和村干部的意见的基础上，结合仙人洞村的实际情况，最终确定了传习馆的建设方案。课题组和村民都希望把传习馆建设成集文化展示、文化传习、露天歌舞表演、会议和休闲为一体的场所，以承担对外展示、对内保护和传承民族文化的功能。仙人洞撒尼文化传习馆待资金落实后即按确定的方案开工。

（五）保护文化传统　出新民族文化

民族民间文化是民族个性特征与独特精神的重要表征，是民族情感和理想的重要载体。它包括有形的物质文化遗产，如民居、设施、工具、服饰、美术品等；也涵盖了无形的、口头的非物质的文化遗产，如口承文学、民间歌舞、环境意识、生产技术、消费习惯、交际礼仪、节日庆典、信仰心理，等等。少数民族的传统文化更多地体现在无形的精神文化方面，在价值观念、生活方式、风俗习惯、心理特征、审美情趣等方面表现得尤为鲜明。这些传统的物质文化和非物质文化是民族的历史遗产在现实生活中的展现。它们从历史上流传下来，积淀成传统。特色鲜明的民族文化，是以宗教信仰为寄托，以地域风物为背景，以古典建筑为陪衬，以传统服饰为焦点，以歌舞表演为看点，以民族节日为热点。每个民族都应当继承和弘扬自己的优秀文化传统。民族文化生态村不但重在保护，而且重在建设。所谓保护是继承传统；所谓建设是培养优良传统。出新的民族文化应当是风格民族化、内容现代化。

1. 在旧村改造中保护和更新民族文化

①民居。1999 年国际古迹遗址理事会（ICOMS）通过关于保护乡土建筑的《佛罗伦萨宪章》，主张乡土建筑的保护要以整个农村聚落为单位。

南碱原村落布局拥挤，杂乱无章，村中通道极狭；房屋为传统土掌房，虽然极有特色，然而由于没有自来水和卫生设施，生活很不方便，村民早有改造村寨和民居的要求。为了满足村民的要求，项目组首先进行的工作，便是帮助村民改造村落和民居。

南碱原有民房46幢，全是土掌房，系用生土夯筑或用土墼垒砌而成，隔热性能好，房顶平实，可兼做晒场，适合干热河谷环境。缺点是屋顶易漏雨，室内无窗或仅有小窗，采光不足，空气流通差。

图28　南碱旧村改造

在建设社会主义新农村过程中，要注重保护古村落及其千百年来形成的民间民俗历史文化传统；防止把建设新农村变成简单地"折旧房建新房"的新村庄建设。

项目组村落民居规划设计小组由昆明理工大学建筑学院的吕彪、刁力、沈谦、黄裴然、李昕5人组成，在著名建筑学家蒋高宸教授的指导下，由吕彪组长具体负责，多次赴村调查测绘，经过反复的设计论证，完成了"云南少数民族传统住屋保护与更新研究案例——云南新平腰街镇曼蚌村南碱社花腰傣民族民居"。他们以南碱村为个案，研究如何保护地方乡土建筑的文化多样性，又适应现代生活的要求，为农村人居质量持续发展和提高提供一个可持续性的行动模式。他们以因地制宜，保留、完善、完整、升华为原则，设计始终贯彻"以人为本"，把现代建筑的完美物质性功用与传统土掌房中的精神文化内容相结合，去探求和创新具有民族特色又适应现代化要求的新的花腰傣民居，让民族建筑与自然风光和民族风情互相呼应，互为补充，完美结合，相得益彰。

南碱土掌房依坡而建，高低错落，通体土黄，敦厚朴实，甚为美观。在旧村改造时，把村中住房分为两类。一类为保护性改造。上半坡的民居，特色鲜明，专家提出尽量留存，由各家改进内部的卫生设施（如厕所、浴室等），这样做既可保留传统风格，又能体现现代文明。改造时尽量开拓原有住房周围绿地、道路，供居民顺畅出入。另一类为改建住房。此类住房在保留原有住房外观和内部基本使用功能的基础上，改善内部不恰当利用造成的空间浪费。为满足采光要求，又不打破原有住房的形态和布局，设计了一个采光天井，既有利于通风又解决了一定的采光问题，使内部空间更加有趣、生动。原有住房漏雨的问题，则是用砖混结构来解决。在南碱村，课题组根据文化生态村建设的原则，并参照政府的旧村改造计划，拟定对村落进行整体规划。同时，根据村民不同的经济条件，建筑学家设计出了南碱傣族文化生态村规划和新型土掌房外观图。这些设计图，在保持民族建筑特点的同时，使土掌房的形式多样，利用天然建材，保持芳草绿地和水源，使土掌房住宅实用、文明、卫生、典雅、和谐，争取加入到世界建筑的新型住宅——生态住宅的行列中去。村民普遍欢迎这样的土掌房。村民们依照方案，并根据实际情况作了适当调整，开始了旧房改造。

图29 按照传统样式营造新民居

新建的民居在坡下，建设形式采用原设计：二楼，平顶，院内前部为畜圈、卫生间、沼气池，后院为居室。由于封山育林，木材短缺，建筑材料不得不进行改革，所以只能采用钢筋水泥和砖。建筑砖房，失去不少土掌房的风韵，专家和村民们为此多次开会讨论，拟于日后采取适当措施进行墙体表面处理。

建成之后，南碱的建筑群蔚为壮观，生态住宅功能的优越性日益显现，成为一方的样板。在旧村改造中，实行了人畜分离，牲畜家禽厩舍饲养。由于大刀阔斧整治，村寨脏、乱、差的面貌完全改观，村中环境卫生大大改善，村民健康得到保证。南碱村最先按专家设计方案进行较为规范建设的房屋有白曾良等人的。白曾良的新居面积计149平方米，费用约6万元。

现今，农民一般以盒子式的"洋"楼外贴瓷片为时尚，自由乱建民居。要说服农民按照规划、保持传统民居的风格建筑新房并非易事。南碱村经过艰苦的思想工作，能够贯彻保护和更新传统民居的理念，新旧住宅基本不离"谱"，相当协调，可以说是民居保护的一个胜利。

②道路。原先只有几条土路，村中的道路层次不明显，没有真正意义的道路供居民出入，拖拉机、汽车无法驶入寨内，达不到现有的生产生活要求。

南碱村于1999年挖通村中第一条巷道。2001年，村民投工投劳2 000多个工，打通了四纵四横的10条村中巷道。现今村中已辟出4条宽阔的主干道，共计800米，均铺水泥。按规划拆迁了14户，部分拆房13户。道路纵贯南北，横穿东西。改变了过去人户凌乱拥挤、堵塞道路的状况。除扩充、完善村中道路外，为满足要求，使道路畅达完整，2006年在县、镇两级政府支持下，投入资金40万元，村民出工，铺设了南碱村从村口至省道新细公路的出行水泥路。

仙人洞村拓宽了村中道路，方便村民运输和生产生活。广场和村中干道均铺青石板，计970平方米。建寨门二处。

③环境。村中没有开阔的公共活动空间和绿化环境，不能组织居民进行各种室外活动，居民缺乏日常的室外娱乐活动。南碱村和仙人洞村都拆除妨碍交通和景观的破旧民居，开辟村中广场，使村中房舍布局疏密有间，同时提供给村民以集体活动场地。南碱传习馆台阶下开辟的广场约1 000平方米。广场下的走廊长500米。仙人洞村在村中心开辟广场，在村外开辟祭祀场和歌舞坪。南碱村户户都有水渠连通。水资源丰富，清澈的沟水从门前流过，绕遍全寨。流水欢歌，村寨充满宁静和诗意。

过去村寨排放网络体系设置不合理。污水排放给其他水源带来影响。南碱村和仙人洞村在民族文化生态村建设中修建了排污管道。

过去房屋拥挤，难得见一点儿绿色。旧村改造时，注意了绿

图 30　仙人洞村清除杂乱无章的建筑，开辟寨心广场

化。因为人行道要求不高，故将它纳入绿化，沿房屋布置，有的成为园圃。南碱村栽种槟榔树 600 株、梨树 45 株、水东荔枝树 40 株、柿树 45 株、苦竹 55 蓬。

仙人洞村坐落在形似手臂的仙人湖的臂弯里。2003 年 3 月，项目组和村干部组织全村 460 个劳动力，投工 5 000 多个，清挖泥土 1 440 多方，挖出一道长 800 米、平均宽度 16 米、深 1.2 米的"运河"，把仙人湖水引入村里又流出村外，在河面上修建三道富有民族特色的小桥，河道两旁精心绿化，使整条河具有自然格调和情趣，与生态村的本意相一致。

仙人洞村民自栽树冬瓜 20 株，还在房前屋后栽花、种草。在村外村里植树 5 300 棵；植竹 471 蓬，平均每户 2.7 蓬；栽果树（石榴）3 500 株。在密枝林下建翠竹园 40 亩。一些罕见的鸟类、蝶类纷纷落户仙人洞村和南碱村。

过去村中无厕所，后来建的简易厕所污秽不堪。旧村改造时，根据规划，南碱村建起两所水冲厕所，村头村尾各一所，投

图31　过去村民寸土必占建住宅，现今家家门前植花木，绿化环境

资 5.6 万元。仙人洞村也在村中建公厕一座。在村中修建造型讲究、内部清洁的水冲厕所，可以说是对千百年来沿袭的不良卫生习惯的"革命"，对提高村民的健康和文明水平具有重大意义。

南碱村改造旧电网，建新电网费用 6.8 万元。2003 年已有46 户用上电话，占全村户数 90% 以上，成为闻名遐迩的电话村。

基础设施不完善，仙人洞村投资 200 余万元，植树 5 300 余株，修筑旅游登山观光道路 5 条 1 025 米，在村内筑石板路 910平方米，新建民族歌舞坪 910 平方米，制作崇拜物 113 件，新建和修葺自然景点与民族文化景观 41 个，投入 50 万元建灯光照明设备，投入 1.7 万元建成了有线电视网。

图32 仙人洞村民自力更生修路挖河连通仙人湖

图33 南碱昔日全村唯一的厕所低矮污秽

图 34　南碱现今村头村尾各有一座水冲厕所

2. 服装在继承传统中更新

过去，因为生产和经济水平的限制，只有自织的土布做衣服，南碱村的傣族妇女都穿较厚的拼接花布和刺绣的土布筒裙，而且至少穿两条，与炎热的气候是不相适应的。为此，应考虑在吸收原有款式的基础上，适当结合时尚，设计一些简便的样式供妇女选穿，在面料上，尽可轻、薄，例如选用纱绸之类。南碱村妇女已经自己设计、制作了新款式的短裤、半长裤、裙裤。孙琦等项目组成员 10 人到南碱村，开展了"部分参与型"少儿女装改良工作。在全村妇女的积极参与下，经过 10 天的培训，"部分参与型"少儿女装成品完成，着装效果良好。接着实施"全面参与型"女装改良。这些改良服装受到傣卡妇女的普遍喜爱。通过讲座和培训，农妇认识了自己民族服装的价值，产生了自豪感，一改过去认为民族服装"土"的偏见。大多数老妪天天着傣装，中年妇女有不少人从田间归来后也换上傣装来参加集会。20 世纪 50 年代以后傣卡男子全着市面流行的大众化服装。课题组将傣卡男子的传统服装恢复起来。傣卡男子传统服装是黑色暗花圆领土布对襟长袖短衫，大腰打褶裤，戴黑沿帽或以黑纱包头。为适应气温和现代生活，可从面料和款式上做一些改进，但不宜脱离传统基本特点。现今一些撒尼女子在传统服装的基础上自创款式，有得有失，需要总结提高。

（六）保护和弘扬非物质文化遗产

在全球一体化的今天，民族的文化传统与文化遗产正在转化成一种人文资源。所谓的人文资源和文化遗产是同一个对象。当它不与当今社会发生联系时，就成为过去时代的遗留物，也就是所谓的文化遗产；当它与当今社会发生联系，成为未来文化发展的基础、民族凝聚的精神力量、地方文化认同的标志以及文化产业可开发利用的对象时，它就被转化成一种资源（人文资源）。既然是资源，就可以适当开发。在人文资源开发和利用的过程中，一定要关注保护、关注可持续发展。在民族文化生态村建设中，我们是怎样在开发中注意保护、又在保护的前提下利用民族文化遗产并使之持续性发展的呢？

1. 继承和创新民族歌舞

仙人洞村彝族能歌善舞，激动人心的大三弦舞更为人所称道和热爱。全村老小 700 余人，村中组建起文艺演出队六支，计：老年一队 16 人、二队 16 人；中年一队 32 人、二队 16 人；青年

探索实践之路

一队 13 人、二队 14 人。共计 107 人，占全村人口 14% 强。没能进村文艺队的人又自发组织了文艺队，例如中年妇女合唱队。演员最大的 73 岁，最小的 3 岁。村中建筑民族歌舞坪 300 平方米，购置乐器、音响 113 件。此外，发掘民间古曲 6 支，长歌 3 首，保护和开发各种民间乐器 120 余件。

图 35　仙人洞村民设计制作的歌舞坪上的简朴装饰

村民经常举行篝火晚会，演出节目，大多数场合是自娱自乐，演员是观众，观众是演员。由于是亲人演自己亲历过的歌舞，倍感亲切，所以虽然看过无数次，村民依然兴趣盎然，乐此不疲。仙人洞彝族文化生态村在三年内就演出 700 多场，观众达万余人次，演出收入达 25 万余元。农家旅馆有时邀请文艺队到院坝为客人作"专场"演出。

仙人洞村保留至今的古调声情并茂。例如《自家歌》唱一对旧日情人见面，回忆往昔交往的情景，撩拨人的心弦。仙人洞村的演出，各队风格不同，一般说，老年队演出的多是传统节目，原汁原味。老妪唱古老的歌谣，弹弄口弦；老翁挥舞钉耙、三尖叉之类的器物跳宗教意味颇浓的把式舞，拉独特的三弦胡（琴）。青年人的表演多是在传统歌舞的基础上新创作的节目，编导者是村民黄绍忠、黄绍良等人。表演队有30余个节目，经常演出的节目是：《大三弦舞》、《跳得黄灰冒》、《古老的仙人》、《酒神》、《纺麻舞》、《彝乡情》、《火塘情》、《老年人山歌对唱》等。

图36　仙人洞村创作演出的鱼舞

为提高演出水平，1999年12月和2000年4月两次请石林县阿诗玛艺术团的彝族编导来培训两个月。

仙人洞村歌舞队曾应邀到上海、昆明、石林等地演出，收入

探索实践之路

10 万余元。

来仙人洞村的游客，白天看风景，晚上看风情。村民不只是请客人看，还邀请他们跳，游客与村民尽情歌舞。

图 37　仙人洞村彝族姑娘放声歌唱

节庆时，举行山歌比赛，参赛的老翁、老妪勇敢唱起昔日的情歌，年轻人感觉耳目一新，热情鼓掌，纷纷模仿。项目组初进南碱村时，听不见村民唱傣歌、跳傣舞。难道傣卡的歌舞已消失殆尽？深入各家访问，多方启发，终于发现尚有两位老翁和十来位中老年妇女会唱傣卡山歌小调，有几位妇女会唱酒令歌，会吹树叶成歌。白云富老人会做小三弦（琴）。只是因为多年不唱，忘记如何唱了；或者因为害羞，不再唱了。通过做思想工作，村长刀文成带头唱跳，打破了僵局，群众活跃起来，开始唱跳。越唱越跳兴味越浓，村中的文艺活动持续开展起来。项目组邀请云南艺术学院的学生和镇文化站的同志辅导，村民学会了跳舞，用她们的话说是："经过训练，我们的手软了，腰也软了。"意思是：过去不会跳舞，身体是僵直的。

2. 坚持、充实、提高、更新民族节日活动

节日，是民族文化的亮点，是展示民族文化的窗口，是对村民进行精神动员的最佳方式，也是推动旅游发展的一种动力。抓住节日活动，就是抓住了传承和弘扬民族文化的重要一环。

仙人洞彝村的传统节日有六七个，最大的是春节、火把节、密枝节。每年都过这些节日，并适当地加进适应时代要求的内容。例如春节的"送火星"仪式，即可作为向村民宣传消防知识的手段。

图38　送火星节注入了现代消防内容

火把节期间，仙人洞村联合双龙营镇的其他民族——壮、苗、瑶、白和彝族支系，于1999年12月首次举行民族服装比赛会，让农民当模特儿。在赛装会上，仙人洞村的老年队穿出昔日的麻布装，荷锄挑担，再现了当年撒尼人的真实生活情景，大受欢迎，夺得冠军。从此，每年举行一次，提高了村民对民族服饰价值的认识和审美意识。另外，仙人洞村还新增了花脸节。

南碱村在民族节日方面，推陈出新，大大充实并提高了活动内容。仅举两项为例。

花街节。过去，举办花街节都是在傣雅聚居区——漠沙镇大沐浴村和傣赛聚居区——戛洒镇大槟榔园村；傣卡没有赶花街的固定场所，都是到远处的漠沙或戛洒赶花街。南碱傣族文化生态村建设成绩斐然，闻名遐迩，不时有人来观光游览。于是，2004年春节期间，新平县举办花街节，首次把南碱列为举办地之一。"南碱也要赶花街啦!"当大幅彩色招贴画贴出之后，四乡花腰傣轰动起来。傣卡从此有了赶花街的固定场所。无疑地，对于南碱开展对外宣传和促进自身发展都是机会。为了迎接第一届花街节，项目组改造了传习馆的灯光设备，调整了展品。村民在当地文化部门干部的辅导下，积极排练节目，邻村的青年也兴致勃勃地来申请加入歌舞队。为了举办活动，村民在广集山上搭起舞台，整修了上山的路。正月初三开始赶花街时，一下子涌来2 000人，是南碱人口的10倍。这个小村落顿时沸腾起来。第二天、第三天，仍然声势不减。来赶街的，不仅是十村八寨的傣家人，还有来自玉溪、昆明的远方客。客人除了参观文化传习馆，观看歌舞表演和农业祭祀，还可参与制陶、捉鱼、漂流、打陀螺等活动。连老人、小孩都上台吹树叶、唱小调。老倌唱起《祝酒歌》，妇女唱起《挑花歌》、《甜歌》。在篝火晚会上，客人与村民一起跳舞。南碱村虽说是第一次举办花街节，但是内容丰富，具有创造性和地方民族特色。在新平县三个举办花街节的地点，南碱村是最受欢迎的。电视台在报道花街节时，大部分镜头是南碱村的，这年的花街节由于南碱村的加入而显得格外丰富多彩。南碱村花街节的举办，在一定程度上推动了民族文化的传承和本村经济的发展。过去商品经济意识淡薄的村民，现今开始摆摊设点，销售青枣、"央"笋、刺绣等土特产和手工艺品。村中的刀文兴、谭荣富两家借此良机在自己家里办起了民居餐饮。亮宝等四家人则在花街上搭棚经营汤锅，亮宝家特别火爆。通过花街节，村民不但增加了经济收入，也促进了自身观念的发展，鼓舞了村民建设民族文化生态村的热情和自信。随着南碱文化生态村建设的推进，各项传统文化活动不断开展，加之各级政府部门对南碱村的关心和支持，南碱村的发展与以前相比，已经不可同日而语。花街节的成功举办，促使村民主动要求自己筹办下一个节日——四月节，并自信能够将四月节搞得更红火，将民族文化生态村建设向前推进。

图39 "花街"节招贴画

四月节，俗称"祭龙节"。因在农历四月间举行，故又叫"四月节"。南碱村在南碱河与元江的交汇处，饭稻羹鱼，水与村民的生存攸关。祭祀水神的化身——江龙，自然成为南碱村傣家人传统的一种民间习俗。当地人于农历四月第一个属虎日过节。

2000年春季，项目组、腰街镇政府和南碱傣族文化生态村管理委员会经过周密策划，精心组织，认真准备，成功地举行了"四月节"。这个节日既是传统祭"龙"节的恢复，保留了传统节庆的基本内容，又有所创新，增加了服饰展示、歌舞表演、漂流比赛等精彩节目，受到了广大群众的热烈欢迎。节日这天，各家蒸"龙"粑，门前挂"达了"（法器）和菖蒲。祭祀地点选在江畔的山阜上。山上一株高大黄杨木下，用鹅卵石围砌成平台，台上列着三个拳头般大小的鹅卵石，代表水神。村民说：它们是一公、一母、一子。石前供着煮熟的大鱼、牛肉、全鸡和米、糖、酒。人神之间的使者"雅摩"微闭双眼，坐在供桌后面，摇动纸扇，念唱经词；不时敲起羊皮鼓起舞，祈愿风调雨顺、人畜安康。祭毕，把牛颌骨挂在神树上。完整地剔出大鱼刺（脊骨），保留到六月二十三日叫人魂时才投入元江。村民围坐在神树下交谈聚餐，欢度"四月节"。四月祭龙，与二月祭"垄"一样，实际上是崇尚大自然，期望与大自然和谐相处。随着时代的发展，南碱村的祭龙节有了很多变化，祭神的主题已日渐淡化，更多的是为了口福和欢乐。节日期间，吸引了更多的外地游客。平时寂寞的闲地上支起卖汤锅的草棚，地摊上出售工艺品和日用品、水果。姑娘和小伙子唱起《南碱乐》、《祝酒歌》，跳起《花腰裙舞》、《捉鱼舞》；连大嫂、老妪也用树叶作乐器，吹奏起《甜歌》。来自北京、重庆、昆明等地的游客还兴致勃勃地投身到歌舞的海洋中，唱不够，跳不够，燃起篝火再继续。近年来，作为"云南民族文化生态村系列活动"之一的南碱"四月节",内容越来越丰富,成为当地宣传民族传统文化的一扇窗口和促进当地旅游业发展的节日之一。

图40　云南民族文化生态村系列活动

3. 恢复彝文

仙人洞村的彝族在迁徙中丧失了文字。村中毕摩已不识彝文经书,他们所诵的彝经都是口传心授。文字是民族文明的标志,有必要让仙人洞村彝民学习彝文。建设项目组从石林县请来彝文教师教授,还购来 50 册云南民族出版社出版的《简明彝汉词典》和《彝文识字课本》供村民学习。彝文培训班已办两期,48 位村民基本掌握了彝文的读写方法。8 户农户在春节时用彝文写春联。

4. 培训"毕摩"和"雅摩"

仙人洞村有毕摩七人(近年逝世一人)。建设项目组专家平时向毕摩讲解国家的宗教政策,帮助他们剔除宗教文化中的糟粕。石林县举行首届毕摩培训班时,选派村中的毕摩范金荣、赵文福前去受训。项目组根据历史资料恢复了毕摩的法衣、购置了

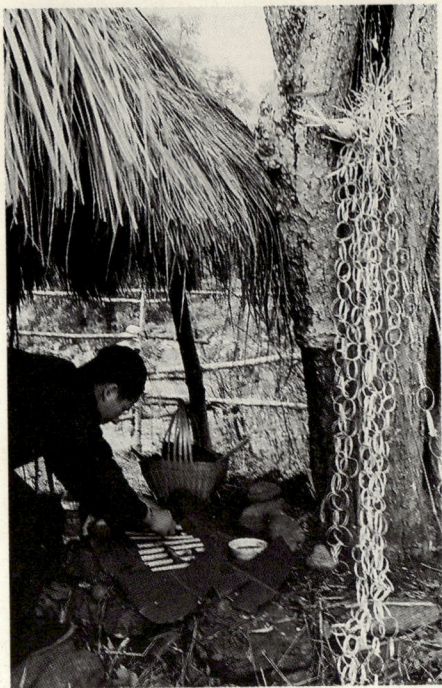

图41 四月节祭垒，寓意尊崇自然，保护环境

法铃等物；还鼓励他们参与擅长的民族医药治疗、歌舞演出、工艺品制作。在培训现有毕摩的同时，注意新一代毕摩的继承工作。例如培养了钱玉平等两人继承父辈毕摩的知识和技能。南碱村有雅摩三人，也给予培训。

5. 营建祭祀场　具象神灵

昔日仙人洞彝族祭祀的神祇是画在纸上并且须携去远处的山上，十分不便。建设项目组根据村民提供的神祇形象，雕刻成2米高的石像，计有：太阳神、开山将军、牛神、虎神、虫神、火神、水神、土神；另外还雕刻衔剑石吞口、石猫等。如此，仙人洞彝族的宗教文化有了载体，既满足了村民的精神生活，也为游

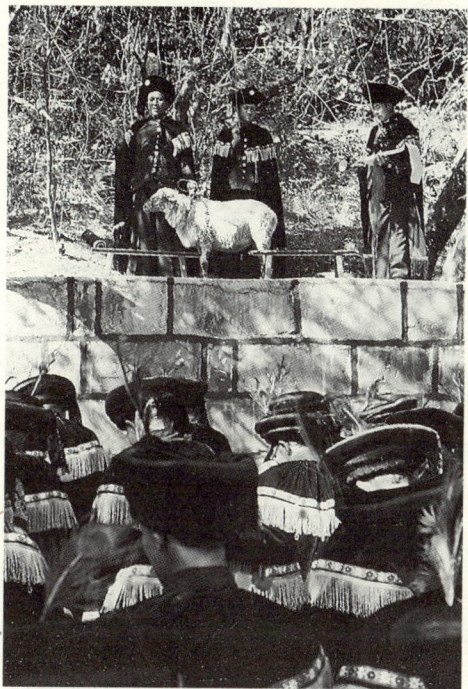

图 42　丘北县仙人洞村毕摩参加石林县毕摩培训班

客增添了观赏之物。

6. 保护民族文物和民族记忆遗产

南碱村搜集民族文物 100 余件。仙人洞村搜集民间吉祥物和古老服装 50 余件。记录整理民间歌谣 10 余首，民间故事 10 余篇，包括关于洪水、火崇拜、竹崇拜、石崇拜的传说。神话故事《人与石头的战争》体现了喀斯特地区的特点。民族文化生态村建设以来，通过发掘、抢救、筛选和整理，使得南碱村和仙人洞村各自保存了傣族文化和彝族文化的完整性和独特性。

2004 年 7 月 19 日至 27 日，项目组拍摄仙人洞彝族文化生态村，共拍摄素材 10 小时。拍摄内容包括村民生活，村寨概貌，

图43　祭祀场成为民族文化的一种载体

村民对民族文化生态村建设的看法及意见，密枝林及祭神场所，文艺队舞蹈排练，村民关于稻瘟病防治的科技培训，计划生育政策的宣传等。这些资料将被编辑成片，作为仙人洞彝族文化生态村传习馆的展示资料。项目组重点拍摄了仙人洞彝族文化生态村的民间艺人张玉先，内容包括艺人张玉先的日常生活、从艺经历、三胡（琴）演奏、山歌伴唱及由三胡伴奏的传统捕鱼舞蹈。一方面保护和保存了三胡演奏及张玉先的影视资料，另一方面也为仙人洞彝族文化生态村传习馆的展示提供资料。

　　从"文化丢失"到"文化自识"，再到"文化自信"，最后到"文化的自主建树"，南碱村和仙人洞村人在民族文化生态村建设中传承民族文化，守望自己的家园。

三、持续发展阶段做的工作

　　民族文化生态村第三期项目于2002年8月启动。第三期将总结经验、弥补不足，在第二期建设的基础上，进一步推进和突出各个试点村的建设和特色，把能力建设和机制建设作为主要目标，实现由专家主动向当地政府和村民主动的转变，建设顺畅的领导机制和推广机制。拟将南碱建设成为傣族传统文化与现代文明完美结合发展的精品示范村；支持和完善仙人洞村以民族旅游为龙头的建设得以良性和持续的发展。为了持续发展，课题组专家和文化生态村村民代表以及当地政府有关官员，每年都集中到一个文化生态村举行年会，总结经验教训；而且几年举行一次大型的研讨会，除参加文化生态村建设的各方面的人员与会外，还邀请省内外的学者参加研讨，集思广益，从实践中提升理论，又以理论指导实践。

2003年6月21日至22日，由云南大学人文学院人类学系和云南民族文化生态村项目组主办的"云南民族文化生态村暨地域文化建设论坛"在云南大学科学馆隆重举行。在此期间，来自省、市、县各级政府的领导，人文社会科学界的学者，民族文化生态村的村民与项目组一道，就民族文化保护与经济发展、民族文化保护与旅游开发、传统文化与现代化等热点和难点问题展开了深入的探讨。这些探讨，既有从省情、地区实际出发的宏观构想，也有从具体村寨出发的微观阐发，目的都是为了寻求在现实条件下，乡村社区或村寨的综合发展之路。与会代表对这方面的具体案例即"民族文化生态村"建设，分别从建设理论、操作方法、实践意义、可行性、可推广等方面进行了热烈的探讨和总结。与会代表一致认为，由云南大学人类学系主任尹绍亭教授主持的"民族文化生态村"建设，是寻求乡村社区，特别是少数民族村寨社会、经济、文化、生态等综合发展之路的创新性实践，具有许多建设经验可供借鉴。与此同时，代表们也认为"民族文化生态村"在建设目标、建设理念、建设方法等方面还有待在建设过程中不断探索和完善。另外，与会代表在民族文化生态村建设所推行的机制即政府、学者和村民的三结合上也达成了共识，认为三者功能的适当发挥是村寨建设的必由之路，但是上述三者的功能如何在各个不同的村寨建设中得到具体体现，还有不同看法。论坛期间，官员、学者和村民面对面，开诚布公地展开对话与交流，并对村寨建设的诸多问题进行了激烈争论。相信通过这次论坛，必将在理论上和实践方法上促进云南省民族文化大省建设战略在地方的具体落实。

2007年3月29日至4月1日在新平县城和南碱傣族文化生态村举行"云南民族文化生态村第二次论坛"，民族文化生态村建设及持续发展的道路已经相当明晰。

图44　论坛是民族文化生态村实践的理论升华

现今，民族文化生态村持续发展阶段要做的工作是永续的，其效应也会是不断的，其结果有待将来再总结。

第三节　成　效

一、社区全面持续发展

民族文化生态村建设，不是纯保护性质的生态博物馆或博物馆的社区化，而是按照新农村建设的 20 字方针："生产发展、生活宽裕、村寨整洁、管理民主、乡风文明"，把农村文化建设、精神文明建设、民族文化资源保护、旅游产品的开发与环境改善、经济发展协调起来的一种新的实践和探索。我们是通过民族文化生态村把民族文化引导和培育成为一个开放系统，最终使其成为社区经济、社会、文化协调发展的内部机制。民族文化生态村为当地政府在如何主动地、更好地保护和发展民族文化并使其与地区经济协调发展提供一个切入点和突破口。

1. 农业结构调整

过去，南碱村生产结构单一，农作物仅限于水稻和甘蔗，家禽则自产自给。2000 年以来，在玉溪市和新平县、腰街镇政府有关部门（农业局、环保局、妇联、农科站、科协等）的直接指导和帮助下，以南碱村为重点，进行了熟制改革，调整了产业结构。

①控制甘蔗种植面积，减少山地种植，部分退耕还林。甘蔗生产在品种上下工夫，发展田蔗，提高单产。

②改革种植模式，于 2000 年实行旱稻留养再生稻，同时实行复种，即采取立冬先种玉米再种晚稻的种植模式。

③发展热带水果种植。红河河谷是热温带果蔬发展的天然温室。新平县在建设绿色经济大县中，提出发挥热区资源优势，开发名、特、优、稀果蔬品种。2000 年 1 月在南碱村建设台湾青枣高产优质示范园，种植青枣 130 亩，仅 7 个月就开始挂果，产

量每亩 751 千克，按最低收购价，净利润在 3 500 元左右；当果树进入第三年的丰产期，每亩产量可高达 1 500 千克，净利润高达 8 000 元。南碱青枣以个大味甜深受消费者青睐，外地客商纷

图 45　青枣获丰收

纷前来收购。南碱村种植荔枝比广东、广西地区早熟半个月。2001 年种植水东、妃子笑等品种，面积 50 亩，成为规模种植的示范区。南碱村从 2003 年开始，在早稻和晚稻收获后的闲田里种植秋冬两季苦瓜，形成水旱轮作科学种植模式，既培肥了地力，也大大降低了病虫害发病率。南碱在种瓜之初就形成了"养猪——沼气——苦瓜"的养殖、种植有机结合的生态农业模式，用沼液和沼渣肥田种瓜，而瓜叶又可作为沼气的原料，循环经济模式成为南碱苦瓜产业快速发展的"秘密武器"。南碱种植两季苦瓜，平均亩产收益可达 4 000 多元，反季节性优良品种农作物的种植，为南碱村带来丰厚的收益。色彩多样的累累果实本身就是美丽的风景，可以招致众多的游人。扩大南碱水果种植面

积，对加快退耕还园、还林，提高植被覆盖率，防风固沙，保持水土和改善生态环境，维持生态平衡，具有重大意义。

④发展养殖业。村民在村边广集山下掘鱼塘 30 亩，并增加了鸭和灰鹅的饲养。

2. 经济发展显著

为村民寻求脱贫致富门道，改善村民生存环境，提高村民生活质量，是仙人洞村和南碱村文化生态保护和可持续发展的基础和关键。仙人洞村 1997 年以前人均年收入仅 280 元。1998 年人均收入为 850 元。建设民族文化生态村以来，村民的收入一年比一年高：1999 年人均年收入 1 100 元，较上年增幅为 9.5%；2000 年人均 1 500 元，增幅为 15%；2001 年人均 2 300 元，增幅为 30%。而周边村寨平均年增长率约为 5%。到 2002 年，村民人均收入达 3 000 余元，是普者黑景区开发前的 1992 年人均年收入 280 元的 20 倍。2004 年统计：全村 172 户人家中，年收入在 10 万元以上的有 3 户，6 万元以上的有 4 户，1~2 万元以上的有 30 多户。全村人均年收入达 4 000 元。2005~2006 年村民分红，人均 80 元。

南碱村在 20 世纪八九十年代粮食亩产仅 750 千克，人均年纯收入仅 600 元。建设民族文化生态村后，2004 年，南碱村实现经济收入 80.8 万元，其中种植业收入 35.1 万元，畜牧业收入 16.1 万元，农民人均纯收入 1 887 元。

2005 年夏，中国留学日本的硕士陆鸥对南碱村和相邻的下腊东村作过调查并比较，其年收入按户计见下表：

南碱村和下腊东村的收入调查表

村落	年收入（元）	1 000～3 000	3 000～5 000	5 000～8 000	8 000～10 000	20 000～30 000
南碱村	户数	7	26	11	4	1
	%	12.7	47.3	20.0	7.3	1.8
下腊东村	户数	2	14	14	2	0
	%	5.1	35.9	35.9	5.1	—

说明：若按年人均收入比较，南碱村更高于下腊东村。

2006年南碱农民人均纯收入由上年的1 887元达到2 806元，人均产粮212千克。仅隔一年，农民人均纯收入增加近千元，增长幅度近1/3。这在经济欠发达的云南农村是难能可贵的。

3. 文化意识增强

文化能够提高知名度，推动经济，经济发展了又再推动文化，互相促进，血肉与共。仙人洞村正是这样。村民凭借民族文化脱贫致富，大大提高了他们对民族文化价值的认识，加强了对民族文化的自信、自强和自觉意识，增强了村民保护民族文化的自觉性和积极性，摆正了民族文化在旅游中的主体位置，同时增进了他们保护和发展民族文化的经济实力和其他物质条件。这就创造出文化保护和旅游开发双向互动、良性循环的机制。

村民文化意识的增强，可从服饰、歌舞、建筑、宗教等方面得到反映。举服饰为例。由于旅游业发展的巨大成功，村民看到了传统文化的价值；一度淡忘的传统民族服饰再次受到关注，并成为可以强化的元素被加工、解释，甚至炫耀。花围腰成为当地撒尼服饰的一种标志，并作为一种旅游商品向游客展示。在2000年联合国教科文组织举办的民族服饰展评会上，当地撒尼传统服饰得到了各国专家的肯定，被评为一等奖。此举更强化了当地撒尼人热爱和穿着传统服饰的信心。撒尼男子改着汉装已经

图46　像这对年轻夫妇一样的生活水准在南碱村已经很普遍

将近百年。现时人人都以穿着撒尼麻布裰为荣，撒尼男子的服饰很快复兴，成为旅游业在仙人洞村兴起的一种标志。传统服饰已成为旅游接待的工作服装和主要的旅游工艺品。如今在仙人洞村四处可见身着撒尼传统服饰的人群，到处都是出售传统服饰的店铺。

尤为可喜的是，村委会已经能够积极、主动地带领村民进行文化建设和进行文化传承活动了。仙人洞村不仅自身的文化建设卓有成效，还带动了其他民族村寨，发挥了很好的示范作用。一位美国游客对项目组的专家说："是你们使他们以更加积极的态度来对待自己的文化，并且保护它。这个价值不仅是经济上的；

图47 乡宴乐融融

图48 着装比赛

同时也在很大程度上使他们对自己和他们的文化而感到骄傲。"

4. 民族文化的继承和创新

现今存活于民间的民族文化是具有系统自组功能的，新陈代谢（文化变迁）乃势所必然。仙人洞彝族文化生态村以积极的态度对待传统，合理地迎取民族文化自然改变和发展的过程。在继承中发展，在发展中创新。他们追求传统文化的现代价值，寻求传统文化与现代社会的契合。

例如，在农历七月初十送病节时，毕摩把现代文明因素纳入仪式中，宣传保护环境、森林、湖水，注重个人卫生、防疫防病，破除迷信，这种积极的文化态度和价值取向可以达成个人社会行为多方面的协调运行。

他们还以积极的姿态激活了文化生机，塑造出全新的民族文化。例如，适应昆明国际旅游节在普者黑设活动日的要求，创造了旅游节（在4月、5月）、荷花节（在7月、8月），还在10月举办辣椒节，并把传统的火把节纳入旅游节日，在火把节中加进具有时代色彩的新内容，他们在文化与经济之间搭桥，扩大了村落的知名度和影响，推动了地方经济的发展。

5. 教育发展

认真贯彻执行义务教育法，实施九年义务教育，全村无适龄儿童失学，仙人洞村已普及小学教育。村中有1~6年级6个班，儿童入学率达100%，比起从前仅有40%~50%的儿童入学率，义务教育的成果显著。2002年出了第一个中专学生黄进芬（17岁），全县中考获450分以上的770人，黄进芬460分。

南碱村近年在玉溪和昆明上中专的学生增多。特别可喜的是，2003年破天荒出现了大学生！村民刀文良之长子刀正开（19岁）考入兰州大学物理科学与技术学院材料化学专业。2005年刀文良的次子刀正平（19岁）考入云南大学。根据乡规民约，村民小组从有限的公积金中提出1 000元奖励考上重点大学的学生。村寨教育的发展，与文化生态村建设提高村民素质重视文化教育是分不开的。

图49 南碱村姑娘成了封面人物

二、文化传习馆的创新与作用

南碱花腰傣文化传习馆不同于城市博物馆。它只是一座两层楼的土掌房，与民居融为一体；其展出方式也颇富创意。展品420件，为昔日的生产生活用具和服饰，等等，发动村民从房屋的旮旯找出这些久已不用的"古董"来展出，所有权属于个人。

每件展品上都标上他（她）的名字，并附小照。村民以此为荣，踊跃提供。

传习馆集展示、传承和研究功能于一体。展示内容有：生态环境、服饰及制作工具、稻作、渔猎、制糖工具、歌舞游戏、仪式信仰，等等。实物展示都为开放式，参观者可以接触展品。村民可以现场操作、演示和解说。步入展厅，会感受到浓郁的生活气息和古朴的艺术情调。传习馆还设"花腰傣文化资料信息中心"，收藏关于傣族中花腰傣这个支系的研究著作、影视资料等，供来访的国内外学者使用。

图50 日本关西大学石田浩教授（中）一行考察南碱（左一为陆鸥、右一为滝田豪）

传习馆建立后立即开展传承活动。项目组在晚上召集村里的小女孩，聚集在村中的妇女之家，以 0.1cm × 0.1cm 压模塑料网，用丝线进行传统十字绣及反面平针绣的传统初级创新实践。孩子们还在 5cm × 5cm 铁丝网上，用直径 0.5mm 的各色粗型丝绳制作出精美而秀雅的手针绣缝线迹模型。每个孩子都有上好的小小作品，放在传习馆中作专题展示。传习馆是活态的博物馆。

文化传习馆以静态和动态结合的方式，向外界展示花腰傣独特的文化，以实现文化多样化的价值。南碱花腰傣文化传习馆与原生地呈现的社区活态文化相辅相成，相得益彰，吸引国内外的人前来参观，扩大了南碱村的知名度，对于南碱发展经济、开发旅游，进行文化交流发挥了很大的作用。有的参观者爱上南碱，资助南碱，愿为南碱的发展尽力。

三、民族文化走出国门

由于项目组专家向国外同行推荐这里的民族文化，又由于民族文化生态村吸引了各国专家，南碱村和仙人洞村的傣族文化和彝族文化引起国外学者关注，有关部门邀请村中的民族文化传承人到国外表演，并就非物质文化遗产保护进行探讨。

2005年，南碱村民白永兴（46岁）、刀文兴（58岁）应越南民族学博物馆的邀请，赴河内市表演竹编。2007年白永兴又应邀赴美国纽约，在史密森·肯尼迪协会遗产保护中心交流技艺。白永兴感慨："要是我们这里不搞民族文化生态村建设，我这个连昆明都没有去过的农民，怎么可能走到越南、美国，我们民族的文化怎么可能引起外国人的兴趣！"

2006年，"亚洲博物馆长和人类学家论坛"在昆明举行，同时举办"湄公河流域傣族纺织品展"，邀请中国八位傣族民间艺人现场演示，其中一位是南碱村的白凤珍（48岁）。她的刺绣技艺令来自日本、韩国和东南亚国家的观者啧啧称赞。

2000年联合国教科文组织（UNESCO）倡导的"中、老、泰、越苗族/蒙人服饰制作传统技艺传承"国际研习班成员到仙人洞村观摩当地不同民族农民举行的赛装会，来自中国、法国、

图51　南碱村竹编艺人刀文新（第二排左起第五人）、白绍兴
（第三排左起第七人）赴越南出席国际会议交流技艺

瑞士、日本、美国、英国、荷兰、澳大利亚、印度、泰国、越南、老挝等国专家高度评价了仙人洞村彝族的精美传统服装，表达了邀请他们去展演的意愿。

南碱村和仙人洞村的刺绣、纺织品受到外国游人的青睐，纷纷购买。他们把文化的种子播撒到了海外。

四、精神文明建设树新风

精神文明建设是民族文化生态村建设的重要方面。民族文化生态村通过整治村容村貌，改善人居环境，加强基础设施建设，开发民族文化旅游资源，不但为当地带来了可观的经济收入，而且促进和带动了当地的精神文明建设。

南碱村在不断进行文化科技教育宣传培训的同时，村民自发组织学习《公民道德建设实施纲要》，把"爱国守法、明礼诚信、团结友善、勤俭自强、敬业奉献"的公民道德基本规范宣传到每户群众中，把社会公德、职业道德、家庭美德教育与发展经济、邻里团结、家庭和睦结合起来，积极开展"十星级文明户"创评活动，参评农户达到 100%。如今，南碱村民"学科技、用科技、依靠科技致富，讲文明，树新风"蔚然成风，全村 55 户农户中有 16 户被评为"十星级文明户"、20 户农户被评为"九星级文明户"、18 户农户被评为"八星级文明户"。南碱村还制订了切实可行的村规民约，加大宣传教育力度，杜绝赌博、偷盗等社会丑恶现象发生。大力倡导移风易俗，提倡新事新办，革除大操大办红白喜事的陋习，过去是办 2~3 天，现今改为半天到 1 天，由几百号人减为百人以内。计划生育政策深入人心，多年无计划外生育。经常开展有益的群众性体育活动，如漂流、跳民族健身舞等。2006 年 12 月，南碱村分别被省、市、县文明委命名为省、市、县三级文明村。

仙人洞村和南碱村一样，民族的道德规范完整。仙人洞村自古以来就订有村规民约，规范村民的行为，村寨民风淳朴，荣誉感和集体主义意识强。在建设民族文化生态村中，让村民自己管理自己，又把行为规范具体详细的村规民约概括成四言八句便于记忆，镌刻在村中央广场的石座上。村规民约在每年农历冬月密枝节时检查、修订。因为密枝节期间，毕摩带着男人们在村中边走边大声喊话，一问一答，批评村民中不守规矩、品德不好的人和事，起到扶正压邪的作用，使彝家的良好风气代代相传。

仙人洞村注意培养村民互帮互助的集体主义精神。全村帮助村里一户聋哑人解决了生活困难，组织村民帮助特困户修建房屋三间。并规定开办农家食宿店必须与精神文明建设挂钩，与计划生育挂钩。仙人洞村距景区现代化的宾馆、舞厅不过 200 米，但村民不赌不嫖，无一犯罪人员。开展精神文明建设以来，全村 173 户农户共有十星级文明户 30 户，八星级、九星级文明户 86

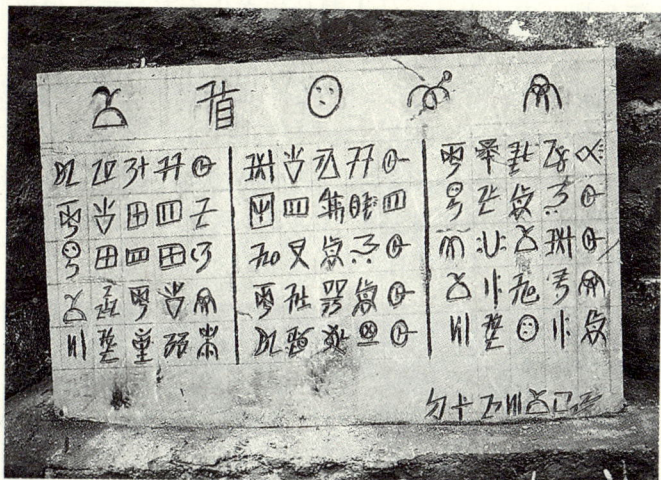

图52 刻在寨心的彝文"乡规民约"

户，六星级、七星级文明户56户，村民的精神面貌得到新的升华。仙人洞村被上级部门命名为：安全文明无毒社区示范村、旅游优质服务示范村、十星文明户示范村、普法依法治理示范村。先后获丘北县人民政府、文山壮族苗族自治州人民政府、云南省人民政府授予的县、州、省级文明村，思想政治工作先进集体荣誉称号；获省级文明村奖金10万元。更可喜的是，仙人洞彝族文化生态村获得国家级文明村称号。

五、示范和推广

南碱傣族文化生态村和仙人洞彝族文化生态村成为传播文化生态理念的核心，其影响力向四周辐射，真正起到示范作用。

过去，普者黑地区在农历六月二十四日过火把节时，各家各户只是吃肉喝酒，夜里点火把"占田色"，小孩挥舞火把玩乐。

2002 年 8 月（农历六月）仙人洞彝族文化生态村带头倡议联合过火把节，召集分属不同乡镇的 8 个撒尼村寨的负责人开会，在节日期间除按传统燃篝火和火把外，还增进新的文化内容，如首次举行民歌比赛和服饰展演。数十里外的壮族，受其感召，主动要求参加撒尼兄弟的节日活动，也来展演服饰和歌舞。附近的苗族见壮族如此，亦来共襄盛举。2002 年火把节盛况空前，一个不足 800 人的小村落竟然有上万人赴会。

图 53　火把节之夜

仙人洞彝族文化生态村名声在外，石林县的撒尼同胞慕名而来认亲戚，在 1999 年冬举行联欢。旅游业兴起使仙人洞村以外的村落也受益。例如在歌舞队人手不敷演出时，有的农家旅馆把客人用马车拉到邻村跳乐，仙人洞村的影响逐渐扩散开来。南碱傣族文化生态村建立以来声誉日隆，它的发展已经引起邻近县份的关注。墨江县有关部门在不到两个月内就两次组团前来"取经"。考察团表示：此行收获很大。回去后对搞类似文化生态村的社区建设心里有了底。红河州委副书记杨红卫同志 2001 年前参照民族文化生态村的理论和方法，创造性地在弥勒县下高甸村进行文化生态建设，取得了喜人的成绩。他来昆明参加了"云南民族文化生态村暨地域文化建设论坛"，在会上介绍了下高甸村的建设情况，受到了与会人员的热烈欢迎。会上他提出邀请项目组专家到该村进行考察。7 月 23 日，王国祥（孟翔）、施红、王东焱三人应邀赴下高甸村，参加了该村举行的火把节，进行了交流。自南碱村建设文化生态村以来，其他村寨的年轻人都喜欢到南碱村来串寨，姑娘们也很乐意嫁到南碱村来。南碱嫁到其他村寨的姑娘受人尊重，她们也以此自豪。

为了推广和规范，项目组在多年实践的基础上，经过理论探讨，于 2007 年 3 月制定出《民族文化生态村（社区）建设评估指标体系》，给以后的民族文化生态村建设指明了道路。

六、学术研究的活基地和国际文化交流的平台

项目组专家以科学的视野和科学的方法对南碱村和仙人洞村这两个文化活标本进行科学研究，从村民方面看，直接提升了他们对自己文化的历史价值、艺术价值和科学价值的认识和保护的自觉性；从学者方面看，他们获得了深入实际的机会，使理论与实践相结合，在实践中又提升了理论的高度和深度。

南碱村和仙人洞村都以文化生态村这种形式保护、展示丰富多彩的民族文化，受到国内外民族学家、人类学家、社会学家、文化学家，以及有关建筑、服装、宗教、音乐舞蹈乃至地理、植物等方面的研究专家的密切注意和热烈欢迎。他们中的一些人来此考察、研究，产生了一批又一批有分量、有深度的研究成果，促进了国内外的文化交流与合作。

到仙人洞彝族文化生态村访问的，有斯洛文尼亚、美国、法

国、荷兰、日本、韩国、泰国、新加坡、马来西亚等二十多个国家的学者。国外一些大学和科研机构把这里作为学术研究基地。斯洛文尼亚喀斯特研究所所长和科研人员多次来访。日本京都大学人类学博士生田华两次来此预备她关于彝族亲属称谓的博士论文。2000年在云南大学出席苗族纺织技术和服饰国际研讨会的国外专家50余人来仙人洞村研究撒尼服饰。到南碱傣族文化生态村访问的已有几十个国家的学者。1998年日本国黛节子舞蹈团到仙人洞村作交流演出。著名舞蹈家黛智英、黛今日子等表演了《花黛舞》、《伊予说笑》、《越中寓娃啦》等日本传统民间舞蹈。仙人洞村的业余演员们穿插表演了《撒尼麻歌》、《古老的仙人》、《祝酒歌》等民族歌舞。带队的大野晃先生挥毫泼墨饱蘸深情地写下赠言："愿中日舞蹈文化交流像美丽的普者黑湖水一样源远流长。"2006年4月25日黛节子舞蹈团访问南碱傣族文化生态村并演出。韩国的几所著名大学于2005年8月组织50余人的访问团到南碱村交流文化，还为村民诊疗、美发、传授儿童教育方法。日本关西大学硕士研究生陆鸥在南碱村作问卷调查，撰写关于中国农村经济的毕业论文。

云南大学人类学系将南碱村和仙人洞村作为田野调查基地，组织学生前来实习。人类学硕士生李继群（女，纳西族）在仙人洞村调查研究三个多月，撰写毕业论文《旅游生态环境与文化调适——丘北县仙人洞的调查研究》，硕士生荣莉（女，汉族）拍摄了仙人洞彝族文化生态村的纪录片，并撰写了论文《旅游文化中的"权力"问题》，硕士生张海的毕业论文是《傣卡青年在文化变迁中的角色分析》，硕士生徐菡写了《新平花腰傣南碱村"傣卡"的原始宗教调查》。南碱傣族文化生态村和仙人洞彝族文化生态村成为人文学科研究人才的培养基地，一批批研究人才将在这里得到锻炼和成长。

图 54　日本著名的黛节子舞蹈团到南碱村和仙人洞村采风

七、专家的评价和媒体的传播

　　1938 年丘北县政府填报《西南边区民族调查表》，关于撒尼彝族，仅填报了豹子坡、白脸山、红薯山几个村落，人口为男371 人、女 428 人，没有填报仙人洞村，可见当时仙人洞村还显得微不足道。

　　建设文化生态村以来，仙人洞村的历史文化积淀得到发掘，面貌大为改观，民族文化大放光彩，尤其是崭新的文化生态理念以新生事物的锐气在中国大地上独树一帜，吸引了无数来访者，赢得热烈反响。斯洛文尼亚喀斯特研究所的专家德伊·斯拉贝说："我第二次来到普者黑才发现，这里有如此宝贵的彝族文化。我还要约欧洲的学者再来看一看，这不仅是中国的珍宝。我

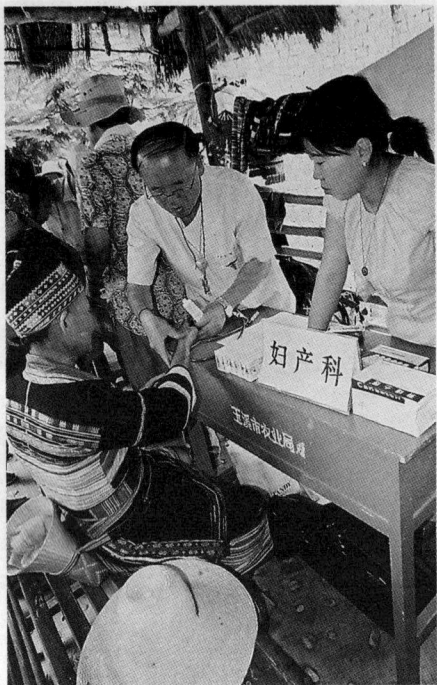

图55 韩国医师在南碱义诊送药

们要出版一个报告,发行一部考贝,向世界学者宣传。"日本京都大学山田勇教授评价:"仙人洞彝族文化生态村的设想和实践,我认为是一个先进的项目。"美国得克萨斯州出版大学教授、人类学博士艾琳娜·葛雷(Elinan Gdle)把仙人洞村称作"神奇的小村庄"。她不无感慨地说:"在当今世界试图保护传统文化所面临的挑战是很多人所关心的,但是只有少数人能够妥善地找到解决办法。"艾琳娜的丈夫说:"我认为村民在不远的将来会有更多的成就。"泰国法政大学前副校长素密·比迪帕博士(Mh. Sumitr Pitiphat)写道:"我们泰国法政大学研究团前来花腰

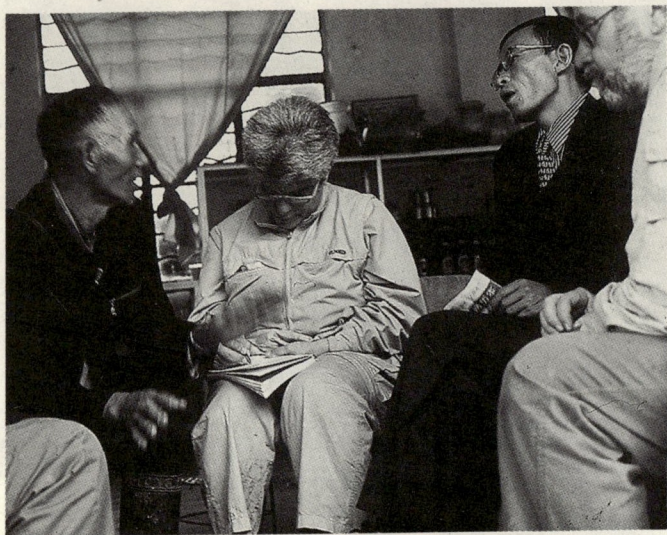

图57 美国得克萨斯州人类学家艾琳娜·葛雷（Elinan Gdle）和丈夫访问撒尼"毕摩"

的互动组合。""从仙人洞村我们看到了少数民族村文化的创新力。"① 云南民族博物馆馆长谢沫华题词："传承民族文化的一条新路。"中国著名蒙古族歌唱家胡松华动情地留下他的肺腑之言："风情万千，锦美千里，写不尽花腰傣民族的真善美品格质量。我虽已年逾七旬，定要为你们做些实事……长影人胡松华携老伴张夏萌。"美国福特基金会项目官员莫雷博士和何进博士分别到过仙人洞彝族文化生态村和南碱傣族文化生态村视察，充分肯定了这两个文化生态村的建设成绩。

中央和省、市、州、县以及香港和外国的多种媒体（电视台、报刊等）对民族文化生态村不断进行报道。

---

① 李伟：《谁动了我的花围腰》，《中国民族报》2007年1月5日第9版。

图58 泰国法政大学前副校长素密（第二排左一）、沙墨猜教授（左二）一行三次访问南碱傣族文化生态村

图59 蒙古族歌唱家胡松华及其夫人访问南碱

图 60　世界非物质文化地遗产委员会韩国首席代表金秉模教
　　　授（右）及夫人（中）访问南碱傣族文化生态村（左
　　　一为村长刀文成）

2004 年 5 月 24 日，由新华社、人民日报、中央电视台、中国国际广播电台、香港凤凰卫视、上海东方卫视、北京电视台、文化报、羊城晚报等单位组成的全国记者采访团到南碱采风。记者们参观花腰傣文化传习馆，对项目组专家和村民在民族文化生态村建设上所作出的努力和取得的成绩由衷称赞。2004 年 5 月 25 日《云南日报》以《花腰傣歌舞陶醉众记者》为题对此作了报道。

2004 年 5 月 5 日香港《文汇报》对民族文化生态村用整版篇幅作了深入报道。《云南日报》、《春城晚报》和《今日民族》等本省报刊常有报道。多种媒体宣传民族文化生态村，信息反馈回来对民族文化生态村也起了推动作用。

第五章　运行机制

在文化生态村建设之初，我们已认识到：政府、村民和专家三个方面的力量是缺一不可的。但是，在运作中，他们各自处于何种地位呢？经过多年实践摸索，我们找到了并且建立了村民主导、专家引导、政府领导的互动机制。

第一节　政府领导

毫无疑问，我们的任何事业，都必须首先置于党和政府的领导之下。政府领导就是政府在宏观层面上，领导村民认真贯彻党的路线、方针、政策，支持村民建设家园，发展生产，保护文化传统，发展社会主义新文化。在民族文化生态村建设运作中，专家组和村民遵循正确的政治方向，争取行政的支持（包括运行经费的支持），依靠上级协调各种关系。项目实施伊始，云南省委宣传部便将其作为"云南民族文化大省建设"重点之一，写进了《云南民族文化大省建设纲要》和《云南民族文化大省建设"十五"规划》之中。2001年，省委宣传部组织调研处对民族文化生态村建设的进展作了专题调研。同年，省政府政策研究室根据徐荣凯代省长的批示，向省政府提交了云南民族文化生态村的缘起、建设及其意义的调研报告，肯定了该项目的创新和贡献，并建议应给予专家们积极的鼓励和支持。2002年春，云南省政协民宗委组织调研组赴民族文化生态村试点调研，在给省委、省政府的报告中，亦充分肯定了该项目的成绩，并建议各级政府加强领导，使之进一步完善，发挥积极的示范作用。2002年9月，全国人大副委员长成思危率中央统战部考察团到云南考察民族文化保护现状，听取了项目组关于云南民族文化生态村建设的汇报。与此同时，民革云南省委着手《我省民族文化生态示范村的调查及对策研究》课题，聘请民族文化生态村建设项目组担任顾问。2002年10月文化部为了制定文化遗产保护规划，派遣调研组专程前往云南民族文化生态村试点之一的西双版纳巴卡小寨（基诺族村寨）考察，返回昆明后，又与省文化厅的领导一起听取了项目组的汇报。2002年11月，文化部少数民族文化处决定在全国范围内建设"民族文化生态保护区"试点，为此专门征求了项目组对方案草稿的意见。云南省文化厅在制订定于2003年实施的"云南民族文化遗产普查"方案时，项目组成员参与了方案的策划，并作为专家组成员指导方案的实施。仙人洞村的建设模式受到省级相关领导部门的重视。在仙人洞村召开现场会议，推广其经验，政府在财政上也给予民族文化生态村建设一定程度的支持。仙人洞彝族文化生态村建设开始时，由民族文化生态村建设项目组写报告、由省委宣传部申请办理，从省财政厅获得民族文化生态村建设专款50万元；政府贷款20万元、云南省旅游发展基金补助41万元。总计政府投资25%。

关于村民、专家和政府的关系，民族文化生态村遵循的是：村民主导、专家引导、政府领导。而有的生态博物馆提倡者奉行的原则是："政府主导、专家指导、村民参与。"[①]"领导"和"主导"不仅是字面的不同，实质上是指导思想的差异，反映在二者截然不同的效应上。贵州的同志总结说："虽然生态博物馆走过了十年的历程，但生态博物馆的理念尚未深入人心，村民回

---

① 胡朝相：《贵州生态博物馆的实践与探索》，载《中国博物馆》2005年第2期，第4页；第3期，第23页。

答不了什么是生态博物馆。因为从生态博物馆建设之初，就是政府行为，不是社区村民的行为。以资料信息中心为起点，包括征地、设计、施工、文物征集、陈列展览等，都是由文化部门主办。"[①] 因此我们认为："政府主导"应定成"政府领导"为妥。

联合国教科文组织《保护非物质文化遗产公约》指出："国家在保护非物质文化遗产的活动中，应努力确保创造、保养这些非物质文化遗产的社区、群体以及有时是个人的最大限度的参与，并积极地吸收他们参与管理。"为什么要这样规定？为什么单靠政府不行？因为属于全人类的非物质文化遗产首先是属于特定群体的；排除了这些主体的参与，就无从着手"保护"。而最重要的"参与"就是传承。对此，民族文化保护专家在实践中是有深切体会的。他们认为：目前的非物质文化遗产保护工作主要还是政府领导、专家推进，并未真正重视民众的力量。我们应当相信民众的选择能力和创造能力，不是强制他们去做什么，而是给他们提供发展传统文化的宽松环境和条件。这是一种自下而上的民众的自觉行为，由于来自于生活的真实需要，往往更有发展潜力。[②]

政府领导下的民众自下而上的自觉行动是民族文化生态村建设成功的根本保证。

第二节　专家引导

历史和现实提示我们：文化像一条河，不是静止不动的。文

---

① 胡朝相：《贵州生态博物馆的实践与探索》，载《中国博物馆》2005 年第 2 期，第 5 页。

② 俞灵：《从遗产到资源：西部人文课题彰显"文化自觉"》，《中国民族报》2008 年 7 月 8 日第 10 版。

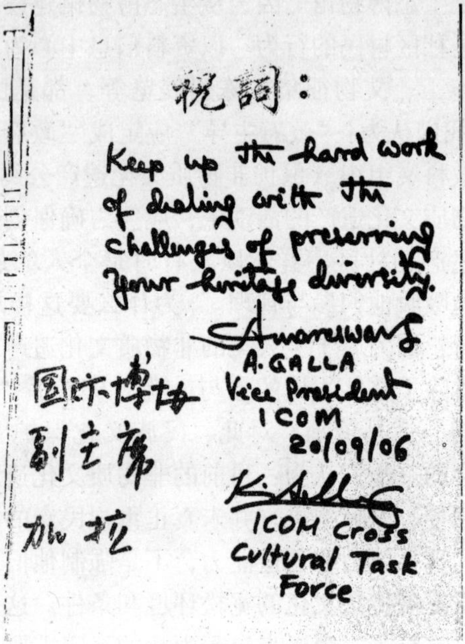

祝詞:

Keep up the hard work
of dealing with the
challenges of preserving
your heritage diversity.

Amareswar
A. GALLA
Vice President
ICOM
20/09/06

K. Alb
ICOM Cross
Cultural Task
Force

国际博物
副主席
加拉

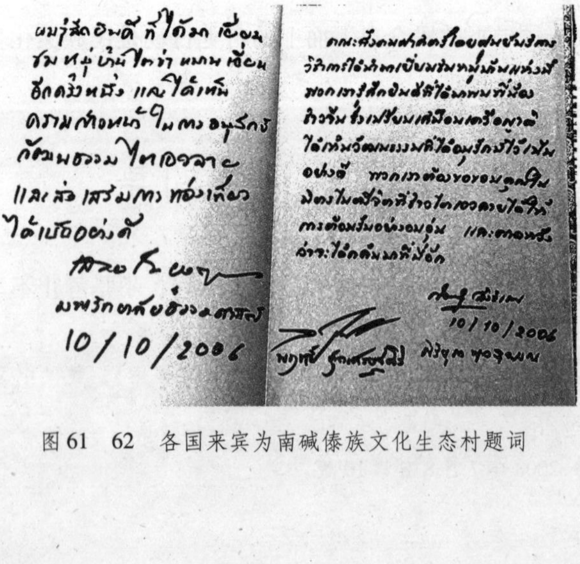

图 61　62　各国来宾为南碱傣族文化生态村题词

化一直处于变化发展的状态中，处在与其他文化的互动中。文化在不同的时代、不同的地区会变异，就像一条河会变迁、改道，甚至断流。现今，在全球一体化的形势下，在主流文化的冲击中，处于弱势的少数民族文化往往会急剧蜕变，其可持续发展已经出现危机。如果没有外力的正确引导，听任民族文化之河盲目乱流，其后果必然不良，文化的多样性归于单一化。所以说，文化的生存方式在于传承，传承的关键在于文化意识的觉醒，唤起民族意识的方式在于教育。有识之士倡导的民族文化生态村的理念，村民是不会自发产生的，需要灌输、传播，需要专家帮助村民认识自己的文化的价值和潜力。

民族文化生态村是以文化保护为目的，文化立寨为手段，在互动中实现双赢。民族文化生态村是一个始于理论研究并将研究成果付诸实践的应用性项目。专家们的研究为民族文化生态村建设奠定了理论基础。民族文化生态村的最初构想只是概念，至于如何建立经济、生态、文化相协调的社区发展模式，需要探索，因为专家也非"生而知之"。通过不断探索，创新工作思路、创新工作方法、创新建设模式，取得了经验。总结经验教训，并提升为理论，正所谓"实践出真知"。因为专家有真知，村民才需要专家指导。村民的实践和创新也需要理论知识比较丰富的专家帮助总结，以利于更上一层楼。在开发文化产业中，也需要专家帮助找准市场。

民族文化生态村的管理主体是村民，但由于管理缺乏既有的参照模式，村民很难完全实现自我管理，因此，专家组的指导就显得非常重要。在管理中，专家一方面指导居民小组积极行使村民自治的权利；另一方面帮助制定、完善相应的管理制度。几年来，在专家的指导下，南碱村和仙人洞村通过探索积累，逐渐形成了一套完整的文化生态村管理制度，管理工作日趋规范，有了属于自己的比较成熟的经验和运行机制，在发展中逐步实现了自我组织和自我管理,民族文化生态村日益健康发展。在民族文化生态村建设中,专家是调节主体关系的重要因素,他们的介入使得村寨有了新的活力。

民族文化生态村建设项目组是由来自各种学科的专家组成的。他们参与调查研究、项目规划、培训村民、设计方案……他们的工作贯穿于整个建设过程之中。重视发挥专家学者的作用,为民族文化生态村建设提供更丰富的理论依据和更深厚的文化内涵,是完全必要的。

专家组的作用从村民的信赖也可以看出来。仙人洞村的一位村干部说:"四年前,我们不知道什么是民族文化生态村,不知道我们民族文化的价值,不知道怎样保护传承,不知道怎样发展,是你们(项目组专家)教会了我们怎样做。你们就像带小孩子一样,一步一步教会了我们走路。现在我们会走了,会跑了,生活好过了。但是,还不行,我们还离不开你们。希望老师们再带我们走三年,那个时候我们就会依靠自己很好地发展了。"的确,专家是民族文化生态村建设不可或缺的力量。但是,也不能把专家的作用夸大。有人说:"中国生态博物馆……专家是主导力量,没有专家谁也不知道什么是生态博物馆。"①是的,20世纪末叶的中国农民——尤其是少数民族地区的农民是不知道后工业时代产生在西方的生态博物馆为何物的。但是,保护生态环境、留住民族的"根"——文化的愿望是会有的,而且越来越强烈,只要专家灌输文化生态的理念,他们就会行动起来。何况,再好的建设蓝图也需要村民去实现;建设家园当然要靠他们自己。所以,正确的位置应当是:村民主导、专家引导、政府领导。

---

① 苏东海:《建立与巩固:从文化代理到文化自觉,从走出博物馆到回归博物馆》,载《中国博物馆通讯》2007年第7期,第5页。

第三节 村民主导

"村民主导"是民族文化生态村的核心理念。村民主导，是指通过宣传、教育，让村民充分理解文化生态理念，培养、发动村民关心、参与、建设和管理文化生态村，在整个生态村建设过程中，充分发挥村民主体作用，调动村民的积极性，让村民成为建设家园的主体，在民族文化生态村中独立自主，居于主导地位。村民主导是文化生态村建设成功并持续发展的关键。

一、建立村民主导机制

历史唯物主义认为：人民是历史发展的动力。建设文化生态村是人民建设自己的美好家园，是宏大的工程，必须依靠群众，村民是文化生态村建设的原动力。民族发展的根本动力和源泉来自民族内部，而不是外部，外部因素只有通过内部因素才能起作用。建设文化生态村，专家和政府的力量只是外部的力量，只有村民才是根本的力量。

村民生于斯，长于斯，是村寨的主人，创造了属于自己的文化，他们是文化的主人。文化也应该由他们世代传承，社区博物馆首先是为社区居民建立的。民族文化生态村建设项目组专家一直都认为：建设民族文化生态村，靠的是村民的自主意识、自力更生，包办代替是建不成民族文化生态村的。即使外人大量投资建起一些文化设施，也不能长久存在下去，更无从谈起民族文化生态村。如果政府和专家的外来权力干预过大，村民没有表达自己意愿的机会，文化生态村的理念就不能体现。

图63　村民自建花腰傣文化传习馆

　　村民主导是建设民族文化生态村的基础和成功的关键。建设项目一开始，村民就应当是中心，主角，在项目构想中发挥作用。以后每一步，同样离不开他们。文化是人民创造的，由人民世代传承，所以建立文化生态村应当以村民为主导，以社区为整体力量参与建设和管理文化生态村。

　　20世纪70年代以后，用参与式发展方式扶贫，即扶贫援助必须使当地社区积极参与进来，开始成为国家发展领域中创新性理论与实践方面的突破。对于社会发展来说，活跃的参与是社会发展的有效资源。所以，在20世纪70年代末，联合国教科文组织在研究发展中国家在现代化进程中如何在充分开展民族文化和价值资源基础上实现内源发展时，明确认为："以人为中心的内源发展，要求以民众参与作为保证这样发展的真实性和成功的条件。"

　　村民主导，首先是要村民参与建设和发展决策，其次是让村民参与具体工作和利益分配。建立村民的主位需求、主位思想与项目组专家的客位评价的互动与互补。南碱傣族文化生态村建设由村民主导而成功并持续发展的经验得到普遍认可。研究者肯定："民族文化生态村项目的初衷就是为了实现村民的自主发展。从这一点来讲，目前南碱实现了自主发展的模式。现在项目组虽然已经撤离南碱，不再参与南碱的具体规划和发展，但是村里经常就各种问题咨询项目组，他们也给予一定的指导。"[①]

图 64　村民自己动手拓宽村道　土路变水泥路

二、要做事实上的主人　不要"文化代理"

有的中国生态博物馆的提倡者认定：建立生态博物馆"是政府和专家的行为"。生态博物馆建设之初要经历"文化代理"

---

　　① 艾菊红：《文化生态旅游的社区参与和传统文化保护与发展》，载《民族研究》2007 年第 4 期，第 51 页。

阶段。"文化代理"论者说："专家和地方干部是主导力量，村民是被领导的，因为他们并不知道什么是生态博物馆，也不知道要干什么，我不得不说，事实上外来力量成了村寨文化的代理人，村民则从事实上的主人变成了名义上的主人，没有外来力量的进入，就不可能有生态博物馆。"[①] 这实际上是越俎代庖、包打天下，把村寨的主人、文化的主人——村民，置于被动的地位。是的，开初村民确实"不知道什么是生态博物馆，也不知道要干什么"，因为这种发端于 20 世纪 70 年代的外国的事物，虽然中国的倡导者说要"本土化"，毕竟是试验，村民怎么不陌生呢？生态博物馆的理念是不可能在中国的乡村自发产生的，需要灌输，正如有的专家说的："社区村民对自己文化价值的认识决定生态博物馆的走向，国外的经验是对社区村民进行培训。"有的首先建立指导中心，对居民进行了三年的培训[②]。如果不启发村民的文化自觉，不在开始之初就让他们深切理解所说的"生态"是什么，他们应当如何做，他们只是被当做"就近取才"的劳动力，限于干营建"资料信息中心"的力气活儿，那么他们当然就不会在真正意义上参与生态博物馆的建设了。没有社区的参与，当地人怎么可能积极支持、配合，实现可持续发展呢？没有社区的参与，也就不可能达到"在文化的原生地保护文化，并且由文化的主人保护自己"[③] 的目的。

"文化代理"论者是要在资料信息中心建成之后，为"巩固

---

① 苏东海：《建立与巩固：中国生态博物馆发展的思考》，载《中国博物馆》2005 年第 3 期，第 13 页。

② 转引自李寅《生态博物馆咋不"生态"了》，2006 年 10 月 31 日《中国民族报》第 2 版。

③ 苏东海：《建立与巩固：中国生态博物馆发展的思考》，载《中国博物馆》2005 年第 3 期，第 13 页。

生态博物馆",才把"文化主导权回归到村民手中"① 的。这种把文化权分离的做法,是不尊重村民,一开始就把他们排斥在外。把村民排斥在外,也就剥夺了村民的"文化主导权",于是就发生了"两张皮"的问题。"所谓'两张皮',是指生态博物馆社区和资料信息中心相互割裂——村民和博物馆的管理者由于没有共同的经济生活,而不能融为一体。"对此,贵州的同志作了很好的说明:"因为从生态博物馆建设之初,就是政府行为,不是社区村民的行为……村民在资料信息中心的建设中,他们自始至终是以'农民工'的身份出现,不是以主人的身份来建设自己的精神家园。他们通过建资料信息中心获得劳动报酬。他们不关心资料信息中心建得如何地好,而是关心生态博物馆还有无工程可做,希望通过做工增加挣钱的机会;一旦工程结束,他们和生态博物馆也没有多大的联系。"② 既然一开始村民的身份被限定为普通的劳动者,他接触的只是资料信息中心工程,那么他们回答不了生态博物馆为何物,认为生态博物馆即资料信息中心、资料信息中心即生态博物馆③是当然的了。既然村民与生态博物馆是"两张皮",一开始就不相干,难道把资料信息中心这座建筑物交付给村子,就算是"文化主导权回归到村民手中"了吗?"回归"到村民手中的至多是一个资料信息中心,是一个无异于从城市搬到乡村的静态的博物馆,村民又如何进来"巩固"呢?何况,生态博物馆的馆长、馆员是政府委任的,是吃"皇粮"的,村民管不了资料信息中心的事,馆长也不能介入村

---

① 苏东海:《建立与巩固:中国生态博物馆发展的思考》,载《中国博物馆》2005 年第 3 期,第 13 页。

② 胡朝相:《贵州生态博物馆的实践与探索》,载《中国博物馆》2005 年第 2 期,第 5~6 页。

③ 胡朝相:《贵州生态博物馆的实践与探索》,载《中国博物馆》2005 年第 2 期,第 5 页。

中的事。"保护工作进而演化成了看守资料信息中心的几栋房子"①。最终,"文化主导权"还是没有"回归"到村民手中。

生态博物馆的提倡者说:"只有文化的主人真正成为事实上的主人的时候,生态博物馆才可能巩固下去。"② 的确如此。现今文化的主人村民没有成为事实上的主人,生态博物馆当然就很难巩固了,政府花费大量资金建成的文化设施也难长久地维持下去,以致一些地区的资料信息中心建成之日就是衰落之时。例如贵州省贵阳市花溪区石板镇"镇山村布依族生态博物馆的重要组成部分——资料信息中心,也因为资金不足而无法正常运转,里面的设施得不到补充,对外开放的条件难以具备,场馆如同文物一样被束之高阁"。社区组成中的武庙,"由于无人看管布满了蜘蛛网,门外堆满了农家粪"③。这恐怕是中国生态博物馆的提倡者始料不及的吧?

与这种"文化代理"论相联系的是一种"超前"论。有人说:"生态博物馆的巩固缘何成为一个难题?其实生态博物馆在这些村寨中产生,是政府和专家行为。实际上,在中国古老村寨中建立生态博物馆对村民来说是一种超前行为,也就是说老百姓还没有形成文化自觉,在强势文化面前不堪一击。"④ 这是说,在村民尚无觉悟又无能力的情况下,搞保护民族文化之类的设施是"超前"了;若要搞,干脆由外人"代理"。由于村民缺乏

---

① 胡朝相:《贵州生态博物馆的实践与探索》,载《中国博物馆》2005 年第 2 期,第 6 页。

② 苏东海:《建立与巩固:中国生态博物馆发展的思考》,载《中国博物馆》2005 年第 3 期,第 13 页。

③ 陈志永、梁玉华:《民族村寨旅游地衰落研究:以贵阳市镇山村为例》,载《云南社会科学》2007 年第 1 期,第 100 页。

④ 李寅:《生态博物馆咋不"生态"了》,《中国民族报》2006 年 10 月 31 日第 2 版;苏东海在先就说过生态博物馆是"超前的行为",见《中国生态博物馆的道路》,载《中国博物馆》2005 年第 3 期,第 15 页。

"文化自觉"，就是搞起来了也难巩固。我们认为：文化自觉是要培养的。村民本来就有朴素的爱护民族文化的感情和发展民族文化的心愿。现今，保护生态环境、抢救和保护民族文化已经刻不容缓，人们对保护和发展之道进行探索，何言超前？问题在于，建设生态博物馆，一开始就把村民摆在一边，不对他们进行培训，不接受他们参加建设，由文化部门（政府的职能部门）和专家包揽，"生态"的理念没有在村民中生根，生态博物馆怎么可能巩固下去呢？

三、建立村民主导机制的一些做法

1. 尊重村民

项目组专家首先应当尊重村民，确立村民主导的理念，相信村民在专家引导下是能够建设和管理好文化生态村的。

图65　普者黑各个彝族村村长讨论文化生态村建设事宜

2. 宣传教育

①生态环境保护的重要意义。

②重新认识传统文化。

当今民族文化在外来文化冲击下，文化特征过度流失，使千百年来延续至今的民族精神家园面临危机。对能适应现代社会和民族自身发展需要的，加以发扬光大；对不能适应的，也应该加以记录、研究而保留资料。

③正确认识外来文化。

a. 应当取其精华，对与自己民族文化和生态环境不相适应的，应当拒斥。

b. 爱惜本民族文化，对外来文化中与本民族特征相协调的优秀部分加以接纳、整合。

④不断灌输文化生态村的理念。

文化生态村的宗旨是：原地保护传统文化、促进社区经济发展，让经济、环境、社会、文化协调发展。也就是帮助村民，在摆脱经济贫困的同时，防止精神上的贫困，实现人的全面发展。

3. 建立文化生态村管理委员会

除村里原有的村民领导小组或村民委员会以外，还应当建立文化生态村管理委员会，由当地政府干部、项目组专家和村民代表（多数）组成；文化生态村管理委员会主持文化生态村建设中的一切事宜。

4. 培训村民

对于村民的培训，在前面第四章中已有论述，这里从不同的角度再次提到，以相互补充。

①培训的必要性。

民族文化生态村的文化建设的一个主要目标就是要使村寨文化得到重建，以唤起村民对自己文化的自觉与自省，从而达到自我保护、传承的目的。因此，仅靠村寨硬件设施的建设是远远不

图 66 仙人洞村民选举文化生态村管理委员会

够的，更重要的是要对村民进行思想工作的建设。首先是民族文化生态村理念的灌输。也就是让他们知道建设文化生态村究竟要干什么。记得第一次到村里，虽然很多村民知道我是从省里来进行民族文化生态村建设的，但是几乎没有人知道"民族文化生态村"是什么，于是持等待、观望的态度，以至于项目组工作进行了很长一段时间仍然收效甚微，进展缓慢。因此项目组及时进行工作调整，在继续建设工作的同时，加强民族文化生态村理念灌输，说简单一点，就是让他们知道我们（项目组）来要干什么、你们（村民）应该怎么做、大家（项目组与村民）在一起怎样才能达到目标；其次，给他们讲解什么是文化，南碱村的文化和仙人洞村的文化是怎样的，应该怎样看待你们自己的文化，等等，做一系列思想建设工作。

针对问题的提出，较好的解决办法是举办一系列培训班，每一次项目组专家下到村寨，都要举行多期培训班，针对不同的年龄层、不同的性别讲述不同的内容。

②培训的内容。

A. 文化理念的灌输。

a. 把村民中本来就存在的对自然的自发性保护（例如神树、祭"垄"）吸纳到人与自然和谐关系的范畴中来，上升为尊重、保护自然的自觉意识。

b. 进行广泛深入的生态、环境和可持续发展思想的教育，激发村民强烈的生态意识，使之理性化，并内化为自身的文化理念，用以约束自己的行为。

B. 自主意识和主导能力的培训培养。首先是相信群众的创造力。例如我们进驻南碱村三年，没听到、见到傣卡的歌声、舞影。难道村民真不会歌舞吗？否！他们是在"文革""破四旧"中才丢掉歌舞传统的。经过发动群众，多方努力，复苏了南碱村的群众文化活动。

C. 能力的培训。

a. 找回丢失的传统文化。详见第四章。

b. 弘扬民间传统文化。

• 仙人洞村、月湖村撒尼民间歌舞比赛。

• 巴卡村基诺族纺织、刺绣比赛。

• 仙人洞、南碱村赛装会。

③培训的方式。

A. 会议。项目组专家利用村民大会、干部会，向村民讲解建设文化生态村的意义、内容、方法，使村民明确自己应当做什么？为什么要做？怎样做？

B. 家访。与村民对话，进行深入细致的启发、引导。

C. 分层。

a. 培训老年人。老年人是民族文化的保存者。通过培训，唤起他们对传统文化的历史记忆，鼓励他们展示封存于内心深处的文化积淀，并向青年一代传授。

b. 培训中年人。中年人是村寨建设的中坚力量。针对中年人的思想实际和存在的实际困难做工作。

c. 培训妇女。妇女是"半边天"，她们在文化生态村建设和管理中占有重要的地位。通过妇女夜校等场所培训她们，首先向她们讲解文化生态理念，同时根据妇女的特点培训其能力。例如南碱村，经过培训，妇女在文化传习馆建设、服装改进、铺路、民居建设、节日活动中发挥了很大作用。

d. 培训青年。青年是民族文化的继承者。通过培训，他们已开始正确对待外来文化，启发他们认知、认同和珍视本民族的文化，加强了自信、自强、自觉意识。同时对他们进行现代技能的培训，例如电脑操作、科学种田。几个试点村的青年由不关心文化生态村建设转变为自觉参加，积极投入。

e. 培训儿童。对儿童进行生态理念的教育，组织他们参加歌舞等活动。培训儿童对于文化生态村持续发展是必要的。

D. 外出观摩。前后组织丘北县仙人洞彝族文化生态村、石林县月湖彝族文化生态村、新平县南碱傣族文化生态村村民代表去景洪市巴卡基诺族文化生态村观摩博物馆、纺织刺绣大赛；南碱村村民代表去仙人洞村参加火把节、民歌比赛、服饰展演。参观、座谈、传经、送宝，激励村民建设文化生态村的热情，推动文化生态村建设快速发展。

E. 文化生态理念培训与生产技术培训结合。南碱村 2002 年在科技夜校、妇女夜校举行了 10 期科技培训；在培训中穿插进文化生态村理念教育，使之成为村民关心的问题，收到较好效果。

图 67　南碱傣族文化生态村建设的排头兵刀文成

5. 通过大型集体活动增强村民自主意识和主导能力

2002 年举行的仙人洞彝族文化生态村火把节、民歌比赛、赛装会，月湖彝族文化生态村举行的万人民间歌舞大赛、南碱傣族文化生态村举行的"四月节"，都是村民自己策划、举行的。在活动中村民得到了很好的锻炼。所以，全村参与的活动是提高文化自觉性、提高参与性和培养创新能力的良好方式。

通过多年的培训和实践，一批骨干逐渐成长起来。他们不单认识超前，而且言谈具有一定的理论性（虽然他们的文化水平并不高），工作能力较强。正因为通过培训和培养村民认识到文化对于建设家园、发展地方经济的意义，他们才主动倡议并积极筹备建立民族文化传习馆之类的文化设施，举行民歌比赛、赛装会之类的活动，以提高自身的文化品位，在全国乃至世界树立好的人文形象。

6. 协商制度

项目组充分尊重村民意愿，每个项目实施之前都要与村民磋商，最后将定夺的方案交村民自主完成。这种民主、平等的良好沟通氛围为村民积极参与创造了条件。

四、带头人

村民自主，需要人来组合领导，以实施建设项目。选择和培养带头人，是民族文化生态村建成和持续发展的动力。南碱和仙人洞民族文化生态村建设成效卓著是与村寨的领头人出色的领导和艰辛的努力分不开的。南碱村长刀文成就是一个典型的例子。

刀文成是喝漠沙江（红河）水长大的傣族汉子。因为家庭贫困，初中未毕业就参了军，在保山、大理当兵。1978 年，25 岁的刀文成退伍回乡，被选为曼蚌村南碱生产合作社社长（最初叫生产队队长）。望着本社人民过着贫穷的生活，又望望那肥沃的田块，绿油油的草丛，到处荒山遍野，他心都碎了。他苦苦思索：怎样才能改变这落后的面貌呢？他踏遍南碱的山山水水，看过南碱的一草一木，逐渐理出一条思路：抓特色、调结构，靠科技、促发展。首先调整产业结构，促进农村经济持续快速健康发展；其次是深化寨情认识，完善基础设施配套建设。随之而来的农村经济结构大调整，经济形态从计划经济向市场经济转变，使他的愿望得以实现。政府在产业结构调整上给予技术上的扶持，并把南碱列为民族文化生态示范村，刀文成发现南碱发展的

图 68　村长刀文成在民族文化生态村建设中锻炼成长

机遇已来临，并大刀阔斧地进行产业结构调整。他的第一步是调田调地。按刀文成的话说："个人富不算本事，我是党员，要让大家富起来，才是尽我的责任。"刀文成遵循家家平等，家家富裕的原则，但是，因为有些人家人口和耕地面积不成正比，有的人多地少，有的人少地多，群众间无法达成协议，刀文成就主动上门做思想工作，有时受到个别村民辱骂，甚至遭受殴打，但是，他从来不泄气，仍然坚持自己的工作思路。他认为：自己是一名共产党员，是一社之长，受这点气，吃这点苦算不了什么。就这样，刀文成以抽多补少的原则，让家家有地种，人人有饭吃。第二步是调整产业结构。刀文成想群众所想、急群众所急。在产业结构调整方面，他认为，不能光凭品种，还得有技术，为此，他主动求助于镇农科站、科协，聘请农业专家进行指导，还到有关书店、资料室查阅相关资料，踏踏实实地带领群众搞好下种、施肥、除草、病虫害防治、销售等工序，并对每一株树的长势都细心观察，认真记录，积累了不少经验。

南碱地理环境优越，然而，在相当长的时间里，群众却守着这块宝地受穷。1994年，新平糖厂在腰街河口建一个分厂，南碱的部分土地被征用，本社因此得到一笔土地征用补助款。当时有人提出，把征地款分光，大家享福。刀文成多次召开群众会议，明确回答，征地款不能分，这是本社人的"命根子"，要让钱生钱，要为子孙后代着想。有丰富农村工作经验的刀文成，提出了两条措施：一是和征用土地的单位协商，请他们在甘蔗种植业上给予技术上的扶持；二是完善本社的基础设施建设。

图69　昔日南碱村民白永安、白正清父子的住宅

在旧村改造上，刀文成做了许多工作。原来的南碱寨内人口密集，交通不便，田间地角道路狭窄，农田灌溉、施肥条件差，人畜居住环境恶劣。通过党小组讨论、群众会议，成立了以刀文成为组长，会计、民兵、妇女、党员、团员为组员的旧村改造领

图70　今日白永安、白正清父子的新居

导小组，通过级级宣传，层层发动，喊出了"热爱家乡，建设家乡"的口号，制订了本社较为完善的与众不同的村规民约。刀文成在广泛征求意见的基础上，积极争取上级部门的支持，发动人民群众投工投劳。投资15万元，建成长1 000米、宽4米的新漠路沿线至寨边沙石主道路一条；投资17万元，投工投劳500个，建成寨子至田间地角农用车道5条，解决了214亩地施肥、用肥困难的问题。完成200亩高稳产农田建设。

过去，人畜共居，村寨脏、乱、差。现今，除了保存的一片古旧民居作为文化遗产外，村中建起了整齐成排的红砖房，建成了四纵六横的十条街道，宽敞的道路纵贯南北，横穿东西；做到户户门前通道路，家家门前有流水。投入78 000元安装了闭路电视，投入20万元建起科技培训楼、投入5 000元安装自来水。投入35 000元建起两座卫生公厕，另外投资建起四条街道排水沟。全村基本上完成了厩舍改造，并配套建设沼气池。家家户户也添置了彩电、电话、收录机等现代化设备。由于群众积极性高，以

图 71　南碱昔日的村口

及南碱人不等、不靠、不要的精神，在争取外援的同时，南碱村自投 13.5 万元的集体资金建设田间水路配套工程，投工投劳 400 个，建成一条 2 000 米三面光大沟（农田灌溉沟渠），使 100 亩水田改造成了稳产高产农田。田间地角道路宽阔明亮，人畜分居，规划管理。

　　南碱村缺乏资金，不等、不靠、不要，自己设法，村民集资或贷款，组长刀文成四处奔波为村寨筹款搞建设，他一心为公的真诚感动了干部和群众，用争取来的外资搞起了上述的种种基础设施。南碱经济增长了，农民增收了，刀文成并没有陶醉，他清醒地看到，随着人们生活水平的不断提高，对精神上的追求也越来越高。按刀文成的话说："不能富了口袋，穷了脑袋。"为此，他在重视经济建设的同时，十分重视精神文明建设，注重提高群众的文化素质，每年开办各类培训班 10 期，培训面均达 100%。在项目组专家指导下建设花腰傣文化传习馆中，刀文成组织村民

图72　南碱今日的村口

投工投劳，并且从各家各户收集了300多件具有代表性的展品陈列于馆内，既展示了花腰傣（傣卡）古老而又神奇的民族文化，又为民族文化传承提供了非常好的条件，这样规范的文化保护方式在玉溪市内也很少见，传习馆的建成吸引了很多游客前来观光。为了把文化保护与发展旅游业、发展经济有机结合起来，刀文成到景洪县基诺乡巴卡小寨参观学习，使他对发展旅游有了新思路。他把传统的"四月节"加以提升，已成功举办了多次活动。刀文成还于2003年带领19位村民组成两个花腰傣漂流队，自费到四川参加了2003年中国攀枝花国际长江漂流赛，美丽的

图73　著名民族考古学家汪宁生（后排右）及夫人（左）考察南碱花腰傣文化传习馆

花腰傣服饰吸引了众多参赛者和观众的目光，使很多人初次认识了花腰傣这一民族，进一步宣传了新平县花腰傣品牌。

这些年刀文成在民族文化生态村建设中，为发展农村经济，改善农民生活，提高农民素质，保护和发展民族文化，呕心沥血，往往为公事耽搁自家的生产，影响家庭经济收入。群众佩服他、感激他，他却始终坚持严格要求自己，从不搞一点特殊。数贡献他最大，论收入他不高，有人为他抱不平，他却说："我这个共产党员的责任是带领大家共同致富，只考虑自己，富上了天，也是耻辱。"就这样，他想民、爱民、为民办实事，致使南碱农村经济不断高升。

在民族文化生态村建设中，刀文成遇到的困难是很多很大的。首先是村民的不理解、不支持。他走东家，串西家做群众的思想工作，渐渐地把群众发动起来。另外，对于民族文化生态村这种新生事物，就是在做"父母官"的当地县级政府官员中，亦非人人都具备高瞻远瞩的境界。在没有获得应有的重视和支持的情况下，南碱村以刀文成为首的干部和村民坚定地认为："哪怕缺乏支持和资金，我们也要按照认定的目标走下去。没有资助，我们就'敲叮叮糖'，一步一步地走，一点一点地做，不怕慢只怕站。只要我们发挥主观能动性，坚持锲而不舍的精神，做出成绩，就会得到各方面的承认，南碱傣族文化生态村就一定能够成功。"

刀文成以一个共产党人的风范赢得了村民的信任和支持，他当了29年的村干部，先后被授予"市优秀共产党员"、"镇优秀人民代表"等光荣称号。2003年刀文成应邀参加了新平县组织的科技宣讲团，到全县12个乡镇作了致富经验交流。中共玉溪市委组织部编写了他的先进材料并录像。2007年9月他荣获"云岭新农村建设十佳百优领头人"称号。获此荣誉的，在全省125个县（区）中仅有100人、在玉溪市9个县（区）中仅有3人。在他的带领下，南碱村群众精神振奋、团结一心，正以满腔热情投身于发家致富奔小康的潮流中，南碱傣族文化生态村正持续发展下去。

经验告诉我们：村民、项目组专家和政府（其职能部门是文化主管单位）三者的定位是极其重要的。民族文化生态村自建设之日起就把村民作为主体，与政府、专家三方通力合作，所以在不长的几年内就建成了民族文化生态村，而且能够持续发展下去。实践证明，遵循"村民主导、专家指导、政府领导"的原则，正确建立这三者的互动机制，是民族文化生态村成败的关键。

中国生态博物馆的倡导者不是喟叹"在中国建立一个生态博物馆并不难，而巩固它就难多了"① 吗？问题出在哪里呢？云

---

① 苏东海：《建立与巩固：中国生态博物馆发展的思考》，载《中国博物馆》2005年第3期，第13页。

图 74　泰国著名作家洪林访问南碱

南民族文化生态村的实践告诉我们：关键在于是否把村民作为主体，作为文化的主人；如果是让"村民主导"，巩固并且持续发展是完全可能的。课题组（项目组）在村中连续工作后，不再驻村了，那里的民族文化生态村仍然照常运转，并且不断前进，村民能够主动策划一些大的建设项目，例如仙人洞村村中"运河"的开凿、撒尼文化传习馆的筹建。仙人洞村集体贷款 20 万元搞建设，村干部用房产作抵押。为了搞建设，仙人洞村还发动群众集资 82 万元。南碱村主动搞花腰傣文化传习馆后续建设、开发节日经济、发展漂流产业等等。为什么能够持续发展呢？因为民族文化生态村是村民的家园，他们要生活，他们的家园就会永远发展下去。

五、资源资本运作中始终坚持自主的原则

建设民族文化生态村之初，最困难的是缺乏启动资金。需要

探索实践之路

133

招商引资吗？

随着普者黑景区知名度、吸引力的上升，游客与日俱增，商人看到了仙人洞彝族文化生态村的巨大商机，欲来淘金，纷纷提出投资、承包。例如在仙人洞村做过亮化工程的老板表示：出资200万元，在三间民舍地基上建宾馆。村民在建设文化生态村中虽然经费短缺，但是他们还是拒绝了外来商人的要求。他们不让群众创造的文化资源变成产权上是私人所有的商业资本。他们清醒地认识到：外来商人的投入是要回报的。外商进村采取各种手段赚取钱财，必然损害当地群众的利益；更主要的，他们是利用这里的自然和文化资源赢利，因而往往不惜破坏、糟蹋资源；引进的外来文化会使仙人洞这个古朴的乡村的有形和无形的文化内涵褪色，削弱这里的整个文化遗产的内在价值。而且，对于一个局部范围内的村庄来说，所缺资金并不一定非走招商引资之路不可。凭借村民的力量，自力更生，完全可以达到通过旅游等产业发展社区经济的目的。自力更生才能掌握自主权。鉴于丽江古城充斥四川、浙江人的伪劣东巴文商品、现代商业气息甚浓的教训，现今的几个文化生态村无例外地拒绝外资，杜绝文化的"侵入"和"挤压"。

第六章　民族文化生态村与旅游

　　中国现今是发展中国家，发展是硬道理。消除贫困，发展经济奔小康，是社会主义初级阶段的主旋律。建设民族文化生态村，如果单纯追求文化的保护，不与村民改变村寨贫穷落后面貌的要求挂钩，村民是不会对此产生共鸣的，也就不会关注和支持它。保护应当建立在发展的基础上，给系统内部增加原动力。动员村民保护自己的文化并利用它，带动全村村民致富，多方面发展经济，是民族文化生态村建设面临的双重任务。

第一节　两个村寨　两种模式

　　如何建设以保护为主旨的民族文化生态村以作示范？是仅靠政府的投入还是主要靠村民和与之结合的专家自寻门径？建设民族文化生态村可以而且应当根据不同类型的村寨的特点采取不同的方式。

一、仙人洞彝寨——依托景区的发展模式

　　自然遗产和文化遗产丰富的地方，往往是旅游资源的富集区，开发是当今经济发展的必然，尤其在以旅游为支柱产业的云南。丘北县仙人洞村具有独特的喀斯特山水田园风光和撒尼彝族风情，当普者黑省级旅游风景区建起之后，地处景区内的仙人洞村民逐渐认识了旅游，继而期望通过旅游发展经济，摆脱贫困。

旅游业在仙人洞村兴起是势所必然的。处于风景名胜区的少数民族村寨，可以走文化与旅游结合、旅游与经济联体之路。

图75　山水如画（从青龙山鸟瞰）

　　处于旅游景区内的少数民族村落不止仙人洞村一个。仙人洞彝族文化生态村的成功将对别的同类型的社区起指导和示范的作用，因而具有普遍意义。

　　多年来，项目组坚持在原生环境中保护自然和文化遗产并使之延续下去的理念，以仙人洞彝族文化生态村为试点，探索在旅游发展中如何保护与传承民族文化，为当地旅游打造民族文化品牌，在风景区增加文化品位，为当地的旅游业的发展提供文化支撑，同时也为民族文化在现代化冲击下的恢复与变迁进行深入的学术探讨。几多探索，几多曲折，初步创造出仙人洞彝族文化生态村以保护促发展、以发展强化保护的具有中国和民族特色的乡村建设模式。

　　鉴于生态环境和文化资源的脆弱性，在仙人洞村开发旅游，我们在开初就及早注意向村民灌输环境保护意识和民族文化保护意识，方式灵活多样。例如请来宾介绍国外在开发旅游与保护环境上的经验教训。日本京都大学山田勇教授向村民说："加拿大的经验值得借鉴。他们在开发景观之前，要向少数民族、政府、旅游局、渔业从事者、林业从事者等就保护和开发问题进行长期反复的讨论研究。要做到尽可能满足各方面的利益的计划，才能实施。""德国的教训也值得注意。过去为了发展，把很多弯曲的河道改成了直线形的河道。现在为了恢复和保护古老的、传统的城乡风貌，又再次把直线河流改成弯曲的河流。""日本也同样，由于经济过速发展，造成环境破坏，如今为了修复环境不得不付出巨大的经济代价。所以现在很有必要努力于保护与开发相协调的具有地域价值的风景。"他山之石可以为错，外国的经验教训值得思考、借鉴。

民族文化是仙人洞村旅游红火的底气。仙人洞村的风光优美，然而类似的风光可以在广西的桂林、云南的罗平、富宁等地瞧见。但是，高原湖畔平坝里的彝族风情就不是在别处可以领略得到的。仙人洞村家家屋脊镇石虎，香案悬彝文和彝族图像，墙壁挂彝族工艺品。游人一进村，便感受到浓郁的彝族文化氛围。众所周知，旅游的重点是文化。仙人洞村拥有丰厚的文化遗产，他们充分发掘民族"古、土、奇、特"的传统文化，依托传统文化进行旅游特色经营，原汁原味地把鲜为人知的乡土文化展示出来，因而具有强大的感召力。

举歌舞为例。仙人洞村歌舞分为两大类，一种是基本保存古老的演出形式，老年队的节目多属此类。一种是继承传统又在内容和形式上推陈出新，青年队的节目多属此类。仙人洞彝族文化生态村的文艺演出，既是为游客，也是为自己娱乐。演员是农民，同时也是观众。文化学者余秋雨评论道："仙人洞村的篝火晚会，表演者以一种略带夸张，又幽默诙谐的肢体语言，完整地展示了一个民族的生活形态与精神世界。这样的歌舞非常民间，非常本真，这就是艺术。"① 仙人洞村民往往邀来旅游的观众共同表演。例如弦子舞就具有互动性，游客跟随村民学跳"老牛擦痒"、"小鸡淘食"、"苍蝇搓脚"、"龙摆尾"等，其动作令人捧腹。一位游客在参加篝火晚会与村民共同舞蹈之后，兴致勃勃地写道："参与和作为生态中的一个因素运行，回归为艺术的主人，正是这种文化生态几百年来历久不衰、游客喜欢参与的原因，是主人善于运用这个独特生态，展现自己的票房价值，这正是城市的舞台上我们不想看第二次的原因：人们把它从原生态中剥离出来，有如唐诗宋词被译成英语后的索然无味一样，只能是一次性'产品'。"②

　　仙人洞彝族文化生态村的旅游业打一开头就注重民族特色和乡村特色。因为一些生态博物馆早有教训。例如贵阳市镇山生态博物馆，"已难以体验到布依族文化的独特魅力——找不到一个按布依族民俗设计的游乐项目，看不到布依族原汁原味的生态习俗，除了吃吃农家饭，唱唱现代的卡拉 OK 和昏天黑地的棋牌乐以外，游客难以感受到更深层次的布依族文化"。"镇山村民族村寨与农村社区互为一体，这就使村寨在发展民族文化旅游的同时，为发展乡村旅游提供了可能。然而，民族特色的消失并没有换来农业旅游资源的深入发掘与开发，却使得镇山村由独特的布依族村寨演变为城市郊区的农家乐……而且，随着贵阳市周边农家乐的不断兴起，必然使镇山村和周围农家乐陷入同质化竞争，最终游客人次不断减少，经济效益不断下滑也就在所难免。"③

　　想当年，日出而作日落而息的仙人洞村彝人是不理解旅游业

---

① 桢旳：《原始真实的生态美》，《春城晚报》2003 年 12 月 10 日 B$_{12}$版。
② 《云南日报》2002 年 6 月 18 日 C$_1$ 版。
③ 陈志永、梁玉华：《民族村寨旅游地衰落研究：以贵阳市镇山村为例》，《云南社会科学》2007 年第 1 期，第 100 页。

的。普者黑景区开始建设之初，当公路即将修进村时，竟然遭到村民反对，因为他们唯恐打破了村寨的宁静，干扰他们的生活。他们见邻村人划船为旅客游湖服务，还笑话邻村人"贪财"。后来，村民见旅游业给自己带来了机遇，那时他们所能认识到的只是：步别人的后尘，建"民俗村"、"农家乐"，用民族风情和农家餐饮招徕游客。后来在建设项目组专家启发教育下，明白了保护文化生态的意义，于是向高层次提升，致力于建设民族文化生态村，着眼于建设文化生态理念下的家园，而不仅仅是为了开办旅游赚小钱，捞些眼前的短期利益。

仙人洞村发展旅游业，到2004年，全村183户办起餐饮和家庭旅馆。农家旅馆多以河蚌壳饰墙，用黄玉米棒、红辣椒串装点瓦檐屋角，在饭厅客堂悬挂彝文条幅。范金琨家的旅馆，庭院搭青棚，藤蔓遮顶，十余个碧绿硕大的葫芦瓜悬挂半空，一片清凉世界。这些装饰风土气息浓厚，俗中见雅。农家旅馆兼营"农家饭"，以传统饭菜招待客人。诸如包谷（玉米）饭、糯米粽（当地叫做"羊脚杆"）、清明粑、荷叶炒鸡蛋、清水虾、清水煮活鱼、烤小白条（鱼）、烤石巴子（鱼）、老鼠豆炖猪脚、腌腊肉煮藕、煮老南瓜，等等。同时利用土特产开发了荷系列、藻系列、鱼虾系列、辣椒系列等多种绿色副食品，主食品有蚌壳莲子珍珠饭、荷叶竹筒糯米饭，等等，开办农家宴。

开发工艺品。村中有民间艺人和工匠140余人。文化生态村组织他们制作陶虎、陶葫芦、吞口、面具、竹编、棕编等工艺品。发挥农妇的特长，组织她们挑花、刺绣、织包、做麻布背心。文化生态村组织他们制作的旅游纪念品，招人喜爱。还组织她们腌制咸菜（泡辣椒等）供应村外宾馆。

2001年10月投资42.8万元，在仙人洞村安装草坪灯、镭射灯等255盏，覆盖全村三分之一的景点，照亮村头的歌舞坪、祭祀场的一座座石雕，显得更加神秘美丽，使歌舞的人们充满异

图76　蚌壳莲子珍珠饭

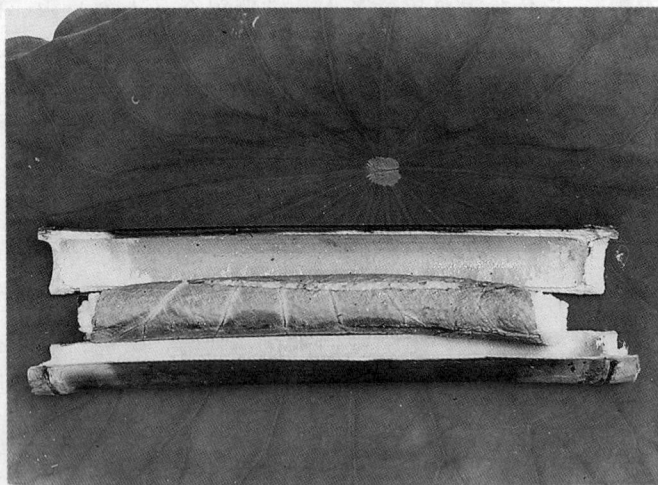

图77　荷叶竹筒糯米饭

图 78　用清明草花做荞粑

图 79　开发文化产业——木雕

样的情趣，让游客陶醉其中。

2006年8月30日普者黑机场通航，仙人洞彝族文化生态村的旅游业又上一个台阶。旅游把文化生态村推上了经济社会发展的"快车道"。全村办起农家旅馆和餐馆50户，床位400个，游船2 000只，从业人员140多人。

2005年5月统计，已经接待游客7万余人次，大大增加了村民的就业机会，获得直接收益。单以农家旅馆和餐馆来说，已接待游客2万余人次。2001年10月长假期间来普者黑游览的计6 200余人，住仙人洞彝族文化生态村农家旅馆的就有5 210人。2002年8月荷花节期间，仙人洞村农家旅馆爆满，而景区中心的宾馆却门可罗雀。城市游客不住现代宾馆而乐意住农家，是为了体味田园生活，回归自然。仙人洞彝族文化生态村农家旅馆年收入已达70余万元。普者黑景区实行游客通票制，仙人洞村每票提成2元，一年可收入20万元。村民有46人参加划游船，以月工资400元计，共收入25万元，成为丘北县首批领工资的农民。文艺演出，107人，每年至少110场，共收入25万元。景点新仙人洞是10位村民开发的，按谁开发谁受益的原则，参与开发的村民每年可得6万元，村集体按60%提成，每年可得15万元。因为旅游发展了，村民可在本村或者去普者黑景区集镇做临时工，做工者142人，利用农闲可做工4个月，以月工资600元计，每人每年可得2 400元。村中旅游从业人员约500人，收入都上千元。

村民范金琨家投资20万元，建起两层楼房（500平方米），共38个床位，每星期接待游客上百人。2001年在11个月中就收入近万元。他还养鱼100亩。女儿在游船公司和景区干活。2001年全家人均收入上万元。李金珍经营服装和旅游、餐饮业，2001年收入8万元。

旅游业的发展带动了其他产业。全村已有养鱼专业户30余

图80　民居旅馆内瓜果满架　透出清幽和芬芳

户，养猪专业户14户，林果也得到发展，游客来了要买土特产，单是莲子一年就要卖几千元。游客要游玩，村中一家兄弟三人设秋千架供游客玩乐，一年收入7万余元。民族文化生态村建设，包含着文化与社区经济的有机结合。由旅游业等部门兴办以传统文化价值为内核的社区文化产业，使贫困的村落致富，正在逐步实现小康，在国家西部大开发中发挥作用。

仙人洞村民对于带领他们开发当地旅游的单位和个人十分感谢。他们在匾上抒发心声："开发旅游，十年辛劳拓荒中；造福我村，千名撒尼喜脱贫。"

二、南碱傣寨——原生态文化村寨的发展模式

文化资源具有脆弱性。把民族文化作为旅游资源开发，必须十分小心，千万不要把它历史性地变成一种交换品和消耗品。如

探索实践之路

果那样，最终损伤的不仅是优良的传统文化，也将妨害当地经济的发展，断绝可持续发展的条件。所以，乡村的文化生态旅游并不是一个有百利而无一害的、永不枯竭的发展项目。有些民族地区把乡村旅游当成灵丹妙药，一哄而起，完全放弃农业生产，是不可取的。

　　新平县南碱村是一个风光秀丽、民族风情古老独特的村寨，拥有一定的旅游资源；而且，从前景看，新平县已把漠沙镇龙河村定为生态旅游点，而南碱与龙河相连，可以组合成生态旅游区，共同发展花腰傣的物质文化和精神文化，若是再从长远看，还可以由点推向线和面，将水塘、戛洒、腰街、漠沙连接起来，建设红河上游花腰傣文化生态走廊。但是，南碱村现时毕竟不像仙人洞村那样处于省级风景名胜景区内，它的发展不可能完全依靠旅游脱贫致富，在发展旅游的同时弘扬民族文化。它走了首先发展高效农业以发展社区经济、保护原生态文化的路。

图81　欢迎嘉宾光临南碱过节

南碱村在自然村村长（即居民组组长）刀文成的带领下，

根据寨情，提出了"高效农业致富"的口号。一是积极进行产业结构调整，村民因地制宜，充分利用得天独厚的自然资源，发展热区特色农业。他们积极尝试"反租倒包"的土地租让方式，将村中的100亩水田出租给外地老板种西瓜；出租80多亩田给外地有经验的菜农栽种姜柄瓜和苦瓜，群众再去帮老板打工，既得到了丰厚的收入，又学到了种植技术，为今后的农业结构调整打下了基础。通过一年时间，群众手中有钱、有技术了，刀文成就辞掉老板，带领群众亲自调试、亲自闯市场、亲自找销路。二是狠抓甘蔗生产这一支柱产业，加强与糖厂的联系和沟通，花大力气调整优良品种，从追求数量、面积转到追求质量、效益上来。三是依靠市场，狠抓台湾青枣、荔枝等种植业。2000年，调整133亩连片田块试种台湾青枣。农民收益巨大。2001年又种青枣100亩。试比较：种一亩水稻收入700多元，种一亩玉米收入400多元，种一亩小麦收入仅170元，而种一亩台湾青枣的收入就相当于2亩水稻、5亩玉米、12亩小麦。就当时市场销售情况看，果质好、成熟早的，每千克16元。结果仅台湾青枣一项收入就达20万元，户均0.37万元，收成最好的每亩0.77万元，平均亩产值0.2万元，大家亲切地称它为"致富果"。2004年栽种秋冬苦瓜80多亩，经济收入10多万元。为充分发挥热区资源优势，南碱村又调出水田发展热果。先后调出150亩和80亩水田分别种植台湾青枣和水东荔枝，开创了腰街镇用大片良田种植热果的先例。仅台湾青枣一项就人均增加收入115元。群众还在青枣地里套种荔枝，同时套种青绿饲料发展养殖业，走长短结合、以短养长的路子。经济收入逐年增长，详见第四章第三节的记述。

南碱傣族文化生态村建设取得成效，建起了全国第一座花腰傣文化传习馆，开展了民族文化传承系列活动（例如"四月节"、漂流）之后，这个无名的小山村以文化生态村这个新生事

图82　傣家小吃"龙"粑

物引来八方人士参观访问并参与村中的活动。我们因势利导，在发展经济作物的同时，以新平县发展旅游业打造花腰傣民族文化品牌为契机，引导村民合理开发傣族文化生态资源，走傣族文化生态旅游开发和文化生态村建设共同发展的路子，增加农民收入，从而积累傣族文化生态村建设资金，更好地调动村民参与傣族文化生态村建设的积极性，有效地保护传承优秀民族文化，并实现文化与生态、社会、经济的协调和可持续发展。于是，以乡土民俗为对象开展民族村寨游，以田园风光、特色农业为对象开展农业观光游，以著名的南碱滩为中心开展漂流，以及手工艺品出售逐渐开展起来，让游客领略鲜活的傣族社区的生活和傣卡文化的风采。这些活动的规模都不大，保持了村寨的风貌和民族的本色，这正是民族文化生态村建设中一再强调的。

　　2002年对外开放传统的"四月节"、2005年首次举办傣卡地区的"花街节"，以后又搞了一系列的文化传承活动。节日期间，村民演出歌舞、举行陀螺竞赛等活动，村民自娱自乐，还邀邻村参加，聚集人气，增强民族凝聚力，展示了民族文化的魅力。节日期间，村民就地出售水果、刺绣、竹编、汤锅食品等，形成从未有过的街子，繁荣了社区经济。2004 年举办传统体育活动"千里红河第一漂"竞赛，之后与云南省体育旅行社合作，经营漂流，每客 100 元，旅行社获设备费 40 元，村民获劳务费 60 元（农村短工每日工价才 20 元）。2005 年为适应村中的大型活动，集体办起第一家食馆，有两三户人家因陋就简办起农家旅舍。这些适应游客要求建立起来的设施都是有游客则尽心服务，无游客则照常干农活，不争不抢旅客。

图 83　过去羞于言商的傣族村妇而今在节日期间摆出农副土
　　　　特产销售，默默无闻的小村南碱形成"街子"

　　通过合理的开发和利用傣族文化生态资源，让更多的人了解南碱，了解花腰傣特有的民族文化，使南碱民族文化生态村的建设得到了社会各界更多的支持，为文化生态村的建设注入了更多

图84　制造用于漂流的竹筏

的活力。现在，南碱傣族文化生态村建设得到了不断完善和发展，南碱的知名度有了很大提高，许多游客慕名而来参观传习馆，过"四月节"，南碱在傣族文化生态村建设中实现了保护和开发的良性互动。实现了生态、旅游、文化的协调发展。南碱村在文化生态村建设中，虽然旅游业的发展并不是很快，但是在花腰傣民族文化的保护、发掘、开发上不是也作出了很大的贡献吗？特别是花腰傣文化传习馆的建设，为新平传承花腰傣文化，打造花腰傣品牌作出了积极的贡献。

对于南碱傣族文化生态村及其旅游，有学者这样评论："南碱开发是由学者参与策划，调动文化资本的拥有者村民参与其中，其最初是以保护民族文化为宗旨，所以特别注重传统文化的保护。花腰傣文化传习馆的落成是学者们付出努力的成果，也反映了学者良好的愿望。后来项目组撤离，所有的主动权交给村民，那么相应的所有的收益也基本归村民所有……有学者引导和

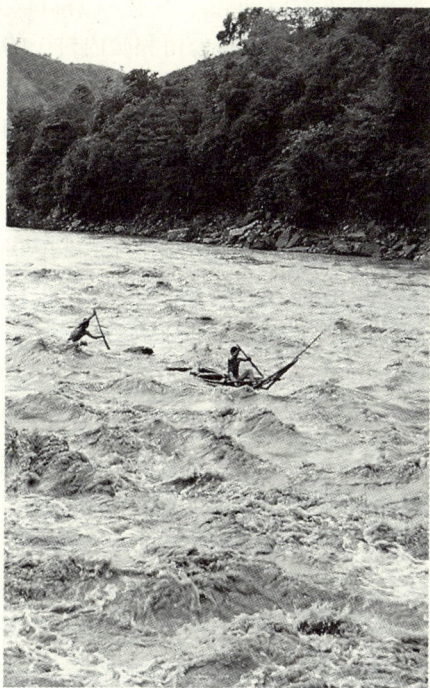

图 85　民族传统体育项目——漂流

村民的参与，其对传统文化的保护相应地比其他两个地方要重视一些，也要好一些。"①评论者把三个傣族旅游点加以比较，认为南碱傣族文化生态村属于学者引导的村民自主型，西双版纳傣族园为公司加农户型，新平县漠沙镇大沐浴村为政府主导型，认为"整个傣族园的村民从旅游开发中得到的收益并不高，而且因为基本上没有权利参与自己文化资本（即村民拥有的当地的

---

①　艾菊红：《文化生态旅游的社区参与和传统文化保护与发展》，载《民族研究》2007 年第 4 期，第 55～56 页。

文化）的再创造和再生产，文化的发展和创新很大程度上不能由自己决定，这就造成了傣族园公司和园内村民的互不理解，关系紧张。"大沐浴村"村民作为文化资本的拥有者，很少能参与到旅游业的决策中来，参与到对本地文化的发展和创新中来。村民也从开始时的高涨热情逐渐走向了失望和消极，政府和村民之间也相互不理解，相互指责。南碱村因为社会资本（旅游开发地的主管或者决策部门）和经济资本（旅游开发商及各商业行为单位）没有充分发挥作用，其旅游开发基本上没有太大的起色"①。所谓"没有太大的起色"是仅就旅游说的。既然评论者也知道"南碱建立文化生态村最初的目的并不是完全为了开发旅游业，而是为了保护和传承花腰傣传统文化"②。那么，他的旅游弱于傣族园和大沐浴村是当然的。但是它也不会出现傣族园和大沐浴村那样的相互扯皮、关系紧张的局面。南碱村较好地保护了传统文化，这正是我们要达到的主要目的。因为民族文化生态村是村民生活的家园，不是主要供人参观、玩乐的旅游点。村民是农民，不是一心一意做旅游生意的商人。评论者说："因为南碱的名声在外，所以从农业中得到的收益比以前要大了一些。"③ 这正是建设民族文化生态村的宗旨所在，它不纯粹依靠旅游也能发展社区经济，提高村民的生活和素质。

---

① 艾菊红：《文化生态旅游的社区参与和传统文化保护与发展》，载《民族研究》2007 年第 4 期，第 51 页。

② 艾菊红：《文化生态旅游的社区参与和传统文化保护与发展》，载《民族研究》2007 年第 4 期，第 56 页。

③ 艾菊红：《文化生态旅游的社区参与和传统文化保护与发展》，载《民族研究》2007 年第 4 期，第 56 页。

图86 远方的客人请您留下来

第二节 别让旅游使"生态"走了样

一、旅游是一柄双刃剑

开发旅游确是民族地区乡村发展经济比较便捷的一种方式。旅游经济是一块日益壮大的蛋糕。但是，旅游业有二重性。它具有的优势在于：可以给经济欠发达的云南，尤其是少数民族地区带来较大的经济收入，使之脱贫致富；可以产生"联动效应"，带动民族地区基础设施（交通、通讯、动力、医疗等）的建设和完备，刺激农副食品业、手工业品的发展和繁荣；可以进一步打破民族地区封闭或半封闭自然经济的壁垒，树立当地心甘情愿融入现代化商品经济意识，并给民族地区提供技术经济信息，开通经济技术交流的渠道；可以改变妨碍民族发展的传统观念，提高民族的科学、文化素质。

图 87　民族文化生态村在村民中已经落地生根

　　旅游业也有另外一面。自然生态和文化生态构成的环境是一个复合体，是村民赖以生存的条件，也是开发和持续发展旅游之必须。如果在开发之初缺乏环境和文化保护意识，不以生态理念为指导，不着眼于可持续发展，不提高从业人员素质，也会给当地社会带来消极影响，产生负面作用。旅游经济作为一种商品经济，它所产生的片面追求利益、与传统美德背离的观念和行为，必然侵蚀民族精神。村民虽然原本就有世代相传的环境保护意识，例如通过祭"垄"、密枝节等节日和宗教活动的形式保护森林和水源，但是，旅游业崛起之后，仅凭村民的那点儿自发、朴素的环境保护意识远远不够了。在经济利益驱动下，村民会以短浅的目光盲目开发，甚至不惜牺牲自然和文化生态环境，造成不可挽回的损失。再者，外来游客带来的文化也会冲击传统文化，导致民族文化在变迁过程中文化特征过度流失，甚至有消亡的危险。诚如美国学者佛克斯（Fox）说的："旅游业像一把火，它可以煮熟你的饭，也可以烧掉你的屋。"① 也有学者把旅游业的二重性比喻为双刃剑。由于没有摆正旅游的位置，"生态"的理念在有些地方已经渐行渐远。因此，民族地区在强调旅游经济的同时，应当十分注重保护自己的民族本色，与时俱进地延续自己的文化，建设社会主义精神文明。

那么，如何引导村民在开发之初就及早注意把旅游业可能产生的负面影响降到最低限度甚至避免呢？如何寻求一条在发展经济的同时保护好民族文化及其所依托的自然环境，使经济和文化持续地协调发展之路呢？民族文化生态村正在探索以求得双赢。

二、是生活村寨还是旅游点？

民族文化生态村由于在自然风景和人文风情上的优势，通过旅游增长了村民的收入，改变了社区人民的物质生活条件，提高了村民对本民族、本地区特有文化的自尊心和自豪感，对本民族文化价值的认同感，提高了他们保护自己文化的热情。

但是，如果村民参与民族文化生态村建设的热情和力度仅仅是以此维系的话，民族文化生态村也就失去了它的意义，而成为一个观光的博物馆了。遗憾的是，"对于生态博物馆的理论理解程度，在不同的管理层有不同的差距，而在中间管理层对生态博物馆的理解还认为是旅游发展问题。"② 所谓"中间管理层"，当是县、镇、村官员，他们的热情是放在把生态博物馆作为旅游点之上的。

挪威学者在评价贵州省梭戛生态博物馆时看到了这点："对

---

① ［美］瓦伦·L. 史密斯主编，张晓萍、何昌邑等译：《东道主与游客：旅游人类学研究》，云南大学出版社，2002 年，第 193 页。

② ［挪威］达格·梅克勒伯斯特：《从挪威观点看贵州省生态博物馆项目》，《中国博物馆》2005 年第 3 期，第 18 页。

于这是生活村寨，还是旅游点，很难找到平衡点。"① 在贵阳市镇山生态博物馆，新闻记者看到的是："20 世纪 80 年代的镇山村，130 多户人家年人均收入不足 300 元，到去年（2005 年）这个数字已经超过了 3 000 元，远远高于邻寨。如今在镇山，村民很少再下地干活了，他们坐在家里等待游客的光顾，而地里的农活，却是 20 元或 30 元一天请邻村的人来干。""有人说，镇山是大学校园旁边的餐馆一条街；有人说，镇山是一个供贵阳人休闲娱乐的'山庄'。总之，'生态'的概念在镇山已经渐行渐远。"② 研究者如此评论："曾辉煌一时的生态博物馆无论是对游客或是管理部门来说，都成了一个尴尬的话题。游人眼前的仅仅是一个毫无民族特色、石头堆砌、餐馆林立的普通山寨；当记者去走访有关旅游部门和文化部门时也发现，他们对镇山村生态博物馆的印象也渐渐淡去，对于镇山村今后的发展方向，他们也一筹莫展；对于游客而言，体验内容与主题形象不一致，使其有上当受骗的感觉，滋生了反感，最终高兴而来，扫兴而归。而当游客把到镇山村旅游的感受向自己的亲友讲述后，镇山村的形象必将在潜在游客的心目中大打折扣。"③ 生态博物馆不"生态"，民间文化在商品化过程中出现变异、扭曲和掺假，失去其原真性，原本独特的文明形态将被消解；而靠旅游出现的经济暴涨也将迅速回落到未开发前的经济状态。因为失去文化支撑的山水风光是无法长久吸引游客的。

民族文化生态村与一些生态博物馆不同。它是一种社区发展

① ［挪威］达格·梅克勒伯斯特：《从挪威观点看贵州省生态博物馆项目》，载《中国博物馆》2005 年第 3 期，第 20 页。

② 李寅：《生态博物馆咋不"生态"了》，《中国民族报》2006 年 10 月 31 日第 2 版。

③ 陈志永、梁玉华：《民族村寨旅游地衰落研究：以贵阳市镇山村为例》，载《云南社会科学》2007 年第 1 期，第 100 页。

模式，是农民建设自己新生活的家园，村民不仅仅依靠旅游致富，也不是要变成纯粹经营旅游业的商人。就是在景区内的仙人洞村，也不是家家户户都从事旅游业。所以即使旅游业兴起，农业仍然是仙人洞村的支柱产业。为了使民族文化保护和发展与时代合拍，与现代文明进程适应，仙人洞彝族文化生态村投入到农业产业结构调整中，努力提高村民的科技水平。办起科技夜校，培养出 7 名农民科技员。在动员种植杂交优质稻时，最初农民不理解而拒绝，后来接受，产量逐年提高。1999 年有 158 户种植杂交优质稻 390 亩，2000 年 161 户种植 420 亩，2001 年 165 户种植 450 亩。仙人洞村水稻总产量：1998 年 379 500 千克，人均 250 千克；2000 年 531 300 千克，人均 650 千克。2005 年 172 人种植优质稻 460 亩，每亩由 600 元升值到 800 元，村民增收 9 万元。尽管因修建普者黑景区游船码头被征用了 272.8 亩土地，但粮食和粮款仍然增收，这是科学种田、改善生产条件的结果。另外，有养猪专业户 8 户，生猪 80 头，收入 4 万元；养鱼专业户 13 户，鱼池 260 亩，以每亩产 100 千克来计算，有 2.6 万千克，利润 7 万元。南碱村虽然也办了一些旅游项目，但是他们仍然固守自己的家园。这或许正是有的人遗憾南碱村旅游开发没有"太大起色"① 的原因吧。然而这未必是缺点。

---

① 艾菊红：《文化生态旅游的社区参与和传统文化保护与发展》，载《民族研究》2007 年第 4 期，第 51 页。

第七章　任重道远

民族文化生态村建设现今虽然已经取得显著的成绩，但是，在复杂的社会背景下，在种种因素的互相干扰中，现实和发展不可能尽善尽美，不可能完全达到理想状态，对此我们应该有清醒的认识。就以仙人洞彝族文化生态村来说，它的成绩的取得不是一帆风顺的。从它的发展过程，可以看出建立开发与保护互动机制是需要经过长期艰苦的工作的。仙人洞彝族文化生态村从建立到发展，经历了三个阶段。

第一阶段，从1999年起，是民族文化生态村进展比较顺利的时期，但重开发轻保护的思想已经萌芽，专家们作了警示。

第二阶段，从2000年起，开始两种思想的斗争。

在此阶段的三年多里，建设项目组一贯坚持建设民族文化生态村的初衷，把保护生态环境和民族文化放在第一位，同时重视社区经济的发展，谋求优秀传统文化与时代精神、现代文明相结合的和谐的发展模式，使旅游业发展与文化遗产保护相得益彰，仙人洞村沿着可持续发展的道路前进。专家组在建设之初，就对仙人洞彝族文化生态村作了全面的规划，预防无规划开发带来的对传统文化的损坏。在建设过程中，不断与对民族文化轻保护、重利用的思想行为进行斗争，多次制止破坏性开发。

1. 反对拼盘和假古董

在仙人洞社区建设中，有的人以尽快建成旅游景区赚钱为终极目标，所以主张把省内甚至省外其他地方的彝族文化都集中到仙人洞村来一起展示，例如建筑从古至今的各式各样的彝族民居，以"丰富"这里的文化；甚至主张把文山州的其他民族的文化都集中到仙人洞村来，在附近建立壮族民俗村、苗族民俗村、瑶族民俗村，以增加景点。又例如：在村头竖撒尼人没有的图腾柱，其柱高7米、直径0.64米，用白海棠石雕成。柱上的图像取自外省。这些主张和做法遭到专家和村民的抵制，大家一致认为外来文化的引入必然使撒尼文化变异成一种"怪文化"。民族文化变异了，旅游业发展的基础也就动摇了，旅游业的发展潜能也就丧失了。对于这些不伦不类的建筑，专家们想出办法纠正或补救。例如"图腾柱"，专家建议在其上置一尊大石虎，因为彝族崇虎。如此，"图腾柱"便成了仅是支撑石虎的柱子。

2. 反对曲解民族文化　反对庸俗化

"花房"和"情人房"本是撒尼青年男女恋爱幽会的场所，属于个人隐私。有的人竟然把它作为旅游项目展示和开发。有的人并不了解彝族文化，曲解"兄妹造人烟"之类的神话，大肆用朽木雕刻突出男女性器官的人像，立于村头和祭祀广场，造成游客误读撒尼文化，影响撒尼青年一代对民族文化的认知和认同。这些做法招致专家们的一致反对，最终撤销。

3. 反对破坏性开发

在民族文化生态村建设中，尽管强调了保护生态环境和民族文化的重要性和迫切性，提出"在保护中开发，在开发中保护"的理念。但是由于认识不到位，有人还是把发展旅游、争取游客放在第一位，甚至盲目开发。例如某领导无视村民的意愿和项目专家组的意见，竟然把村民祖祖辈辈视为"生育崇拜圣地"而不许外人窥视的老仙人洞辟为旅游点，开洞凿口，用水泥填平洞基，用油漆在崖壁涂抹仿古岩画或摹写彝文，不仅严重破坏了彝族传统文化，而且伤害了民族感情。这种杀鸡取卵的文化旅游开发方式将把民族文化撕成碎片。

4. 坚持规划　继续引导旅游业有序发展

对兴建农家旅馆村民最初存观望态度，怕折本。直到2000

图88　每年密枝节祭祀"石娃娃"的
神圣场所被现代人涂上"岩画"

年才出现黄茂林的一家，是旧宅改成的。黄家在 10 个月内赢利
偿还了改造旧房的 2 万元贷款，并赚了 1 万元。2001 年黄茂林
又新建一间旅馆。村民见农家旅馆收益多而迅速，纷纷建盖旅
馆，却乱了章法。本来项目组的建筑学家制订过规划，并设计过
外观为土掌房的新型民居方案，但是村民各行其是，自行设计房
屋样式，用钢筋水泥建造"火柴盒式"的洋楼，还外贴瓷片，
已失去传统民居风貌。这样的农家旅馆呈蔓延趋势。现在新建的
"洋"旅馆已有 13 家。如此传统文化就失去了存在的载体。

图89 彝族风味十足的村口后来被"洋楼"占据

图90 青山下翠湖畔的仙人洞民宅是一道靓丽的风景，而今
　　　被私建乱盖的"洋楼"大煞风景

探索实践之路

专家建议，"洋"式建筑和餐饮经营场所应当放到村外，尽量保持仙人洞村原先的基本面貌，在传统与现代之间寻找平衡点和契合点。

由于个别人一意孤行，听不进项目专家组的意见，于是专家们撤离仙人洞村。大约一年，村民逐渐认识到如此搞法不妥。

第三阶段是 2002 年，村民派代表到昆明，请求专家组继续支持，共同建设民族文化生态村。他们说："文化生态村在襁褓时你们抚育了它，现今它开始学步了，但还走不稳，更不会跑，请专家再扶持我们一把。"专家组回到仙人洞村，制订了仙人洞彝族文化生态村下一步的发展方案，设计民族文化传习馆和村中"运河"桥梁，引导村民处理好以旅游带动地方经济发展、以经济增长加强文化和环境保护的关系，全面推进整个社区可持续发展。

仙人洞彝族文化生态村中存在的问题，虽然得到一定程度的遏制，但是其消极影响并未完全消除，甚至在某种气候中又滋生新的问题。例如：农家旅舍向宾馆看齐，加盖楼层，遮挡山水景观；有的游客既要观赏当地"原生态"的文化，又要住舒适惬意的旅舍，这就促成了迎合游客的标准间的家庭客栈的产生。为了保持村寨社区面貌，仙人洞村拒绝经济资本介入。丘北县等地的商人见仙人洞村的商机渐旺，就以"结婚"、"亲戚"等名目"挤"进村来投资，由村民出面修建豪华旅馆。从事旅游业的村民为争取客源，淳朴的人际关系也在发生变化。

旅游业现今在南碱傣族文化生态村无足轻重，尚待发展。妇女的刺绣、男人的竹编十分普遍，而且有特色，但一直未得到大力发展，使其形成文化产业。无论是在南碱村还是仙人洞村，文化生态村管理委员会作用发挥不充分；深层的文化发掘整理还有待加强。今后要继续坚持正确的价值取向。一是处理好保护与开发的关系。既不能采取一味保护的消极态度，又不能以牺牲民族

图91　仙人洞村违章建筑破坏了景区风景和民族建筑风格

文化生态为代价，搞过度开发，对民族文化生态资源应当始终坚持以保护为主，在保护的基础上合理开发和有效利用的基本原则。二是处理好经济效益与社会效益、眼前利益与长远利益的关系。在保护民族文化资源的同时，与旅游参观适度结合，有助于调动村民的参与性、积极性，使他们懂得自己拥有的资源的价值，自觉地保护资源，但决不能一味地追求经济利益，必须始终保持民族文化生态村的特性，避免走入商品化的误区。三是处理好传统文化与现代文明的关系。民族文化的保护发展应和时代的进步合拍，与现代文明进程相适应。在着眼于经济发展，改善村民的生存环境，提高其生活质量的同时，必须大力兴办教育，提倡科技，着眼于社会的进步，提高村民的素质，推动科技的进步。

图92　兜售烧烤食品的船只麇集湖中岂不污染湖水

如何提高村民的认识、素质和能力，如何建立自力更生、自我主导的运行机制，如何健全科学的决策和管理制度以坚持正确的发展方向，如何提升和丰富文化的品质，如何进一步处理好保护与开发、文化与旅游的关系，如何发挥示范作用并有效推广成功的经验等，将是我们面临的课题。

图93　含磷洗衣粉直排仙人湖污染湖水

图94　村民参观民族文化生态村成就展览

　　民族文化生态村，是把处于自然生长状态下的古老民族文化置于全球现代文化生态保护的理念之下，在本土世居文化与现代观念之间、民族文化保护和社区经济发展之间，以及对于社区人民文化自然意识的建立、世界文化生态保护事业的未来，都会产生不可估量的影响！

　　"路漫漫其修远兮！"尽管今后的工作还十分艰巨，还有许多困难，然而南碱村和仙人洞村毕竟不再是十年前的南碱村和仙人洞村了。村里的一帮干部已经成为有远见、有能力、有胆识的非常出色的带头人，村民们的自主意识、文化自觉乃至经济状况也不可与往昔同日而语了。项目组将和他们一道，继续共同努力奋斗，争取达到较为理想的建设目标！

附录 云南民族文化生态村文献目录

专集

1. 云南民族文化生态村建设项目组编印：《云南民族文化生态村建设项目前期成果报告》，1999年。

2. 尹绍亭主编：《民族文化生态村——云南试点报告》，云南民族出版社，2002年。

3. 尹绍亭主编：《云南民族文化生态村暨地域文化建设论坛》，云南民族印刷厂印，2003年。

4. 云南民族文化生态村项目组（朱映占执笔）：《民族文化生态区（村）建设评估指标体系》，2007年。

综合报告、报道

1. 尹绍亭：《民族文化生态村建设项目申请报告》，1997年。

2. 尹绍亭：《民族文化生态村建设项目》，1997年。

3. 锁华媛：《开拓者——记普者黑公园的开发者罗树昆》，《春城晚报》1997年4月21日第7版。

4. 文化生态村建设项目组：《文化生态村保护发展研讨会报告》，1998年。

5. 王国祥（孟翔）：《关于创建民族文化生态村的报告》，1998年。

6. 云南民族文化生态村项目组：《云南民族文化生态村建设项目前期成果报告》，1999年。

7. 尹绍亭：《关于加强"云南民族文化生态村建设项目"的领导和管理的建议》，2000年。

8. 魏海燕：《省政协委员尹绍亭谈"民族文化生态村"建设》，《云南政协报》2000 年 2 月 23 日。

9. 刘国秀：《文化生态村——展示给你又一抹"亮色"》，《春城晚报》2000 年 6 月 1 日。

10. 徐发苍：《西部大开发与民族民间传统文化保护》，2000 年。

11. 尹绍亭：《云南民族文化大省战略构想》，《走向 21 世纪的云南民族文化》，云南人民出版社，2001 年。

12. 陈晶：《民族文化生态村》，《云南广播电视报》2001 年 7 月 16 日。

13. 徐发苍：《云南民族民间文化保护的立法与实践研究》，2001 年。

14. 云南省人民政府研究室：《关于落实徐代省长对"建立民族文化保护村的理论与实践"批示情况的报告》，2001 年。

15. 中共云南省委宣传部、云南省社会科学院、民族文化发展基金会：《关于我省"民族文化生态村"建设情况的报告》，2001 年。

16. 尹绍亭：《民族文化生态村——一个生态人类学的课题》，《民族学通报》（第一辑），云南大学出版社，2001 年。

17. 尹绍亭：《社区民族文化的保护》，"首届云南少数民族发展研讨会"会议论文，2002 年。

18. 尹绍亭：《民族文化的保护与发展》，《云南民族文化大省建设理论探索》，云南人民出版社，2002 年。

19. 王俊：《民族文化生态村如何建——专家提出：以保护传承为前提，科学发展造福于民》，《云南政协报》2002 年 4 月 17 日。

20. 云南省政协民宗委：《关于"云南民族文化生态村"试点情况的调查报告》，2002 年。

21. 王东焱:《云南民族文化生态村村徽设计及说明》，2002 年。

22. 王国祥（孟翔）、朱映占:《"云南民族文化生态村项目"简介》，《云南社科动态》2004 年第 2 期。

23. 杨燕、万迎春:《抢救民族民间文化刻不容缓》，《云南日报》2004 年 2 月 20 日。

24. 陆萍:《"只有改革创新，学科才能健康发展"——人类学家尹绍亭教授访谈录》，《今日民族》2007 年第 1 期。

25. 陆萍:《阅尽山林求学问——人类学学者访谈之四十五》，载《广西民族大学学报》2007 年第 3 期，又见《文化生态与物质文化·论文篇》，第 1 ~ 16 页，云南大学出版社，2007 年。

南碱傣族文化生态村

1. 王国祥（孟翔）:《南碱傣族文化生态村建设项目建议书》，2000 年。

2. 王国祥（孟翔）:《新平县南碱傣族文化生态村资源调查》，2000 年。

3. 张海:《南碱傣族文化生态村规划报告书》，2000 年。

4. 南碱村民领导小组:《新平县腰街镇南碱傣族文化生态村简介》，2000 年。

5. 徐菡:《新平花腰傣基本情况初步调查报告》，2001 年。

6. 南碱村民领导小组，王国祥（孟翔）执笔:《南碱傣族文化生态村村规民约》，2001 年。

7. 南碱村民领导小组，王国祥（孟翔）执笔:《南碱村公约》，2001 年。

8. 张海:《南碱村调查报告》，2001 年。

9. 吕彪等:《南碱傣族文化生态村村落规划方案及民居改良

设计方案》，2001 年。

10. 南碱项目组，王国祥（孟翔）执笔：《2001 年新平县南碱傣族文化生态村建设要点》，2001 年。

11. 李沙晴：《迷人的风情　奇异的村庄——新平南碱花腰傣文化生态村掠影》，《云南日报》2001 年 12 月 5 日。

12. 王国祥（孟翔）：《南碱傣寨文化生态实录》，《云南社科动态》2002 年第 2 期。

13. 新平县腰街镇政府：《关于腰街镇南碱傣族文化生态村建设经费的报告》，2002 年。

14. 王东焱：《南碱傣族文化生态村绿化规划设计》，2002 年。

15. 张海：《村民在文化保护、传承与发展中的角色分析——以南碱傣族文化生态村为个案研究》（硕士论文），2002 年。

16. 陶犁：《论云南民族文化生态村建设——以新平县南碱村调查研究为例》，《云南民族学院学报》，2002 年。

17. 南碱项目组，王国祥（孟翔）执笔：《南碱傣族文化生态村"四月节"活动方案》，2002 年。

18. 南碱项目组，王国祥（孟翔）执笔：《南碱傣族文化生态村"四月节"简介》，2002 年。

19. 朱映占：《南碱傣族文化生态村"四月节"活动报告》，2002 年。

20. 南碱项目组，王国祥（孟翔）执笔：《南碱傣族文化生态村第二期建设总结报告》，2002 年 7 月。

21. 王国祥（孟翔）：《花腰傣文化传习馆在南碱诞生》，《中国民族报》2003 年 10 月 31 日，第 5 版。

22. 王国祥（孟翔）：《相约南碱花街》，云南《民族时报》2004 年 3 月 10 日，第 C_1 版。

23. 文雯：《滇村民"复古"保传统遗产》，香港《文汇报》2004 年 5 月 5 日，第 C_1 版。

24. 黄华、熊玲、王咏刚：《花腰傣歌舞陶醉众记者》，《云南日报》2004 年 5 月 25 日。

25. 王国祥（孟翔）：《南碱傣家"四月节"》，《云南日报》2004 年 6 月 23 日，第 10 版。

26. 王艳：《博物馆也是生态村》，上海《新发现》2006 年第 5 期，第 129 页。

27. 赵祥睿：《花腰傣文化在这里传习》，《春城晚报》2007 年 4 月 7 日，第 B_4 版。

28. 谭雅竹：《南碱：文化生态村和谐之地》，《云南日报》2007 年 4 月 27 日，第 6 版。

29. 艾菊红：《生态旅游的社区参与和传统文化保护与发展——云南三个傣族文化旅游村的比较研究》，《民族研究》2007 年第 4 期。

仙人洞彝族文化生态村

1. 仙人洞村项目组，王国祥（孟翔）执笔：《丘北县仙人洞彝族文化生态村建设方案》，1999 年。

2. 丘北县旅游局，罗树昆执笔：《仙人洞彝族文化生态村建设项目可行性研究报告》，1999 年。

3. 杨大禹：《丘北县仙人洞彝族文化生态村规划及建筑设计方案》，1999 年。

4. 仙人洞村民小组：《关于成立仙人洞彝族文化生态村管理委员会的请示报告》，1999 年。

5. 丘北县人民政府：《丘北县政府关于仙人洞彝族文化生态村的管理规定》，1999 年。

6. 丘北县人大：《仙人洞彝族文化生态村管理条例》，1999 年。

7. 仙人洞村民小组：《仙人洞彝族文化生态村村规民约》，

1999 年。

8. 仙人洞彝族文化生态村管理委员会：《仙人洞彝族文化生态村建设简报》（第一期），1999 年。

9. 仙人洞彝族文化生态村管理委员会：《仙人洞彝族文化生态村建设简报》（第二期），1999 年。

10. 仙人洞彝族文化生态村管理委员会：《仙人洞彝族文化生态村简介》，2000 年。

11. 张登海、郭绍龙：《掀起你的盖头来——我省第一个"民族文化生态村"印象》，《云南日报》2000 年。

12. 玲子：《荷举芳姿莲呈清雅的地方——水乡泽国畔的云南民族文化生态第一村》，《云南日报》2001 年 10 月 30 日，第 C_1 版。

13. 郑萍、桂慕梅：《关于对仙人洞村有关人员培训的几点想法》，2002 年 4 月。

14. 荣莉：《旅游文化中的"权力"问题——仙人洞个案分析》（硕士论文），2002 年 4 月。

15. 李继群：《旅游生境与文化调适——丘北县仙人洞的调查研究》（硕士论文），2002 年 6 月。

16. 仙人洞项目组，王国祥（孟翔）执笔：《仙人洞文化生态村第二期建设总结报告》，2002 年 7 月。

17. 伍琼华：《民族传统文化开发与保护中的支持、引导、参与——以仙人洞彝族文化生态村的建设经验为例》，2002 年。

18. 王国祥（孟翔）：《"千禧龙年"在仙人洞村》，北京《旅行家》2002 年第 1 期。

19. 王国祥（孟翔）：《碧玉青罗色色殊》，《边疆文学》，2002 年第 7 期。

20. 王国祥（孟翔）：《民族旅游地区保护与开发互动机制探索——云南省丘北县仙人洞彝族文化生态村个案研究》，《云南

探索实践之路

社会科学》2003年第2期；中国人民大学书报资料中心《旅游管理》2003年第4期。

21. 王国祥（孟翔）：《这里实现了保护开发"双赢"——普者黑仙人洞彝族文化生态村建设调查》，《云南日报》2003年7月1日，第C₃版。

22. 王国祥（孟翔）：《普者黑仙人洞彝族文化生态村建设及启示》，《彝族文化》2003年第3期。

23. 攸延春：《山柔水美欲寻仙——系在山水情缘中的仙人洞村》，《今日民族》2002年。

24. 黄懿陆：《访丘北县政协常委、旅游局长罗树昆》，《云南政协报》1994年10月15日。

25. 李国宏：《夕阳映红仙人洞（记罗树昆)》，《七都晚刊》2005年6月18日。

26. 李伟：《谁动了我的花围腰》，《中国民族报》2007年1月5日，第9版。

月湖彝族文化生态村

1. 月湖项目组，杨政权执笔：《月湖彝族文化生态村建设发展规划》，1998年。

2. 杨大禹：《月湖文化生态村规划设计图》，1999年。

3. 月湖项目组：《月湖文化生态村工作简报》，2000年。

4. 李延辉、陈建明：《月湖生态、资源调查报告》，2000年。

5. 月湖项目组：《2001年度月湖文化生态村》，2001年2月。

6. 陈学礼：《洁秽之间——石林月湖密枝祭礼中的"劐"》，2001年6月。

7. 陈学礼：《月湖文化生态村工作总结报告》，2001年。

8. 月湖项目组：《月湖乡土教材》，2002年。

9. 陈学礼：《编一本书，月湖人的大事情》，2002 年。

10. 施维琳：《月湖民居改良设计方案》，2002 年。

11. 陈学礼：《月湖文化生态展示区简介》，2002 年。

12. 月湖项目组，陈学礼执笔：《月湖彝族文化生态村第二期建设报告》，2002 年 7 月。

巴卡基诺族文化生态村

1. 基诺族文化生态村项目组：《景洪市基诺族巴卡文化生态村建设规划》，1998 年。

2. 尹绍亭、泽白：《基诺族博物馆建设报告》，1998 年。

3. 尹绍亭、罗钰：《基诺族博物馆策划方案》，1999 年。

4. 施维琳：《基诺族博物馆设计方案》，1999 年。

5. 巴卡项目组，罗卫东执笔：《巴卡小寨文化生态村规划书》，2000 年。

6. 曾益群：《生态人类学视野中的热带山区混农林业——以巴卡小寨为例》，2000 年。

7. 街顺宝：《文化失衡与生态危机——巴卡小寨研究》，2001 年。

8. 王国祥（孟翔）：《基诺族博物馆建成开馆》，2001 年 6 月 26 日《云南日报》。

9. 刘国秀：《基诺乡建起基诺族博物馆——开国内在一个村寨建立单一民族博物馆先例》，《春城晚报》2001 年 6 月 21 日。

10. 曾民、余仁山：《基诺山：正消失的传统》，《南方周末》2002 年 1 月 10 日。

11. 王国祥（孟翔）：《基诺族博物馆建成开馆》，《中国民族报》第 124 期。

12. 朱映占：《"首届基诺族纺织刺绣能手大赛——云南民族文化生态村文化保护与传承系列活动"报告》，2002 年 3 月。

13. 朱映占：《多元互动中的文化建构——巴卡基诺族文化生态村的个案研究》，2002 年 5 月。

14. 尹绍亭：《基诺族文化生态村的变迁》，云南《人与自然》2002 年 6 月。

15. 罗钰、朱映占：《巴卡基诺族文化生态村第二期建设总结及第三期建设计划纲要》。

和顺汉族文化生态村

1. 和顺项目组，李正执笔：《腾冲县和顺乡文化生态村建设方案》，1998 年 4 月。

2. 李继东：《关于和顺文化生态村建设的思考》，《和顺乡》第 2 期，1999 年。

3. 杨永明：《全省四个民族文化生态村之一——和顺文化生态村建设顺利进行》，2000 年。

4. 王国祥（孟翔）：《和顺乡地名及主要建筑、遗址和名人故居名录》。

5. 王国祥（孟翔）：《和顺乡文化遗产普查目录》，2000 年。

6. 王国祥（孟翔）：《和顺古地名考释》，《云南日报》2001年 4 月 11 日，第 C_3 版。

7. 杨大禹、李正：《和顺民居》，重庆建筑出版社，2002 年。

8. 项目组、杨发恩主编：《中国魅力名镇和顺》，云南教育出版社，2005 年。

图书在版编目（CIP）数据

探索实践之路/王国祥著. —昆明：云南大学出版社，2008

（民族文化生态村：当代中国应用人类学的开拓/尹绍亭主编）

ISBN 978-7—81112—556—6

Ⅰ.探… Ⅱ.王… Ⅲ.①少数民族—民族文化—研究—云南省 ②农村—社会主义建设—研究—云南省

Ⅳ.K280.74 F327.74

中国版本图书馆CIP数据核字（2008）第179803号

The Road of Exploration and Practice

民族文化生态村
——当代中国应用人类学的开拓

探索实践之路 王国祥◎著

责任编辑：纳文汇 蒋丽杰
责任校对：何传玉 刘云河
装帧设计：刘 雨
出版发行：云南大学出版社
印 装：云南省地矿测绘院印刷厂
开 本：850mm×1168mm 1/32
总 印 张：31.5
总 字 数：800千
版 次：2008年11月第1版
印 次：2008年11月第1次印刷
书 号：ISBN 978-7-81112-556-6
总 定 价：148.00元（共六册）

出版社地址：云南省昆明市一二·一大街云南大学英华园
邮 编：650091
电 话：0871-5033244 5031071
网 址：http://www.ynup.com
E-mail：market @ ynup.com

福 特 基 金 会 资 助 项 目

A PROJECT FUNDED BY THE AMERICAN FORD FOUNDATION

◎ 西南边疆民族研究书系

The Ethnic Cultural and Ecological Villages
—— An Exploration in China's Applied Anthropology

Theory and Methodology

主编 尹绍亭 / 副主编 王国祥 罗 钰

民族文化生态村
—— 当代中国应用人类学的开拓

理论与方法

尹绍亭◎著

云南大学出版社

Yunnan University Press

总　序

　　民族文化生态村，是在中国当代市场经济和全球化背景下形成的一种以文化为中心的乡村和谐发展的理论和开拓探索的实践。

　　市场经济和全球化，是一对"孪生姐妹"。一个国家一旦选择了市场经济，那就必须开放国门，就必须融入世界经济体系，结果自然免不了要淌进"全球化"的潮流之中。实行市场经济和开放政策，是中国发展的正确选择。中国几十年闭关自守实行计划经济，结果贫穷落后、暮气沉沉，而改革开放30年来，便繁荣昌盛、生机勃勃，此足以说明市场经济和全球化的无比伟大。

　　然而，30年来，从文化的角度观之，市场经济和全球化却构成了对中国文化前所未有的严峻考验和挑战。一种文化能否从容应对市场经济和全球化，取决于它的根基、结构、内涵和自信。根基牢固、结构稳定、内涵深厚、传统悠久、自信度高、进取心强，便可能因势利导，兼收并蓄，发展创造，乘势而上，不断迈向新的阶段。反之，则很容易变质、衰落，甚至土崩瓦解。就中国文化而言，其根基不可谓不深厚，其结构不可谓不牢固，其传统不可谓不悠久，然而中国文化的不幸之处在于，当市场经济和全球化的大潮涌来之时，它刚刚经历了史无前例的"文化大革命"的浩劫，根基、结构、传统均遭到了严重的颠覆和破坏，国人陷于深深的彷徨、迷茫和错乱之中，精神空虚、道德沦丧、信仰失落已非个别现象。以如此虚弱、凋敝的状态去应对突如其来、汹涌澎湃、势不可当的市场经济和全球化，去应对崇尚

科技、高度发达的工业文明、以物质和金钱崇拜为核心的工业文化，其结果，盲目、混乱、消极、庸俗、变态自是不可避免，在许多方面，陷入了深深的困境和危机。

环境发生了巨变，促使文化必须作出相应的调适和重建。显然，在当代中国，传统文化、地域文化和民族文化的保护、传承和发展，已成为非常紧迫的重大课题。而欲从事这样的课题，采取本本主义的理论研究是不行的，必须深入实际进行研究和探索，即必须到田野中去进行研究和探索。田野可以选择城市，而我们选择了乡村，因为中国毕竟还是一个乡村大国，而且56个民族的绝大多数人口仍然居住于乡村。基于这样的动机和理念，以文化保护和可持续发展为宗旨、以乡村探索为途径的"民族文化生态村建设"项目，由我们策划和推动，终于应运而生。

该项目受美国福特基金会资助，由云南大学负责组织实施。项目选择了五个试点，分三期进行，从1998年10月开始至2008年10月结束，已历时10个春秋。10年来，项目取得了显著成绩和许多实质性的成果，产生了广泛而深远的影响，当然也有不足乃至不成功的案例和教训。作为一个创造性、应用性、探索性的项目，其主要目标之一，是必须及时总结经验和教训，进行推广和交流，从而丰富和完善成果，并最大限度地实现成果共享。在项目进行的过程中，项目组曾经举行过各种形式的培训和交流活动，此外，项目成员、试点所在地政府、媒体以及国内外的学者和各类考察者，都曾写作发表过大量的关于文化生态村的调查、研究、宣传的文章。在本项目的全部计划即将结束之际，我们又精心推出这套总结性的丛书，希望能够对时下各地区、各民族建设文化生态村的热情和企盼有一个积极的、有效的回应。而且，随着国民文化保护意识的觉醒和增强，随着国家对文化遗产保护事业的日益重视，随着社会各界所参与的文化事业的蓬勃发展，随着学术界、文化界文化研究事业的推进，像民族文化生态

村建设项目这样具有创新性和开拓性的文化保护和传承的理论和方法、勇于实践和富于成效的试验和范例，相信是会受到人们的欢迎的。

俗话说，"十年磨一剑"。平心而论，本丛书尚未达到预期的目标，存在着许多不足和缺憾，然而它毕竟是试点村的村民、干部和学者十年求索、十年实践、十年心血的积累。如果本丛书的问世能够对当代的文化保护、传承事业有些许的贡献，尤其是如果本丛书能够为广大农民、基层干部和文化官员所利用，认为具有参考和应用价值的话，那么我们就感到十分满足了。

尹绍亭
2008 年 9 月

目　录

CONTENTS

前　言

　　民族文化生态村建设，是以地域文化、民族文化以及文化遗产保护、传承和可持续发展为目的的探索实践。在全球化和市场经济的背景下从事文化和文化遗产的保护、传承，是一个全新的充满挑战的课题，要做好这项事业，首先必须有基本的理论准备。例如我们提出建设民族文化生态村，那么什么是民族文化生态村？为什么要建设民族文化生态村？它有哪些理念和原则？它和生态博物馆及民俗旅游村等有何不同？什么是文化生态？这个概念是怎样产生的？它有什么样的理论背景？其内涵和意义何在？又比如说民族文化保护，那么什么是民族文化？怎样认识文化保护、传承？文化能否保护？由谁保护？文化保护、传承与发展是什么关系？等等。其次，有了理论的指导还必须有一套运行的方法。例如应该怎样选择试点村？怎样协调与官员、村民的关系？怎样组织运作的网络？怎样使村民认同和自觉？如何发掘传统知识？如何进行生态环境建设？如何开展文化传习活动？如何建立可持续的保障和机制？如何实现成果的交流和共享？等等。此外，最重要的，是应该将理论和方法付诸实践，在试点中实验探索、检验理论、丰富方法、积累经验、总结教训、产出成果，使之充分发挥示范作用，从而从理论和实践两方面对文化和文化遗产保护以及和谐社会的建设作出贡献。

　　本书作为民族文化生态村丛书的第一本，内容即为民族文化生态村建设的理论、方法和实践的总结。所谓"总结"，乃是对10年求索过程和认识的梳理、概括。10年对于我们而言，可以说是一段不短的时光，然而学海无涯，10年的田野，所获亦不过凤毛麟角；更何况在全球化和市场及经济的冲击下，社会文化变迁异常迅速，各种矛盾交织冲突，使人常感应接不暇，难见"庐山真面目"，无从把握和解释。所以本书介绍的理论、方法和实践，自然远远不足，还有待于不断学习、发掘、深化和完善。

说到理论与方法，往往会使人产生高深莫测、深奥晦涩的印象。本书写作的目的，在于普及应用，设定的读者，是民众和干部，因此力求深入浅出，通俗易懂。而为了便于阅读把握，显然不宜长篇阔论，而应简洁明了。故此把全书分为三十二节，每节说一个主题，每节字数不超过五千，使之如一道道"文化快餐"，读起来可轻松、愉快一些。

理论与方法

什么是民族文化生态村

图 1　纯净的自然

　　民族文化生态村的建设，是我们在 1997 年提出的一个以人类学为主，包括其他学科参与的应用性研究开发项目，是一个以地域和民族文化的保护和传承为主旨，由住民、政府和学者等相关群体参与建设的行动计划。

　　这一项目的提出，经历了长期的思考、调查、研究过程。关于地域和民族文化的保护和传承，并不是一个新的问题，它从来都是文化事业和学术研究的一个重要组成部分。然而由于中国于 20 世纪六七十年代经历了"文化大革命"，传统文化遭受了前所未有的浩劫，紧接着又进入了体制改革、发展市场经济和现代化建设的时期，而随着国家的改革开放，全球化的浪潮也席卷而来，在这样的形势下，破坏严重、残缺不全的地域和民族文化又面临巨大的冲击和新的挑战。地域和民族文化在以往被丑化、消化、同化、涵化的基础之上，又被严重地异化、伪化、商化和造化，显然，民族文化的保护、传承与重建，已是刻不容缓，必须提到国家的重要议事日程上来。作为从事文化遗产保护与地域文化和民族文化研究的学者，对此当然责无旁贷。国家需要决策的参考依据，社会需要认识和行动的理论，民间需要建设的参照和经验，这些都有待我们去实践、探索、研究和总结。建设民族文化生态村，就是在这样的背景之下，出于使命感而产生的理论研究和实践应用相结合的开拓性项目。建设民族文化生态村，从文化事业的角度看，意在探索地域和民族民间文化以及文化遗产保护、传承的新途径；从学术的角度看，是以人类学为核心的多学科相结合的应用研究的新课题；从现代化建设的角度看，则可为国家实施的"社会主义新农村建设"发展战略提供参考性的理论方法和经验。

选择具有地域文化和民族文化特色的村寨，依靠村民的力量和当地政府及专家学者的支持，制定发展目标，通过能力和机制的建设进行文化生态保护，促进经济发展等途径，使之成为当地文化保护、传承的样板与和谐发展的楷模，为广大乡村提供示范，并促进学术的发展，这是本项目基本的运作思路。

那么，什么是民族文化生态村呢？我们给了它这样的定义：

民族文化生态村，是在全球化的背景下，在中国进行现代化建设的场景中，力求全面保护和传承优秀的地域文化和民族文化，并努力实现文化与生态环境、社会、经济的协调和可持续发展的中国乡村建设的一种新型的模式。

这个定义有四个关键词值得注意：

一是"全球化"和"现代化"。所谓"全球化"简单地说是指全世界趋向于同一潮流；所谓"现代化"通常的意义是指传统社会向工业社会的进化。"两化"是时代进步的表现，亦是社会发展的必然，其趋势是不可阻挡的。然而，大量事例说明，在全球化的巨大影响之下，在追求现代化的过程中，人们往往自觉或不自觉地以牺牲地域和传统文化以及文化的多样性为代价，结果便难以避免社会发展的不和谐和不可持续，这是面对"两化"必须给予足够重视的问题。

二是"文化保护与传承"。上面说了全球化和现代化，全球化的特征是以强势取代弱势，以同一化取代多样性；现代化在很大程度上是以工业文明为标志，工业文明的特征则是以牺牲传统伦理道德、生态环境和自然资源等为代价的技术、物质至上主义。它们都存在着吞噬、排斥和否定传统文化及文化多样性的可能性和危险性。在这样的背景下，积极宣传并努力进行文化保护与传承，意义重大。这就是民族文化村为什么要把"地域和民族文化保护与传承"作为其主要的建设目标的原因。

三是"协调和可持续发展"。现代化建设强调以经济发展为中心，然而仅有经济的发展是不够的，是残缺不全的。社会、经济、文化、生态环境是一个有机结合的整体，不可割裂和偏废，只有齐头并进，和谐共生，才可能持续发展。胡锦涛总书记在党的第十七次代表大会的报告中，提出了"构建和谐社会"的伟大战略方针。民族文化生态村的建设，便是贯彻执行这一伟大战略方针的一个具体的行动计划。

四是"乡村建设"。中国是一个乡村社会，乡村是社会的"细胞"。只有广大乡村发展了、和谐了，国家才能够和谐发展。所以文化生态村着眼于乡村建设，希望作出乡村发展的典型和示范，并在广大乡村进行推广，从而对国家的和谐发展作出贡献。

民族文化生态村建设项目提出之后，受到了社会的关注。曾经长期支持云南少数民族地区社会、经济、教育、卫生等事业发展以及民族文化保护的美国福特基金会，认为这是一个很有意义且具有挑战性的项目，经过一段时间的深入探讨和反复论证，1998 年 10 月，美国福特基金会批准该项目并予以立项。其时正值云南省委省政府召开"建设云南民族文化大省"的第一次大会，文化界和舆论界积极响应省委省政府的这一战略决策，形成了民族文化建设发展的热潮。本项目因适合省委省政府发展战略的需要，所以又被定为云南民族文化大省建设的重点项目之一，写进了"云南民族文化大省建设纲要"，并由省委宣传部统筹落实。1998 年夏秋之际，项目组经过调查研究，选择确定了腾冲县和顺乡（汉族）、景洪市巴卡小寨（基诺族）、石林县月湖村（彝族·撒尼人）这三个村寨作为建设云南民族文化生态村的试点，其后又应丘北县仙人洞村（彝族·撒尼人）和新平县南碱村（傣族）的要求，增加了这两个村子，一共五个试点。此外，云南大学彭多意教授在稍后的时间也主持了一个乡村发展项目，项目点选在弥勒县可邑村（彝族·撒尼人），由于理念方法近似于民族文化生态村，所以后来也加入了我们的行列。

图 2　傣族的家园

由上述民族文化生态村的定义和关键词可知，这是一个定位于很高目标的项目，是一个具有超前性和开拓性的项目，是一个涉及面广、关系复杂、难度极大的项目，亦是一个前人没有做过、没有任何参照、必须从头开始探索项目，因此，在实践的过程当中必然困难重重。从目前项目所取得的成果来看，业已获得了大量宝贵的知识和经验，业绩不小，而且已有成功的范例；另一方面，挫折和教训亦多，并且还有不成功的个案。作为在此领域第一批"吃螃蟹"的人，我们深感获得知识经验和成功业绩固然可贵可喜，然而失败乃"成功之母"，挫折和教训亦为难得的"反面教材"。回顾近十年的艰苦探索历程，深感项目的价值和意义不仅体现于结果，而且更体现在参与实践的过程当中。

民族文化生态村的建设目标

图3　梯田与蘑菇房

民族文化生态村建设以民族文化保护为宗旨，认为文化是民族的"根"和"魂"。然而，文化并不是孤立的事物，事实上它与社会经济形态是一个不可分割的整体，没有经济基础，没有社会的进步，就不会有文化的发展和繁荣。因此，从事文化保护事业不能仅仅着眼于文化本身，还必须有综合的关照和整体的思考。另一方面，我们还应该保持十分清醒的认识，从事民族文化生态村的建设，进行民族文化保护，不能脱离中国特定的时空条件，不能不考虑国情民情，对于国外同类保护事业及其相关的理论方法和经验范式，应该虚心学习，积极参考借鉴，但也不可盲目照搬。基于以上的考虑，我们拟定了建设民族文化生态村应该努力实现的六个基本目标：

1. 具有突出的、典型的、独特而鲜明的民族文化和地域文化特色。

2. 具有朴素、淳美的民俗民风。

3. 具有优美、良好的生态环境和人居环境。

4. 摆脱贫困，步入小康。

5. 形成社会、经济、文化、生态相互和谐和可持续发展的模式。

6. 能够发挥示范作用。

这六个基本目标，是第一层次的目标。在基本目标之下，还必须制定由若干层次的目标组成的目标体系。下面的目标属于第二层次：

1. 村民热爱本地区、本民族的文化，具有较高的文化自觉性。

2. 建立由村民管理、利用的文化活动中心。

3. 依靠村民发掘、整理其传统知识，并建立传统知识保存、展示和传承的资料馆或展示室。

4. 建立行之有效的、可持续的文化保护、传承制度。

5. 主要依靠村民的力量，改善村寨的基础设施和人居环境。

6. 改善传统生计，优化经济结构。

7. 有一批适应现代化建设、有较高文化自觉性和有开拓和奉献精神、能力强的带头人。

8. 有比较健全的、权威的、和谐的世俗和行政的组织保障。

9. 有良好的、可持续的管理运行机制。

要实现上述六个基本目标和九个第二层次的目标，从目前中国乡村的情况来看，不是一件容易的事情，困难不小，主要表现在以下几个方面：

第一，众所周知，经过"文化大革命"等浩劫和动乱，即便在边疆少数民族地区，要想找到一个文化和生态环境没有遭受破坏和污染、没有被异化和劣化的地方，已经十分困难。

第二，中国农村普遍存在的深度贫困状况，既是文化退化、衰落的重要原因，也是生态环境破坏和人居环境恶劣的根源。

第三，在文化破坏、信仰崩溃、规范失调、环境恶化、严重贫困的基础上，又突然被施加以强势的市场经济的金钱价值观，由此形成的极为短视和功利的反和谐和反持续发展的氛围和思潮，不仅会形成强大的文化和环境保护的抗拒力，而且很可能导致新的更为严重的文化和环境的破坏。

第四，上述两个层次的目标，内在联系紧密，相辅相成，是一个综合性的系统工程。系统之中任何一个或几个目标的短缺或不足都会影响其他目标的实现，从而导致整个系统工程的紊乱甚至失败。

第五，建设民族文化生态村，是由学者提出并运作的项目，然而民族文化生态村建设作为囊括社会、经济、文化、环境、脱贫、发展等诸多要素的综合性的系统工程，仅靠学者的力量和努力，显然是远远不够和不可能实现的。它需要社会共建，尤其需要村民的主动参与、积极主导和政府强有力的领导和支持。而要使政府和村民接受学者的理念，并将其转变为政府的政策行为和村民的自觉行动，涉及很多复杂的问题，要做很多艰苦的工作。

任何事物都具有两面性，民族文化生态村建设虽然面临诸多困难，然而积极的、有利的环境和条件也显而易见，下面几点即为项目可行性的重要的支撑基础：

第一，国家对构建和谐社会、实施可持续发展战略、发展公益性文化事业、抢救和保护文化遗产、保护生态环境、建设社会主义新农村等越来越重视。近年来，这些事业已先后成为国家的基本国策和大政方针，具备这样的社会和政策背景，对从事民族文化生态村建设无疑是非常有利的。

第二，各级政府为了贯彻执行国家的上述国策和方针，为了发展，为了把当地的事情办好，主要着眼于大事业、大项目，不过有的地区对于建设民族文化生态村这样的"小项目"和"小事业"也会给予重视和支持，实际上这一点在两三个试点地区已经有所体现。

第三，各地村民们在市场经济的环境中，尽管普遍存在着重经济轻文化的倾向，对于文化保护和传承的意义缺乏足够的认识，然而他们却具有强烈的发展愿望和建设热情，他们一旦认识到建设民族文化生态村的意义，认识到项目会给他们带来诸多明显和潜在的利益，他们就没有理由袖手旁观，会把它视为自己的事业而积极参与。

图4　文化的记忆

第四，该项目虽然始终把"村民主导"置于首要的地位，然而不可否认，项目的理念、策划、立项及启动，主要是专家学者的行为，也就是说，专家学者对项目的指导和推动作用是不可缺少的。然而，由于这是一项前人没有做过的事业，所以专家学者也并无先见之明，在一定程度上也是"摸着石头过河"。可喜的是，近年来，关注为现实服务的应用性研究的专家学者日益增多，他们的相互交流与切磋，可以减少盲目和偏颇，有利于民族文化生态村建设理论与方法的丰富和完善。

第五，民族文化生态村建设项目，选择当代面临的重大问题为研究解决的对象，富于挑战性、应用性和创新性，符合基金会和从事公益事业的机构和个人的资助条件，这就是该项目能够获得美国福特基金会及国外友人资助的原因所在。

充分认识从事该项目的困难和可行性，是我们行动的基本前提。该项目所有的工作，便是如何运用适当的策略和开展有效的活动来扩大积极因素，减少消极因素，使积极因素在与消极因素博弈的过程中逐渐胜出，从而最大限度地接近预期的目标。

民族文化生态村与民俗旅游村

图5　民俗表演

1997年我们提出建设民族文化生态村，现在全国各地有许多农村也纷纷打出"民族文化旅游村"、"民俗文化旅游村"、"生态旅游村"等牌子，有的干脆直接就叫"文化生态村"。"文化"和"生态"这两个词汇被广泛使用，很大程度上被广告化和庸俗化了。这一类村子，尽管用名五花八门，实际上都可以归入民俗旅游村之列。那么，民族文化生态村与民俗旅游村有什么不同呢？两者之间的区别主要在于以下几点：

1. 目的不同。如前所述，民族文化生态村的宗旨是保护地域文化和民族文化，旨在实现文化与生态环境、社会、经济的协调和可持续发展的乡村发展模式;而民俗旅游村是从事旅游经营的村庄,追求经济利益是它的主要目的。

2. 理念不同。民族文化生态村主张把文化看做民族的"根"和"魂",是社会和谐的纽带,是人们精神的寄托和追求,其价值是不可用金钱去衡量的。不可否认,民族文化可以用于旅游业,可以作为发展旅游业的"资源",但旅游决不是也远远不是文化存在的理由和全部价值之所在。但是在现实社会中,几乎所有的民俗旅游村都主张把文化当做发展旅游的"资源",当做谋取金钱的"手段",在他们眼里,发展旅游就是民族文化价值的唯一所在。"文化搭台,经济唱戏"这一流行一时的口号,便是这种文化观的集中体现。

3. 关注点不同。民族文化生态村重在提高村民的文化自觉和能力,重在文化的保护与传承,重在促进社会富裕、和谐和可持续发展机制的建设等;民俗旅游村则主要关注人文和自然旅游资源的开发、旅游设施的建设、旅游的宣传和促销、旅游效益的提高以及旅游者的文化消费心理和需求等。因此,为了迎合和满足游客的欲望,他们可以任意地复制和创造文化,甚至可以不顾一切地篡改和伪造文化。

4. 建设主体不同。民族文化生态村主张在政府的领导支持下,在有关专家学者的指导下,依靠村民的力量,发挥村民的主导作用,建设自己的家园;民俗旅游村则往往是由政府旅游部门或者是由外来的企业或商家投资进行建设。在某些民俗旅游村里,资源的所有权和经营的主导权掌握在政府下属的企业或私人企业及商家的手中,村民参与的权利非常有限或者完全被排斥于权利之外,丧失了主人的地位,沦为附庸者和打工者,这是非常不合理的现象,它很可能酿成矛盾和冲突,从而导致民俗旅游村中途夭折。

5. 建设内容不同。民族文化生态村的建设,着眼点主要放在民族文化的保护与传承，放在文化事业和文化设施的建设之上；民俗旅游村建设的重点则是餐饮、住宿和娱乐的设施。例如时下的民俗旅游村都打着"农家乐"的招牌，"农家乐"的经营方针，就是要千方百计地向游客提供具有农村风味和风情的吃喝玩乐的设施和手段，以招徕游客，赚取利润。

6. 基础建设的差异。民族文化生态村主要依靠村民自己的力量进行建设，由于他们尚处于比较贫困的发展阶段，所以在短时期内不可能彻底改善环境，亦不可能迅速改变基础设施落后的状况。所以从表面上看，有的民族文化生态村几乎没有像样的建筑，村落景观也显得陈旧落后；民俗旅游村则不同，投资者往往投入巨资，大兴土木，建设楼台馆所，在短时期内便可使环境发生大的改变，推出良好的旅游设施，这是村民的力量绝对不可能做到的。

7. 获利对象不同。民族文化生态村也主张发展旅游业，由于是村民自主发展、自主经营，所以村民可以充分享受旅游带来的利益，例如我们的试点村仙人洞，村民既是旅游的主导经营者，同时也是利益的直接享受者；民俗旅游村则相反，最大的受益者往往不是村民，而只可能是外来的投资者和经营者。这样的例子其实已经非常之多，例如丽江，它虽然不是民族文化生态村，但是它却是旅游地外来商人比例超高的一个突出典型。外来商人对旅游地当然会作出诸多贡献，然而其负面的影响和作用却不可低估。总而言之，作为民族文化生态村，在村民的能力建设和村寨运作机制的建设均尚未成熟和完善的阶段，是不宜引入强势的企业和商家的。

不过，世界是变化的，任何事物都是发展的。改革开放30年来，民俗旅游村应运而生，蓬勃发展，已经成为乡村旅游的一种重要形式和旅游界一道亮丽的风景。然而总的来看，我国现阶段的民俗旅游村还处在发展的初级阶段，层次低、条件差、粗放经营、服务不到位是其普遍的缺陷，这也就是为什么很多民俗旅游村昙花一现、不可持续的重要原因。事实业已证明，没有和谐和可持续发展的理念，没有民族文化和地域文化的支撑，没有真正的淳美的民俗，没有良好的生态环境，没有食品安全和清洁卫生，是搞不好民俗旅游村的。因此，我们主张民俗旅游村应该学习民族文化生态村的理论和实践，应该正确认识文化并努力保护文化，应该充分尊重村民以及他们应该享有的权利，应该努力提高经营者的素质和经营服务的水平，应该营造真正能够让游人放心、舒适、新奇、快乐的"农家乐"，只有这样，才有发展的保证，才能够获得最大的社会和经济效益。同时，我们也主张民族文化生态村应该吸纳和培育某些成功的民俗旅游村的市场操作经验和促进市场发展的方法和机制，这一点也是非常重要和不可缺

图6　简陋的旅游村

少的。旅游作为市场经济的一种特殊形式，开发利用得当，对于民族文化生态村的发展，将会起到很大的推动、促进作用。此外，民族文化生态村还应该吸取一些民俗旅游村失败的教训，在发展的过程中，也不排除有的民族文化生态村可能出现旅游至上、唯利是图的倾向，这并非空穴来风，应该防微杜渐、未雨绸缪。

什么是生态博物馆

图 7　自然文化遗产

20 世纪六七十年代，工业社会在经历了辉煌的文明之后，其对社会思想、文化遗产、生态环境和自然资源等的消极影响日益显现，社会性的危机感、焦躁感悄然涌动，以致形成了一股强大的波及社会各界反思和批判的潮流。生态博物馆就是在这样的背景下出现的对传统博物馆的贵族性、殖民性、都市性、国家性、垄断性等的反思和批判的产物。

生态博物馆于 20 世纪 60 年代最早产生于法国，生态博物馆法语为 ecomusee，英语将其译做 ecomuseum。生态博物馆是生态（ecology）和博物馆（museum）的合成语。"eco"作为"ecology"（生态）和"economy"（经济）的语源，出自希腊语"oikos"，即"家"的意思。

20 世纪 60 年代后期，法国都市化急剧发展，人口大量流入城市，农村出现了严重的过疏化现象，为了维持都市和农村良好的平衡关系，分散中央集权、加大地方权力、强化地域主义、重视社区住民地位的诉求成为社会的热切期待。另一方面，社会、文化、环境等的建造和破坏交错在一起，导致了自然遗产和文化遗产保护意识的空前高涨。作为地方分权化政策的尝试之一，1967 年法国制定了地方自然公园法，根据此法令，各地积极开展保护和整治自然公园及其历史建筑物等的事业，生态博物馆即于此时应运而生。

那么，什么是生态博物馆呢？

被称之为生态博物馆之父的法国博物馆专家乔治·亨利·里维埃（Georges Henri Rivière）是这样定义生态博物馆的："通过探究地域社会人们的生活及其自然环境、社会环境的发展演变过程，进行自然遗产和文化遗产的就地保存、培育、展示，从而有助于地域社会的发展，生态博物馆便是以此为目的而建设的博物馆。"另一位法国博物馆学家雨果·戴瓦兰（Hugues de Varine）则如是说："生态博物馆是居民参加社区发展计划的一种工具。"法国的《生态博物馆宪章》把生态博物馆定义为："生态博物馆是在一定的地域，由住民参加，把表示在该地域继承的环境和生活方式的自然和文化遗产作为整体，以持久的方法，保障研究、保存、展示、利用功能的文化机构。"对于生态博物馆的进一步的解释，见于乔治·亨利·里维埃所概括总结的《生态博物馆的发展的定义》；他在该文中写道：生态博物馆是行政当局和住民共同构想、创造、利用的手段。行政当局和专家一起，提供便利和财源；住民则根据各自的兴趣，提供自己的知识和行动能力。具体而言，生态博物馆具有以下几个功能：

第一，它是住民认识自身的"镜子"。住民依靠自己的努力，通过把维系自身生存的地域与对时代的连续性和非连续性的历史结合在一起进行解说，使之成为住民认识自身和向来访者提供真切了解其生活和行为的"镜子"。

第二，它是人与自然关系的表现。生态博物馆一方面要把人放到自然环境中去进行解释；另一方面，则要把自然放到如何使传统社会和产业社会适应自然的原初状态中去进行解释。

第三，它是时间的表现。人类从诞生时代到先史时代、历史时代以至现代，经过了漫长的时间，而且还将开辟新的未来。生态博物馆具有传达现行的关于时间的情报和批评分析的功能。

第四，它是空间的解释。生态博物馆是公众驻足和散步的特别的空间。

第五，它是研究所。生态博物馆凭借外部研究机关的协助，开展对住民及其环境的历史和现状的研究，并积极奖励培养该领域的专家。

第六，它是学校。生态博物馆是让人们参与进行住民研究和保存活动、促使住民更好地把握和解决自己未来的各种问题的学校。

生态博物馆具有以上六个功能，同时还必须具备以下三个要素：

第一，生态博物馆必须在现地保存其地域的自然环境、文化遗产和产业遗产。

第二，为了住民的未来，生态博物馆必须由住民参与管理运营。

第三，生态博物馆必须开展各种活动。

三个要素具体包括如下一些内容：地域内遗产的现地保护包括地域博物馆、文化遗产、露天博物馆、自然公园、历史环境、国际托拉斯等的保护。住民主体参与管理运营的对象包括地域博物馆、共同体博物馆、近邻的博物馆、街区建造、地域振兴、城镇等的保护。博物馆的活动包括资料的搜集保存、调查研究、展示教育以及博物馆、资料馆、学习场馆等的设施的建设。

从上面的介绍可知，生态博物馆与传统博物馆在许多方面有所不同，挪威生态博物馆学家约翰·杰斯特龙总结了两者之间的差异，并归纳为：

生态博物馆 —— 传统博物馆

遗产 —— 藏品

社区 —— 建筑

住民 —— 观众

文化记忆 —— 科学知识

公众知识 —— 科学研究（苏东海，1996）

如上所言，生态博物馆产生于法国，而法国的生态博物馆的发展过程则大致可以分为三代。第一代指 20 世纪 60 年代后期随着"地方自然公园"的诞生而建立的生态博物馆，也包括"生态博物馆"这个名字出现之前所作的一些尝试性的建设雏形。第一代生态博物馆的典型代表，是 ile d Ouessant 生态博物馆，这个博物馆最早将自然环境和社会生活整合在一起，进行全面的展示，它既是地方自然公园，然而又超出了公园环境的范畴，是一个生态生活的整体性的博物馆。第二代生态博物馆以第一代生态博物馆为基础，发生于 20 世纪 70 年代前期，是城市地方自治政府设立之后的产物。这一代生态博物馆的代表，是以产业遗产等社会环境为中心、由地域的生活者主导建设并服务于公众的都市生态博物馆。第三代生态博物馆形成于 20 世纪 70 年代后半期，特别是 1977 年以后，围绕都市的产业、文化、生活等各种各样的记忆的搜集、保护为中心的生态博物馆大量出现，而小型的生态博物馆在其中占了不小的比例。然而，在发展的过程当中，由于一些博物馆背离了生态博物馆的既定的精神，粗制滥造，所以被认为是生态博物馆的堕落、"博物馆的倒退"而受到批判。

法国的生态博物馆，发展至今已遍布全国。有学者对法国国家承认的数十座生态博物馆进行了调查研究，将其分为六种类型：一是研究基础型，即以学术研究事业为主的生态博物馆；二是保护基础型，即以保护为第一目的的生态博物馆；三是共同体型，即把共同体事业置于优先地位的生态博物馆；四是文化事业型，即以文化事业为主的生态博物馆；五是领域活动型，即以领域（地域）事业为主的生态博物馆；六是地域经济型，即以经济事业为基础的生态博物馆。

生态博物馆在法国产生，创造了不同的类型，形成了较为完整的理论、方法和管理体系，并在世界上很多地区产生了影响。1980年以后，生态博物馆为法语圈、西班牙语圈、葡萄牙语圈、意大利亚语圈以及拉丁语系的许多国家所接受，其理念在欧洲、北美洲、南美洲、非洲、大洋洲和亚洲得到了普及，出现了迅速发展的态势。迄今为止，全球的生态博物馆数量已达到300多座。中国贵州省与挪威政府于1998年在贵州合作建设的生态博物馆，为中国生态博物馆的滥觞。毫无疑问，生态博物馆作为一种新颖的博物馆形式已被学界和社会广泛关注，然而也有例外，如英语国家对生态博物馆的态度就比较冷淡，英国甚至拒绝接受生态博物馆，说明生态博物馆尚存在着某些局限性（大原一兴：《生态博物馆之旅》，[日]鹿岛出版会，1999年12月）。

生态博物馆的产生，在博物馆领域乃至在整个学术领域，都有十分积极的意义，它在某种程度上反映了社会对于文化事业的目的和功能的诉求，它所提倡的尊重文化拥有者和使博物馆社区化的理念，体现了文化伦理的回归。不过，我们也应该看到生态博物馆产生的历史还不长，要使其在世界上不同的国家、不同的地区生根发芽、开花结果，无疑还要经历相当长的探索过程。而且，作为博物馆的一种派生的模式，尽管它具有广阔的前景，然而由于"社区"的局限性，它只可能是都市博物馆的一种补充，而不可能获得取代都市博物馆的主流地位。

图 8　传统技艺

民族文化生态村与生态博物馆

图9　文化传承

上一节介绍了生态博物馆的基本理念、产生的背景、理论方法、模式类型、发展的过程等。了解以上内容很有必要。最近几年，我国一些地区的政府和乡村听说了生态博物馆这个名称，感觉十分新鲜，于是也萌生了建设生态博物馆的念头，然而遗憾的是，他们并不知道生态博物馆究竟是怎么一回事。如果在一无所知或者知之甚少的情况下，便盲目使用此名，轻率行动，随意建造，其结果肯定名不副实，甚至会出现"挂羊头卖狗肉"的状况。

从上一节的介绍可知，一个新的科学概念的形成，一种新的文化事象和一类新的博物馆模式的产生，必然有其产生的特定的背景、时代、环境和空间。文化是传播和相互影响的，任何一种新生的具有生命力的文化，都能够突破区域的、国家的、洲际间的界限而为不同的族群所接受，从而达到全人类的共享。然而，由于各地域的社会、环境、文化等存在着显著差异，文化在传播、交流的过程中，往往也会出现不相适应、难以融合甚至矛盾冲突的情况，这种情况有时是暂时的，然而也不排除始终难以和谐的情况。

生态博物馆产生于欧洲，本质上属于西方发达国家的博物馆文化，将其移植到中国，肯定需要有一个探索、改良、适应的过程。我们提倡建设的民族文化生态村，是本土当代社会经济文化的产物，在其探索试验的阶段，学习、参考、借鉴已经积累了40年建设的经验、在理论方法和管理运营诸方面均已趋于成熟和完善的生态博物馆，无疑是必要和有益的。那么，生态博物馆的哪些东西值得民族文化生态村认同和赞赏呢？

如果将生态博物馆与民族文化生态村进行比较的话，那么不难发现，两者在一些基本理念上具有相同或相似之处。例如：生态博物馆主张尊重地域、社区和住民的权利；主张依靠地区政府和住民做好当地的事业；主张生态博物馆由政府和住民共同构想、共同创造、共同利用，尤其重视村民参与和主导的作用；主张把生态博物馆所在地的自然环境和住民的生活方式作为一个不可分割的相互联系的整体；主张对自然遗产和文化遗产进行就地保存、培育、展示和利用；主张生态博物馆是社区发展的"工具"等。生态博物馆的这些原则和理念，值得民族文化生态村学习、参考和借鉴。

然而，生态博物馆与民族文化生态村也有不同之处。两者的不同或区别，主要表现在下面几点：

第一，两者产生的背景不同。生态博物馆产生于发达的工业社会，是对工业社会和工业文明的反思和批判的产物，它所要表达的是该社会社区和住民对于权利、发展以及自然和文化遗产保护的诉求；而民族文化生态村则产生于发展中国家及其欠发达地区，是对在盲目追求经济发展的过程中造成传统文化和生态环境破坏的反思和批判的产物，是追求建立和谐和可持续发展社会的需要。

第二，两者产生的社会经济文化基础不同。生态博物馆产生于西方发达国家，社会经济文化基础雄厚，建设条件优越；民族文化生态村建设于中国云南省的乡村，为欠发达或贫困的地区，社会经济文化基础薄弱，建设条件很差。

第三，两者产生的倡导者不同。最早的生态博物馆是由地区行政机关和当地住民共同构想、创造、推进的；而民族文化生态村最早则是由学者构想、倡导、宣传、推进的。

第四，两者的性质不完全相同。从自然和文化遗产保护的角度看，两者的性质是相同的，而从建设的模式来看，却不一样。生态博物馆的某些理念虽然已经超出了传统博物馆的范畴，它体现了博物馆发展的新的潮流和趋势，然而它仍然属于博物馆的范畴；民族文化生态村在每一个试点的规划中，也把博物馆作为建设内容的一个重点，然而其整体不是博物馆，而是致力于民族文化保护和可持续发展的新型的乡村建设模式。

第五，两者的要素和功能不完全相同。生态博物馆遵循博物馆的建设运作范式，必须把建筑、藏品、研究、展示、教育等作为其必不可少的要素和功能。民族文化生态村不必按照博物馆的规范进行建设和运作，他将根据各地区的情况，创造性地进行自然和文化遗产、物质文化和非物质文化遗产的研究、保护、发展、创造和利用。

第六，两者的建设方式不同。生态博物馆凭借发达国家优越的条件和雄厚的基础，能够进行理想的规划和完善的建设，可以建立合理规范的制度和进行良好的管理及有效的运作；民族文化生态村则不然，由于不具备各种必要的条件，所以一切都不可能一步到位，只可能是逐步推进、逐步建设、逐步发展、逐步完善。

第七，住民参与的自觉性存在着差距。发达国家的住民，由于生活富裕，有更多的时间、精力和兴趣从事社会文化和生态环境的保护和建设的事业；而贫困地区的住民则必须先保障自己的生存，然后才可能参与公益事业和进行更多的精神追求。

以上差别说明，民族文化生态村与生态博物馆是在不同的国家、不同的时空、不同的文化背景、不同的经济基础的情况下的不同的选择和创造。民族文化生态村可以参考借鉴生态博物馆的有益和成功的操作方法和管理经验，然而更需要根据本国的国情走自己的道路。

图10　水　乡

总而言之，由于产生的背景、社会、风土、历史、文化等不同，即使同属自然文化保护发展的事业，民族文化生态村也不能生搬硬套生态博物馆的模式。现在我国的一些乡村有建设生态博物馆的愿望；然而如果不了解生态博物馆的实质，不考虑本土的实际情况，不明确自身的目标，生硬地不加取舍地将其照搬于欠发达或贫困地区，那注定要走弯路，结果会适得其反。再者，生态博物馆毕竟已经有了 40 年的发展历史，在世界各地其数量已多达 300 多座，其基本的理论方法及模式在世界博物馆学界早已形成了共识，因此，如果要建设生态博物馆，那么至少还有一个基本的规范问题，即不能粗制滥造或者"挂羊头卖狗肉"。我们之所以不采用"生态博物馆"之名而采用"民族文化生态村"，便是基于以上所说的诸多原因。

贵州的生态博物馆

图 11　贵州的傩戏

　　1986 年，中国博物馆学会常务理事苏东海研究员首次在他主编的《中国博物馆》杂志上介绍生态博物馆。1995 年在他的倡导下，贵州省开始建设生态博物馆，这个工程得到了挪威政府的援助，并纳入"1995 至 1996 年挪中文化交流项目"中。贵州生态博物馆建设选择了四个地点：梭戛（苗族）、镇山（布依族）、隆里（汉族）和堂安（侗族）。

　　贵州生态博物馆建设的指导思想，集中体现在由挪威专家和苏东海、胡朝相等中国专家共同制定的"六枝原则"之中，其内容如下：

（1）村民是其文化的主人，有权认同与解释其文化；（2）文化的含义与价值必须与人联系起来，并应予以加强；（3）生态博物馆的核心是公众参与，必须以民主方式管理；（4）旅游与保护发生冲突时，保护优先，不应出售文物，但鼓励以传统工艺制造纪念品出售；（5）避免短期经济行为损害长期利益；（6）对文化遗产进行整体保护，其中传统技术和物质文化资料是核心；（7）观众有义务以尊重的态度遵守一定的行为准则；（8）生态博物馆没有固定的模式，因文化及社会条件的不同而千差万别；（9）促进社区经济发展，改善居民生活（苏东海，2005）。

如果将贵州生态博物馆的"六枝原则"与云南民族文化生态村的建设原则相比较的话，那么两者既有相同之处，也有明显的差别，具体的同异如下：

1. 两个原则都主张村民是文化的主人，都强调公众参与。但相比之下，"六枝原则"对此的表述分量更重，如其9条原则中就有3条写这个内容，不仅如此，它在这3条中明确提到了文化的权力、价值和管理，显得更加超前和彻底。

2. 从"六枝原则"的第6条和第7条可以明显看出其博物馆的属性，所以它的文化保护的核心在于"传统技术和物质文化资料"；民族文化生态村的定位超出了博物馆的范畴，因而它的文化保护对象不仅在于技术和物质，更在于社群和精神，而且它不仅重视传统文化的保护，也尊重和鼓励文化的发展和创造。这一区别，反映了两者对于文化的理解和认识的差异。

3. "六枝原则"最后一条即第9条指出必须"促进社区经济发展，改善居民生活"，从逻辑上看，这一条与前8条似乎没有相应的内在的联系，这应该是苏东海先生等基于对中国国情的理解增加的条目，虽然缺少具体的论述，然而可以认为是对国际生态博物馆理论的发展；民族文化生态村主张文化与经济互动，传统与现代互动，保护与发展互动，从理论上讲清楚这个问题，所以方向明确，适合国情，顺乎民心，更具备操作性。

2005年6月，笔者参加了"贵州生态博物馆国际论坛"，期间参观了梭戛和镇山两个生态博物馆。参观完毕之后，中外代表所获印象大致相同，兹归纳于下：

（1）两地都建设了资料中心，其建筑都具有较大的规模，展示资料也较为丰富，说明当地政府十分重视，投资不小，项目组的专家学者也确实花了心血，做了大量的工作。不过，所谓"资料中心"似乎并没有资料中心的功能，也许将其直接叫做展览馆或博物馆更为恰当。

（2）非常明显的问题是两地的"资料中心"的建筑均与村寨的景观不相协调，不仅没有体现当地村寨的空间文化的结构意象，而且其现代化的建筑与传统民居形成强烈的反差。此外，其展示的内容和方法也与当地文化不相融合，一看便知那不是当地人之所为，而明显是外来专家的操弄。资料中心与村寨，两种差异极大的文化景观被生硬地组合到一起，使人无法与"文化的就地保护和整体保护"相联系，感受到的却是博物馆专家们又把自己熟悉的文化——城市博物馆搬到了乡下。

（3）最关键和最核心的问题在于，代表们所看到的正如苏东海先生所言，其生态博物馆建设的所有工作都是政府和专家的行为，当地人完全被置于被动接受的地位（苏东海，2005）。这样的结果显然与国际公认的生态博物馆的核心原则背道而驰，这不能不说是一个极大的遗憾！它说明目前要在中国实现"六枝原则"还不具备条件，困难极大，还需要有一个较长的探索、发展的过程。诚然，目前世界各地建设的生态博物馆并没有统一的模式，形式是多样化的，然而其公认的核心的原则是不能放弃和改变的，如果我们把一些核心的基本的准则放弃和改变了，那就不是生态博物馆了。许多人认为，贵州生态博物馆的建设有"缺陷"，我想他们所说的最大的"缺陷"就在于"文化拥有者"没有成为"原则"中宣称的"参与者",更不是"主人",而只是"附庸者"或"旁观者"。

面对来自学术界的责难,以及 2005 年国际论坛的参会代表、尤其是国外代表提出的质疑和批评,苏东海先生以强调"中国国情"和"本土化"作为辩解的理由(苏东海,2005);胡朝相先生则认为"社区居民对民族民间文化价值的认识处在一个蒙昧的阶段"(胡朝相,2002),他们都强调社区居民目前尚不可能完全成为文化的参与者和主人。这样的说法,可以视为是他们通过实践之后对其所制定的"六枝原则"的反思和修正。这一认识的转变,极富启发意义,它告诉人们:生态博物馆乃是西方发达国家的"土壤"和"气候"催生的非传统的新潮的博物馆文化,当你决心移植的时候,对于被移植地的文化"土壤"是否适宜、能否接受外来文化的"嫁接"有没有足够的认识?对于自身是否具备"移植"的操作能力及条件的充分准备?这是必须注意的基本前提。而当地居民拒绝或难以接受一种陌生的外来文化,还不能简单地以"蒙昧无知"进行解释。在全球化和市场经济的影响下,当地居民其实也早已不是想象中的理想状态,而变成接受了各种欲望的群体。对此,许多专家学者是缺乏基本的认识和必要准备的。正因如此,所以文化的操弄和走向往往不以专家学者们的意志为转移。专家学者们(包括我们在内)也许还得时时提醒自己,不能仅凭良知和热情办事,因为你涉及的对象之复杂,是你在城市的博物馆里根本不可想象的。

关于贵州生态博物馆的评价,我认为有两点值得注意:对于倡导者和建设者而言,任何过高的宣传和赞誉不仅无益而且有害,实事求是地深入的反思和总结其开创探索的经验和教训,充分发挥"前车之鉴"的作用,比任何评价都宝贵和受人尊敬。对于学界而言,关注和批评是必要的,然而简单的否定也未必妥当,此项事业和我们从事的民族文化生态村的建设一样,其艰难和复杂的程度是局外人难以想象的。我们应该知道，对他者的批评其实是得益于他者实践的启发和验证，因此第一批"吃螃蟹"的人是值得敬佩的。总而言之，生态博物馆是一个新生的事物，其"移植"的实验不可能在短时期内完成，暂时的成功和失败并不十分重要，有时失败也许比某种程度的成功更有意义。重在参与，重在过程，不断积累，不懈努力，才是应取的态度和事业发展的保证。

图 12　梭戛生态博物馆

广西的民族生态博物馆

图13 广西的黑衣壮族

2003年，广西壮族自治区政府选择南丹里胡怀里（瑶族）、三江（侗族）和靖西旧州（壮族）三个村寨作为试点，建设民族生态博物馆。在取得一定经验的基础上，2005年由广西民族博物馆编制《广西民族生态博物馆建设"十一五"规划及广西民族生态博物馆建设"1＋10工程"项目建议书》，并获得自治区民族民间文化保护工程领导小组的批准。广西的"1＋10工程"，即一个"龙头"博物馆——广西民族博物馆和10个民族生态博物馆的组合。10个生态博物馆为前述3个馆加后来追加的7个馆：贺州市莲塘镇客家围屋生态博物馆、融水苗族生态博物馆、灵川县灵田乡长岗岭村汉族生态博物馆、那坡达文黑衣壮族生态博物馆、东兴京族三岛生态博物馆、龙胜龙脊壮族生态博物馆和金秀县瑶族生态博物馆（自治区文化厅，2005）。

广西的民族生态博物馆，是在参考贵州生态博物馆的基础上，结合自身的研究成果和广西的实际情况所进行的富于创造性和可操作性的文化保护建设事业。笔者曾应邀参加过广西生态博物馆实施建设方案的研讨，并实地考察过龙脊、靖西旧州和那坡达文三个民族生态博物馆，感受较深的印象有以下几点：

1. 定位、定性比较符合实际。广西民族生态博物馆的建设宗旨为"促进社区文化保护、传承和发展，推动社区居民生活水平的改善"。（同上）。这一定位符合政府的要求和社区的实际情况和实际需要，比较客观务实。其基本任务界定在两个方面：一是通过民族生态博物馆所进行的文物的征集、整理、展示和保护等工作，发挥宣传和教育的作用，传播民族文化和科学知识；二是要把民族生态博物馆建设成为研究民族文化的基地和广西民族博物馆的工作站和研究基地（同上）。这样的定性，基本上没有超出传统博物馆的业务范畴，虽然目标不太高，然而包袱不重，也不失为一种可进可退的策略。

2. 模式构想思路清晰。广西民族生态博物馆的模式被设计为"信息资料中心"和"生态博物馆保护区"两者的组合。所谓"信息资料中心"其实就是一座博物馆，所谓"生态博物馆保护区"便是村寨，两者之间是相互结合、相互促进的关系，即"馆村结合，馆村互动"的模式（容小宁，2005）。看得出来，在模式的构想设计上，虽然是贵州模式的沿袭，但是他们有意回避了贵州"六枝原则"所提倡的所谓"村民是文化的主人"、"必须以民主方式管理"等超前和时髦的话语，调子不高，没有太多的束缚，亦不失为一种有较大灵活性的策略。

3. "1+10"的博物馆体系值得赞赏。广西"1+10"的博物馆体系的理论构想为：将正在建设中的广西民族博物馆与未来陆续建设的各个民族生态博物馆结成"联合体"，建立起长期、稳定的互动与延伸关系，编织信息网络，构建交流与合作平台，把握生态博物馆的目标与发展路线，设计总体规划，提供专业的、可行的理论支撑。与此同时，在保护文化遗产和培育文化自觉的基础上，使社区群众最大限度地、主动地以各种方式参与到项目中来，一同发掘社区传统文化中的精华（广西民族博物馆，2006）。广西的"1＋10"博物馆体系，从传统博物馆的角度看，无疑是一个创新，在国内尚无先例，它丰富和扩展了传统博物馆的内涵和外延；从生态博物馆的角度看，它一定程度地体现了文化的就地保护和服务社区的理念，可视为一种本土化的努力和探索。

4. 制定了健全的建设和管理制度。广西民族生态博物馆的建设由广西文化厅直接领导，归属关系明确，职能对口。在文化厅的领导下，先后制定出台了"项目建议书"、"管理暂行办法"、"项目责任书"、"建设相关单位主要职责和工作制度"等文件。由自治区批准颁布执行的"建设相关单位主要职责和工作制度"，明确具体地规定了自治区文化厅、财政厅、发展和改革委员会、民族事务委员会、交通厅、民政厅、旅游局、建设厅、国土资源厅、卫生厅、教育厅、扶贫开发领导小组办公室这12个相关领导部门的职责和工作制度。由于目标明确，组织严密，制度完善，分工具体，职责落实，措施得当，所以建设工作进展顺利，成效显著。

5. 每一个生态博物馆在申报之前都认真做好建设的"详细规划"，这也是值得称道的。"详细规划"包括总体思路、选点依据及相关图表、历史文化遗存、民族文化资源、保护方法和措施、居民的组织和参与方案、民意诉求、项目建设与当地社会经济文化发展的关系，尤其是与当地居民生活改善的关系、创新性和可操作性、详细的投资预算等。相比之下，我们从事的民族文化生态村建设的前期工作是做得不够的，应该向广西学习。

综上所述，广西民族生态博物馆的建设模式和方法是值得肯定的，它给人两点特别深刻的印象：其一，广西的作为，与某些省区"假、大、空"的文化发展战略明显不同，其真抓实干、严谨、扎实、科学的工作作风和实事求是的态度，值得敬佩和学习；其二，广西民族生态博物馆的建设借鉴了贵州的经验教训，不盲目照搬国外生态博物馆的理论，试图结合该区的实际情况，开拓具有本土化特色的模式作为博物馆体系，它具有一定的创新性和前沿性。当然，从国际视野的生态博物馆的角度看，广西的民族生态博物馆的建设才刚刚起步，与要达到"馆区结合，馆区互动"的目标还有不小的距离。另一方面，就该区现在已经建成的几个生态博物馆来看，它们所设立的"资料中心"尚不能融入社区之中，还需要在"当地居民的参与"方面多做工作。在目前建设成绩的基础上，如果要巩固提高，具有更高的追求，那将仍然绕不开村民在文化中的角色和可持续发展等难题。

图 14　龙脊生态博物馆

什么是文化生态

图15　大地的旋律

上文说过，民族文化生态村建设的宗旨是保护、传承地域文化和民族文化，在国家最近发布的"非物质文化保护名录"中，也特别设立了"文化保护区"的条目，虽然如此，我们却不主张使用"文化保护区"或"文化保护村"这样的名字，而是叫做"民族文化生态村"，原因何在呢？

我们不选择"文化保护村"或"文化保护区"这样的名称，有几方面的考虑。首先，在美洲和澳洲等地有"文化保护区"或"土著保留地"。我们知道，那是帝国主义侵略和殖民主义统治的产物，是殖民地种族屠戮的遗存，与我们要做的文化保护事业完全是两回事。如果使用"文化保护区"之名，那么很可能使人产生误解，认为其与国外的"土著文化保留地"具有同样的性质，那就荒谬了。其次，在我国当代的少数民族当中，普遍怀有要求发展的强烈愿望，他们对外界某些人们希望他们永远处于原始落后的状况，以满足其猎奇的需要，或者一味强调所谓"原生态的文化保护"，而不顾其生存状况的主张，常常感到反感和不满，因此欲将他们的驻地或村落划定为"保护区"，会造成不必要的误解，也有悖于他们的意愿。再次，"文化保护区"的概念，其实是含糊不清的，人与文化毕竟与动植物不同，动植物丰富的地区可以划定为"自然保护区"加以明确严格的保护，而人与文化则不同。如果要划定人与文化的"保护区"，那么其边界如何界定？其保护的对象是整体的文化还是部分文化？当地住民在"保护区"中是何种角色？要不要尊重文化变迁及文化创造发展的规律？等等，这些问题使用"保护区"之名显然是难以解释清楚的。出于应避免与西方的"保护区"和"保留地"相区别的考虑，出于对试点村人民的尊重，同时出于对文化变迁的考虑，我们不使用也反对使用"文化保护区"这个容易产生歧义和争议的名称，而创造了"民族文化生态村"这个新的名称。

"民族文化生态村"这个名称，一经使用，便广为流传，许多进行旅游开发的村寨，也争相使用这个名称。不过，对于这个名称，也常常有人提出疑问："文化生态"的含义是什么？对此确有必要予以解释。下面从三个方面来谈该词的含义：

首先，我们所说的民族文化保护，不是一般的提法和一般的做法。它既不像博物馆和图书馆那样，把物质文化收集、移动、集中到城市中进行收藏、展示和研究；也不像艺术家那样，去民间搜集绘画、音乐、舞蹈、影像等各种艺术素材，利用其进行艺术的再创造；也不像研究者们通常所做的那样，通过田野调查，研究、解释各种事象的文化意义。而是提倡文化的"就地保护",即主张文化不脱离其产生、培育、积累、发展的环境,不脱离其创造者和拥有者,使文化在其植根的生态环境中,主要由当地人而非外来者进行文化的利用、保护、传承和发展。这就是"文化生态"的第一层含义。

其次,文化需要保护,文化所赖以生存的生态环境当然也必须保护。文化和生态的保护,是当今世界面临的两大课题。而文化和生态并不是两个孤立的事物,它们之间具有十分密切的、相互依存的关系。只重视文化的保护而轻视生态环境的保护不行,世界上因为生态环境的恶化导致文化的破坏和文明消亡的事例举不胜举;反之,只强调生态环境的保护而忽略文化的保护也不行,许许多多的事例业已证明,一个地方的生态环境之所以得以保护,便是依靠了该地方的文化保护所产生的结果。所以,"文化"和"生态"虽然是两个概念,然而两者之间却有紧密的联系,说到保护,两者就是一个整体。只有具备了综合的、整体的保护观和发展观,才能使文化和生态和谐共生,才能达到有效保护的目的。这是"文化生态"的第二层含义。

再次,"文化生态"的概念,并不是我们的发明,在人类学中,它是一个广为使用的概念,而且它代表着一个重要的文化理论流派,那就是"文化生态学"(Cultural Ecology)。这个学说的倡导者是美国著名的人类学家朱理安·斯图尔德(Julian Steward,1902—1960)。人类学(指文化人类学)是研究人类行为即人类文化的学科。研究文化有多种视角和途径,有的根据人类具有共同心智的假想去认识和研究文化,把不同的文化看做文化发展的不同的阶段,这就是我们常说的"古典进化论";有的关注文化传播的现象,认为世界上的文化是从一个古老的起源中心传播开去,在不同的环境中不断演化发展,从而形成了各种文化形态,这叫做"文化传播论";有的认为任何文化都有其实际的作用，认为文化产生于人类的需求，具有满足人类各种需要的功能，这个学派因此被称之为"功能论"；有的从群体的人格特征和心理状态去研究不同的文化类型，所以被称之为"文化与人格学派"；还有从文化的象征意义去研究解释文化，把文化看做是具有隐喻意义的符号那样的"象征论"等学说。所谓"文化生态学"，就是探讨文化与生态环境的相互关系的学说。生态学告诉我们，地球上包括人类在内的所有生物都处于相应的生态系统之中，每一种生物都要与生态系统中的其他生物和生态环境发生关系，都要在生理上和遗传上适应其特定的生态环境。一种物种如果能够适应其特定的生态系统和生态环境，那么就可以生存繁衍；如果不相适应，那么就会为大自然所淘汰。文化生态学吸取了生态学的理论，认为人类与生态环境的关系仍然是适应的关

图 16　人与水

系，但是人类对于生态环境的适应却不完全属于生物适应的范畴。人类属于生物，但又不同于一般的生物，人类对于生态环境

的适应，除了生理的、遗传的适应之外，还具有更高级、更复杂的适应手段，那就是文化的适应。例如水田耕民，他们的食物获取方式并不是简单直接地向大自然索取，而是包括以生产技术为基础、以土地制度等为保障、以宗教礼仪等为调适手段的复杂的"文化适应"方式。将文化视为人类适应生态环境的生存手段，把社会发展、文化变迁视为文化与环境适应互动的过程，这就是文化生态学的"文化生态"这个概念的内涵。"民族文化生态村"主张根据文化生态学的理论，以"生境适应"的原理去认识文化及其与生态环境的关系，并进行文化和生态环境的整体的保护，这就是"民族文化生态村"的"文化生态"的深层含义。

文化的就地保护，文化与生态环境的和谐共生，文化在很大程度上是适应生态环境的产物，文化与生态环境的适应互动促进着社会的发展，这就是"民族文化生态村"的"文化生态"的全部含义。

生态环境及其保护

图 17　环境如画

　　"生态环境"一词，是"生态"和"环境"这两个词汇的组合。广义的"环境"，指事物存在的周边的境况；生态学、地理学所说的"环境"，是指自然环境或地理环境。自然地理环境，即大自然存在的状况，它由崖石、土壤、水等无机物和动物、植物等有机物构成，包括气候、地貌等要素。"生态"一词，也有广义和狭义之分，广义指事物存在的状态，狭义是指生态学的"生态"，即生物生存的状态。"生态环境"和"自然环境"这两个词，通常人们都习惯混合使用，不加区别，实际上两者还是有所不同的。对于人类而言，自然环境可以看做由无机物和有机物组成的外部世界，而生态环境则可以看做包括人类在内的由各种生物组成的相互依存的生态系统和系统存在的外部空间。

说到生态，不能不说生态系统，因为世界上的所有的生物都处在各自的生态系统的网络即食物链之中。人类也一样，也是生态系统中的一个生物因子，也与生态系统中的各种相关的生态因子组成相互依存、相互平衡的网络，也必须遵循生态系统的物质循环和能量转换的规律。然而，人类又与其他生物不同，人类除了具有"生物"的适应性之外，还有一般生物所没有的特殊的创造性，那就是文化。文化包括人类向自然界获取食物的各种技术和知识，也包括为了管理好、利用好自然资源所必需的各种社会组织、制度和法规，还包括能够协调人类与自然关系的各种观念、思想、崇拜、信仰等。人类凭借自己创造的文化，能够积极地适应、处理与大自然的关系，维护和保持与大自然的和谐共生。

然而，纵观人类历史，人类与自然却并非总是处于和谐共生的理想状态，世界各地的生态环境也不能始终保持良好的面貌，而总是处于冲突和不断恶化的变动之中。考察冲突和恶化的原因，有自然演变引发的生态系统的紊乱，而更多的现象则是人为导演的生态灾难。当代人口爆炸以及工业社会对自然资源的疯狂掠夺和无处不在的污染，造成了世界前所未有的生态灾难，给人类生存带来了深重的危机。无数事实业已证明，工业社会并非是完美理想的社会，工业文明在生态环境的保护和维护人与自然的和谐相处方面，存在着重大缺陷。为了恢复和重建良好的生态环境，人类除了依靠先进的科学技术之外，还越来越认识到必须回到传统文化中去寻求人类千百年来创造积累的经验和智慧，它们所具有的特殊的维护和调适生态环境的功能是现代科学技术所替代不了的。这些经验和智慧形成于不同的地区和不同的民族，它们不是普通性的知识，而是具有特殊性和多样性的知识，所以被称之为"地方性知识"或"传统知识"，也可以叫做"生态文化"。在"什么是'文化生态'"一题中曾经说过文化与生态环境的关系，应该以"适应"的原理去进行观察和解释，文化如果适应生态环境，两者便能和谐共生，而如果不相适应，那么就会产生冲突和破坏，就必须调整、改造原有的文化，或者创造新的文化。所谓的"地方性知识"或"传统知识"，便是文化与环境在长期互动的过程中文化对环境不断适应的结晶。迄今为止，已有大量的人类学田野资料能够证明，许多地区之所以能够长期保持良好的生态环境，很大程度上便是仰赖了当地人的"地方性知识"或"传统知识"的调适和维护的功能。民族文化生态村致力保护的民族文化，就包含着各民族适应生态环境的这部分文化；而民族文化生态村所宣传和进行的生态环境的保护，着眼点也主要集中于传统知识，即把发掘、整理、利用、发展传统知识和实现文化与生态环境的良性互动作为生态环境保护的主要目标。

民族文化生态村的五个试点，在20世纪50年代之前，都是生态环境极好、相关传统知识丰富而且富于特色的村寨。例如每个村寨都有神山、神林、神树、坟山等神圣空间，有水源林、护寨林、风景林、经济林、用材林、轮歇林地等的规划配置，还有水源、水井、山泉、河流、湖泊等保护地；对于农业、畜牧用地，则有多种分类和相应的利用方法。而神圣空间的崇拜和不可侵犯、森林和土地等资源的精心保护和持续利用的知识、法规和措施，则体现于各种宗教仪式、社会活动、村规民约和习惯法乃至日常的家教言传之中。当代大量的生态环境破坏的事实告诉我们，即使是在今天，各民族关于生态环境保护的传统知识仍然具有无可取代的价值和意义。比较现代科学技术知识和环保法规，传统知识至少具有以下几个优点：其一，传统知识乃是地方性的知识，对于相应的地方而言，它往往比普通性的科学知识更为适宜和有效；其二，它是民众创造的知识，民众对于自己创造的知识自然有维护和应用的高度的自觉性，而不会像对待现代科学技术和法规那样陌生和难以适应；其三，传统知识大都具备可持续的特性，这是由其维护和保障传统生计和生活方式的基本功能所决定的；其四，传统知识往往与宗教信仰、伦理道德等相联系，从这个层面看，它是当代提倡的所谓保护强调的物质性和功利性所远远不能相比的，它是人性和生命的另外一种境界。

令人遗憾的是，尽管传统知识具有上述重要的价值和意义，然而却没有受到应有的重视。长期以来，在激进的意识形态的主宰下，在盲目崇拜工业文明的潮流中，在疯狂追求物质享受的时

图18　自然之子

尚里，它们像是被遗忘的弃儿，自生自灭，大都走到了消亡的边缘。例如神林、圣山的保护等被视为"封建迷信"，使用农家肥或进行粮林轮歇的有机农业被化学农业取代，取之有度、用之于

时、勤俭节约的传统变成了杀鸡取卵、竭泽而渔、贪得无厌、奢侈浪费的暴虐恶习，等等。这种状况如果不改变，无论怎样进行环保的宣传，无论制定何等严厉的环保法规，也无论应用多么先进的环保技术都将徒劳无益。有鉴于此，民族文化生态村主张的生态环境保护，就是要认真总结迄今为止被忽视、蔑视传统知识、被盲目开发和滥用科学技术等造成生态环境严重破坏的教训，就是要努力发掘、整理、宣传、教育、利用、活用和发展传统知识，找到传统知识与现代科学技术知识的最佳结合点，创造出能够适应和满足时代需求的环境知识技术体系和环保伦理道德，从而恢复和重建良好的生态环境，实现可持续发展，建设美好家园。

理论与方法

如何认识传统文化

欲了解"传统文化"的概念，应该先了解"传统"的意义。《辞海》对"传统"一词的解释是："历史上流传下来的社会力量，存在于制度、思想、文化、道德等各个领域。从范围分，有家庭、团体、地区、民族、国家等区别。对人们的社会行为有无形的控制作用。传统是历史发展继承性的表现，在阶级社会里，传统具有阶级性和民族性。某些积极的传统因素对社会发展起着促进作用。"［《辞书》（上），上海辞书出版社，1989年9月，第561页］这个"传统"的解释，也可以作为对"传统文化"的解释，因为"存在于制度、思想、文化、道德等各个领域"的"历史上流传下来的社会力量"，基本

图 19　生殖崇拜

上涵盖了传统文化的范畴。当然，传统文化还涉及更多的内容，例如传统的技术、艺术和物质文化遗产等。

如何看待传统和传统文化，是近百年来我国思想界、学术界等一直争论不休的问题，也是上至国家，下至乡村一直没有处理好的问题。为什么有不同的认识？为什么处理不好？这与我国经历封建社会的时间过长、封建社会积弊过多、现当代革命运动频繁而激烈有关。例如"五四运动"极力提倡建设新文化，号召"打倒孔家店"；社会主义革命的原则是"阶级斗争"，"不破不立"，必须"破坏和砸烂旧世界，建立新世界"；"无产阶级文化大革命"则要以无产阶级的意识形态"破四旧"，"横扫一切牛鬼蛇神"，实行无产阶级专政。20世纪80年代之后，实行改革开放，社会痛定思痛，反思历次政治运动的危害，深切认识到保护传统文化的重要性和迫切性，然而在市场经济的洪流中，传统文化的破坏依然十分严重，传统文化保护和经济发展依然经常处在矛盾冲突的状态之中。可见，不同的时代对传统文化的认识和诉求是不同的。那么，在全球化和现代化的背景下，应该如何认识传统文化的价值和意义呢？以下几个观点非常重要，值得重视，它们对于如何处理好文化的保护与发展、如何建设民族文化生态村等事业具有重要的意义。

第一，不要把"传统文化"看做"古老僵硬的、凝固的事物"，而应看做"历史沉淀、积累的过程"。传统文化是相对于现代文化和当代文化而言的"历史"的文化，而历史是"一条长河"，是一个没有特定的时间和空间的动态的演变过程。因此，整体地看，传统文化不是与生俱来的"铁板一块"，也非某时、某地的特定的事物。今天的文化，也许就是明天的传统；过去的传统文化，也可能吸取当代的文化而形成新的文化。所以越来越多的人同意这样的主张：文化是不断创造的，传统文化也是不断创造积累的产物。

第二，不能把传统文化视为"原生态文化"。现在社会上流行"原生态"的概念，甚至中央电视台青歌赛也设立了所谓"原生态唱法"门类，此概念用于商业运作无可非议，而要将其冠在传统文化之上，将传统的或者民间的文化称之为"原生态文化"的话，那就不可取了。道理很简单，如上所言，迄今为止所有的传统和民间的文化，其实都是历史上长期创造、传承、积累、发展的文化，所谓"原生态文化"的概念是含糊不清的，它不过是一个虚幻的广告性的辞藻。杨丽萍女士将其创造的大型歌舞剧《云南印象》称之为"原生态歌舞"，那是为了表达该剧独到的艺术追求，是为了宣传和突出它的"卖点"，而并非所谓"原生态文化"的再现。且不说其表演的民族歌舞在民间已经传承流变了多少年，现在将其从"原生"的民间场域搬到都市的舞台，在极尽声光色的渲染烘托中极度张扬其乡土草根的歌舞元素，尽管其民族特征的韵味十足，然而就其本质而言，显然已经失去了文化的"真实"，而成为经过艺术加工、提炼升华了的舞台艺术了。而且，民间的歌舞文化一旦变为都市舞台化的"文化商业"或"文化产业"，其文化的"功能"自然也随之蜕变，"原生态"更无从谈起。需要说明的是，本文辨析"原生态"的虚幻性，目的在于不能将其滥用于传统文化，而非诘难《云南印象》，杨丽萍能够创造如此时髦惊人的广告词汇和新颖独特的商业文化概念，从而造成巨大的轰动效应，是必须具备足够智慧的，而其商业运作的成功，无疑为当代文化的多元发展树立了光辉的榜样。

第三，必须慎对传统文化中的"糟粕"。按通常的说法，传统文化有精华和糟粕之分，即传统文化既有积极的成分也有消极的成分。然而问题在于，所谓"精华"和"糟粕"、"积极"和"消极"，事实上并无划分的绝对标准，不同的文化、不同的世界观和价值观、不同的意识形态，划分、判定的结果可能完全不同；而且，即便是同一种文化，在不同的时间和空间也会出现截然相反的认识和划分，这种情况已经为中国的无数事例所证明。所以，欲甄别和定性文化的"糟粕"和"消极"的成分，需慎之又慎，否则必将铸成大错。例如"文化大革命"将许多无比珍贵的传统文化定性为"四旧"，结果酿成了有史以来最大的文化浩劫，造成了无法挽回和无法估量的损失！前文曾经多次说过，文化总是处于动态演变的过程当中，所谓演变，既包含为适应新环境的新的文化创造，也包含对于不适应新环境的旧文化的自然淘汰，也就是说，文化本身便具备吐故纳新、优胜劣汰的功能和机理。对待传统文化，应该顺应和尊重其演变的规律，避免人为的激烈的文化改造"运动"，只有这样，才有利于它的健康运行和发展。

图 20　彝族老人的织布舞

第四，对于文化建设事业，应把对传统文化的抢救和保护摆在首位。经过了"文化大革命"，中国的传统文化已经十分破败凋敝，改革开放之后进行现代化建设和发展市场经济，对传统文化的保护、传承又形成了新的巨大的压力和冲击。目前，如何妥善处理发展与保护的矛盾问题虽然越来越受到社会各界的关注，努力实现可持续发展、构建和谐社会也逐渐成为社会的共识和理想，然而实际情况却难以令人乐观，大量的新兴事业和建设工程仍然沿袭着以破坏和牺牲传统文化为代价的拙劣模式。此外，目前国家虽然已经把非物质文化的保护提上了议事日程，组建了相应的组织机构，发布了评审的条例，然而由于缺乏相应的具体的措施和法律保护并未落到实处，传统文化中的非物质文化遗产的激烈破坏和急速消失的状况并未得到有效的遏制。我们应该看到，迄今为止，所有成功实现了现代化的国家所走的道路都是传统与现代相结合的道路，而且越是先进发达的国家越是珍视传统文化，越重视文化和传统文化的保护，这是值得我们深刻反思和认真学习的。民族文化生态村建设把保护、传承传统文化置于首位，强调对传统文化进行抢救性的保护，意义即在于此。

民族文化保护的含义

图 21　唱起远古的歌

　　在全球化的背景下，保护民族传统文化和文化多样性的呼声日益高涨。由于信息化的高度发达，不仅都市，即便地处交通十分闭塞的偏远地区，其文化变迁的速度也越来越快，文化涵化、同化的现象越来越显著。另一方面，面对市场经济的大潮，任何文化似乎都显得软弱无力，都禁不住它的诱惑和摆弄，于是迎合、赶潮、庸俗、伪劣蔚然成风。当前民族文化所表现出的严重的消失、衰落、同化和劣化的现象向人们敲响了警钟：民族文化的保护已刻不容缓，应该提到国家和所有民族的重要的议事日程之上。

然而，对于民族文化的保护，却有不同的认识。有人认为民族文化原始落后，封建迷信，不适应现代社会，所以应该彻底抛弃；有人认为只有民族的才是好的，只有民族的才是世界的，所以应该全盘保护；有人认为民族文化中具有生命力的自然会延续，没有生命力的当然会被淘汰，所以没有必要人为地进行保护，也不可能保护；有人认为民族文化不仅应该保护，能够保护，而且要"原汁原味"、"原生态"地进行保护。以上诸种观点和看法，都显得偏颇和极端，都有值得商榷的地方。民族文化生态村提倡的民族文化保护，与上述看法不尽相同，认为民族文化保护应具备以下几个理念：

第一，任何一种文化，无论是现代文化还是传统文化，无论是汉族文化还是少数民族文化，无论是强势文化还是弱势文化，都有精华和糟粕之分，这应是无可争辩的事实。无论任何文化，其糟粕当然不应该保护，而应予以扬弃；其精华则应该予以保护和继承，而不能随意破坏和抛弃。不过，对于"精华"与"糟粕"之分，必须慎之又慎。

第二，文化的精华又可以分为两类，一类是物质文化的精华，另一类是非物质文化的精华。物质文化的精华也可称之为物质文化遗产，历史文物和现代文化艺术精品即属于此类，它们具有宝贵的历史、文化、科学、艺术等价值，而且具有不可再生性。当今世界上的绝大多数国家，对物质文化遗产的保护都极其重视，都制定了严格的行之有效的保护法规，广大民众对这类文化遗产的保护也具有高度的自觉性。非物质文化的精华也可以叫做非物质文化遗产，它包括制度法律、伦理道德、行为规范、文学艺术、歌舞戏剧、宗教信仰、价值观念等，他是一个民族的"根"之所在，"魂"之所依，保护的意义自不待言。在发达国家，对于非物质文化遗产的保护也极其重视，纷纷制定了适合各自国情的完备的保护法规，取得了重大成效。目前，许多发展中国家也认识到了保护非物质文化遗产的重要性，所以积极借鉴发达国家的经验，制定相关保护法律，采取有效措施，努力付诸行动。

第三，民族文化必须而且能够保护，然而在许多情况下，提倡所谓"原汁原味"或者"原生态"的保护是不妥当和不科学的。理由之一，上面说了任何文化都有精华和糟粕之分，应该区别对待，取其精华，去其糟粕；理由之二，变化是一切事物的本质的特征，文化也一样，也是在不断变化的，世界上没有一成不变的事物，也找不到一成不变的文化。文化的变化，有文化自身不断适应新的环境的变化，有不断主动吸收外部文化融合发展的变化，也有在与外部文化接触的过程中自然发生的变化即"涵化"，还有在强势文化的影响之下所发生的被动的消极的"同化"的变化等。据此可知，所谓"原汁原味"和"原生态"的概念是含糊不清的，或者说是不科学的。"原汁原味"和"原生态"，可以作为商业性的宣传、包装、炒作的用语，但是却不宜作为严肃的、科学的术语。

第四，讲民族文化的保护，还应该对"民族文化"有正确的理解。说到民族文化，通常认为是某一个民族的文化，其实并非完全如此。所谓民族文化，往往还具有地域文化的内涵，它可能是一个地域若干民族文化的"杂交种"，亦可能是以一种文化为主的多种文化的融合体。例如汉文化，便是许多民族和许多地域的文化长期交流融合的集大成，汉文化如此，少数民族文化也一样，纯粹的单一的文化是不存在的。所以，讲民族文化保护，不是闭关自守排斥他者的"保护"，而应该持开放的态度，尤其要注意避免"民族主义"的偏激和狭隘。"海纳百川，有容乃大。"只有兼收并蓄，才会繁荣昌盛。

第五，民族文化保护强调对优秀传统文化的继承，然而仅仅守住传统是不行的，还必须积极吸收现代的优秀文化，还必须发展文化，进行文化的再创造。没有吸收、发展和再创造，传统文化也难以保护和传承。传统与发展、继承与创造，并不是对立和不可调和的，而是对立统一的关系，处理得好，可以相辅相成、相得益彰。继承优秀的传统，加以发展和创造，会形成新的文化传统。也就是说，只有使继承和发展、传统和现代相结合，文化才具有生命力，才会生生不息、兴旺发达。这就是我们所说的民族文化保护的正确含义。

第六，文化保护应该由谁来保护？这是人们常常提出的问题。从人类学的角度和从文化有效保护的角度看，地域文化和民族民间文化的保护，自然应该由地域和民间文化的创造者和拥有者来进行保护。然而就中国目前的现实情况来看，由于承受着贫困等带来的种种压力，即使是文化的创造者和拥有者，也缺乏文化保护的必要的自觉和热情，这并非是个别现象。所以，文化的保护，要靠文化拥有者的自觉、热情和行动，但还不够，还需要专家学者的参与，更需要政府的支持和投入。

第七，关于文化保护，有各种途径、形式和方法。就地域文化和民族民间文化的保护而言，最有效的途径便是"就地保护"。所谓文化的"就地保护"，就是主张文化应在其植根的"土壤"里"生长"、"开花"、"结果"，蓬勃发展，兴旺发达。而要做到这一点，仅仅提倡"文化要在原生地保护"是不够的，最重要的是要强调当地民众的积极参与，在此基础上逐渐实现由村民主导的自力更生的保护和发展。只有当地人积极参与、自我主导、自力更生，才是有效保护和可持续发展的保障。

第八，民族文化生态村重视地域文化和民族文化，同时主张要尊重当地人消除贫困、改善生活和发展经济的愿望。经济是基础，只有经济发展了，吃和穿有了保证，才有条件很好地进行文化保护。因此，民族文化保护还必须重视发展经济，只有建立起经济与文化良性互动的发展机制，文化的保护才有坚实的基础和可靠的保障。

图22　不忘祖先的歌舞

民族文化的传承

图23　复活的祭祀

　　人们常说"文化是一条河"，河有源头，源远流长，这句话生动形象地表现了文化生生不息、代代相传的实态和动态。"传承"，是文化最本质、最重要的特性之一，唯有传承，文化才可能逐渐积累、日益丰富、代代相传，社会才可能不断进步、不断发展。

　　人类具有学习文化的能力，这是人类与动物的本质区别。一个人从婴儿时代开始，便步入了学习文化的历程。人类在少年时代以至青年时代的主要任务就是学习——学习本民族和他民族的文化，学习迄今为止人类所创造积累的历史的和现代的知识。这在任何社会均无例外，只不过不同的社会有不同的学习形式和方法罢了。学习文化的过程就是文化传承的过程，只有掌握了前人创造积累的文化，才能予以应用，才能进一步创造发展。

然而，在现代化和全球化的背景下，人类文化的学习和传承正在发生着深刻的变化，城市更不用说，即使是在边远的乡村，主流文化、强势文化和现代文化传播的空间正在迅速扩展，而边缘文化、弱势文化和传统文化的学习传承的空间却越来越小。也就是说，主流、强势、现代的文化正在挤压、取代边缘、弱势、传统的文化，后者正面临着濒危和消亡的危机。以语言为例，全世界各民族的语言大约有6 000多种，而目前仅剩下3 000余种，而且濒危者还不在少数，这是何等惊人的现象！由此可见，文化虽然是多样的、丰富的，而且每一种文化都具有宝贵和不可替代的价值和功能，但是在社会转型、激烈变化的时代，它们并不都具备自我保护、持续发展、共生共荣的权利和条件，在工业社会引领时代发展的洪流之中，文化的很多种类将有可能被无情的冲击和淘汰，这就是我们为什么要强调和呼吁重视各民族传统文化传承的原因。

关于我国民族文化和传统文化的传承问题，虽然尚未受到社会的普遍关注，然而目前情况正在改变，并且出现了一些好的势头，其开创性的工作和具体实施的措施和行动，主要来自以下几个方面：

第一，政府的措施。近年来，国家开始重视非物质文化遗产的保护，各级政府纷纷出台相关的政策条例，在国务院正式颁布的《非物质文化遗产保护名录》中不仅列入了各类珍贵的文化事象，而且还特别设立了作为优秀文化创造者和传承者的"民间艺人"和"民间文化传承人"等荣誉称号。以云南为例，迄今为止在各民族当中已经评选并命名了两批共计128人为"民间艺人"和"民间文化传承人"。政府制定政策进行民族民间文化的保护和传承，发挥了强有力的导向作用，一定程度上改变了社会上轻视民族民间文化的倾向。

第二，基金会的支持。从民间的角度看，基金会的支持发挥着重要的作用。仅以美国福特基金会为例，十余年来，据不完全统计，该会支持过云南的"民族文化生态村建设"、"云南民族民间艺人的调查和命名"、"田丰文化传习馆"、云南民族大学和云南艺术学院等的"少数民族艺术传承"、"纳西族东巴文化传承"等项目。此外，还支持过湖南的女书和民间艺术的传承、陕西等地的剪纸等民间艺术的传承等许多项目，取得了显著的成效并产生了广泛的影响。

第三，民间组织的行动。近年来，民间组织在民族民间文化传承方面所做的工作，受到了人们的瞩目。例如"云南省生物多样性与传统知识研究会"等机构在这方面所作的贡献就十分突出，迄今为止，该会在民族民间传统知识的保护、传承领域所从事的项目已多达数十个，该会因此成为在国内外具有很高知名度的民间组织。在我国，像该会这样的民间组织将越来越多，可以期待他们能够在这一领域内发挥更大的作用。

第四，文化精英的行动。文化精英对于地域文化和民族传统文化的热爱和敏感，往往使他们成为文化保护、传承的先觉者和引领者。云南民族文化生态村项目组的成员们，就是这样一群专家学者，中央乐团的作曲家田丰和作家冯骥才等也是这方面的代表人物。此外，一些少数民族的文化精英在这方面也有卓越的表现，例如纳西族学者和利民、郭大烈等，由于他们在民族文化方面具有很高的造诣，谙熟本民族传统文化传承的方法，了解当地人的所思所想，所以他们能够办出独具特色、成效显著的纳西族传统文化传承学校，为其他民族树立了良好的榜样。

就民族传统文化的传承而言，上述官方、基金会、民间组织和文化精英等的努力和贡献是必不可少的，这在拨乱反正、启蒙导向的阶段尤其重要。不过，光有政府和外界的推动还不够，只有各民族群众即文化的创造者和拥有者们真正认识到文化传承的重要性，不放弃文化传承的优良传统，在日常生活中自觉地维护它、丰富它、利用它，这样的传承才有根基，才有"营养"，才可能持续。民族文化生态村所倡导、所重视的文化传承，主要是指由村民自觉进行的传承。在五个试点村里，仙人洞、南碱和月湖的文化传承做得很好，这三个村寨村民们的文化传承，大致有以下几种方式：

第一，家庭传承。不管外界怎么变化，村民们在有选择地接受外来文化的同时，依然说本民族的语言，穿本民族的衣裳，吃本民族喜欢吃的饭菜，遵守本民族的风俗习惯，按本民族的规矩办事，沿袭着本民族的生产生活方式。家庭依然是孩子们作为本民族成员学习的最基本的"学校"。

第二，仪式传承。村寨保持着传统的宗教信仰，有象征神灵和祖先存在的圣地和特定的空间，在祭司和长老的主持下，村寨每年按时举行各种宗教仪式，年轻人在参与仪式的活动中可以学到本民族的宗教文化。

第三，节庆传承。节庆是传统文化的载体，是各种有形和无形的传统文化集中展现的舞台。上述三个村寨不仅继承、恢复了各自的传统节庆，而且还创造了一些新的节庆活动，大大丰富了文化传承活动。

第四，创建包括传习馆、博物馆、文化广场、祭祀场、文化生态展示区等文化展示、传承中心。

创建文化传承展示中心，在一系列的创建活动过程当中，村民们往往会创造出一些新的富于时代特征的文化传承方式，既丰富了文化传承的内容，也提高了文化传承的水平。

第五，以旅游促进文化传承。游客来到民族文化生态村，目的在于享受文化、消费文化，这对于提高村民的文化自豪感和传承、创造文化的自觉性，无疑会起到积极的促进作用。健康的旅游业，可以成为地域文化和民族文化传承发展的催化剂，可以形成文化与经济的良性互动，这已经为大量的事实所证明。

图 24　充满象征的寨门

文化的发展和创造

图 25　创造的"文化印象"

　　民族文化生态村将传统文化的抢救、保护和传承作为首要的事业，但同时也重视文化的发展和创造，认为文化的发展和创造必不可少。对于文化的发展和创造，有人理解、支持，但也有人持反对意见，认为那样会破坏地域文化和民族文化的"纯洁性"和"真实性"，会导致"伪文化"的产生和使文化"庸俗化"。应该看到，反对的意见并非空穴来风，不乏大量事实的支持。然而问题在于，文化不是铁板一块，其运动变化的特性是不以人的意志为转移的，不管你赞成不赞成、同意不同意，都不能阻挡文化发展和创造的步伐。当然，文化在发展和创造的过程中，既可

61

能产生积极的成果，也会出现消极的事物。那么，在促进文化的发展和进行文化创造的时候，应该注意哪些原则呢？

第一，应该尊重文化主体的意愿和选择。每个地域、每个族群、每个村寨，都有选择其文化发展和创造的权利，应该由他们来决定哪些文化能够发展和创造，应该通过什么样的途径去发展和创造；哪些文化不能改变和创造，而只能严格地进行保护，使之代代相传。

第二，能够满足文化主体发展的需要。文化的发展和创造，应该具有满足文化主体现实生活各种需求的功能。

第三，能够满足他者的需要。全球化和市场化，密切了不同族群、不同地域的关系，民族文化和地域文化的相互贡献和共享，已经成为时代的潮流。反言之，在全球化和市场化的背景下，任何一个民族、任何一个地域，都不可能也不会满足于单一文化的消费和享受，都存在着对他民族和他地域的文化的依赖。因此，为满足这一需求，他民族和他地域的文化的发展和创造也是不可或缺的。

第四，有利于传统文化的保护与传承。积极的文化发展和创造，应该是基于传统文化根基的发展和创造，是传统文化的延伸、扩展和丰富，而不应该是脱离传统文化的文化取代，更不应该是粗制滥造，破坏、污染、亵渎传统文化的"文化垃圾"。

第五，有利于社会的和谐和国家的安定。文化的发展和创造，应有利于中华民族精神文明的建设、国家的安定团结与社会的和谐。

第六，不侵害他人的知识产权。目前，我国的知识产权法还不完善，尊重他人的知识产权的意识还比较淡薄，在民族民间文化领域，知识产权可以说还是空白。鉴于这样的情况，各个方面在从事文化发展事业和进行文化创造的时候，都应该树立尊重和保护知识产权的意识，避免造成知识产权的侵害。

改革开放以来，国家社会经济有了空前的发展，文化的发展和创造也出现了空前繁荣的景象。纵观 20 多年来的状况，可知当代的文化创造主要来自以下几个方面：

其一，乡村民众的文化创造。这是民间草根文化的发展和创造，我们可以用"雨后春笋"这个词汇来形容其欣欣向荣的状态，也可以用"涓涓细流"来表现其自发、分散、零星的特征。它们具有极强的生命力，然而要走上健康、有序的发展道路，要在主流文化中占有一席之地，无疑还需要经历一个长期的过程。

其二，地域文化精英的文化创造。地域和民间的文化精英，具有熟悉本地本民族文化和敏锐把握外部信息的能力优势，他们的文化创造，对于地域和民族文化发展的促进效果不可低估。例如云南丽江，将东巴象形文字开发为旅游市场的绘画等艺术品，根据神话传说创建主题公园，创办各类东巴文化培训班和传习班，还有蜚声海内外的纳西古乐，皆为地域文化和民族文化精英们的文化创造。丽江之所以能够成为文化旅游胜地，是与上述众多的精英文化创造分不开的。

其三，艺术家的文化创造。电影、音乐、舞蹈、绘画、文学、摄影等艺术门类，为大众所喜闻乐见，历来为文化创造的热门领域。艺术家撷取地域和民族的文化素材，进行艺术加工和创造，一旦产出文化精品，便迅速流传于世，形成轰动效应，造成巨大影响，并被视为地域文化和民族文化的象征。例如 20 世纪五六十年代的电影《五朵金花》、《阿诗玛》、《刘三姐》等，近年创作问世的大型歌舞《云南印象》、《印象刘三姐》等，即为此类著名的例子。

其四，专家学者的文化创造。专家学者对于民族文化和地域文化的研究，多为理论性的、深层次的、超前性的研究，其成果虽然不如艺术作品和通俗文化作品那么普及，然而它们对于文化的本质和规律的揭示和阐释，对于文化的保护、传承以及其他门类的文化创造却颇具指导意义。新时期的现代化建设事业，又为专家学者提供了广阔的用武之地，他们的才华、智慧和知识，被广泛运用于各种新兴文化事业的策划、论证和建设之中。

其五，企业和商家的文化创造。在企业家和商家的眼里，文化是能够开发、利用、生财的"资源"，他们对文化的商业价值具有特殊的敏感性，由于受利益驱动并拥有资本，所以他们的文化创造无处不在，凡是旅游、餐饮、建筑、艺术、节庆、歌舞等，都有企业和商家令人眼花缭乱的举措和活动。企业和商家凭借自身的资本优势，也常常与政府和专家、艺术家合作，使其文化创造更具规模和质量。企业和商家的文化创造，是当代文化创造的一支主力军，对促进社会的发展和繁荣贡献突出。然而由于以追逐利益为宗旨而往往不择手段，所以也带来种种负面的影

图26　绚丽的歌舞

响。例如，对国有资源和地方资源的不法侵占，对弱势群体权益的侵害，对传统文化的破坏和污染等。在当代文化发展和创造的

潮流中，应该极力避免和克服此类负面、消极现象的发生。

其六，各级政府主导的文化发展和创造。这是当代中国主流的、强势的文化发展和创造，它具有门类多、规模大、力度强、影响广等特征。从全国来看，有国家施行的社会主义精神文明的建设、各类大型文化建设工程等；从省和自治区来看，有建设文化大省或旅游大省、打造地域或历史文化品牌等发展战略。在许多地区，为了促进旅游事业的发展，由政府主导恢复、加工、创造了大量的节庆和民俗活动，形成了繁荣兴旺的旅游文化市场。政府的主导作用，既体现于由其直接领导建设的事业，更体现于政策的指向和推动的强大力量。

上面谈了文化发展和创造应注意的原则和当前各方面进行文化创造的情况。其实我们提倡建设的民族文化生态村就是一个文化创造，一个由专家学者策划推动，由政府支持引导，由村民主导建设的崭新的文化创造事业。

文化资源的开发和利用

图27　主题公园的文化表演

文化被视为资源，在我国还是最近的事情。20多年前，对文化的认识却完全是另外一回事。远的且不说，就说"文化大革命"，那时所有传统文化都被定性为"四旧"，都是"封、资、修"即封建主义、资产阶级和修正主义的东西，都在必须"扫除"、"消灭"之列。短短几十年，国家和社会对于文化的观念竟发生了令人意想不到的戏剧性的变化，文化不再是"四旧"，而与生财之道挂上了钩，不再是必须"扫除"、"消灭"、"革命"的对象，而成为趋之若鹜、争相开发利用的"市场资源"了。观念和行为的巨大转变，实质是市场经济取代计划经济的结果。

那么，什么是"资源"呢？通常认为，资源是生产资料或生活资料的天然来源，也就是说凡是可以提供人类生产或生活利用的天然资料就叫做资源。然而，当代资源的概念已被扩大和泛化，"资源"一词不再仅仅局限于"天然的来源"，而是延伸到了社会、人文等领域。现在凡是可供人类开发利用而且能够产生效益和财富的所有来源，都被视为"资源"，于是产生了"社会资源"、"人文资源"、"人力资源"、"教育资源"等新的名词。

文化被视为资源，是因为在市场经济的条件下它可以开发成为商品供给人们消费的缘故。从市场的角度看，人类的消费行为主要有两大类，一类是物质消费，另一类是精神消费。能够满足精神消费的商品，就是文化。当今社会，文化商品无处不在，例如影视、图书、传媒、艺术、旅游，等等，它们和吃饭、穿衣一样，已经成为人们每天不可缺少的消费品，而且社会越是发展，对文化商品的需求也就越多、越高。目前，云南省乃至全国都提出要努力发展文化产业，而且都希望将它作为振兴经济的一个重要的发展战略。在这方面，先进国家的成功经验值得借鉴学习，它们的文化产业在其国民生产总值中均占有重要的地位，说明文化产业的发展前景是非常广阔的。

如果将文化资源与天然资源进行比较的话，那么可以看出它们既有相同之处也有不同的地方。天然资源可以分为可再生资源和不可再生资源两类，文化资源也如此。不可再生的文化资源如物质文化遗产中的各个等级的文物、各民族的民间艺人和文化传承人等；可再生的文化资源比较多，如非文物的民居、服饰、饮食、生产工具、交通工具、生活用具、宗教器具、乐器、节日、祭祀、歌舞、音乐、绘画、文学等。文化资源除了能以再生和不可再生进行分类之外，还可以分为物质文化资源和非物质文化资源两类。对于文化资源而言，无论是可再生还是不可再生，无论是物质还是非物质，都应该实行"保护第一，利用第二"的方针，这既是文化资源可持续利用的需要，同时也是为了尊重和弘扬文化的社会价值应该实行的举措。

将文化作为资源进行开发利用，是市场经济发展的必然结果，是不以人们的意志为转移的社会发展规律，是有积极、进步意义的。然而，我们也应该明白，文化是人类所有物质和精神创造的总和，是人类生产和生活的全部价值和意义之所在。作为市场开发利用的文化资源，仅仅是文化整体价值和功能的一部分，其更重要的价值和功能，还体现于非市场和非产业方面，那就是其满足人类精神的欲望、抚慰人类的心灵、维护人与自然及社会和谐的价值和功能。所以，将文化资源化，对文化进行开发和利用，以下几点是应该注意的：

第一，在发展市场经济的背景下，文化资源的价值日益显现，开发利用效益日益突出，文化商业和文化产业已经迅速成为现代化经济建设中的新兴行业。然而如上所言，文化是一个具有精神、社会、人文、市场等多元价值的综合体，在积极开发文化资源的同时，不仅不能忽视文化的精神、社会和人文等价值，而且还应该把文化的非市场价值置于文化的主体地位予以维护和尊重。只有充分认识和崇尚主体文化的神圣性，才能避免人类伦理道德的沦丧和社会的混乱与倒退。

第二，基于上述理由，几乎所有国家都实行"双轨制"的文化发展战略：一是大力发展公益性的文化事业，二是积极发展面向市场的文化商业和文化产业。从发展中国家的情况来看，由于渴望发展，所以往往忽视文化事业而偏重文化商业和文化产业，甚至放弃文化事业而发展单一的文化商业和文化产业。然而重视公益文化事业，重视提高公民的素质，重视社会的精神文明，恰恰是发达国家之所以能够成为发达国家的重要原因，这是值得我们重视的现象和经验。

第三，文化资源的开发利用，应以可持续发展为基本前提，而对于不可再生的文化资源，则应实行保护第一的方针。然而现实的情况往往不是这样，当社会效益和经济效益发生矛盾和冲突的时候，人们总是急功近利，以牺牲社会效益换取经济效益，从而导致文化资源的破坏。这种状况如果不能有效地杜绝，那么必将造成新的文化浩劫。

第四，在文化工作者之中，很多人对文化商品化持否定和厌恶的态度，这样的态度虽然偏颇，然而并非没有道理。商品化最为突出的消极面是拜金主义、唯利是图。目前的文化市场，随处可见粗制滥造、假冒伪劣的文化产品，蒙混欺骗、巧取豪夺的文化商业活动亦频频发生，"挂羊头卖狗肉"，借文化之名行"黄、赌、毒"之实的现象亦不罕见。在文化市场发育的过程中，如何阻止不当商业行为的泛滥，如何避免对文化资源造成亵渎、污染和毒化，无疑是我们面临的一大课题。

第五，文化资源的开发利用，还必须重申一个原则，那就是要建立法制，依法办事，不能随意侵害文化拥有者的权益和文化知识产权。

我们在"民族文化生态村的建设目标"一题中曾经提出，民族文化生态村必须摆脱贫困，步入小康，努力实现社会、经济、文化、生态和谐和可持续发展的目标。发展经济，脱贫致富，既是村民的愿望，也是支撑文化保护的基本条件。民族文化生态村发展经济，主要途径在于改良、丰富、优化传统生计。积极进行文化资源的开发利用，使文化进入市场从而产生经济效益便是改善传统生计的一条重要途径。从民族文化生态村试点和许多具备建设文化生态村条件的村寨来看，它们的文化资源都非常的丰富，例如纺织、刺绣、服饰、竹编、制陶、面具、乐器、食品等都具有很高的商品开发的价值，至于他们独特的环境、建筑、民俗、风情、节日、祭祀、歌舞等则是发展旅游的宝贵的资源。当然，资源并不等于商品，要使资源变为商品，要使产品大量进入市场，还需要资本、技术和人才等条件。云南民族文化生态村在建设的过程中，都不同程度地进行过开发文化资源的尝试。迄今为止，有的试点村成效显著，靠发展文化和生态旅游摆脱了贫困，走上了富裕之路；有的试点村因条件所限，发展较为缓慢，尚处于探索的过程之中；也有这样的试点，在外力的带动下曾经出现过很好的发展势头，然而由于村民市场观念淡薄，而且缺乏开拓性的人才，所以难以持续发展，目前又回到消沉的状态之中。现实告诉我们，保护、传承民族传统文化不是一件容易的事情，而开发文化资源，发展市场经济也不会一帆风顺，民族文化生态村的建设就是这样一个富于挑战、充满困难和曲折的过程。

图28　乡村的"文化盛宴"

如何认识旅游和发展旅游

图29 文化生态之旅

改革开放之后，随着人民生活水平的提高，出现了大众旅游的热潮，与此相应，积极开发旅游在中国大地也呈燎原之势。在这个热潮之中，企业、商人大显身手，千方百计收购资源，争相开发经营，获取了滚滚财源；各地政府对于旅游亦寄予极大的期许，其原因除了可能获得高额的税收之外，大概还特别在乎它能带来旺盛的"人气"。"人气"是一种特殊的综合效应，高涨的人气对于官员的政绩、地区的形象和知名度等均能产生"爆炸性"的张扬效果，那绝对是一般宣传手段所无法达到的。

不过，在朝野上下皆热衷于旅游开发的潮流中，也常常伴生着不同的声音，大千世界并非都一致认同和拥抱旅游。许多地方在旅游发展的初期，从事传统文化研究和保护的学者等对旅游便具有"天生"的抵触和厌恶心理。在他们看来，旅游并非是什么所谓的"朝阳工业"和"无烟工业"，而是危害很大的"污染产业"，只是旅游产业的污染和工矿企业的污染不同，工矿企业污染和破坏的对象主要是生态环境，而旅游污染和破坏的主要对象则是传统文化。他们认为，无论何地，只要发展旅游，就难以避免市场经济和外来文化的消极影响，便会使传统文化商品化，使之沦为金钱的"奴隶"，从而走向畸形发展的道路。所以，当人们沉浸在形形色色的大宣传、大开发的旅游盛典的喧闹和欢乐中的时候，他们却倍感担忧，犹如经历葬礼般的悲哀。

从保护传统文化和生态环境的角度审视，旅游确有消极的一面。尤其是片面的"以经济发展为中心"、"穷则思变"而不惜牺牲传统文化和文化遗产的旅游开发，那就不仅仅是消极，而简直就是灾难和浩劫了。在愚昧盲目、急功近利的旅游开发的热潮中，有如此观点的学者，有不同的声音，实属难能可贵！

然而，随着旅游事业的发展，随着旅游市场逐渐走向有序和理智，随着人们对在市场经济条件下文化变迁和文化保护认识的提高，全面否定旅游的观点也逐渐发生了变化，以下几点认识已为越来越多的人所接受：

第一，不管人们愿意不愿意，反对不反对，作为全球化和市场经济现象的旅游毕竟是社会发展不可阻挡的事物，尽管伴随着旅游的产生和发展会带来种种问题，但是当代旅游已成为现代化建设的重要事业，成为人们热爱的不可缺少的生活内容，这是不可视而不见和必须接受的现实。

第二，开发旅游，确有可能获取巨大的经济效益，促进地区和国家的迅速发展。这样的事例极多，这也是世界上绝大多数地区热衷于大力开发旅游的主要原因，而且从发达国家的情况来看，许多著名的旅游胜地，恰恰是传统文化和生态环境保护得最好的地区，这说明旅游和文化并非水火不容，而是存在着和谐双赢发展的空间的。由此看来，旅游本身并不是文化的"杀手"，挥舞这把"双刃剑"究竟会产生正面还是负面的效果，主要还取决于旅游主导者和开发者的素质和理念。

第三，旅游可能破坏和污染传统文化和生态环境，然而也可能改变人们鄙视传统文化的不良观念和偏见，提高人们对文化价值的认识，并增强人们对传统文化和生态环境的保护意识和自觉性。例如上一题说到的我国近年来发生的文化"资源观"转变，在很大程度上便是旅游带来的观念的变化，而许多地区、许多民族从文化的自卑转变到文化的自觉和自豪，也多是因为其传统文化在旅游等活动中不断受到外来者欣赏和赞扬的缘故。

第四，发展旅游，可以促进不同地区、不同国家间的经济和文化的交流，加深各地区和世界各国人民之间的相互了解。

第五，对于传统文化的保护，如上所言，旅游就像"双刃剑"，既有消极的一面，也有积极的一面。所谓积极的方面，那就是可以带来经济效益。目前我国许多地区、许多文物部门之所以不能有效地开展物质和非物质文化遗产的保护工作，一个重要的原因，就是缺少资金。如果旅游做得好，便可弥补资金的不足。所以，理想的状态是能够把文化保护与发展旅游很好地结合起来，使文化保护与旅游形成互动的良性循环，从而达到双赢的效果。

第六，目前，虽然我们天天讲全球化和市场经济，然而在众多的乡村，由于地处偏僻、交通不便，而且缺乏支撑开发产业的足够的资源和资金，所以依然从事着自给自足的自然经济，依然寻求不到走入市场的途径，依然无法改变贫困的面貌。不过，对于许多乡村而言，发展旅游却不失为一条可行之路，乡村的自然和文化，可满足旅游者追求异地异文化的体验和访奇探险的兴趣，开展"农家乐"等形式的个体经营，也不需要太多的资金、技术和管理能力，随着城市居民生活水平的进一步提高，乡村旅游的前景必将更加广阔。

不过，无论是从民族文化生态村建设的事例来看，还是从许多乡村开发旅游的情况来看，目前中国乡村的旅游事业只能说还处在一个低水平、低层次的摸索阶段，欲走上健康发展的道路，肯定还需要一个逐渐提高的过程。20多年来，确有不少乡村积极开发旅游，也曾获得过较好的势头，然而遗憾的是，大多数所谓的"旅游村"和"农家乐"兴旺一时便迅速衰败，昙花一现，虎头蛇尾，这种现象就像走马灯一样，此起彼伏，恶性循环。其失败的原因，大同小异，不外乎有以下几点：

1. 没有统一的规划和管理，盲目开发，任意建设，不当竞争，短时期内即造成混乱和资源破坏的状态。

2. 不懂得"君子爱财，取之有道"的经营方式，一切向钱看。进村要钱，照相要钱，谈话聊天要钱，让孩子变着花样追着游客要钱，使游客反感、厌恶。消息传开，外界自然望而却步、视为畏途。

3. 不懂得游客的审美需求，盲目模仿城市的建筑，把传统民居改建为丑陋的水泥砖房，以为这样才能招徕游客，结果适得其反，村落景观破坏，民族地域建筑特色丧失，便失去了旅游的价值。

4. 不懂得自身文化的价值，不向游客展示自己独特的文化，而是去模仿、重复、表演城市流行的或者是其他民族和其他地区的文化，游客有兴而来，败兴而归。

5. 允许外地商人冒充当地人贩卖伪文化产品，或者经营所谓"民族风味餐馆"，游客因为不能够享受、体验"真实"的文化而感到失望和蒙受欺骗。

6. 环境"脏、乱、差"，卫生设施不足，条件简陋，加之食品不卫生，没有安全的保障，致使游客无法滞留。

7. 旅游内容单调雷同，常年不变，旅游商品品质拙劣、千篇一律，不知推陈出新，满足于低层次、低水平运作，缺乏吸引力。

8. 小农观念，目光短浅，小富小康之后，便贪图享受，不欲进取，于是或出租资源，或转让经营权，致使经营变质，文化变味，事业倒退衰败。

以上诸点，并不是个别旅游村的表现，而是普遍存在的状况。民族文化生态村欲发展旅游，就不能再重复盲目开发、低级庸俗运作的老路，就应该培育新的观念、新的人才，就要有新的思路和作为。在条件尚差、准备不足的情况下，最好不要急于开发，以免造成资源的浪费和破坏。此外，还应该再次强调，民族文化生态村不是旅游村，即旅游不是它建设的宗旨，亦非经济发展的唯一途径。条件具备，可以发展旅游。但除了旅游之外，民族文化生态村还应积极发展与文化、生态、资源相适应的各种经济产业和社会事业。

图30 历史名镇之旅

选择试点村的条件

图31　古老的山村

　　1998 年春天，云南民族文化生态村项目组开始了选择建设试点村的田野调查。关于选择试点村的条件，当时我们拟定了如下 5 条：

　　1. 文化富有特色，文化资源丰富；

　　2. 生态环境较好，风景优美；

　　3. 民风淳朴，村民具有朴素的文化保护意识；

　　4. 交通便利，位于国家或省级旅游区内或附近；

　　5. 当地政府积极支持，其文化部门具有工作能力强、工作积极负责的合作者（《民族文化生态村——云南试点报告》，

2002）。

现在回过头去看，当时拟定的 5 个条件基本上是妥当的。一般而言，人们对以上条件都能够理解，只是对第 4 条稍有疑问。关于为什么要把试点选择在交通便利的旅游区内或它的附近，那是出于这样的考虑：其一，我们认为，当代乡村社区文化变迁最迅速、最剧烈、文化保护最急迫、最需要抢救的地方，不是交通闭塞、偏僻遥远的乡村，而是交通便利，邻近市场的地方。其二，把试点选择在旅游区内或者其附近，其文化的保护和传承便更具挑战性，其成功的经验和教训更具有典型性、普遍性和指导性。其三，具备发展旅游的条件，便于探索旅游等市场因素对民族文化的影响以及民族文化保护与经济发展的关系。其四，位于旅游区内或附近，可充分借助其文化和生态资源发展旅游事业，增加经济收入，脱贫致富，以保障民族文化保护事业的持续发展。其五，选择交通便利的地方，便于参观交流，便于宣传推广。其六，交通闭塞、偏僻遥远的乡村之所以不宜选择作为试点，是因为目前外界对他们的影响、干扰、冲击还不大，因此其文化保护的问题尚不迫切。对于那样的地方，如果急于去进行"保护"，而且方法不当的话，那只会适得其反。试想一下，当别人平静地生活在他们的世界中，处于对外界知之甚少的情况下，突然来了一群陌生人，要他们改变传统文化来适应你的博物馆文化，其结果将会如何？苏东海先生曾说："生态博物馆在这些村寨中的产生是政府保护文化多样性的需要和专家的思想热情的产物"（苏东海，2005）。如果事先考虑到山里的穷人们对于这种"专家思想热情的产物"实在是距离太远、过于陌生，考虑到他们的感觉只可能是一头雾水、他们的态度肯定缺乏热情和了无兴趣的话，那么我想贵州和广西就不会去选择像梭戛和那坡那么遥远和偏僻的山乡建设生态博物馆了。

不过，后来的情况告诉我们，把试点选在旅游区内或其附

理论与方法

近，也有消极的因素甚至十分不利的影响，也是欠妥当的。在旅游区，尤其是在高级别的重点旅游区，政府和从事经营的企业和商家的主导力量太强，市场经济的力量太大，村民和学者参与的空间便十分有限，甚至会被完全排斥在外。此外，旅游市场变幻莫测，商家转换频繁，常常产生混乱的局面。尤其严重的是，一旦成为旅游的热点，就会成为企业争相夺取的"资源"，就难以避免被兼并收买的命运。在我们建设的五个试点村中，后来就出现了这样的情况，有一个试点村被商家兼并收买了，还有一个试点村曾经几次由政府相关部门和企业商谈收买事宜，幸而企业出价太低而未能成交。鉴于以上诸多不利和危险的因素，第4条确有必要予以适当修改。除此之外，还应该增加几条必不可少的条件。下面是根据几年的探索实践总结补充的比较完善和妥当的选点条件：

1. 村民理解、欢迎和支持；
2. 文化特色突出，传统文化积淀深厚；
3. 具有社区和民族的代表性和典型性；
4. 具有较好的经济发展水平和条件；
5. 生态环境好，村落景观优美，民居建筑具有民族和地域特色；
6. 交通便利；
7. 民风淳朴，团结和谐，保留着传统的村规民约和道德规范；
8. 具有热爱家乡、热爱本民族和乡土文化、工作能力强、大公无私、善于团结村民的村干部；
9. 有一批懂得自己的文化、热爱自己的文化，并且在村子里有影响的文化积极分子；
10. 当地政府积极支持；
11. 最好能够结合政府确定的非物质文化保护区、精神文明村、社会主义新农村、民族团结村、小康村等选择建设的试点。

几年来的工作经验说明，选点是极为重要的工作，试点选得好，就有成功的把握；试点选得不好，即使付出再大的努力，投入再多，也无济于事，也难以达到目标。关于这一点，贵州有教训，我们的教训也很深刻。当然，在实际选点的过程中，要找到完全符合以上条件的村寨，是比较困难的。但是如果按照下面的方法去做，那么选点成功的可能性就比较大。

第一，选点既要重视项目组成员以往长期调查研究的田野点，重视他们与当地人建立起来的友谊和感情，但是又不能囿于狭小的视野，不能凭感情用事，切忌匆忙草率的决定。

第二，同样的理由，选点应该尊重当地政府合作部门干部的意见，但是还不够，还应该充分听取各级政府各个部门的意见，以避免偏信导致的失误。

图32　感受淳朴

第三，做好选点的预备工作：广泛收集资料，认真对比研究，召集相关专家干部评议，筛选出重点考察的对象。

第四，举办培训班，让选点所在地区相关部门的干部和村民代表详细了解项目的意图、主旨、目标，认真听取他们的意见，分析研究他们提供的试点和推荐的理由。

第五，对候选村寨进行参与式调查评估。

第六，在参与式调查评估基本合格的基础上，派遣有经验的项目组成员进入村寨进行深入细致的调查，然后根据选点条件提出调查研究报告。

第七，召开有项目组成员、相关专家顾问、试点地政府官员、试点村干部和村民代表等参加的论证会议，最后评比投票决定正式的试点村。

组织和运行网络

图 33　项目组成员与村民

民族文化生态村建设，是一个综合性的系统工程，也是一个跨学科的应用性研究项目。该项目虽然由人类学者发起组织，但远非人类学者所能包办，需要多学科的学者参加；对于学者的挑选，光有理论的研究还不行，还必须具备很强的实际操作的能力。而且，由于是一项乡村建设的试验，除了学者的努力之外，各级政府官员的支持绝对不能缺少，试点村的村民们也必须积极行动。再者，开发项目要有经费，寻求经费的资助机构，是基本前提。这样一来，民族文化生态村建设项目的组织运作就不像通常的科研项目那么简单了，项目的性质决定了其组织结构的复杂性。在项目的开始阶段，最重要的工作，就是组建如下图所示的组织运行网络。

民族文化生态村项目组织运行网络

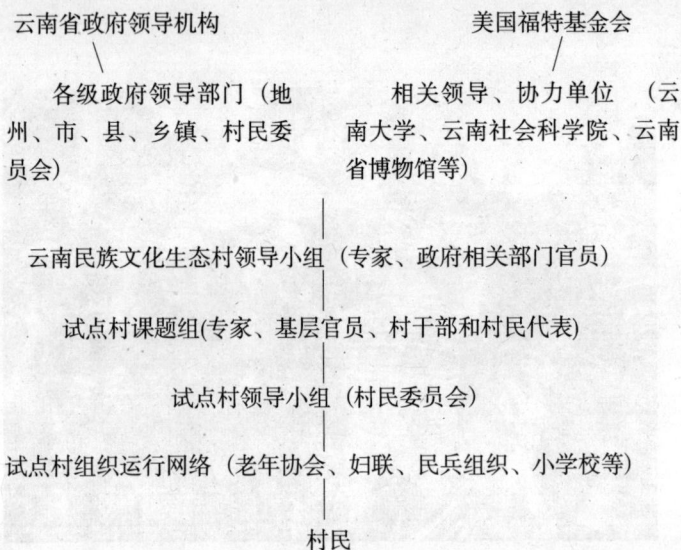

云南省政府领导机构　　　　　　　　美国福特基金会

　　各级政府领导部门（地　　　相关领导、协力单位　（云
州、市、县、乡镇、村民委　　南大学、云南社会科学院、云南
员会）　　　　　　　　　　　省博物馆等）

云南民族文化生态村领导小组（专家、政府相关部门官员）

试点村课题组(专家、基层官员、村干部和村民代表)

试点村领导小组（村民委员会）

试点村组织运行网络（老年协会、妇联、民兵组织、小学校等）

村民

　　组织网络所表示的省级、地市级和县级政府的领导机构为省委宣传部，省文化厅以及地市、县委宣传部和文化局，此外还有民族宗教局、农业局、妇女联合会，等等。对于民族文化生态村的建设，各地政府的重视程度有所不同，其分工管理的部门也不一样，所以各试点的组织运行网络并不是一个统一的模式。关于专家组，是一个多学科组成的共同体，其第一类为人类学、社会学、历史学等方面的学者，职责是负责项目策划、规划、调查研究、制订具体的文化保护、传承计划，进行培训并组织实施项目计划；第二类为建筑学、园林学等方面的学者，其职责是帮助村民进行村寨的规划设计，并进行传统民居的调查研究和改良以及

人居环境的改善等工作；第三类为生态学、民族植物学等方面的学者，其职责是进行生态环境及自然资源的调查研究，与村民一道发掘、记录、整理相关的传统知识，研究探索村民生计改善和生态环境保护的途径；第四类为民间艺术、民族文化和文化遗产等方面的学者，他们主要协助村民们进行节日、技艺、歌舞、口头传承等的非物质文化遗产的再生、记录、保护、传承、发展等工作；第五类为博物馆、造型设计等方面的学者，他们的职能为帮助村民建设村寨或家庭的博物馆和传习馆；第六类为影视人类学方面的学者和媒体的记者等，他们的任务是负责记录、拍摄村寨的重要的文化事象或村寨建设过程中的重要事件等，并培训村民，传授影视拍摄技能，进行对外宣传等工作。

在项目实施的前期阶段，各地的组织运行网络运转良好，效果显著。然而随着时间的推移，由于以下几个方面的原因，原有的组织网络相继出现了问题。首先，从大的背景来看，云南省虽然制定了"民族文化大省建设"的战略，然而由于一些人对"民族文化"存在较为严重的片面的理解，所以各地区除了进行声势浩大的宣传、争相推出豪华大型歌舞和不遗余力地举办奢侈的节庆活动之外，并不十分在意基础性、实质性、事业性的文化建设，"文化大省建设"很大程度上流于口号和形式，因而《云南民族文化大省建设纲要》等重要文件所罗列的建设内容和项目大多无法落实。云南民族文化生态村建设作为写入《纲要》中的省级重点项目，是受到省委省政府的重视的，省财政厅曾经下拨专项资金予以支持，然而令人遗憾的是，作为倡导和负责实施该项目的专家组却始终未能参与资金的管理和使用。该项专用资金也和其他民族文化项目资金一样，很大部分被挪用到了不该挪用的地方，例如动用民族文化项目资金高价聘请歌星、明星到昆进行商业演出，妄图赚钱牟利，结果"赔了夫人又折兵"，折腾胡闹造成无可挽回的损失等。志不同，道不和，项目组决不能为了去迎合不正之风而挂羊头卖狗肉，也决不能无谓地去耗费国家和纳税人的钱财，拿不到政府资助的经费就想别的办法，其结果"民族文化生态村建设"这一"云南民族文化大省建设"的"重点项目"，变成了有名无实的难题，成了孤军奋战的单纯的"学者行为"。在这一点上，相比之下，广西和贵州是非常幸运的，因为他们的生态博物馆的建设都是名副其实的省政府和自治区领导实施的重大项目，不仅有组织的保障和行政的支持，而且投入非常可观，件件落在实处，云南与其实在是不可同日而语！其次，在该项目实施的过程中，各级政府的官员更替十分频繁，也给项目增添了不少的麻烦和一定程度的混乱。例如作为试点村南碱的上级领导的腰街镇政府，在我们从事项目的八年时间里，主要官员便更换了四轮，而每一轮新官员到位都有一个从头了

图34　福特基金会的成员来到试点村

解、熟悉项目的过程，对工作的影响自是在所难免。再次，由学者们组成的项目组也不够稳定。一方面一些成员担负本职工作较

多，难以长期参与；另一方面，项目组成员当中，研究生占了相当大的比例，他们不断毕业离校，使项目组经常处于成员流动的状态之中。

由上可知，这样一个由专家学者负责的项目，其组织运行网络是很难保持稳定状态的，在项目进行的整个过程中存在着众多的变数，这是影响项目顺利实施的一个很不利的因素。如何克服这方面的缺陷呢？关键是必须不断采取措施应对突然的变化，例如必须及时协调与各级政府官员的关系，及时联络、选择和吸收新的成员和代表人物，努力加强试点村的可持续管理机制的建立和巩固，等等。当然，云南民族文化生态村建设的组织运行网络如果能够像广西的民族文化生态博物馆那样，被纳入政府的强有力的领导和政策体系之中，那就十分理想了，那么该项目在实施的过程中就会减少许多困难和挫折，所获取的成果和所产生的影响肯定会大大超过现在的状况。

谁是建设的主导者

在前文"民族文化保护的含义"一节里，我们明确指出："仅仅提倡'文化要在原生地保护'是不够的，最重要的是要强调当地民众的积极参与，并逐渐实现由村民主导的自力更生的保护和发展。只有当地人积极参与、自我主导、自力更生，才是有效保护和可持续发展的保障。"地域文化和民族民间文化的保护、传承发展事业必须由文化的创造者和拥有者即社区的民众自我主导、自我发展，整个文化生态村的建设事业，也必须由村民主导进行，这可以说是云南民族文化生态村建设的最重要的核心理念。基于这个基本的理念，在长达八年的建设实践的过程中，我们进一步

图 35　村民的参与

明确了参与建设的各种角色的定位和相互之间的关系，于是提出了"村民主导，政府领导，学者指导"的组织运作的原则。提倡"村民主导"，这在我国乡村建设等事业中可谓前所未闻，对传统观念、传统思维定式和传统的工作方式等无疑是一个大胆的挑战。那么，应该怎样理解"村民主导"的含义呢？

第一，提倡"村民主导"，是村民当家做主的体现，亦是建设社会主义民主制度必不可少的理念，具有重要的政治意义和现实意义。

第二，建设民族文化生态村，保护优秀的民族民间文化，建设社会、经济、生态、文化整体和谐和可持续发展的新农村，归根到底是村民自己的事业，如果没有村民的自觉和自主，那只能是空中楼阁。

第三，所谓"村民主导"，强调社会各界——包括政府官员、专家学者、企业、媒体等应该认识和尊重村民的地位和权利，应该懂得村民是他们村寨的主人，是他们所创造和拥有的文化的主人。因此，外来者不应该自以为是，强加意志于村民，更不应该去做越俎代庖、损害主人利益的事情。

第四，作为村民，则应当有主人翁的意识，应当自尊、自爱、自觉，具有艰苦奋斗、自力更生的精神。政府的领导、帮助和支持是不可缺少的，专家学者等外来者的指导、帮助和支持也是十分宝贵的，但是自我家园的建设，自我文化的发展和繁荣，自我生活的改善等归根到底要靠自己的努力。无数事实说明，不做主人做仆人，不靠自己靠施舍，完全寄希望于政府的"等、靠、要"，那不仅仅是消极和堕落，而且将永远改变不了自身贫乏困苦的状况。

第五，"村民主导"，关键是权利的问题。对于建设文化生态村而言，那就是村民必须明确自身所拥有的保护和发展的权利，并能够充分享受、运用和行使这个权利。具体而言，在文化

理论与方法

生态村建设的整个过程中，只有村民始终处于策划、决策、行动的中心地位，才能称之为"村民主导"。

毋庸讳言，对于我们倡导的民族文化生态村建设应由"村民主导"的理念和方针，有来自各方面的质疑。有人批评：你们主张"村民主导"，那么还要不要党和政府的领导？将党和政府置于何种地位？关于这一点，请允许在下面一节予以回答；更多的怀疑村民能否主导？他们有没有主导的自觉、能力和条件？

关于村民能否主导，有没有主导的自觉、能力和条件的疑问，我们的回答是肯定的。在我们从事建设的五个试点村中，至少有仙人洞和南碱这两个村寨较好地实现了村民主导、自我发展的目标，这就是最好的毋庸置疑的答案。当然，我们的试点村也有至今无法实现村民自主的事例，有的试点也和贵州的生态博物馆一样，村民并没有把它当做自己的事情，参与的积极性很低，或者说未能始终保持积极参与的态度。这样的事例，当然不能作为全盘否定村民能够自主的证据，不过，对这样反面的例证又该怎样解释呢？

贵州生态博物馆的建设者们，对其生态博物馆既定的"六枝原则"所提倡的"村民是其文化的主人"、"生态博物馆的核心是公众参与，必须以民主方式管理"的原则难以实现，由此深感困惑，最后得出"社区居民对民族民间文化价值的认识处在一个蒙昧的阶段，使非物质文化遗产难以传承"，"生态博物馆的任务是在历史的动态中保护和延续社区的文化，要达到此目的，关键要跨越对文化认识的蒙昧阶段"（胡朝相，2002）的结论。由此进一步提出建立生态博物馆的三条"基本原则"，其中的第二条为"政府主导，专家指导，村民参与"。这一条似乎符合时下中国的"国情"，然而却与世界生态博物馆的理念有所抵牾，也与我们的主张大不相同。而贵州方面为了使这种理念修改合理化，其"基本原则"的第一条首先强调了生态博物馆必须

"本土化"而"不能抄袭照搬"（胡朝相，2006）。就目前中国的情况而言，欲在乡村建设生态博物馆，确为超前的行为，有相当大的困难。例如当前许多社区的很多年轻人，对传统文化一无所知，而且不感兴趣；又如有的地区，长期依赖国家的扶贫资助，争相"竞争""贫困县、乡"成为不以为耻，反以为荣的奋斗目标，一切向钱看，民族文化的概念已经相当淡薄。不过，我们也必须看到，这些只是部分而非全部的状况，有的也许只是事物的表象而非事物的实质，而且我们的事业既然是创新的、超前的事业，就不应该折中和后退，即便是作为未来奋斗的目标，也必须坚持"村民主导"这一正确的方向。另一方面，我们恐怕还不能把困难和障碍完全归结为村民的"蒙昧"，其实很多问题是出自专家学者的幼稚和天真，例如：

1. 在我们挑选的试点村中，多是贫穷的村寨，村民成天考虑的事情是如何吃饱穿暖等生活问题，而非外来者提倡的保护这样、建设那样等不着边际的计划，与自己的切身利益无关，不能解决紧迫的困难和压力，消极、冷漠甚至抵制自是在所难免。文化生态村和生态博物馆是文化建设事业，必须有相应的经济基础的支撑，国外成功的案例无不如此。所以，挑选偏远闭塞贫困的村寨作为建设的试点，显然是专家学者经验不足所导致的失误，应该引咎自责，而不能迁怒于村民的"蒙昧"。

2. 上面说过，现在有些地区把依赖政府资助作为主要的生存策略，已经习惯于凡事"等政府来办、靠政府来做、要政府出钱"的"等、靠、要"的行事方针。造成这样的恶果，与政府长期实行的过于优待的扶贫政策有关，不能单方面责怪村民。不过，如果不慎选择了这样的村寨作为试点，那就等于陷入了泥潭，后果自然不堪设想。对于这样的村寨，以政府之巨大的权威和财力，尚且无法使之改变面貌，区区几个"穷书生"竟然奢望以这样"馆"、那样"村"改天换地，这简直就像"蚍蜉撼大树，可笑不自量"了。

3. 我们在"选择试点村的条件"一节中说过，交通闭塞、偏僻遥远的乡村不宜选择作为试点，原因是目前外界对他们的影响、干扰、冲击还不大，其文化保护的问题尚不迫切，如果急于去保护，而且方法不当的话，只会适得其反。除此之外，我们还应该有一个清醒的认识，无论是偏僻、闭塞的村寨还是与外界接触较多的村寨，村民均拥有自己的文化模式和世俗的文化运作机制，他们对于文化生态村和生态博物馆这样的现代外来文化，作出难以认同、难以适应、难以接受等反映，完全是正常的现象。文化的交流、涵化、融合需要时间，绝不可能一蹴而就。在这样的村寨中，村民实际上就是主导者，只不过他们主导的是他们的文化，而非外来的文化。

总而言之，无论是建设文化生态村还是建设生态博物馆，在

图36 民族文化生态村的主人们

中国目前的状况下，都属于超前性的、创造性的、试验性的、倡导性的应用性科研项目。所谓"超前性"、"创造性"和"倡导

性"，也即该项目的最大的价值和意义，很大程度上就体现在"村民主导"这四个字上。"村民主导"既是基本的理念，又是努力的目标，这一点不可动摇。而作为试验性的建设试点，则必须把村民是否具有一定的文化自觉和自主意识作为重要的选择条件。此外，项目成员们能否长期深入从事有效的工作，能否使村民认同、接受新的理念和文化，无疑也是能否实现"村民主导"的关键。

政府领导是保障

图 37　歌舞比赛

　　我们主张建设民族文化生态村由"村民主导"，指意非常明确，那就是村民应发扬当家做主的精神，在党和政府的领导下，依靠自己的力量，建设好自己的家园。这样的"村民主导"，其实正是政府近年来在广大乡村积极倡导、努力培育的思想和理念，同时也是促进社会主义民主建设的正确方向。

　　政府制定政策，进行原则性、宏观性的领导，并充分发挥为人民服务的职能，不可能、也不应该包办社区民众的一切实际事务，这应该是基本的常识。许多具体的事业，由政府主导包办，效果不仅不理想，而且往往导致失败，在实行计划经济的时代，这样的事例其实已经很多，即使是现在，也不乏其例。譬如一些由政府主导建设的民俗村、旅游村，经营一段时间之后便无法维持下去，只好关闭或者出卖给企业。又如在我们的一个试点地区，村民主导和政府主导的效果就截然不同。试点村坚持村民主导，发展势态一直良好；相距不远的两个村寨是靠政府扶持打造的"文化生态旅游村"，这两个村寨虽然有幸获得了政府给予的可观的建设资金，然而建设成果却不理想，即使是"硬件"，也比不过投入很少、靠村民力量建设的文化生态村，如果说到"软件"，那就更不可相提并论了。仅举一例，在我们的试点村，所有节日活动和文化活动完全由村民组织操办，村民们每天都把村里的环境卫生打扫得干干净净；而在政府建设的旅游村，每次举办节庆、文化等活动，不给钱就办不成事情，甚至打扫村寨和自家门前的环境卫生，村民也要向政府讲条件、提要求，要政府给钱或者杀猪杀牛，如果不满足条件，那么对不起，就请政府官员们亲自去村寨扫地、洗厕所。这样的事情听起来不可思议，其实此类荒谬之事似乎还不少。在某些贫困地区甚至出现过这样的事情，由于政府主导包办得过多、过于具体，以致村民的自来水管破了，家中的电灯泡坏了，都要通知政府派人来修，理由是"你们安装的，而不是我们的，水管、灯泡坏了，所以你们必须来修理！"事实说明，政府对于乡村事务过度主导和包办，会产生很大的负面效果，会使村民丧失主人翁的意识和自力更生的精神，从而沦为"等、靠、要"的消极群体。所幸的是，目前政府和社会已经认识到这种单方面的自上而下的优待、宠幸政策的弊病，所以近年来在很大程度上改变了扶贫的方法，尽可能地避免主导包办的"输血式"的支援方式而尽量采取所谓"造血式"的支援方式，以利于发挥和激励村民的主观能动性。

那么，对于民族文化生态村的建设，政府的领导是怎样体现的呢？从云南民族文化生态村建设的整个过程来看，政府的领导主要体现于以下几个方面：第一，将文化生态村建设事业纳入政府相关的政策之中，作为政府行为而予以贯彻执行。例如在国务院发布的《非物质文化遗产保护的通知》里列有"文化生态区"保护名目，要求各地区予以申报保护；云南省委省政府制定的"云南民族文化大省建设纲要"等文件，明确写入了建设民族文化生态村的内容；几个试点村所在地的各级政府，也把文化生态村的建设与精神文明村、社会主义新农村的建设相结合，加以统一领导和指导。第二，指定政府归口部门，将其纳入相关政府部门的工作计划之中，并逐一落实。云南民族文化生态村最早的归口领导部门是省委宣传部。各试点村在当地的归口领导部门有所不同，有的是县委宣传部，有的是县政府民宗局或文化局等。第三，基层政府官员兼任文化生态村建设领导小组成员，发挥组织协调等重要作用。第四，帮助、指导村民小组进行管理，帮助他们提高能力和加强机制建设等。第五，采取各种方式，积极引导、支持村民进行各类文化保护和传承活动。第六，帮助村民和项目组解决在建设过程中碰到的问题和困难。第七，给予试点村适当的资金和物资支持等。

以上七个方面，其实是云南各级政府对民族文化生态村建设具体领导方式的粗略概括。特别值得一提的是，在五个试点村地区，南碱傣族文化生态村所属的腰街镇政府、新平县委、县政府、玉溪市委宣传部，堪称政府领导的典范。玉溪市政府及市委宣传部的领导经常到南碱村考察调研，并出席村民的文化活动，给予村民鼓励和支持。新平县委、县政府对文化生态村的建设非常重视，凡项目组和南碱村组织举办的会议和开展的文化活动，均能得到县委、县政府的协调、配合和支持；在基础建设方面，在村民投工投料的基础上，县委、县政府也适时适当地给予支持，激励了村民的建设热情；以县委宣传部为首，民宗局、农业局、妇联、水利局、文联、扶贫办等部门，几年来从不同的角度积极帮助南碱村解决各种困难，有效地促进了该村各项事业的发展；该县宣传部的领导尤其令人敬佩，在他们身上完全看不到时下十分流行的浮躁夸张，急功近利，一味追求形式、虚名、热闹和炒作而不求实绩、长效的不良作风，他们立足于构建和谐社会的长远目标，踏实、深入、热忱地开展各项工作；他们十分理解和赞赏专家们的理念，把思想工作和能力建设始终放在首位，重视培养村民的主导性，为村干部提供各种学习的机会，并让他们到全县各地宣讲文化生态村建设的经验；他们创造性地把社会主义精神文明村建设，社会主义新农村建设以及各个时期开展的宣传、文化等重点工作与文化生态村的建设结合在一起，调动各方面的资源与力量支持和促进南碱文化生态村的发展。在南碱村从事文化生态村建设的八年的时间里，作为该村直接领导的腰街镇

图38　政府官员和外国友人在文化生态村

政府，主要干部换了四批，然而可贵的是，每一批干部，即使是短期在任，也全心全意地领导和支持南碱村的建设，他们把南碱

村作为社会主义新农村的建设重点，从各方面进行扶持和指导，并为完善规章制度、加强村务管理、提高村寨领导班子的能力以及协调村寨内外的各种关系等做了大量艰苦细致的工作。另一个试点仙人洞村，在其整个建设的过程中，也得到了文山壮族苗族自治州州委、州政府各相关部门尤其是丘北县委、县政府的高度重视和大力支持。毫无疑问，南碱傣族文化生态村和后面将要说到的仙人洞彝族文化生态村之所以能够取得今天这样突出的建设成果，之所以能够成为国内外闻名和向往之地，那是与两个试点村所在地各级政府的重视和积极有效的领导分不开的。两个文化生态村建设的成功，不仅证明了"村民主导"的正确性，也充分说明了"政府领导"是事业成功的保障。

专家学者的地位和作用

图39 学者和村长

关于专家学者在文化生态村和生态博物馆建设中的地位和作用，云南、贵州、广西、北京的学者均有共识，均主张专家学者应该而且能够发挥"指导"的作用。客观地说，这一崭新的文化保护、传承事业的诞生，专家学者不仅是指导者，而且是开创者、设计者、传播者、运作者和推广者。回顾文化生态村和生态博物馆的建设历程，专家学者的地位和作用便一目了然。首先，"云南民族文化生态村"的概念是由专家学者提出来的，其定义、目标、原则、方法等也是由专家学者研究拟定的。其次，"云南民族文化生态村"从理念到作为"项目"的实现，是由专家学者策划、设计、申请，并经过反复磋商、修改后才获得美国福特基金会批准的。贵州生态博物馆是挪威政府与贵州省政府合作的文化保护项目，这一国际合作项目的引进，亦完全仰赖于专家学者的努力。再次，广西生态博物馆建设项目的成立，同样是专家学者卓有成效的工作。最后，在从"学者的项目转化为政府和村民的行为"的过程中，专家学者也始终发挥着重要的作用。此外，建设经验教训的总结，成果的推广等，专家学者的参与也是不可缺少的。

传统保守的人类学认为，学者对于调查对象即"他者"，只能采取尊重、谦虚的态度；研究"他者"的文化，只能去观察、体验、学习、记录、解释，而不能以自我文化为中心，对他们进行批评、干预和改造。一些学者据此提出质疑，认为我们提出的"学者指导"有悖人类学的基本原则和伦理，是文化中心主义的表现，应予以修正。这样的观点，看起来似乎有它的道理，然而现实却不像教科书那么单纯、简单，在田野调查中碰到的大量问题，需要你去思考和解答，面对"他者"的困惑和困难你也很难无动于衷、袖手旁观。而且，时代变了，人类学的某些教条也应该随之改变，下面三个问题，就值得人类学和民族学学者认真思考。

第一，从事族群文化的调查研究，学者只能站在"客位"的立场，采取谦虚的态度去记录、分析和解释，这是早期文化相对论的学术遗产，是对殖民主义时代民族和文化中心主义批判的产物。而在族群错杂、文化激变的当代社会，如果依然局限于这样的立场和态度，那就显得保守、迂腐，与时代的发展不相适应了。现代人类学、民族学除了沿袭传统的研究领域和理论方法之外，还必须把研究的视野扩展到社会发展、现代化与和谐社会的建设、文化遗产和自然环境保护、资源管理利用、民族纷争、先住民运动、女性、灾害、难民、移民、民工、疾病、吸毒等当代面临的种种重大问题之上，此类前沿性的课题，必须进行应用性的研究，必须参与和发挥指导的作用，这是时代赋予学术的新的使命，惟其如此，才能体现其研究的价值和意义。

第二，人类学强调尊重"他者"，强调从事"主位"的研究，这无疑是人类学最有价值的观点和研究方法之一，然而，如果把它当做僵化的教条，那就有害无益了。当代社会，"纯粹"的族群越来越少，"杂交"的族群则越来越多。所谓"杂交"，是由于文化的涵化、交融和同化现象的加剧，一方面使得不同的族群趋于相同，另一方面又使同一个族群分化为不同的阶层和集团，出现了不同的价值取向，产生了不同的行为方式。也就是说，今天我们所面对的"他者"，往往是一个非常复杂的群体，有的可能是"变味"了的"他者"，有的可能是异化了的"他者"，当然也可能还存在着真正的"他者"，这就需要学者去研究、甄别、区分。例如在有的少数民族当中，有人强烈主张孩子们必须学习本民族的语言，认为民族语言是最重要的民族特征；而有的人则从孩子必须参与激烈的学校考试和就业竞争的现实考虑，认为没有必要再给孩子增加额外学习本民族语言的负担，而应该学好汉语和英语。面对想法如此分歧、对立的双方，谁是"他者"？应该如何对应呢？又如，目前在个别少数民族的年轻人当中出现了相当严重的吸毒和赌博等现象，如果对这样的"他者"也死抱必须"尊重"、"学习"的教条，岂不荒谬透顶！而学者如果有志于吸毒等问题的研究，那么肯定不会仅仅满足于发表论文，探讨对策，参与指导，投身于宣传、培训和教育等活动，必然会成为其自觉的行动。

第三，随着市场经济的发展，民族文化的"资源化"、"商品化"现象越来越突出，这显然是由于企业和商业阶层人士的大胆有效的"作为"所形成的热潮。另一方面，目前"发展文化产业"的舆论空前高涨，并且已经成为政府引导实施并强力推行的政策。企业界和商业界的大力开发利用和政府的发展战略充分表明，当代文化的"有形资源"的价值，已为人们所深刻认识，并且被迅速推向了市场，形成了新兴的产业。然而，文化是具有多重价值的复合体，除了具有"有形资源"的价值之外，还具有更为重要的维护社会和谐和人类精神健康的"无形资源"的价值。那么，文化的"无形资源"的价值应由谁来指导人们去认识、学习、研究、发掘、整理、宣传、保护和弘扬呢？毫无疑问，从事文化研究的专家学者们在该领域应该具有无可替代的权威和地位。然而，如果以文化研究为己任的专家学者们自认为不应该去参与、指导，或者认为自己没有能力、没有资格去进行指导的话，岂不是天大的笑话，那么人们不禁要问——用最通俗的话语来问：你们究竟是干什么吃的呢？

对于专家学者能否"指导"村民建设文化生态村和生态博物馆的问题，其实是一个不成问题的"问题"。如前所述，这个项目本身便是由专家学者构想、策划、设计并付诸实践的，专家学者的投入和行动，其实早已远远超出了"指导"的意义。例如几个试点村的项目组的负责人，都被村民看做自己人、知心人，无论小事大事、家事村事，都要征求他们的意见，要他们出主意、想办法，他们无形中充当了"村干部"和上级派来的"工作队"的角色，有的项目负责人干脆被村民"任命"做了"名义村长"，不得不去"享受"村民给予的"指导"的权利，变成了"忧村忧民"的"编外领导"。

上面说了在文化生态村建设的事业中"专家指导"的理由。然而，理解专家学者的指导还应该注意几个问题。其一，因为文化生态村建设还只是一个实验性、探索性的事业，所以，所谓"指导"所依据的理论和方法也是探索性、试验性的，而非成熟的和绝对的，还需要在实践的过程当中不断修正和完善。其二，人类学、民族学学者的"指导"，也非绝对意义的指导，而是在向他者学习、对他者进行深入研究的基础上的指导。其三，项目的实践充分说明，在建设的过程中，专家学者和村民以及政府官员之间是真正的互动的关系，是相互作用、相互促进、相互启发、相互学习、共同提高的关系。专家学者之所以能够充当"指导"，其实是得益于田野的实践，得益于村民的知识、经验和创造，得益于官员和干部的开拓和智慧。

图40　被村民视为亲人的项目组成员

争取社会各界的支持

图 41　基诺族村民欢迎资助基诺族博物馆建设的日本
黛节子舞蹈财团代表

　　我们倡导建设民族文化生态村并积极实践，既具有现实意义，为当务之急，也是超前的理念和行动。说它具有现实意义，为当务之急，是因为社会变迁太快，传统文化的保护和传承成为急需应对的重大课题；说它是超前的理念和行动，是因为中国广大乡村还十分贫穷，经济基础还十分薄弱，尚缺乏建设、支撑和养护繁荣的文化事业的基本条件。

　　既需要紧急应对而又不具备应对的条件，无疑是一个很大的矛盾。无所作为不行，任凭地域文化和民族文化急速衰落以至蜕变到无可挽救的地步是不负责任的；没有条件也不行，但是没有条件可以创造条件，积极争取社会各界的支持，就是创造条件的一条重要途径。

在项目实施之初，应该说五个文化生态村试点都很贫穷，都不具备建设文化事业的经济基础。不过，在建设的过程中，五个村寨却表现出不同的应对态度，有的积极，有的消极，结果产生了不同的效果，并且差距越来越大。几年的时间，有的试点村在外力推动时往前走了一阵，外力退出后便停滞不前，逆水行舟，不进则退，失去了发展的势头；有的借助外力的推动，积极发挥自己的力量，乘势而上，结果发生了巨大的变化，终于改变了贫困落后的面貌。

民族文化生态村建设项目，是学者提倡和推动的应用性实验项目，而非由政府主导的扶贫或经济建设的项目。然而有的民族由于长期受到政府的特殊的优待，习惯了依赖政府，对待民族文化生态村建设事业也采取同样的观念和态度，奉行他们多年来消极应对的"三字经"，那就是"等、靠、要"。所谓"等"，即凡事要等政府和外来支援者来做，村民是不会积极主动去做的；所谓"靠"，就是要靠政府和支援者包办、代办，而不是靠村民自力更生；所谓"要"，自然是要钱要物，没钱不办事，只有见到钱，得到实惠，才有积极性。近年来，政府从扶贫等工作中也深切感到过去的政策和做法存在问题，良好的意愿和举措不仅没有达到预期的目的，反而产生了许多意想不到的棘手问题和负面效果，这是值得注意和认真反思的。这种状况目前有所改变，各地区均不再采取以往那种"输血式"的扶贫方式，而选择能够激励和培养自力更生、艰苦奋斗精神的所谓"造血式"的扶贫和资助的办法。然而由于积渐所至，积弊太深，要改变消极的观念和行为，还少不了时间和耐心。显然，惯于"等、靠、要"的村寨是不宜作为建设文化生态村的试点的，因为"等、靠、要"就像一个陷阱,再多的支持、资助都是不可能将其填满的。

不同的试点村竟然表现出截然不同的应对态度和策略,这确实是一个非常有意义和深奥的现象。同样是少数民族,同样是建设民族文化生态村,仙人洞村和南碱村在争取社会各界的认同和支持方面的出色表现,则令人十分赞赏。他们的做法充满远见和智慧,这从下面介绍的几件事例便可窥见一斑。

1. 项目组于1997年至1998年选择民族文化生态村建设的试点,并不知道仙人洞村和南碱村,当然也就没有考虑这两个村子。令人意外的是,仙人洞村的村干部黄绍忠等和丘北县原旅游局局长罗树昆竟然专程到昆明找到了我们,以当地特产辣椒和新米作为见面礼,讲了许多该村的优势,代表村民提出愿望,要求将仙人洞村列为试点。我们为他们的热情和诚意所感动,同意了他们的要求,试点村从原定的三个增加为四个。没想到后来又遇到了同样的情况,南碱村的群众和他们的顶头上司腰街镇的干部也主动提出要求,急切地告诉我们,说现在村中家家攒足了钱,急需专家帮助规划村庄建设蓝图和设计民居改良方案,如果不及时进行,那么传统民居将会被完全破坏,那时后悔就来不及了。我们信以为真,迅速组织专家投入了工作,后来才发现该村其实家家囊中羞涩,不要说村寨的规划和建设,就连破房子的改造也没几家拿得出钱。为了争取成为试点村,腰街镇和南碱村的干部不惜"狼狈为奸"、"捏造谎言"、"引蛇出洞"、"引鱼上钩",为此他们颇为得意。而念在他们动机不坏,而且从后来他们真抓实干建设文化生态村的表现来看,我们的"上当受骗"应该说还是值得的。

2. 建设文化生态村,首先必须改善道路、环境等基础设施,改变"脏、乱、差"的状况。在开始阶段,上述两个村庄的干部都清楚,他们并不具备基础设施建设的条件,但是他们懂得这是自己的事情,自己不做,别人是绝不可能予以支持的,所以他们首先发动村民，有钱出钱、有力出力，因地制宜、大干快上。这种自力更生建设家园的精神，正是政府乐于看到和希望激励的，于是每当关键的时刻，政府总是雪中送炭，给予他们技术和水泥等建筑材料的无偿支持。目前，两个村庄的基础设施均发生了巨大的变化，人居环境大为改观。两个村寨之所以能够在短时期内改变村容村貌，凭借的就是"村民奋斗，政府扶持"的"法宝"。

3. 文化生态村的宗旨是保护和传承优秀的民族民间文化，这也完全是村民自己的事情，而非学者和官员的事情，认同此理，所以两村的村民自觉地进行文化保护、传承活动，不仅如此，还创造了许多新颖的文化保护和传承的方式。例如，仙人洞村创造的篝火晚会、赛装会、花脸节、荷花节、对歌会、祭天仪式等，南碱村创造的四月节、傣族歌舞、传习馆、迎客仪式等，都深得官员、学者、媒体、参观者等的高度赞赏。赞赏之余，人们往往也会产生能否为他们的发展和文化的传承做点什么的念头，于是便有了各种各样的支持和赞助。曾经有一位省长在观看了仙人洞村的篝火晚会之后，大为赞赏，当即便拍板划拨五十万元以解决该村演出场地灯光设施不足的问题；南碱村首次举办四月节，也曾获得过十几个政府部门以贺礼的形式所给予的资金鼓励。这两个例子生动地说明，自立与扶持其实是一种互动的关系。仙人洞和南碱的村民是淳朴的，他们决不"等、靠、要"，但是他们懂得"将欲取之，必先行动之"的道理。

4. 中国是一个乡村大国，各级政府历来对乡村的建设和发展极为重视，所以从不同的方面设立了许多针对农村的创建目标，诸如消防模范村、卫生模范村、计划生育模范村、农业生态示范村、小康示范村、民族团结示范村、精神文明村等。最近，又大规模地开展了社会主义新农村建设的运动。积极争创各类模范村和示范村，不仅能够有效地提高村民的素质和促进村寨各项建设事业的发展，而且非常有利于其地位的提高、形象的提升和影响的扩大。正因为如此，所以仙人洞村和南碱村一直重视并努力开展争创活动。迄今为止，南碱村已从市、县宣传部、农业局、水利局、民宗局、妇联、扶贫办及腰街镇政府等争取到了对各种创建活动的支持，并荣获了农业生态示范村、县级精神文明村等称号，目前又被选择作为"社会主义新农村"的试点启动了新项目的建设；在仙人洞村的村民小组的办公室里，可以看到墙壁上挂满了各种奖状和命名状，该村现在获得的模范村和示范村的称号多达五六种，其中级别最高的是由中共中央宣传部授予的国家级"精神文明村"的桂冠，村民和当地政府都为获得如此殊荣而深受鼓舞，并为此感到十分骄傲！

仙人洞村和南碱村的上述事例说明，他们所取得的骄人的业绩离不开各级政府和社会各界的重视和

图42　资助基诺族博物馆建设的日本友好人士工藤市兵卫夫妇

扶持，而所有的重视和扶持都不是"等、靠、要"带来的，而是村民们以实际行动积极努力争取的结果。

村落环境的治理

图 43　保护优美的人居环境

　　中国的广大乡村，包括云南的许多村寨在内，山好、水好、人好，然而一旦走进村庄，却是令人遗憾的"脏、乱、差"的景象，就像人们形容的那样："远看青山绿水，近看牛屎成堆"。其状况不要说与发达国家相比，就是与一些发展中国家的农村相比，诸如泰国、老挝、缅甸等的一些村庄，也逊色许多。原因何在？两个方面。其一，贫困。缺衣少食，温饱尚未解决，或者刚步入温饱状态，尚无经济条件新建住房、修筑道路、设置厕所、建盖畜圈、改善环境。其二，观念。观念有两层意思，一是精神观，二是物质观。所有民族在精神领域都有"神圣"和"世俗"

以及"洁"和"秽"的观念，诸如神灵祖先所在的空间，宗教、宗庙祭祀的空间和时间等是"神圣"和"洁净"的，而有的地方、有的事物，则认为"不祥"和"污秽"。在神灵观念较强的社会，人们十分在意的并不是物质领域的"洁"和"秽"，而往往是精神领域的"洁"和"秽"，所以在其村寨内可以强烈感受到神圣与世俗迥然不同的时空景观，但却感受不到通常的卫生方面的"洁净"。在物质的层面，不同的文化对于"清洁"和"肮脏"也有不同的认识。例如对于人的粪便，在汉族农民的眼里它固然脏，然而它却是肥力很高的"肥料"，因而再简陋也要建盖厕所，将粪便积蓄起来加以利用；相比之下，许多少数民族就不会这样做，在他们看来，人的粪便是真正的脏物，所以决不在家里和村里解大便，而要去山林和河流中排泄。又如对于牛，一些少数民族将其视为家人，人牛住于一室，不嫌牛粪脏臭；而汉族对此又不认同，感到无法忍受，非得人畜分离。由此可见，村落环境的脏、乱，除了经济的因素之外，还有文化的原因，远不是"素质差"一句话可以概括的。

如上所述，中国农村普遍存在的"脏、乱、差"的现象，有经济落后和文化制约两方面的原因，然而不管从哪方面看，都需要改善和治理，都没有永远保持的理由。经济要发展，贫困的面貌当然要改变；就文化而言，精神层面的某些观念应予以充分的尊重，然而时代变了，文化也必须变化，不应该再保留已经显现消极和负面影响的那些习俗，要积极接受现代文明，才能适应社会的发展。建设民族文化生态村，建立中国乡村发展的新型模式，首先就应该消除"脏、乱、差"的现象，营造乡村清洁而优美的人居环境，这在某种程度上可以说是一场改革生活方式的运动，意义重大而深远。

对于试点村的环境治理，项目组事先都进行过村落的整体规划，制订过改良的方案。然而这样的规划和方案也和中国大部分城市所作的规划和方案一样，很难兑现落实，往往成为"纸上谈兵"和"文字游戏"。没有外部资金的援助，村民又太穷，所谓"整体"的规划和改造是不现实的。资金短缺，整体的做不了，那就只能采取"因地制宜，依靠村民的力量，逐步改造"的策略。按照这样的策略，几年来，几个试点村做了以下几个方面的工作：

1. 在尚存在着神山、神林、水源林、风水林等的试点村，恢复巩固或加强完善了传统的信仰禁忌和祭祀的习俗，在保持传统禁忌、维护山林的基础上，进一步制定了新的保护措施和增加了新的保护设施，以保障村落"神圣"和"洁净"空间的永续存在。

2. 从政府等部门争取资金和建筑材料的支持，村民投工投料，把村寨中的主要干道拓宽为车道，把绝大多数土路改筑为石板路或水泥路。彻底改变了村寨道路坎坷不平，晴天尘土飞扬，雨天泥泞不堪的状况。

3. 改变不良的传统生活方式，村里修建了干净、卫生的公共厕所。对于破旧民居的改造，在保持传统建筑风格的基础上，尽可能增加浴室和厕所。在仙人洞村和南碱村，新建民居全部建设了卫生配套设施；仙人洞村还积极配合国际环保机构，试验和推广建设环保旱厕。

4. 响应政府的号召，在政府有关部门的支持下，建立沼气池，使用沼气能源，节约了电费，减少了柴薪的利用，增加了有机肥料，清洁了环境。

5. 人畜分离，圈养牲畜，畜粪用做肥料和沼气原料，既消除了粪便的污染，又增加了肥料和能源，并且减少了化学肥料的用量。

6. 在保护好村寨所属森林和村寨名木古树的基础上，退出过垦耕地，植树造林；选择乡土树种、竹种和花种，绿化、美化村寨。

    7. 鼓励和支持村民不断进行创造性的环境改造和建设活动，例如建立富有民族特色的寨门，修筑观赏景物，开辟休闲和歌舞场所，创作反映自己生活的壁画，等等。

    8. 依据村规民约，增加新的环境保护和建设的条文，形成有效的管理规章制度，以保障和巩固环境整治和建设的成果。

图 44　治理村落环境

传统民居的保护和改良

图45　传统民居

　　民居是人类生活的最基本的物质条件，是民族文化和地域文化的最显著的表征之一，是包含着丰富的文化多样性和非物质文化的物质文化。正因为如此，所以富于特色的传统民居历来为世界各国各地区所重视，无论是在世界级的文化遗产保护名录当中，还是在国家和地区级的文化保护名录当中，民居建筑都占有十分重要的地位。除了作为"文化遗产"的重点保护对象之外，在我国，还有政府专门以优秀传统民居为对象制定的保护名类和条例，诸如国家级和省级的"历史文化名镇"、"历史文化名村"以及各类有历史价值和纪念意义的建筑。近年来，非物质文化遗产保护受到了空前的重视，在国家公布的"非物质文化遗产保护名录"当中，有"传统文化保护区"的选项，这一选项评选的条件，往往首先看重的也是传统民居的状况。

民族文化生态村在选择试点的时候，也把民居特色作为一个重要的选择条件。例如腾冲县和顺乡的民居建筑就是汉族传统建筑的精华，基诺族的民居也是十分独特和富于美感的，南碱村的"土掌房"则是元江流域代表性的建筑杰作。然而，任何优秀的传统文化，经历了漫长的岁月，都不可避免地会出现某种程度的"老化"、"残缺"甚至"衰败"的现象，传统民居建筑也一样，在其显示精美珍奇的同时，也或多或少地会给人以某种陈旧的逆时空的不适感。传统民居的两面性，常常引发两种迥然不同的态度和争议：一种唯传统是美，主张传统民居应原封不动地予以保护和保存；一种则唯传统是废，认为传统民居已与时代不相适应，因而主张以现代民居彻底取代传统民居。两种意见对立，有时此长彼落，有时此落彼长，导致中国建筑界和民间建筑领域左右摇摆，长期处于混乱的状态。社会上对于传统民居的不同的态度和主张，也给民族文化生态村民居的保护和建设带来了显著的影响。例如和顺乡，在"文化大革命"中，其民居曾普遍遭受破坏，"文化大革命"结束之时，村落萧条衰败，昔日"极边第一村"几经磨难最后保留的一点雍容华贵，几乎消失殆尽。然而这种状况并没有持续下去，该村在短短的十余年间竟然又再次复兴昌盛，一跃而成为中国"最富魅力的小镇"。戏剧性的变化，正是社会对其民居建筑这一文化遗产所持不同态度和施以不同政策和行动的结果。又如仙人洞村，项目实施之初，项目组专家曾与村民一道设计出传统民居改良的方案，希望把传统民居的精华保留下去。然而由于许多旅游者感到住宿传统的土屋不够舒适，所以多选择砖混建筑的旅馆投宿，为了迎合游客，村民们于是纷纷拆除土屋，争相建筑砖房，短短几年时间，便使得村庄景观大变，失去了古朴自然的风貌。面对一幢幢拙劣的砖混建筑和与湖光山色不相协调的村容村貌，许多游客又纷纷提出批评，认为村民不知道什么是真正的"美"，不懂得游客的审美心理，所以才会进行破坏性的建设。为此，村民们只好又想办法，千方百计地修饰打扮砖房的外观，尽力营造"乡土气氛"、"民族风格"，以期满足游客追求"异域情调"的需求。再如南碱村，这个村子是我们认为各方面都做得很好的试点村，然而前往该村考察的人，几乎都对其民居建筑表示失望，认为没有保持"土掌房"的原貌，建新的房屋虽然承袭了传统民居的样式，然而由于没有使用传统的土木材料，所以仍然显得不伦不类。批评是有道理的。不过，项目组和村民们并非事先没有注意到这个问题，为此也没少费心思。这里不妨稍微了解一下该村民居规划设计建设的过程，民居保护与改良的困难便可窥见一斑。

南碱村的村落规划和民居的改良，经历了以下几个阶段：

1. 规划设计阶段。应南碱村村民和腰街镇政府的请求，民族文化生态村项目组派遣长期从事乡土民居研究的建筑学专家到村寨进行调查研究，进行规划和设计。

2. 讨论规划设计方案。专家设计了三个民居方案。对于第一个保持传统土木结构的方案，大多数村民不予赞同，原因有二：其一，土屋不耐久，每隔三四年就必须翻修一次，费时耗财；其二，政府禁止砍伐森林，市场购买木材太贵，土木建筑成本反而高于砖混建筑。参加评审的权威建筑专家对于建设传统土屋的方案也持否定态度，主要理由为土屋抗震效果太差，他们认为"保护"固然重要，但是人身安全才是必须考虑的最重要的问题。对于第二个将砖混材料与土木材料相结合的方案，村民也不同意，因为这样做成本和劳力的投入必然会增加许多，而且这样做的目的主要是"保护"给外来的人参观，在他们看来，并没有实际的意义。权威评审专家对此也不赞成，认为砖混材料与土木材料的结合在技术上无法解决，很可能弄巧成拙，劳民伤财。对于第三个完全使用砖混材料建设的方案，村民认同，权威建筑专家也认为在目前尚无类似土木质感的新型优质替代材料的情况下，只能选择砖混材料进行建设。对于这样的结果，项目组成员和镇政府的官员们自然表示遗憾，但是却不得不尊重村民的选择和建筑专家的意见。

3. 实施建设阶段。由建筑专家所作的南碱村村落规划应该说是比较完善的，而且较好地表现了当地特殊资源的景观价值。然而南碱村毕竟是一个贫穷的村寨，虽然村民们都说规划好，都十分赞赏，也希望努力去做，但是由于缺乏基本的经济基础，所以在实施的过程当中不得不一再修改方案，降低标准，因陋就简地进行改造和建设。其结果，村寨当然也发生了很大的变化，不过与原来理想的规划相比，差距之大自是不言而喻。整个村寨如此，各家各户也一样，新设计的民居方案固然好，但是村民还必须根据自己的经济情况而定，有的人家只能先建一层，待几年之后有了钱再往上接着建盖；有的人家为了节约经费，便缩小面积，或者改变设计方案。这样一来，难免杂乱无章，令人遗憾。虽然如此，但是南碱村所建盖的新居却家家有沼气，户户有便所，都市人对此也许不会太在意，然而我们却认为这是非常值得肯定和推崇的"亮点"。在接受现代文明这一点上，南碱村可以说为乡村传统民居的改良树立了良好的典范。

从上述南碱村村落规划和民居建设的情况可知，现实乡村传统民居建筑的保护和改良并不是一件容易的事情，我们切不可完全以外来者的眼光、兴趣、审美观和价值观去苛求甚至指责村民。在对待乡村传统民居的问题上，我们认为以下几个原则性的问题是值得注意的：

1. 各民族富于文化和地域特色的传统民居无疑具有宝贵的文化价值，应该保护和传承，但是乡村传统民居与城市的具有代表性的传统民居和优秀的古建筑文化遗产是不同的。一般而言，城市具有代表性的传统民居和古建筑绝大部分已成为珍稀的文化遗产，而乡村的传统民居还大量存在，尚不宜作为立法保护的对象，所以不能对它提出过高的保护要求。

2. 我们同时应该知道，乡村的传统民居首先是"村民的住家"，其次才是"外来人眼中的文化"。因此，尊重村民享有安居的权利、选择的权利和发展的权利，而不是一味要求村民按我们的意志去进行所谓的"保护"，这应是外来者起码的态度。

3. 既然如此，那么在乡村传统民居的保护改良和新农村建设的过程中，就应该避免以往曾经出现过的按行政命令"一刀切"的做法，就必须充分尊重村民的意愿，满足他们的选择和要求，而且还必须考虑他们所能承受的经济负担。

4. 乡村传统民居的保护，不宜提倡"整体的保护"和"原状的保护"，保护的着眼点应该放在其建筑的特色和建筑的风格之上，对于其不适应现代生活的缺陷，诸如防震、防火措施以及卫生和采光设施等，则应予以改良。

图46　不断变化的民居

生计改善的途径

图47 发展生态农业

生计是人们赖以生存的方式，是人们获取生活资源的手段。生计大致可以分为简单型生计和复杂型生计两类，所谓简单型生计，是指农业社会以自给自足为主的生计形态；复杂型生计，是指包括市场交换在内的多种生计的复合形态。简单型生计对自然资源的依赖性极强，其本质就是对自然资源的直接的适应和利用；而复杂型生计既依赖自然资源，也依赖社会资源，它对自然资源的利用，是建立在对人力、技术、市场等社会资源的综合利用的复杂的体系之上。民族文化生态村的建设试点都选择在农村，其传统的生计形态主要是简单地以农业为主的自然经济形态。

民族文化生态村虽然着眼于民族文化的保护，然而却不能不关心村民的生计。生计其实就是文化的一部分，是人们获取食物等生活资料的文化。没有食物便不能生存，没有生计文化便没有其他文化，反之，可以说所有文化都是在生计文化的基础上衍生发展起来的。正因为如此，所以如果生计发生困难，吃穿问题解决不了，那么文化的保护就将是一句空话。在当代中国，无论是建设民族文化生态村，还是建设生态博物馆，之所以困难重重，根源就在于村民生计的窘迫。对于他们而言，最重要、最紧迫的问题并不在于上层建筑，而是生计面临的困难和挑战。根据在五个试点村的长时间的研究，目前他们共同存在的生计问题大致如下：

1. 由于人口增长，土地国有化及国家土地政策不断强化等原因，五个试点村均不同程度地存在着土地资源短缺的状况。例如和顺乡，现在人均耕地仅有 1.11 亩（含水田和旱地），人均占有林地不到 0.8 亩；又如巴卡小寨，50 年前实行刀耕火种，人均利用土地至少在 35 亩以上，而现在人均占有土地已减少到10 亩以下。生计以农业为主，农业以土地为命脉，土地不足，粮食生产便难以满足需要。如果再遇灾荒，后果将不堪设想。

2. 土地不足，扩大垦殖，过垦严重，森林锐减，土质退化，陷于恶性循环。巴卡小寨周边昔日全是郁郁葱葱的热带雨林，现在除了自然保护区之外，大多变成了荒山秃岭；南碱村一带，过去主要耕种江边的水田，山地全是茂密的森林，现在大部分山坡被开垦种植甘蔗，一眼望去，黄土裸露，杂草丛生。一遇暴雨，山洪暴发，水土流失，灾害频频发生，人畜安全受到严重威胁。

3. 五个试点村目前都面临着生计形态转型和必须发展新的生计的问题，然而对此有的村寨能够适应，有的村寨却不能适应；有的具备更新生计的资源和条件，有的资源较差，而且欠缺开发条件；有的开发后短期可见效益，有的则需要较长时间的努力才能获利。例如发展旅游业，仙人洞村具备良好的资源条件，村民亦能够很快适应旅游市场经济，所以发展顺利，基本上实现了生计形态的转型；巴卡小寨也具备良好的旅游资源条件，但是村民难以适应这种特殊的市场，缺乏必要的能力和开发的积极性，所以促使该村发展旅游业，困难很大；在几个试点村中，和顺乡的旅游资源条件最佳，现在已成为国内著名的旅游"魅力小镇"，然而其情况却有些特殊，其旅游业并不是由村民自主发展起来的，而是由政府和企业开发经营的，所以和顺乡虽然变成了旅游的热点，但是与广大村民的生计却没有太大的关系。另外两个试点村南碱村和月湖村，也有独特的旅游资源，不过开发条件较差，短时期内不大可能发展成为规模性的行业。仅从旅游来看，就可以知道生计的转型和开发是十分复杂和困难的。

关于试点村生计的改善，总的方向是必须在简单型生计形态的基础上发展复杂型的生计形态。即要在单一粮食生产的基础上增加经济作物的生产，要在农业的基础上增加加工和服务等行业，要在自然经济基础上发展市场经济。从五个试点村的情况来看，其生计改善的具体途径如下：

1. 改造和提升传统农业。传统粗放型农业，虽然具有投入少、利于资源保护和持续利用的优点，然而由于其所需土地资源量较大，在目前人多地少的情况下，事实上已难以为继。根据现有的土地状况，农业改善的出路只有一条：一方面继续利用好当地传统农业中不可替代的乡土技术和经验，另一方面必须改变粗放型的农业生产方式，有选择地利用精耕细作的技术和现代农业的科技成果，创造性地发展适合于本地条件的集约型农业。在这一点上，南碱村是做得比较成功的。

2. 发展特色种植业。利用特殊的自然资源，适应市场需要，种植特色经济作物，从自然经济走向市场经济，构建复合型的生计形态，这是生计改善的第二条途径。巴卡小寨地处南亚热带，自然条件得天独厚，适宜种植热带水果、药材和橡胶等经济作物。但是种植经济作物，发展市场经济，必须注意生态环境的保护。南碱村一带因过度种植甘蔗而导致生态环境破坏的教训，应当记取。

3. 发展旅游业。仙人洞村开发旅游业的成功，充分说明这是一条生计改善的十分有效的途径。如前所述，其他几个试点村也都具备发展旅游业的条件，只是观念还有待于进一步的改变，此外还需要进行能力的培养和经营等技能的培训。

4. 开发文化资源，发展文化经济。作为民族文化生态村建设的试点，应该把文化资源作为开发和利用的重点。五个试点村寨，每个都有一些非常独特的文化资源，例如刺绣、纺织、服饰、竹编、制陶、乐器、面具、食品、歌舞、仪式、节庆，等

图48　让传统工艺走向市场

等。目前文化资源开发面临的困难，主要是市场销售的问题。而要打开市场，使"资源"变为商品，涉及的问题还很多，还有

待于多方面的努力。对此，仙人洞村已经做出了很好的榜样，它们的成功主要有以下几点启示：首先，对于村民而言，必须改变观念，要抛弃自卑和"等、靠、要"等无所作为的思想和行为，要敢于做市场经济的弄潮儿；其次，要学会换位思考，要充分了解市场和"他者"（顾客）的需要，并根据市场的需要、根据都市人的消费和审美的需求开发和生产文化产品；再次，乡村文化产品的最大的"卖点"，在于突出民族文化和地域文化的特色，在于体现传统文化的特质，目前各地旅游市场文化产品相互模仿、雷同，这种状况是必须避免的。此外，开发文化资源，发展文化经济，政府、企业、学者、媒体等的支持和帮助不可缺少，应该创造条件，积极争取。

文化传习展示中心的建设

图49   花腰傣文化传习馆

在民族文化生态村项目实施八年期间，和顺乡、巴卡小寨和南碱村先后建立了传习馆和博物馆，仙人洞村开辟了歌舞广场和祭祀广场，月湖村建立了文化生态展示区，它们作为村寨标志性和象征性的"文化符号"，发挥了突出的作用，产生了广泛的影响。

把文化传习展示中心作为建设民族文化生态村的一项重要的内容，事实证明是非常必要和富有意义的，其意义和功能主要表现在以下几个方面：

1. 建设文化传习展示中心重在结果，同时亦重在建设的过程。实践充分说明，整个策划、建设的过程，就是一个难能可贵的凝聚人心，激发文化自觉，进行传统文化的发掘、收集、整理、传习和创造的过程。

2. 建成的文化传习展示中心，可为村民提供休闲娱乐、聚会议事的场所和进行文化传习、表演、展示的舞台，可以成为该地区各村寨、各民族相互交流和共同利用的文化平台。

3. 文化传习展示中心具有保存村寨有形和无形文化遗产的功能，持之以恒地努力，可以将其建设成为该民族和该地区的传统文化的资料中心。

4. 文化传习展示中心是供外来者游览、休闲的重要设施，是他们欣赏和参与地域文化和民族文化活动的舞台，是学习研究当地的传统知识和民俗文化的教室。

5. 文化传习展示中心还可以成为争创"精神文明村"、"社会主义新农村"等的重要条件。

文化传习展示中心通常由文化传习展示馆（或场、区）及文化活动广场等构成。由于资源、财力、认识、机遇等条件的不同，试点村的"中心"的建设状况和形式也有很大的差异。下面是五个村的"中心"的简单介绍：

1. 仙人洞村彝族文化传习展示中心。仙人洞村民于 1998 年在村里开辟了文化活动广场，迄今为止村民们在此广场已经进行了近千次节庆、文化传习及歌舞演出活动。2000 年，根据祭司"毕摩"们的要求，又在文化活动广场的旁边兴建了祭祀广场，设立了太阳神、开路将军、牛神、虎神、虫神、火神、土神、水神的大型石雕像群。从此，该村又恢复了被取消了多年的宗教祭祀活动，村民们又找回了诉求信仰和表达崇拜的舞台。

2. 和顺民居博物馆。项目实施期间，项目组曾经在和顺乡的文昌宫等地设立过文化传习展示中心，而作为该试点创立的永久性的文化设施，则是"和顺弯楼子民居博物馆"。和顺文化生态村最突出的特点是保留着众多具有很高的历史、文化和建筑、科学、艺术价值的传统民居，民居博物馆的建设，彰显了这份无比珍贵的文化遗产。在腾冲县政府、和顺乡政府及广大村民的支持下，项目组奔走于中缅两国之间，拜访了近代腾冲著名商号"永茂和"主人李氏家族的主要成员，获得了他们的同意，利用其名为"弯楼子"的由三个庭院组成的李家大院及其家具、用具等，建立了民居博物馆，集中展示了这一著名的"极边第一村"的历史和文化。

3. 巴卡小寨基诺族文化传习展示中心。该中心由美国福特基金会、日本友好机构黛节子舞蹈财团、日本著名友好人士工藤市兵卫以及中国科学院热带植物所资助，于2001年建成，中心包括基诺族博物馆和活动广场两部分，后来又增建了"妇女活动之家"和"民兵活动之家"。基诺族博物馆的展示内容分为"村寨民居"、"采集狩猎"、"刀耕火种"、"纺织服饰"、"歌舞艺术"、"宗教习俗"六个部分，较全面地展现了基诺族的文化。它作为我国少小民族的第一个乡村民族博物馆，作为一项开创性的文化事业，曾经产生过广泛的影响。

4. 月湖彝族文化生态村文化生态展示区。经历了"大跃进"、"文化大革命"等运动，月湖村传统的大面积的神林和神山至今保存完好，这应是一个奇迹。该村的神林、神山之所以没有像很多民族村寨那样遭受破坏，应归功于村民们所坚持的神灵信仰。该村每年都要举行八次大型的集体性的宗教祭祀活动，祭祀对象为祖先、山神、树神、龙神、雨神等。神山和神林是祖先和神灵栖居的地方，祭祀因神山、神林的存在而得以进行，神山、神林也因为信仰和祭祀存在而得以保护，这就是该村建立宗教祭祀与神山、神林相结合的文化生态展示区的内涵和意义。除了这个展示区之外，该村还建有若干家庭传习馆和老年协会活动中心。

5. 南碱傣族文化传习展示中心。南碱傣族文化的传习展示以传习馆为中心，传习馆建于 2003 年，为当地传统的"土掌房"，是依靠全体村民投工投料建成的。馆内展示着各家各户男女老少制作的各种传统的工艺品和生活用品等，具有浓郁的乡土气息，可以称得上是乡村传习馆、博物馆的杰作。馆前有广场，供村民聚会娱乐，亦是节庆的活动中心。几年来，南碱花腰傣文化传习馆吸引了国内外大量游人前往参观学习，发挥了重要的功能，产生了良好的影响。

建设文化传习展示中心，是民族文化生态村不可缺少的核心内容，是民族文化生态村文化保护、传承宗旨的集中体现。由于是一项既需要软件又需要硬件的综合性的工程，所以其建设具有相当的难度。在众多的困难之中，最大的挑战是如何实现依靠村

图 50　村民的文化传承展示品

民管理并持续发展的问题。从五个试点村的情况看，巴卡小寨一直没有解决好管理的问题，原因十分复杂，根本的原因在于该村

的领导班子仍然缺乏文化的自觉性，缺乏凝聚力和起码的组织能力。和顺乡的发展又是另外一种状况，目前县政府已将该乡建设和经营权转让给了企业，于是弯楼子博物馆也被纳入到企业的管理体制之中。月湖村的文化生态展示区尚未很好地发挥对外展示、宣传、教育的功能，相对于其他几个村的"中心"而言，月湖村的"展示区"是作为村民们心目中的文化圣地而存在，村民们每年要在那里举行八次大的宗教祭祀活动。值得欣喜的是，仙人洞和南碱的文化传习展示中心不仅建设得好，而且其利用、管理也非常好，两村的事例很好地说明，村民不仅能够传承和创造文化，而且能够建设好、管理好、利用好文化传习展示中心。

仙人洞——文化保护利用的榜样

图51 仙人洞村

    仙人洞是云南省文山壮族苗族自治州丘北县双龙营镇普者黑行政村下属的一个自然村。该村在1999年被选择作为文化生态村建设的试点时，有村民173户，759人，除了一户是汉族外，其他全部是彝族撒尼人。文山州大部分地区为喀斯特地貌，仙人洞所处之地尤为典型。那里的山峰不高，一座座形如石笋，拔地而起，奇峭秀丽。山峰之间是宽阔的湖泊，湖面如绸似缎，清流舒缓，荷苇摇曳。村子靠山临湖，景致十分优美。然而，在1999年以前，仙人洞却是一个非常贫穷的村寨。"远看青山绿水，近看破烂不堪"，就是其当时的写照。

    早在1992年，项目组专家王国祥（孟祥）研究员曾到丘北县进行考察，他在云南日报上发表了《丘北山水胜桂林》的文章，首次向世人介绍了"藏在深山人未识"的"世外桃源"般的丘北县普者黑。后来普者黑被规划为旅游景区，该县旅游局的局长罗树昆退休后主动到位于景区内的仙人洞村，欲帮助该村发展旅游，受到了村民们的欢迎。但是怎样利用优美的自然环境和丰富的民族文化又快又好地把旅游事业发展起来，这是当时村民们感到困惑的大问题。为此，他们找到了项目组，要求把该村列为民族文化生态村建设的试点，我们为他们的热情和积极性所感动，同意了他们的要求。

仙人洞被列为试点之后，踌躇满志，打出了"云南民族文化生态第一村"的旗号，展开了群众性的建设活动，几年来他们先后做了如下几件大事：

1. 树立民族自信心，发扬优良传统。在村民小组的领导下，在老人们的支持下，村民们对比时下种种不良的社会风气，重新认识本民族的优良传统，提高了对保护民族文化重要性的认识和自觉性。在原有的习惯法和村规民约的基础上，结合现实的状况，村里制定了新的村规民约和行为规范，并把发扬优良传统、传承民族文化作为建设民族文化生态村的核心目标。

2. 改善环境，建设美好家园。原来的仙人洞村，周围山好水好，但是走进村寨却是"脏、乱、差"的景象。村中全是泥土路，旱季灰尘漫天，雨季则烂泥遍地；土墙老屋，年久破败，人畜共居，臭气弥漫。环境如此之差，怎么称得上"生态村"？贫穷则思变，脏、乱则思改。有了奋斗的目标，认识发生了转变，于是村民们团结一心，男女老少齐上阵，家家户户搞建设，土路被改筑成了石头路，民居改造把人畜分离，卫生状况明显改善；为了美化环境，人们还在村中开挖了大面积的荷塘，在村里村外种植了数千株竹子和树木。短短的时间内，村容村貌便发生了巨大的变化。

理论与方法

3. 发掘文化资源，传承民族文化。该村撒尼人传统文化十分丰富，然而经过"文化大革命"等动乱，大部分消失了。认识到民族文化的重要性，村民们投入了极大的热情，以各种形式恢复、传承文化。他们自愿按年龄的不同组织了若干歌舞队，每天晚上自觉开展活动；年轻人希望学习彝文，村里一度开办了彝文夜校；火把节等传统节日活动多年不举行了，1999年后又陆续恢复起来；在撒尼人的文化中，神灵和祖先崇拜占有重要的地位，由于被认为是封建迷信活动也被取消了多年，在建设民族文化生态村的过程中，祭天、祭神、祭祖等仪式也一一被恢复。

4. 继承传统，发展创造。为了更好地、持久地保护、传承民族文化，同时为了发展旅游事业，增加经济收入，改变村民贫穷的状况，村民们除了依照传统方式进行文化活动之外，还创造了许多形式新颖独特的文化活动。例如经常举行"篝火歌舞晚会"，组织周围各民族举办"民族赛装会"，在不同的季节举办"旅游节"、"荷花节"、"花脸节"、"辣椒节"、"对歌赛"等，这些活动既具有很强的娱乐性和参与性，又具有非常丰富的传统文化底蕴，所以深受当地民众和外来游客的欢迎。

5. 利用自然资源，开发旅游景点。在烟波浩渺的湖泊中划船游览，赏游鱼、荷花，听故事、船歌，是深受游客欢迎的旅游节目，这是村民的拿手好戏，是他们最先开发的旅游活动。后来划船统一到旅游公司之下，由公司进行协调管理，现在划船已成为该景区旅游的"重头戏"。溶洞崖窟颇具观赏和探险价值，普者黑的第一个溶洞的开发，也是出于仙人洞村民之手。该村背山面湖，村民又别出心裁，沿山开凿石径，在山顶辟出观景台，登顶眺望，湖光山色尽收眼底，美不胜收，令人流连忘返。

6. 新建民宿旅馆，满足游客需求。为了吸引游客，给他们提供较好的食宿条件，村民们改变观念，大胆贷款建设新房屋或改造老房子。现在大部分人家建造了宽敞明亮的民居旅馆，全村每年接待游客 10 万人以上，每逢旅游旺季，家家爆满，经济收入一年比一年好。建设民族文化生态村之前，村民年均收入不过几百元，现在已上升到数千元，年收入十几万元的人家已不在少数。

关于仙人洞村的建设成果，值得写的还有许多，限于篇幅，仅作上述简单的介绍。热爱本民族的文化，自觉进行文化传承，创造性地开发文化生态旅游，实现了文化保护与经济发展的良性互动，发挥了示范作用，产生了良好的影响，作为民族文化生态村建设的试点，仙人洞村可以说是比较成功的典范。说到这里，人们不禁要问，仙人洞村为什么能够靠自己的力量把事情办好？原因何在？我以为原因就在于下面几条：

第一，该村有一个强有力的领导班子和比较健全的运行机制。该村的领导班子将近十人，除了村党支部书记、组长、副组长之外，还有作为宗教祭司"毕摩"和家族长老的长者以及妇女主任等。其领导班子的最大特点，就是能够将传统世俗的权威与国家行政的权力很好地结合在一起。正因为如此，所以决策能够体现各家族、各集团、各阶层的意志，当然也就能够有效地付诸行动。

第二，有上述机制的保证，在选举村民领导小组成员的时候，能够充分发挥民主，所以选举产生的领导成员大多是比较优秀的精英分子。在民族文化生态村的几个试点中，仙人洞村村长黄绍忠等的工作能力和干劲，是大家一致赞赏的。

第三，该村为撒尼人，属于彝族。彝族自古从北方往南迁徙，撒尼人是在不断迁徙的过程中形成的一个支系。据说该村迁徙最后定居于此，大约是在 400 年前。该族群迁移选择适于生存的平地而非山地居住，又长期与周边的汉族、壮族、苗族等交往和共处，所以形成了开放进取的文化特质。他们在建设民族文化生态村的过程中，之所以敢为人先，敢于创造，敢于走市场，善于兼收并蓄，在很大程度上便是得益于这种外向积极的文化特质。

第四，撒尼人长期与多民族杂居，一方面造就了开放进取的精神，同时还塑造了另一种文化特质，那就是强烈的民族认同感。正是因为有这种强烈的民族认同感的支撑，所以他们才没有为汉、壮等大民族所同化，才能够在大民族的"缝隙"中顽强地生存下来。该村撒尼人为什么具有如此之高的文化自觉性，为什么如此热爱自己的文化并怀有强烈的文化表现欲望，为什么在旅游发展之后不像丽江那样让外地商人大量涌入，为什么能够顶住压力和诱惑、没有像和顺乡那样被企业兼并垄断？等等，这些也许都可以从其"强烈的民族认同感"中去寻求答案。

第五，最后要说的是他们对项目组的信任。在几年的建设过程中，他们对政府和项目组保持着清醒的认识：政府部门的支持是可贵和必不可少的，然而由于政府有政府的职责，所以有时难免会为"政绩"而急躁；在政府官员中不乏对他们既关心而且有所作为的好官，然而限于体制，人员更换频繁，许多事情难免有头无尾。相比之下，专家学者们虽然缺权少钱，但是有知识，有奉献的热忱，而且对他们一如既往，有求必应，值得信赖。所以他们多次感慨：项目组的专家学者是可靠的。由于信任，所以项目组的理念和宗旨等容易为村民们所理解，许多建议和方案也能够得到拥护和落实，这无疑有利于他们的事业，有助于他们向着可持续的方向发展。

从上面的介绍可知，在当代中国目前的状态下，仙人洞村称得上是一个比较成功的试点。当然，这不过是相对而言，其实它也并非尽如人意、十全十美。例如一些新房的建盖只强调功能而不遵守规划，破坏了村落景观和建筑风格；旅游发展滞后，商业气息日益浓厚而文化氛围逐渐淡薄；富裕之后满足现状，停滞不前，等等。对此，村民们已有所觉悟，并产生了一定的危机感。

我们期待着他们继续前进，不断提出新的建设目标，迈向新的台阶。

图52　有朋自远方来

理论与方法

南碱——和谐发展的家园

图 53　南碱田园

　　南碱是云南省玉溪市新平县腰街镇曼蚌行政村下属的一个自然村,有 55 户,271 人,全是傣族,自称"傣卡"。村寨位于元江(红河)上游的漠沙江畔,海拔 500 多米,属热带河谷气候。选择湿热的盆地河谷,傍水而居,种植水稻,捕捞鱼蟹,是所有傣族共同的文化特征,但元江流域的傣族与西双版纳和德宏的傣族在宗教信仰、房屋建筑、衣着服饰等方面却有很大的差别。元江流域的傣族信奉万物有灵的自然宗教而非南传上座部佛教,居住平顶土掌房而非干栏式竹木楼,女性不着轻盈的绸缎衣裳而穿厚实的棉布衣服,并且在服装的腰部等处绣满花纹,所以这支傣族被外界称之为"花腰傣"。

南碱村与仙人洞村一样，最初并没有被选为试点，是后来特别增加的。2000 年初我们到该村考察，看到道路泥泞、房屋破烂的贫困景象，感到与其他试点村相比，差距太大，所以不予考虑。陪同前往考察的腰街镇郑镇长和刀书记看出了我们的心思，便极力解释说："别看村子陈旧，其实村民并不穷，现在每家都有 5 万元以上的存款，都要盖新房，我们担心大家随意乱建，破坏了环境和传统民居的风格那就不可挽回了，所以非常希望专家学者来帮助规划设计，建设民族文化生态村。"为了核实情况，我们又与该村村长刀文成等座谈，他们也是同样的说法。后来镇长、书记和村长等又专程到昆明，为了表示他们的"富裕"，镇里提出他们可以先拿出两万元作为该村的规划设计费。村民有经济基础，又主动诚恳，这是难能可贵的，当然不可拒之门外。然而项目实施后才知道，他们说的"家家有 5 万元以上"纯属子虚乌有，为的是引我们"上钩"，这说明当地人手腕高明、智商不低，不过其动机终究无可非议，其积极性应该说也是可嘉的。

南碱项目最先从村寨的规划和民居的改造开始。云南工业大学建筑学教师吕彪和他的学生们承担了此项工程，著名建筑专家蒋高宸教授受聘为顾问。村寨规划井然有序，错落有致，村中流水环绕民房，有丽江古城风韵；民房设计有三个方案，面积大小不同，风格为传统与现代的融合。经村民、镇领导、项目组专家和设计者多次讨论，确定了方案。令人十分遗憾的是，和许多规划设计一样，南碱美好的蓝图并没有实现，村寨房屋建设改造的结果与规划设计相去实在太远。原因不言而喻，如上所言，"家家有钱"乃是假话，村民太穷，很多人家连基本的资金储备都没有，结果不得不因陋就简，有多少能力做多少事，先打个基础或者先建一层楼，待有了钱再慢慢往上盖。所以村落改造很不到位，民居建设也很不理想，很多造访者均对此表示失望，认为项目组和村民不懂得保护传统民居，其实是他们不了解内情。不过，虽然村落和民居的改造不甚理想，然而该村村长和骨干分子对建设民族文化生态村的认识却很到位，村民在他们的带领下积极行动的自觉性和热情也使我们深受鼓舞。我们的经验和实践说明，缺少资金并不重要，村民们对建设民族文化生态村有无正确的认识，有没有行动的自觉性，这才是最最重要的。事实确实如此，南碱村民就是靠了"认识"和"自觉"，才能在极其贫困的状态下，创造了改天换地的奇迹。现在的南碱村，道路全变成了水泥路，路边种植了槟榔树和各种花卉，村子变绿变美了；每条路旁都修筑了小水沟，清水穿村过寨，使人感觉清凉惬意；家家修筑了沼气池和洗澡间，家畜全部迁往村外饲养，而且建盖了两个冲水公共厕所，卫生状况大为改善。一个在几年前曾经被人们看不起、连周围村子的姑娘都不愿意嫁过去的村子，现在却变得十分整洁、清秀、美丽，受到人们的称赞和羡慕，这可不是一般的村寨所能做得到的事。

南碱村环境的建设和治理，不仅仅限于村内，还包括整个聚落空间。村寨的背后是山，山上有神林和野生稻；紧邻村寨的西边，一条名为"丫味河"的清澈河流沿山谷注入漠沙江，两岸有神树古木；村寨面对的山谷里，是红水滔滔的漠沙江，临江矗立着一座小山，为传统"祭龙"的神山；村寨的东边是大片农地，梯田层层，果林片片，一派田园风光景象。根据文化生态村的理念，项目组和村民们强化了对神山、神林、神树、野生稻、古树名木、河流巨石、农田水利等文化和自然遗产的认识和重视，开辟了贯通所有文化和自然遗产的环线，加强了保护和管理的措施，同时将它们作为景点供外来者参观游览，以展现该村丰富的生态文化内涵。

村容村貌改变了，人们的精神面貌变化更大。文化传承活动蔚然成风，除了文艺活动之外，还进行了刺绣、纺织、竹编、建筑等生产生活的传统知识的整理和记录，在此基础上，确定了八户家庭作为传统文化的展示之家，并动员了全村的力量，建立了一个传习馆。传习馆为传统土掌房，内部陈列了村民们的生产生活历史资料和各类文化传承的作品，极富乡土文化特色，它作为该地区傣族传承、展示、宣传其文化的唯一的一座博物馆，作为外来者参观、了解、学习当地文化的窗口，发挥了重要的作用。传习馆前面开辟了广场，供村民聚会、歌舞、休闲和向游客展示和出售工艺品之用。该地区在"文化大革命"时停止了几乎所有的宗教活动和传统节庆。2002年，南碱恢复了汇集着各种祭祀仪式的"祭龙"活动，并将其与"赶花街"等传统节日相结合，创造性地将其命名为"四月节"。此后该节日成为周围群众的节日盛典，南碱也因此在该地区树立了文化中心的地位。

由于气候炎热，该村旅游业的发展受到很大的限制。不过，炎热的气候也是宝贵的资源，它是种植热带经济作物必不可少的条件。几年来，在玉溪市和新平县农业局、环保局、妇联、农科站、科协等的直接指导和帮助下，该村在传统农业的基础上，调整了农业结构，改进了种植模式，引种了荔枝、台湾青枣和冬季蔬菜等经济作物，丰富了农业和作物的多样性。而为了改善生态环境，则实行退耕还林，逐步减少甘蔗的种植面积，加大造林的力度。同时恢复传统农家肥的利用，将化肥的使用减少到最低限度。该村的农业，集传统农业、现代农业、有机农业、农业多样性为一体，既有较高的经济效益，又有良好的生态效益，还有农业观光旅游的价值。生态农业，是该村文化生态的重要特色，其如诗如画般的田园景观，具有无穷的魅力。

南碱自然环境优美，民风淳朴，文化丰富，村民团结并富于继承和创造的精神，正因为如此，所以理所当然被县里命名为"精神文明村"，市、县政府各部门也都乐意到该村设立项目基地和项目点。最近南碱又荣幸地被选作"社会主义新农村"建设的示范点，其发展的前景是令人乐观的。当然，目前的南碱还远未达到建设的目标，南碱人面临的困难和问题仍然不少。例如目前的生计主要还是农业，村民投入很大，而收入不高，说明仅仅依靠单纯的农业和种植业是难以进入富裕的小康社会的。为了获得现金收入，外出打工的年轻人越来越多，存在着村寨老龄化和空洞化的危险趋势，而每天、每年过多的劳动投入和年轻人的流失，皆不利于民族文化和地域文化的保护和传承，等等。挑战和考验将如何应对，这是南碱村村民不可回避的新的课题。

图54 南碱儿童

月湖——世俗中的圣境

图 55　月湖村

　　月湖村属昆明市石林彝族自治县北大村乡，该村是一个大村，有480余户，800余人，彝族撒尼人占80%以上。月湖周围有40多个湖泊，东北角的大湖泊状如弯月，村庄因此而得名。

　　月湖村作为民族文化生态村的试点，有明显的不利之处，那就是村庄太大，人口太多，村寨民房普遍破旧而无特色，且环境脏、乱，在少数民族村寨中，其文化景观显然是比较差的。基于此原因，当初项目组成员对选其作为试点皆持保留意见，然而当时合作方县民宗局的领导却极力推荐月湖，认为月湖撒尼文化底蕴之丰厚是其他村寨难以与之相比的。通过调查，该村的文化确实非同一般，而在其众多的文化事象之中，最为突出和最有特色的则是"生态文化"或称"圣境文化"，而这恰恰是民族文化生态村重视的文化亮点。现在总结该村的建设成果和不足，基本上还是其村寨的优势和劣势的反映，那就是其独特、宝贵的圣境文化得到了进一步的保护、传承和展现，艺术、技艺和歌舞等文化也得到了弘扬，然而村寨景观却依然如故，以民族文化生态村应有的面貌衡量，差距不小，之所以如此，主要还是因为村子太大、人口太多、生活贫困、难以治理的缘故。

月湖村虽然布局杂乱、民房破旧，然而村里村外的植被却很好，整个村子掩映在树林之中。村里房前屋后有百年老树一百多株，这些老树除了具有遮凉挡风、保持水土、美化环境的作用之外，还是天然的"仓库"。每到秋天，家家户户就把收获的大量玉米、辣椒挂到树上保存，黄灿灿红艳艳，一串串一树树，把村子装扮得如油画一般。紧靠村子的西边，有一片原始森林，面积约一百亩，彝语叫"密枝林"，即神林。林中有一座小的石垒房，里面供奉着一块状如青蛙、颜色青黑的石头，那就是村民们顶礼膜拜的"密枝神"（寨神）。村子北部有山峦屏障，虽然是喀斯特石山，然而森林茂密，郁郁葱葱。山中有山神庙，每年农历正月十五祭祀山神，全村以一头黑猪作牺牲，每家（男性成员和未成年的女孩）还要带一只开叫的红公鸡前来野炊，祈求山神降福驱灾。紧靠村子的一座小石山名为"祖灵山"，其山崖有"祖灵洞"，那是村民藏置三代以上列祖列宗灵位的洞窟，每年农历七月十五，各家族成员齐聚于祖灵洞前，杀鸡宰羊祭祀祖先。此外，山中还有多处祭祀的所在，如祈求神灵保佑孩子健康成长的祭祀之地，祈求阳光和雨水的"祭龙"之地，还有祈求防止冰雹等自然灾害的"祭白龙"的地方等。

从上述介绍不难明白，月湖村的森林之所以保存得好，与村民的世界观和神灵祖先崇拜是有很大的关系的。云南的很多农村过去都有神林、神山，都崇拜山神、树神等自然神灵，都有很多的祭祀仪式，然而经过"文化大革命"等政治运动，信仰改变了，祭祀不做了，神山、神林也遭到破坏，大多成了光山秃岭。月湖村距离著名旅游风景区石林仅十余公里，距离大城市昆明一百多公里，而且交通方便，汉文化和城市文化对它的影响应该是非常巨大的，然而奇怪的是，远在距离昆明千里之外而且交通闭塞的独龙族、基诺族等现在已变得面目全非，宗教祭祀大多已成为传说，神林、神山也都成为了历史的记忆，而紧邻城市的月湖却能将它们保留、传承至今，这个中的奥妙是非常耐人寻味的。

月湖撒尼人各家族将三代以上的祖先灵位藏放于石窟之中，每年按时祭祀的习俗，是颇为独特的，村里各大家族至今皆具有很强的凝聚力，无疑与此有关，而各大家族的团结和相互间潜在的竞争，正是祭祖仪式得以长期持续的深层原因。如果说祭祖仪式是家族的象征的话，那么密枝林等的祭祀则是村寨整合的象征，作为一个村寨，显示团结与凝聚同样必不可少。此外，该村是一个大村，如果说大有大的好处的话，那么老人众多就是一大优势，老人们在维护和传承该村宗教祭祀方面一直发挥着主导的作用，这是不争的事实。以上两点，也许就是月湖的圣境文化几经动乱而未被严重破坏的重要原因。

月湖的圣境文化，具有极大的文化价值和现实意义。传统的世界观和信仰，有利于村寨的安定、团结与和谐；传统的崇拜和禁忌，则有利于生态环境的保护。为了保护、传承月湖村的这一珍贵的圣境文化遗产，并将其与现代的道德伦理和环保理念相结合，从而达到展示、宣传、教育的目的，项目组与县民宗局的干部和村民们一起，进行了深入的调查研究。观察记录了全部宗教祭祀仪式，重新进行了神林、神山和所有祭祀场所的环境建设，开辟了连接神林、神山和各祭祀点的环山石路，制作了标志和说明牌，将该村大面积的圣神之地开辟网络，整合形成了一个"文化生态展示区"。"文化生态展示区"的建立，成为月湖文化生态村建设的重要成果和显著特色。

当然，月湖村的成果不仅于此，项目组和村民们所做的很多有意义的工作，也应该记入该村的史册。诸如依靠老年群众，举办培训班，并且组织村民代表赴仙人洞等试点村参观学习，以提高村民的认识和能力；对村寨的文化生态进行了全面的调查，搜集了详细的物质和非物质的文化资料；支持、协助老年群体成立了老年协会，建立了老年协会活动中心，以充分发挥他们在文化保护、传承活动中的影响和指导作用；积极支持该村妇联开展工作，协助她们成立了"月湖妇女之家"，帮助她们进行刺绣、服饰和传统特色食品的制作等生产生活技艺的传承活动；成立了"月湖乡土教材编纂室"，组织村民们编写了近10万字、配有100多张照片的乡土教材；选择了10户具有特殊或精湛技艺的人家，筹建家庭文化传习馆；根据部分村民的要求，聘请建筑专家作了示范民居的设计；开展了经常性的各种形式的歌舞传承和表演活动，等等。

在几个试点村中，月湖的村寨和民居的建设可以说是最差的，可谓陈旧简陋、毫无特色。初到此村，肯定不会产生像进入仙人洞村和南碱村那样的欣喜，更不会有初次看到和顺乡时那样的震撼，多半只会感到失望和沮丧。不过，该村并非有名无实，它就像其村名月湖一样，水面看似寂寥单调，而湖中却不乏涌泉激流。2002年3月，该村以以我为主、当仁不让的气魄，自发组织举办了全县的民间歌舞大赛，热火朝天地进行了四天，给人以"于无声处听惊雷"之感；2003年春节大年初二，昆明的街头突然出现了几千人的歌舞游行队列，那是昆明近郊的农民们进城贺岁。令人感到意外的是，排在队列最前头的方阵居然是从百里之外自发赶来的月湖村民，他们自豪地打着"月湖彝族文化生态村"的布标，男女老少身着盛装，吹长号，弹三弦，载歌载舞，给春城百姓带来了意外的欢乐、吉祥和惊叹！这就是月湖村，一个古老、普通、破旧的村寨，一个储备着丰富的文化矿藏和蕴涵着深沉文化能量的村寨！

图56　月湖人

和顺——从文化生态村到魅力小镇

图 57　和顺洗衣亭

　　和顺乡属保山市腾冲县，位于县城西南 4 公里的一个小盆地的边缘。村落依山建筑，山涌清泉，河流环绕，田畴相望，景致优美，风水极佳。云南民族文化生态村选择了五个试点，其中四个是少数民族村寨，只有和顺乡是汉族村庄。该村汉族祖先为明代内地戍边军屯之民，经数百年生息繁衍，现有人口多达 6 000余人。腾冲县与缅甸山水相连，是古代中国西南与印度交通"蜀身毒道"上的要冲，两国边民自古交往密切。数百年来，包括和顺人在内的大量腾冲人，"穷走夷方急走场"，每遇困顿厄难，即往缅甸谋生，富裕之后，又尽力扶持家乡的建设。和顺之所以有那么多的历史建筑精粹，有不同于一般乡村的发达的教育和文化，很大程度上是受惠于在海外艰苦创业的乡亲。目前旅居海外的和顺华侨超过了本村的人口，分布于欧美及亚洲 13 个国家和地区，所以和顺又是著名的"侨乡"。

和顺现存寺庙宫观殿阁八大建筑群；宗族祠堂八座；村中有建于 1924 年、为中国乡村最大的图书馆——和顺图书馆，有著名哲学家艾思奇的故居纪念馆以及乡贤寸绍春于 1921 年兴建的"绍春公园"；和顺现存一千余幢汉式民居，其中经典的传统三坊一照壁和四合五天井的四合院、多重院以及中西合璧建筑尚遗一百多幢。此外，和顺还有文笔塔一座，石拱桥六座，洗衣亭六座，闾门牌坊十六座，月台二十四个等。以上仅为和顺的建筑文化遗产，其非物质文化的积淀，也是一般村寨远远不能相比的，所以和顺素有"极边第一村"的美誉。

然而不幸的是，自 20 世纪 50 年代之后，和顺曾多次遭到摧残：主村落中的七座标志性的高大石牌坊被捣毁，宗祠的牌位、柱标等被拆除，宗祠、寺观、民居的大量匾额、楹联、雕刻被当做"四旧"遭到严重破坏，许许多多珍贵文物被毁弃、焚烧。生态环境方面，部分水域、湿地被填为水田，山林也频频开垦为农地，受工厂和生活垃圾的污染，昔日清澈的河水变黑发臭。尤为遗憾的是，部分村民不再珍视文化传统，盲目拆除传统民居，乱盖乱建钢混结构楼房，严重破坏了景观和环境。几经磨难，到了 20 世纪 80 年代，和顺就像一个"破落地主"，落到了衰败颓废的境地。就是在这样的背景下，和顺被项目组选为第一批民族文化生态村的试点，目的是希望唤起社会和人们的文化遗产保护意识，重新认识和顺，重振和顺的人文精神，再现"侨乡"的历史光辉。

建设和顺文化生态村，得到当地各级政府的理解和支持。腾冲县委、县政府和乡政府的领导担任了和顺文化生态村建设领导小组的成员，县政府把和顺文化生态村列为"腾冲文化强县"建设的重要工程之一，投入了大量资金修筑道路、兴建图书馆藏珍楼、改善艾思奇故居的环境、修复文昌宫等。为了把和顺文化生态村建设的工作引向深入，使之走入正常化、科学化、规范化的轨道，在县、乡政府的支持下，项目组于1999年12月10日在和顺正式挂牌成立了工作站，由当时任腾冲县文物管理所所长的李正副研究员具体负责。此后，省、县两地的项目组成员互相配合，进行了以下几项重要的工作：

1. 和村民一起，开展了深入细致的调查研究活动。调研内容涉及乡史、侨史、商贸史、环境史、建筑史、抗战史、乡土文化、建筑文化、宗教文化、宗祠文化、社团文化、饮食文化、楹联文化、民间艺术、婚姻家庭、风俗习惯、文物古迹、教育、人物等。

2. 由王国祥（孟祥）教授负责，从该乡的各类建筑和文物古迹中，筛选出90余项，在悉心调研的基础上，写出中英文的简要说明，提交政府有关部门，建议树碑立牌，制定管理措施，将它们作为重点保护对象进行管理和保护。

3. 由杨大禹教授带领学生配合由他主持的国家社科基金项目，对该乡具有代表性的寺院、宗祠、公共建筑和民居建筑进行了测绘，获得了大批宝贵的实测图，为该乡建筑文化遗产的研究、规划、保护、开发提供了详细的资料和科学的依据。

4. 举办了调研成果等展览，并举行了不同形式的座谈会，意在促进村民参与、扩大宣传和影响。

5. 为了弘扬和顺的建筑文化遗产，项目组希望借用该乡李氏家族名为"弯楼子"、面积多达951.97平方米的三进四合院老宅和大量生活用具建立一座"民居博物馆"。李家为近代腾冲著名商号"永茂和"的创办者，现家族成员分布在世界各地，为了争取他们的同意，项目组成员奔走于省县各地、中缅之间，做了大量工作，终于得到了他们的理解和支持。通过项目组和腾冲文物管理所全体同志的努力，"弯楼子民居博物馆"于2003年4月28日正式建成开馆。馆内除了复现弯楼子昔日的建筑风貌和文化氛围之外，还设立了"悠久历史"、"著名侨乡"、"建筑集萃"、"极边名村"四个展示专题。该馆开馆之后，吸引了大量中外游人前往参观，产生了良好的影响。

6. 项目组策划了"和顺人写和顺"的计划，由本身即为和顺人的杨发恩教授负责，组织村民数百人，参与撰写本乡的历史文化。作者中，年少者12岁，年长者近90岁；有农民、干部、知识分子，还有旅居世界各地的华侨。计划于2005年12月完成，成果集结为"和顺丛书"，包括《乡土卷》、《华侨卷》、《人文卷》三卷。正式出版之后，反响极为强烈，海外的乡亲们都说："是实实在在为和顺办了一件大好事！"

7. 2006年8月，在保山市熊清华市长的直接支持下，杨大禹教授和李正副研究员将他们在和顺多年进行的调查研究成果整理汇集出版，其书亦分为《历史》、《人居》、《环境》三卷本。该书图文并茂，且兼具学术性和普及性，颇受社会好评。

和顺民族文化生态村的建设，于2004年发生了重大的转折。在全国经营体制大转型的背景下，腾冲县政府将和顺的管理经营权出卖给了一个名叫"柏联集团"的商家，如此突兀的变化，是项目组和村民们始料不及的。商家为何对和顺情有独钟，自然是看上了和顺文化遗产所蕴藏的巨大的商业机遇和价值；政府何以愿意出卖资源，那是因为"招商引资"不仅对发展有利，而且还是领导能力和政绩的体现。当然，商家的进入，并非无益，如果想要高规格、大规模、快速度地打造旅游业，那就得依靠有实力、有经验的商家的运作。2005年，和顺在全国众多名村名镇参与的激烈竞争中，过关斩将，一举进入了"中国十大魅力名镇"之列，之后又以高票荣膺"中国十大魅力名镇"榜首，夺得"中国魅力名镇展示2005年度大奖",这在很大程度上应该是柏联集团的功劳,如果没有该公司富于智慧和手段高明的"包装"和宣传,那么很难说会有这样的结果。

买卖出让文化旅游资源,由企业和商家主导经营,这在市场经济的大潮中也许是不可阻挡的潮流,在发展中国家尤其如此。在文化生态村的试点中,和顺被中途转让可以说是一个特殊的例子;对于该乡传统文化和文化遗产的保护来说,它可以看做一个机遇,但更是一种挑战;对于文化的研究而言,究其实质,应是文化的商业资源化的表现,而这一文化商业资源化的过程,却多半是在强势力量的操弄下被动实现的。就目前我国情况来看,像

图58　和顺宗祠

和顺那样由企业和商家主导发展的模式无疑已成为了时代的主流,它可以说是占尽了天时和地利,然而它却不得不面对由其催生的众多问题,那就是围绕着资源所属、权利共享、利益分配、文化保护、构建和谐社会以及可持续发展等一系列的矛盾和冲

突。当今的芸芸众生，皆热衷于"魅力"的刺激和享受，然而即如和顺，其"魅力"从何而来，是谁创造，能否永葆？这是值得人们深思的问题。短短的十年时间，和顺从由专家学者提倡的主张依靠村民主导建设的"民族文化生态村"变成了由企业主导经营管理的"魅力小镇"，这是时代发展多元化的表现。不过，历史一定不会让"魅力小镇"忘却"民族文化生态村"，因为着眼于长远，和顺真正的"魅力"并不在于外来者的包装、宣传和经营，而在于和顺人世世代代的继承、发展和创造。

巴卡——山地文化的缺憾

图 59　巴卡寨

巴卡小寨是西双版纳傣族自治州景洪市基诺乡巴卡村公所下属的一个自然村，现有人口 61 户，260 余人，除 5 人外全部是基诺族。基诺族是一个人口很少的民族，仅18 000余人，95%以上的人口居住在方圆 600 多平方公里的基诺山。基诺山区海拔约在 550 米到1 800米之间，属南亚热带季风气候，湿润炎热，植被以亚热带季雨林为主。基诺族世世代代居住于雨林之中，靠从事刀耕火种、狩猎和采集为生。中华人民共和国成立之后，基诺族也和其他民族一道，进入了社会主义改革和建设的新时期。50 年过去了，老人们对比今昔，感到变化太大，有好的变化，也有不好的变化，比如年轻人都追赶时髦而不喜欢本族传统的东西，就让老人们揪心。于是问我们："基诺族的文化快丢光了，怎么办？"老人们着急，我们这些基诺族的研究者也跟着着急。我们为什么会撇下清静闲适的书斋生活而去做"建设民族文化生态村"这么一件麻烦棘手的事情，想来实在是与基诺族的那些老人们有关。人类学家面对比较熟悉和建立了友谊的"他者"，难免感情用事，总希望找机会为他们做点事情。

虽说熟悉基诺山，但是要从其45个村寨中挑选试点，却不是一件容易的事情。乡政府主张在政府所在地，老人们各有各的想法，还有人建议把试点放到旅游公司经营的民俗村中去。后来我们选择了巴卡小寨，这个寨子我们过去呆过较长的时间，村中有熟知和热爱传统文化的几位老人，民居建筑有特色，村寨景观宜人，村寨对面就是自然保护区，公路紧靠村子，交通方便，而且巴卡距离旅游胜地勐仑热带植物园仅5公里，非常有利于旅游事业的发展。

云南民族文化生态村建设是美国福特基金会资助的项目。那么大的一个外国基金会，资助的经费肯定不是小数目——这是许多人嘴上不说却藏在心里的想法。所以开始时普遍特别的热情，然而一旦知道人家资助的理念完全不同于我们习惯的那一套，竟然仅仅只限于支持能力培训等"软件的建设"，而根本不考虑"硬件"的投资，于是便大失所望，态度也随之180度大转弯。有的人对"仅资助软件"感到不可思议，将信将疑，但还是耐着性子等着瞧，结果始终没见到"馅饼"掉下来，于是沮丧油然而生，不仅转而采取消极抵制的态度，而且还要给你编点"故事"，损你几句，让你留下恶名！

少数人的误解乃至狭隘，其实无碍大局，这也可以视之为"文化多样性"的一种表现吧。不过，民族文化生态村建设的资金确实不完全限于软件，例如我们从日本友好团体"黛节子舞蹈财团"和日本友好人士工藤市兵卫夫妇以及中科院热带植物园争取到的 30 余万元人民币的资助，就可以用于硬件建设。与我国政府投入基诺山的扶贫等名目繁多的巨额资金相比，日方支援的经费自然不算多，然而巴卡小寨和基诺乡政府却应该感到荣幸和满足，因为在五个试点村之中，巴卡是唯一获得项目组努力争取到的可用于硬件建设经费的村寨。项目组和村民们利用这笔钱，加上福特基金会投入的各种费用，召开了无数次会议和培训，组织村民外出参观学习，选拔村民代表出国参加培训，修筑了村中的道路，改善了村落的环境，支持村民们开展文化活动，让年轻人学习民族歌舞和传统知识，支持他们建起了"妇女之家"和"民兵之家"，支持他们举办了纺织和刺绣比赛等文化传承活动，帮助他们进行旅游规划，援请热带植物园和自然保护区予以支持、带动他们开展旅游，等等。说到巴卡小寨的建设成果，影响最大的是建设了"巴卡基诺族博物馆"。为什么要建设博物馆？那是为了给村民创建一个进行文化保护、传承的平台，使基诺族有一个展示、宣传其文化的窗口，实现许多基诺族老人们的夙愿，同时这也是日本友人资助基诺族的目的。博物馆的建设，前期主要由原基诺乡党委书记泽白负责，中后期主要由罗钰研究员负责，大部分村民和项目组成员参加了全部建设工程，州、市一些领导干部曾经莅临现场指导，帮助解决问题和困难，基诺族的代表人物州人大副主任周志军自始至终热情关心、排忧解难，乡政府领导亦发挥了一定的协调、组织作用。2001 年 6 月 6 日，基诺族博物馆建成开馆，各界人士云集巴卡，举行了隆重的开馆仪式。该馆分为"村寨民居"、"采集狩猎"、"刀耕火种"、"纺织服饰"、"歌舞艺术"、"宗教习俗"六个展示单元，较全面地表现了基诺族的文化。基诺族博物馆是当时我国少数民族的第一个乡村博物馆，省内外媒体均予以热情的宣传报道，信息远达国外，产生了很大的影响。

巴卡基诺族文化生态村在建设的头三年，状况比较好，成果也比较显著，因此其他几个试点村的代表曾几次前往学习交流，到村参观游览的各界人士和游人也不少。然而当项目组撤离之后，情况便发生了变化。村民们的热情逐渐消退，各种活动陷于停滞，参观者到来无人接待，游人进村则听其所便。村民们又回到原初的状态：日出而作，日落而归，整日钻山入林，开荒种地，采集野菜，捕捉虫雀，散漫劳苦，消度时光。建设民族文化生态村，这是前人没有做过的事业，它当然能够收获经验和成果，然而也肯定会有教训和挫折。但出乎意料的是，最大的教训和挫折不是发生在过去没有研究基础的别的试点村，而是发生在我们曾经做过长期研究的基诺山！此事足以说明，我们颇为自信地对基诺族的研究其实甚为肤浅，我们对于基诺族兄弟的了解显然远远不够。现在反思总结，选择巴卡建设民族文化生态村也不是坏事，它给我们补了一堂课，使我们进一步认识了基诺族及其文化，而巴卡的事例作为民族文化生态村的另类教材，亦十分宝贵，它从正反两方面大大丰富了民族文化生态村建设的理论和实践。

巴卡基诺族文化生态村在项目组离开后不能巩固成果、继续发展，有其深刻的原因，概略而言，主要有以下几点：

第一，项目组判断的失误。选择试点，最重要的是村民必须热爱自己的文化、有较高的文化自觉性。看到几位老人忧心，听到他们说"基诺文化丢光了，怎么办？"时便感动、激动，便急于为他们分忧解愁、贡献力量，而忘了他们只是"一小撮"，没有注意去了解、观察"一大片"中年人和青年人的迥然不同的态度和想法，其结果，自然难免陷于尴尬和被动的境地。

第二，长老文化的衰落。在有的试点村，村寨、家族和担任祭司的长老还具有相当的地位和权威，说话仍然算数。基诺族过去是典型的长老社会，担任长老的唯一的资格便是岁数大，年长者即使有生理的缺陷也无碍其进入长老班子，长老班子就是决策机构。20世纪50年代以后，基诺族的长老制被取消，老人们逐渐退出了历史舞台。其结果，浑身文化细胞的老人们越来越边缘化，而担任着村干部握有权力的许多小青年却已经浑身不像基诺族。行政、权力与文化、传统断裂脱节，导致了传统文化传承机制的消解。

第三，山地文化的局限。基诺族的传统文化，是典型的山地雨林文化。基诺族人口很少，主要集聚在方圆600多平方公里的基诺山，山地茂密的雨林，既是他们从事刀耕火种、狩猎和采集、自给自足经济的保障，也是减少和外民族的摩擦、阻止外族侵略的屏障；山下周围盆地居住着强大的傣族，昔日的傣族土司不仅是傣族的头人，而且也是西双版纳包括基诺族在内的所有民族的统治者。这样的文化生态，一方面造就了基诺族淳朴善良、勤劳勇敢、坚韧不拔的品质，另一方面也形成了基诺族封闭、内向、保守、自卑、散漫的文化特征。目前一些基诺老人和专家学者惊呼基诺族文化变了，快消亡了，这多半是指表象的文化，而作为一个山地弱势族群的心理和性格等深层的文化，其实并没有根本的改变。这里仅举一例即可见一斑：仙人洞村民到巴卡参观，看到他们有那么好的旅游资源和条件，然而却无人愿意开发经营旅游，颇有"恨铁不成钢"之感，说"只可惜我们距离你们太远，否则我们来做给你们看！"巴卡人对仙人洞人的规劝和鼓励似乎也有所反应，然而迄今为止没有任何行动，用俗话说，依然是"抱着金饭碗讨饭吃"。原因何在？就在于文化——他们从娘肚子里就没有带来外向开拓的遗传基因，而只有山地文化善于与动植物打交道的那些独特丰富的知识。

第四，"少小民族"的"新特性"。基诺族人口很少，属于人口低于5万人以下的"少小民族"。50年来，基诺族等少小民族被看做"尚未跨出原始社会门槛"、"还处在人类童年时代"

的"原始落后"的族群，长期遭受主流社会自觉和不自觉的轻视，在这样的意识形态和民族文化观的浸染之下，他们逐渐丧失了自尊和自信；另一方面，作为"少小民族"，他们又可以享受国家给予的许多特殊的政策和待遇，而来自国家的源源不断的大量无偿的"给予"和"帮助"，必然会增强其依赖心理，削弱其自力更生的精神。于是，部分"少小民族"形成了新的"特性"，那就是凡事"等、靠、要"的态度。巴卡小寨有一个显著的特点，如果有人去支持，有资金的援助，那是不愁干事的；而

如果没有人去支持，没有资金的投入，即便是他们自己的事情，也可以摆在一边，无人搭理。这就是"新特性"的典型表现。此种特性一旦形成，即便权威巨大的政府也难免棘手头痛，对应无策，而区区项目组踌躇满志欲"愚公移山"、改天换地，那简直就是"蚍蜉撼大树，可笑不自量"了。

对于为何不积极主动，巴卡的村民曾经对我说过几种原因：先是抱怨州、县

图60　基诺老人的绝唱

政府官员，说他们曾经不断陪同上级领导前来参观博物馆，在参

观的过程中常常可以听到他们向上级领导要资助、要项目，但是好处没有落到巴卡，感到"是为他人做了嫁妆"；后来又听说项目组资助村寨修路只修了右半村而没修左半村，让一部分人去了省城甚至国外参观学习，而许多人没能去，不平等，所以闹意见不想干；再后来干脆说项目组把博物馆选择建在禁忌之地，晚上常闹鬼，所以没有人敢去管理，等等。说到这里，我不得不寄语亲爱的巴卡基诺族乡亲：我相信"理由"是可以不断地"制造"和"创新"的，然而问题是客观理由再多也毫无意义。从仙人洞村和南碱村成功的经验来看，"等、靠、要"这个"法宝"不仅不灵验而且十分有害，要保住基诺族的文化和尊严，要摆脱贫困奔小康，就必须换用另外一个"法宝"，那就是：不怪天，不怪地，不靠"神仙"和"皇帝"；要改天，要换地，归根到底还得靠自己！

可邑——重现火神的地方

图 61　钻木取火

　　可邑村位于红河哈尼族彝族自治州的弥勒县山区，村子四面环山，海拔在1 890米到2 055米之间。全村有 203 户人家，除一户汉族外，其他都是彝族阿细支系的阿细人。

　　该村至今已有370年的历史。虽然是少数民族村寨，但教育比较发达，130 多年前便有法国传教士开办的小学校。文化资源十分丰富，该村所在地区是著名的《阿细先基》史诗和享誉国内外的《阿细跳月》舞蹈的发源地；该村还有良好的生态环境，传统的神林祭祀仪式从未间断，神林的树木多为 300 多年的老树。

可邑村不属于福特基金会资助的民族文化生态村的试点，而是云南大学彭多意教授的项目点。彭教授于 2000 年获得省校合作项目《云南民族文化旅游资源开发研究》，把项目点选在可邑村，八年的时间取得了丰硕的成果。

彭教授致力建设的是"文化生态旅游村"，但是在理念和方法等方面与民族文化生态村比较近似，双方村民相互参观学习，取长补短，交流十分密切。彭教授一直将其建设的重点放在社区能力的建设方面，她认为"社区能力"主要包括以下四个概念：

1. 民族社区：民族社区是在特定地域内，由有乡土文化特征、以初级农业生产为重要经济活动的居民组成的社会共同体。它具有规模较小，分化程度较低，价值观倾向传统，人际关系以血缘、地缘关系为主的特征。

2. 社区参与机制：社区通过村民大会选举产生社区自助组织，并通过该组织对社区公共资源进行动员、开发、分配和利用，在此基础上采取共同行动。

3. 社区能力：指社区成员运用民主的办事程序，在团结、合作、互助、平等的基础上通过集体行动去解决社区问题的能力。简言之，即社区依靠不同的力量解决社区生存和发展问题的能力。社区能力建设要达到的目标是自我管理、自我服务、自我教育、自我发展。

4. 社区能力建设包括以下内容：知识管理能力、资源配置能力、提供公共产品和扶贫的能力、社会谅解和整合的能力、适应与发展的能力。能力建设的关键是社区结构的上层建筑，社区观念的建设是社区能力建设的前提，自助是人际交往的关键或调整人们相互关系的模式化安排，组织是能力建设的核心，社区民众是能力建设的主体。

该项目分四个阶段实施：第一阶段进行准备与动员，第二阶段进行能力建设，第三阶段进行组织建设，第四阶段进行项目成果的推广。项目成果主要有以下五条：

（1）现代意识和社区参与意识的激活；（2）成立发展了一批社区组织；（3）建立、健全了相应的规章制度，提高了社区资源配置的能力；（4）通过发展旅游等途径促进了经济的发展；（5）最重要的一点是进行了文化的重建。例如该村传统的"撵火"仪式已经中断了几十年，凭着毕摩和老人们的记忆而得到了恢复。仪式举行当天，全村男性不分老年和孩子，身体赤裸，用色彩在全身图画动物鬼怪纹饰，同时披皮囊系草衣，执刀枪佩弓箭，宛如太古之民。先聚于山洞之中，行钻木取火之仪式，然后抬举簇拥着纸扎的高大斑斓的火神，进村挨家挨户驱逐火鬼，跳跃呼啸，轰轰烈烈，消灾祈福。境况极具戏剧色彩，场面十分刺激震撼。这一独特的传统文化的复活以及其他文化记忆的复苏，引来了外界人的关注和赞赏，激励了阿细人的文化自信，振奋了村民的精神。冷清沉寂的山寨，出现和涌动了火的热量和激情。

图62　远古的遗风

　　在自治州、县各级政府的关心和支持下，经过村民和彭教授的努力，该村建设成效显著，发展势头良好。它作为阿细人文化生态的一张"名片"，将会发挥很好的示范作用。

成果的交流和共享

图 63　欢庆之一

　　民族文化生态村建设是一个探索性、试验性的项目。选择试点，实施计划，取得成绩和经验，然后进行交流、示范、推广，这是项目的基本思路。然而实践告诉我们，实施计划与经验成果的交流、示范、推广并不是原来设想的前后两个阶段，而是一个相互交融的过程。而且，如何在实施的过程中，有计划、及时地组织和促进经验和成果的交流、示范和推广，则更有利于扩大本项目的影响和发挥其示范、推广的作用。在实践中我们还认识到，项目成果的交流、示范和推广，并非仅仅是项目组的事情，村民们在这方面仍然是主力军，他们的创造性行动往往能产生特殊的效果。此外，各级政府和相关机构以及媒体等的重视和推动亦不可缺少，他们的权威、职能和作用是别的力量所取代不了的。总而言之，民族文化生态村的经验、成果的交流、示范和推广，汇集了各方面力量的参与，从下面的介绍即可了解其大致的情况。

1. 让村民外出学习和交流。为了启发村民的文化自觉，开阔眼界，提高能力，在项目实施的过程中，项目组曾多次组织各试点的村民代表有目的、有针对性地外出参观学习；同时，利用一切机会，推荐村里的文化精英到省会、省外甚至国外参加文化交流和展示活动。由于认识到外出学习的重要性，所以仙人洞村、南碱村和月湖村也多次自己组织骨干分子、妇女和老年协会成员到昆明等地参观学习。

2. 开展试点村之间的交流活动。五个试点村有不同的情况，发展也不平衡，所以相互交流、学习是十分重要的。几年来，几个试点村一直保持着比较密切的关系。哪个村子取得了某方面的进展，有了好的办法、经验和成果，其他村子就尽量找机会前往观摩学习；有的村子存在问题，进展缓慢，做得好的试点村也乐于前往传经送宝，给予指导和帮助。

3. 促进试点村与周边村寨的交流。试点村每次举办成果展示和交流活动、节庆和文化活动，都热诚邀请周围的村寨甚至较远的各民族村寨前来参加，这样做不仅可以扩大活动的规模，丰富活动的内容，而且能够带动周围村寨的发展，密切相互间的关系，发挥试点村作为地域文化中心的作用和影响。

4. 举办研讨会和培训班。项目组经常举办有各地村民代表参加的培训班，有官员、专家学者、媒体、基层文化干部和村民等参加的研讨会，以及有高层领导干部和各方面人士参加的"民族文化生态村建设论坛"等，从而达到传播理念、获取支持、促进共建的目的。

5. 编写发行宣传交流资料。迄今为止，项目组成员已发表生态村推介文章数十篇（其中八篇为硕士论文），拍摄影视片六部，编辑发行《云南民族文化生态村通讯》20余期，编写出版了《云南民族文化生态村建设报告》、《云南民族文化生态村建设论坛》三本总结报告，这些文章、书籍和资料在社会上广为流传。

图64　欢庆之二

6. 开展学术交流。项目组成员不断总结研究民族文化生态村建设的理论、方法和问题，利用参加各种研讨会的机会，介绍和报告应用研究的成果。项目负责人还应邀到省外、国外作了十余次专题报告，一位日本资深教授听了报告后曾说，他是心里流着泪听完报告的，可见反应之强烈。民族文化生态村的建设，从一开始便受到国外学者的关注，迄今为止，已有美国、英国、法国、日本、印度、韩国、泰国、越南等许多国家的学者前往考察，其中还有在试点村长期进行田野调查，撰写硕士、博士论文的外国研究生。值得一提的是，仙人洞村和南碱村还曾经被由联合国教科文组织和联合国大学举办的两次国际会议选择为主要考察地，村民们和世界各国专家学者进行了交流，受到了好评。

7. 配合国家文化遗产保护事业的宣传。近年来，文化遗产保护，尤其是非物质文化遗产的保护受到空前的重视，民族文化生态村建设作为物质文化和非物质文化保护的综合性、超前性、开拓性的事业，理所当然应在该领域发挥影响和作用。为此，项目组积极配合政府相关部门开展工作，几年来，从中央到地方、从国内到国外，专程到试点村参观考察的官员和相关事业者等络绎不绝，以"民族文化生态村"为参照的"民族文化生态区"被列为国务院制定的非物质文化遗产保护的专项条目。

8. 各级政府的宣传和推广。为了贯彻落实云南省政府和中央政府制定的建设民族文化大省、发展文化产业和建设社会主义新农村等方针政策，试点村所在地各级政府非常重视对民族文化生态村的宣传报道，各类媒体亦给予了大力的支持，所以关于民族文化生态村的信息经常见于诸报刊、杂志和电视。在新平县和丘北县，为了扩大试点村的宣传和示范效果，县委宣传部还多次组织试点村的村长到各地巡回演讲、报告，让他们用生动的事例宣讲其艰苦创业的精神及其带来的巨大变化，收到了特殊的效果。

9. 福特基金会组织的交流和推广活动。福特基金会对我们的项目主要有三点要求：一是创新，二是机制和能力的建设，三是示范和推广。为了实现这三个目标，福特基金会的项目官员为我们做了大量卓有成效的工作：指导项目组开拓宣传、示范、推广成果的渠道，经常组织国内外不同地区、不同项目的成员进行沟通和交流，利用他们拥有的特殊的渠道和宽广的信息资源为我们进行热情地宣传，使我们受益匪浅。

10. 云南大学等高校的支持。云南大学始终支持以该校教师和学生为主组成的项目组，该校的"211 工程"和西南民族研究中心，都将此项目列为其重点项目，该校新建的"伍马瑶人类学博物馆"还特地设立了一个"民族文化生态村"展厅，为学校师生、各方学者以及广大市民提供了一个参观、学习、研究的平台。

11. 编写出版丛书。该项目将于 2008 年 10 月结束，作为最后的成果，包括村民和干部在内的项目组将编写一套"民族文化生态村丛书"，丛书将以通俗的形式，明快的笔调，全面总结、介绍云南民族文化生态村建设的理论、方法、实践、经验、成果、教训、不足和今后的计划，目的在于为我国广大农民、基层干部和文化遗产工作者等提供一套文化事业建设和文化遗产保护的学习、参考、借鉴的读本。

最后，为了充分发挥该项目的效益，考虑项目的后续发展，项目组正在着手策划设计建立一个"民族文化生态村网站"，同时考虑在条件成熟的时候，拟联合有关机构，成立一个可以网络已建和将建的民族文化生态村的协会，以便在更大的范围内、在有更多力量的参与下，将此事业进行下去，使之继往开来，繁荣昌盛，为中国新农村与和谐社会的建设作出贡献。

参 考 文 献

1. 尹绍亭主编：《民族文化生态村——云南试点报告》，云南民族出版社，2002 年 10 月版。

2. 尹绍亭主编：《云南民族文化生态村暨地域文化建设论坛》，《民族文化生态村丛书》，2003 年 9 月版。

3. 云南大学人类学博物馆民族文化生态村项目组：《云南民族文化生态村项目简报》（1—12）。

4. 尹绍亭：《云南民族文化生态村建设的理论和实践》，《民族学通讯》，2003 年 8 月版。

5. 云南省政协民族宗教委员会：《关于"云南民族文化生态村"试点情况的调查报告》，《云南省政协专门委员会文件》〔2002〕3 号。

6. 杨发恩主编：《和顺丛书》（乡土、人文、华侨卷），云南教育出版社，2005 年 8 月版。

7. 杨大禹、李正著、熊清华、蒋高宸主编：《中国最具魅力名镇和顺研究丛书——历史、环境、人居》，云南大学出版社，2006 年 9 月版。

8. 苏东海：《生态博物馆在中国的本土化》，《中国文物报》，1999 年 3 月版。

9. 黄春雨：《中国生态博物馆生存与发展思考》，《中国博物馆》，2001 年 3 月版。

10. 胡朝相：《论生态博物馆社区的文化遗产保护》，《中国博物馆》，2001 年 4 月版。

11. 胡朝相：《论生态博物馆的非物质文化遗产保护》，《博物馆通讯》，2002 年 10 月版。

12. 中国博物馆学会编：《2005 年贵州生态博物馆国际论坛文集》，紫禁城出版社，2006 年 2 月版。

13. 李志玲译：《国际博协关于博物馆和文化旅游原则声明的提案》，2000 年 12 月 21 日《中国博物馆通讯》，2001 年 8 月版。

14. 广西壮族自治区文化厅：《广西民族生态博物馆"1＋10 工程"建设项目》资料集，文件资料，2005 年 8 月版。

15. 李振基等编著：《生态学》，科学出版社，2000 年 9 月版。

16. Julian H. Steward：Theory of Culture Change—The Methodology of Multilinear Evolution.

17. 大原一兴：《エコミユージアムへの旅》（生态博物馆之旅），（日）鹿岛出版社，1999 年 12 月版。

18. 山下晋司编：《观光文化学》，（日）新曜社，2007 年 12 月版。

19. 岸上伸启、佐藤吉文译：《环境人类学》，（日）世界思想社，2006 年 2 月版。

图书在版编目（CIP）数据

理论与方法 /尹绍亭著. —昆明：云南大学出版社，2008

（民族文化生态村：当代中国应用人类学的开拓 / 尹绍亭主编）

ISBN 978-7-81112-556-6

Ⅰ.理… Ⅱ.尹… Ⅲ.少数民族 — 居住区 — 研究 — 云南省 Ⅳ. K280.74

中国版本图书馆CIP数据核字（2008）第177790号

Theory and Methodology

民族文化生态村
——当代中国应用人类学的开拓
理论与方法 尹绍亭◎著

责任编辑：纳文汇　蒋丽杰

责任校对：何传玉　刘云河

装帧设计：刘　雨

出版发行：云南大学出版社

印　　装：云南省地矿测绘院印刷厂

开　　本：850mm×1168mm　1/32

总 印 张：31.5

总 字 数：800千

版　　次：2008年11月第1版

印　　次：2008年11月第1次印刷

书　　号：ISBN 978-7-81112-556-6

总 定 价：148.00元（共六册）

出版社地址：云南省昆明市一二·一大街云南大学英华园

邮　　编：650091

电　　话：0871-5033244　5031071

网　　址：http://www.ynup.com

E-mail：market @ ynup.com

福 特 基 金 会 资 助 项 目

A PROJECT FUNDED BY THE AMERICAN FORD FOUNDATION

《民族文化生态村——当代中国应用人类学的开拓》丛书编委

尹绍亭　王国祥　罗　钰　李树华　孙　琦

刀彦伟　黄绍忠　陈学礼　刀文成　彭多意

胡仕海　朱映占　张　海　张海超　王　焱

赵文娟　曹津永

◎ 西南边疆民族研究书系

The Ethnic Cultural and Ecological Villages
—— An Exploration in China's Applied Anthropology   The Village Museum in an Eco-Village

主编 尹绍亭 / 副主编 王国祥 罗 钰

民族文化生态村
—— 当代中国应用人类学的开拓

生态村的传习馆

孙 琦
胡仕海 ◎ 著

Huayao Dai Culture
Training and Exhibiting Center

云南大学出版社
Yunnan University Press

总　序

　　民族文化生态村，是在中国当代市场经济和全球化背景下形成的一种以文化为中心的乡村和谐发展的理论和开拓探索的实践。

　　市场经济和全球化，是一对"孪生姐妹"。一个国家一旦选择了市场经济，那就必须开放国门，就必须融入世界经济体系，结果自然免不了要淌进"全球化"的潮流之中。实行市场经济和开放政策，是中国发展的正确选择。中国几十年闭关自守实行计划经济，结果贫穷落后、暮气沉沉，而改革开放 30 年来，便繁荣昌盛、生机勃勃，此足以说明市场经济和全球化的无比伟大。

　　然而，30 年来，从文化的角度观之，市场经济和全球化却构成了对中国文化前所未有的严峻考验和挑战。一种文化能否从容应对市场经济和全球化，取决于它的根基、结构、内涵和自信。根基牢固、结构稳定、内涵深厚、传统悠久、自信度高、进取心强，便可能因势利导、兼收并蓄、发展创造、乘势而上，不断迈向新的阶段。反之，则很容易变质、衰落，甚至土崩瓦解。就中国文化而言，其根基不可谓不深厚，其结构不可谓不牢固，其传统不可谓不悠久，然而中国文化的不幸之处在于，当市场经济和全球化的大潮涌来之时，它刚刚经历了史无前例的"文化大革命"的浩劫，根基、结构、传统均遭到了严重的颠覆和破坏，国人陷于深深的彷徨、迷茫和错乱之中，精神空虚、道德沦丧、信仰失落已非个别现象。以如此虚弱、凋散的状态去应对突如其来、汹涌澎湃、势不可当的市场经济和全球化，去应对崇尚科技、高度发达的工业文明、以物质和金钱崇拜为核心的工业文化，其结果，盲目、混乱、消极、庸俗、变态自是不可避免，在许多方面，陷入了深深的困境和危机。

环境发生了巨变，促使文化必须作出相应的调适和重建。显然，在当代中国，传统文化、地域文化和民族文化的保护、传承和发展，已成为非常紧迫的重大课题。而欲从事这样的课题，采取本本主义的理论研究是不行的，必须深入实际进行研究和探索，即必须到田野中去进行研究和探索。田野可以选择城市，而我们选择了乡村，因为中国毕竟还是一个乡村大国，而且56个民族的绝大多数人口仍然居住于乡村。基于这样的动机和理念，以文化保护和可持续发展为宗旨、以乡村探索为途径的"民族文化生态村建设"项目，由我们策划和推动，终于应运而生。

该项目受美国福特基金会资助，由云南大学负责组织实施。项目选择了五个试点，分三期进行，从1998年10月开始至2008年10月结束，已历时10个春秋。10年来，项目取得了显著成绩和许多实质性的成果，产生了广泛而深远的影响，当然也有不足乃至不成功的案例和教训。作为一个创造性、应用性、探索性的项目，其主要目标之一，是必须及时总结经验和教训，进行推广和交流，从而丰富和完善成果，并最大限度地实现成果共享。在项目进行的过程中，项目组曾经举行过各种形式的培训和交流活动，此外，项目成员、试点所在地政府、媒体以及国内外的学者和各类考察者，都曾写作发表过大量的关于文化生态村的调查、研究、宣传的文章。在本项目的全部计划即将结束之际，我们又精心推出这套总结性的丛书，希望能够对时下各地区、各民族建设文化生态村的热情和企盼有一个积极的、有效的回应。而且，随着国民文化保护意识的觉醒和增强，随着国家对文化遗产保护事业的日益重视，随着社会各界所参与的文化事业的蓬勃发展，随着学术界、文化界文化研究事业的推进，像民族文化生态

村建设项目这样具有创新性和开拓性的文化保护和传承的理论和方法、勇于实践和富于成效的试验和范例，相信是会受到人们的欢迎的。

俗话说，"十年磨一剑"。平心而论，本丛书尚未达到预期的目标，存在着许多不足和缺憾，然而它毕竟是试点村的村民、干部和学者十年求索、十年实践、十年心血的积累。如果本丛书的问世能够对当代的文化保护、传承事业有些许的贡献，尤其是如果本丛书能够为广大农民、基层干部和文化官员所利用，认为具有参考和应用价值的话，那么我们就感到十分满足了。

尹绍亭

2008 年 9 月

目 录

生态村的传习馆

CONTENTS

民
族
文
化
生
态
村
——
当
代
中
国
应
用
人
类
学
的
开
拓

生
态
村
的
传
习
馆

3

民族文化生态村——当代中国应用人类学的开拓

生态村的传习馆

前　言

　　新平县腰街镇的南碱村作为生态村项目建设的试点，是最后一个入选的。1999 年，旅游业正在国内外兴起，云南省委、省政府提出了建设云南民族文化大省的目标。新平县结合实际，提出了把新平建设成为绿色经济强县、民族文化生态旅游县的目标。新平县政府很支持尹绍亭老师的工作，主动为尹教授介绍了几个村庄。经过比较，南碱村的环境条件并不乐观。尹教授想放弃了，镇长、书记忙说："他们每户人家都准备五六万盖新房呢，你们专家正好规划规划。"镇长、书记为什么会帮南碱说话呢，那是因为南碱有个好的带头人村长刀文成，他三天两头为村里争取利益，"我们要改造旧村，村民出钱出力出人，政府只要支持我们水泥！"在村长的带领下没多久全村老百姓就完成了旧村改造工程，因此政府对态度主动的南碱村民印象不错。"能得到专家帮助是我们最大的幸福！"刀文成说，"专家讲了，我们不是帮你们做，是你们做自己的事。"2001 年，在各级政府的争取和推荐下，经过省民族文化生态村建设项目组专家的实地考察，决定在南碱建设花腰傣民族文化生态村。项目建立后，省、市、县各级各部门和有关专家对南碱生态村的建设在资金、技术上给予了大力支持。这一试点的起步比较晚，但是项目组的全体成员与南碱村的村民一道，在腰街镇镇政府对生态村的一贯关心与支持下，无论是在村寨的基础建设，还是在村寨文化的重建恢复过程当中都取得了很好的成绩。南碱傣族文化生态村的建设，着重强调了村民、专家和政府三者间的互动机制。

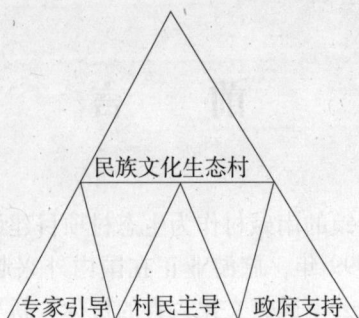

图1　村民、专家和政府三者间的互动机制

　　我们强调村民、专家和政府的"三位一体"，可以表述为村民的主导是主要的，之后是专家的引导、政府的支持，共同建起民族文化生态村。村民，是民族文化生态村建设的原动力，我们在南碱村的工作中是特别注意的。

　　南碱村的地理位置有些特殊，正好处于花腰傣各支系聚居区的交结边缘。南碱村的花腰傣是新平花腰傣三个主要支系（即傣卡、傣雅和傣洒）中的一个。腰街镇南碱村民小组位于戛洒江畔，距集镇11公里，来往车辆及人流从县城出发，想要深入到花腰傣各支系的村落都必须途经南碱村，交通便利。南碱村气候炎热，是一个傣族（傣卡支系）聚居的村子，具有历史悠久的花腰傣民族文化和优美的田园风光。全村民小组共有55户276人，辖区总面积6.25平方公里，耕地面积429亩，其中：水田216亩，山地213亩。粮食作物以水稻、玉米为主，经济作物以甘蔗、热果为主。2004年，南碱村实现经济收入80.8万元，其中：种植业收入35.1万元，畜牧业收入16.1万元，农民人均纯收入1 887元。2000年，南碱村被列为云南省五个民族文化生态村之一。面对这一难得的机遇，该村把新农村建设、生态环境建设和发展生态经济结合起来，改善生态效益，培育生态文

图 2　南碱村正好处于花腰傣各支系聚居区的交结处

化，为当地农民拓宽增收渠道。用村民小组长刀文成的话说，民族文化生态村的创建，不仅使南碱村漂亮了，而且使南碱村民富有了。

"云南民族文化生态村"第三期（2002 年 11 月至 2003 年 11 月）项目工作的重点之一就是建设"花腰傣文化传习馆"，这是新平县的第一个自然村级传习馆。南碱村作为生态村项目建设的试点，在乡村建设传习馆的过程中，有很多需要尝试的东西，我们希望通过这些尝试，达到民族文化生态示范村"创新、可持续、可推广"的项目理念。"花腰傣文化传习馆"的建设，从提出策划到 2003 年底的基本落成，都充分体现了这一理念。这个

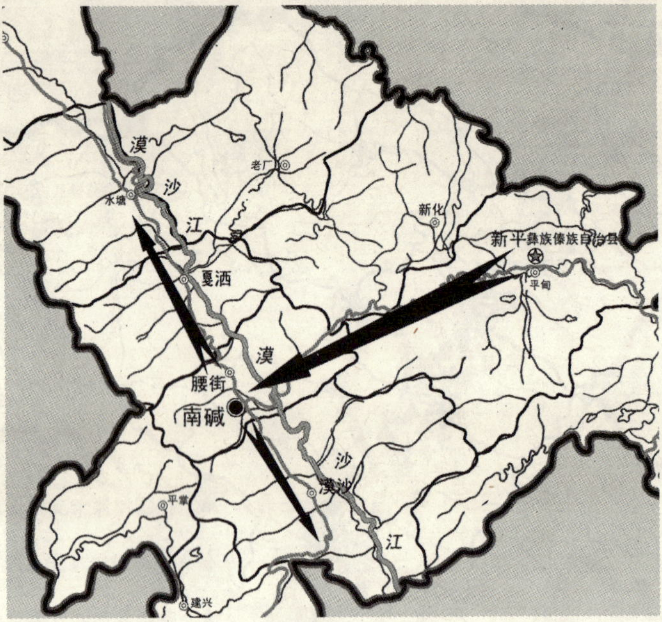

图3　南碱村是来往车辆前往花腰傣各村落的必经之路

理念具有很强的实验色彩。

生态村项目组是怎样进行"实验"的呢？我列了一个图表，可以较为直观地加以说明：上面一个图框是"项目申请"，申请了以后是"可行性以及实际取得的成效，提炼出理论方法和应用模式"，以后它表现出两个方面的问题："一是宏观管理机制，二是微观的行动过程"。宏观管理机制主要是通过一个三角形来表达："村民、专家、政府"，三角形的互动关系，不是谁说了算，一直是在互动进行。关于微观的行动过程，只简单列了"工作1、工作2"，也许有"工作n"，有非常多的具体事情要做，这里只是一个代表。继而我们从宏观管理机制和微观行动过程中总结出"理论方法",或者是"应用模式",总结以后,我们又返回去。工作和管理中都有这样的循环,经过反反复复的完善以后,我们就可以进行下一步的应用推广。

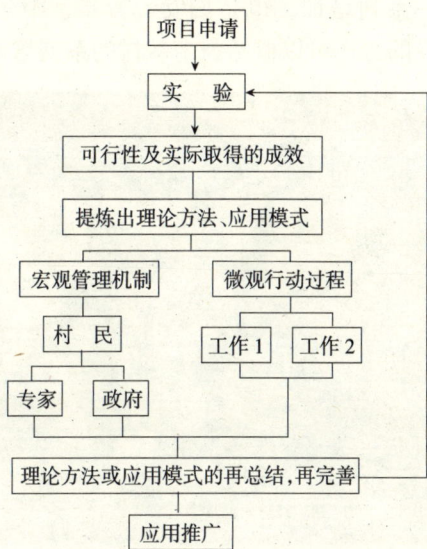

图4 为达到示范村项目理念而进行的实验过程

我们要达到创新的、可持续的、可推广的三个理念,具体工作是怎么做的?与村民之间是怎么互动的?下面,我通过项目组工作的三个内容组成来给大家作个讲解。

第一个内容:系列培训

系列培训主要是体现我们与村民的一个新关系,培训不是某个专家往讲台上一站,村民在下面听。一系列的培训打破了原来的关系。在后面的章节里讲到服饰改良的时候还会提到,村子里的奶奶们一直都在给我们上课，关于南碱村的传统衣服她们就是比我们懂得多，我特别感动，我那时候理所当然就是个学生。所以专家和村民之间，专家和专家、村民和村民之间都在互动。实验过程中的一系列培训，也是妇女、青年、中年、老人等的互动。前一阶段的工作可以概括为南碱村的系列培训。

图5　尹绍亭教授和王国祥（孟翔）教授与村民们交流

第二个内容：乡村传习馆的建设

建设花腰傣文化传习馆我们强调"新模式"。第一是"传习馆不等于博物馆"，因为它经常组织动态的传习活动；第二是"互动式的，集文化传承交流为一体"；第三是"家庭传习点的组织增设"。在南碱村，这些事情已不再是设想，我们已经做了，效果很好。我们想达到的目的是促进村民们的交流，每天农活收工以后，大家洗洗澡换好衣服，然后男男女女都涌进传习馆，谈天说地的、唱小调的、编制竹箩的……村民们说"太好玩了，我们不累!"这一系列的传统文化交流活动还可以辐射周围的村村寨寨，促进大家的互相学习。别的村寨非常羡慕南碱村，我到其他村寨去的时候，村民们总是说："南碱村太好玩了!"这里的"好玩"不能理解成一般意义的"玩";第四就是传习馆首先是村民的，然后才是给别人看的，其目的并不是仅仅给别人"作秀"。花腰傣文化传习馆建成之后的首届传习活动展览定位在服饰主题。我们准备一届一届地举办传习活动，这第一次是衣服，下一次可能就是竹编等，我们不打算把花腰傣文化传习馆弄成一个具有永久性陈列的展览馆。

第三个内容：尝试性的服饰改良

第三期项目工作之初，南碱村的传统花腰傣服饰改良刚刚开了一个头。我们通过考察村民们的传统衣服以及现存的着装服饰，总结出了服装设计上的设计要素，即南碱村傣卡服饰的设计要素：色彩、造型、面料、辅料、结构等，通过这些要素，我们尝试了一组少年女装和一组成年女装的设计。这第一批的服装成品是村里的妇女们几乎全体总动员，共同参与，在农活做完收工之后熬夜加工制作出来的。整个过程可以概括为考察、探索、创新相结合的实践活动。比如说改良服饰的颜色，由于花腰傣的传统服饰较为烦琐，服饰的改良是有必要的，但是为什么我们最后要选用绿色、黄色做底色？原先人们大都认为花腰傣只穿黑色或玫瑰色，但经过调查，20世纪50年代前的传统服装的颜色就是鲜艳的，黑色并不多。老一辈的服装色相的色域极广，彩度和明度皆高。通过各种形式的调查访问，村民们普遍表示：小孩子穿黑色不好看，像老奶奶，孩子们的衣服颜色要鲜艳一点更好瞧。这样，首先是调查研究在前，他们的主动意识在后。这是我们工作的一个尝试阶段，接下来关于服饰改良工作要走到哪一步，应

生态村的传习馆

该往哪个方向走，等等，我们都在探索。

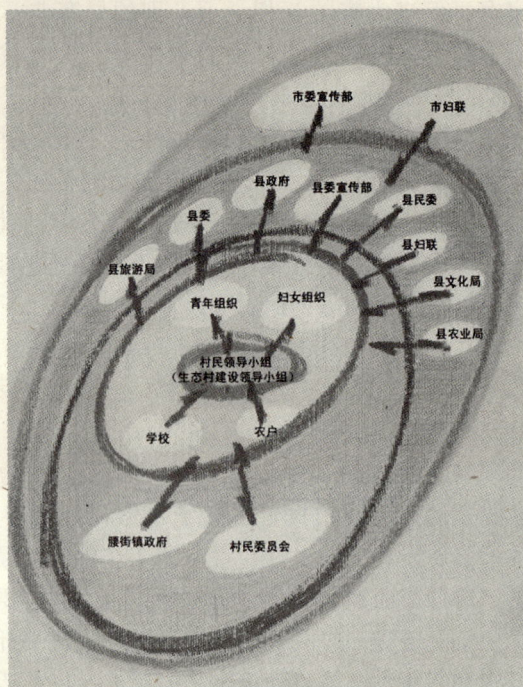

图 6 南碱花腰傣文化生态村建设机制图

南碱村的工作已经取得了显著的成绩，南碱生态示范村的建设模式和发展机制可以简要地概括为前面已经提到过的村民、专家和政府的"三位一体"，三位一体也可表达为"政府领导、村民主导、学者引导"。"政府领导"就是政府在宏观层面上领导村民积极贯彻党的路线、方针、政策，支持村民建设家园，发展生产；"村民主导"就是在整个生态村建设过程中，充分发动村民，调动村民的积极性，让村民成为建设家园的主体；"学者引导"就是生态村的建设充分发挥了课题组专家的作用，在项目规划，文化保护、开发、传承中让专家、学者参与进来，利用他们渊博的学识，引导村民建设生态村。

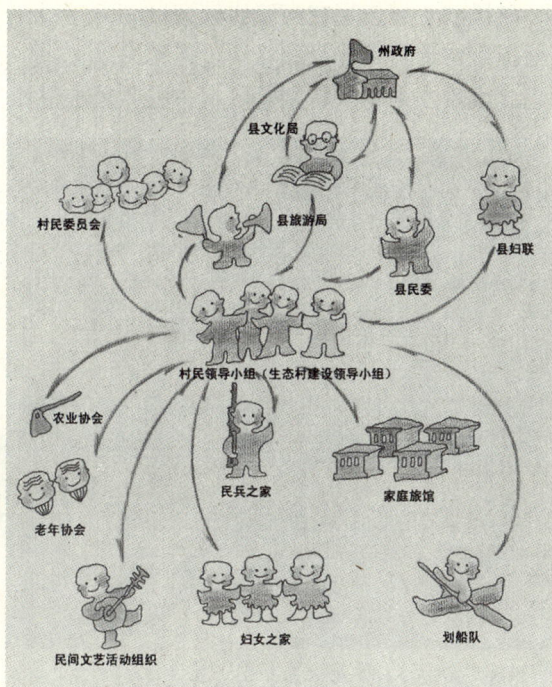

图7 仙人洞彝族文化生态村建设机制图

　　南碱村村长刀文成的理解更为直观朴实："政府引导——帮我们引进专家就行，没你政府什么事了。专家指导——专家有知识，但要听村民的，你的知识我同意才行。村民主导——因为我们拿主意，我们当然要出工出力，自己的事嘛。"村民，是民族文化生态村建设的原动力。生态村建设过程中所有的具体事宜是谁来决定要做的？应该怎么做？事实给出的答案是：村民决定的。例如，开始第三期的工作时没有计划要盖传习馆，村民在参与建设民族文化生态村的过程中，产生了要建传习馆的想法，并且主动拿出自己家里传统的物品来进行展示。有了愿望，专家应给予支持，村民的主导作用在南碱比较突出。

上面所提到的传习馆建设和培训过程把民族文化生态村的五个原则和理念表现出来了。特别是培训，主要是小组和参与式的

图8　培训过程已经把村民的主导地位体现了出来

互动，已经把村民的主导地位渗透和体现了出来。第二点比较重要的是传习馆建设方面的经验，尤其是环境资源的保护、开发和利用是非常关键的，这其中很重要的一点就是人力资源，花腰傣的传统文化已经在传习馆的一系列活动中开始被村民们传承了。南碱村以后在这方面继续做下去，会有一定的示范效应，可以达到可持续发展的目标。

生态村里的传习馆建设，除了具有"三位一体"的根基以外，还有其他若干的、具体的行动和技巧，首先是关乎馆舍建筑

和展品的征集。由于身处村落，我们必须随时随地，依不同的情况，决定如何借鉴、学习并采用不同的方法来协助和引导村民们。例如，馆址的选择、馆舍的设计、传习馆的工程程序、传统建筑结构的材型、室内空间的功能与光设计、陈列设计如何着手、展面文字文案如何敲定、藏品怎么征集、藏品如何摆设、传习馆还可以胜任别的什么角色，等等。我们在应用经验的同时，更主要的工作是向村民们和大自然学习新的事物。对于生态村工作组的每一个成员来说，乡村传习馆建设的过程充满了无限的可能性，学习亦无止境。

生态村的传习馆

一、四月节的前前后后

——传习馆的建设计划就这样诞生了

2002 年 5 月 19 日

2002 年的春节刚过，南碱村村长刀文成就打电话来说，你们下来嘛，来看看我们的四月节。四月节是新平彝族傣族自治县腰街镇南碱村傣族支系傣卡人的节日，俗称"祭龙节"。因在农历四月间举行，故又叫"四月节"。当地人于农历四月第一个属虎日过节。各家蒸"龙"粑，门前挂"达了"（法器）和菖蒲。祭祀地点选在江畔的山阜上。山上一株高大黄杨木下，用鹅卵石围砌成平台，台上列着三个拳头大的鹅卵石，代表水种，村民说：它们是一公、一母、一子。石前供着煮熟的大鱼、牛肉、全鸡和米、糖、酒。人神之间的使者"牙摩"微闭双眼，坐在供桌后面，摇动纸扇，念唱经词；不时敲起羊皮鼓起舞，祈愿风调雨顺、人畜安康。祭毕，把牛领骨挂在神树上。完整地剔出大鱼刺（脊骨），保留到六月二十三日叫人魂时才投入元江。村民围坐在神树下交谈聚餐，欢度"四月节"。随着时代的发展，南碱村的祭龙节有了很多变化，祭神的主题已日渐淡化，更多的是为了口福和欢乐。生态村课题组的老师们在 2002 年 5 月 19 日早上到达南碱村。

几位老师都是乡村活动的"老指挥"了，一下车，就给刀村长五条建议：

1. 村子里的卫生要打扫；

2. 达了多多地挂上；达了是篾编的六角形法器。据说，这是在模仿防护用的围栏，在法器上抹上鸡血、鸭血，令野兽无法接近。现在用以表示避邪之意，进而喻义没有野兽吃庄稼，年成丰好。

3. 表演台和观众席安排好；

4. 今天晚上要砍掉 80 根竹竿，竹竿的直径大约 8 厘米，用来搭围栏；

5. 村民分小组和大家吃饭的问题要解决。

晚上有 10 名妇女集合在村委会，排练明天的"南碱村花腰傣选美比赛"。这一招可是村民们自己折腾出来的，刀村长说，别处都可以选美，我们村也要选选才好。我用心观看了女人们的

图 9　选美活动其实是几个女人比拼穿着衣服的速度

排练，所谓选美其实是大家比赛穿传统衣服的速度。于是我建议是不是将"南碱村花腰傣选美比赛"更名为"南碱村花腰傣着装比赛"？刀村长爽快地采纳了我的建议。

2002 年 5 月 20 日

　　每年的正月十六，各支系的花腰傣都要进行一年一度的扫寨子活动，以除旧迎新。南碱的"扫寨子"活动已很多年没进行过。村民们商议之后决定破除陈规，四月节也可以扫寨子嘛。南碱滩边的祭龙山上大变了模样，几个年轻伙子扮成了花花老虎，

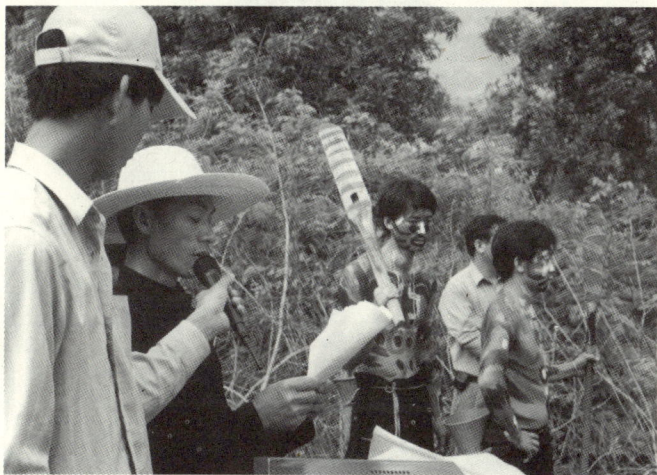

图 10　扫寨子活动中几个年轻伙子扮成了花花老虎

"扫寨子"活动的恢复就这样做了第一次的尝试。课题组的老师们抬着几瓶广告色在伙子们赤裸的上身画虎皮纹。腰街镇的各级领导都来了，有的挂了红包，有的讲了一大通话。其他若干村村寨寨的男女老少蜂拥而至，那般热闹，逗得村民们吵吵嚷嚷：我们这里能像戛洒的花街一样也赶上一条街就好了，我们村的祭龙活动又有那么多人爱看，我们还可以摆出多多的东西嘛。来看的人多了，我们村子就热闹了、好玩了。村民们提到的赶花街和祭龙节都是花腰傣的传统节目。花街节是花腰傣为纪念为民除害的英雄岩龙而举行的庆祝活动，一年赶两次。每年农历的正月十三

称"小花街";另一次在农历五月初六,称"大花街"。花街节要跳猫猫舞(跳老虎头),这是花腰傣民间盛行的一种传统舞蹈,舞风古朴粗犷,原始神奇。花街节还是傣家青年男女显美赛美,寻求意中人的欢乐日子。

图11　生态村标志

而祭龙节是每年农历二月第一个属牛日。根据民间传说,古时候的花腰傣居住地,森林茂密,浓荫蔽日。每年农历二月间,山林里就窜出很多野兽,吃尽了刚刚返青的稻苗,咬死咬伤人畜。人们被迫背井离乡,四处逃荒。有一年,一个聪明勇敢的小伙子想出了一个办法。在二月属牛日这天,他叫大家编许多竹笼、竹链,染上鸡、猪、鹅、鸭血后,拿去挂在田间,插在地头、路口。人们采来许多利箭般的菖蒲叶插在各家各户的门头上,连每个人的头上、腰间都插满菖蒲叶。夜间,人们热热闹闹地围坐在寨头的火堆旁喝酒猜拳,弹弦对歌。野兽窜到田间、地头、路口的竹笼、竹链旁，嗅到血腥味，远远看见燃烧的火堆；看见全身插满"利箭"的人，就不敢再来骚扰了。后来人们年年这样做，结果人畜兴旺，五谷丰收。

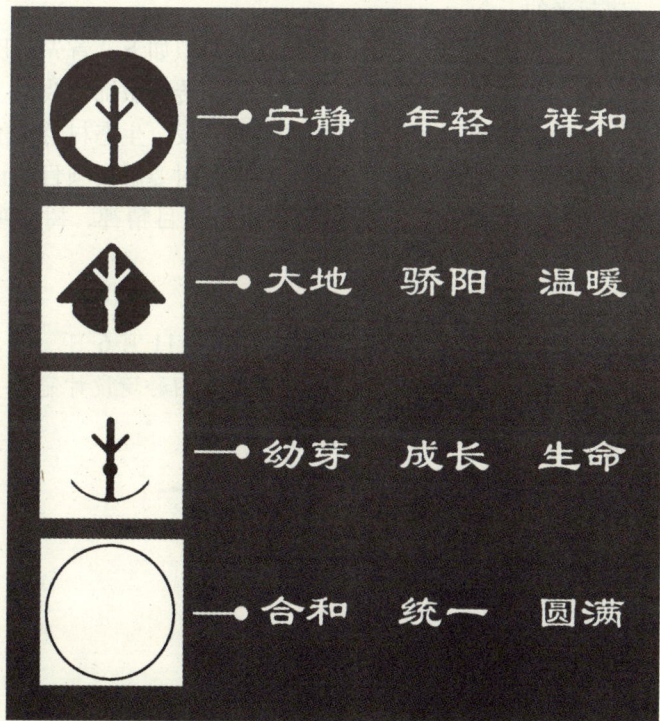

图12　生态村标志的丰富内涵

2002 年 10 月 27 日
生态村翠湖会议

我们生态村课题组要协助村民们把村子搞热闹、弄好玩，没有个固定的活动场地总是不行的，村民们七嘴八舌都在要求着在村子里建设一座民族文化传习馆势在必行了。我们预计2003年4月可以开馆。建馆的原则是不能太理想化，房子可以先考虑利用原有的村委会办公楼。楼房——村民小组科技培训楼（村委会办公楼）由镇政府补助8万元，南碱村民小组拿出集体资金8万元，建起来的。

南碱村花腰傣文化传习馆的建馆草案初拟如下：首先是历史文化的展示，其次是文化传承的部分，例如传统服饰的改良、操作、演变、形成商品的过程；竹编产品的开发，生态村竹编能手的评选；挂牌保护和动态传承展示。与此同时要解决项目的识别标志问题。其目的是活化项目组织，振奋项目精神，树立项目形象。

2002 年 11 月 6 日
生态村标志由孙琦设计完成

二、先把房子盖起来

——有了老房子才能装老古董

2003 年 1 月 19 日

南碱村村民小组以村长刀文成为首组成了传习馆建设管理委员会，传习馆的房子用原有村委会办公楼的计划被否决，原因是"那幢白花花的瓷砖房子太戳眼睛了，哪处都不像我们傣家的土

图 13　抗炎热的花腰傣土掌房

掌房，热起来更难在了，还是整我们老式的土掌房好，凉盈盈的。"村里的土掌房重铺屋，厚筑墙、大进深、少开窗、开小

7

窗。这也是它抗炎热的主要措施。柱子多保留木材的天然形态，"叉顶"式支承，柱体是外露的。不论从外观造型或实用功能来看，土掌房才能真正体现花腰傣的建筑特色。

传习馆建设管理委员会最后决定的方案是由村子里的能工巧匠白永兴师傅做总设计师和技术监督，村民们自己动手，计划春节前将房子盖好。原地基老房子的搬迁问题由村委会做协调工作，也得以顺利解决。

图14　村民们决定自己动手盖好传习馆

村民们在动手盖传习馆之前进行了一番商议，具体的技术措施由几个特别善于盖土掌房的村民定了下来：

1. 盖房子的土基由村民们家家户户自愿地凑出，各色尺寸都有，都是从自家老房子拆下的废旧材料中选捡出来的。

2. 木梁由几家正在拆迁旧房子的村民自愿捐出。

3. 表演场和停车场的修整工作要同时进行。

图15　村长刀文成与白永兴在商量着村落景观的改
造方案

有几个问题有待商榷

1. 拿什么东西放入传习馆？

2. 银饰等物品用补贴一定费用的方式征为展品可行吗？如果每个家庭捐出展品的话，怎么解决数量的不平衡？

3. 南碱村送给外来参观者的纪念品是什么？"县庆服饰"和"旅游包包"行不行？2000年新平县30周年县庆时，县妇联将一批庆祝活动使用的表演服装的刺绣加工任务安排在南碱村，加工任务完成之后，村民们照了样子，自己也穿了起来，于是就有了南碱村的"县庆服饰"。整套服饰黑色主料，直襟背心翻领，一步西装结构短裙，上缀粗十字针刺绣。就其材料、造型、色彩及纹样任何一方而言，皆是随处可识，南碱的傣卡特色在哪里？村民们都说"不像我们的衣服。"

4. 选择村子里的几个家庭作为传习馆的延伸部分（家庭传习点）可行吗？

5. 还蹦出个表演队的问题："我们村的文艺表演队可以组织三个，小娃娃会跳舞，老年组和中年组没有人教，我们不会啊。"

6. 我们南碱村要有个寨门才行的。

课题组还了解到一些村民基本情况，例如三八红旗手、女能人、女科技示范户、五好文明家庭、星级文明户，等等。

村民们在建造传习馆的同时还在大搞旧村改造，村长刀文成在新平县"云岭先锋"工程工作会上做了总结："经济发展了，群众的收入增加了，对生活质量的要求也提高了。面对传统花腰傣村落人畜共居以及脏、乱、差的现状，村民强烈要求建设新农村。在这种愿望的驱动下，村民小组领导班子成员统一思想，召开村民大会讨论通过，并向镇党委、镇政府作了汇报，镇上为南碱请来了县建设局的技术员作了科学规划，按照规划方案，每户都必须拆除一两间房子作街道，实施起来难度相当大。为得到群众的支持、理解，村民小组领导班子成员分头去做群众的思想工作，同时要求小组领导班子和党员带头按照规划要求首先拆除了自家的房子。在村组干部的带动下，群众也自觉地行动起来。几年来，村组干部积极向上级争取资金并组织村民投工投劳 3.6 万个，加宽了新细公路至南碱村的道路，村中建成了四纵六横的10 条街道，接通了自来水，做到户户门前通道路，家家门前有流水。由于群众积极性高，群众发扬'不等、不靠、不要'的精神，在争取上级支持的同时，南碱村自投 13.5 万元的集体资金建设田间水路配套工程，建好 2 000 米农田灌溉沟渠，使 100 亩水田改造成了高稳产农田；全村基本上完成了厩舍改造，建起两座卫生公厕和 4 条街道排水沟。许多群众按照设计要求重新建盖了房子，并配套建设沼气池。"贯穿村舍的田字格路面得以用

图16　南碱村户户门前通道路，家家门前有流水

水泥改造（这30吨水泥是县农业局长视察生态村时奖励给村民们的），大家用南碱滩的小卵石铺就的石子花纹图案堪称艺术设计，有动植物、有生活用具，等等。

白文明和白永兴是总工程师，孙琦被村民任命为"帮我们瞧着"，其实就是设计总监了。

针对传习馆的展品征集方式，当晚曾召集了12个中学生到村委会来开会商议，我们生态村课题组的几个老师一厢情愿地定下了行动方案：今后的几天内，由12个中学生先进行带动性的工作，分成几个组。待征集的物品有十类：

（1）生产工具。（2）生活用具。（3）捕鱼用具。（4）狩猎用具。（5）村寨示意图。（6）传统服饰。（7）传统纹样。（8）种植些什么。（9）生态信息。（10）食品。

由12人（由学生组成，有初中生和高中生，按理说有文化

生态村的传习馆

图17　用南碱滩的小卵石铺就的路面石子花纹图案

的村民才能胜任）分4组，各组选取一些项目完成任务，向村民购买展品的费用由生态村支付，展品的征集方式大凡都是如此。事情似乎就应该这样开始了。

岂料，这桩看似顺理成章的事才一起头就被画上了句号，最直接的缘由就是接下来的几天村民家访。

三、七户村民家里聊聊家常

——传统与老古董的关系

2003 年 1 月 20 日

第一户：谭正明和方克月家

方克月：你们问的是那些破烂老古董吗？（打这以后，我们知道了所谓的"老古董"就是一切传统物品的泛指），我的小孙女的旧帽子早就扔了，我们以前用会退色的线（丝线），3 块钱一支，现在都用不退色的线（涤纶线），才 2 角钱一支，颜色太好瞧了，十年前就开始用了。我以前织带子的小梭子早就丢了，以后不织了，我存着一堆花带子和织锦，到我老死都够用了。你们瞧，我现在做的这个小包包，是近两年兴的（一种到处可见的旅游包），留给小孙女用。

生态村故事 1：寻找小织梭

到过几次南碱，在我与村里的女人们熟悉之后，与他们随便聊聊家常、到田里一起走走转转都是常事，不过对每位妇女的针线箩筐的品弄，我则是仔仔细细，从不敢怠慢的。

一日，无意间从方克月奶奶的针线箩筐中抓出一团很陈旧的手织彩带，我曾经也在别的女人做的服饰上见过，是专门用来系扎衣裙的，只是这六根带子特别古老，色彩雅朴。正在细看时，奶奶笑着从屋里奔出，抢了过去，"难看死了！"经我一再恳求那几根织带才又摆回到了我手上。

图18　方克月奶奶留给小孙女用的包包是近两年时兴的做法

　　我很纳闷这样美丽的彩带何以难看，奶奶说，这都是以前用的，不好看了，现在的新式样才好看，奶奶所描述的好看的新式样是指用现代化学染料所织染出的色彩艳丽的花边条带，镇上的供销社里就有卖的。过去所用的棉线和丝线的颜色要暗淡一些。

　　方奶奶见我如此欣赏她年轻时所织的彩带，就又高兴起来，虽然嘴里还在说不好瞧。奶奶进了内屋想找给我看看织彩带的小织梭，但没有找到，因为很多年不用了，不知丢到哪里了。奶奶告诉我，那边的白克安奶奶家就有了，她还在织呢。我立刻奔往

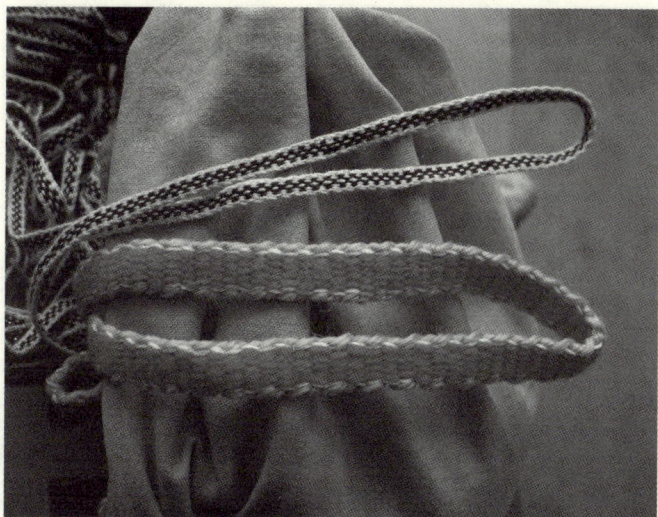

图 19　女人们很多年以前使用的美丽彩带

白奶奶家。

在白奶奶家我见到了这把小织梭，用一块整木刻成，外形并不算精致，但却能依于奶奶的手指巧弄之间，织出那般美丽精润的花花绳带来。

过后不几天，云南电视台的记者们爬上了白奶奶家的小阳台，摄制记录了一段奶奶正在用小织梭手工编织花腰傣传统彩带的镜头。为了给村子里的孩子们制作一些手针针法的放大模型，我从昆明带到南碱许多色彩各异，材质极好的中国结专用丝绳，当我正在把玩小织梭织出的细彩带时，几个大姐跑来告诉我，"你从昆明带来的绳子扎我们的衣服会好瞧的"，村民们接受新事物的迅速，总是很超出我过于愚纳的预测。

我在反省着初次看见老式彩带时所产生的不知它何以不美的纳闷。村民们用现代花线织出的彩带我本能地抵触着，村民们提

图20　白克安奶奶正在用小织梭手工编织花腰傣传统彩带

议用中国的丝绳扎衣服我甚感意外，这或许已经多多少少影响了我对传习馆下一步布展的预先构想。村民错了吗？没有。村民们的衣服一直都在从从容容地变化着，这由不得外人好恶。衣生活虽然有一定的法则，但制衣的女人却是活生生的，法则下的衣行为就有可能是不定而变化的。衣的法则也好，人的不定也罢，其实人们的衣生活是动态的，于是才有了广泛意义的服饰史。

我们并没有必要去评论村民们的传统及村民们的创新，直至去认定服饰之美丑，孰是孰非，这是一个客观存在的服饰自然变迁的过程。

后来另外一位叫方克安的奶奶又给我看了一把新款小织梭，由她的老伴白云付公公用自己的铝制烟盒刻制而成，"这样牢多了，不会像木头开裂烂掉"。奶奶解释道。这只铝皮做的小织梭外观虽然欠了古朴，但其功能却是进步了的。白云付公公年轻时

图21　白云付公公年轻时是村里公认的无所不通的能人

是村里公认的能人，农田活计，吹拉弹唱，无所不通。我想，用现代的话来说，制作这只铝材小织梭的白公公还颇具"创新设计意识"。

第二户：白云付和方克安家

方克安：我那老头子给我做了一个铝烟盒改成的小梭子，你们瞧嘛，原来木头做的会开裂。你们要看就拿去吧，我以后也不用了。我这里还有两块花样，一块是老花样，不好看；一块是新花样，大家都说这种好。

第三户：白世祥和刀美珍家

刀美珍：我在做给小外孙帽子，帽顶上的小果坠子里面我塞了一个草果，以前用的是一种小花生一样的果果，我没有了，我娘家的那个村子倒是有的。白金光现在带你去找他妈妈（李美琼），你们在她家就能看到了。

第四户：白绍金和李美琼家

李美琼：我是"文化大革命"时的文艺宣传队员呢，穿衣服表演的时候我常常入选的。我一天能做一个小果坠子，我的手巧得很，样样都会。我的娘家和刀美珍的娘家在一个村子，就是漠沙的丙南村，只有那里现在还有这种小花生一样的果果。你看看我自己做的披挂嘛，我们村子里的其他人都不会做了，他们多数人到漠沙去买，那里会做的人还多。

2003 年 1 月 21 日

第五户：白绍明和白蓝英家

白蓝英：我们家今天是新房仪式，请了牙摩来唱。这把扇子是牙摩一定要用的东西，我们年轻时候谈恋爱也用扇子，现在都不用了。有刺绣花纹的扇套我们还会做的。

第六户：白正明和白克月家

白正明：我织的这种渔网，天天捉鱼的峨德人（那里才有红尾巴鱼）不会整，只会买了用。我们村子的渔网最大了，他们都喜爱。我们老人一样也不会了，只能在江边放放牛，可以同时编织渔网，200 块一张。我一个月织一张，别的人要两三个月才能织一张。

第七户：杨德付和白克玉家

白克玉：我们家老头子年轻的时候最爱打猎，我们家有几样狩猎工具，你们去看看是不是老古董？先等我去找一找，不知道放在哪里了，我们都不兴用了，丢倒是没有丢。

四、村民们的跳脚高歌

——娱乐方式的老过门和新调子

2003 年 1 月 22 日

县文化旅游局的领导来村子参观，村民们太高兴了。

晚上刀村长在村委会的白色瓷砖楼上召开了村民动员大会，主要商量了两桩事情：

1. 女人和娃娃的老古董特别多，男人的东西怎么办？

2. 参加表演队的人很多，谁能教教我们？

2003 年 1 月 23 日

生态村课题组的老师调查了南碱村又一段族谱，下午前往漠沙镇的西尼村观看发老人（老人去世后的仪式，这位仙逝的老者是刀村长大儿媳的爷爷），记录了丧葬仪式和服饰。最有意思的是老者的女儿因为早年嫁到花腰傣的另一个支系"傣雅"的村子里，其典型的服饰也变成了傣雅的特征。于是整场仪式中显示着两派衣装。

2003 年 1 月 24 日

巧手刀美珍做的花腰傣传统衣饰很漂亮。我问她有没有拿到集市上去卖？她说："我们的衣服从来都不兴卖的，我们不像漠沙和戛洒那些人只是种种水田，有多多的时间做衣服，我们有很多农活要做。我们的衣服活只是做来自己穿的。"

晚上杀牛聚餐，庆贺南碱村又一段水泥路面竣工。那是新平县政协支持生态村的水泥，县乡各级领导都来同贺了。这天夜里我第一次见识了花腰傣的通宵长街宴。

2003 年 1 月 25 日

南碱村的娃娃们都对一块曾经的篮球场念念不忘，位置就在传习馆的正对面，六年前随着小学的取消而荒废了。"我们村能不能也整个跳舞的场场？别的村子每晚上都在跳'阿老表'（一种彝族的锅庄舞），我们村子里要是能跳傣族舞就太好了。"

晚上村民们涌到刚刚盖好毛坯还未完工的传习馆土掌房内，我第一次听到了原汁原味的村民小调（应该归属于原生态吧），村民们告诉我，这种小调是在"钓姑娘"（找女朋友）的时候唱的，难怪那般委婉悠扬……

图 22　白正祥公公哼吟的原汁原味的村民小调是在找女朋友的时候唱的

2003 年 1 月 26 日

今天一早我们生态村课题组的老师们在全村标点定位，绘制生态村地图。下午又整理了村落民居分布图。晚上有三个妇女勇

图 23　有三个盛装华服的妇女勇敢地表演了祝福小调

敢地表演了小调，最有意思的是她们都不约而同地盛装华服。而接下来的舞蹈就不那么乐观了。这时，一个问题凸显出来：如果组建南碱村文艺表演队的话，应不应该由专业教师对学员（村民）进行培训？

1. 能不能以小调为基础，组织南碱村无伴奏合唱团？

2. 群众提议要跳跳"集体舞"，是不是请个教练？娃娃们反映说曼蚌村幼儿园的一个美女老师会教傣族舞。

2003 年 1 月 27 日

南碱村 80 岁的老革命张学文，在我们返回昆明之前给了我

21

们一个南碱村的总结：这个村子的工作难整得很，你们咯晓得我们南碱村也叫"难整村"？这位张爷爷可不是等闲之辈，县乡一级的领导们逢年过节都会来看望他这个村子里独一无二的老地下党员，那些遥远的岁月里张学文就已经很有见识了。

2003 年 1 月 30 日

面对村民们执著于唱歌跳舞的热情，我们生态村课题组能做点什么呢？我跑到位于文庙街的"昆明市戏剧服装厂"采购了一堆东西：象脚鼓、五音带架铓锣、红鼓、中川鼓、中京钹、葫芦丝、巴乌……

根据 DVD 机在南碱村的普及情况，我们又物色了一批适用的光盘教材：《傣族舞蹈教程》、《傣族传统舞蹈》、《傣族民歌》、《傣族小调》、《花腰傣风情》，等等。

2003 年 2 月 13 日

生态村课题组成员赴南碱村，随行者有玉溪市委宣传部、新平县委宣传部、云南电视台生态村采访组。然后，各级领导都讲了话。期间各位专家交流了对于生态村的思考：传统文化是什么？老房子在的时候老古董都在，建新房后搬了家，老古董就没有用了，就丢了。回想起生态村的建设过程，尹绍亭教授感触颇多。严老师面对《民间》环境健康报道专辑的记者回顾了这段难忘的经历。1999 年，云南大学人类学家尹绍亭借鉴学习法国的做法，在村庄上将整个村庄包括文化、生活、生产、自然资源建设为活的文化生态学博物馆，所有原住民完全不脱离原来的生活，原住民才是自己文化财富的主人。人类学家只是启动者，保卫自己文化的是全体村民，在所有的问题上，村民主导，有自决权，这才是真正强大的文化护卫力量。尹绍亭教授认为没有静止的民族文化，反对一些人类学家单纯地把原始的东西如同历史切

图24　市、县级宣传部及电视台生态村采访
组到南碱村参观

片一样保留下来，他设想的民族文化生态村是就地保存民族文化，同时对外界是开放的，可以用自己的文化产生经济利益。因此尹老师将试点有意识地选择在公路不远处或风景区边的五个村庄。"深山中的村落，没有来客的干扰，自然不需要我们的保护，而交通便利的地方，文化面对商业潮的自卫能力才是我们尝试的重点"。

晚上9:00全体村民大会上，杨镇长慷慨发言：南碱村的村民小组发动群众搞投工投劳，生活条件得到改善，产业结构作了调整，花腰傣文化传承得到深入的发展，文化生态村的理念得到贯彻。

村民委员会给妇女们布置了三项作业：

1. 在自愿的原则之下，家家户户的老照片集中起来，摆在传习馆里会更有意义。

2. 大家明天早上打扮起来，云南电视台的人来拍电视节目，我们的脸可以在电视上露露了。

3. 电视台的人还要拍我们的传统衣服咋个做的，李美琼准备衣服、张克广准备彩色织锦、白克安准备花花绳子。

生态村课题组当晚在村长刀文成家交流意见，然后作了一个小结：

1. 由于村民对自身传统文化的认识不够，宜先行摸底后再进一步调查，例如村民族谱、村户特色，可否每户承担一个项目的展品？

2. 村民们对新近铺好的水泥路面有些独特的看法，有娃娃们骑车游玩瞎逛的，"这种路太好遛了！"；有女人们一窝一群地围在路上做针线活的，"原来路不平，我们不好做活，现在好玩了！"有男女老少一清早抬着早餐大碗四处游荡的，"我们在平平的路上说话吃饭，清清楚楚、干干净净的，这样太好了！"

3. 村民们在1970年左右都普遍赶上了一趟黑白相片热，将老照片收集之后进行详细的调查记录，可以用于展现一组传统服饰变迁的过程。

2003年2月14日

早上，云南电视台生态村采访组的工作全面铺开，记者们采访了专家之后，村民表演小调、傣族群舞，等等。大家都是刚开始学着跳舞的，难免不太靠谱，不过，那几个很快就把光盘上的傣族舞蹈学到手的伶俐的娃娃特别引人注目。村民全都穿着传统

图25　女人们很喜欢在家门前的水泥路上做针线活

的服饰。电视台的记者随后采访了李美琼大姐、白克安奶奶、张克广奶奶，小调和红线一直伴随着整个采访的过程。南碱村的传统礼仪就是这样的面貌吗？

跳舞的娃娃们得意极了，她们反映说，大家跟着 DVD 光盘学习跳舞快得很。

于是，南碱村的第一支少年舞蹈队和青年舞蹈队就这样诞生了。还有几个媳妇组成的吹叶子表演队，这大大出乎我的意料。

少年舞蹈队成员：白艳、杨艳芬、高凤珍、张蓉、李珏秋、

图26 那几个很快就学会傣族舞蹈的伶俐娃娃特别引人注目

白瑞

　　青年舞蹈队成员：高凤云、白海燕、李映珍、杨萍英、刀美莲、谭丽仙

　　吹叶子表演队成员：高凤英、白美仙、刀美莲

2003 年 2 月 16 日

实践了我向往已久的丙南村之行。

生态村故事 2：墨江帽和石莲子

　　村里有几位大姐很会做衣服，她们是李美琼、刀美珍、高凤英、白美仙、刀美莲。用她们自己的话来说，就是："我会想着整。"我将其直译为"我会设计"。妇女们制衣技艺之"四会"

图 27　几个妇女组成的吹叶子表演队

包括会织、会绣、会缝、会穿。如此样样会，且样样会得极好的却并不多，我无意之间发现这五个巧手女人都是从一个叫做丙南的村子里嫁来南碱村的。我决意要去丙南村看看。

南碱村的李美琼大姐是 32 年前从丙南嫁来的，李大姐的制衣手艺极好，做起针线活来动作又快又准，其衣饰上的缝绣工艺及配色效果皆是上佳。2003 年 2 月 16 日我与李大姐结伴前往丙南村。

对李大姐的熟悉缘于我穷追一种叫做"石莲子"的小坠饰。2002 年 3 月第一次到南碱时曾偶然地看到过一种男童小帽的装饰物，以草果果粒为内衬，以各色丝线做手针锁针编结，将果粒包围严实，而后在其尾部加上彩线须穗，两粒为双，悬挂在男童的小帽顶部，精致而俏皮，很有特色。

事隔半年多之后，我又返回南碱村。村民们收工回到家里已

图28 李美琼大姐的制衣手艺极好

是天黑，我找到当时发现草果装饰品的刀大姐家，欲寻个究竟。刀大姐告诉我说："草果粒是我昏编的，我们原来用的是一种叫石莲子的果核做内衬，那更漂亮的。现在没有了"。此时恰逢李大姐之子白金光到刀家玩耍，"我妈那里有。"他肯定地说。连夜叩开了李美琼大姐的门，她果真存有十几粒石莲子，这在村中已是罕见之物了。待我说明来意之后，李大姐热情地将石莲子取出给我看，并用彩色花线现时示范了石莲子穗饰的编结方法。

石莲子表皮黑亮，果体中间凹陷呈纺锤状，以石莲子做内衬的小饰品果然比用草果内衬漂亮了许多，穗体丰满，线结肌理突出，色彩对比强烈。

"我们南碱现在没有石莲子了，丙南多。"我又一次听到了丙南村的名字。

于是，丙南给了我太多的想象。丙南村的媳妇巧做女红，丙

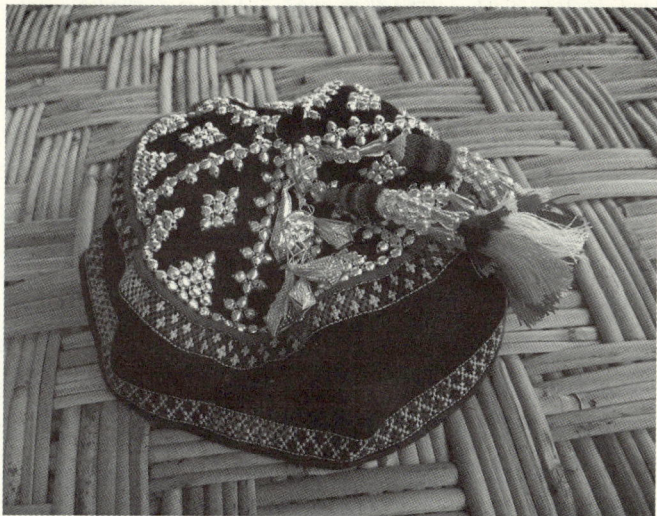

图29　石莲子做成的穗饰造型丰满俏丽

南村的媳妇树叶吹得不错，丙南村还有完整的纺织器具，丙南村有俏丽的石莲子……

　　我和李大姐沿着峨德河边的土路开始步行。村民们告诉我，他们一般用一个半小时走到丙南村，由于我一味想多看多听，后又改走临近河水的崎岖石坎，走走歇歇，这样，到达丙南村时路上行程用了三个小时四十分钟。

　　"我小的时候妈妈开始不教我做衣服，是考我的心了，我就悄悄地学，我学会了，我觉得妈妈织得不好，那彩锦花条弯弯的。我织的彩锦花条直直的、平平的，有些老人还来学我。你看我们裙子上拼条条的边，反面拼缝要板板的才好，人家说我是用熨斗，我说熨斗吗？那就是我的两个拇指了。你看那几件衣服的袖头也是我自己做，自己想的。看了漠沙那些漂亮的衣服，我一看就会了，村里有人来照着做，说这样好瞧。"

"人长得好不好，衣服都要做好。人要会打扮才行，人漂亮如果不会打扮也不能算漂亮，如果人长得不好，衣服也做不好，人穿起衣服来就更不好瞧了。头巾也要合适自己的脸，脸大包头小不合，脸小包头大更不合。配不合都是难瞧了。脸不漂亮，衣服包头做得漂亮就要好一点了。就像鸡没有毛不好瞧，有亮亮板板的毛就好瞧了，我们的父母、兄嫂、长辈都是这样说给我们的。"

"你在我们家看到的石莲子在丙南村还找得着，我会领你去看的。石莲子可以做胃疼的药，还可以做拉肚子的药，用火烧烧煳，搓碎了用水吞下吃。"

到丙南村的第二天，因肠胃略感不适，就照大姐之法嚼服了两粒石莲子，果然舒坦了。

"江边走路热得很，我们傣卡以前有一种叫墨江帽的帽子，你咯见过？你有没有听说过？是墨江人编的，我们买来戴，有四根线吊着银子片片挂在帽子后面，太好瞧了，'文革破四旧'没有了，现在难见着。我二哥家像是还有吧？到了丙南村我给你去找。

墨江帽我年轻时戴过，小伙子也可以戴，赶街、结婚等重要的时候要戴，漂亮得很。

我们到那个小坡上坐坐，有一桩事，我想了好些天了，要说给你，晓不得合不合你的心？"

我和大姐在软软的草坪上坐了下来。

"你咯看了去年电视上漠沙花街的节目？我是好好看了。我见老外来，漠沙人用槟榔果串起一条挂在老外的脖子上，老外男的女的都高兴，拉着漠沙人的手说谢谢。我就想他们漠沙挂槟榔串串，我们南碱用石莲子挂像是可以的，我们村要给客人挂自己的东西才好。我还会做一种叫'乌鸦的嘴'的小东西，也是挂在小孩帽子上的，只是我看了不如石莲子挂在客人脖子上

图 30　墨江帽在 20 世纪的六七十年代十分流行

好瞧。"

关于花腰傣文化传习馆开馆庆典上送给来宾们的小小纪念品就这样定下来了。之前，有提议到别村买帽子的，有提议做元江那种小花包包的，全村商议的结果一直都未能尽如人意。这一难题今天倒是轻松解决了。

到了丙南村后大姐带我四处走走。大姐见我对荒芜的棉花地很感兴趣，就又讲开了。

"我记得十多年前这地里还有棉花的，好像 1986 年后就没有了。我们丙南村的田最好了，我们这里的棉花是种得最好的。我们小时候就学织布，你不织布，不绣花就没有人要了，我们村的姑娘都是样样会做。现在织机也不用了，都摆到楼上去了，只能说给小娃娃这是老古董。以前的女人们都会织田布，人不好看只要会织布挑花就有人爱了。来我们村钓姑娘的小伙子多了，说我们村的女人做媳妇好。"

李大姐告诉我她 32 年前嫁到南碱时，南碱的棉花就不多种了。丙南村的地理位置很特殊，交通不便，饮水困难。20 多年前靠养牛业为生，从吃饭到穿衣，一切自给自足，浑然一个世外桃源。丙南村的女人们表现出的对传统服饰技艺的卓越才能多半是缘于村落与外界的联系相对疏远。

在丙南村，大姐还带我找到了古老的墨江帽，帽上的灿烂银饰，更多传统绣纹的传统衣服，满是尘土的纺织机具，人们曾经戴在脚踝处的银镯子，脖子上戴的银项圈，各种祥云人打制的银饰，牛皮压制的烟盒，还有几件竹编的传统用具，等等，琳琅满目。

大姐领我在江边找到了石莲子。石莲子的树形并不伟壮，于郁郁葱葱的江边树群中不算起眼，深棕色的果包长满刺角，黝亮的石莲子果核即是从那成熟的果包中取出的。

从丙南村回到南碱，即与妇女们商量了两项"作业"，每户村民做石莲子穗饰一双，反面平针绣和十字针绣纹样各一块。女人们提了很多建议，都说让我下次来检查就行了，让我尽管放心。我还在妇女大会上详细描述了在丙南村见到的许多漂亮精美的反面平针纹样，不想我这一说有失偏颇，惹了众怒，妇女们一片喧闹，笑对我言："我们都会做，你咋会说丙南村才有？我们晓不得别人爱看老花样，你说我们现在绣的新式花不好瞧？"

随后李大姐又拿来了一只精致的小包，里面装着她姑娘时的照片，这小包原本是装随身小镜子的，白色棉布上绣满美丽的花纹。还有一块白色的手帕，皆是彩线缀花，美观实用，李大姐还说白色纸质折扇也可绣饰花样。以前有，现在没有了，如果有折扇就可以做出来。这些小巧的传统用品村里女人们已不多用了。一些年轻女子和我一样，都是头回见到这些美丽小什物的。

我忙登记在册，一并放入传习馆。而对于镜子小包中的老照片，我倒想着意地看个仔细了。

生态村的传习馆

五、救活全村的老古董

——拿哪些东西摆放在传习馆

2003 年 4 月 10 日

生态村课题组带领两个专家组赴南碱，一个组是环境艺术设计，一个组是音乐舞蹈教育。

图 31　环境艺术设计和音乐舞蹈教育两个专家队赶赴南碱村

2003 年 4 月 11 日

专家组的成员以两户村民为范例，进行了民族文物的征集试点工作。其实将这种家庭展品的汇集称作"民族文物的收集"

更为恰当一些。考虑到传习馆的归属仍然是村民共有的原则，村户物品移交的手续以借据的形式办理，统一由南碱村民小组管理，无任何的买卖关系。

还有另外一项尝试也开始进行：儿童组和青年组的舞蹈服装是不是可以作为改良创新的试点？征询意见、搜集素材的工作也同时紧锣密鼓地开展起来了。

生态村故事3：传习馆是谁的

2003 年 2 月底南碱村的传习馆盖起来了，村民们每天下工回到家时，天色已挨黑，晚饭后全村的男女老少都要聚集到新建成的传习馆中听老人们唱小调，或在传习馆前的表演场地上跳舞，全然忘了一天的劳累，几近风雨无阻。传习馆是一座纯粹的土掌房，全由村民们自觉自愿地出工出劳，在生态村课题组专家的指导下建成的。像这样纯粹而完整的土掌房，村子里已难得寻到。

村子呆久了，慢慢地我才明白，土掌房与传统文化的关系其实是不可分割的，每一座村民家的土掌房就是一座传统文化的小型博物馆，土掌房如同一只储物的容器，一旦打碎了，内存物即会四散无踪少了依托。老房子有了新房子的替代，那么传统的什物当然就有了不是非用不可的理由。于是，传统的器具都自然而然地可以推陈出新了。

传习馆是什么？

传习馆放什么？

我们课题组的成员及村民们都在思考着同样的问题。一日，村民白绍坤的媳妇白秀仙大姐与我闲谈，话间大姐笑对我言："传习馆是你们的，不是我们的，你说咯是？"

白大姐是个能干的女人。传习馆盖好后的 2003 年 3 月，我

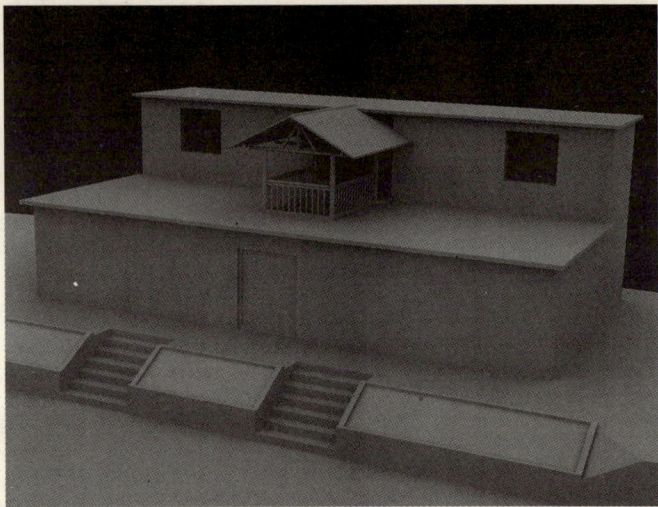

图 32　传习馆外部结构

到南碱村后就进大姐的内室翻搅一日，衣物饰绣样样齐全。大姐口齿伶俐，能说爱笑，思维敏捷，对傣家的事、汉人的事都能说得头头是道。"传习馆是你们的，不是我们的，你说咯是?"大姐的话我不能忘记。

之前，我们课题组的成员曾针对传习馆是什么，传习馆放什么的问题多次召开村民动员大会，还曾经制订出方案计划，例如启发村民列出可以进行传习活动的传统项目；让村民们每家每户将自己认为应该往传习馆里摆放的东西——报名登记成册；将自己认为能代表我们花腰傣传统文化的东西用彩笔描画下来，等等，但收效甚微。传习馆还是空的，村民们仍然在忙着盖新房，村民们仍然在争先恐后地享受新东西。直至这一天白大姐告诉我，这传习馆不是他们的传习馆……

我们并不知道忙着盖新房的村民们除了正在琢磨着的新东西外，还有可能在想着别的什么呢?

图33 传习馆内部空间布局

　　关于传习馆，看来并不是能由谁策划出来的，它的归属更是如此。

　　白秀仙大姐的那句话一直困扰着我。2003年4月11日，南碱村每家每户的傣家传统物品的调查与征借工作就是从白秀仙大姐家开始的。之前，我们没有制订计划，我们没有前车之鉴，此时此刻唯一可依靠的，只能是全村的男女老少。征借工作开始的那天，整个上午在白大姐家，我们以各种方式表达和交流着，中午12:00白大姐让我带出她家大门的东西有35件：筒裙、头帕、绑腿、长袖外衣、短裤、围腰、药罐、针线箩、牛尾扫、高粱束、整木肉盆、长镰刀、短镰刀、甘蔗刀、鸟笼、木犁、豆种、银耳环，等等。更重要的是大姐告诉我一大堆并非物件的东西，例如她的丈夫如何编成了一只精巧的针线箩；我并不知道的银耳环有很多的讲究；以前老土掌房的许多好处；传统衣服瘦人穿才

37

图 34　1975 年的白秀仙大姐

好，腰太笨重就难看了……

　　征借工作就这样开始了，村里的男人们大多忙着田里的活计，李美琼大姐和白秀仙大姐热情地带我走东串西，预约别家的大姐、奶奶们。开始的工作状态是我们和村民们的语言交流需要较长时间。事不过三家，我惊奇地发现，每户村民都能准确地将我带至置放着他们认为是传统物品的屋角、箱底。而且都能颇有情趣地给我讲述他们过日子的方法、习惯，等等。村民们对那些让我带走的物品的自我评价开始是"不好看"、"烂东西"、"要不得"，我一直没敢发言，我想我并没有资格评论什么。但约莫

图 35　壮年大哥们在全村老少的围观下演示着扑火雀的大网

一天以后，情况发生了变化，村民们越来越主动地对闯入家门的我大加指挥，我俨然成了个"小跑腿"。他们对自家屋里的各式老传统的物品开始了另一角度的评价："好用得很"、"我们以前当宝贝"、"我以前会用"，等等。

第一天的征借工作一直持续到晚上 12:30，我们共走访村民 11 家，征借展品 132 件，至于一路听到的涉及傣卡传统文化的话语则是包罗万象的。

第二天的工作顺利多了，往往是我们还在这家奶奶处看着传统的东东西西，那门口已走来几个村民，说他们要下田劳作，家里已留下老人，正等着我们呢。有的大哥、大姐头天听说了我们在各农户家进行的征借情况，已连夜将一些老古董搜拿出来，堆放在家屋门口。有些村民见我们忙得团团转，干脆让小孩子们手拎肩扛，大大小小已搬了过来。晚上，作为征借品暂时存放地的

生态村的传习馆

传习馆开始喧闹起来。村民们自顾出出进进，七嘴八舌视我为不见。高寿的老公公手持清末的古老兵器在广场上比比画画，说他的爷爷拿这大叉杀过敌人。壮年大哥们三五结成搭档在全村老少的围观下演示起扑火雀的大网，砸老鼠的木头机关，等等。小男孩们瞪着大眼，大都并不知晓这些神奇的东西，而公公、父亲们却是个个神气活现，现场说教。女人们更是不闲着，指东瞧西，直将众多古董全部搜拿结集才作罢。

较为集中的征借工作进行了 7 天。白秀仙和李美琼大姐一直帮我们在村子里忙来忙去，近几日白秀仙大姐唠唠叨叨地重复着："这都是我们的古董了，这样做倒是像我们自己的东西了！"白秀仙大姐的这席话让我回想起了一个月前她的另外一种表达——"传习馆是你们的，不是我们的，你说咯是？"

2003 年 4 月 12 日

通过第一天的收集示范，村民们的自觉性被调动起来，每家每户积极行动配合。

1. 民族文物的认识得到广泛的普及；

2. 村民自身的民族自豪感得到提高；

3. 村民们以拥有传统民族文物而自豪，争先恐后地将自家物品汇集于传习馆，形成了谁多谁光荣的良好风气。

与此同时，音乐舞蹈老师一直在对老、中、青三组文艺表演队的村民们进行培训，结成了以少年组为龙头，孩子带妈妈，妈妈教奶奶的互帮搭配。通过一系列的工作，不仅培养了一批优秀的基层本土负责人，还提高了村民的文化保护和传承的意识，村民们看到了自己民族文化的魅力，并充满了自豪感，继而自觉地投身到文化生态村的建设中。南碱村村民在完成传习馆的建设和每家每户的民族文物的普查后，村民在项目组专家的指导下自己来布置传习馆和拟订传习活动的项目和措施，项目组专家对于整

图 36　音乐舞蹈老师在对村民表演队的成员进行培训

个民族文化生态村的活动开展只提建议，并鼓励村民根据自己的传统和风俗来决定文化生态村的各项事务。一直不重视花腰傣传统的村民们看到外面世界对他们的文化表现出惊讶和兴趣时，大家对自己的传统文化树立起了强烈的自信心。

2003 年 4 月 13 日

第一阶段的展品收集工作和歌舞培训暂时告一段落。

1. 清点衣服、饰品；

2. 南碱村文艺表演队首次预演，演出服装有待解决；

3. 对传习馆内外进行施工备用测量，例如形象石、房柱、墙面的测量。

2003 年 4 月 17 日

传习馆的基础工作按部就班地进行着：

1. 村民与工作组商议配合传习馆开馆庆典的竹制寨门的

方案；

2. 村民们自愿捐出很多可用于布展的材料，例如木柱、木板、楼梯、线绳、植物、石头，等等；

3. 白永兴做了一个围栏材料的单元样品，大家戏称其"可以申请设计专利了"；

图 37   白永兴创作了一个围栏展台的单元样品

4. 村民们从江边捞上一根粗大的原木，凿成了传习馆的大木梯。

5. 土基墙面上嵌挂展柜可不是件容易的事。村民们最后采取了墙体双面夹拉的办法才解决了问题。

6. 村民方绍军的女儿方丽虹被推选为生态村活动的主持人，培训工作紧张进行。

2003 年 4 月 18 日

图 38　传习馆的大木梯是村民们用江边捞上的一根原木凿成的

村民们从江边挪回的一块大石头被推举为传习馆门口的形象石，我们到乡镇政府所在的腰街镇请来了专门打制石头狮子的文山石匠罗朝。请他将"花腰傣文化传习馆"的中英文凿刻在巨大的形象石上。这个石匠远近闻名，不过来到南碱村做石活却遭遇了一桩与他的手艺好坏毫不相干的尴尬：他的钢制钻头足足打坏了7把，南碱滩的石质太硬了！石匠的诅咒一出口，倒乐坏了全村的男女老少，我们南碱村确实不一般呢，连石头都是最厉害的！

图39　村民们采取了土基墙体双面夹拉的方法制作立面展柜

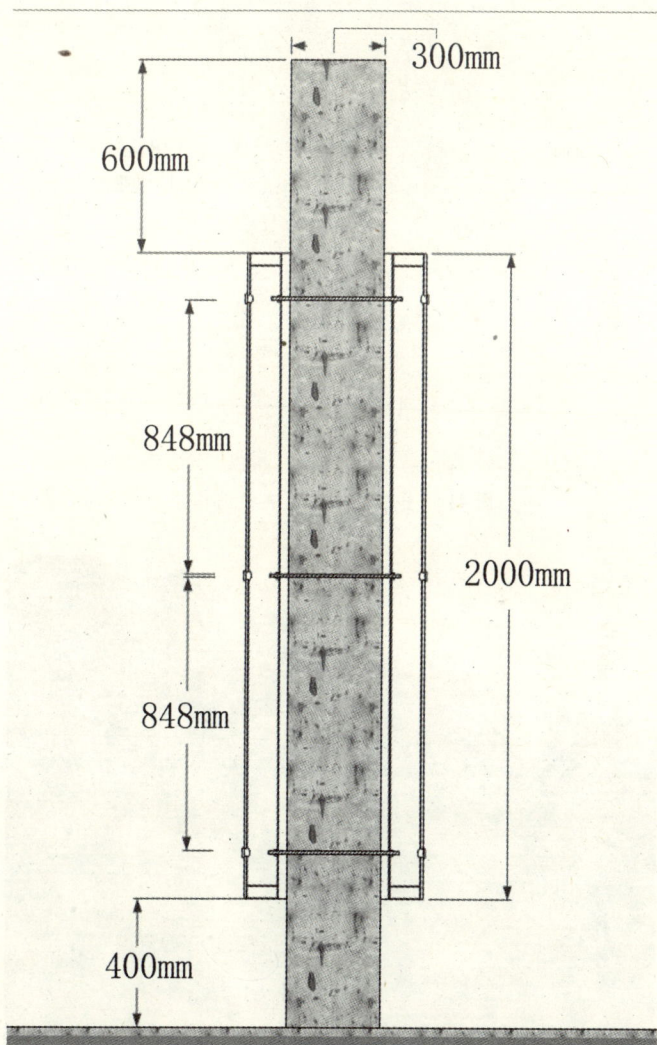

300mm

600mm

848mm

2000mm

848mm

400mm

图40　土基墙体双面夹拉局部工艺图

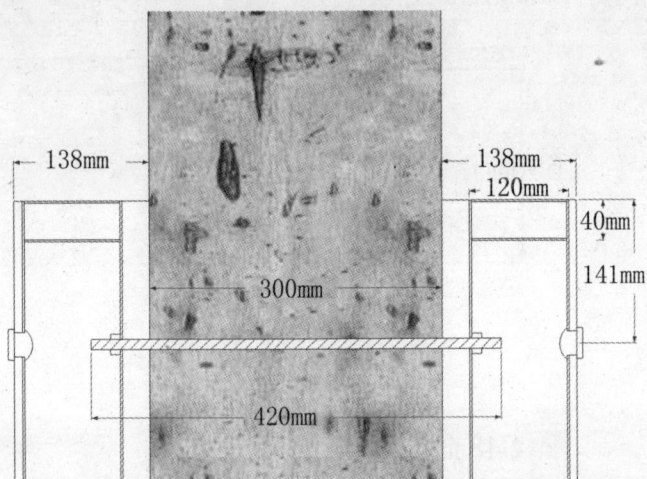

图41　土基墙体双面夹拉结构图

图42　传习馆门口的形象石是村民们从江边挪回的

六、我们大家好玩的地方

——传习馆的种种用途

2003 年 4 月 19 日

这一天是星期六，平时都在学校上课的南碱村的 10 个娃娃来到传习馆，孩子们义务劳动的成果是前些天征借来的展品被彻

图 43　10 个娃娃学习刺绣工艺的网格秀片操作成功了

底清洁整理。他们更了不起的表现是：网格秀片的试验操作成功了！生态村建设借鉴了国内外的一些经验和做法，但并不是照搬照抄，这也是民族文化生态村的优势："国外生态学博物馆是对

传统不能做一丝一毫改变，甚至有法国的人类学家建议我们不要让绣花的小姑娘上学，以免受现代文明污染。这是因为20世纪70年代法国已过了发展时期，社会有怀旧的思潮，中国仍在发展，原住民也在发展。不变通，老百姓都不接受。"尹教授如是说。南碱村的学龄孩子都在上学，这与生态村的建设和发展并不矛盾。

生态村故事4：平针绣与十字绣

随着每家每户传统衣物征借工作的开展，南碱村传统服饰的现状逐渐明朗起来。村里10位高龄奶奶们年轻时穿用的古老衣物与现代村里中年女子的传统服饰相比有两方面的差异是极明显的。

首先是衣的材料及色彩组成大不一样。多数非常陈旧的古传统衣服的主料是纯丝织缎面。缎面有素色的，有暗花的，但却没有手针缝缀的彩线平针绣和十字绣，衣裙主色块有：

A. 黄色系　　　　　　　　　　品　红（2.5R6/12）
　香蕉黄（7.5Y8.5/6）　　　　茜　红（2.5R6/12）
　土　黄（10Y6/8）　　　　　血　牙（10R8/8）
　杏　黄（10YR7/8）　　　　　枣　红（2.5R3/6）
　深姜黄（2.5Y6/8）　　　　　玫　红（5RP5/14）
　金　黄（10YR7/12）　　　　妃　红（10RP7/8）
　梨　黄（2.5Y7/6）
　橘　黄（2.5YR6/12）　　C. 紫色系
　　　　　　　　　　　　　深红莲（5RP4/12）
B. 红色系　　　　　　　　　玫瑰紫（2.5RP5/12）
　朱　红（7.5R5/12）　　　紫罗兰（7.5P4/10）

紫丁香（5P7/8）　　　　　浅蟹绿（5B4/8）

青　莲（5P5/10）　　　　翠　绿（2.5BG4/8）

雪　青（10PB7/6）　　　蓝　绿（2.5B4/8）

莲　灰（2.5RP6/2）　　　中　绿（5G4/8）

　　　　　　　　　　　　　秋香绿（2.5GY5/6）

D. 蓝色系　　　　　　　　黄　绿（10Y7/10）

浅紫蓝（7.5PB6/10）　　果　绿（2.5G6/12）

品　蓝（7.5PB3/10）

湖　蓝（5B6/8）　　　F. 其他

雀　蓝（7.5B4/8）　　　驼　色（7.5YR5/4）

酞　青（2.5PB4/10）　　珍珠白（5P9/2）

海　蓝（2.5PB4/8）　　咖　啡（5YR4/4）

艳　蓝（7.5PB4.14）　　砖　灰（10R5/1）

　　　　　　　　　　　　　藕　灰（5RP7/2）

E. 绿色系　　　　　　　　中　灰（10B6/1）

　　由此看来傣卡服饰的色域曾经是极宽的，而并不如人们现在看到的以黑色为主，玫瑰和绿蓝为辅的极为狭小的色组构成。其次是装饰手段。奶奶们的传统衣服除了服饰主色块外，其衣装的纹饰仅仅只是用异于主色块的缎条多色嵌拼，再加缉机织花边，色条缎面与机织花边的共同装饰部位与现代传统服饰的彩线手绣部位完全一致；傣卡女子极细致的反面平针绣与机织花边的显纹效果几近乱真，我认为反面平针绣有可能是妇女们特意模仿机织花边纹样的一种创举。也许由于传统的花边曾经是至美的榜样，于是除了一部分缎面服饰之外反面平针绣在古老黑色土布做主料的衣饰上大量出现，通过傣卡女子们的巧手创作，反面平针绣形成了一整套极其规范的纹样模本。而呈点状组纹的十字针绣在使用面积上却大大低于线状组纹的反面平针绣。

图 44　这样的小片绣纹就是傣卡女子的花模

　　如果由此推断这种使用面积的差异有可能缘于以机织花边作为纹饰美的标准的话，那么现今传统纹饰的十字绣为主要装饰手段的可能缘由又是什么呢？

　　现代传统服饰上的纹饰材料与古老的材料是不一样的。较之传统丝线而言，现代花线色彩的明度和彩度极高，同时，花线的无光泽性也使得平行排列的反面平针绣纹失去了类似缎面的反光特质，加之反面平针绣的绣纹牢度确实低于十字针绣，也许正是由于这一系列的原因，呈现点状组纹的十字针绣被广泛使用了。而一些现代图案的介入，也同样有利于十字针点状组纹特点的发挥，例如当下流行的卡通形象，各种汉字形象，等等。

　　我们以刺绣比赛及传习展示的形式发动村民妇女们以传统与现代绣纹共举，反面平针绣与十字绣并进的方式进行个人作品整理展示。同时组织村里 9～13 岁的小女孩 10 名进行传统手绣小作品的练习，孩子们的小作品与母亲、奶奶们的作品同时在传习馆展出。

而后为了让孩子们对传统针法的理解更为直观和彻底，我们提供了 0.5 厘米 × 0.5 厘米方格铁网作衬，0.5 厘米直径粗型中国结丝带为线，让孩子们模仿传统绣纹制作了缝绣针法的放大模型，出乎我们事先的安排，孩子们的小作品和大模型都没有完全照搬传统的纹样和针法制作，在外观视觉上虽显稚拙，但孩子们

图45 村里的小女孩聚在一起进行传统手绣学习

积极参与的行动和异想天开的思维无疑同样也应该是文化传习之一部分。

2003 年 4 月 20 日

乡镇府的领导来到传习馆了解情况，并表示积极支持部分展品和图片。尤其是另外两个花腰傣支系的服饰用品，村民们很高

图 46　孩子们模仿传统绣纹制作了缝绣针法的放大模型

兴，他们并不排斥不同支系的展品在传习馆内并肩赛美。

2003 年 4 月 28 日

　　由于"非典"的影响，在村落里进行的传习馆各项工作暂时告一段落，南碱村老照片的翻拍整理工作在昆明得以顺利进行。

生态村故事 5：老照片与服饰变迁

　　南碱村的老照片只存在于一个较为局限的人群圈里，即 20 世纪 70 年代，具体是 1966—1976 年间，当时年龄在 15～20 岁的男女青年，也即现在 50～60 岁的大哥大姐们。老年人及幼童所占的比例都不大。由于这群大哥大姐们也正是现今传统服饰的

图47 花腰傣其他支系的服饰也是传习馆的
展示内容

着装主体，所以我认为老照片的研究能揭示出南碱村传统服饰变
迁的一些实质问题。

我将自己的想法与大姐们作了交流。

全村妇女很快就翻找出一些早已泛黄的老照片交给了我。我
将斑驳的老照片带回昆明用数码技术进行了逐张修复。

这批总数近百张的老照片的组成情况如下：

1. 摄制时间：1966—1976 年。

2. 被摄对象年龄段组成：

（1）幼儿（现在 20～30 岁青年人）；

（2）青少年（现在的大姐大哥们）；

（3）已婚成年人（现在的大嫂大伯们）；

（4）老年人（现多已故世）。

3. 着装形式有两种：

（1）花腰傣传统服饰；

（2）汉装。

4. 照片形式：

（1）头像；

（2）全身像；

图48　巧手刀美珍 1976 年的
青春头像

图49　能干女人李美琼和
丈夫白绍金摄于
1975 年的合影

（3）夫妻合影；

（4）全家福。

　　为了总结出这几十年之中南碱村傣族服饰的变化规律，我找到了三个审视点：

图 50　1974 年村长刀文成手拿语录的全家福

1. 大约 1940—1950 年间的服饰实物（奶奶们做姑娘时的衣饰实物、1966—1976 年间的老照片并未留下这批奶奶们的服饰影像，估计黑白摄像只在当时的未婚男女青年中较为流行）；

2. 1966—1976 年间的服饰（老照片提供的信息）；

3. 现在流行的传统服饰。

通过三个审视点的对比分析，我们发现，妇女们的传统服饰一直都在极微妙地变化着，而并不是人们所想象的传统服饰就是一个亘古不变的经典。其变化规律是什么呢？

南碱村傣族服饰的变化

	50 年前	30 年前	现在
材质	衣面料：缎面 配料：缎面 饰纹：机织花边	色棉布 色棉布 花线缝绣	色棉布，混纺面料、布、混纺面料、花线缝绣
色条纹样	花边二方连续（花卉、文字、几何纹）手针缝绣和反面平针绣出现少，量细点状纹	手针缝绣二方连续、几何纹、反面平针绣多于十字绣	手针缝绣四方连续反面平针绣少于十字绣
服饰部件纹样	头帕：机织花边嵌缀 内衣：反面平针绣传统纹样 外衣：袖型大，机织围腰花边嵌缀，裙型极小，无太多的手针缝绣，围腰也只用少量机织花边嵌缀	较窄的手绣二方连续纹样 直接用彩线织锦拼接袖型小，色布和织锦拼接，裙型一般有少量手针缝绣，围腰也用了少量手针缝绣	较宽的手绣二方连续纹样反面平针绣传统纹样 袖型大，手针缝绣与织锦拼合，大量的手针缝绣，围腰也用了大量的手针缝绣

　　某一族群的服装是有自己的风格的，这是因为这一特定人群有着属于自己的设计要素，这些要素是构成其服饰整体风格的最为基础的元件。

　　南碱村傣族服饰的构成要素：

　　1. 色彩要素：极广的色域，高明度、高彩度；

　　2. 造型要素：忽略人体，强调造型的建筑风格服饰；

　　3. 面料要素：具有较强造型功能的挺括材质；

　　4. 辅料要素：里衬的挺固作用不可忽略；

　　5. 结构要素：纯平面二维结构。

七、花腰傣文化传习馆开馆了

——梳妆打扮传习馆

2003 年 6 月 5 日

生态村传习馆的开馆筹备工作启动，部分承展辅助物在昆明进行了筹备并落实。

1. 采购各色相框；

2. 配购改良服饰装饰用的珠子；

3. 配购各种展厅专用的射灯；

4. 配备各种型号的装修用的钉子。

2003 年 6 月 6 日

腰街乡政府送来了四套展示用的花腰傣服饰，是有别于南碱村傣卡支系的傣雅和傣洒服饰，还有一些有关花腰傣传统文化研究的书籍。乡政府还专门派人来对传习馆的电路进行了检修派线、电工房安装、广场灯光的改良、用电线路及开关隐蔽工作。

晚上，全村的妇女开会，布置了两项任务：

1. 集中了 18 组展示用的手工刺绣，并装框吊挂。

2. 少年组的改良服饰完成了，开始培训改良服饰的装饰加工工艺。

2003 年 6 月 7 日

晚上进行了表演队的专业培训，娃娃们已经穿上了崭新的改良服饰。为了让自己的女儿或孙女在排练歌舞时穿上漂亮服饰，

图 51　村民们用细麻绳排挂着传习馆的各色
相框

听说头天晚上村里的女人们通宵达旦地加工新衣服。

2003 年 6 月 8 日

由于庆典活动的主要活动场地设在南碱滩边，今天一早当连
接村舍和滩场的道路最后修整之后大家一阵雀跃。女人们都到传
习馆来帮忙，今天的工作主要是装配和吊挂各种展示面上的
相框。

近几天传习馆的基础装修出现了两个问题，一个是白蚂蚁爱

图52　南碱村的小姑娘身着崭新的改良服饰翩翩起舞

图53　每天农活收工之后，女人们聚在一起交流女红技艺

吃木质的建材怎么办？第二个是老鼠好啃电线的外皮，电线的隐蔽性和老鼠的危害形成了矛盾，这又该怎么办？

1. 乡政府农科站的技术人员送来了药剂，用外喷的方式打击白蚂蚁。

2. 具有隐蔽和美观双重功效的铺设电线的方式固然好，但老鼠的难缠也是众所周知的。最后大家决定，将电线的铺设全部改为明线。虽然在展厅的视觉上有点损失，但是大大方便了村民们对电线的检修和查看，安全是第一位的。

2003 年 6 月 9 日

今天女人们又忙碌了一天，花腰傣各个支系的服饰全部上墙。我们从昆明带下来的衣架没能派上太大的用场，花腰傣的服饰装挂上去之后产生了严重的变形。原因是衣架所依从的服饰结构与花腰傣的服饰结构完全不存在共同原则，时尚的衣架一点儿也不靠谱。

最后我只有听任了村民们的土办法：用各色粗细不一、长短不等的竹竿对各组服饰进行布展。当最后布展完成时，我惊奇地发现土掌房内的服饰展示的视觉效果好极了！在生态村建设过程中，专家与村民的意见时有分歧。今天传习馆挂衣服的方式只是一个小例子。旧村改造时也出现过不少异议。当时，村民想盖新式的水泥新房，将路做宽，专家以完整保护文化为第一位，想把老村落的土掌房全部保留下来，老房子无法做到整齐划一，道路窄小错落。经过讨论，村民表示路修窄了不行，农用车不能到家门口了，太不方便了。最后课题组的专家同意一切以村民自决为基础，道理讲清楚，尊重村民的决定，毕竟村民们一天天过日子比文化重要。新村盖好了，村民觉得受到专家尊重，心满意足，保护文化的积极性更高了，而且村民们还主动将传统土掌房的一些结构特征应用到新式建筑之中。

图54　村民们用各色竹竿对服饰进行布展

2003 年 6 月 10 日

云南大学生态村课题组就花腰傣文化传习馆的开馆庆典的筹备工作小结：

主持人：方丽虹

协调人：孙琦

亟待商议解决的问题有两个：

1. 生态村的项目识别系统如何运用到庆典活动之中？

纪念品、节目单、导游图、彩旗、标语如何落实？

2. 开馆庆典的流程是不是要调整？

各级嘉宾的接待问题，庆典礼仪如何实施？

2003 年 6 月 20 日～22 日

由云南大学人文学院人类学系和云南民族文化生态村项目组主办的"云南民族文化生态村暨地域文化建设论坛"在云南大学科学馆隆重举行。论坛期间，来自各级政府的领导、人文社会科学界的学者、民族文化生态村的村民与项目组一道，就民族文化保护与经济发展，民族文化保护与旅游开发，传统文化与现代性等热点和难点问题展开了深入地探讨。这一系列的探讨，既有从省情、地区实际出发的宏观构想，也有从具体村寨出发的微观阐发，目的都是为了在现实条件下，寻求乡村社区或村寨的综合发展之路。代表们对"云南民族文化生态村"建设，分别从建设理论、操作方法、实践意义、可行性、可推广等方面进行了热烈地讨论和总结。大家一致认为，由云南大学人类学系主任尹绍亭教授主持的"民族文化生态村"建设，是寻求乡村社区，特别是少数民族村寨社会、经济、文化、生态等综合发展之路的创新性实践，有许多建设经验可供借鉴。另外，与会代表在民族文化生态村建设所推行的方法即政府、学者和村民的三结合上也达成了共识，认为三者功能的适当发挥是村寨建设的必由之路，但是在上述三者的功能如何在各个不同的村寨建设中得到具体体现，还有不同看法。与此同时，代表们也认为"民族文化生态村"在建设目标、建设理念、建设方法等方面还有待在建设过程中不断探索和完善。论坛期间，官员、学者和村民面对面，开诚布公地展开对话与交流，并对村寨建设的诸多问题进行了激烈争论。南碱村长刀文成走上了生态村论坛，他代表两百多位村民，以自己的亲身经历，用农民的朴实语言讲述了南碱村的巨大变化和村民们投身生态村建设的故事。

2003 年 6 月 23 日

昆明的论坛结束后，我又回到了南碱村。村子里的大水车旁

图 55　村子里的大水车旁添置了休闲摇摇椅

增加了一个新部件——休闲摇摇椅。负责水车结构的"总工程师"白永兴得意地跟我说"这东西不是我一个人的主意，大家商量着整，一下就做成了，要是做不成就白白费了钱。我还想在这边做一排的椅子，大家可以打牌了。我还想在上面搭一个小竹棚子，不然下大雨，晒太阳的，我们的木头小车就会烂了。我天天都来坐一下，村里的人都爱来坐，很凉快的。"

白永兴设计的竹棚子很快就兑现了，村民们叫它"美女亭"，大概是因为这小小竹棚秀气挺拔之故。

2003 年 6 月 24 日

传习馆下一步的管理很重要，村民们要能讲得出传习馆里陈列着的每家每户的老东西。

我到白一宏的奶奶白兰英家看看她的缝绣工艺，我还问起南碱村过去是什么样子？这一疑问一直很吊我的胃口。"进村子是一条窄窄的石头路，小竹桥。挑水太难了，我们南碱的水沟以前是土的，不好了。我们什么日子都有过，饭也吃不饱。"

我想起刀村长前两天跟我说过："有些领导只会是上面说什么就做什么。我们村子的道路改造占用田地了，都是我们村干部去做工作，一家一家地说。如果什么都是等着'红头文件'来解决，我们早就死了，发展不成了。"村民的自主与专家的指导有时也会发生冲突，比如村民认为按花腰傣的传统，村里是不种植物不种花的。专家分析，这是因为传统村庄卫生条件与排水系统都很差，种了植物容易招虫子蚊蝇，新村不会有这个问题，因此说服了村民在村中种了大量热带植物和花卉，村民越看越喜欢。许多新鲜事在这个老村庄出现了：每家每户有两个水龙头，一个是洗衣服洗菜的水管，一个是可以直接饮用的水管。每家每户有垃圾桶，一周收一次垃圾。这些前所未有的良好习惯，所有的村民都接受了。专家还劝村民改变葬礼焚烧传统刺绣衣服的传统，保存了大量的手工艺绣品。尹教授认为"文化是变迁的，应当根据原住民的需要变迁，文化不是给别人看的，而就是在生活中。"

2003 年 6 月 25 日

白艳的奶奶白克安对孙女的两套新衣服（一套是县庆改良服，被村民们叫做"黑色的"；一套是生态村的改良服，被叫做"绿色的"）颇有看法："两样都有，一样一样换着穿好了！我老死了也不会见到这样好的'绿色的'，太像商店里卖的了。这种新裙子娃娃爱了，个个都说方便穿了，我们那种老的麻烦

图 56　南碱村的小姑娘穿着县庆改良服

多了！"

　　晚上在村公所的办公室召开了全村的青年动员大会，村长刀文成对"开大会"情有独钟，他曾经总结过，在发展经济的同时，提高群众的科技文化素质，是脱贫致富的根本，南碱村每年定期举办各类培训班 10 期，培训率达 100%。经常开展有益的群众性体育活动，如漂流、跳民族健身舞等。结合村情实际，制定了切实可行的村规民约，加大宣传教育力度，杜绝赌博、偷盗等社会丑恶现象发生。大力倡导移风易俗，提倡新事新办，原来傣家大操大办红白喜事 2～3 天的陋习改为半天到 1 天，由几百

图57 生态村的女童改良服

人减为百人以内，改变了死人不吃饭，家产去一半的现象。同时，还组织村民参加争先创优文明竞赛活动，组织学习《公民道德建设实施纲要》，把社会公德、职业道德、家庭美德教育与发展经济、邻里团结、家庭和睦结合起来，积极开展"十星级文明户"创评活动，参评农户达到100%。全村55户农户有16户被评为"十星级文明户"，20户被评为"九星级文明户"，19户被评为"八星级文明户"，全村上下洋溢着文明的新风。2006年12月，南碱村分别被省、市、县文明委命名为省、市、县三级文明村。今天晚上，面对全村的年轻人，刀村长激动地讲了一通话："责任重大了，应该发挥年轻人的作用，你们不能一样也不管。专家也说了很多，你们没有真正的听进去。生态村不容易被选着的，我们全省15 000多个寨子，只有 5 个被选为生态村。60 000多人的花腰傣，10 000多人在元江，我们是最少的一个支系啊，但是我们的寨子代表了全体的花腰傣！我们的寨子有专家的指导，机会难得了，有了这个品牌不得了！我们每一个年轻人都好好想一下，十年二十年我们的老古董都没有了，要怎么样做才能保护民族文化？

姑娘们，小伙子们，大家思想上要有生态村的理念，保护环境，维护传统，我们一样也不能丢。我们高兴时唱歌，丧事时会哭，这些都叫文化，专家们走了怎么办？大开门那里的大大的广告牌上没有我们的傣卡姑娘的头像，我很心烦。我们要振作起来！"

会后选举出了青年表演队的队长和副队长。

2003 年 6 月 26 日

村里的女人们恢复制作了一系列早已不见的传统用品：

1. 绣花折扇；

2. 绣花手帕、面巾、钱包、腰带、绑腿。

为了恢复绣花折扇，我从昆明采购了一批绢面素色的折扇和纸面的折扇。女人们笑开了怀。李美琼绘声绘色地告诉我："你给我们的这种折扇太好了，是绸子做的。以前我们用纸扇也能绕出花边的，只是要慢慢做。男朋友送纸扇给我们，我们绕好花边后又送还给他，是定情物，我们当时只有黑色的和白色的。我还做了洗脸的手巾，我们丙南村以前是要用田布（自己种棉花，自己纺线织出来的土布）做才好。以前也是送给男朋友的，我已经做好几块了，准备给你挂挂传习馆的。只要是我们老古董好瞧的东西我都会绣给你看的。还有一种男人用的腰带和绑腿，方

图58 以前傣卡的姑娘们用纸扇也能绕出花边来

加林的老婆有。"

没过几天，方加林的老婆白琼仙果然将这两样宝贝送到了传习馆。建设生态村，专家能带给村里的钱实在是不多的。头发花白的尹教授多年在巴卡小寨做田野，付出了常人难以想象的艰辛劳动，在几个试点中投入最多，2001年建成中国第一个村庄民族文化博物馆。但是2005年尹教授再去访问时，发现博物馆杂草丛生，管理出现了问题，他捧着已受潮霉变起皱的照片，很伤心。失败的重要原因一个试点人类学家们急于推动，而不是村民的主动要求，村民的参与太少。其二，博物馆征购的是整个基诺族的生活用品，而不是村里的物品，村民没有归属感和认知感，不觉得这是自己村里的博物馆。

另外一个例子是和顺乡湾楼子民居博物馆，腾冲和顺是云南鲜为人知的汉民族小镇，小镇有一千座明清古民居。其中有一座

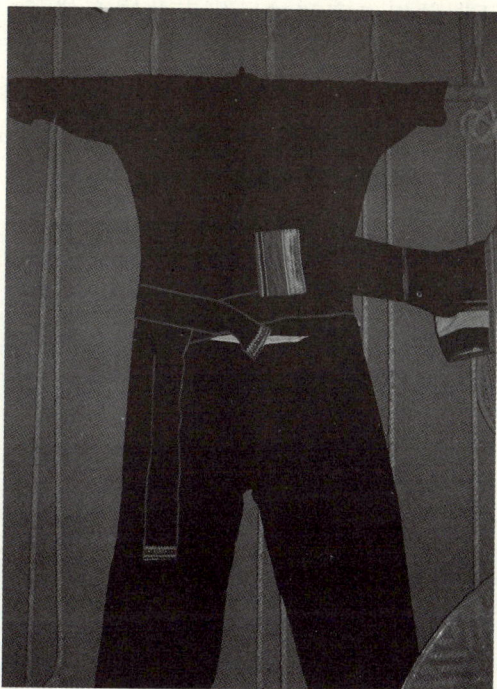

图 59 　男人用的传统腰带和绑腿

乡村图书馆有三百年的历史，向乡民开放，每天众多的赤脚农民与读书人一起埋首书香，形成了难得的人文景观。人类学家悄悄进入调查并恢复了小镇的完整历史风貌，兴建了和顺弯楼子民居博物馆。后来和顺整体经营权被卖给一家旅游公司。乡民和亲戚进出还要买门票。而南碱村的花腰傣文化传习馆真正体现了村民的自主和专家的引导、政府的支持。

2003 年 7 月 16 日
生态村昆明工作会议"南碱村花腰傣文化传习馆后期工作

安排"，召开课题组专家和村民代表共同商议了一系列具体措施：

1. 增加墙根平面宽 60～80 厘米，以圆木为材料，立高 40 厘米。这种展馆结构的功能性表现在扩大布展面积，增加防护栏的作用。

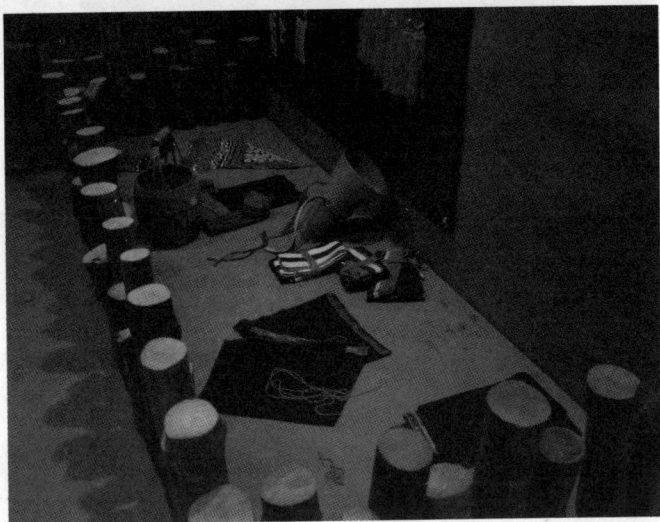

图 60　村民们以圆木为材料制作的展台

2. 增加竹筒结构的活动式展衣立架。其主要功能表现在展品变换方便快捷。村民们还利用旧木板和麻绳制作了秋千式展台。

3. 增加傣族木结构爬梯作为立体布展支架。

4. 绿化景观及环境气氛，营造两个水景点（例如水车设施）。

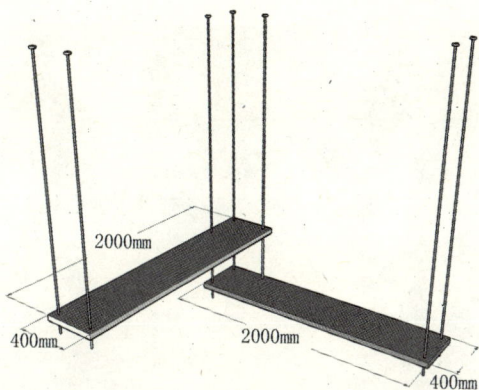

图 61　村民们用自家的旧木板和粗麻绳组合
　　　　成了秋千式展台

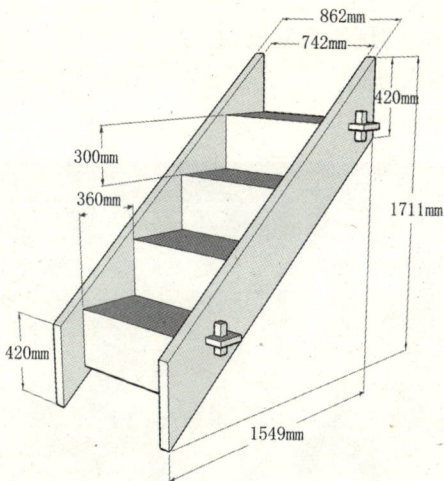

图 62　废弃爬梯被村民们抬到了传习馆当
　　　　做立体布展支架

生态村的传习馆

图63　南碱村的寨门口又营造了两个大水车

2003 年 7 月 26 日

三种竹编动物玩偶恢复成功。

1. 胖胖的水母鸡。

2. 灵巧的小燕子。

图64　三种竹编动物玩偶恢复成功：胖胖的水母鸡

72

图 65　竹编动物玩偶：灵巧的燕子

3. 精干的麂子。

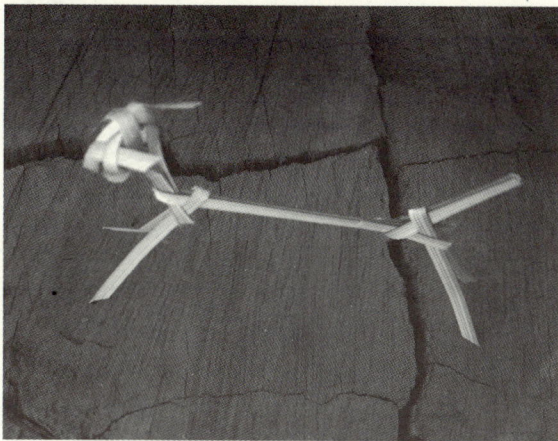

图 66　竹编动物玩偶：精干的麂子

生态村的传习馆

2003 年 8 月 2 日

生态村项目组根据花腰傣文化传习馆的开馆需要，决定制作一本特刊，《花腰傣文化传习馆迷你版》。

主编：尹绍亭

策划 图文：孙 琦

民族学顾问：杨德先 杨树林

版式设计：王 晶

2003 年 9 月 5 日

南碱导游图也诞生了。这一小小的折页着重体现了南碱村资源规划的特点，并突出了五家示范户和农家乐试点的视觉表达。同时，全村的儿童动手制作了喜庆的开馆典礼宣传单。

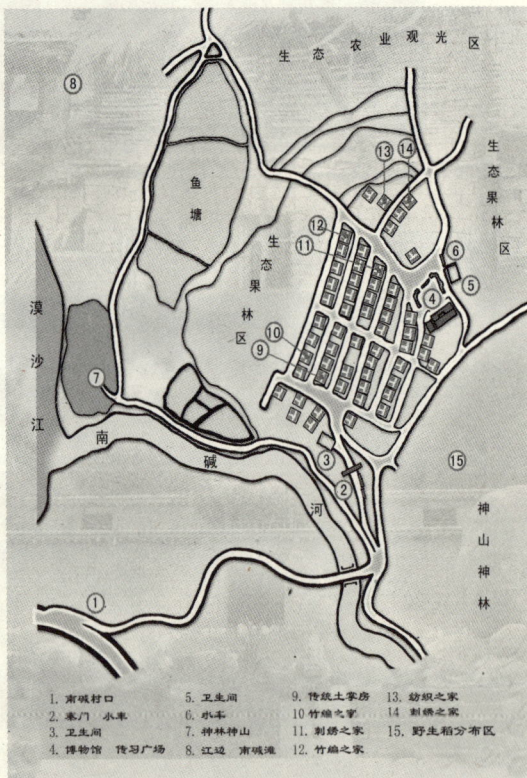

1. 南碱村口　　5. 卫生间　　　9. 传统土掌房　　13. 劲织之家
2. 寨门 水车　6. 水车　　　10. 竹编之家　　　14. 刺绣之家
3. 卫生间　　　7. 神林神山　11. 刺绣之家　　　15. 野生稻分布区
4. 博物馆 传习广场　8. 江边 南碱滩　12. 竹编之家

图 67　南碱村导游图着重体现了村寨资源规划的特点

74

图68　全村的儿童动手制作了开馆典礼宣传单并向
来宾分发

2003 年 9 月 8 日

竹竿捆制的寨门完工了。村民们还用竹材成功制作了广场展示架，方便实用。

2003 年 9 月 10 日

南碱村民小组与云南省体育旅行社达成协议，南碱滩漂流项目正式启动。

2003 年 9 月 12 日

云南大学民族文化生态村项目组、中共新平县委、县政府、腰街镇党委、镇政府、南碱村村民小组、云南省体育旅行社等承办单位共同商议了传习馆开馆典礼的相关事宜。

1. 省、市一级领导提前一天到达腰街镇，接待任务由乡镇政府全力支持。

生态村的传习馆

图69　村民们正在制作竹竿捆制的寨门

图70　盛装喜庆的村民们正在竹竿捆制的寨门口迎接各
方来客

图71　这种实用的广场展示支架取材于南碱随处可见的竹竿

图72　各类宣传展板可以便捷地依托在广场展示架上

2. 专家学者分两批到达生态村，交通食宿由新平县委及相关职能部门全力配合。

3. 市、县、乡各级相关部门的嘉宾、来宾的邀请及食宿事宜由新平县委安排。

4. 庆典活动的治安维持事项：交通指挥、村内巡逻、传习馆内部保安、接待处杂务等，由腰街乡镇政府安排。

5. 各级政府部门的嘉宾、来宾当日的午餐在南碱村的祭龙山上就餐，由村民准备具有花腰傣特色的食品供客人享用。

6. 南碱滩边的漂流比赛由云南省体育旅行社与南碱村民小组主办，生态村课题组及县级相关部门协办。

7. 庆典及漂流活动结束后，政府各级相关职能部门及专家、学者共同召开现场工作会，由新平县政府安排。

2003 年 9 月 15 日
云南省体育旅行社对南碱滩漂流活动进行了细化部署。

2003 年 9 月 16 日
传习馆开馆活动方案在镇政府进行讨论。

2003 年 9 月 17 日
村里的小伙子们统一装饰寨门布标、悬挂各色彩旗。

2003 年 9 月 19 日
云南大学民族文化生态村项目组与腰街镇政府、南碱村村民小组的相关人员对传习馆展示的图片文字进行统一的校对。一个自然村的村民小组能够在民族文化生态村建设过程中发挥了不起的作用，这确实很难得。在多年的发展中，南碱村民小组总结出了一套带领全组群众走上共同致富之路的"三诀窍"：一要靠团结。班子团结是关键；村民团结是基础，只要大家心往一处想，劲往一处使，就没有办不到的事。二要善于抓机遇。我们做工作一定要主动，机遇不是等来的，是靠做出来的，要认清形势，大胆做工作，缩手缩脚，怕这怕那，就什么也做不成。三要充分利用优势。各村民小组的条件各不相同，有的村好一些，有的村则差一些，但总有自己的优势，我们要善于发现自己的优势，充分利用优势来发展经济。

图73　女人们将青年组的改良舞蹈服装缝制得美艳俏丽

2003 年 9 月 23 日

青年组舞蹈服装的缝制任务完成。庆典活动的帽子也准备好了，帽子上有生态村的标志及庆典活动的字样。

2003 年 9 月 29 日

全村的妇女开会，统一收集了石莲子，并将生态村的标志贴装饰在挂绳的流苏之上。这堆玲珑亮丽的小礼品是专门准备送给开幕式那天的客人们的。男人们则都在集中地编制各种大小的达了，这也是特别为开幕式准备的花腰傣独特的吉祥物。村民们自觉自愿的管理意识在生态村建设过程中一天天得到完善和提高。傣族文化生态村的管理主体是村民，由于管理缺乏既有的参照模式，一开始村民很难完全实现自我管理，因此，生态村课题组和政府的监督指导就显得非常重要。一方面指导南碱村民小组积极行使村民自治的权利；另一方面帮助制订、完善相应的傣族文化生态村的管理制度。几年来，南碱村通过探索积累，逐渐形成了一套完善的文化生态村管理制度，管理工作日趋规范。

图 74　花腰傣文化传习馆举行了隆重的开馆仪式

2003 年 10 月 2 日

传习馆的各种展示说明牌到位，花腰傣文化传习馆开馆。花腰傣文化传习馆从各家各户收集了 300 多件具有代表性的展品陈列于馆内，既展示了花腰傣古老而又神奇的民族文化，又为民族文化传承提供了非常好的条件，有这样规范的文化保护方式的自然村级传习馆在全省乃至全国都是罕见的。传习馆的建成吸引了

图75　花腰傣文化传习馆几年来吸引了国内外大量游人前往参观学习

许多游客前来观光。为了把文化保护与发展旅游业和发展民族经济有机结合起来，刀文成村长还自费到外地参观学习，开眼界、长见识，使自己对发展旅游有了新思路。在生态村课题组和政府的指导和帮助下，刀文成带领村民小组首先对传统的"四月节"采取商业化运作方式，目前，已成功举办了多次活动。其次，运用走出去的方法，宣传花腰傣文化，2003年村长带领19位村民组成两对花腰傣漂流队，自费到四川参加了2003年中国攀枝花国际长江漂流赛，美丽的花腰傣服饰吸引了众多参赛者和观众的目光，花腰傣汉子们的好水性更是让观众们叹服。许多人初次认

识了花腰傣这一民族，村民们用实际行动进一步宣传了新平花腰傣品牌。南碱村民已经拥有了属于自己的比较成熟的生态村管理经验和运作机制，傣族文化生态村日益健康成长起来了。

生态村的传习馆

附录一 关于博物馆

　　云南民族文化生态村建设过程中，每个试点都建立了特色不同的，有别于传统博物馆的文化传习展示中心。它通常由文化传习馆（或场、区）及文化活动广场等构成。由于资源、财力、认识、机遇等条件的不同。各试点村"中心"的建设状况和形式也有很大的差异。例如和顺乡、巴卡小寨和南碱村先后建立了博物馆和传习馆；仙人洞村开辟了歌舞广场和祭祀广场；月湖村建立了文化生态展示区，它们作为村寨标志性和象征性的"文化符号"，发挥了突出的作用。从五个试点村的情况看，巴卡小寨一直没有解决好管理的问题，原因十分复杂，根本的问题，在于该村的领导班子仍然缺乏文化的自觉性，缺乏凝聚力和起码的组织能力。和顺乡的发展又是另外一种状况，目前县政府已将该乡建设和经营权转让给了企业，于是弯楼子博物馆也被纳入到企业的管理体制之中。月湖村的文化生态展示区尚未很好地发挥对外展示、宣传、教育的功能，它是作为村民们心目中的文化圣地而存在的，村民们每年要在那里举行八次大的宗教祭祀活动。

　　南碱傣族文化传习展示中心可以称得上是乡村传习馆、博物馆的成功范例。该中心展示着各家各户男女老少制作的各种传统的工艺品和生活用品等，具有浓郁的乡土气息。馆前有广场，供村民聚会娱乐，也是节庆活动的中心。南碱花腰傣文化传习馆几年来吸引了国内外大批游人前往参观学习，发挥了重要功能，产生了良好的影响。这一事实证明村民不仅能够传承和创造文化，而且能够建设好、管理好、利用好文化传习展示中心。

　　建设文化传习展示中心，是民族文化生态村文化保护、传承宗旨的集中体现，是一项既需要软件又需要硬件的综合性的工程。花腰傣文化传习馆在实现依靠村民管理并持续发展的同时，其硬件工程的核心部分，即传习馆的建筑、室内设计、藏品、陈列等工程的建设过程中我们也参考了国内外各类博物馆的相关经验及工程惯例，取长补短，相得益彰。

具体而言，博物馆硬件建设工程的经验和惯例主要由七个部分组成，博物馆建筑、室内设计、博物馆的藏品、展品陈列、陈列技术、博物馆的功能及博物馆教育。

关于博物馆之一：博物馆建筑

博物馆应该是什么样[①]

博物馆建筑在世界各国争议颇多，不同的意见体现在外观造型、内部装修、陈列、库房建筑等方面。国际学术界认为博物馆建筑不能笼统地讲功能，讲大规模，讲尺度，应根据博物馆不同的性质进行设计。

博物馆建筑应以追求最佳使用效果为目的，以实用为第一原则，内部设计应先于外部设计，外观则是第二位的。

美国人总结了这种建筑思想，在 20 世纪 30 年代的著作中就提出了十条博物馆建筑的基本原则：

1. 博物馆应按其所收藏的物品的性质进行设计；

2. 要准备将来的扩充，而且新旧馆风格要统一；

3. 内部设计应先于外部设计，没有工艺设计就没有建筑设计；

----

① 李文儒主编：《全球化下的中国博物馆》，文物出版社，2002 年版，第 314 页。

4. 不要为建筑的美观而牺牲管理上的便利；

5. 公开的部门要易于看守，便于参观；

6. 陈列室要建立在入口处；

7. 办公室和工作间不通陈列室，由大门直接出入；

8. 讲演厅要另有入口，单独使用；

9. 陈列室的装饰物只能是陈列物的附属品；

10. 电梯应直上，不要螺旋形电梯。

建筑师与博物馆人的关系①

博物馆界学者认为建筑界对博物馆建筑掉以轻心，简单地追求外在的形式美而忽略博物馆建筑的特殊性。他们还提出了更尖锐的问题：博物馆建筑到底应该是个人的标志性建筑还是城市的标志性建筑？

每一个建筑师都津津乐道其设计的象征性。但博物馆人认为对文化的追求不应仅仅体现在对所展示的文化的简单模拟上。

博物馆建筑有独特的语言，这是由博物馆的性质决定的。但博物馆建筑的特殊性常常在建筑立项、设计、施工阶段被忽视，因为我国的博物馆建设一般是按常规的基建工程模式操作，博物馆人往往没有发言权。

现代意义的博物馆是公共财产，参观群体也发生了深刻的变化，因此需要采用开放式的大空间。博物馆不再具有神圣的意义，成为人们日常活动的场所，更类似城市广场和市民生活中心，成为人们的文化休闲场所。

因为博物馆功能的转变，相应的在位置选择、建筑设计、技术手段、陈列方式等方面都要求有深刻的变化。需要交通便利、

---

① 李文儒主编：《全球化下的中国博物馆》，文物出版社，2002年版，第322页。

远离污染源、环境优美；需要为观众设计安静的、空气清新的、自然轻松的展示空间，需要为观众提供不易疲劳的符合人类工程学的展线走向及长度；需要为观众设计符合现代教育心理的陈列方式及优美和谐的视觉环境；需要为观众提供休息和补充体力的场所，等等。从以物为本到以人为本，博物馆的观念须进行根本性的转变。

博物馆建设的工程程序[①]

博物馆人的介入应该在博物馆建筑正式设计之前，这就为安排另一种工作程序提供了机会。为了保证展示空间对展览内容及形式风格的适应性，应该将展示结构书的撰写作为整个工作的最初环节。文本的撰写是在内容策划、编写人员与形式设计人员不断对话的过程中进行的。文本基本确定后，我们大家开始进入形式设计的大体构想，依据展示的基本形式和风格确定展览各部分的体量，各空间的形态、组合关系以及展览所需的特殊空间。在基本方案完成后，对建筑设计人员进行了充分的解释和多方面的沟通，使建筑设计师明确展示空间各方面的要求，这就有可能使建筑设计在较大程度上满足展览设计的要求，做到建筑形式与展览内容的和谐。这一工作程序可归纳如下：

主题提炼与确定——展览策划与文本撰写——文本撰稿人与展示设计师对话——展示基本形式、风格和特殊空间要求——展示策划设计者与建筑设计师对话——建筑设计与调整。

这一工作程序不仅保证了建筑对展示的适应性，而且在节约时间和资金方面也有明显的益处。由于形式设计的大体构思在建筑设计和营建之前已经完成，在建筑动工后即可对设计方案进行

---

① 李文儒主编：《全球化下的中国博物馆》，文物出版社，2002年版，第335页。

深化，并且有时间对方案进行充分的论证。方案论证后就可以进行场外制作，建筑施工结束，就可立即着手展示的场内制作与组装。由于建筑设计前已形成了展示设计的方案，建筑的内装修可以根据展示方案实施，避免两次装修造成的浪费。

关于博物馆之二：博物馆的室内设计

博物馆建筑布局[①]

作为文化教育建筑设施的博物馆，更需要重视建筑与周围环境的融洽、协调。在筹建新馆时，必须对馆址周围的环境进行调查研究，综合分析，排除环境中的不利因素，充分利用其中的有利因素，因地制宜地利用环境、创造环境。一般的说，馆址最好尽量选择在风景优美、环境幽静或有纪念意义的地段。位置应便于群众集散往来，交通方便。

如建于风景区，必须服从风景区建筑布局的整体性，从风景区的全局观念出发考虑和处理博物馆的单体建筑，运用统一中求变化的手法，使得博物馆的单体建筑在风景区里添色增辉。要避免在低洼、潮湿和散发有害气体、粉尘、煤烟等工厂的下风侧地段建馆。从我国的实际情况出发，我们新建的博物馆以自然采光与自然通风为多。所以，博物馆的建筑地段应尽量选择良好朝向。建筑朝向，对博物馆十分重要，它不仅有利于日照与自然通风，而且有利于陈列展览和文物标本的保护，以及减少能源的消耗。另外，馆址的规划要富有弹性，留有发展余地。总之，如果做到馆址选择得当，地形结合得体，环境协调得宜，那么，博物

---

① 王宏钧主编：《中国博物馆学基础》，上海古籍出版社，2001年版，第415页。

馆的建筑就能起到既满足使用功能上的要求，又达到丰富城市景观、美化环境的目的。

结构的选型与材料的选用[①]

博物馆建筑结构的造型要有适应性与安全性。所谓适应性，即是要适应博物馆内各个部门的不同使用功能要求，适应新技术、新工艺的不断发展和设备不断更新的要求；适应目前的使用功能的需求和适应未来可变功能的条件。所谓安全性，就是要能承受重力荷载和水平力，特别要有抵抗强烈地震的能力。根据博物馆的使用功能要求，以选用钢筋混凝土框架结构为好。

建筑材料是建筑的物质基础。它对建筑物的功能和质量以及建筑物的艺术形象都具有重要意义。建筑材料多种多样，每一种材料都有它的天然物性或经过制作之后赋予的特性。还有不少新型的建筑材料具有轻质、高温、保温、隔音、防水、耐燃、美观的优点。

结构的选型和材料的选用，一定要从具体情况出发，适应博物馆的基本要求。地方性博物馆还要针对不同类型，不同地区博物馆建筑的特点，广泛选用各种结构体系与形式，发掘当地的材料。这样既容易取得节约资金，又能使建筑物富有地方特色。

博物馆室内空间功能及采光与照明[②]

陈列厅的材料与色调的选择，装饰与细部的处理，光影强弱的运用，都必须围绕着陈列展品，起陪衬与烘托展品的作用，以加强渲染陈列展厅的气氛，以使观众通过对室内空间视感的感

---

① 王宏钧主编：《中国博物馆学基础》，上海古籍出版社，2001年版，第419页。

② 王宏钧主编：《中国博物馆学基础》，上海古籍出版社，2001年版，第423、第428页。

受，产生发自内心无限的意境。陈列厅室内空间处理有以下几个方面需要注意：

1. 门厅的处理。对门厅的装饰、布置、色调等安排处理，均需细心推敲，精心安排，做到既不烦琐，令人眼花缭乱，也不过于单调，使人觉得索然寡味。

2. 陈列厅的空间高度。陈列厅空间的高度，取决于陈列厅的性质，陈列品的大小高低、采光形式以及空间比例等因素。

3. 陈列厅的装修与色调。色彩的选用，应根据色彩的物理性质和对人的生理、心理影响，充分发挥色彩的作用，创造陈列厅的宁静气氛。

4. 陈列厅的层数与音响。在陈列厅里适当加以吸音处理，避免四周墙面、地面与吊顶的声音反射，以降低陈列厅内的混响时间，保持陈列厅的安静和良好音响。

博物馆对光照的要求（天然采光和人工照明）大体上有以下几个方面：观赏舒适；光色、质感好；避免眩光和阴影；对比适当；显色好，有立体感；对展品有害辐射小以及经济实用等。

关于博物馆之三：博物馆的藏品

藏品的概念①

藏品是博物馆为了社会教育和科学研究的目的，根据自己的性质，搜集保藏的自然界和人类社会物质文明、精神文明发展的见证物。这些见证物的种类，几乎包括了自然界和人类社会存在过的和陆续出现的一切。博物馆藏品具有的重要历史、科学或艺

---

① 王宏钧主编：《中国博物馆学基础》，上海古籍出版社，2001 年版，第 133 页。

术价值，是国家宝贵的科学文化财富。藏品是根据博物馆的性质及其实现自己主要社会功能的需要而征集的，因此也就成为各项业务活动的物质基础。各类型博物馆的性质和任务不同，藏品的内容应该各有特点。

文物有两个特征，一是"有价值的物质遗存"，还包括了文献形态和狭义的实物形态。另一个特征是同它固有的使用价值的分离。多数学者认为，博物馆的物都是三维空间的实物，这是传统的概念。这一概念已为博物馆的不断发展所突破，二维空间的实物、无形实物都已被看做博物馆的物而入藏。

藏品征集的原则①

藏品征集是博物馆根据其性质、特点的需要，通过各种途径，有目的地不断补充文物或标本的基本业务工作。藏品征集应考虑以下原则：

1. 明确的目的性：要从博物馆的性质出发。不同性质的博物馆应收藏不同的藏品，因而也就有不同的征集对象和范围。

2. 逐步建立完整的藏品体系：征集的重点应放在本馆藏品中的空白和薄弱环节，亦即要尽可能地填补缺门，以保证藏品的系统性、完整性。其次，藏品的丰富与否，主要不在于藏品数量的增加，而应注重藏品质量的提高和品种的丰富。

3. 科学的计划性：（1）馆藏品现状的调查；（2）陈列和研究需要的调查。（3）征集来源的调查。

4. 加强预见性：针对现代物品消失十分迅速的情况，应采取必要的措施落实"为未来而征集"的可行计划。

---

① 王宏钧主编：《中国博物馆学基础》，上海古籍出版社，2001年版，第136页。

藏品征集的主要途径①

藏品征集的主要途径：考古发掘、田野采集、民族学调查征集、社会调查征集、收购、接受捐赠、交换与调拨，等等。

1. 考古发掘。考古发掘品是人文科学博物馆和综合性博物馆藏品的重要组成部分。它主要是通过田野考古发掘获得。

2. 田野采集。采集是自然历史博物馆和综合性博物馆自然之部征集工作的主要内容，是获得自然标本的主要途径。

3. 民族学调查。民族学调查是收集民族文物的主要途径。深入民族地区，实地调查征集是主要的工作方法。民族文物的收集必须和民族社会调查结合起来进行。

4. 社会调查征集。我国有着私人收藏文物的传统，加强社会征集是非常重要的。根据某一专题，有目的、有计划地进行文物资料征集，这是博物馆征集工作中经常性的，行之有效的工作方法。

5. 收购。收购是博物馆付出一定的经济代价，换取个人收藏的或文物商店收藏的文物、标本。

6. 接受捐赠。博物馆接受机关团体或私人的捐赠，是藏品征集的又一重要途径。

7. 交换与调拨。交换是博物馆之间在自愿互利的原则下，双方的藏品以有易无。

8. 接受移交。接受移交是博物馆接收公安、海关、法院、工商管理等部门依法没收的，在一定条件下移交的文物、标本。

此外，借展也是征集工作的一项内容。

---

① 王宏钧主编：《中国博物馆学基础》，上海古籍出版社，2001 年版，第 140 页。

关于博物馆之四：展品陈列

陈列与展览[①]

博物馆陈列是在一定空间内，以文物标本为基础，配合适当辅助展品，按照一定的主题、序列和艺术形式组合成的，进行直观教育、传播文化科学信息和提供审美欣赏的展品群体。陈列是博物馆实现其社会功能的主要方式。陈列是博物馆特有的语言。

不同性质的博物馆有不同的陈列。我国陈列的类别主要按陈列内容来区分。

（1）社会历史类陈列；（2）自然历史陈列；（3）艺术类陈列；（4）科学技术类陈列。

英国博物馆学者帕特里克·波依蓝主编的《博物馆规划手册》中，将陈列展览分为固定的和临时的两大类，综合这两大类又分为六种类型：

（1）审美性陈列；

（2）主题性陈列；

（3）模拟性陈列；

（4）原状性陈列；

（5）体系性陈列；

（6）开放库房陈列。

---

① 王宏钧主编：《中国博物馆学基础》，上海古籍出版社，2001年版，第246页。

陈列的基本原则和基本程序①

博物馆筹办陈列要有主要原则，也需要有一定的基本程序，要通过一系列复杂的研究、设计和多方面、多工种的协作过程。第一，要研究并确定陈列的主题、基本内容和预期达到的目的；第二，要选择、征集必要的文物标本和辅助展品；第三，要深入地进行陈列内容、展品研究，拟订陈列大纲和计划，研究文物组合；第四，要进行陈列艺术形式研究和设计；第五，要进行辅助展品和必要设备的设计和制作；第六，要进行现场安装和布置；第七，在筹办陈列展览的以上每一个工作阶段，都需要听取馆内、馆外、专家、观众代表等各方面的意见，进行必要的评估和进行必要的修改。一般来说，筹办陈列的工作程序，至少要经过这样的几个阶段：

（1）总体研究与设计；（2）内容研究与设计；（3）艺术形式研究与设计；（4）辅助展品和设备的设计与制作；（5）陈列的现场安装与布置；（6）陈列开放前现场的评估和开放准备；（7）每个工作阶段的评估和展出后的总结。

总体研究与设计②

1. 陈列选题的研究与确定。一个博物馆的基本陈列的主题，既应该充分研究，审慎决定，办成以后，不可轻易改变。如果经过多年的展出，随着时代的发展和科学研究水平的提高，原来的基本陈列的主题需要作必要的调整或修改时，则应该深入研究，充分准备，进行修改，以便更适合社会和群众的需要。至于临时

---

① 王宏钧主编：《中国博物馆学基础》，上海古籍出版社，2001 年版，第 253 页。

② 王宏钧主编：《中国博物馆学基础》，上海古籍出版社，2001 年版，第 255 页。

展览，虽然是短期展出，博物馆也应给予同样的重视与精心策划、周密考虑，多听取博物馆内外的意见，再安排展览的计划。

2. 总体研究设计的主要任务。

（1）研究并确定陈列的主题，提出基本内容和陈列艺术风格的基本设想和要求；

（2）审定陈列大纲和陈列内容设计方案；

（3）审定陈列艺术形式设计方案和平面设计图、立面设计图；

（4）研究并确定陈列重点场面的文物组合和陈列艺术；

（5）确定陈列整体布局和艺术风格；

（6）解决陈列内容和形式的总体统一平衡和协调问题；

（7）审定辅助陈列的造型艺术项目，创作设计方案和作品；

（8）审定重点的文字说明；

（9）协调内容设计、形式设计、制作、布置等工作以及各业务部门的配合；

（10）陈列布置完毕以后组织评估和审查，并决定必要的调整和修改。

内容研究与设计①

陈列内容研究与设计的任务，主要是根据陈列主题进行陈列内容的研究，制订陈列内容设计方案。

1. 陈列内容。所谓陈列内容包含两个方面：一是陈列主题所要表现的有关学科内容，二是表现陈列主题所需要的文物、标本以及其他展品。对陈列内容的两个主要方面进行必要的研究以后，就可以着手进行陈列内容设计方案的制订。所谓陈列的内容

---

① 王宏钧主编：《中国博物馆学基础》，上海古籍出版社，2001年版，第258页。

设计方案，就是指陈列大纲和陈列计划，可以根据需要先拟制比较简略的陈列大纲，再经进一步研究、充实，制订详细的陈列计划。

2. 陈列方案。陈列方案亦即陈列的具体计划，是陈列大纲的具体化。陈列方案要列出全部的陈列品，包括文物标本和辅助展品。在陈列大纲中，单元是基本环节。单元下可分若干组，必要时下面还可再分小组。一般可有 2～3 个层次，最多不超过 4 个层次。由若干单元组成完整的陈列体系。

3. 辅助展品。

（1）科学性的辅助材料；

（2）艺术性的辅助材料；

（3）文字说明。

关于博物馆之五：陈列技术

布展技术①

布展工作就是确定要传达怎样的信息以及该怎样将展览计划中的各个元素组织起来传达统一的信息。展台的展示、宣传推广、展台的吸引力甚至展后的后续工作都应该有一个共同的目标，那就是一个综合的、激励人深思的蓝图。

1. 创建一个成功的展览。主题是展览的焦点，并会使信息在参观者的脑海中留下更加深刻的印象。要想使之更为有效，则需将它渗透到展览策略的各个方面，而不仅仅是展示本身，不要只是找些噱头——主题应该能够激发真情的回应。

---

① ［英］阿诺德：《展会形象策划专家》，中国水利水电出版社，2004 年版，第 34、38 页。

2. 制胜主题的关键。

（1）与时俱进——紧密结合当前的潮流和时事。

（2）避免陈词滥调或过度使用的主题。

（3）顺应主题的个性。

（4）独立于整个展览的主题或定位。

（5）做到既精巧又简单。

（6）让布展工作组的所有成员都参与到计划的过程中。

展台设计与形象①

在展览期间，展台必须独具风格。展台不应该像一个陈列架，只是摆放着所有物品，基本上人们只是在过道中浏览。如果展台陈列的东西太多，人们就会直奔下一个展台。作为主要的焦点，应该尽量使展台陈列的东西简单、明快。

一个设计精良的展台应该是令人动心、有趣、有教育意义并且能给人留下深刻印象。设计展台时，应该将所有能更好迎合参观者需要的行为以及方式作为最重要的一个因素，其次就是主办方的名称。向观众展示主办方可以帮助他们解决问题的实际案例——一定要从参观者的立场考虑问题。

所有的字体都要足够大并且标准，要使参观者在过道上能方便地阅读，字数最好为7个字或者更少。同样高度也很重要，必须确定即使展台前有很多人也不至于被挡到。要用平实的语言——避免行业术语，即使是在一个行业展览上也一样。招贴画要够大，并且要有足够的视觉冲击力，不要做成一些小图画的拼贴画。在所有的宣传材料上重复地使用这个招贴画，这样可以造成一种持久的印象。

---

① ［英］阿诺德：《展会形象策划专家》，中国水利水电出版社，2004年版，第45页。

设计精良①

拟订出展台的基本规划时，确保一定包括以下方面：

1. 参观通道畅通（开阔，吸引人的通畅的进出口，没有任何障碍物）。

2. 展品展示（清晰地进行标识，并包括其特性和优点）。

3. 足够的工作空间（以便为展示表演、信息收集和物品储藏提供足够的空间）。

4. 招牌（具有吸引力，能提供足够的信息，清晰、准确地表达主办方特性）。

5. 灯光（有创新并且合适）。

6. 坚硬表面（层压板）与柔软元素（纺织品和植物）的平衡。

关于博物馆之六　博物馆的功能

博物馆功能②

博物馆的基本功能是收藏、研究、教育。收藏、研究、教育，概括了博物馆的基本功能，反映了博物馆工作的主要内容。

任何一个博物馆都必须收集、保藏文物和自然标本。因为藏品是博物馆全部活动的物质基础。没有藏品，就不成其为博物馆。所以，从博物馆的内部关系来说，收藏文物标本是博物馆的首要功能。大量藏品，必须进行一系列的科学研究工作。这种研

---

① ［英］阿诺德：《展会形象策划专家》，中国水利水电出版社，2004 年版，第 56 页。

② 王宏钧主编：《中国博物馆学基础》，上海古籍出版社，2001 年版，第 45 页。

究工作不仅馆内专家要承担，馆外专家也可以参加。只有进行深入的研究工作，才有可能对藏品进行科学的整理和保管；只有进行深入的研究工作，才能揭示藏品所具有的科学、历史以及艺术价值。从而为充分利用提供前提条件，实现博物馆的社会效益目标。

博物馆的基本任务①

博物馆作为文化基础设施，又是营造良好的文化环境、提高社会文明程度的重要条件，也是建设现代文明城市的主要标志之一。博物馆的基本任务：适应社会主义现代化建设的需要，收集、保藏文物和标本，进行科学研究，举办各种陈列展览，提高整个中华民族的思想道德素质和科学文化素质，促进社会主义精神文明建设，为社会主义现代化建设服务。

（1）收集、保藏文物、标本和其他实物资料。

（2）传播科学文化知识，提高公民科学文化素质。

（3）思想品德教育。

（4）科学研究。

（5）丰富人民群众的文化生活。

博物馆类型②

目前，国际上通常以博物馆的藏品和基本陈列内容作为其类型划分的主要依据。按照这个标准主要划分为：（1）历史博物馆；（2）艺术博物馆；（3）科学博物馆；（4）综合博物馆；（5）其他类型。

---

① 王宏钧主编：《中国博物馆学基础》，上海古籍出版社，2001年版，第46页。

② 王宏钧主编：《中国博物馆学基础》，上海古籍出版社，2001年版，第52页。

在以上各种类型之外，出现了不再以实物收藏为基础的生态博物馆。它不是将一定的藏品陈列或收藏于特定建筑中，而是将文化遗产、自然景观、建筑、可移动实物、居民的传统风俗的演示等原状地、自然地保护和保存在其所属社区和环境中。换言之，社区中的一切自然和文化遗产都被看做生态博物馆的组成部分。1995年在我国贵州六枝特区隆戛乡的深山上也建立了一处梭戛苗族生态博物馆。这在我国博物馆的改革、发展中都具有试验和探索的意义。

20世纪90年代中期以后，随着信息化时代的到来，在博物馆的发展中出现了从"实物导向"转变为"信息导向"。不再以实物为基础，而以信息为基础向社会提供更广泛的服务。这就是方兴未艾的数字化博物馆，也称虚拟博物馆。

关于博物馆之七：博物馆教育

博物馆教育的新观念①

群众教育与服务是博物馆的主要社会职能之一。当代博物馆事业的发展，其中重要的一个方面是博物馆教育观念的更新和教育活动的创新。西方有的博物馆学者认为：博物馆教育的目的并不在"教"，而在帮助观众"学"。有的学者更主张应该用"交流"一词代替"教育"，认为"交流"更能反映现代博物馆教育活动的实质。我国博物馆学者也认为："博物馆是通过为观众自我学习提供服务而实现教育目的。"

1. 为广大观众，尤其是青少年提高思想品德、文化素养和

---

① 王宏钧主编：《中国博物馆学基础》，上海古籍出版社，2001年版，第335页。

陶冶情操服务。

2. 为在校学生的校外教育服务。

（1）结合中小学有关课程的教学内容，对教师进行辅导；

（2）组织学生来馆参观，结合学生课堂学习，做好陈列讲解和辅导；

（3）与博物馆所在地附近的中小学建立固定联系；

（4）提供教育；

（5）组织小型、轻便的展览到所在地区的中小学校巡回展出。

3. 为成人终身教育，回归教育服务。

4. 为科学研究服务。

5. 为旅游观光和文化休息服务。

社会教育与服务的主要方式方法[①]

博物馆社会教育与服务的方式方法是多种多样、丰富多彩的。这些服务的方式方法主要有陈列讲解，辅导教学，举办讲座，开展幻灯、录像、电影等电化教育，举办流动展览，编印辅导参观的陈列说明书和导游手册，编印馆藏品各种专题目录，出版藏品研究和有关学科的专著，出版本馆学报或期刊，等等。

1. 陈列讲解。陈列讲解是博物馆辅助观众参观的重要手段。它可以帮助观众对展品和陈列加深理解，掌握重点，还可以使那些无目的游览的观众，通过讲解增加参观兴趣，开阔视野，从而得到更多的收获。

2. 流动展览。流动展览是 20 世纪 50 年代初期，博物馆工作者针对社会需要而开辟的走出博物馆、深入基层、传播科学文

---

① 王宏钧主编：《中国博物馆学基础》，上海古籍出版社，2001 年版，第 344 页。

化知识的宣传教育形式。

3. 电化教育。

（1）陈列厅播放录像；

（2）开辟电化教育室；

（3）运用电子技术讲解；

（4）面向全社会的电化教育。

4. 服务设施。

（1）参观服务设施。如：①停车场：供寄存或停放自行车和汽车；②衣物存放处；③问询处（服务台）；④盥洗室；⑤观众休息室；⑥饮水处、食品部；⑦纪念品出售部、书亭等。

（2）学习服务设施。如：①讲演厅；②电化教育厅，播放电影、幻灯、电视录像等；③学生用博物馆教室，供学生听讲、临摹、修复、实验使用；④成人教育学习室等。

（3）研究服务设施。为便利馆外专业工作者从事研究工作，许多博物馆专门开放学术研究室、实验室、图书馆和免费或有偿提供研究资料。

（4）老年人、残疾人服务设施。如轮椅、电梯、残疾人专用厕所、专供盲人触摸欣赏文物、标本的展览室等。

附录二 花腰傣服饰传习活动展

花腰傣文化传习馆位于南碱村的西南角，馆舍建筑面积200平方米，展线长100米，传习广场350平方米。2003年1月开工，2003年3月落成，10月2日开馆。首次传习活动展的主题是"花腰傣服饰"。我们将花腰傣服饰传习活动展的展面文字收录在此，由于版面有限，许多精彩的图例无法罗列，而附录三的传习馆图谱也只能表达展品面貌的一个侧面。

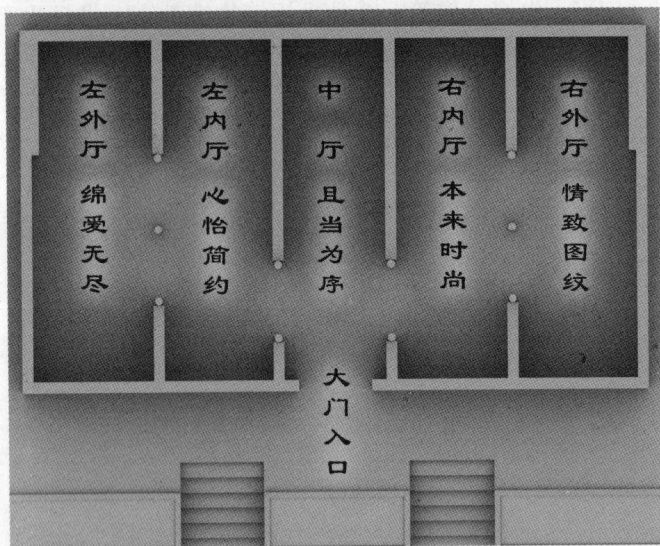

图76 花腰傣服饰传习活动展布局图

或图片，或文字
已经有了硕果累累的花腰傣的美好

再如是加之，顿觉繁叠

何况

美好之身心愉悦

任人引领多是幻虚

个中品味

方可拥怀此红彼绿

图 77　花腰傣文化传习馆外境

传习之意及花腰傣的美好

无疑都是广博的，绝不仅仅

如您视线所触及。

这里，只是做了一次小小的

传习活动展，本想以衣为主，

直击花腰裳饰，但，失控的

情绪不易收敛。于是，不得

生态村的传习馆

不有了许多的其他。

少则无语
其实
丰亦无言
无
于前者为空
于后者则因炫而茫
茫就无了头绪

示物或事
　无奈，以欠缺原则的数序给您提供一个也许是多余的名号，最直接的原因则是想将这屋土掌房中的物或事链接于您眼前有限的展面。想让您自个漫览之后，带走一方关于新平花腰傣的情融趣生的目录。
　目录的图多于字
这不惯常
不妨
经历一曲
读图时代

花腰傣文化传习馆入口处的原木铭牌

中厅　且当为序

新平概略

　　新平彝族傣族自治县位于云南省中部偏西南，介于北纬23°39′～24°27′，东经102°36′～107°17′之间。地处巍巍哀牢山脉中段东麓，境内群峦叠起，翠峰环秀，林海苍黛，江水奔流，奇景遍布。全县总面积4 223平方公里。四面邻峨山、石屏、元江、墨江、镇沅、双柏六县。最高峰大磨岩峰，海拔3 165.9米；最低点漠沙南蒿村，海拔仅有422米。年平均降雨量900毫米，年均气温17.4℃。呈现出"一山分四季，十里不同天"的立体气候，自谷地到高山的茫茫山峦间，各民族山寨如星罗棋布，点缀着这里的山山水水。

境内世居着彝、傣、汉、哈尼、拉祜、回、白、苗8种民族。彝、傣、哈尼、拉祜等民族，每个民族均有多种不同的自称和他称。在同一民族间，有的语言相通，习俗相近，但也有的语言不通，习俗各异，形成了"隔山语难通，隔河习相远"的复杂的民族结构。

新平花腰傣

傣族是新平世居民族之一。古代的"百越"、"滇越"等族群就是今傣族的先民。

明代《景泰云南图经》中写到马龙他郎甸风俗时说："百夷种类不一，而居本甸者曰歹摩，即天百夷也。"明万历《云南通志》记新化州风俗说："居夷二种，一曰棘夷，能居卑湿，女劳男逸，蚕桑捕鱼。"

康熙五十一年《新平县志》有："摆衣，性懦气柔，畏寒喜浴，女人穿筒裙担檐，男子抱儿炊爨……"的记载。

"傣族"一名是新中国成立后根据本民族自称，经过本民族人民同意后确定下来的。

新平傣族有傣雅、傣卡、傣洒三种自称和傣角折一种他称。傣雅、傣卡、傣洒根据其服饰特征，习惯上又统称为"花腰傣"。

泛说花腰裳饰

"花腰傣"的称谓大致源于新平不同支系傣族女子的裳饰。"花"之存在，其实并不仅仅见于腰。

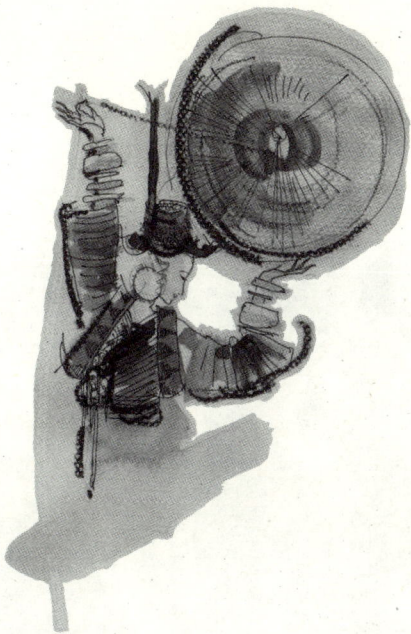

"花"，是否可以更具细地理解为一种纹饰。包括刺绣纹样、色织图条以及层叠堆搭的衣件种种所形成的丰繁的视觉感受，如此注解虽理性且缜密，甚至可以说是精确，但却并不直白坦荡，而"花"之说法少严谨，却有神。

我们且就"花"而说"花"，随了俗。

"花"的女装，大凡有三种，雅、洒、卡，内中人头头是道，而外人则不甚了了。

既然您已经来到了新平，就不该再为外人。

傣雅女子的衣图典

（1）骨针由牛肋骨削成或银制。绕束长发的工具

（2）、（3）、（4）长发的绑带。将发髻塑造成圆柱体状，并与脸型相配

（5）扎头小布条

（6）盖头布

（7）最外一层装饰布头巾

（8）围头铃，盛装时用

花腰傣文化传习馆中厅场境

（9）小衣

（10）长裙

（11）大布带带

（12）被披

（13）银泡带带

（14）挂饰

（15）大衣

（16）绑腿布

（17）篾竹腰箩

（18）鸡埘帽

傣洒女子的衣图典

（1）黑裙

（2）大带

（3）笼脚带

（4）绣裙

（5）、（6）大带

（7）绣裙

（8）、（9）、（10）宽带

（11）腰箩

（12）短衣

（13）长衣

（14）发冠

（15）符冠带

（16）头被披

（17）银泡带

（18）竹帽

傣卡女子衣图典及一些其他的说明

（1）绑腿布

（2）隔汗巾

（3）包头巾

（4）垂裙

（5）垂裙

（6）翻裙

（7）大带

生态村的传习馆

(8) 被披

(9) 被披

(10) 小衣

(11) 袖衣

(12) 挂饰

(13) 墨江帽

腰街镇概略

腰街镇位于新平县西部，背靠哀牢山脉中段东坡，东北与平甸乡、新化乡相连，南邻漠沙镇，西南与平掌乡接壤，北靠戛洒镇，是新平县红河以西 7 个乡镇的中心地带，总面积 259 平方公里。

全镇辖磨刀、纸厂、小坝多、峨德、曼蚌、平安 6 个村民委员会，9 个自然村，91 个村民小组。

粗写南碱村

南碱村名，追本溯源，应是傣语。新平县政府 1986 年编印的《云南省新平彝族傣族自治县地名志》第 140 页载："南碱：水漩涡之意，因丫味河注入漠沙江出现一大漩涡，而村子建立在漩涡旁的江岸，故以此景命名。"村落坐西向东，总面积 625 平方千米。海拔 520～540 米之间，气温最高可达 42℃，最低为 15℃，平均 22℃，属于干热的河谷。全年无霜冻，常有骤雨，全村 56 户，271 人，全是傣族，自称傣卡。

这屋土掌房的左厅和右厅以衣饰为主，展示你所处的南碱村的男女老少，喧喧融融。这次小小的传习活动展，其实只能拾得美丽花腰傣之片言只语。

右内厅　本来时尚

时尚是一种难以抵御的诱惑。时尚与传统、个性都并不相悖。时尚是流行的东西，时尚是时髦的事物。而花腰傣美丽的女装可以从容地与当今前卫十足的时装界的诸多词语对话。

衣的建筑风貌

服饰之所谓建筑风貌，多是表现一种大都市情调，而于乡村幽丽之中凸显的花腰傣女子衣饰，则是以其整体造型来诠释服饰的建筑风貌的。他们是如此的注重形式，单刀直入，只想美化人

生态村的传习馆

花腰傣文化传习馆右内厅场境

体，但又不甘于仅仅包缠或拓照人体。他们缔造服饰的魄力惊世骇俗。

酷酷的小衣

酷，是时髦的语汇

酷也许能与帅气和飒爽沾上边，似乎还略带一点逼人的隽傲，于是花腰傣女子的小衣很酷，而身着小衣的颇具风韵的奶奶们更显时尚。

多层次风貌

时装的流行潮中

多层次风貌屡屡出现。

多层次风貌由多件层的服装组合而成，

其服饰风格和穿着方式以堆叠的层次感取胜。

花腰傣女子服饰拥有绝不含糊的多层次风貌，
而这类习以为常的组合是需要智慧的。

右外厅　情致图纹

　　手针以一定的规律运行后，针鼻所穿带的线绳即能在面料上往复盘结，牵拉出各种装饰图案，手针不同规律的运行就形成了不同的缝绣针法，花腰傣女子手中的飞针走线精细且实在，而其缝绣所构建出的装饰图案则是妙趣横生的，与常见的花是花，鱼是鱼相比较，花腰傣的缝绣图纹与其名称的对应颇显灵俏。

抽象表达

①雀眼睛的花：

花腰傣文化传习馆右外厅场境

不知道是什么雀，大凡眼的外形都相差不大，用菱形概括一只睁开的雀眼，是无可非议的。

②小狗脚的花和大狗脚的花

菱形同样也能描述不知是狗脚的外形还是狗脚的爪印，这需要丰富的想象。

③筷子花

能将惯常平行而置的两只筷子，表现为直角交叉的摆放，这并不容易。

④犁头花

如果你硬要将这枚纹样看成一只水中的天鹅，那就离花腰傣的生活太远了。

⑤笑脸花

毕加索手中的脸是半斤，这张笑脸必是八两。

⑥拖拉机的脚

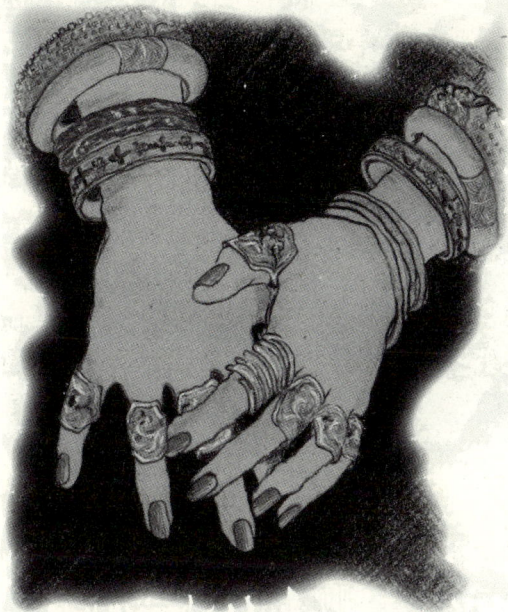

生态村的传习馆

拖拉机的脚是什么？轮子。

轮子能制造什么？轮子印。

⑦笼子的花

笼子往往令人想到囚捕，囚鸭、囚鸡。

但这只笼子却很美，并无杀气。

⑧脚高脚低花

这两只脚实际是扭吻着，如此，总比一高一低来得亲密。

⑨窗子花

掠过这样的窗子，自然美景尽览。

⑩饭盒上的花

用彼花来描述此花。

花腰傣文化传习馆中厅场境

⑪硬猪屎花

猪粪确因硬软之区别而造型各异。

⑫红心花、紫心花

这"心"是人的心脏。

比起时常所见的红桃心状而言，这颗心更为迷离、浪漫。

具象显现

①叶子花

②老鼠脚的花

③一堆一堆的银泡花

④鱼尾巴的花

⑤小虾花（一种植物）

⑥鸡冠花

⑦四叶菜花

⑧房头花
⑨谷叉花
⑩酒杯花
⑪八角形的花
⑫弯弯的花
⑬蛤蚧花
⑭黄鳝骨头花
⑮鸡下巴花
⑯猫牙齿花

功能描述

①起头花
绣缝如果没有起头就做不下去。
②缝纫机的花
机器仍然可以绣花
③连接花
不仅仅完成了衔接，而且还要好看。

率性的游戏

南碱村不大，9～12岁的女孩也不多，他们一起到外面读书，一起回村子过周末和假期。妈妈们都还当他们是孩子。

细针与彩线在她们五指间的信手拈来，虽不规范，却是率性。

率性也是美

美的缝绣如需要生命的延续，那么率性并不多余。

左内厅　心怡简约

将简约进行到底

花腰傣的男装是简约的。

　　简约是简洁而并非简单。简约的衣饰以极少的色彩和极少的形象去简化视觉，摒弃一切干扰主体的不必要的东西。

　　据说，植根于不同类型女性心底的男子形象的树立首则是整洁、清爽，整洁是男性魅力的标志。

　　也许正是这一群将简约进行到底的男子才能托染出花腰女子

满目的美丽。

花腰傣文化传习馆右外厅场境

知人知衣

花腰傣传统的盛装服饰，现今已是礼仪服饰的代名词了，过去着装者在礼仪场合才会被认同和证明身份。

礼仪场合是什么？

简单地说，即是指下列一些人类社交行为的现场，出生及童年仪式，订婚结婚，死亡葬礼，宴会聚会，走亲串友，等等。

人们在其他的大部分时光里又想要穿什么呢？

太复杂的服饰常常使人望而却步，这与其本身美不美毫无关系。原因是自成系统的复杂服饰较难与其他服饰进行重组。这与现代生活样式的变化和发展不相协调。再则，传统服饰在形、色、质上的专一能使人衣系统显现出"人不胜衣"的局面，这

119

又与现代人们期待的对人的本质及人的个性的赞美相冲突。

于是，心怡简约，不仅仅是男装。

形变，色变，质变。

尚使变而不离其根，何乐而不为？

左外厅　绵爱无尽

信物示爱

与一位异性建立了关系，相互间的交往是必然的。

交往的基础是情感，而表达情感成为人类继勃发情感之后的

花腰傣文化传习馆右内厅场境

必然。人们往往并不仅仅限于用自己的面孔来表达爱慕，示爱的

花腰傣文化传习馆左内厅场境

小礼品是必不可少的。

　　将简约进行到底的男子，所拥有的并不简约的玲珑之物往往都是圈围着曼妙爱意的。

背服幼儿

　　不必去追究幼童们的小帽，何以如此绣饰之极。男童和女童都戴小帽，母亲的巧手抚弄过后，便是写满了心意与爱意。

　　背被能扶助幼儿舒坦地爬伏在大人的身背。一条背被的造型气势超乎很多人的想象，这样的气势想必是利益于功能的。

　　幼儿很多时候都处于这样的被服状态：背被覆裹全身，小帽护掩头脸，以如此的理解，便明白了小帽与背被的重要。随即便可容纳了幼儿其他服饰的太多的随意了。

花腰傣文化传习馆左外厅场境

附录三　云南新平县南碱村花腰傣文化传习馆图谱

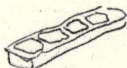

传习馆图谱1　木质糖碗
　　有方形和圆形，糖块的模具。

传习馆图谱2　陶质糖碗
　　圆形，糖块的模具，倒糖汁时需用叶子垫底。

传习馆图谱3　谷扇
　　以前每户人家都有，将叶子和瘪谷吹走，现在多数用风箱。

传习馆图谱4　扇子
　　用槟榔叶子做成，扇凉、扇火皆可，通过自然风干后，从树上掉下来的叶子才能用。

传习馆图谱5　鸟胶缸子
　　竹子做成，盛放粘鸟的胶液。

传习馆图谱 6　搓板

　　加工萝卜丝、树冬瓜丝的工具，木质。

传习馆图谱 7　酒筒筒

　　竹质，可用做喝水和盛酒的工具。

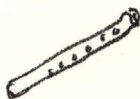

传习馆图谱 8　竹箫

　　乐器。

传习馆图谱 9　佐料竹筒

　　可用于舂碎辣子包包。

传习馆图谱 10　红糖包

　　用甘蔗叶包缠糖块，防湿、防霉、防尘。据说包得好的红糖包是找不到蔗叶尖梢的。

传习馆图谱 11　苍蝇拍

　　打苍蝇的竹制工具。

传习馆图谱 12　勾勾锄

　　每年七八月江河发水时，水面上会漂浮一些柴木，用勾勾锄将柴木拉到岸边，等水落了，柴干后，拿回家中做燃料。勾勾锄的木质以轻牢为好，还可以反过来用做挂东西的叉钩。现在可以用钢筋做成勾勾锄。

传习馆图谱13　玉蝴蝶

一种凉药。

传习馆图谱14　藤圈

藤圈有两个用途，一是置于土锅底，令土锅稳固。二是给大鱼笼做衬圈。

传习馆图谱15　丫杈橡皮

打小鸟的工具，以前没有。直到有了橡胶的时候，这东西才出现的。

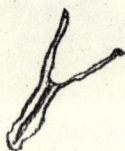

传习馆图谱16　锅筷

煮肉、翻饭的工具，傣语发音为"吐"。有一则笑话说：一个傣族小孩到汉人家，说要"吐"，大人急忙将小孩抱起，抱出门不吐，抱进门也不吐，很奇怪。

传习馆图谱17　凉扇

扇凉用，也可以扇火烧粑粑。

传习馆图谱18　勺

吃饭、打汤、打菜皆用。

传习馆图谱 19　葫芦大瓢
　　盛水的工具。

传习馆图谱 20　葫芦水罐
　　用竹条编制外面的防护壳子，到山上砍柴时背着水去喝。

传习馆图谱 21　鸡枞帽
　　据说原本是傣族自己编的，因竹材难寻，现在多数是彝族做好了卖给花腰傣。
　　"傣雅"支系女子戴。

传习馆图谱 22　墨江帽
　　墨江人做的帽子，"傣卡"支系的男女皆可戴，现在以草帽代替，墨江帽已很少见了。

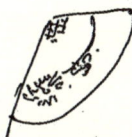

传习馆图谱 23　竹帽
　　"傣洒"支系女子专用，傣洒自己编的帽子。

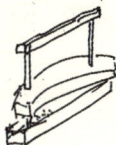

传习馆图谱 24　砸老鼠的工具
　　用重而牢的木质制作，内里放大米或谷子做诱饵，摆放在房屋墙角捕老鼠。

生态村的传习馆

传习馆图谱25　牛角号

水牛角做成，四月节祭龙时，做"龙头"的人专用，近几年都不吹了。

传习馆图谱26　木臼

捣碎大量的物品，香椿树做成。

传习馆图谱27　石臼

一般用白石头做成，捣碎少量的物品。

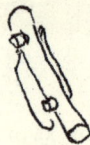

传习馆图谱28　推刨

不仅仅可以将木头弄光滑，还可以推削粑粑块

将糯米做的大块粑粑刨削出薄片，晾干后，煎、烤、煮食。

传习馆图谱29　粑粑夹

用以夹稳粑粑块，以便推刨、切削。

传习馆图谱30　木盆

木盆的用途极广，水冬瓜树或攀枝花树做成。

用于拌腌菜、拌腌肉、剁猪食、剁切喂小鸡、小鹅和小猪的各种食品。

传习馆图谱31　黄牛铃

　　放养牛群时用，以便寻牛，外层可用铜或铁，内衬木棒。黄牛肉多用做食品。

传习馆图谱32　水牛铃

　　专门是给水牛用的铃，同样是放养牛群时用，以便寻牛。

传习馆图谱33　打滚的木坨坨（陀螺）

　　紫柚木做成，有尖头和平头之分，一种玩具。

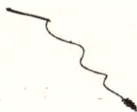

传习馆图谱34　拴住打滚木坨坨（陀螺）的绳子

　　绳的端头系上鸭毛，便于圈绕并扎紧木坨坨。

传习馆图谱35　像扭着一条蛇的工具

　　扫地工具，即糯谷秆子扎成的扫把。

传习馆图谱36　面瓜鱼头骨

　　面瓜鱼外形似飞机，鱼肉金黄，像面瓜（老南瓜）肉色，可能是由此得的雅号。

　　食了鱼肉，将骨头剥净串挂计数，六月二十三拿到江边祭龙，让江水带走，还给龙王，据说如此礼尚往来方可在下一年拿到更多的鱼。

生态村的传习馆

传习馆图谱37　泥祭品

用泥巴捏塑出的送给寨神的礼物，有人、猪、牛、羊等。

传习馆图谱38　胶签

将涂有树胶的胶签插在大树梢上，用以粘捕小鸟。

传习馆图谱39　马尾套

捕捉小鸟的工具，用马尾毛做的套圈，可紧拴小鸟的脖子。

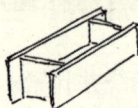

传习馆图谱40　土基模

黄杨木质为最好，表面光滑，制作土基的模具。

传习馆图谱41　蒸酒器

1960年制，锡质，原合作社公有的，当时由外地人来村里打制。

传习馆图谱42　矮板凳

以两段丫状木做脚，两只腿根，四只脚。

传习馆图谱43　木横凳

以攀枝花木为好，将木心挖除成圆桶状，而后一分为二，两块瓦状物即成一双木横凳。

传习馆图谱44· 木坨凳
一根整木砍削而成，稳当牢实。

传习馆图谱45　牛皮凳
　　牛皮做面，家中常用。还有一种叫做
"穿鞋子的凳子"，即在牛皮凳的四只脚上
加钉四块厚木板，专门用于坐在田里拔旱
秧，凳子脚之所以要穿鞋子，是为了预防凳
脚下陷于泥田里。

传习馆图谱46　切粑粑的凳子
　　将用红米做成的粑粑软团放在粑粑凳的
上面，用手下压，软团经细铁线切割成条
状，以备食用。

传习馆图谱47　夹刀
　　用于切割红薯藤、谷穗等。

传习馆图谱48　紧麻绳的坨坨
　　用"三年不干树"做成，据说这种树
砍倒三年也不会死亡，不生根，但还会
发芽。

生态村的传习馆

生态村的传习馆

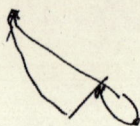

传习馆图谱 49　切肉刀

刀尖的小勾子用于勾抓肉块。

传习馆图谱 50　杀鸡刀

这小刀的刃极富弹性，当地人叫它"飞机钢"，是由几十年前坠落在村子旁的一架飞机的机体材料做成的。

其他 51　角匙

用黄牛角削制而成，盛舀盐巴粉末。

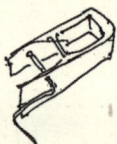

传习馆图谱 52　墨斗

"歪木头，直木匠"，用于在木材上弹线，以使取材笔直。

传习馆图谱 53　尖尖的织网角

编织渔网的工具，木质、竹质、牛角质都有。

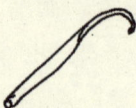

传习馆图谱 54　糖刮

制糖用具，用以清理瓢盆上的糖汁。

传习馆图谱 55　牛角钻
　　木匠手工工具。

传习馆图谱 56　鬼手枝
　　七叶莲的树枝，因外形像手爪而得名。
挂在男女幼童的帽子上，以避邪。

传习馆图谱 57　土陶瓶
　　装水器，现在已不常用。

传习馆图谱 58　汤碗
　　做客发丧时用。

传习馆图谱 59　瓷碗
　　家中常用于请客吃饭。

传习馆图谱 60　茶壶
　　装冷水和热水，一般直接灌入热水，直
至冷却。

生态村的传习馆

传习馆图谱 61 　献鬼的酒杯
　　专门用于上坟时祭献鬼神。

传习馆图谱 62 　土锅
　　土锅有三种，一种是煎药用的土锅，煎出的药纯正，不走味，另一种是烹食的土锅。还有一种是装水的，将开水倒入，待冷却后口感特别爽凉。

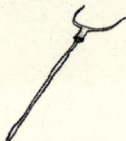

传习馆图谱 63 　尖头叉刀
　　据说是清末的古老兵器，杀过真人。

传习馆图谱 64 　杧果刀
　　拿杧果、摘青枣的工具。

传习馆图谱 65 　锛子
　　削树皮、木头的工具。

传习馆图谱66　团鱼

　　食肉后，鱼的外壳可做药。

传习馆图谱67　　镰刀挂

　　镰刀乱放容易伤人，用镰刀挂集中收置，既方便又安全。

传习馆图谱68　　平头镰刀

　　刀刃以磨石加工，常用于割田埂上的草，喂牛、喂猪。

传习馆图谱69　　锯齿镰刀

　　专门割谷子，不用磨石加工刀刃，越用越锋利，还可以用于避邪。

传习馆图谱70　　挎刀

　　传说清朝时是战刀，现在则用于送葬时孝子们佩戴。

传习馆图谱71　　碗筐

　　钉挂在墙面上，装干净的食碗。

传习馆图谱 72　筷笼

笼脚伸出的木头是用来沥水的，这样筷子干得更快。

传习馆图谱 73　装小鸟、小鸡、小鹅的笼子

笼子的孔不小，动物的头可外伸，以便透气喝水。

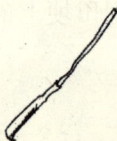

传习馆图谱 74　涮刀

柄长，可随意挥舞，拓荒时，用于开清草木。刀头有一个小小的勾，可保护刀刃，例如地上有石头时，小勾的率先接触即可保护刀刃。

传习馆图谱 75　甘蔗刀

甘蔗刀的结构有两部分，刀刃用于切断甘蔗根茎，刀头的小弯钩则用于剔削甘蔗叶。

传习馆图谱 76　箩篓

底部很大，装小鸡、小鸭、不会倒覆。

传习馆图谱 77　鹌鹑笼

捕捉小鸟的工具，有山草衬内，可防雨水。

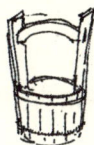

传习馆图谱78　木桶

这样的桶以前用得很多，但容易烂，不像现在的铁桶和塑料桶。

传习馆图谱79　压鸟石

能捕捉很多种小鸟，压鸟石下面挖个小坑即可捉到活着的小鸟，如果不挖小坑，拿到的猎物就是伤鸟或死鸟。

传习馆图谱80　土锅笭笭

以前没有自来水时，就用土锅装井水，有土锅笭笭将土锅盛住，即可方便地用扁担挑水了。

传习馆图谱81　菜提

可提菜、洗菜、端菜碗，每回可装七八样菜，一张桌上的菜就足够食用了。

传习馆图谱82　篾桌子

这样的桌子方便轻巧，桌子倒翻过来可以盛物，不用的旧桌子可以罩鸡，一物多用。

传习馆图谱83　鱼笓

水库、大江、小河，田里都可以用鱼笓攞鱼。

生态村的传习馆

传习馆图谱 84　针线箩

过去专门用于存放女人挑花的东西，现在也可以放置打毛线的东西。

传习馆图谱 85　漏谷子的笼笼

其实就是一个漏斗，用竹条编出造型，而后用湿牛粪将内壁涂抹均匀，干燥后即可用于将谷子漏入库房。牛粪涂料的作用是使内壁光滑，谷粒不易夹塞在竹编孔洞之间。

传习馆图谱 86　竹圈串链

原意是捕捉野兽的铁链，同样是威胁野兽，引申为避邪，而喻义没有野兽吃庄稼，来年谷物丰收。

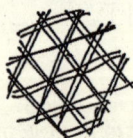

传习馆图谱 87　六角编

据说，这是在模仿防护用的围栏，抹上鸡血、鸭血，令野兽无法接近。现在用以表示避邪之意，进而喻义没有野兽吃庄稼，年成丰好。

传习馆图谱 88　鸭蛋笼

笼内的鸭蛋是一种被囚捕物的象征，于是鸭蛋笼即显示了杀鸡给猴看的暗喻，同样是威胁野兽。现在用以表示避邪之意，进而喻义没有野兽吃庄稼，年成丰好。

传习馆图谱89　黄鳝笼

捕捉黄鳝的工具，用竹心编，以节省材料。

传习馆图谱90　捞网

与鱼笊相比，这种长柄的网即可捞到深水处的鱼了。

传习馆图谱91　刮泥板

牛耙过的水田凹凸不平，用刮泥板整平之后再撒秧，这样的秧很好管理。

传习馆图谱92　衣箱

大松木制成，女人的嫁妆，夫妇各人一只。

传习馆图谱93　火雀网

四根上好的金竹，再加尼龙鱼线网，即可捕捉到成群的小鸟。

传习馆图谱94　腰箩

女人们装小什物用的随身容器。

生态村的传习馆

传习馆图谱 95　江鱼笼

　　男人们将江鱼笼于晚上放好在江边，第二天早上去取鱼。

传习馆图谱 96　有盖子的背箩

　　女人的嫁妆，专门用以背传统衣服。

传习馆图谱 97　小饭箩

　　装饭的容器，有盖和无盖两种。

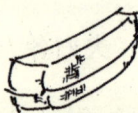

传习馆图谱 98　长盒子

　　内装牙刷、牙膏、毛巾、香皂，是洗漱用具盒。

传习馆图谱 99　油灯

　　小碗盛着猪油，棉线引出点火，小碗下的竹筒则是灯座，便于油灯放置。

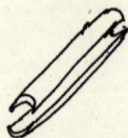

传习馆图谱 100　木管

　　攀枝花树做的圆筒，在江中捕鱼时的工具之一。

传习馆图谱101　　掼盆

打谷工具，现在多用铁皮做，底部收口便于劳作。

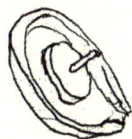

传习馆图谱102　　磨盆

用以磨豆子、米面，磨石下的底座可做成木支架，也可用土基做底。

传习馆图谱103　　牛尾巴

除尘工具，用来掸箱子、柜子，现在可以掸电视机等物品上的尘土。

传习馆图谱104　　日纹尺

用以测算吉日的工具。

传习馆图谱105　　乌鸦的饭盒

幼童帽上的装饰穗。

传习馆图谱106　　石莲子

幼童帽上的装饰穗，石莲子的内核可做药。

生态村的传习馆

生态村的传习馆

传习馆图谱 107　鲤鱼的脸

幼童帽上的装饰穗，以鲤鱼两鳃的鱼骨做衬料。

传习馆图谱 108　折扇

供销社和小商贩处都能买到纸扇，多是小伙子送与情人，又由姑娘们的巧手绣饰上彩线边花后送还给小伙子，这一来一往就添了许多情感。

传习馆图谱 109　扇子包包

有了扇子，就必然有了扇袋。这扇袋的装饰与花腰傣的衣饰风格一脉相承。

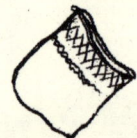

传习馆图谱 110　镜子包包

小方块的镜子多由情人相送，姑娘们做上包包，仔细放好小镜子，这是情人们的又一次合作。

传习馆图谱 111　语录口袋

语录是个特定的名词，现在的年轻人已不大知晓了。

传习馆图谱 112　布鞋

新平汉人做的鞋，买来穿用，或是请朋友做成。

传习馆图谱113　手帕
　　这方手帕由姑娘绣饰好后送给自己的心上人。

传习馆图谱114　牛皮烟盒
　　置放烟叶卷卷的容器，防湿、防尘、防霉。

传习馆图谱115　角粽
　　一种女人们制作的挂饰，原意是"包米的羊角粽"。

传习馆图谱116　麂子
　　竹制小玩偶。

传习馆图谱117　水母鸡
　　竹制小玩偶。

传习馆图谱118　燕子
　　竹制小玩偶。

生态村的传习馆

传习馆图谱119　龟形杼

即刀杼，纺织器具，兼具引纬和打纬两个职能。

传习馆图谱120　树荫笍

即筬，纺织器具，也叫筘，是控制织物经密和推送纬纱的织造机件。也可起到稳定织物幅宽的作用。

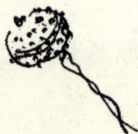

传习馆图谱121　果子铃

果子铃常被认为是钮子，真实的钮子是铃下的布疙瘩，果子铃只是好看的饰品。

传习馆图谱122　手指套套

手指装饰品。

传习馆图谱123　小筬

可以用来织细带的工具，小巧方便。当地人叫它"小织梭"。

传习馆图谱124　罐罐的头头

一种耳环，"傣雅"和"傣卡"都用。

传习馆图谱 125　　黄鳝形的耳朵圈圈

一种耳环，"傣洒"女子用。

生态村的传习馆

附录四　花腰傣文化传习馆开馆庆典活动方案

一、活动目的

认识生态村，宣传新平花腰傣是该项活动的主要目的。

南碱文化生态村作为文化保护和展示的对象，由两部分组成，第一部分为花腰傣文化传习馆馆内陈列，第二部分为南碱村的整体村落。

传习馆馆内陈列有实物和传习活动介绍两部分内容。

生态村既是文化的承载空间，同时，其本身也是被展示体，生态村能够全面地体现当地民众的自我主导意识，这是对传统文化有效保护和可持续发展的保障，我们希望生态村的试点能够发挥良好的示范作用，以利于文化生态保护和协调发展的理念在村村寨寨的传播和推广，同时共鸣于新平县打造花腰傣品牌，推进文化旅游产业发展的思路和目标。

二、活动时间

2003 年 10 月 2 日（全天）

三、承办单位

云南大学民族文化生态村项目组

中共新平县委、县政府

腰街镇党委、镇政府

南碱村村民小组

云南省体育旅行社

四、活动内容

1. 剪彩仪式：花腰傣文化传习馆开馆庆典剪彩仪式。

2. 各项活动：文艺演出，南碱滩漂流比赛，刺绣及着装比赛，总结会议等。

五、活动进程

时　　间	活动内容	地　点
上午 10：00—11：00	开馆庆典	花腰傣文化传习馆
上午 11：00—12：00	文艺演出	花腰傣文化传习馆
中午 12：00—2：30	现场午餐	南碱滩旁小山坡
下午 2：30—6：00	漂流比赛	南碱滩旁
下午 4：30—6：00	刺绣及着装比赛	南碱滩旁小山坡
下午 6：00—7：30	现场晚餐	南碱滩旁小山坡
第二天上午	总结会议	新平县腰街镇政府

六、庆典活动的经费支出及承办职责安排

云南大学民族文化生态村项目组用于南碱村有关方面的建设费用，截至目前已达 16 万元。在生态村建设过程中，各级政府及下属职能部门在人力、物力、财力上都给予了力所能及的支持。

庆典仪式请新平县委或腰街镇主持，尚待解决的相关事宜如下：

1. 请安排嘉宾邀请以及相关事宜。

2. 9 月 25 日项目组赴南碱，进行开馆前布展，工作人员预计 10 名，请安排落实车辆。

3. 10 月 1 日省市代表及有关专家、学者提前一天赴南碱，请安排所需车辆及接待工作。

4. 庆典活动的治安保卫工作，请按下列各项责任落实到部门及个人。

（1）交通车辆管理

（2）村内治安管理

（3）传习馆内部安全管理

5. 嘉宾及全体工作人员于庆典当天中午及下午在南碱滩旁小山坡就餐，由村民烹制民族特色食品供客人们享用。就餐费用预计10 000元。

6. 漂流比赛的相关事宜由云南省体育旅行社全权负责，县镇各级相关部门协调办理。

（1）参赛队 5 支——昆明队、玉溪队、新平队、腰街队、南碱队。

（2）参赛队人数——每队 10 人，共计 50 人。

（3）比赛的方法——南碱到漠沙途中，布置两个关口，设有趣味问答和寻宝障碍，顺利过关并抢先到达终点者为胜。

（4）奖项的设置——比赛分设一、二、三等奖，其余两队为鼓励奖。

（5）根据奖项的差异，所有参赛队员均获不同的小小纪念品一份。

（6）纪念品购置费用预计 2 000 元。

（7）水上摩托艇耗油费用预计 880 元。

7. 漂流比赛及刺绣、着装比赛（奖品已准备）的颁奖嘉宾请新平县委或腰街镇安排落实。

8. 庆典及漂流结束后请安排专家、学者与当地领导就文化保护和发展等问题进行座谈。

9. 有关宣传报道事宜请县委酌情考虑。

云南大学民族文化生态村项目组

腰街镇党委、镇政府

2003 年 9 月 12 日

附录五 花腰傣文化传习馆开馆庆典 活动宣传单

"云南民族文化生态村"的由来

20世纪70年代末，我国开始实行改革开放和以经济建设为中心的发展方针，继而又制定了西部大开发的战略，广大少数民族地区获得了前所未有的发展机遇，社会经济得到了很大的发展。与此同时，全球一体化的浪潮也随之而至，对少数民族传统文化和生态环境造成了很大的影响和冲击。如何保护少数民族优秀传统文化，如何保护其生态环境，从而实现社会、文化、经济、生态的和谐和可持续发展，提上了议事日程。

西方发达国家较早地注意到这个问题，在很大程度上是对殖民主义和工业化反思的结果。这些国家或大量兴建博物馆，以保存有形的文化遗产；或建立保护区，作为土著民族的"保留地"。20世纪60年代以后，在欧美地区先后兴起了一种新的文化保护模式——"生态博物馆"。所谓"生态博物馆"，就是提倡在文化的原生地进行文化保护和传承文化、生态的保护区。"生态博物馆"较之仅局限于文化保存的都市博物馆和带有殖民主义烙印的土著民族的"保留地"，无疑是一种新的理念和较为科学的文化保护模式。

在我国，对于少数民族文化的保护与传承，也有过一些努力和探索。例如贵州省与挪威政府合作，仿照欧洲"生态博物馆的理念和模式"，在该省六盘水市六枝特区梭戛乡建立了中国第一个生态博物馆，在云南则有过中央乐团的作曲家田丰先生创办的民族歌舞传习班。借鉴中外的经验和教训，1997 年原任民族博物馆副馆长、研究员，现任云南大学人类学系主任、博士生导师的尹绍亭教授提出了建设云南民族文化生态村的构想。此构想一经提出，立即得到社会各界的关注和支持。1998 年春天，尹教授组织了云南大学、昆明理工大学、省社科院及省博物馆等单位的专家，成立了"云南民族文化生态村"项目组，并争取到了美国福特基金会对项目软件建设的资助，于是在全省选择了景洪市巴卡小寨、石林县月湖村、丘北县仙人洞村、腾冲县和顺乡和新平县南碱村 5 个试点，在当地政府的支持下，开始实施建设计划。

什么是民族文化生态村

民族文化生态村简而言之，那就是在全球一体化的背景下，在现代化的进程中，力求有效地保护和传承优秀的民族传统文化，并努力实现文化与生态、社会、经济的协调和可持续发展的乡村发展模式。具体而言，民族文化生态村应具备以下理念和原则：

1. 民族文化生态村以优秀民族传统文化及其生境的保护为宗旨，它不是一般意义上的民族村、民俗村、旅游村、度假村和低层次的所谓"农家乐"，而是积淀着丰富的、深厚的文化内涵并能有效保护、传承的典范。

2. 文化及其生态的保护，目的在于造福于当地民众及其子孙后代，在于促进社会的繁荣昌盛和健康发展。而要实现有效的保护，最主要的途径便是就地保护与传承，而不宜采取异地移植的保护、传承方式。

3. 所谓文化的就地保护，不仅仅是指要在文化的原生地进行保护，更重要的是要强调当地民众的积极参与、自力更生和自我主导，只有实现当地民众的参与和自主，才是有效保护和可持续发展的保障。

4. 民族文化生态村重视民族文化的保护与传承，即重视充分发掘、整理、继承优秀的民族传统文化。但是这还不够，以此为基础，还必须不断吸收外界和现代的优秀文化。继承自我是根本，吸收他者是发展，只有两者结合，才具有生命力，才会兴旺发达。

5. 民族文化生态村重视文化及其生态的保护，同时注重发展经济。经济是基础，只有经济发展了，才能更好地进行文化和生态的保护。因此，民族文化生态村还必须建立经济与文化、生态互动的良性发展机制。

图书在版编目（CIP）数据

生态村的传习馆/孙琦，胡仕海著. —昆明：云南大学出
版社，2008

（民族文化生态村：当代中国应用人类学的开拓/尹绍
亭主编）

ISBN 978-7—81112—556—6

Ⅰ.生… Ⅱ.①孙…②胡 Ⅲ.少数民族 — 居住区 — 研究
— 云南省 Ⅳ. K280.74

中国版本图书馆CIP数据核字（2008）第177785号

The Village Museum in an
Eco-Village

民族文化生态村
——当代中国应用人类学的开拓

生态村的传习馆 孙　琦◎著
　　　　　　　　胡仕海

责任编辑：纳文汇　蒋丽杰

责任校对：何传玉　刘云河

装帧设计：刘　雨

出版发行：云南大学出版社

印　　装：云南省地矿测绘院印刷厂

开　　本：850mm×1168mm　1/32

总 印 张：31.5

总 字 数：800千

版　　次：2008年11月第1版

印　　次：2008年11月第1次印刷

书　　号：ISBN 978-7-81112-556-6

总 定 价：148.00元（共六册）

出版社地址：云南省昆明市一二·一大街云南大学英华园

邮　　编：650091

电　　话：0871-5033244　5031071

网　　址：http://www.ynup.com

E-mail：market @ ynup.com

福 特 基 金 会 资 助 项 目

A PROJECT FUNDED BY THE AMERICAN FORD FOUNDATION

《民族文化生态村——当代中国应用人类学的开拓》丛书编委

尹绍亭　王国祥　罗　钰　李树华　孙　琦

刀彦伟　黄绍忠　陈学礼　刀文成　彭多意

胡仕海　朱映占　张　海　张海超　王　焱

赵文娟　曹津永

◎ 西南边疆民族研究书系

The Ethnic Cultural and Ecological Villages
—— An Exploration in China's Applied Anthropology

Coming to the Internet

主编 尹绍亭 / 副主编 王国祥 罗 钰

民族文化生态村
——当代中国应用人类学的开拓

走向网络

曹津永◎著

云南大学出版社
Yunnan University Press

总　序

　　民族文化生态村，是在中国当代市场经济和全球化背景下形成的一种以文化为中心的乡村和谐发展的理论和开拓探索的实践。

　　市场经济和全球化，是一对"孪生姐妹"。一个国家一旦选择了市场经济，那就必须开放国门，就必须融入世界经济体系，结果自然免不了要淌进"全球化"的潮流之中。实行市场经济和开放政策，是中国发展的正确选择。中国几十年闭关自守实行计划经济，结果贫穷落后、暮气沉沉，而改革开放30年来，便繁荣昌盛、生机勃勃，此足以说明市场经济和全球化的无比伟大。

　　然而，30年来，从文化的角度观之，市场经济和全球化却构成了对中国文化前所未有的严峻考验和挑战。一种文化能否从容应对市场经济和全球化，取决于它的根基、结构、内涵和自信。根基牢固、结构稳定、内涵深厚、传统悠久、自信度高、进取心强，便可能因势利导，兼收并蓄，发展创造，乘势而上，不断迈向新的阶段。反之，则很容易变质、衰落，甚至土崩瓦解。就中国文化而言，其根基不可谓不深厚，其结构不可谓不牢固，其传统不可谓不悠久，然而中国文化的不幸之处在于，当市场经济和全球化的大潮涌来之时，它刚刚经历了史无前例的"文化大革命"的浩劫，根基、结构、传统均遭到了严重的颠覆和破坏，国人陷于深深的彷徨、迷茫和错乱之中，精神空虚、道德沦丧、信仰失落已非个别现象。以如此虚弱、凋敝的状态去应对突如其来、汹涌澎湃、势不可当的市场经济和全球化，去应对崇尚

科技、高度发达的工业文明、以物质和金钱崇拜为核心的工业文化，其结果，盲目、混乱、消极、庸俗、变态自是不可避免，在许多方面，陷入了深深的困境和危机。

环境发生了巨变，促使文化必须作出相应的调适和重建。显然，在当代中国，传统文化、地域文化和民族文化的保护、传承和发展，已成为非常紧迫的重大课题。而欲从事这样的课题，采取本本主义的理论研究是不行的，必须深入实际进行研究和探索，即必须到田野中去进行研究和探索。田野可以选择城市，而我们选择了乡村，因为中国毕竟还是一个乡村大国，而且 56 个民族的绝大多数人口仍然居住于乡村。基于这样的动机和理念，以文化保护和可持续发展为宗旨、以乡村探索为途径的"民族文化生态村建设"项目，由我们策划和推动，终于应运而生。

该项目受美国福特基金会资助，由云南大学负责组织实施。项目选择了五个试点，分三期进行，从 1998 年 10 月开始至 2008 年 10 月结束，已历时 10 个春秋。10 年来，项目取得了显著成绩和许多实质性的成果，产生了广泛而深远的影响，当然也有不足乃至不成功的案例和教训。作为一个创造性、应用性、探索性的项目，其主要目标之一，是必须及时总结经验和教训，进行推广和交流，从而丰富和完善成果，并最大限度地实现成果共享。在项目进行的过程中，项目组曾经举行过各种形式的培训和交流活动，此外，项目成员、试点所在地政府、媒体以及国内外的学者和各类考察者，都曾写作发表过大量的关于文化生态村的调查、研究、宣传的文章。在本项目的全部计划即将结束之际，我们又精心推出这套总结性的丛书，希望能够对时下各地区、各民族建设文化生态村的热情和企盼有一个积极的、有效的回应。而且，随着国民文化保护意识的觉醒和增强，随着国家对文化遗产保护事业的日益重视，随着社会各界所参与的文化事业的蓬勃发展，随着学术界、文化界文化研究事业的推进，像民族文化生态村建设项目这样具有创新性和开拓性的文化保护和传承的理论和方法、勇于实践和富于成效的试验和范例，相信是会受到人们的欢迎的。

俗话说，"十年磨一剑"。平心而论，本丛书尚未达到预期的目标，存在着许多不足和缺憾，然而它毕竟是试点村的村民、干部和学者十年求索、十年实践、十年心血的积累。如果本丛书的问世能够对当代的文化保护、传承事业有些许的贡献，尤其是如果本丛书能够为广大农民、基层干部和文化官员所利用，认为具有参考和应用价值的话，那么我们就感到十分满足了。

尹绍亭

2008 年 9 月

目　录

CONTENTS

前　言

　　从 1998 年投入立项到现在，由美国福特基金会资助，云南大学尹绍亭教授负责组织实施的云南民族文化生态村项目建设已历经十年有余。致力于民族文化和生态环境保护以及乡村和谐可持续发展的探索，十载春秋，项目取得了诸多丰硕的成果和实质性的成效，也有不足和教训。成果也好，教训也罢，对于目前急需发展的文化保护事业来说，都是宝贵的财富。到今年 10 月，云南民族文化生态村项目的建设已经结束，总结经验，加强交流并最大限度地促进成果共享和推广项目理念，是目前最急迫的任务，而本书的主要目标之一就是利用互联网这一有效的宣传工具，建设交流平台，促进成果共享。

　　从国际、国内的形势来看，全球化、现代化的市场经济已经席卷全球的每一个角落，在这样的形势下，民族文化的保护，尤其是非物质文化遗产的保护，已经不单单是学者们研究的事情了，国家也将其提到了非常重要的高度，并且出台了许多相应的政策和措施。在这样的背景下，如何结合先进的互联网技术促进民族文化和文化遗产保护事业的发展，无疑是一个重要而新颖的课题。本研究的目的，就是希望通过建设文化生态村网络的探索，以期对民族文化和文化遗产保护事业作一点有益的贡献。

　　按照项目前期的目标和计划，项目组已经多次设计和制作了云南民族文化生态村网页，并且将其挂靠于学校和博物馆的网站对民族文化生态村作了长时间的宣传。虽然产生了不菲的效果，但却都没有建成独立的网站。因而，本书的写作只是第一步，接下来，笔者将会把理论付诸实践，根据本书设计的模式，结合先前生态村网页的设计，制作新的云南民族文化生态村独立网站。

由于笔者对人类学和文化保护的理解尚浅，在网页制作方面又是新手，加之在此领域可供参考和借鉴的理论和实践均不多见，因此书中缺陷在所难免。遗留的问题和不足，我们将在网站的实际制作过程中加以补充和完善。

第一章 导 论

一、研究的背景

20 世纪 80 年代以来，由于科技的发展，网络逐渐卷入到人类的生活中来，逐渐渗入到人类生活的各个领域并且日益发挥着巨大的、不可替代的作用，因此无论自然科学还是社会科学的研究，都面对着一个不可动摇的事实——人类已经步入了以网络及其相关应用为主要特征的数字化或者说是信息化时代，而这样一个事实对于曾经以研究"原始"和"落后"的社区为主要使命的人类学来说，该如何面对呢？事实上，无论在西方还是在国内学术界，新技术在人类学研究中的应用问题都已经不是一个新奇的课题了，影视人类学在全世界逐渐地兴起就是一个很好的例证。但是，国内这方面的应用研究却远远落后于西方，这是不争的事实。应该说，自从电脑以及网络出现以来，人类学研究者就曾一直致力于把这一项新技术与人类学的研究结合起来，只不过结合的形式和程度不一样而已。就网络这一项新技术来说，目前已经出现了网络人类学的许多研究成果，网络人类学把网络以及所谓网络的虚拟社区或者说虚拟文化和"在线身份"当做研究对象，以人类学的角度和方法对网络社区、网络空间以及网络文本加以分析，从而从一个崭新的角度诠释足具现代性的人类自身，诠释人类如何与互联网技术支撑的虚拟空间在行为甚至文化上的互动。同时，不把网络当做研究对象，而仅是把它作为一种人类学新的技术手段来加以研究，并且把它运用到人类学研究中，这方面的研究和应用并不是很多，而事实上，这一方面确实是当前人类学研究尤其是国内的人类学研究急需加强的部分。网络这一强大的技术武器应当而且必定会在人类学的发展中发挥着更加重要和更加显著的作用。

欧美学术界对此的研究已经很多，运用得也非常纯熟，但是一般来说，目前人类学对网络以及网络文化的研究和运用大多还仍然只是停留在平台分享的阶段，也就是仍然只是把网络作为一个信息交流的平台，人们可以从这个网络空间的平台上获取自己需要的信息，同时甚至可以在平台上与别人讨论交流学习，这样的人类学性质的网站已经建立了很多，国外尤其是欧美的数量巨大，在此就不一一列举，而即便在中国，这类性质的网站也建立了很多，如中山大学人类学系主办的人类学在线（http://www.face21cn.cn/）、由北京大学中国社会发展与研究中心主办的社会学人类学中国网（http://www.sachina.edu.cn/）和由中国社会科学院民族研究所人类学研究室主办的中国社会文化人类学网（http://anthropology.cass.cn/）等。诸如此类的网站还包括全国各地民族院校以及各地高校民族学人类学院系的主页；等等。网页既然可以是一个平台，向人展示资料，让人从中获取信息，那自然就可以作为一个博物馆，网络最大的便捷在于人们可以在虚拟的网络空间里做现实的事情，虽然网络空间并没有现实空间一样的物理特性，它是虚拟的空间，然而人们又可以在其中真实的感受到别人，与别人交流并且感受到自我，而且可以通过网络空间中的社会空间以及社会交往与现实社会连接起来，因此虚拟与现实并没有那么明显的分界了，现代的人们都游离在虚拟与现实之间生活着，在虚拟的社区和现实社会之间进进出出。我想这也是现代所谓信息社会的一大特点。在网络的虚拟空间里，现实社会的物理特性被扭曲变形了，现实的千里距离在网络里只不过是在隔壁，网络博物馆很好地运用了网络的这一特点，因而一经出现便风靡各地，广为人们接受。事实上，从广义上来说，任何形式的网站都有博物馆的影子，因为任何网站都和现实博物馆一样，是一个信息的集合体，只不过不同的网站收集的信息各不相同而已。尽管现实博物馆的网络化即网络博物馆的建设具有很好的前景，但是由于现实的诸多诸如文物的数据化困难以及网络人才缺乏的原因，网络博物馆并没有得到很大的推广和普及。同时，传统的网络博物馆只是现实博物馆的网络化，也就是只是利用了网络虚拟空间部分来对现实博物馆的展品进行展示，这样的展示固然大大方便了民众对博物馆的信息的获取，而事实上，传统博物馆的模式已经受到了新兴的生态博物馆的挑战，生态博物馆在诸多方面对传统博物馆提出了建议和补充，其中最重要的两点为强调文化的原生地保护和强调博物馆的社区性，生态博物馆的理念把文物的范畴扩大了，同时把文物的保护由传统的集中于城市博物馆的"死保护"变成了以文物的原生社区文化保护为主要任务的"活保护"，同时非常注重文物赖以生存的社区文化的传承。应该说，生态博物馆的理念对于文物保护来说确实有优于传统博物馆的地方，如若把生态博物馆的理念合理地与强大的互联网技术结合起来，未来博物馆的建设将会有更大的发展空间。

关于网络生态博物馆，目前为止欧美学术界研究得并不多，只有零星的几篇文章（如 Maxwell L. Anderson：1999[1] 和 David Bearman and Jennifer Trant：1999[2]）等对此加以论述，而且他们的论述都是用的"Online museum"或"Internet museum"（都可

---

① Maxwell L. Anderson ：*Online museum coordination.* In Museum International（*UNESCO* paris），No. 204，Vol. 51. No. 4，1999.

② David Bearman and Jennifer Trant：*Interrectivity comes of a age：Miseums and world wide web.* In Museum International（*UNESCO* paris），No. 204，Vol. 51. No. 4，1999.

译为网络博物馆）这两个关键词，并没有把生态博物馆的理念运用到网络博物馆的建设和设计中。而日本的学者对此关注的则很多，神奈川大学的"21世纪人类非文字资料的体系化项目"则是当前网络生态博物馆研究的主要先锋营地，在他们最近出版的一期刊物（MEMORIES INSCRIED IN PLACES AND THE BODY：New Horizons in the study of nonwritten cultural materials）中，佐野贤治（SANO Kenji）、木下宏扬（KINOSHITA hirotsu-gu）、朽木量（KUTSUKI Ryo）、柴山守（SHIBAYAMA Mamoru）等几位研究者已经尝试着结合了他们的个案对此加以研究，他们尝试着建立了一个网络生态博物馆，并明确地提出了网络生态博物馆普遍性的一些理念。而在国内，对网络博物馆的研究无论是从民族学人类学的角度还是从博物馆学和信息学的角度，都还处于发端阶段。笔者在资料收集的过程中，并未找到相关可供参考的资料。本研究借鉴网络生态博物馆的基本理念，并结合云南民族文化生态村的实际情况，力图以民族文化生态村为案例，对综合了人类学民族学、博物馆学、信息科学等诸多学科元素的网络生态博物馆的方法加以研究和探索。作为多学科结合，探索网络技术与人类学研究结合的应用性和实践性研究，其意义笔者自然没有能力去妄加议论，仅希望能够为将来人类学涉及网络与网络运用方面的研究提供某种程度上的经验借鉴和参考，或者说对此做出一定的讨论。不当之处，还请方家斧正。

二、研究的理论方法以及分析的框架

1. 网络生态博物馆

网络生态博物馆（笔者沿用日本学者佐野贤治的英文用词，即"Internet eco-museum"）是指以因特网为载体的生态博物馆。网络生态博物馆的主要表现和载体为网络空间中的生态博物馆网页（网站），而事实上又不仅仅指网页，而是包括网页和生态博物馆（文化生态村）在内的一个整体。以云南民族文化生态村建设为例，首先，从博物馆的理念上来说，当代博物馆建设与传统博物馆建设的一个重大的不同点即在于越来越重视博物馆参观者的感受，越来越关注参观者的需求。从传统上来看，博物馆主要通过两种方式来吸引参观者的眼球：其一是以展品所代表的某一社会文化意义或者社会背景、某一社会事件或者历史事件作为亮点来引起参观者的共鸣，参观者置身于展品中就像置身于展品所处的时代和历史中，能够获得在展品所代表的时空中的一种"亲历感"；其二则是通过给展品营造一种特殊的氛围，例如特殊的灯光、特殊的展台造型，等等。总之，就是通过对展品的美学性和独特性的展示，来达到吸引参观者的目的。而事实上，生态博物馆出现以后，博物馆的展示方式又多了一种。生态博物馆的展示方式是通过某一特定地域的历史和现实、特定居民的生活的各个方面的展示，向外界的人们展示当地居民的文化和他们的生活方式。这种展示是处于当地社区的发展过程中的，展示本身也是当地居民的一种发展和生存方式。

而从另外一个方面来说，网络生态博物馆的建设把生态博物馆的理念融合在其中，也就是说，网络生态博物馆也秉承生态博物馆扎根于原生地保护的理念，强调设计制作的网页也应该保持原貌地反映当地社区。网络生态博物馆的设计应当和实际存在的生态博物馆（当地社区）联系起来，尽量做到如实地反映当地居民的各种习俗、当下以及历史的生活方式和文化。在网络生态博物馆了解到的信息，一点一滴都是来自于真实的社区，参观者看到的网络生态博物馆和当地的社区基本上是一致的，参观者参观完网络生态博物馆以后，同样可以到实际的社区参观核查信息。

网络生态博物馆的最终目标是结合当前的网络技术并利用网

络技术为当地居民（不仅仅指）的文化保护和传承探寻一条相对合理的途径和一套方法，同时也探索当地社区的环境、文化、经济与社会的和谐与可持续发展的途径。

2. 传统人类学的视角（文化传承）

事实上，完完全全地按照当地社区的模式来设计网络生态博物馆是不太可能的，网页毕竟和实际社区不一样，它不可能包含社区所有的信息，也没有必要把社区所有的信息都设计到网页中去。因而，这其中就存在一个选择信息的过程。基于现实的生态博物馆是一个特定的地域和一个特定的社区居民区，对于哪些信息该被选择，哪些信息不该被选择，则必须慎重考虑。选择的标准需要网页的设计者能够充分理解生态博物馆所在的那个社区。这就需要设计者从人类学的视角，整体性地深入观察和理解当地社区。猎奇式的"研究"只能给当地文化的保护和传承带来灾难。作为现实社区中的文化保护和传承来说，当地文化保护和传承的主体只可能是当地的社区居民本身。而我们所谓的研究者只能作为外界的一种辅助和引导，只能给他们提供可供选择的途径，提醒他们意识到自身文化的重要性，从文化自觉中引发出保护自己文化的意识。

同时，因为展现的是当地社区居民的文化和生活方式，相对于参观者来说，他们是文化上的"他者"。而对于文化的保护和传承，最严重的事情莫过于外界人（甚至包括研究者）对当地文化的误读和误解，同时，因为长期处于"文化自在"的状态中，而在当前信息流通几欲畅达的时代，当地人对自己文化的理解很可能受外界的影响而产生误解现象。因而，一方面，研究者应当承担起正确解读和理解当地文化的重担，而任何研究和解读，无论如何的"价值中立"，都不可避免地受研究者自身的文化背景影响而掺杂着研究者自身的理解。所以，从另一方面来说，充分考虑到"他者"的声音，给予当地人充分的话语权，这在文化的保护和传承中就显得尤为重要了。同样，网络生态博物馆的设计也要考虑到这一因素，要让当地居民充分地发表对自己文化的理解以及对文化保护和对生态村的看法和意见。

从人类学研究的空间角度上来说，少数民族及其文化处于现实中的第一空间，笔者作为研究者处于现实中的第二空间，而如若把虚拟空间的网络文化也当做一个空间占有主体，则其在网络的虚拟空间中属于第三空间，同时，三个空间的主体相对于彼此来说都是异文化，笔者代表第二空间的"异文化"，网络生态博物馆代表第三空间即虚拟空间的网络文化，而生态村的文化载体即当地居民也是代表第一空间的"他者"。三个异文化代表三个不同的空间，其与文化的保护和传承紧密连接起来，三个"异文化"在三个空间中发生互动，关系极为微妙。由于本研究没有把空间视角作为研究的内容之一，因而在此对其并不作深入探讨，不过也要考虑到相关的影响因素。

3. 网络人类学

网络人类学主要研究的是赛博空间（cyberspace）的虚拟社区和在线身份两个主要领域①。网络人类学的研究方法也包括传统人类学的田野调查中运用的几乎所有的方法，只是所谓的"田野"不是处于传统的"此地"与"彼地"之中，而是处于同一物理空间中的现实社会与虚拟社区之中。从现实社会的角度上来说，网络人类学的研究又成了一种全新意义上的所谓"摇椅上的人类学研究"。

而作为新兴的一个人类学研究领域，其与传统人类学有着并不相同的地方。网络是一个"民主"的空间和领域，任何的身份主体都有着充分的话语权，只要通过一定的诸如注册等手续，

---

① 刘华芹：《天涯虚拟社区——互联网上基于文本的社会互动研究》，选自周大明主编《中山大学人类学民族学文库》，民族出版社，2005年版。

代表网民的电子身份就可以在开放的空间里自由发表自己的评论和想法。我想这也是网络空间虚拟社区的一大特点，而作为网络人类学的一个主要的研究对象，开放式的网络文本一直是网络人类学资料和理论分析的主要来源之一，当然，对虚拟社区参与者的访谈以及亲身参与虚拟空间的社区活动也是非常重要的资料来源。通过网络文本，我们可以得知人们在一个开放的环境中对一个问题或事件的看法，同时也可以分析人们在虚拟空间的一些基本活动方法和原则，传统博物馆都有一个客人留意见的专用本子，用以给客人留下参观以后的感受和对博物馆将来工作改进的意见和建议。网络生态博物馆的设计同样也要考虑到相同的问题，云南民族文化生态村网站的建设，将以论坛的形式专门留有特定的空间，用以给参观者留言和评论，从而可以从一定程度上得知大众对网络生态博物馆以及传统民族文化保护的看法和意见，同样也可以把大众的留言、意见和评论作为一个网络文本来加以分析。

4. 研究的方法

本研究以网络生态博物馆（云南民族文化生态村网站）的设计为依托，通过一个人类学的传统课题即传统文化的保护与网页设计的结合，探讨网络这一技术在传统文化保护以及人类学研究领域的运用及其一些相关的问题。

从总体上来说，这个研究的领域是一个既前卫、时髦又不失人类学传统的领域，同时也是多学科交叉的地域。因而在方法上也需要多学科的综合，除了人类学的一整套方法以外，还需要当前很热门的网页设计制作和多媒体制作等方面的方法和技术，具体来说主要包括如下几个方面：

（1）文献查阅。主要是对研究背景以及研究理论和田野点（五个民族文化生态村）的相关资料的查阅，同时还需要对网络制作以及各个相似网页的相关资料进行查阅。

（2）田野调查。本研究是一个交叉型的研究，交叉的特点不仅体现在研究的理论上，更重要的是体现在研究的方法上。在田野调查上，同样也存在着"多点田野"的情况。这里所说的"多点田野"，一方面是指五个民族文化生态村处于不同的物理空间或者说不同的地域，而另一方面则是指不属于同一空间即现实社会和网络虚拟空间的"多点"。由于本研究需要对网络博物馆以及网络生态博物馆的国内以及国外研究情况有相当程度的了解，同时还必须和国内类似网站作各个方面的比较，因此需要不少的时间在网络虚拟空间逗留，需要把虚拟空间作为田野的地点之一。

（3）网页制作。网页制作是本研究的主要技术性方法之一，也是研究的主要技术内容。网页制作包括网站的设计制作和网页的设计制作，同时还包括空间、服务器的申请和运作等方面。

（4）多媒体制作。研究需要通过各种数字化的技术把生态村的社区资料录入网页，不仅包括文字信息，还有图像信息的采集和编辑、声音甚至视频信息的编辑和录入，同时可能还要用到动画设计制作等方法。

三、其　他

1. 本研究的可行性

运用网络生态博物馆的基本理念，结合云南民族文化生态村的基本情况设计建设云南民族文化生态村的网站，并根据网页和网站设计中的具体实际对网络生态博物馆进行研究和探讨。笔者对本研究的可行性试作如下分析：

从现实的角度来说，当前网络几乎已经深入到世界的每一个角落，而且对网民个人来说，互联网已经不再是一种尝试性的体验，而是生活的一部分。因而，人类学对网络的研究和对互联网的利用是一种必然，而且作为一种技术，网络在人类学的研究中具有很多别的方法和技术不可比拟的优势，因此，本研究顺应了这一趋势。

从理论的角度来说，国外对网络博物馆（传统博物馆的网络化）的研究已经取得了诸多成果。就目前的情况来说，欧美学者对网络生态博物馆的进一步研究几乎还没有开始，而日本学者却已经系统化地阐述了网络生态博物馆这一概念及其基本原则。因而，本研究结合其基本理念与云南民族文化生态村的实践，对以网络技术为载体的网络生态博物馆的研究进行一个基本的回应，并在云南民族文化生态村网页建设实践的基础上，尝试着对其作出进一步的总结和探索。本研究从某种程度上填补了网络技术与人类学传统文化保护相结合的研究以及实践的某些空白，从而在理论和经验上或多或少可以给后来的研究以一定的借鉴。

网络的设计、制作，都必须有一定的经费支持，尤其是网页制作和多媒体的制作，需要花费不少的资金。本研究为福特基金会资助的云南民族文化生态村建设项目第三期的子项目之一，因而有一定的经费支持，基本可以顺利地开展研究工作。

2. 本研究存在的困难

由于笔者对人类学的理解尚很浅薄，同时，也是在学习中制作网页，进行网页设计，因此，人类学与网络设计技术相结合的研究对于笔者来说，把握起来异常困难，文化保护的一些理念如何用网络的手段表现出来，这是一个很难驾驭的问题，而且在研究上有另一个很棘手的问题，就是关于利用网络进行文化保护工作的专门性研究和材料目前国内几乎没有，因此文献的梳理上空缺很多，很多细节都只能由笔者自己加以论述。

另外，如何把真实的社区资料数字化为多媒体资料，以便用多媒体的手段"真实"地表现真实的社区，这也是非常复杂的问题，而且涉及新闻传播学和传媒人类学的诸多方面，这对于笔者来说也是一大难题。

另外，网络的设计需要当地人的参与，但是当地居民对网络的认识尚处于起步阶段，网站的长期管理也需要不断更新网页的内容，因此当地人必须长期地参与到这一对自己文化保护和传承的活动中来，可是究竟如何才能做到，而且要长期参与，这还是一个有待于具体解决的问题。

笔者曾经想以本研究为例尝试着对所谓网络的虚拟文化与民族文化保护与传承的关系作一个简单的探讨，但是在理论的准备和分析方面依然困难重重。

走向网络

第二章　云南民族文化生态村网站建设的基本特色

　　云南民族文化生态村网站建设是以网络生态博物馆的基本理念为理论依据而建设的，而在实践的层面上，则必须遵循网站和网页建设的一些基本原则和要素，同时也必须采取"站在巨人的肩膀上"的角度，与相关或者类似的网站和网页作比较，从中汲取精华。

一、本网站与日本生态博物馆设计理念的比较

　　由于网络生态博物馆的理念最先由日本学者提出来，云南民族文化生态村网站的建设是以网络生态博物馆的理念为基本理念的，因而本网站的设计与日本学者研究成果的比较就显得十分必要。由于笔者没有系统学过日语，仅能从有英译文的文献中获得相关的资料和信息，因而不知道日本学者提出的理念究竟有没有付诸实践，究竟有没有建立一个相关的日语网站？因此，笔者仅能结合云南民族文化生态村项目建设和网站设计的实践，与日本学者研究的设计作一简单的比较、探讨。

　　导论部分已经提及，据笔者掌握的资料来看，日本学者的研究，仅仅提出了网络生态博物馆的基本理念，虽然这已经是令人瞩目的成就，但并没有太多结合人类学和网络空间的一些基本特性进行具体的实例性的研究，这样的理念在实践的过程中还需要不断发展和完善。笔者的研究正是结合了日本学者的基本理念成果与云南民族文化生态村建设的基本实践，对网络生态博物馆与

少数民族传统文化保护相结合的新途径进行一系列实践性的探索。在此基础上，将对网络生态博物馆的基本理念提出一定的补充建议，并在方法上对其进行简单的讨论。

二、本网站与同类文化保护网站的比较

这里所说的"同类文化保护网站"，是指与网络生态博物馆功能相似的以文化保护和传承为宗旨的一些网站，同时也包括传播文化保护、传承等理论和方法的学术交流平台的网站。前一类网站主要是指种类繁多的数字博物馆和网络博物馆，其中包括具有现实中的博物馆和不具有现实中的博物馆两类，诸如大英博物馆、故宫博物院等是同时具有网络博物馆和现实博物馆的，而诸如中国非物质文化遗产保护网则是只具有网络形式的博物馆。

图 1　故宫博物院网站网页截图

应该说，虽然上述两种网站和网络生态博物馆一样都是以文化保护为全部或者说为主要的任务和宗旨，在从事的活动和介绍涉及的内容上，主要部分都以"文化"为中心。但是它们和网

络生态博物馆还是存在着很大的不同。学术交流平台类的网站和网页主要侧重学术交流和学术研究以及传播学术信息，这类网站虽然多半仅涉及文化保护和传承的基本理论和理念，但是就实际功能来说，其在文化保护和传承方面的社会功效并不输于博物馆，因为它传播的是一种理论，或者普及一种方法和理念。这类网站与设计中的云南民族文化生态村网站有着很大不同，云南民族文化生态村网站的宗旨在于以一种新的带有尝试性的途径保护和传承一种文化，它不仅在理论上有所探索和贡献，在实践上更是勇于尝试，以理论来指导实践，用经验来探讨理论，以事实来验证理论，同时为别人提供了可供借鉴的经验和教训。

与传统博物馆的网络形式相比，无论在理念上还是技术方法的实践上，网络生态博物馆都突破了传统的一些原则。笔者曾多次论及的生态博物馆与传统博物馆的一些差异在网络博物馆和网络生态博物馆的比较中同样生效。虽然在网络中同为"信息"的集合，但是二者提供信息的方式和基本理念以及对所提供信息的选择、提供的基本角度都是有很大差异的。

三、本网站与乡村旅游网站的比较

一般的旅游网站也就是以商业利益为目的而设计的一些介绍旅游景点基本情况的网站，在网络空间中，这一类的网站可谓是铺天盖地。从学术的角度来看，这一类网站与文化保护并无很大的关系。但它们可以从不同的侧面反映景点村寨的情况，能够提供各种各样的信息，而这些信息，时常能让外面的人从侧面了解当地的文化和习俗。因此，也可以和民族文化生态村的网站这样作比较。然而，尽管这类网站有着这样的文化保护的"功劳"，但它毕竟还是以商业利益为中心，而且它并不关心所谓的"文化保护"。

图2　文山旅游网首页部分截图

　　鉴于在生态博物馆理念中，所谓"文物"和非物质文化遗产的复杂性和丰富性，民族文化生态村网站可以从这类网站借鉴的经验是应当从不同的角度、不同的侧面反映一个村寨的文化、习俗以及生活方式。同时，在同一事件上，还可以倾听不同的声音，获知不同的解释。

四、生态村网页和网站的基本要素及特色

　　以上部分主要阐述了民族文化生态村的网站建设的基本理论和理念，然而，要把这些理念付诸实践，第一步就是应当确定网站和网页的一些基本要素，包括网站中网页的组织形式、界面、窗口、色彩等规限了网站和网页的基本风格的要素。网站的组织形式指的是网页之间链接的方式。民族文化生态村网站的组织形式运用的是网站制作中最基本的组织形式之一，即大纲式的组织形式。这是因为从云南民族文化生态村项目的基本情况来看，其

需要在网站中呈现的项目的基本情况包括理念、建设历程和成果等诸方面并不存在逻辑上的率属关系，而项目实施的五个试点村也是情况各异，各有自身的特点，就逻辑上来说也是各自独立并行的。而就网页设计来说，这样的组织形式有着简洁明了、让人一目了然的优点。因而，云南民族文化生态村网站的网页之间采用这样的组织形式。

色彩也是网页的一个基本要素，云南民族文化生态村网站的色彩应当别具一格，一方面应反映作为一个文化保护类网站的"凝重性"；另一方面，由于云南民族文化生态村网站作为应网络生态博物馆的基本理念而诞生的实践型网站，其本身还必须包含承载它自身的云南民族文化生态村项目，因而又应具有项目特色的一些特征，如活泼而严肃，学术性与实践性兼备等。

网页窗口是网页的框架部分，窗口的组织形式是网页展示的主要方面之一。云南民族文化生态村网页的窗口将采用"由上到下"的基本原则加以组织，具体来说就是把主要的链接项目都平均分配在网页的顶端，网页的主要部分用来放置本页的基本内容。而网页的下角则是版权和联系方式。网页的制作基本遵循这一原则，但是也可以采用一些灵活的方式，比如说可以把下一网页的链接源头放在图中，等等。

多媒体制作也是彰显网页和网站特色的一种重要途径，现代的网页制作大都非常注重采用多种手段来表现网页展示的内容。而归纳起来，大都不外乎影视制作、动画制作、音像制作等几类，现在还有不少人运用了3D技术，但是由于需要的空间很大，在网页上的运用不是很多，即便运用这种技术，也只是很少的部分。云南民族文化生态村网站的建设同样需要运用多种多媒体制作手段，主要包括以下几方面：①当地村寨民族音乐的制作，本网站设计将会在网站的第一主页和介绍试点村寨的网页中放入具有当地村寨特色的民族音乐；②视频制作，包括记录当地社区的一些非物质文化遗产，例如制陶、编竹筐等过程的视频拍摄制作，拍摄编辑完成以后将会上传到网站；③动画制作，可以把一些用文字不易表述清楚的细节和过程制作成动画，上传到网站并多制作一些具有特色的 Flash，加入多种元素，以彰显网站的特色。

网页框架性的基本特色元素都已涉及，一些细节的元素则需要在实际制作的过程中灵活掌握。

图3　项目组制作几经修改的生态村网页

第三章　网站的几个重要部分

　　本章将在第二章论述的"特色"的基础上，具体对网站的主体框架及其他一些部分进行分析和设计，其主要包括网站和网页的框架结构、第一主页和论坛的设计。

　　云南民族文化生态村网站的设计主要包括网站的设计和各个主要网页的设计，其中网站的设计主要包括网页之间的组织方式、链接方式和网站的版权等。而网页的设计则主要是指网页页面的安排和组织，需展示多媒体和文字内容及其在网页中的展示方式等内容。本章是云南民族文化生态村网站设计的主体部分，将向读者展示云南民族文化生态村网站在网络生态博物馆的基本理念指引下具体实践的历程。

一、网站和网页框架

　　前文已经提及，在网络生态博物馆理念的指导下，云南民族文化生态村网站网页将采用简洁明了而又能充分体现网页之间逻辑的大纲式组织方式。同时，吸收网络人类学研究的"文本特点"，结合云南民族文化生态村项目建设的基本实践和特点。本网站的设计框架如下：网站设第一主页，主要展示云南民族文化生态村项目建设的基本情况，不仅包括与民族文化生态村和文化保护与传承相关的动态信息，还包括国际、国内在文化保护和传承方面研究的新进展以及云南民族文化生态村试点发展的新情况等内容。

　　网站设第二链接主页六个，其中第一个是民族文化生态村的建设成果和总体建设历程，本页将回顾民族文化生态村近十年的建设历程，同时将指出项目建设的成果；第二个是民族文化生态村的组织机构及运行模式。这个页面主要展示生态村项目建设中项目的组织和运行以及项目组退出以后当地社区的自主运行机制。其中，最重要的是展示云南民族文化生态村建设过程中形成的专家指导、政府领导、村民主导、社会各界广泛参与的机制。对这一机制的展示将采用"主位"的方法，即分别从专家、政府和村民如何看待、接触并投入建设生态村的角度进行展示；第三个是南碱花腰傣文化生态村的建设及现状，本页是按照网络生态博物馆的基本理念，以云南民族文化生态村项目建设为基本线索来展示南碱村这一试点的。内容将涉及南碱村的各个方面，包括历史、村寨的建设和发展以及其作为生态村建设发展的特色等方面的内容；第四个是仙人洞彝族文化生态村的建设和现状。本页主要展示仙人洞村的历史、生态村项目在村寨的建设历程、村子的发展、建设的特色等。鉴于仙人洞村处于普者黑景区，旅游发展很热，村寨在旅游的发展和文化的传承与保护方面积累了不少经验，本页可能会采用链接的方式介绍仙人洞村这方面的经验，以供讨论和分享。本页同样也是采用网络生态博物馆的基本理念，从各个不同的侧面来反映仙人洞这一彝族社区的文化和现状；第五个是其他三个民族文化生态村的建设和现状，本页也同样采用网络生态博物馆的基本理念对生态村项目的其余三个试点（石林月湖、基诺山巴卡小寨以及腾冲和顺乡）加以展示。内容主要涉及三个试点在生态村项目启动以后发生的变化，以及到目前为止各个试点村寨展现的各自的发展特点和造成这种特点的原因分析，等等。由于一个网页需要展示三个村寨，因此，相对于前面两个村寨而言，这三个村寨的展示内容可能会精简一些；第六个则是云南民族文化生态村建设项目评价指标体系，指标体系由云南民族文化生态村项目组成员所作，指标体系的基本评价指标理论来源于对民族文化保护和传承的理论研究，而实践经验则来源于云南民族文化生态村的项目建设。从某种程度上说，项目的评价指标体系也是项目的建设成果之一，而从另外的层面来说，指标体系也为研究者提供一定的参考和借鉴意义。

最后的开放式讨论区，笔者想把它制作成在云南民族文化生态村网站名下的一个论坛。而作为一个论坛，它便具有论坛的一般特征和功能：分为不同的版块，来自不同地方的网友，只要对民族文化保护的诸如理论、具体实践等方面感兴趣，就可以注册，以后在这里发表看法和意见，发表自己的主张，与人交流和讨论，还可以在此发表对本网站的意见和建议。本论坛名为"民族文化保护和传承论坛"，下设理论与方法、研究动态、实践与行动、旅游与文化保护、对本网站的意见和建议等版块。在网上招募对此感兴趣的志愿者作为论坛版主，在大家交流和探讨的同时，也可以扩大网站的知名度，从而加强对民族传统文化保护和宣传。

同时，网站还特别设立了一个第三链接主页。这个第三链接主页设立的基本原则就是一种强调。从内容上来看，这个页面所展示的内容是第二主页所没有或者说不能展示清楚的内容，而作为一个整体的云南民族文化生态村网站，如若缺失了这部分的内容，从整体的功能和理念上也会受到些许影响，同时还会少了一些特色。因此，必须设立第三主页对这一部分内容加以阐释和展示。在本网站的设计中，第三主页是"村民、专家与政府"。村民、专家与政府这一页面是第二链接主页面之一的"民族文化生态村组织机构和运行模式"下属的页面，由于"民族文化生态村组织机构和运行模式"页面主要从项目组的角度来对生态村项目建设中探索的这一关系和运行模式进行分析、展示和探讨，并不能全面地反映这一关系模式的各个方面，而这一第三链接主页则从各个方面（主要包括村民和政府）作简单的探讨。

如从他们自身的角度出发，看他们如何理解生态村项目建设、如何理解自身的参与行为，等等。这是一个颇具人类学意义的方面，同时能把人类学的视角融合在本网站的建设中。

除了以上网站的主要内容之外，将在每一网页页面或者第一主页的下端，注明网站的版权和与我们联系的方式，这也是一般网站设计的常规项目。另外，因为不需要太多设计，网站中的最终链接页面在笔者的论述中并不过多涉及。

二、第一主页

第一主页是一个网站的门户，它的设计决定着一个网站的基本风格和基本框架，体现一个网站设计的基本思路，因为一个网站给人的最直接的印象即来自于第一次对第一主页的浏览，看到了第一主页，只有能引起浏览者的兴趣，才会让人产生继续看下去的念头，而网站的其他的部分也才有机会展示给浏览者。因而，第一主页的设计在整个网站的设计中极其重要，云南民族文化生态村网站的设计也是如此。云南民族文化生态村网站第一主页采用的设计方案兼具传统性与创新性。就网页版块的安排来说，网页上端将是第二主页的链接，上端的链接包括项目的基本情况。在六个第二链接主页中，将有三个第二链接主页的链接放置在本网页的上端，即民族文化生态村的组织机构和运行模式、民族文化生态村的建设成果和总体建设历程以及民族文化生态区（村）建设评价指标体系。而同时放置在网页上端的还有民族传统文化保护与传承论坛的链接。

本网页的左端将安排两个主要内容，上端主要安排动态信息，这一部分主要包括有关民族文化保护和传承方面的学术研究以及实践的动态信息、最新学术信息、会议信息等内容，内容的安排方式将采用滚动式，给人一种动态、不断更新的感觉；而下端则安排插入音频播放器，里面滚动播放二至四段先前录制的当地民族社区的特色音乐，当浏览者打开网页时即可以同步欣赏音乐，同步感受当地民族文化。

网页的右端则主要安排插入几幅精美的图片，这部分的图片主要是关于生态村总体建设主题的图片。

图4　为保护民族文化奋斗的人们

图5　专家现场商议建设事宜

网页的中间部分则是主要内容的展示部分，上端将展示民族文化生态村的定义、基本理念、宗旨和原则、选点标准、其理念由来等内容，这是本网页主要展示的内容。

网页资料

（一）云南民族文化生态村的定义、基本理念、宗旨和原则

1. 定义

民族文化生态村的定义最早由尹绍亭教授提出。具体来说，民族文化生态村是在全球一体化的背景下，在现代化的进程中，力求有效地保护和传承优秀的民族传统文化，并努力实现文化与生态、社会、经济的协调和可持续发展的乡村发展模式[①]。

在本套丛书的《理论与方法》中，尹绍亭教授把它修改为：民族文化生态村是在全球化的背景下，在中国进行现代化建设的场景中，力求全面保护和传承优秀的地域文化和民族文化，并努力实现文化与生态环境、社会、经济的协调和可持续发展的中国乡村建设的一种新型模式。

2. 基本理念

民族文化生态村建设的理念总结如下：

第一，"文化生态村"是一种社会理想，一种文化理念，一种发展观，一种乡村建设模式。它致力于文化多样性、文化遗产和生态环境的保护，其目的是追求人类社会的和谐与可持续发展。

第二，中国是一个乡村大国，乡村是社会的"细胞"，是乡土文化植根的土壤，是文化多样性的载体。以村为对象建设文化生态村试点，然后向广大乡村推广其理念和经验，可能是构建和

---

① 尹绍亭主编：《民族文化生态村——云南试点报告》，云南民族出版社，2002年版。

谐社会的一条有效途径。

第三，20世纪70年代，欧洲出现了将社区的文化和生态进行整体保护和展示的"生态博物馆"。生态博物馆主张社区民众是社区文化遗产的拥有者和诠释者，这一点同样是文化生态村建设的基本原则。根据这样的原则，文化只有在其本土并由当地民众进行保护和传承，才是正确和有效的途径。

第四，由于各种因素的影响和干扰，即使主张文化就地保护也未必能实现有效地保护，关键还在于当地人是否能够认识自己文化的价值和意义，是否具有文化保护的自觉性，是否具有自主协调运作的能力和有效运转的机制。人类学民族学学者之所以应该并且能够参与文化的保护，是因为他们具有尊重他者及其文化这一基本的立场和对文化的深刻理解。他们能够帮助那些轻视自己的文化或丧失了文化自信的当地人重新认识其文化的价值和意义，启发他们的文化自觉和帮助他们进行能力和机制的建设。

第五，根据文化变迁的理论，文化生态村建设所从事的保护与传承，不能要求"原汁原味"和"全盘保留"，也不可能完全拒绝吸收外来文化和现代文明。所谓保护，是主张优秀传统文化的继承和文化特色的保持，是避免所有文化同一化的理智选择。

第六，在中国广大乡村讲文化保护与传承，不能不面对贫困的现实，不能不尊重民众要求摆脱贫困、要求发展的愿望，只有关心民众的切身利益、重视经济发展、促进文化与经济的结合与互动，"保护"才有基础和保证。

第七，良好的生态环境是文化延续和依存的基础，是社会和谐和可持续发展的重要条件。传统文化中包含着当地人对生态环境的认知和适应以及对自然资源合理利用的丰富知识。在新的社会环境中如何活用传统知识，再造良好的生态环境，是文化生态村建设的重要内容。

第八，文化生态村的建设符合国家建设和谐社会和进行民间文化与文化遗产保护的方针，所以应争取各级政府的理解和支持，并纳入政府的发展规划。同时应该发挥示范作用，重视成果的交流，促进成果共享①。

3. 宗旨和原则

民族文化生态村以努力实现文化、生态的多样性保护和可持续发展为宗旨，并具备五个基本原则：第一是实行就地（原生地）保护；第二是以文化拥有者即村民的保护为中心；第三是强调文化保护并注重吸收现代文明，即强调优秀传统和现代文明的结合；第四是重视发展经济，消除贫困；第五是努力实现社会经济文化的和谐和可持续发展②。

4. 选点标准

1998 年春天，云南民族文化生态村项目组开始了选择建设试点村的田野工作。关于选择试点村的条件，当时项目组拟定了如下五条：

第一，文化富有特色，文化资源丰富；

第二，生态环境较好，风景优美；

第三，民风淳朴，村民具有朴素的文化保护意识；

第四，交通便利，位于国家或省级旅游区内或附近；

第五，当地政府积极支持，其文化部门具有工作能力强、工作积极负责的合作者③。

后来在本丛书的《理论与方法》中，尹绍亭教授在总结先前项目建设的基础上，补充和修订为：

---

① 以上八个方面的理念总结来自尹绍亭主编《民族文化生态村——云南试点报告》，云南民族出版社，2002 年版。

② 尹绍亭主编：《云南民族文化生态村暨地域文化建设论坛》，2003 年 9 月版，云南民族印刷厂印刷，内部资料，第 5 页。

③ 尹绍亭主编：《民族文化生态村——云南试点报告》，云南民族出版社，2002 年版。

第一，村民理解、欢迎和支持；

第二，文化特色突出，传统文化积淀深厚；

第三，具有社区和民族的代表性和典型性；

第四，具有较好的经济发展水平和条件；

第五，生态环境好，村落景观优美，民居建筑具有民族和地域特色；

第六，交通便利；

第七，民风淳朴，团结和谐，保留着传统的村规民约和道德规范；

第八，具有热爱家乡、热爱本民族和乡土文化、工作能力强、大公无私、善于团结村民的村干部；

第九，有一批懂自己的文化、热爱自己的文化，并且在村子里有影响的文化积极分子；

第十，当地政府积极支持；

第十一，最好能够结合政府确定的非物质文化保护区、精神文明村、社会主义新农村、民族团结村、小康村等选择建设的试点。

在选点的问题上，项目组依据前面的几个条件，最先选定了四个村寨作为试点，分别为腾冲县和顺乡、巴卡小寨、月湖村和罗平县多依河乡的腊者村。后来丘北县领导和仙人洞村村长等找到项目组，诚恳要求加入，因而试点村寨变为五个。再后来，由于诸方面的原因，腊者村的工作停止了，又选择了新平县南碱村，从而最终形成了今天的五个试点的格局①。

(二) 云南民族文化生态村理念、构想的由来

民族文化生态村的理念和构想由云南民族文化生态村项目总

---

① 尹绍亭主编：《民族文化生态村——云南试点报告》，云南民族出版社，2002年版，第25~26页。

负责人尹绍亭教授在 1997 年提出，其基本理念和构想的由来包括如下几部分①：

其一，项目负责人尹绍亭教授长期致力于民族文化保护与传承以及博物馆学的研究，在民族文化、生态环境的保护和民族社区的发展方面具有深厚的理论知识和丰富的经验。

其二，19 世纪 70 年代兴起于欧洲的生态博物馆的理念和方法，成为云南民族文化生态村构想和理念的导引。

其三，对人类学田野研究中"他者"的深厚感情，促使项目负责人尹绍亭教授萌生了以实际行动回馈"他者"的想法。用通俗的话说就是总想能为他们做点什么事情，并最终付诸实践。

中间至下端则是一幅云南省的简略地图，图中将重点标示出五个试点村寨，而五个试点村寨的链接也同样标示在图中，其中，"南碱"将链接到南碱傣族文化生态村建设及现状第二主页；"仙人洞"则链接到仙人洞彝族文化生态村建设及现状第二主页；而余下的三个试点，包括月湖、巴卡与腾冲和顺都将只能链接到相同的一个第二主页，即其他三个民族文化生态村建设及现状。

到这里，第一主页的基本框架已经搭定，而需要展示的内容也已安排妥当。其余的细节部分则在具体设计操作时妥善处理。网站的基本风格已经设定为兼具学术性、实践性以及民族文化艺术性的文化保护类网站。就展示内容来看，动态信息需要在网站建设操作时进行搜集，因而目前展示的内容还未定。

---

① 资料总结自陆萍《闯进山林求学问——人类学学者访谈之四十五》，载《广西民族大学学报》2007 年第 3 期。

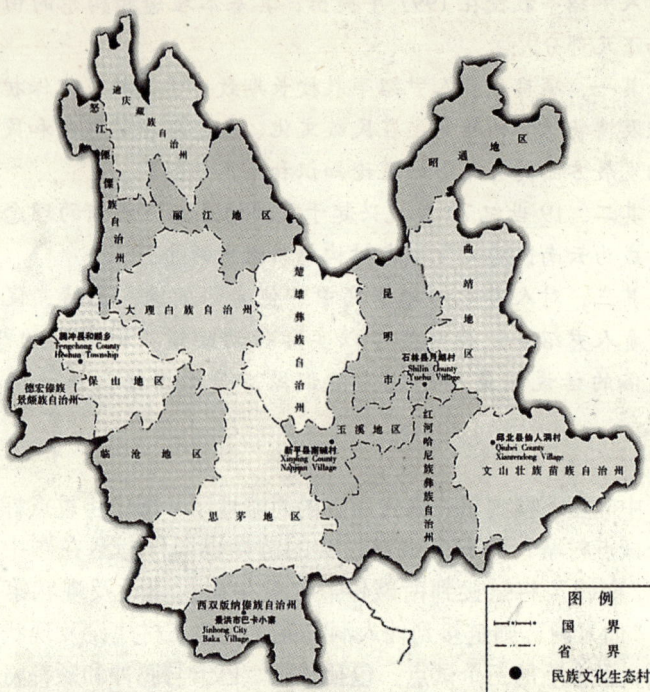

图6　云南民族文化生态村五个试点村寨分布示意图

三、论　坛

　　在导论部分，笔者论述了云南民族文化生态村网站需要采取开放的形式，设计一个论坛。根据内容和形式的需要，笔者认为，论坛取名为民族发展与文化保护论坛是比较合理的。

　　民族发展与文化保护论坛是云南民族文化生态村网站下属的专业性论坛。目前就笔者掌握的资料来看，虽然在一些以人类学民族学为主要内容的网站和一些人类学民族学同类的论坛中，也有涉及民族传统文化保护和乡村发展的内容和版块（论坛），但这些"涉及"多半都是"打擦边球"，内容不全面，不够深入是它们的共同缺点。有关民族发展和文化保护的专业性、全面性的网站或论坛却很罕见。因而本论坛将以建设专业性的民族发展和文化保护论坛为基本宗旨，力求为有兴趣的研究者和学者提供全面深入而积极活泼的交流平台。

建设和设计一个网络论坛，论坛的安全性与合法性是一个不得不考虑的问题，因为它直接威胁着论坛的生存，而为了保障论坛的生存和更好的发展，则需要论坛中的发言都要在国家政策和法规规定的合法范围内。参考网页网站的论坛设计制作的一般原则和惯例，本网站采取以下方法解决：其一，制作论坛的基本条例。确保每一个浏览者都知道论坛的基本条例，每一个在论坛发言的网友都需要在我们网站进行简单的注册，注册内容包括用户名、密码和电子邮箱等基本内容，而每一个注册的网友都必须先看论坛的规定并且认可和同意规定才能进行注册，因而我们确定，每一个发言的网友对我们论坛的条例都是知情并且认可的，因此，网友发言就应当遵循论坛的基本条例；其二，论坛会做出申明，网友的发言并不代表本论坛的立场，本论坛只是提供一个交流的平台；其三，论坛授权各个版面的版主修改、编辑和删除有"不恰当"言论的帖子，并且规定这是版主的工作内容之一，因而各个版面的版主应当在最短的时间内掌握发言的帖子情况，这样，论坛的安全性和合法性就得到了最大限度的保障。

由于本论坛下属于云南民族文化生态村网站，因而论坛的其中一个任务就是了解浏览者对云南民族文化生态村项目建设、项目的网站建设等的意见和建议，简单地说就是看完我们的网页之后对我们的网页和我们的工作有什么感想、意见和建议。本部分将作为论坛的一个版块，设计在论坛中。浏览者通过网页了解了生态村项目和项目建设以后，可以随意发挥（在不违反论坛基本条例的前提下），对我们的工作提出或批评、或中肯意见和建议。当然，我们也欢迎有兴趣的研究者通过网站中公布的其他联系方式与我们联系，也很欢迎有兴趣的研究者到我们这里来参观或调查研究。

至于论坛的设计，则主要是指论坛的版块设计问题。本论坛是以提供全面性和深入性的交流平台为主要宗旨的，因而版块的设计要求较高，应当充分考虑到设计内容的全面性。按照笔者的理解，本论坛下设"理论与方法"、"发展与文化保护"、"发展与生态环境保护"三大版块。"理论与方法"这一版块主要探讨关于民族社区发展、文化保护、生态保护等方面研究的基本和最新成果，涉及为什么要保护、怎样保护、保护什么、怎样发展、怎样在发展中保护等方面的理论和方法问题；而"发展与文化保护"版块则主要依据具体的实例来探讨民族文化在全球化背景下如何应对外来的冲击，如何在冲击中求发展，如何寻求文化、社会和经济共同发展的途径等问题。当然，网友也可以交流、推广和借鉴相关的实践经验，既包括西方研究与实践的经验，也包括国内研究者所作的项目、学术会议等关于文化保护和发展方面的经验，其中还要涉及旅游与文化保护的问题；"发展与生态环境保护"版块则主要依据具体事例来探求社会、经济发展与生态环境的保护问题，包括如何寻求发展与生态环境保护之间平衡的途径，既包括各方面实践经验的交流、介绍和推广，也包括民族传统生态文化的整理和发掘等方面的内容，其中也要涉及生态旅游与生态环境保护等问题。

网站建立起来以后，论坛将由志愿者版主管理，并且定期举行特定话题的讨论。

第四章　第二主页内容

如果说第三章涉及的第一主页是一个网站的门户，那么本章涉及的第二主页则是一个网站的主体，因为第二主页是一个网站框架和展示内容的主要部分，应当说一个网站需要完成展示的绝大部分的任务都由第二主页完成。云南民族文化生态村网站的设计中，第二链接主页一共有六个，分别是：建设成果和总体建设历程、组织机构和运行模式、南碱村建设和现状、仙人洞村建设和现状、其他三个试点村寨以及文化生态区（村）建设评价指标体系。六个第二主页所展示的内容也占了网站需要展示的总内容的绝大部分，因而网页的设计将会困难重重。

一、建设成果和总体建设历程

民族文化生态村的总体建设历程和建设成果是继民族文化生态村的理论和方法之后需要展示的内容，浏览者了解了民族文化生态村的基本理念和方法之后，接着就需要对民族文化生态村项目具体的建设历程和成果进行了解，从而可以知道项目组如何在基本理念的引导下做了哪些事情，取得了哪些成果。因此，民族文化生态村网站的第一个链接第二主页就是民族文化生态村的建设成果和总体建设历程。

本页的设计分为两大部分，在网页中，两大部分总体上为上、下放置，总体建设历程放置在网页的上部分，本部分主要从民族文化生态村建设整体的角度，展示民族文化生态村项目在五个试点村寨的总体建设历程，主要内容分为项目的缘起、项目的第一阶段、第二阶段、第三阶段等。每一个阶段又结合项目的分期和实施步骤来加以介绍。具体内容的设计则可以把项目阶段和项目分期以及步骤分为三条线索来加以展示，同时还要加入经验总结、交流的论坛和会议讨论。采用简单链接的方法，本页面主要制作出展示内容的标题，而内容则链接至最终网页，浏览者只需要点击标题即可浏览内容。

网页资料

民族文化生态村总体建设历程、分期和阶段

1997 年，民族文化生态村的理论及项目计划提出以后，第二年，项目获得了福特基金会资助，同年 2 月，在云南省委宣传部的支持下，项目组组织召开了第一次"云南民族文化生态村研讨会"，拟定了项目运行的组织模式，即在省有关部门的领导下，在福特基金会的支持下，成立项目专家领导小组，其下再设五个试点课题组，而每一个试点课题组都由专家、当地官员、村干部以及村民共同组成①。1998 年年底，云南省召开第一次"云南民族文化大省建设会议"，项目受到各有关部门重视，并作为"民族文化大省"建设的重要内容写进了《云南民族文化大省建设纲要》及《云南民族文化大省建设"十五"规划》中。同时，项目组也制定了各阶段的目标和任务，把项目具体划分为三期，共四个阶段：第一阶段从 1997 年 10 月至 1998 年 9 月，主要任务是进行前期的准备；第二阶段从 1998 年 10 月至 1999 年 10 月，主要任务为作第一期的项目调查和规划；第三阶段从 1999 年 11 月至 2002 年 7 月，主要任务为进行项目的第二期建设计划和实施各项建设项目；第四阶段从 2002 年 8 月至 2004 年 7 月，

---

① 试点课题组通过当地的村民委员会，并且在当地村民实际并积极参与的条件下与之合作，这也是项目的基本组织、运行模式的一部分。

主要实施第三期建设计划，其目标为实现建设目标的完成以及在当地政府的支持下推广示范经验①。在这样目标明确的基础上，项目组依据制订的实施方案于1998年开始了生态村项目的建设工作。

生态村的建设依照如下方法，共分三期进行。

①选择试点。选择试点，必须考虑文化和生态环境的状况、村民接受的程度、村寨的区位和交通等条件，同时还要考虑当地政府的意见。经过调查研究，我们在云南省选择了石林的月湖村、景洪市的巴卡村、丘北县的仙人洞村、腾冲县的和顺乡和新平县的南碱村共五个村寨作为文化生态村建设的试点；

②文化、生态资源调查。项目组成员由人类学、历史学、社会学、民间艺术、博物馆、建筑学、生态学、植物学、地理学等学科的学者组成。调查除了运用各学科的调查方法之外，还特别强调参与性调查方法的应用；

③制订建设方案。根据调查，和村民一起分析本村文化和生态资源的特点，找准重点，确定目标，制订出具体的行动计划；

④培训。就理念培育、能力建设、技能学习等举办各类培训班。此外还利用村民习惯的开会形式，进行讨论和学习；

⑤机构建设。支持建立文化生态村管理委员会或村民领导小组，支持老年、妇女、青年组织的能力建设，使他们在文化生态村建设过程中充分发挥核心作用；

⑥建设文化中心。支持建设博物馆、传习馆、活动中心，使之成为村民开展文化活动、进行文化传承、举行节庆的场所和对外展示的窗口；

⑦开展文化活动。按传统方式举行和恢复节日及有积极意义

---

① 尹绍亭主编：《云南民族文化生态村暨地域文化建设论坛》，2003年9月版，云南民族印刷厂印刷，内部资料，第6页。

走向网络

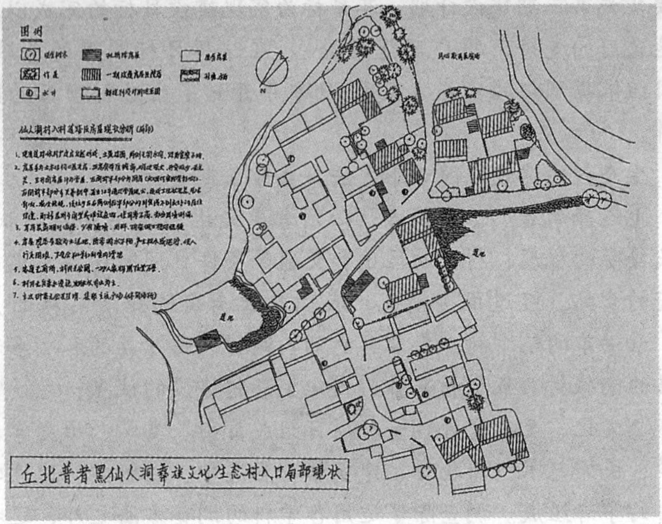

丘北普者黑仙人洞彝族文化生态村入口局部现状

图7　仙人洞村调查成果之一

的宗教仪式，同时支持村民们创造性地开展各类文化传承和文化展示比赛活动；

⑧环境建设。帮助村民进行传统民居的保护和改良，进行人居环境的保护和重建；支持对神山、神林和其他生态资源的保护；支持开展绿化事业；支持传承有关生态环境保护的传统知识；

⑨发展经济。支持和帮助村民进行农业基础设施建设，支持发展经济作物种植，支持发展旅游业；

⑩参观交流。组织村民外出参观、学习和进行文化展演活动，组织试点村开展相互学习和交流，以开阔视野、提高境界、增强能力；

⑪发挥示范作用。协助媒体对文化生态村进行宣传报道，通过影视手段和编写资料介绍其经验和成果，举办各类研讨会进行广泛的交流，鼓励试点村加强和周边地区的联系，并带动周边地

图8 在巴卡交流的南碱花腰傣舞蹈

区共同发展①。

民族文化生态村的总体建设成果是本页需要展示的第二个内容，这一部分则主要是以项目整体在试点村寨所做的工作为中心加以展示，同时围绕着生态村项目的基本理念，以村民的参与和建设为中心，展示项目组在各个试点所取得的建设成果以及对政府官员、周边村寨和村民产生的影响。

网页资料

民族文化生态村及其理念的影响

民族文化生态村及其理念的影响主要分为三部分：

其一是试点村寨对周边村寨的影响。试点村寨从诸多村寨中

---

① 总结自尹绍亭主编《民族文化生态村——云南试点报告》，云南民族出版社，2002年版。

被挑选出来以后，专家进驻，进行调查研究，给出积极合理的建设规划，政府必要的时候给予资金和各方面的支持，村民自力更生，建设自己的家园。因而，试点村寨短短几年间便发生了巨大的变化，一切都是从无到有，用村民的话说就是"什么好处都是他们的了"，这一切，试点村周边的村民都看在眼里，没想到保护自己的文化和生态环境能换来那么多的"实惠"。试点村寨经过项目的建设，村民的收入也较以前有大幅度的提高，而且专家退出以后，村民自我管理、自我发展的机制已经成熟。因此，周边村寨的村民也希望学习试点村寨的经验，经常有周边的村民和村长跑到试点村寨来"取经"，向试点村寨村民询问他们究竟是怎么做的，在南碱和仙人洞，经常会碰到这样的事情；还有的就是看在眼里，自己默默地实践的，这样的学习和借鉴，通过试点村寨村民直接的"传授"，生态村的理念正在试点村寨周围逐渐深入人心。

其二是生态村及其理念通过政府的宣传而在省内政府官员中逐渐产生影响。云南民族文化生态村的建设属于云南民族文化大省建设的主要内容之一，已经被列入诸多的政府文件中，同时，生态村建设过程中的几次大规模的论坛和会议，在全省产生了积极的影响，诸多政府官员都被邀请或者自己主动前来参会，与村民和专家学者直接对话，互相学习。他们也在这个过程中潜移默化地学习到关于生态村的知识，学习如何在文化保护和传承中发挥自己应有的力量。自从云南民族文化生态村建设以来，在省政府以及有关部门的推动下，全省民族文化生态区（村）的建设如火如荼，在诸多地区都依照生态村的经验建设了新的文化生态村和文化生态保护区。

其三则是民族文化生态村及其理念在国际、国内产生的影响。民族文化生态村理念源于生态博物馆，结合中国的实际，却又不同于生态博物馆。项目建设的过程中，诸多国际上的学者

图9 政府官员考察和顺乡

（包括日本、美国、欧洲）都不远千里来生态村的试点调研，借鉴民族文化保护和传承的"中国经验"。国内则在不同的地方出现了两种不同的模式，除了云南民族文化生态村之外，在贵州还有生态博物馆，贵州的生态博物馆由于没有积极调动当地社区村民的自觉性和主动性，最终成了一个在文化原生地进行保护的传统博物馆，因而，国内诸多的学者和热心文化保护的各种组织都前来学习参观，与云南民族文化生态村进行交流，其中重庆和广西还充分借鉴了云南民族文化生态村的基本经验。

由于在民族文化保护和传承、生态环境保护以及社区发展等方面的突出表现，试点村寨先后获得了各级各样的诸多荣誉，仙人洞村被评为国家级文明村。而南碱村则被选为社会主义新农村建设的典范。

图 10 外国学者到南碱村考察

　　建设成果同时应当展现生态村理念所产生的影响和部分试点村寨被纳入社会主义新农村建设等的情况。在设计上，其主要分为以下几个方面：

　　其一是试点的基础设施建设。基础设施建设是生态村项目建设的一个重要内容，是项目的基本原则之一。通过试点村寨的诸如道路、村容村貌等基础设施和生活环境的建设，能为当地居民带来发展的福利，同时也为当地社区文化的保护、传承和社区的全面发展创造良好的基础。

　　其二是项目的运行机制和机构建设。虽然说生态村项目建设从一开始就拟定了自身运行的机制和一些需要建设的项目机构，但是，最终成型而且具有经验借鉴意义的运行模式和机制都是在项目建设的过程中逐渐形成的。对项目组本身来说，运行机制和模式只是保证项目正常运行和发展的途径，但对文化遗产保护事业来说，这些机制和模式则是巨大的财富。

其三是理念培育。理念的成功培育是云南民族文化生态村建设成果中最重要的部分，也是衡量项目建设成效的重要指标，对于项目建设来说，只要理念培育成功，则其他的成果都成了必然。

其四是举办文化传习活动。以文化传承为目的的文化传习活动，其真正的意义在于营造良好的文化氛围，从而加强项目理念的培育，同时，也可以促进民族之间的交流，让文化的主体和拥有者在这一过程中逐渐"文化自觉"。

网页资料

民族文化生态村项目对于试点村寨的建设及其整体建设成果

（1）对试点村寨的建设

其一是试点村寨的基础设施建设。基础设施建设为当地居民的文化传承提供必要的场所和条件。项目组在和顺乡建立了弯楼

图11　巴卡基诺族博物馆

子民居博物馆；在巴卡小寨建立基诺族博物馆；在仙人洞村建设了文化广场及民族文化传习馆；在月湖村建设了文化生态展示

区；在南碱村建设了花腰傣民族文化传习馆①。同时，基础设施建设还包括改善当地村民的人居环境，对村容村貌的整理，兴建基础性的生产生活设施等。

其二是项目建设的机构与机制建设。项目组的建设活动，多与当地村委会联合进行，当然，在必要的时候也建立了一些诸如文化生态村工作站、生态村管理委员会、老年协会等协调领导的机构。

其三为理念培育建设。这是生态村项目面临的最重要的工作，项目组主要以举办培训班、召开村民会议、家庭访谈以及组织村民外出参观、学习等方式对村民进行培训，培训的主要内容包括民族文化生态村理念、文化保护理论、传统知识保护、自主发展意识、持续发展的理念，等等。例如，项目组 2002 年在南碱村举办了科技夜校和妇女夜校，共进行了 10 期培训，为花腰傣民族文化的传承培养了不少人才。

其四则是举办以文化传承为目的的文化传习活动，对民族文化自豪感的形成和重建，营造一定的氛围是非常重要的，举办文化传习活动，其直接的目的就在于营造良好的文化传承气氛，让当地居民的文化传承活动在这样的氛围中成为一种自然和必然。文化生态村项目组举办了多次这样的文化传习活动，在巴卡小寨举办了"基诺族歌舞传承表演"以及"基诺族首届纺织刺绣能手比赛大会"；在仙人洞村举办"彝文学习班"、"乐器学习班"、"赛装会"、"对歌比赛"等；在腾冲和顺乡举办"和顺文化展"以及组织华侨撰写乡土志等。

（2）整体建设成果

关于项目建设的施行和建设成果，项目组在项目试点报告中画了一个非常清晰的图表，几乎标示了涵盖的所有的内容，如下

---

① 尹绍亭主编：《云南民族文化生态村暨地域文化建设论坛》，2003年9月版，云南民族印刷厂印刷，内部资料，第6~7页。

图12　基诺族纺织刺绣大赛

表所示：

项目建设的施行和建设成果表①

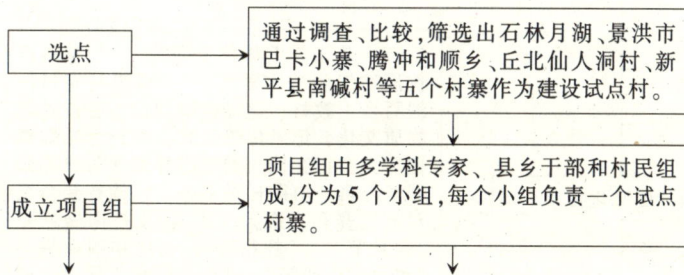

```
┌──────────┐      ┌────────────────────────────────────┐
│   选点   │─────▶│ 通过调查、比较，筛选出石林月湖、景洪市 │
└──────────┘      │ 巴卡小寨、腾冲和顺乡、丘北仙人洞村、新 │
      │           │ 平县南碱村等五个村寨作为建设试点村。  │
      │           └────────────────────────────────────┘
      ▼
┌──────────┐      ┌────────────────────────────────────┐
│ 成立项目组│─────▶│ 项目组由多学科专家、县乡干部和村民组 │
└──────────┘      │ 成，分为5个小组，每个小组负责一个试点 │
      │           │ 村寨。                              │
      ▼           └────────────────────────────────────┘
      ▼                          ▼
```

────────────────

①　该图表引自尹绍亭主编《民族文化生态村——云南试点报告》，云南民族出版社，2002年版。第11～12页，其中小部分内容因项目建设的发展，情况变化而作了适当的修改和补充。

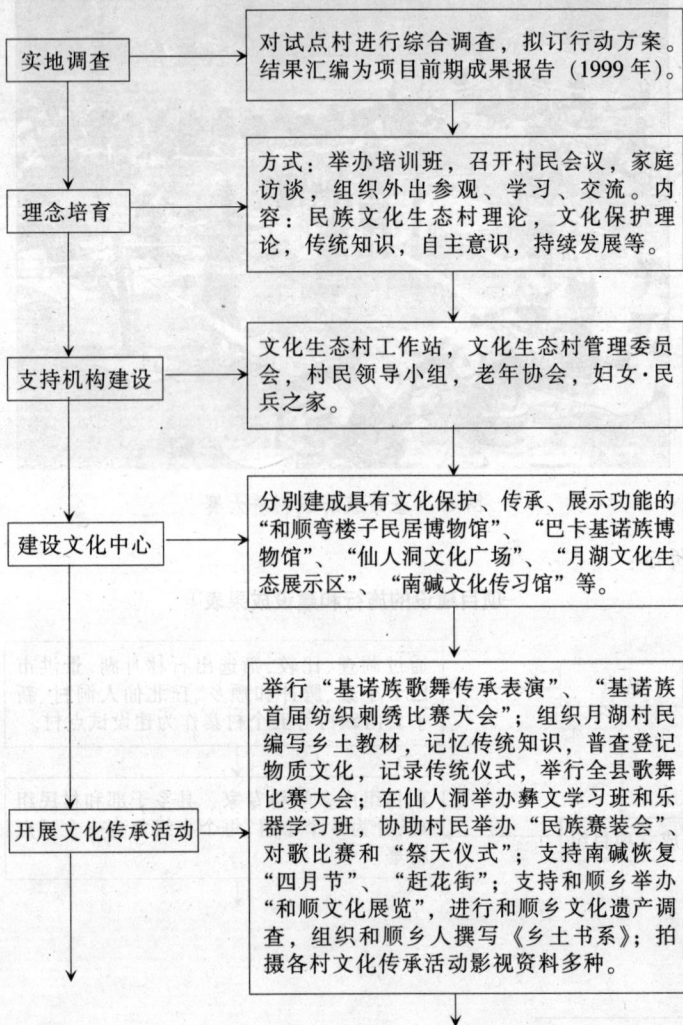

実地调查 → 对试点村进行综合调查，拟订行动方案。结果汇编为项目前期成果报告（1999 年）。

理念培育 → 方式：举办培训班，召开村民会议，家庭访谈，组织外出参观、学习、交流。内容：民族文化生态村理论，文化保护理论，传统知识，自主意识，持续发展等。

支持机构建设 → 文化生态村工作站，文化生态村管理委员会，村民领导小组，老年协会，妇女·民兵之家。

建设文化中心 → 分别建成具有文化保护、传承、展示功能的"和顺弯楼子民居博物馆"、"巴卡基诺族博物馆"、"仙人洞文化广场"、"月湖文化生态展示区"、"南碱文化传习馆"等。

开展文化传承活动 → 举行"基诺族歌舞传承表演"、"基诺族首届纺织刺绣比赛大会"；组织月湖村民编写乡土教材，记忆传统知识，普查登记物质文化，记录传统仪式，举行全县歌舞比赛大会；在仙人洞举办彝文学习班和乐器学习班，协助村民举办"民族赛装会"、对歌比赛和"祭天仪式"；支持南碱恢复"四月节"、"赶花街"；支持和顺乡举办"和顺文化展览"，进行和顺乡文化遗产调查，组织和顺乡人撰写《乡土书系》；拍摄各村文化传承活动影视资料多种。

| 相关建设事业 | → | 积极帮助各村寻求国内外援助；组织进行南碱村整体村落和民居的规划设计；帮助仙人洞和月湖进行民居改良的设计；支持、帮助各村修筑道路；净化居住环境；帮助月湖小学改善校园建设；帮助巴卡小寨勘察河道，计划开垦水田。 |
| 促进成果共享 | → | 支持、协助"中央电视台"、"云南电视台"、"昆明电视台"、《云南日报》、《南方周末》等新闻媒体对民族文化生态村进行报道和跟踪报道；协助中共云南省委宣传部把项目建设纳入《云南民族文化大省建设纲要》和《云南民族文化大省建设"十五"规划》中，协助云南省政府政策研究室进行调研，撰写调研报告等。 |

走向网络

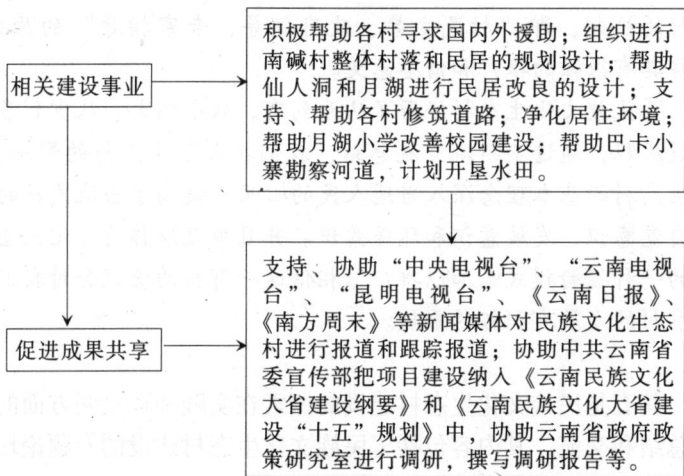

然而，就笔者看来，这部分的总结只是项目成果中可见的部分，项目建设的成果不仅应该包括可见的部分，也应该包括作为经验的不可见的部分，从诸多资料来看，总结如下：

①通过项目组全体成员、当地村民和各级政府的共同努力，在全省建成了六个民族文化生态村，并且建成了新平南碱村、丘北仙人洞村、腾冲和顺乡等几个符合项目期望并且发挥着典型示范作用的精品示范村。

②项目的建设秉承了民族文化生态村建设的基本理念，在追求文化多样性保护的同时，当地社会文化得到了发展，生态环境得到了保护。在保护中发展，村民们不仅得到了眼前的利益，而且保障了村寨将来更好的发展。

③项目的建设过程，是一个不断总结经验的过程，经过多年的探索，不断地尝试和总结，我们找到了一条合理的建设民族文化生态村并且值得推广、借鉴的途径。

④在建设的过程中，我们摸索出了一条保障民族文化生态村运行的机制，即"村民主导、政府领导、专家指导"的原则。同样具有很强的推广和借鉴意义。

⑤民族文化生态村经历了从无到有、从小到大、从少到多的建设历程，通过不断地交流总结，我们扩大了生态村的影响力，使生态村的基本理念深入当地人民的心里。提高了当地民族的文化自觉意识、发展意识和环保意识。并且被政府作为文化大省建设的一种经验模式来加以推广，相信这一有益的尝试会对我们广大乡村的发展有积极的贡献。

其五是民族文化生态村建设的探索在实践和理论两方面的经验总结和交流，其内容包括了民族文化生态村建设的专题论坛和出版著作以及论文。

网页资料

民族文化生态村建设经验总结和学术交流，包括论坛和出版著作等

（1）学术交流会议和论坛

云南民族文化生态村建设的过程也是一个经验总结、交流、借鉴的过程。在长达十年的建设过程中，项目组召开的大、小会议已经很难计数了，而相对大型而又非常重要的会议和论坛一共有三次。

第一次是在1998年2月。1997年项目的基本理念提出来以后，项目于次年获得美国福特基金会的资助和支持，同时受到云南省委领导以及有关部门的重视，将其作为云南省建设"民族文化大省"的重要内容，写进了《云南民族文化大省建设纲要》和《云南民族文化大省建设"十五"规划》中，于是，在云南省委宣传部的支持下，项目组于同年（即1998年）2月召开了

图13　生态村研讨会

第一次"云南民族文化生态村研讨会"，此次会议规模不算太大，与会者主要是与项目有关的专家、领导和部分村民。但是，会议对于云南民族文化生态村建设却是意义重大的，项目组成员经过反复地思考和讨论，拟定了云南民族文化生态村项目的运行和组织模式，这个运行模式就是在省有关部门的领导下，在福特基金会的支持下成立项目专家领导小组，下设五个试点课题组，课题组由专家、当地官员、村干部和村民共同组成；同时，项目组制定了项目实施的阶段、目标和任务；制定了项目实施的路线和步骤①。应该说，在项目理念、目标、宗旨和原则确定的基础上，此次会议确定了项目该如何开展、如何实施、分哪些步骤、各阶段的目标，等等。可以说，这次会议是云南民族文化生态村项目走向实践的开端。

　　第二次是在项目开始以后的第 5 年（2003 年）。2003 年 6 月

————————
　　① 资料来源于尹绍亭主编《云南民族文化生态村暨地域文化建设论坛》，2003 年 9 月版，云南民族印刷厂印刷，内部资料，第 5～6 页。

21日，在云南民族文化生态村项目组的牵头和策划下，在云南省各相关部门及各级政府的支持下，"云南民族文化生态村暨地域文化建设论坛"在云南大学科学馆隆重召开。

图14 云南民族文化生态村暨地域文化建设论坛

本次论坛有包括省和地方政府各级领导、来自各个单位的专家学者、来自各个试点村寨的村民等一百多位代表出席了会议，项目组成员全面地向与会者汇报了5年来项目所从事的各项工作取得的成果，并提出了许多存在的问题求教于与会专家学者，得到与会者热情的肯定和赞赏，同时，与会专家从不同的角度，根据各自长期的调查研究和长期实际工作的积累和思考，直率的提出了许多宝贵的意见和建议，全体项目组成员和与会代表都受益匪浅。大会也是一个促进和实现互动的会议，会议打破了以往纯粹以专家学者对话并以学术讨论为目的的会议模式。政府官员、村民代表和专家学者，以互敬、互补、务实、求效的态度，积极参与，直接对话，相互质疑又相互学习，从而在很大程度上促进了相互的交流和学习，巩固了"村民主导、专家指导、政府领导"的运行模式。本次会议也是一次富有成效的会议，对于民族文化生态村建设的若干重要难题，诸如村民的文化自觉性、能力建设和教育素质的提高；专家的角色地位、参与方式和实践效果的评价准则；官员参与和政府行为的实现；文化保护、传承与旅游、经济发展的关系；民族文化生态村理论体系、目标体系、方法体系的进一步深化和完善，尤其是对于如何建立有效、有序、稳定的建设机制从而实现可持续发展等问题，都有热烈的讨论、精辟的见解甚至是具体的措施。会议的成果远远超出了原先预设的"项目阶段总结"的层次和范围，起到了有力提升、宣传和促进的作用。本次会议对新时期云南民族文化大省的建设也是一个积极的贡献①。

第三次由云南民族文化生态村项目组主办，云南省民族学会和玉溪市新平县政府协办，于 2007 年 3 月 29 日至 4 月 1 日在新平县召开，本次会议名为"云南民族文化生态村论坛"，举办形式类似于上次即 2003 年的"云南民族文化生态村暨地域文化建设论坛"，同样是来自云南省各级政府的官员、省内外各地的学者（包括贵州、重庆、湖南、广西）和各试点村寨的村民共 170 多人参加了会议。会议就生态村建设的一些基本议题，诸如理论和方法、村民自我管理、如何处理旅游与民族文化保护等方面的问题展开了深入的探讨和交流。官员、村民和学者们围绕取得了显著进展、发生了巨大变化的新平县南碱村、丘北县仙人洞村、弥勒县可邑村的实例进行了交流和探讨，并就项目组提交的"民族文化生态村建设指标体系"展开了讨论。会议务实并富有成效。

---

① 资料总结来源于尹绍亭主编《云南民族文化生态村暨地域文化建设论坛》，2003 年 9 月版，云南民族印刷厂印刷，内部资料，第 77 ~ 78 页。

图15 云南民族文化生态村论坛

　　会后与会代表们重点考察了南碱花腰傣民族文化生态村。大家对本次会议，对南碱这个已经发挥着突出示范作用的试点村的建设经验、建设成果以及村民们所表现出的高度的自觉性给予了很高的评价。

　　（2）发表文章和出版著作

　　云南民族文化生态村项目的建设已基本接近尾声，回顾建设的历程，项目组也发表过不少文章，出版了不少对项目的事业和取得的成果加以总结和推广的著作。具体来看，有以下这些：

　　项目报告：

　　项目组在建设生态村过程中，关于项目的报告主要出版了三本，第一本是由项目总负责人尹绍亭主编的《云南民族文化生态村建设项目前期成果报告》，交流资料。本报告出版于1999年6月，按照项目研讨会制订的项目计划和目标以及实施步骤，项目组进行了第一期的阶段建设。此报告为第一期建设的一个小结，内容主要包括生态村的基本理论、前期的选点、文化资源调查和基本规划等方面。

图16 云南民族文化生态村建设项目前期成果报告

　　第二本为定于2002年7月出版却延迟到同年12月出版的《民族文化生态村——云南试点报告》，本报告由项目总负责人尹绍亭主编，各项目小组成员共同执笔参与写作，最后汇编而成。本报告几乎涉及了云南民族文化生态村项目建设的方方面面，包括理论阐释、项目试点的建设情况等。从理论上和实践上对项目第一期和第二期的工作做了总结，其中的很多材料和经验总结对民族文化保护、传承的研究者具有很大的价值，同时，对相同的民族文化保护、传承事业的开展具有很强的经验借鉴意义。

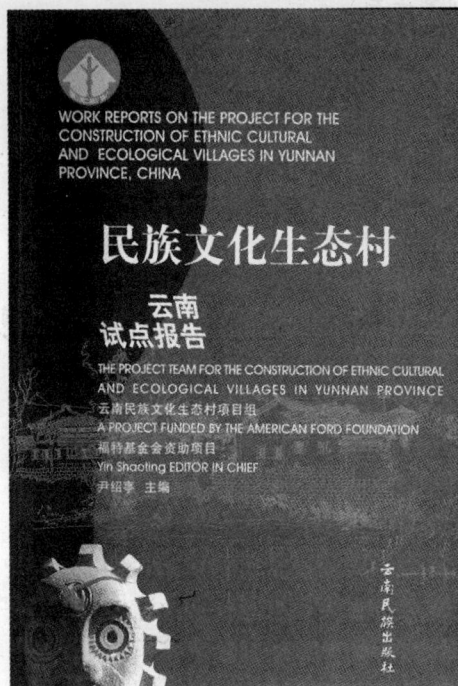

图17 民族文化生态村——云南试点报告

第三本为 2003 年 9 月出版的《云南民族文化生态村暨地域
文化建设论坛》，本报告由云南民族文化生态村项目总负责人尹
绍亭教授主编，内容为"云南民族文化生态村暨地域文化建设
论坛"的会议记录和参会论文。先前介绍过，由于本次论坛对
涉及生态村的诸多理论问题均进行了深入的探讨和交流，并且给
出了很多的建议、意见甚至方法和途径，论坛会议记录几近完整
地记录了现场的讨论和交流。当然，也包括诸多的主题发言，因
而，会议记录具有较高的学术研究价值。对于欲了解民族文化生

态村建设的研究者来说，本报告是一本必不可少的参考资料①。

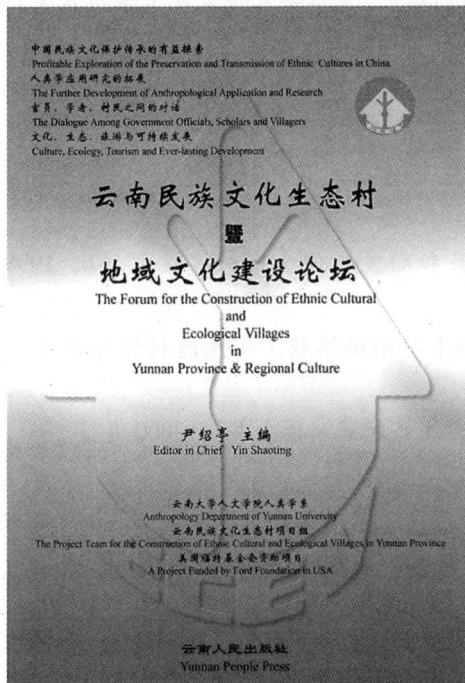

图 18　云南民族文化生态村
暨地域文化建设论坛报告

以上是已经出版的报告，未出版的但在项目组内交流和研讨的报告则很多，这里仅列举一些。主要包括②：

尹绍亭：《民族文化生态村建设项目》，1997 年。

文化生态村建设项目组：《文化生态村保护发展研讨会报告》，1998 年。

王国祥（孟翔）：《关于创建民族文化生态村的报告》，

①　本部分资料由笔者总结。
②　资料来源于尹绍亭主编《民族文化生态村——云南试点报告》，云南民族出版社，2002 年版，附录部分。

1998 年。

基诺乡文化生态村规划组:《景洪市基诺乡巴卡文化生态村建设规划》,1998 年。

月湖项目组:《月湖彝族文化生态村建设发展规划》,1998 年。

仙人洞村项目组:《丘北县仙人洞彝族文化生态村建设方案》,1999 年。

和顺项目组:《腾冲县和顺乡文化生态村建设方案》,1998 年 4 月。

王国祥 (孟翔):《新平县南碱傣族文化生态村资源调查》,2000 年。

张海:《南碱傣族文化生态村规划报告书》,2000 年。

文章类:

在云南民族文化生态村建设过程中,项目组成员在各种刊物发表文章多篇,同时,一批硕士研究生的论文也以生态村为主要研究内容,这里不完全列举,仅举主要的,包括①:

尹绍亭:《云南民族文化大省战略构想》,载《走向 21 世纪的云南民族文化》,云南人民出版社,2001 年。

尹绍亭:《民族文化生态村——一个生态人类学的课题》,载《民族学通报》(第一辑),云南大学出版社,2001 年。

尹绍亭:《民族文化的保护与发展》,载《云南民族文化大省建设理论探索》,云南人民出版社,2002 年。

尹绍亭:《基诺族文化生态村的变迁》,载《人与自然》,2002 年 6 月。

王国祥 (孟翔):《基诺族博物馆建成开馆》,载《中国民族

---

① 资料整理自尹绍亭主编《民族文化生态村——云南试点报告》,云南民族出版社,2002 年版,附录部分。

报》124 期。

陈学礼:《洁秽之间——石林月湖密枝祭祀中的"豁"》,硕士论文,2001 年 6 月。

曾益群:《巴卡小寨混农林系统与农业生物多样性保护研究》,硕士论文,2001 年 6 月。

李继群:《旅游生境与文化调适——丘北县仙人洞村的调查研究》,硕士论文,2002 年 6 月。

张海:《傣卡青年在文化变迁中的角色分析》,硕士论文,2003 年 6 月。

朱映占:《基诺族传统文化消失的释证与当代建构的实践研究》,硕士论文,2003 年 6 月。

李佳燕:《一个撒尼社区的儿童社会化过程研究》,硕士论文,2003 年 6 月。

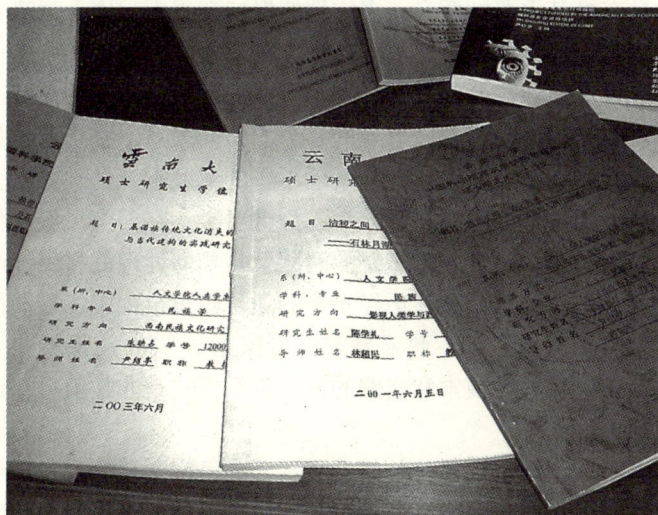

图19　部分硕士论文

其六则是项目建设的成果获得了社会各界的认同，并且试点村寨被纳入了社会主义新农村建设的体系。

本页面将会有一些具有代表性的建设以及建设成果展示的图片，分别插在页面的两侧，同时将有音乐和部分的动画示意图插入。

二、组织机构及运行模式

民族文化生态村的组织机构和运行模式是根据民族文化生态村建设的基本理念，结合建设的具体实践与中国的实际国情而总结出来的一套组织和运行模式。这一套组织机构及运行模式涵盖了各级政府、专家学者、村民和社会各界等方面。文化的保护、传承和生态环境的保护是保持文化和生态多样性的重要途径。而在当今全球化、现代化席卷全球的浪潮中，保持文化和生态的多样性具有极其重要的意义，多样性的保持在很大程度上意味着社会、文化、环境的共生、和谐与可持续发展。因而，民族文化的保护、传承事业需要来自社会各个方面的巨大的力量的支持，同时也需要处理好参与这一事业的各个方面的关系。在当前能意识到民族文化保护事业重要性的人还不多的情况下，处理好不多的参与建设的各方的关系，就显得尤为重要了。在云南民族文化生态村的建设中，一个非常重要的问题就是如何处理好村民、政府和专家三方面的关系。在历经十年的项目建设过程中，逐渐探索和总结出"村民主导、政府领导、专家指导"的关系模式，云南民族文化生态村摸索和实践的这一关系模式是非常值得探讨和借鉴的。

本页在设计上主要从整体上展示云南民族文化生态村项目在建设中探索出的这一关系模式，同时也要展示云南民族文化生态村项目的基本组织机构，以及在这一关系模式中，项目组的机构如何围绕项目的基本理念，为了项目的宗旨和建设而运作的。实际上，基本组织机构分为三个方面，即代表三方关系的政府、学者和村民，而项目的运作也是在这三方面的基本协调和建设中进行的。因此，需要展示的内容可以全部链接在一个代表三方关系的图表上，图表上标明三方的身份，即村民—主导、专家—指导、政府—领导，而每一方同时又可以分为几个部分，村民可以分为精英和普通民众，同时还可以分为文化生态村建设组织机构与一般的村民；政府则分为上级政府部门和直管政府部门；专家则代表项目组一方，主要分为项目领导团体和具体子项目组成员（包括学者和村民）。因为在各个方面，分开的每一部分承担的建设任务和扮演的角色是不同的，分为不同的部分则能够很好地展示这些微妙而复杂的关系。同时用箭头和文字表明诸方面之间的关系。

网页资料

"村民主导、专家指导、政府领导、社会各界广泛参与"的模式

民族文化的传承和保护，是一项浩大的工程，至少在目前全球化逐渐深入、文化多样性锐减并威胁人类丰富创造力的历史时空下是如此。因此，文化的保护和传承并不是一两个人就能处理和应对的事情，它需要整合各方面的资源，因而也就需要正确处理好各方面的关系，其中最重要的是处理好文化拥有者即村民、政府和学者三方的关系，项目组内部并不是一个均质的实体，其内部三方的互动，是建设过程中问题显现的关键，也是问题解决的关键①，民族文化生态村项目在建设过程中经过不断摸索和实践，形成了"村民主导、政府领导、专家指导"的三方互动关

---

① 尹绍亭主编：《云南民族文化生态村暨地域文化建设论坛》，2003年9月版，云南民族印刷厂印刷，内部资料，第86页。

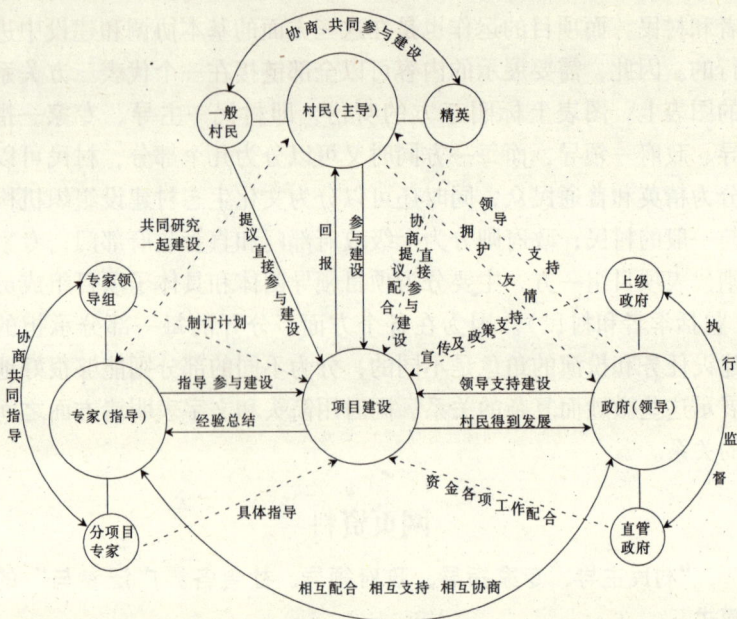

图20　村民、政府、专家与项目建设关系模式图

系模式。

　　村民主导意味着文化保护和传承的主导权利在文化拥有者的手中，文化拥有者一旦具有文化自觉的意识后，便会积极主动地投入到文化的传承和保护中来，因而，应该由他们决定什么该保护，什么不该保护，并且自始至终，他们都是文化遗产保护的主角。但是，他们不具有全局性的视角，因此也需要专家的帮助，因为他们首先必须处理好文化保护和传承中的产权问题，同时，在认识到自身文化的"危险处境"以后，还应当避免落入内部东方主义的窠臼，走向民族主义的极端。政府领导则意味着文化的保护和传承，是关乎一个民族的价值及其存在的大问题，政府

应当承担相应的责任并且应当积极投身其中，在资本、技术等各个方面支持当地村民，并且要充分尊重当地村民的意愿和专家的意见。而专家的指导则是文化传承和保护中非常重要的方面，在文化保护和传承活动的开始阶段，专家必须帮助村民正确认识自身文化的价值，树立起文化自豪感并最终达到文化自觉，而接下来则要以前瞻性和全局性的眼光帮助村民寻找合理的途径，并且建立可持续发展的文化保护与传承的机制。当然，在这其中，专家必须给自己找到合适的角色定位，并结合人类学的基本理念作反身性的思考。毫无疑问，专家在民族文化传承和保护中发挥着极其重要的作用，但是，专家权力的越位同样会给民族文化的保护带来灾难性的后果。对于他们来说，知道自己能做什么很重要，而知道自己该做什么，也同样重要。

在先前的项目报告和文章中，并未过多地看到项目组对"政府领导、村民主导、专家指导"这一关系模式的解说和阐释。事实上，项目组也是在不断探索中总结和进步的，这一关系模式也是随着项目的建设而不断提炼出来的，因此，在这次出版的丛书中，尹绍亭教授对此作了专业而精深独到的解释。何为"村民主导"①？

第一，村民主导是村民当家做主的体现，亦是建设社会主义民主制度所必不可少的理念，具有重要的政治意义和现实意义。

第二，建设民族文化生态村，保护优秀的民族民间文化，建设社会、经济、生态、文化整体和谐的可持续发展的新农村，归根到底是村民自己的事情。如果没有村民的自觉和自主，那只能是空中楼阁。

第三，所谓村民主导，很重要的问题是要强调社会各界——

---

① 本部分资料引用自本套丛书《理论与方法》中尹绍亭教授的相关论述。

政府官员、专家学者、企业、媒体等应该认识和尊重村民的地位和权利，应该懂得村民是他们村寨的主人，是他们所创造和拥有的文化的主人。因此，外来者不应该自以为是，把自己的意志强加于别人，更不应该去做越俎代庖、损害主人利益的事情。

第四，作为村民，则应当树立主人翁的意识，应自尊、自爱、自觉，应树立艰苦奋斗、自力更生的精神。政府的领导、帮助和支持是不可缺少的，专家学者等外来者的指导、帮助和支持也是十分宝贵的。但是自我家园的建设、自我文化的发展和繁荣、自我生活的改善等归根到底要靠自己的努力。无数事实说明，不做主人做仆人，不靠自己靠施舍，完全寄希望于面向政府的"等、靠、要"，那不仅仅是消极和堕落，而且将永远改变不了自身贫穷困苦的状况。

第五，村民主导，关键是权利的问题。对于建设文化生态村而言，那就是村民必须明确自身所拥有的保护和发展的权利，并能够充分享受、运用和行使这个权利。具体而言，在文化生态村建设的整个过程当中，只有村民始终处于策划、决策、行动的中心地位，才能称之为"村民主导"。

而何为"政府领导"？政府的领导是怎样体现的呢[1]？从云南民族文化生态村迄今为止的建设过程来看，政府的领导主要体现于以下几个方面：第一，是将文化生态村建设事业纳入政府相关的政策之中，作为政府行为而予以贯彻执行。例如在国务院发布的《非物质文化遗产保护的通知》里列有"文化生态区"保护名目，要求各地区予以申报保护；云南省委省政府制定的"云南民族文化大省建设纲要"等文件，明确写入了建设民族文化生态村的内容；几个试点村所在地的各级政府，也把文化生态

---

① 本部分资料引用自本套丛书《理论与方法》中尹绍亭教授的相关论述。

图21　召开村民会议商量具体建设事宜

村的建设与精神文明村、社会主义新农村的建设相结合，加以统一领导和指导。第二，指定政府归口部门，将其纳入相关政府部门的工作计划，并逐一予以落实。云南民族文化生态村最早的归口领导部门是省委宣传部，各试点村在当地的归口领导部门有所不同，有的是县委宣传部，有的是县政府民宗局或文化局等。第三，基层政府官员兼任文化生态村建设领导小组成员，发挥组织协调等重要作用。第四，帮助、指导村民小组进行管理，帮助他们提高能力和加强机制等的建设。第五，采取各种方式，积极引导、支持村民进行各类文化保护和传承活动。第六，帮助村民和项目组解决在建设过程中碰到的问题和困难。第七，给予试点村适当的资金和物资支持等。

图 22 官员与专家学者一道研究探讨相关问题和政策

至于"专家学者的指导",则需要注意以下问题①：其一，因为文化生态村建设还只是一个试验性、探索性的事业，所以，所谓"指导"所依据的理论和方法也是探索性、试验性的，而非成熟的和绝对的，还需要在实践的过程当中不断修正和完善。其二，人类学民族学学者的"指导"，也非绝对意义的指导，而是在向他者学习、对他者进行深入研究的基础上的指导。其三，项目的实践充分说明，在建设的过程中，专家学者和村民以及政府官员之间的关系，是真正的互动关系，是相互作用、相互促进、相互启发、相互学习、共同提高的关系。专家学者之所以能够充当"指导"，其实是得益于田野的实践，得益于村民的知识、经验和创造，得益于官员和干部的开拓和智慧。

---

① 本部分资料引用自本套丛书《理论与方法》中尹绍亭教授的相关论述。

在页面上，这个复杂的关系模式图可以放在正中居上的位置，页面正中居下部分为分开的文字解释，文字解释部分主要分为以下几个方面：政府、村民、专家学者各方面之间的关系、项目的运作等。页面的两侧则主要是小型的诸方面之间的关系和项目运行模式的动画分解图，两侧的动画有助于浏览者分别从不同的角度了解项目的运作模式。

在需要的部分插入关系模式中参与建设的各方的图片，专家的部分插入专家参与建设的图片，政府和村民的部分也是如此。另外，以上部分是从笔者自身的角度，从项目组本身出发对民族文化生态村项目实践及运行的这一关系模式所作出的阐释。而事实上，参与项目建设的各方在项目建设中是如何理解、如何参与的呢？从他们自身的角度出发，他们在项目建设中承担了什么样的角色？而他们又怎么理解自己作出的成绩和所充当的角色呢？这一系列的问题是民族文化生态村所探索的这一关系和项目运行模式的另外一个颇具人类学意义的方面。云南民族文化生态村网站的设计同样充分考虑到这一点，除了上述从项目组的角度阐释的第二主页之外，还设有一个由此主页链接的下一级页面，这一页面将从参与项目各方各自的角度阐释上述提出的一系列问题。其页面的设计将在后文展开。

三、南碱傣族文化生态村

南碱村位于玉溪市新平彝族傣族自治县，下属于腰街镇曼蚌村委会，是一个花腰傣的村寨，是云南民族文化生态村项目建设的五个试点之一。从目前的发展态势来看，南碱村是基本符合生态村最初理念的发展较为顺利和良好的试点之一。

在网页的设计上，本页是真正涉及和实践网络生态博物馆基本理念的页面，应该说，前面的部分都是对生态村项目组各个方面的介绍和展示。而目前南碱村寨的介绍和展示，则是网络生态博物馆的主体，即生态博物馆社区的展示，在导论部分笔者曾经提及，如何在生态博物馆基本理念的框架下把整个社区的资料数字化后置入网页中，这是一个非常难以驾驭的问题。在日本学者的研究成果中，笔者得到的资料并不多，而国内其他同类可供借鉴的研究成果和经验几乎没有，因而笔者只能以自己对这一问题和方法的理解提出几点看法。基于生态博物馆的基本理念，网络生态博物馆的社区数字化建设至少应该做到以下几点：其一是涉及社区的资料一定要全面而深入，这是最基本的条件和基础。生态博物馆是博物馆的社区化，也就是说，整个社区就是一个博物馆，既然如此，则社区内的任何物品和事项都可能成为所谓的"文物"，仅从这个角度出发，就应当尽量全面深入地搜集关于社区的资料。而相对于现实中的生态博物馆来说，网络生态博物馆对于读者来说就仅仅是一个网页，一个窗口而已，虽然现代的科学技术已经可以让浏览者在浏览网页时用尽量多的感官来获取不同的信息，视觉、听觉甚至触觉都可以派上用场。然而，无论怎么说，其终究不能与自己亲身到现实中的社区相比。这个道理非常简单，虽然我们可以通过各种各样的渠道得到一个风景名胜的信息，知道它的历史、每一个传说、每一个故事，甚至得到关于它的拍得非常漂亮的照片，可是我们还是愿意自己亲自到实地去感受。因而，从这个角度说，网络生态博物馆的关于社区资料的搜集就更需要全面化和深入化了，因为只有这样，浏览者通过这个窗口才能更深入和全面地了解这个社区；其二是资料的数字化一定要采用多样的途径和方法，采用多样的技术。这是因为只有多样的表达方式，才能尽可能多地调动浏览者的感官，传达尽可能多的信息；其三是应当在全面展示的基础上突出社区的特色。全面的资料搜集是为了全面地展示一个社区，然而，这只是其中的一个方面，而这个社区有什么不同于别的社区的地方，有什么值得别人参观、学习，有什么经验可以值得别人借鉴，这是另外的一个方面，这个方面也同样重要，这是一个网络生态博物馆的基本特点和特色，也是其价值集中体现的一个方面；其四则是应当重视非物质文化遗产，同时应适当归还当地人的话语权。应当说，生态博物馆突破传统博物馆理念有两个较大的方向，一是强调文化和文物的原生地保护；二是扩展了"文物"的外延和内涵，更多的强调保护非物质文化遗产。因而，网络生态博物馆的建设更多的强调非物质文化遗产保护，自然也是理所当然的。适当归还当地人的话语权则是人类学角度的一种体现，同时，这样的方式也可以让浏览者和参观者从主位的角度更好更深入地理解当地社区的文化。这里提到的所谓"适当归还"，笔者的理解是：因为网络生态博物馆的建设有一定的框架和思路，不可能完全地从当地人的思路出发，而只能最大限度地采纳当地人的理解和看法；其五则是应当加入介绍项目建设的情况、加入项目建设前后的对比。网络生态博物馆的建设是在现实生态博物馆建设的基础上展开的，没有现实中的生态博物馆，也就没有网络生态博物馆。因而，网络生态博物馆的建设必须要提及现实中的生态博物馆的建设。同时，从另一个侧面来说，对项目建设介入的展示，也可以让读者了解项目建设前后当地社区的变化，从而在一定程度上理解外来力量对一个社区的影响以及将来这个社区可能的走向和发展等问题。

基于以上笔者论述的原则，"南碱村的建设和现状"这一页面的设计包括如下几个方面：

其一是村寨概况，包括村寨环境、历史、居民概况、民族渊源、资源情况、生计方式等方面的基本情况，这一部分将主要以文字资料和图片资料展示。

其二是农业的多样性和花腰傣特色民族文化，这里主要讲述南碱村的农业特色和文化特色，这一部分是从第一部分简述的内容中挑选南碱村的特色进行进一步的阐释，其中特色的民族文化将包括宗教等内容，同时也要强调非物质文化遗产，其表述方式依然是以文字和图片资料为主，但在非物质文化遗产部分，则设计将有几个视频短片和动画制作（土陶制作和歌舞等），主要展示一些过程和实际情况。

网页资料

南碱概况、农业和文化特色[①]

南碱是云南省新平县腰街镇曼蚌行政村下属的一个自然村落，称为南碱生产合作社，也称南碱村民小组。

南碱村寨海拔 470～490 米，周围山地相对高度不超过 800 米，气候干热。村寨坐落在两河交汇处的河谷坡地及山地上：元江（当地叫漠沙江）由北向南从南碱村子的东面流过；其支流之一南碱河（亦称丫咪河）在林子西南汇入漠沙江，一浑一清，顿成奇观。果树、沟渠、田埂、稻田、山地等农业土地利用类型的组合形成秀美的田园风光。

南碱全村 271 人（其中女性 137 人），劳动力 148 人，耕地面积 438 亩，其中田（有水灌溉）216 亩，地（无水灌溉）213 亩，人均占地 8～9 分，在曼蚌村所属 21 个居民小组中属于人多地少的一个村寨。近年，随着人口增加，人均占田 6～7 分，地 6 分左右。

1996 年以前，人民公社时期，南碱是一个生产队，每个劳动力一天最多能挣 5 角人民币。分口粮，向生产队交款。有些家庭人口多，劳动力少，所得公分不够口粮钱，倒欠生产队的款。

---

① 本部分资料主要总结自王国祥（孟翔）《南碱傣族文化生态村项目报告》，载尹绍亭主编《民族文化生态村——云南试点报告》，云南民族出版社，2002 年版。

例如，刀文成家，有一年，到年终，扣除口粮，仅分得5角钱。1996年后，一个劳动力每天可得七八角钱，口粮仍然欠缺。20世纪80年代初期，改革开放，南碱种植水稻和甘蔗，粮食亩产500~600千克，粮食基本够吃，人均收入达600元左右。1999年村民人均纯收入1627元，85%~90%来源于甘蔗种植。近年，生产和生活水平虽有提高，但是，除了交公粮、水费外，仅能勉强维持温饱。如果建房盖屋、婚嫁丧葬、生病住院或者有孩子在镇、县、市或者省城上学，家庭就入不敷出了。以一年的教育费为例，最少需要800~1000元，高的达到5000~8000元。所以，南碱一直不能完成政府分派的各项生产指标，被称为"难整村"。

图23　花腰傣服饰

南碱村民祖先从石屏迁至新平夏洒，再从夏洒迁至此地，已历数十代，建寨数百年。全体村民都是傣卡（俗称旱傣）。新平县傣族，是傣族中的一个支系，以其服饰特点，被外族称为花腰傣。花腰傣包括傣雅（主体在漠沙镇）、傣洒（主体在夏洒）、傣卡（主体在腰街镇）。傣卡既有花腰傣的共性，还有自身的个性。2000年南碱傣族文化生态村建设启动时，全村55户，271人，全是傣卡，由于地理和社会的原因，还保存着傣语、花腰、土掌房、花腰节等种种民俗事象，基本保持着傣卡的生产生活方式。

南碱村农民由于贫穷，为了能增加农作物收成，把甘蔗种上山，进行粗放型、掠夺性的农业开发，破坏了坡地植被，造成水土流失；有的人用电捕鱼，将河中大小鱼皆电死，致使鱼类剧减。南碱村坐落在元江（红河上游）西岸的台地上。上游有糖厂、造纸厂、铜矿厂，工业污水污染河流，威胁两岸人民的生存。生态环境的破坏，酿成了严重的后果。

南碱村是一个纯粹的傣族村寨，村民自称傣卡，外族称他们"花腰傣"。这个村寨至少已有数百年的历史，20世纪90年代末，在"现代化"浪潮的冲击下，傣卡的传统文化已处于濒危状态。例如，颇具特色的土掌房已逐渐为不适合当地风土的盒式楼房所取代，刺眼的白瓷砖房与环境极不和谐；著称于世的花腰傣服装少见了，年轻女子已不爱穿戴，认为"土气"。年青一代不喜欢说本民族的语言，傣语面临逐渐消亡的危机；"牙摩"（原始宗教女祭司）已寥寥无几，村中一位著名的"牙摩"已64岁，后继乏人；中年和青年人已听不懂古歌谣，更不会唱、跳传统歌舞。面对这样严峻的形式，民族感情深厚的老人们忧心如焚，急切盼望民族文化能够得到保护和传承。

其三是生态、经济、文化和谐发展的家园，主要讲述云南民

图24 南碱昔日土掌房

族文化生态村项目在南碱村的建设历程以及建设的成果,本部分突出南碱建设的特色——和谐发展,以生态村建设的过程为主线,展示南碱村在生态村项目建设中的变化,从正面和侧面表述项目建设的成果,其中,应该包括项目建设的各个方面(传习馆建设将被重点介绍),表述方式依然是文字和图片相结合。

网页资料

生态村项目组在南碱的建设①

南碱傣族文化生态村建设始于 2000 年 8 月。在南碱村的建设主要包括以下几个方面:

---

① 本部分资料主要总结自王国祥(孟翔)《南碱傣族文化生态村项目报告》,载尹绍亭主编《民族文化生态村——云南试点报告》,云南民族出版社,2002 年版。

（1）摸村情，设计建设方案

①成立多学科的专家组。

②调查研究，写出《南碱文化生态资源调查》和《南碱傣族文化生态村建设项目建议书》。

③测量村寨民居，绘出《南碱规划方案图》，完成《云南少数民族传统住屋保护与更新研究方案——南碱社花腰傣民居》，设计出三套方案供村民选择，并在此基础上，根据各家情况作调整。

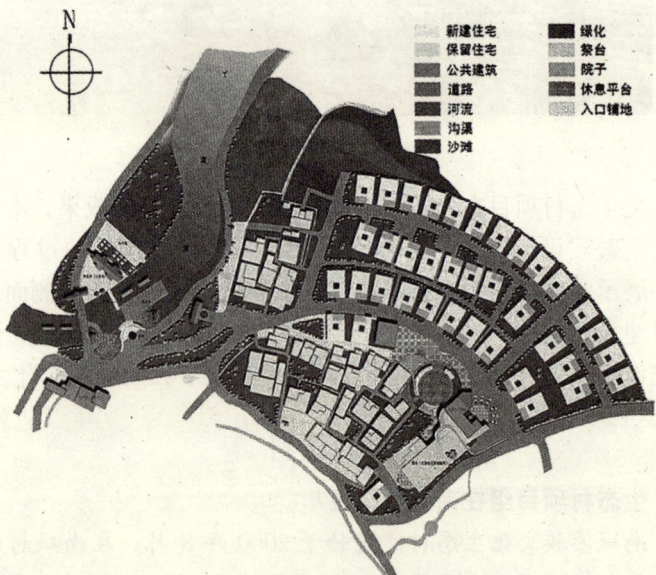

图 25　南碱村总平面设计图

（2）建设施，改变村容村貌和生活环境

随着物质条件日益改善，群众对高质量的生活追求日趋强烈。腰街镇抓住民族文化生态示范村建设和优质青枣园的有利时机，想办法，抓项目，跑资金，加强基础设施建设，改变村容村貌。

村容村貌的改变首先从改善人居环境入手，改变自古以来南碱村小组人畜共居、脏、乱、差的状况。在村民们的积极参与下，南碱村于1999年挖通了村中的第一条巷道；2000年，又继续组织村民投工投劳1 800多个，挖通了第二条巷道；同时镇政府补助8万元，南碱小组拿出集体资金8万元，建起了村民小组科技培训楼。2001年，在省民族文化生态村建设项目组的指导下，村民投工投劳2 000多个，全部打通了4纵6横的10条村中巷道。在县卫生局的支持下，南碱小组积极组织群众投工投劳，建起了两座公厕；同年，在市、县农业局、县、乡、镇企业局、企业办、镇政府、村委会的大力支持下，南碱小组又新建了2 000米农田灌溉沟渠、4条村道排水沟。2002年，在云南大学生态村项目组和新平县有关部门的支持、帮助下，南碱村民投工投劳4 000个，建成了南碱花腰傣民族文化传习馆。传习馆内收藏、陈列花腰傣原始生产生活、习俗、文化等方面的实物280件及部分研究成果。

在完善外部设施建设的同时，南碱小组还注重美化、亮化工程的建设和生活环境质量的提高，在完成村落规划、进村道路铺设、村内巷道硬化后，又对村中道路进行了全面的绿化和美化，栽下上百棵槟榔树、梨树和花树。家家户户完成了沼气三配套建设，并安装了程控电话和有线电视。

（3）投资金，为生态村建设提供坚实的物质保证

南碱民族文化生态村的建设，各级政府和相关部门在资金上给予了大量支持。在县政府和有关部门的支持下，南碱村民投工投劳，铺设了村中的道路；在市农业局、县妇联和县土矿局等单位的支持下，南碱小组建设了田间水路配套工程，把200亩水田改造成了稳产、高产农田；在镇政府补助8万元的基础上，南碱小组拿出集体资金8万元，建起了130平方米的村民小组科技培

训楼；南碱小组投入集体资金5.5万元，在县卫生局的支持下，建起了两座公厕；2002年，由云南大学生态村项目组投入资金1.5万元，新平县委组织部投入资金500元，南碱村民投工投劳4000个，建成了南碱花腰傣民族文化传习馆；2006年，在县人民政府和腰街镇政府的大力支持下，投入资金40万元，铺设了南碱小组的出行道路

（4）抓培训，全面提高村民的综合素质

一个地方村民的综合素质，关系着这个地方社会经济发展的程度。在不断发展经济、提高农民收入的同时，南碱村小组在县、镇、村委会的领导下，在各级各单位的关心支持下，加强基础设施和文化阵地建设，重视科学宣传和技术培训工作，加大科技、文化投入力度，发挥花腰傣传统民间文化的精华，广泛开展文化、科技、教育学习宣传、培训工作，创建具有民族文化特色的南碱花腰傣民族文化生态村。在村中建盖了130平方米的科技楼，每年开办各类培训班12期，培训面积达100%。经常性开展有益的群众性体育活动，每晚组织群众在操场上跳傣家健身舞，日均达80余人，文化生活丰富多彩。认真贯彻执行义务教育法，实施九年义务教育，全村无适龄儿童失学；计划生育政策深入人心，多年无计划外生育。

在不断进行文化科技教育宣传、教育培训的同时，该组村民自发组织学习《公民道德建设实施纲要》，把"爱国守法、明礼诚信、团结友善、勤俭自强、敬业奉献"的公民道德基本规范宣传到群众中，把社会公德、职业道德、家庭美德教育与发展经济、邻里团结、家庭和睦结合起来，在镇、村工作队的帮助指导下，积极开展"十星级文明户"创评活动，参评农户达到100%。如今，南碱村民"学科技、用科技、依靠科技致富，讲文明，树新风"蔚然成风，全村55户农户中有16户被评为"十星级文明户"、20户农户被评为"九星级文明户"、18户农

户被评为"八星级文明户"。2006年12月，南碱村小组分别被省、市、县文明委命名为省、市、县三级文明村。

（5）谋发展，建设和谐小康村

在大力进行村容村貌整治，改善人居环境的同时，南碱小组积极发展生产，做到项目实施与经济发展两不误。小组先后完成了沼气建设、2 000米灌溉沟渠、200亩高稳产农田建设，使南碱小组的生产生活条件得到了大大改善。同时，在县、乡农业部门的指导帮助下，当地村民因地制宜，积极进行产业结构调整，发展热区特色农业，大力种植甘蔗、水稻、青枣、苦瓜等农产

图26　南碱秋冬经济作物——苦瓜

品，促进了小组经济发展，实现了农民增收。2006年，村民人均纯收入达到了2 806元。人民生活水平的提高，为傣族文化生态村的建设打下了坚实的物质基础。

在发展经济作物的同时，该组又结合新平大力打造"花腰傣"品牌，发展旅游业的时机，积极发展文化旅游业，有效地

保护、传承优秀民族文化，并努力实现文化与生态、社会、经济的协调和可持续发展。在县政府和腰街镇政府的指导下，经过认真分析研究，南碱小组以新平县发展旅游业打造花腰傣民族文化品牌为契机，引导村民把傣族文化生态资源进行合理的开发，走傣族文化生态旅游开发和文化生态村建设共同发展的路子，增加农民收入，从而积累傣族文化生态村建设资金，更好地调动村民参与傣族文化生态村建设的积极性。2002年，在省项目组和政府的支持下，首次把传统的南碱"花街节"、"四月节"对外开放，吸引了众多游客到南碱，之后，政府每年拿出部分资金，派专人协助指导，支持南碱小组举办"两节"。通过合理的开发和利用傣族文化生态资源，让更多人了解南碱，了解花腰傣特有的民族文化，使南碱民族文化生态村的建设得到了社会各界更多的支持，为文化生态村的建设注入了更多活力。现在，南碱傣族文化生态村建设得到了不断完善和发展，南碱小组的知名度有了很大提高，许多游客慕名而来参观传习馆，过"四月节"。南碱在傣族文化生态村建设中实现了保护和开发的良性互动，实现了生态、旅游、文化的协调发展。一般意义上的生态村建设，往往注重生态的保护，旅游的发展，而忽视文化的保护、挖掘、开发与传承。南碱村小组在文化生态村建设中，虽然旅游业的发展并不是很快，但它在花腰傣民族文化的保护、挖掘、开发上作出了很大贡献。特别是花腰傣文化传习馆的建设，为新平传承花腰傣文化，打造花腰傣品牌作出了积极的贡献。

其四则是南碱村的发展和南碱人眼中的家园。本部分主要介绍南碱村的发展现状，包括诸方面的发展。同时，本部分将采用"主位"的视角，根据资料的掌握情况而置入一些当地人对自身文化和生活的想法和看法。

网页资料

南碱人眼中的家园及未来的发展

南碱人眼中的家园部分主要内容将会以录音的形式嵌入网站中，虽然录音不具有像文字记录一样的可修改性，却具有较强的真实性。因而，本部分的文字主要是南碱村的未来发展情况。

处于现代化和全球化的背景中，南碱和中国广大地区的其他村寨一样，也面临着一些问题。具体说来，第一，南碱目前经济的主要来源依靠仍为农业，收入容易受诸多因素的影响而不稳定，也很难在短时期内提高其平均收入水平，如何改善这一局面，调整经济结构和农业结构，将是一个严峻的问题。第二，目前南碱村的年青一代基本都出去打工，造成村子的"空巢"现象，由此而引发了诸多问题，民族文化向年青一代传承将会出现"断代"现象，这是最为迫切的问题。

从总体上来说，网页页面正中将分为四个部分，分别放置以上论及的四个内容和部分，放置的顺序和方法则在技术操作时依实际而实施，各个具体内容依然是置入标题而采取简单的最终链接形式。网页的左侧则要置入关于南碱村各个方面的图片和村中传承的花腰傣音乐，右侧则是部分关于南碱村物质文化遗产的视频和动画。

四、仙人洞彝族文化生态村

仙人洞村位于文山州丘北县普者黑风景区，下属于双龙营镇普者黑村委会，是彝族撒尼人的一个村寨，也是生态村项目的五个试点之一。就目前的发展情况来看，仙人洞村也是协调处理文化与发展问题较好的试点之一，并且在发展旅游与文化保护的问题上发展出适合自身的一套方法和途径，探索出了不可多得的经验，本页的设计主要围绕这些主题展开。

从理论上来说，仙人洞村的设计和南碱村的设计一样，都是一个具体的生态博物馆社区，因而，其设计的基本原则和上述南碱村论述的基本原则是一致的，此处不再重复论述。在此基本原则的指导下，仙人洞村的设计同时也要突出自身旅游开发与社会、文化、生态和谐发展的特色。总体上来说，本页的页面设计可以分为如下几部分：

一是村寨的基本情况，主要包括仙人洞村的环境、历史、资源、居民情况、生计方式等方面，表述方式以文字为主，图片为辅。

二是仙人洞村撒尼人文化及其特色，这一部分同样是抽选和强调第一部分的一些内容，将对有特色的元素进一步阐述，同时也要强调非物质文化遗产的传承和保护。在表述上以文字为主，图片、动画和视频结合为辅。

网页资料

仙人洞的基本概况和文化特色

仙人洞村是中国云南省丘北县双龙营镇普者黑村委会下属的一个行政村，与普者黑自然村隔湖相望。"仙人洞"为汉语的称呼，撒尼语为"哦勒且"（音），意为"鱼多的村寨"。仙人洞处于低纬度季风区，终年温暖湿润，平均气温16.3℃，年降雨量1 000mm～1 300mm，海拔1 300～1 456米，全村有水田400余亩，旱地460亩。

仙人洞村1999年有173户，759人（其中男403人，女356人）；2002年4月有180户，776人。居民除一户姓戴的汉族外，其余均为彝族撒尼人。全村有100多户从事传统种植业，有40余户从事渔业。

仙人洞村处于喀斯特地貌发育地带，山清水秀、峰奇洞异，组成独特的美景。村畔的仙人湖面积 2 平方千米，与普者黑湖相连，总面积 4.83 平方千米，湖中鱼虾丰富，有大量的野生荷花。每年夏季，荷叶、碧波加上独特的喀斯特地貌，构成亮丽的自然风景，是仙人洞村也是普者黑最主要的旅游资源。

仙人洞村已经有 400 多年的历史，传说村民都是从石林县等撒尼人聚居地逃过来的，他们带来了原住地的文化，同时在新的与壮族、苗族相邻的环境里又有所创造和发展。其文化的核心依然是撒尼人的传统，其主要包括如下部分：

①保留完整、纯正的撒尼语。

②妇女仍然穿戴多姿多彩的撒尼服饰。

③保存大量的传统民居。

④保存"花房"和"情人房"以及背着娃娃谈恋爱的习俗。

⑤至今尚存有传播彝族文化的祭司（毕摩），保留着密枝林和密枝节。

⑥具有很多古老的民间歌谣、传说、工艺和歌舞①。

图27　仙人洞撒尼人的假面舞

①　本部分资料总结自尹绍亭主编《民族文化生态村——云南试点报告》，云南民族出版社，2002 年版。第 81~82 页。

三是旅游与文化、生态和谐发展的途径，此标题是围绕仙人洞村在民族文化生态村项目建设所展现的特点而设立的，本部分主要阐述民族文化生态村项目组在仙人洞村的建设，包括建设的过程和成果，以及对仙人洞村的影响。

网页资料

生态村项目在仙人洞村的建设

仙人洞村被列为试点村寨以后，打出了"云南民族文化生态第一村"的旗号，在项目组的指导下，建设期间做了如下几件大事①：

（1）树立民族自信心，发扬优良传统

在村民小组的领导下，在老人们的支持下，村民们对比时下种种不良的社会风气，重新认识本民族的优良传统，提高了对保护民族文化重要性的认识和自觉性。在原有的习惯法和村规民约的基础上，结合现实的状况，村里制定了新的村规民约和行为规范，并把发扬优良传统、传承民族文化作为建设民族文化生态村的核心目标。

（2）改善环境，建设美好家园

原来的仙人洞村，周围山好水好，但是走进村寨却是脏、乱、差的景象。村中全是泥土路，旱季灰尘漫天，雨季则烂泥遍地；土墙老屋，年久破败，人畜共居，臭气弥漫。环境如此之差，怎么称得上"生态村"？贫穷则思变，脏乱则思改。有了奋斗的目标，认识发生了转变，于是村民们团结一心，男女老少齐上阵，家家户户搞建设，土路被改筑成了石头路，民居改造把人畜分离，卫生状况明显改善；为了美化环境，人们还在村中开挖

---

① 本部分资料引自本套丛书之尹绍亭著《理论与方法》相关部分的论述。

了大面积的荷塘，在村里村外种植了数千株竹子和树木。短短的时间内，村容村貌便发生了巨大的变化。

图28　现在的仙人洞寨门

（3）发掘文化资源，传承民族文化

该村撒尼人传统文化十分丰富，然而经过"文化大革命"等动乱，大部分均已消失了。认识到民族文化的重要性，村民们投入了极大的热情，以各种形式恢复、传承文化。他们自愿按年龄的不同组成了若干歌舞队，每天晚上自觉开展活动；年轻人希望学习彝文，村里一度开办了彝文夜校；"火把节"等传统节日活动多年不举行了，1999年后又陆续恢复起来；在撒尼人的文化中，神灵和祖先崇拜占有重要的地位，由于被认为是封建迷信活动也被取消了多年，在建设民族文化生态村的过程中，祭天、祭神、祭祖等仪式也一一被恢复。

（4）继承传统，发展创造

为了更好地持久地保护、传承民族文化，同时为了发展旅游业，增加经济收入，改变村民贫穷的状况，村民们除了依照传统方式进行文化活动之外，还创造了许多形式新颖、独特的文化活动。例如经常举行"篝火歌舞晚会"，组织周围各民族举办"民族赛装会"，在不同的季节举办"旅游节"、"荷花节"、"花脸节"、"辣椒节"、"对歌赛"等，这些活动既具有很强的娱乐性和参与性，又具有非常丰富的传统文化底蕴，所以深受当地民众和外来游客的欢迎。

(5) 利用自然资源，开发旅游景点

在烟波浩渺的湖泊中划船游览，赏游鱼荷花，听故事船歌，是深受游客欢迎的旅游节目，这是村民的拿手好戏，是他们最先

图29　为游客划船

开发出来的旅游活动。后来划船统一到旅游公司之下，由公司进行协调管理，现在划船已成为该景区旅游的"重头戏"。溶洞崖窟颇具观赏和探险价值，普者黑第一个溶洞的开发，也是出于仙人洞村民之手。该村背山面湖，村民又别出心裁，沿山开凿石径，在山顶辟出观景台，登顶眺望，湖光山色尽收眼底，美不胜收，令人流连忘返。

(6) 新建民宿旅馆，满足游客需求

为了吸引游客，为他们提供较好的食宿条件，村民们改变观念，大胆贷款建设新房屋或改造老房子。现在大部分人家建造了宽敞明亮的民居旅馆，全村每年接待游客 10 万人以上，每逢旅游旺季，家家爆满，经济收入一年比一年好。建设民族文化生态村之前，村民年均收入不过几百元，现在已上升到数千元，年收入十几万元的人家已不在少数。

如今，项目组已经退出了对该村的管理，村民的自我发展机制已经建立，仙人洞村正走向旅游发展与文化保护的双赢。

图30 自觉传承

　　同时，在这一部分中，还将专门强调介绍"旅游与生态村建设"这一问题。旅游开发与民族社区的发展以及文化的保护，一直都是扯在同一绳索上的几个结，而且通常都是相互交结在一起的。自从20世纪90年代国内旅游大规模兴起以来，如何在开发旅游、发展经济的同时保护和传承优秀的民族文化就一直是一个令众多学者绞尽脑汁的问题，许多研究者都提出了不少具有建设性的理论和方法。然而处于全球化的巨大浪潮中，在一切以经济建设为中心的市场经济运作的背景下，似乎都没有多大的成效，因而，这一问题到目前依然是一个非常热门而又非常棘手的问题，民族文化生态村的建设也同样如此。从项目一开始便遇到了这样的问题，对此，项目组采取的态度是：我们并不排斥旅游，有条件通过适当开发旅游来增加经济收入的地方或村寨，可以适当开发，但是必须在开发旅游的同时保持地方的文化特色，不能因旅游使生态村变了样子。在理论上并没有过多探讨，但是在实践中却在仙人洞村探索出了一条和谐发展的路子，本部分的设计主要就是围绕仙人洞村的经验而展开的。

网页资料

旅游开发与文化保护的"仙人洞模式"

　　把民族文化的传承和保护与当地经济、社会发展结合起来，是民族文化传承和保护必需的途径。大半的少数民族处于边疆地区并且仍然处于贫困中，这是中国少数民族地区最大的国情。云南具有边疆、民族、山区三位一体的省情[①]，贫困问题尤为突出。而少数民族的文化传承和保护，必须要有一定的经济基础，只有建立了良好的经济基础，文化的传承和保护才有坚实的物质

---

　　① 郭家骥：《云南省情认识新论》，载《云南社会科学》2004年第2期。

保障。而反过来说，发展、进步是人类社会的主旋律，发展才是硬道理，只有发展才是解决问题的关键。而在现代社会、经济的发展中，少数民族也是受益者，没有任何一个人能把任何一个民族排除在社会发展受益者的行列之外。从文化拥有者本身的角度来说，经济、社会的发展也是他们的追求。在民族文化生态村的建设和发展过程中，在如何发展当地社会经济问题上，面临的最大、最关键的问题是如何处理发展旅游与保护文化的关系，尤其是由于生态村试点都有相关条件的限制，多半都具有丰富的旅游资源，只要条件成熟都可以开展旅游，因而这个问题在建设中的分量很大。事实上，旅游业在生态村试点村寨的产业结构中都占据着一定的比重。因而，在这个所有的文化保护和传承的项目都要面临的问题上，云南民族文化生态村建设也积累了自己的经验①。大体上看，在处理发展旅游与保护文化的关系时，有两条途径，其一是"文化搭台，经济唱戏"，即把文化当做手段，把旅游和经济收入当做最终目的。这种方式是时下最流行的途径，而文化一旦变成了一种途径，那么商业性的利益就比较容易驱使开发者不择手段地围绕着利益而过度开发文化资源甚至制造"假文化"。这种途径只会使文化保护与旅游的关系陷入一种单一的恶性循环链之中，对文化的保护和传承是有害无益的，而最终由于文化特色的消逝，旅游也必将走向消亡。民族文化生态村的建设，坚持的是另外一条途径，那就是"经济搭台，文化唱戏"，把旅游和经济的收入当做手段，而把文化保护和传承当做最终的目的。这样，在发展中进行保护，在保护中发展，因而就很容易形成良性互动，最终必然会得到文化保护和社会经济双赢

---

① 这里所说的经验，主要由仙人洞村的建设得来，见尹绍亭主编《云南民族文化生态村暨地域文化建设论坛》，2003年9月版，云南民族印刷厂印刷，内部资料，第96~101页。

的结局。而坚持这一途径，必须有两个前提：其一是坚持当地人自己做主，自己开发，避免外面的商业性势力进入，这样能避免开发越位和受益错位，保证文化开发的收益属于文化的拥有者；其二是在当地人中，一定要建立公平、公正、公开的收入分配制度，文化是集体创造的产物，因而必须保证每一个个体公平受益的权利。满足了这两个基本的前提，那当地文化保护和旅游开发的关系就有望走入皆大欢喜的良性循环中。笔者认为，在目前这种"疯狂"的旅游开发的行动中，这一途径的经验是值得分享的。

以上部分为网页资料仙人洞村的发展和撒尼人心中的家园，本部分主要阐述仙人洞村目前的发展现状以及下一步的发展规划，以便读者可以更全面地了解仙人洞这一社区，同时，也将根据资料掌握情况有选择的置入当地人对自身文化和社会的理解和看法。

网页资料

仙人洞人眼中的家园及其未来的发展

仙人洞人眼中的家园部分也主要采用录音嵌入的形式，这里展示的文字部分主要关注仙人洞村将来的发展问题。

尽管仙人洞村在旅游开发与文化保护方面取得了不菲的成绩，基本上实现了旅游开发与文化保护的双赢，在生态村试点村寨中也是发展得较好的村寨，但是将来的发展也面临着一些问题。

第一，由于地理位置的不同，靠近湖边的村民通过农家乐等形式获取的收入比位置偏远的村民要高很多，因此引起了旅游收入的不平衡。这是一个较为严重的问题，一旦统一的资源引起了收支的不平衡，处于劣势的村民可能就会散失积极性，甚至可能会引发新的矛盾。

第二，仙人洞村旅游的开发，多半倚赖的是"荷潭戏水"的自然风光，民族文化的开发真正没有多少。以自然风光为主要亮点的旅游开发都具有季节性和衰退性，一方面，荷花不开的季节，旅游收入极其微薄；另一方面，一旦这里纯美的风光受到破坏或者慢慢衰退，则旅游发展一定会随之走向衰退，如何加强对生态和环境的保护并且积极开发颇具特色的民族文化旅游资源，这将是村民们面临的又一问题。

第三，由于村民们之间的竞争，农家乐多半都盖起了非传统的小洋楼，这样在一定程度上破坏了该村的景观。如何对农家乐统筹规划和设计，使之兼具传统与现代元素，而又适应当地的环境，这也是一个非常难以处理的问题。

虽然面临着诸多的问题，但是，村民们已经有了危机感，已经意识到了存在的问题。因此，他们又找到项目组的专家，希望能给他们出主意。虽然按计划，项目已经接近尾声，但项目组的专家们将会一如既往地帮助和支持他们。

在设计上，基本的版块划分和南碱村相差不多，也是页面正中分为四个均匀的部分，按照一定的原则和顺序展示四个内容。页面左侧为仙人洞村一些基本图片和撒尼人音乐的插入，右侧是以撒尼人非物质文化为基本内容的视频和动画的插入。

五、其他三个民族文化生态村

石林月湖村、基诺山巴卡小寨与腾冲和顺乡是云南民族文化生态村项目建设的另外三个试点村寨。其中，月湖村为彝族村寨，巴卡为基诺族村寨，和顺是汉族村寨。在网页的设计上，之所以把它们三个并为一个页面，原因在于：其一是余下的设计方案基本和南碱村与仙人洞村相似，分开各自设计必要性不大；其二是这三个试点村寨在丛书中有专门的著作对它们加以阐释和探讨，就整体来说，在内容上并不会缺失。而且笔者的论述并不会比他们更专业。因而，在网站建设中把三个试点村寨合并为一个页面并相对从简介绍。

在生态村项目建设的整体中，每一个村寨都展现了各自发展的特点，南碱和仙人洞前文已经阐述过；月湖村则由于村寨规模较大，因此在尝试由村寨传承转为家户传承；巴卡小寨与和顺乡的建设则在不同程度上遇到了挫折。具体来说，就是巴卡小寨的建设在项目组撤出以后基本上处于停滞状态，而和顺则被外来的商业集团购买了经营权，进行大规模的商业运作和开发。这些基本内容，笔者将在页面设计中简要论述。

在设计上，每一个村寨可能包括三个部分，第一部分是村寨情况，这一部分和先前的两个寨子的设计是一样的，尽量要求资料全面一些，同时应适当突出重点和特色；第二部分则是生态村项目的建设，包括建设历程、建设成果和简单的经验总结；第三部分则是村寨现状和发展，主要展示村寨目前的现状以及将来可能的发展。而在页面的安排上则把页面中间部分从左到右均匀的竖着划分为三个部分，每个部分分别负责展示一个试点村寨，具体来说，第一部分展示月湖村，第二部分展示和顺，第三部分展示巴卡小寨。

网页资料

月湖、和顺与巴卡的建设

1. 月湖村的概况、建设以及发展

月湖村属昆明市石林彝族自治县北大村乡，该村是一个大村，有480余户，800余人，彝族撒尼人占80%以上。村民以农业和渔业为主要的生计方式。月湖周围有40多个湖泊，东北角的大湖泊状如弯月，村庄因此而得名。

图31 月湖村村内景观

月湖因村庄太大，人口太多，村寨民房普遍破旧而无特色，且环境脏、乱。在少数民族村寨中，其文化景观显然是比较差的。但是其周围的环境却很好，有许多的森林，每一片山林都与村民的宗教信仰有着密切关系。月湖每年8次集体的大型宗教祭祀活动，都是在山林中举行的。如密枝祭祀在密枝林中举行；每年农历六月二十三的敲牛献祭与七月十五的"召司"祭祀都在后山的林间举行；每年四月的祈雨活动地点设在村庄东边的小松林；村子还有一个专门藏放祖先灵位的祖灵山；祭祀山神的地点山神庙也在一片茂密的森林里面。这些山林不仅是祭祀活动得以开展的空间，也是村民宗教信仰所依赖的神灵的家园。

月湖在其众多的文化事象之中，最为突出和最有特色的则是"生态文化"或称"圣境文化"。

生态村项目组选定了月湖村作为试点以后，在村中开展了建设：

第一，在挖掘月湖村民自身民族文化保护和传承机制的前提

85

下，提高村民对民族文化生态村理念、精神、建设目标和宗旨的认识。

第二，建立生态村建设机构以及协助生态村建设的机构。包括文化生态村工作站、乡土教材编撰室、老年协会等。

第三，进行文物普查、记录和整理。项目组组织村民进行文化普查，并且以多种手段记录和整理相关的普查资料。

第四，开展文化传承活动。支持妇女开展以刺绣为中心的文化传承活动；撰写一部近 10 万字的乡土教材；帮助村民筹办月湖民间舞蹈比赛等。

第五，完成了"月湖彝族文化生态村"、"月湖文化生态展示区"的建设和示范民居的建设，恢复历史上受损的文化传承设施和载体①。

图 32　月湖老年歌舞演练

---

① 资料总结来自本丛书之《理论与方法》、《传统知识挖掘》和《月湖彝族文化生态村项目报告》，载尹绍亭主编《民族文化生态村——云南试点报告》，云南民族出版社，2002 年版。

民族文化生态村项目对月湖的建设，使其独特、宝贵的圣境文化得到了进一步的保护、传承和展现，艺术、技艺和歌舞等文化也得到了弘扬。然而村寨景观却依然如故，以民族文化生态村应有的面貌衡量，差距不小，之所以如此，主要还是村子太大、人口太多、生活贫困、难以治理的缘故①。这是目前月湖村面临的最大的难题，另外，由于村子太大，月湖村的文化传承正在向以家户为单位的传承转化，这也是一项开创性的事业。而如何做好，也将是月湖村面临的又一大问题。

2. 和顺的概况、建设以及发展②

和顺乡属保山市腾冲县，位于县城西南4千米的一个小盆地的边缘。村落依山建筑，山涌清泉，河流环绕，田畴相望，景致优美，风水极佳。云南民族文化生态村选择了五个试点，其中四个是少数民族村寨，只有和顺乡是汉族村庄。该村汉族祖先为明代内地戍边军屯之民，经数百年生息繁衍，现有人口多达6 000余人。腾冲县与缅甸山水相连，是古代中国西南与印度交通"蜀身毒道"上的要冲，两国边民自古交往密切。数百年来，包括和顺人在内的大量腾冲人，"穷走夷方急走场"，每遇困顿厄难，即往缅甸谋生；富裕之后，又尽力扶持家乡的建设。和顺之所以有那么多的历史建筑精粹，有不同于一般乡村的发达的教育和文化，很大程度上是受惠于在海外艰苦创业的乡亲。目前旅居海外的和顺华侨超过了本村的人口，分布于欧美及亚洲13个国家和地区，所以和顺又是著名的"侨乡"。

和顺现存寺庙、宫观、殿阁八大建筑群；宗族祠堂八座；村中有建于1924年、为中国乡村最大的图书馆——和顺图书馆，有著名哲学家艾思奇的故居纪念馆以及乡贤寸绍春于1921年兴

---

① 本部分资料来自本套丛书之《理论与方法》论述月湖的部分。
② 本部分资料来自本套丛书之《理论与方法》论述和顺的部分。

图33　和顺村口景观

图34　和顺民居间门外的月台

建的"绍春公园"；和顺现存一千余幢汉式民居，其中经典的传
统三坊一照壁和四合五天井的四合院、多重院以及中西合璧建筑

尚遗一百多幢。此外,和顺还有文笔塔一座,石拱桥六座,洗衣亭六座,闾门牌坊十六座,月台二十四个等。以上仅为和顺的建筑文化遗产,其非物质文化的积淀,也是一般村寨远远不能相比的,所以和顺素有"极边第一村"的美誉。

生态村项目组对和顺的建设主要有以下几方面:

①和村民一起,开展了深入细致的调查研究活动。调研内容涉及乡史、侨史、商贸史、环境史、建筑史、抗战史、乡土文化、建筑文化、宗教文化、宗祠文化、社团文化、饮食文化、楹联文化、民间艺术、婚姻家庭、风俗习惯、文物古迹、教育、人物等。

②由王国祥(孟翔)教授负责,从该乡的各类建筑和文物古迹中,筛选出90余项。在悉心调研的基础上,写出中英文的简要说明,提交政府有关部门,建议树碑立牌,制定管理措施,将它们作为重点保护对象进行管理和保护。

③由杨大禹教授带领学生配合由他主持的国家社科基金项目,对该乡具有代表性的寺院、宗祠、公共建筑和民居建筑进行了测绘,获得了大批宝贵的实测图,为该乡建筑文化遗产的研究、规划、保护、开发提供了详细的资料和科学依据。

④举办了调研成果等展览,并举行了不同形式的座谈会,意在促进村民参与、扩大宣传和影响。

⑤为了弘扬和顺的建筑文化遗产,项目组希望借用该乡李氏家族名为"弯楼子"、面积多达951.97平方米的三进四合院老宅和大量生活用具建立一座"民居博物馆"。"弯楼子民居博物馆"于2003年4月28日正式建成开馆。馆内除了复现"弯楼子"昔日的建筑风貌和文化氛围之外,还设立了"悠久历史"、"著名侨乡"、"建筑集萃"、"极边名村"四个展示专题。

⑥项目组策划了"和顺人写和顺"的计划,由本身即为和顺人的杨发恩教授负责组织村民数百人,参与撰写本乡的历史文

图 35　和顺弯楼子民居博物馆的展示

化。作者中年少者 12 岁，年长者近 90 岁；有农民、干部、知识分子，还有旅居世界各地的华侨。计划于 2005 年 12 月完成，成果集结为"和顺丛书"《乡土卷》、《华侨卷》、《人文卷》三卷本。2006 年 8 月，在保山市熊清华市长的直接支持下，杨大禹教授和李正副研究员将他们在和顺多年进行的调查研究成果整理汇集出版，其书亦分为《历史》、《人居》、《环境》三卷本。

　　和顺是生态村项目五个试点中文化积淀最为深厚的一个，由于历史的以及地理位置的原因，村民的经济条件都不差，按理说应该是项目试点中建设的很不错的村寨，而前阶段的事实也是如此。但是，2004 年情况发生了巨大的转变，和顺乡的经营权被商家"柏联集团"购买。于是，项目点和顺变得跟专家学者没有了关系，而商家却开始了商业性的包装和开发，到目前仍然如此。

　　和顺乡下一步发展需要关注的问题：其一，如何权衡和处理商业开发和保护之间的关系，大量的事实证明，过度的商业开发，往往造成文化资源不可挽回的破坏；其二，如何在商家获取利益的同时保障当地文化的拥有者和传承者的利益，如何协调随之而来的各种矛盾。

3. 巴卡小寨的概况、建设以及发展

巴卡小寨位于西双版纳傣族自治州景洪市基诺山与勐腊县勐仑坝的交接地段，海拔550米。全年分为旱季和雨季，年平均气温20℃，降雨充沛。巴卡小寨是1974年从山区腹地巴卡新寨迁出来后新建的一个寨子。全寨2003年有61户，267人，其中261人均为基诺族（基诺族现有人口18 000余人，是1979年国务院批准正式确认的单一民族，95%以上的人口生活在西双版纳傣族自治州基诺族乡）。

巴卡小寨共有土地3 818亩，其中轮歇地3 208亩，另外还有少量的水田，部分橡胶林。村民生计主要以传统的农业为主，饲养水牛和小耳朵猪。经济来源则主要依靠出售农产品和野生食用植物，由于居于旅游区，一些零星的旅游纪念品也可以带来一定收入。近年来，茶叶收入占了总收入不小的比重。

巴卡小寨是基诺族地区文化保留较为完整的寨子，民族服饰、传统宗教、民族歌舞方面都保留着基诺族的传统，另外还维持着互助生产、平均分食等习俗。

生态村项目在巴卡小寨所做的工作包括如下方面：

第一，让村民了解、理解生态村，加入生态村的建设，并培养他们关于文化保护、环境保护方面的意识。

第二，建立民族文化生态村管理委员会，加强妇女·民兵之家、村民委员会等在建设中的职能。

第三，积极争取国内外各方面的支持，建成集文化保护、传承、展示功能以及文化活动中心为一体的国内第一座单一民族乡村博物馆——基诺族博物馆。

第四，进行文化传承活动，举办歌舞大赛和纺织、刺绣

图36　巴卡基诺族歌舞

比赛。

　　第五，加强基础设施建设，净化环境。

　　第六，组织村民外出参观、学习，交流经验，开拓村民视野①。

　　目前生态村项目在巴卡的建设已经结束，巴卡小寨是项目组花费心血比较多的试点村寨，本来应该取得很好的成果。但是，由于种种原因，在专家撤出以后，直至目前，村民的自我管理一直处于停滞状态。

　　巴卡小寨下一步的发展，文化的传承、生态的保护都是次要的，最重要的是增强民族自信心、树立自力更生的精神，从而以主人翁的态度和意识积极、主动地建设美好家园。

---

　　① 资料整理自罗钰《巴卡基诺族文化生态村项目报告》，载尹绍亭主编《民族文化生态村——云南试点报告》，云南民族出版社，2002年版。

图 37　组织村民外出参观学习

　　而三个部分又从上到下划分为三个小版块，每一块分别展示每个寨子的一部分内容。页面的左侧和右侧为图片展示，一般需要分为三个部分分别展示。当然，也可以把图片放入具体的内容中，采用简单的最终链接页面的形式来展示。

六、文化生态区（村）建设评估指标体系

　　云南民族文化生态村建设开始于 1998 年，到现在已经十年有余了，这几近十年的建设和探索，所得出的理论和实践方面的经验和教训是很多的。其中，由项目组成员设计制作的这一评价指标体系也是这些经验中的一项。近年来，虽然生态村的建设还不算完全成熟，但我们的经验已经在许多地区被广为借鉴。尤其是在省内，诸多地区都由政府牵头在建设民族文化生态区（村），也有很多的政府官员以及学者向项目组咨询了解相关的知识和方法，因此，根据民族文化生态村建设的实践经验，建设

和设计一个民族文化生态区（村）建设评价指标体系也就很有必要性，也希望这一指标体系能在一定程度上帮助一些热心于民族文化保护或者说正在尝试实践民族文化保护的人们，同时也有利于促进民族地区文化生态建设的长期化和可持续发展。

本页面展示的内容为民族文化生态村建设评价指标体系。简单地说，就是对民族文化生态区（村）的建设提出了标准和指标，包括部分量化的指标，即民族文化生态村建设应该包括哪些建设内容，应该采用何种建设方式，建成以后应该具有哪些条件等内容。

网页资料

民族文化生态区（村）建设评估指标体系（云南民族文化生态村项目组）①

（一）建立指标体系的意义

当发展越来越深入人心，成为人们的共识之后，对发展问题的思考也随之深化了。总结过去发展中的得失，当今社会逐步把发展的重心从最初的经济增长、政治民主的单一发展向社会文化、生态等的综合发展推进。然而社会文化、生态的发展是一个难点，并且很容易被作为经济发展的代价而忽略。为此，面对世界经济、信息全球化的浪潮，联合国教科文组织先后制定了《保护世界文化和自然遗产公约》、《保护非物质文化遗产公约》等来促进各国的自然和文化遗产的保护。在此大背景下，各个国家或地区也纷纷出台了相关的文化、生态环境保护的法律、法规，以加强本国或本地区的文化、生态环境的保护，为社会全面综合发展提供保障。当然，公约、法律和法规并没有直接提供让人参考的文化、生态保护与发展的方法。因此，有效的文化、生

---

① 本指标体系由项目组成员朱映占执笔设计。

态保护行为还需在这些条文之外寻求可操作的方法。而民族文化生态村就是这种方法探索的一种，其作为一种具有创新性的乡村文化、生态建设的模式，强调建设，力求在建设中实现经济发展、居民生活水平提高、生态环境改善，从而使有价值的传统文化得到保护与传承。

经过8年多的实践探索，民族文化生态区（村）已经逐步形成了一套具有现实应用价值的方法论体系和操作程序。就目前来看，民族文化生态区（村）模式已在一些地区得到了推广，因此为了合理、科学地推进广大民族地区民族文化生态的建设，有必要对民族文化生态村建设的过程提供一个有效的、具有指导性作用的建设评估体系，以使民族文化生态村建设朝着良性态势发展，并推进民族文化生态村建设的制度化、规模化和长期化发展。因此在参照已有的有关社会发展综合评价体系①的基础上，结合民族文化生态区（村）建设的理念，我们制定了《民族文化生态区（村）建设评估体系》，重点突出对民族地区的文化生态村建设的过程及成效进行有效的评估。

（二）指标体系的构建

在构建民族文化生态区（村）建设评估指标体系的过程中，实现人与自然、人与人、人与社会的和谐发展的理念是基本的指导思想。在指标选取时我们遵循以下四个基本原则：①综合原则。指标应该能够全面反映民族文化生态区（村）建设的内涵；②量化与主观评价相结合原则。对能够量化的指标进行量化分析，同时对不宜量化的指标依凭评估者实地调查后作出评价；③可行原则。各项指标是通过实践检验的，具有可操作性；④重点突出原则。建设评估指标要突出文化、生态保护与传承的内容，

---

① 如《全国小康社会指标体系》，参见朱庆芳、吴寒光著《社会指标体系》，中国社会科学出版社，第38~40页。

把它作为评价建设成效的重点。

（三）指标体系的构成

云南民族文化生态区（村）建设评估指标体系涉及经济、社会组织、文化、教育、生活水平及生态环境等多个方面，由一些单项的指标如村（社区）基本指标、民族文化指标、生态系统指标、经济指标、建设主体指标、评估反馈指标等组成。我们可以把这些指标概括为五大类：

1. 文化建设指标

文化是民族文化生态村建设中的关键因素，在此主要是指一个村寨、一个民族的传统知识或地方性知识体系。此类知识体系不是一成不变的，在知识主体的新旧交替之间，在与其他文化或知识体系的交流之中，变迁都会或多或少地出现。这是一种文化适应机制作用的结果，也是一种知识体系生命力的体现。然而在永恒变迁的背后，一种文化的生命力还在于它的继承性，也就是文化的渐变是一种文化的正常成长状态，而突变的结果是文化的消失，进而是文化主体社会意义上的消失。而一种文化存在的意义在于能为拥有此文化的人提供生存手段的同时，更能提供生活的意义和价值。因而在民族文化生态村建设中，首先我们假定各种知识体系对文化主体而言是有价值的，进而去追问一种知识被保留或抛弃的原因，去揭示同一文化主体的内部层次和不同文化交流之间的权利关系。因而民族文化生态村建设过程中的基本操作策略应该是保护与发展并举。具体涉及如下指标：

（1）物质文化

①生产用具。传统生产用具的保护状况。建设过程应对传统生产用具的种类、特点和使用情况进行详细的搜集和整理，在此基础上促进保护与传承。

②服饰。传统服饰的制作、使用和原材料的生产等情况。

③乐舞道具和宗教道具。传统乐舞、宗教道具的搜集、整

理、制作，演奏艺人的培养，传统道具的使用。

④饮食。传统饮食文化的搜集、整理状况，饮食内容的开发状况和饮食制度的变迁情况。

⑤聚落与建筑。聚落形态的规划、发展与生态环境的和谐，传统建筑的保存，传统建筑工匠的培养及工艺的传承。

⑥文物古迹。对原有的文物古迹的发掘、整理和保护。

（2）制度、精神文化

①歌舞。歌舞类型的统计，资料库的建设，歌舞的传承机制，歌舞的展演与参与面。

②节日。传统节日的种类，活动内容的整理，节庆活动的继承与创新。

③习俗。婚俗、丧俗、生育习俗和成年礼俗等传统习俗的保留与引导变迁情况。

④信仰。传统的宗教信仰与文化、生态建设的协调情况，现代科学观念的流行状况。

⑤语言文字。民族语言文字的学习、使用状况，语言文字学习培训制度和机构的建立情况。

⑥习惯法。传统禁忌的流行情况，村规民约的建立和作用发挥。

⑦伦理道德。传统道德观念的发扬，伦理道德对人们行为的约束。

⑧文学艺术。神话故事、民间传说、歌谣、史诗的搜集、整理，绘画、雕刻、面具等艺术的保护与传承。

（3）文化保护与传承

①传承人。文化精英的作用发挥，传承人的培养，文化保护与传承的人力资源库的建立。

②传承的物质载体。文化传承中心、博物馆或传习馆的建立情况，静态的保护与展示，文化传承研习班的举办。

③传承的组织。传承社团的建立，传承活动的制度化。

④传承的过程。传承的过程就是一个教与学的过程，其涉及决定学的动机、开始学的时间、学与教的关系、学习前的准备及学习所用时间、学习成果的体现与认可等。通过这些内容我们可以看到传承的内容是否得到了有效的传承。

2. 生态系统建设指标

"人类要怎样才能在地球上持续生存下去，被公认为我们面对的最严重的挑战之一。"① 民族文化生态村建设正是针对此种挑战而提出的旨在探讨人口、资源、环境关系模式的实践类型。民族文化生态村建设把生态因素作为重要内容，就是想在实践中明确生态环境与人的关系是相互的，把生态因素作为评估村寨发展计划、发展目标的重要依据，把民族文化生态村的建设过程视为村寨生态环境维护和改善的过程，着手处理生态环境在当代人的发展与后代人的发展中的地位与影响。在对待生态环境上，我们应尽量少一些妄自尊大的改造，而应明白"与环境互动的不同方式形成了理解环境的不同方式"，在此基础上合理规划，适度利用，积极维护。具体涉及指标如下：

①生态资源。优势资源的合理开发，绿色生态经济的发展，传统生态资源的保护。

②生计模式。生计模式与生态环境的调适。

③传统知识。传统知识的整理和利用。

④村内环境。绿化状况，园艺农业，花草果木的栽种情况。

⑤退耕还林。参与退耕还林的土地面积，退耕还林地的维护及生态效应的发挥。

---

① ［英］凯·米尔顿：《多种生态学：人类学、文化与环境》，载《人类学的趋势》，中国社会科学文献出版社，2000年12月第1版，第318页。

3. 建设机制指标

建设机制的状况是民族文化生态村建设过程的重要保障，在此主要涉及建设主体、建设运行和管理机制、自我评估反馈系统、推广示范系统等。

（1）建设的主体

①建设主体的构成。村民、专家学者、政府相关部门、社会团体或组织在建设中的角色。

②主体的文化自觉。对本民族文化的认同感，传承民族文化的自觉性。

③主体的参与。参与的广度和深度。

④主体的主导性。主体主导地位的体现，如在建设计划、方法和目标的制定中居于主导位置。

⑤主体的能力建设。文化传承活动的举办，各种夜校的举办，各种技能的培训。

（2）建设的运行与管理

①建设的领导模式。良好的领导模式是建设开展的重要前提之一，因此日常建设的领导机构的建立，领导机构的人员组成，领导机构的权利和义务都是评估的重要内容。

②建设项目的审批。审批的主体、审批的程序和审批的权限。审批应该体现出对文化、生态长远发展的关注和经济、社会的协调发展，审批的过程应该民主化和透明化。

③建设的实施。实施的主体，参与的机构和个人，实施的过程。实施的过程应该有主力军，同时应该有各方真诚的参与者。

④建设的监督。村民的监督、专家学者的监督和政府相关部门的监督。实施过程应是在村民、专家学者和政府相关部门根据建设的目标和理念进行监督。

⑤建设机制的建立。建设管理与运行机制的制度化、规范化和长效化。

走向网络

⑥建设机制的开放性。应对新情况的应变情况和及时完善情况。

⑦建设机制的创造性。机制在民主决策和人员动员等方面的独特贡献。

⑧建设基金的设立。保障机制的正常有效运转和建设项目实施的资金支持。

（3）评价反馈系统

①主体的自我评价。自我评价反馈体系的建立，如评价的方法、反馈的途径等。

②专家学者的调研。调研工作站的建立，咨询机制的建立。

③政府相关部门的认同。政府相关决策对建设的涉及和关注程度。

（4）推广示范体系

①参观互访。参与的积极性、涉及的面和次数。

②经验交流会。村民、专家学者和政府官员的参与情况，交流产生的实质性成果。

③媒体宣传。报刊、影视的报道情况。

④资料库。书面报告、建设日志、音像制品等的整理。

⑤论著。从各个视角对建设过程进行研究、探讨的论文著作的出版。

4. 经济发展指标

经济是社会存在和发展的基础，民族文化生态村在实践中，主要目的之一就在于从当地出发，谋求发展的途径。因此要坚持几个原则：①发展的前提是文化主体的自主选择；②发展目标的制定、发展路径的选择可以也应该有多种可能；③发展的评价标准是多样的，具体的发展策略也应复杂多样。当然最终的目的是在不破坏民族文化、地区生态的前提下，当地居民的生活水平有明显的提高。也就是说，在广大乡村建立起农民安居乐业，有幸福感又充满活力，有归属感和自信心，同时又与环境良性互动的局面。具体涉及以下几项指标：

①村民生活质量。村民的经济来源情况、闲暇时间的长短和幸福感的自我评价。建设应促使经济来源多元化、闲暇时间和幸福感同时增长。

②农业结构。农业结构的合理化程度。建设应该促进农业朝向有利于生态环境的维护和改善方面发展。

③手工业。传统手工艺品的挖掘状况。建设要合理适度地开发手工业，以促进其保护与传承。

④旅游等其他服务业。各类已有的服务业对文化、生态建设的促进作用。旅游等服务业的开展要以不损害文化、生态为前提。

⑤工矿等其他行业。民族文化生态村的建设应支持起积极促进作用的行业，引导起消极破坏作用的行业转产或停产。

5. 基本指标

民族文化生态村的建设首先应反映在社区基础条件的改善上，如社区内外交通的改善、社区卫生条件的改善、村寨历史的整理、教育状况的改善、人口结构的合理化等方面，这些是民族文化生态村建设能否持续有效开展的立足点。

①内外交通。建设成效应该在建设村（社区）的内外交通上有所反映，建设不是封闭式的而是要在密切对外交往的基础上加强内部的凝聚力，因此对外交通的道路状况、村内家户之间来往的便捷度成为考核的依据。

②历史意识。得到广泛认同的历史意识是促发凝聚力的重要内容，建设评估指标应对村（社区）历史及传统的整理和认同状况进行考核。

③人口素质。建设的开展要促进社区人口素质的提高，优化人口的性别比例和年龄比例，有助于防止青壮年劳动力的大量外流，促进家庭和睦。

④教育状况。现代教育与传统教育的状况。建设要能加强社区

居民重视教育的意识，在儿童入学率和巩固率、初高中人口等方面有所反映，同时要强调传统教育在村（社区）生产生活中的作用。

⑤社会组织。现代组织和传统组织的建设状况和作用发挥状况。建设要能够促进传统社会组织与现代社会的正式组织相互结合、互相补充。

⑥卫生状况。卫生条件的改善及维护。家禽、家畜的饲养方式、日常生活垃圾的处理、日常卫生的维护等是决定一个村（社区）卫生状况的重要方面。

⑦社会秩序与安全。各种民事、刑事案件的情况。民族文化生态村的建设应能够起到杜绝酗酒、打架斗殴、偷盗等不良现象的作用。

（四）指标体系的使用

1. 指标的应用范围

①指标体系主要适用于对建设活动已经开展一段时间的村（社区）的建设成效的评估；②指标也可以作为选点时收集资料的主要依据。

2. 指标的使用主体

①建设实施主体的自评；②专家学者等研究人员对社会文化、生态引导性变迁个案的研究和评估；③政府相关部门对建设绩效的评价。

本页展示的内容主题就是这一评价指标体系，因而在页面的设计上，主要根据项目组所设计的这一指标体系的基本内容和框架来加以设计。设计比较单一，页面的中间部分即为这一评价指标体系，周围适当的配以图片即可。页面的左右两侧则可以不必加入动画和音乐，可以灵活设计一些小的知识点和小的问题，拓宽浏览者的思维和视野，加深浏览者对云南民族文化生态村项目多方面的了解。

第五章　第三主页内容

　　本章所涉及的第三主页主题为"村民、专家与政府"，前面已经提到过，本页由第二主页"组织机构与运行模式"链接而来。力图从村民、专家、政府官员各自的角度出发，阐述他们对自己角色以及生态村项目建设的理解和看法。

一、当地参与者的角度

　　"村民主导、政府领导、专家指导"的运行模式是云南民族文化生态村建设取得的诸多有益经验中非常重要的一项，笔者在前面页面的设计中已经对这一关系作了阐述。在项目的实施中，这三者关系处理的成功与否，往往决定着项目实施的诸多方面，决定着项目的决策能否受到村民的欢迎和政府的支持，也决定着项目建设能在多大程度上取得什么样的效果。在生态村项目的试点中，目前发展得比较好的仙人洞村和南碱村，在建设过程中村民、专家、政府三者配合都很默契，合作非常愉快。

　　"村民主导"是指在项目建设中，在当地社区的经济、社会发展与生态环境保护和文化保护、传承行动中，村民作为当地社区文化的创造者和拥有者，自始至终都是主角，而村民自身则要树立文化自信，消除文化自卑，清醒地认识自身的角色，真正做到以主人翁的意识来行使主人的角色。"政府领导"则是指在项目建设以及日常的乡村发展和文化保护、传承活动中，政府应当充分行使领导的权利和义务，应当把文化的保护和传承视为是与经济发展同等重要的事业，并且在实际行动中应给予文化的拥有者即村民以充分的理解、支持和帮助，但是又要明确自身的权限，更不能越俎代庖，单干蛮干。"专家指导"则是指专家在认真研究社区文化的基础上，结合社区民众的基本意见和要求，设计具体的发展和建设方案，同时，引导和监督项目的发展符合社区的实际，保证项目在理念的指引下，结合当地社区文化的具体实践而不偏离项目理念的发展。

二、村民和政府官员的声音

在页面的设计上，由于项目本身的介绍，包括本网页的制作都在很大程度上是出于对"学者"的理解和阐释，几乎每一个展示的内容以及项目的建设历程都从某种角度或者一定程度上展示了"学者"对生态村这一民族文化保护、传承和可持续发展模式的理解。因而，本页的设计中就不再重复先前的内容，不再把专家的理解作为内容之一，而是侧重于展示先前没有或者说很少有"话语权"的当地居民和政府部门。本页面的设计主要分为三个部分，第一部分为村民眼中的生态村及其建设，主要从村民的角度展示生态村项目及其建设对村民的影响，展示方式为直接展示被访者（村民）的发言。由于本页面的内容需要从"主位"的角度来展示，因此，页面的设计将不加修饰地直接展示村民的话语，人类学一直尝试通过理解他者来反观自己。而实际上，由于现代社会价值的多元以及他者身份的特殊性、多样性和复杂性，同时，人类学研究者自身也处于一个动荡不安、急剧变迁的社会中，带着自己社会的价值对复杂多样的他者进行研究，理解自身尚且不易，理解他者则更加困难。为了避免把笔者自己的价值及理解强加于作为"他者"的村民和政府官员，本页面展示的内容将绝大部分保持"原生态"，即笔者并不打算掺加任何的评论和意见，通过发言能得出什么样的结论和理解将由读者自己去体会、获取和决定。当然，为了避免由于对项目的背景和基本情况的不了解而误读了村民和政府官员的言论的情况，笔者将会在适当的地方提供一些背景和项目基本情况的介绍。在村民眼中的生态村及其建设这一部分中，读者及浏览者可能会看到村民从村民发展、参与建设、意识培养以及自我管理等方面的理解和阐释。

网页资料

村民眼中的生态村及其建设

本部分按照设计的要求，将直接展示村民的声音。

1. 仙人洞村原村长 黄绍钟[1]

我现在该说什么都不知道，首先是感谢各位领导，各位研究员和老师，感谢大家对我们仙人洞村几年来的关心和支持。

我们搞民族文化生态村是在尹老师搞生态村项目以后，我们才成为一个受益者。在这之前，我们困难到什么地步，搞这个项目到今天，我们农民自己的腰包鼓起来了。

感谢生态村课题组的成员们，全身心地深入到我们家乡，同甘共苦，调查研究我们的风俗习惯和生活习惯。还要感谢新闻媒体、政府部门对我们的支持。

我先谈一谈仙人洞村的历史来源。仙人洞村村民为彝族，现在有180多户，人口有800多人，其中只有一家有半个汉族，因为有一个汉族姑娘嫁到了我们那里，实际上基本已经变成了彝族。我们现在人均主粮每年为600多千克，2002年，人均收入已经达到3 000元了。仙人洞这个地方，从过去到现在，我们是

---

① 资料源自黄绍钟在"云南民族文化生态村暨地域文化建设论坛"上的发言，载尹绍亭主编《云南民族文化生态村暨地域文化建设论坛》，2003年9月版，云南民族印刷厂印刷，内部资料。

占着有利的地理位置，风景区多，我们彝族热情好客。在没有搞旅游之前，我们相当困难，属于连汉话都不会讲的地方，更没有什么专家、教授、领导到这个地方了。在1993年以前，只要有一个汉人到我们寨子里，我们寨子里的小孩就会大喊："汉人来了，汉人来了，快跑！"我们遇到汉人就会被吓跑，当时交通闭塞到那个地步。所以在那么困难的情况下，政府、专家看了我们那个地方，说那是个好地方，就帮助我们搞旅游。1993年到1998年，我们的旅游业人均收入从没有增长到1500元。后来，想到人家的大宾馆就在我们山的那边，就有了其他的一些想法。1996年我们提出搞民族村，定下来以后，我们准备继续贷款，把酒店放在村子里面。1999年，我们听到这么一个消息，专门有一帮专家学者搞民族文化，我们想我们就是少数民族，村子周围就是景区，所以我就跑到昆明来，找尹老师去仙人洞，他们开始在仙人洞进行调查研究。当时我就有一个想法，我们是土生土长的，尹老师下去，他们又是我们的老师，那么我们也可以当他们的老师，我们的祖先把那么好的民族文化留给我们，那么我们就把这些东西告诉他们，让他们去研究，研究出来以后，然后就变成经济效益。我们是从农村出来的，东拉西扯的讲，但是我有点不服的，就是先前祭祀时，都请大歌星，一下去就要花几十万元，我们祖先留给我们那么好的东西，为什么我们不组织起来掏你们汉人的钱呢？我们有这种想法以后，就请专家到仙人洞村搞文化生态村。1999年到2003年，我们获得许多奖，我们上了中央电视台。1999年10月，我们获得了县级文明村；2002年元月，获省级文明村；2002年10月，获全国先进文明村。

如果没有搞生态村，就像1998年以前的那个样子了，尹老师他们来了以后，第一步我们要求从哪个方面来保护我们的文化。我们的文化怎样保护呢？我们自己唱的歌和许多习惯，这些东西我们怎样保护？还有我们的风俗，特别是彝族还在保存着以

图38　撒尼农民画家的绘画作品

前的风俗，我们是先抱娃娃后结婚，我们不管在哪个年代，根本就不在乎，但是在改革开放的年代，汉人比我们还开放。我们小姑娘十二三岁时，就被父母赶出去了。说："现在你已经长大了，可以出去睡了。""好，我出去就出去。"小姑娘就在外面搭起了小房子。小姑娘一般三个，至少是两个就在屋子外面的支架上睡。但是有小伙子的地方，姑娘就不能待在那里。小伙子想上去看看，小姑娘相当聪明，她们上去睡就把楼梯抽上去了，小伙子想要得到芳心，就要去小姑娘住的下面唱歌，要好好地唱，只要你有本事，小姑娘自然就会把楼梯放下去了。我最难过的是1993年前后，有些游客知道了这些事，要求我们表演给他们看，我就有一个想法，为什么偏要把我们不愿意外露的东西表演给你们看。经过我们搞生态村，尹老师说："不行，这些东西只能作为人家的风俗保留"。所以你们就只能看花房，不能看情人房，别人想看情人房，就看不着。这些东西就被保护下来了。第二步我们想采取挖掘文化的措施。搞了旅游以后，有的家去接待游客，有的家去划船，许多家富起来了，富了以后留给我们的风俗就逐渐淡忘了，像我们的老父母唱的自家歌，我就有一个想法，我们的老祖宗留给我们的歌，唱出来那么好听，为哪样我们要把它失传？

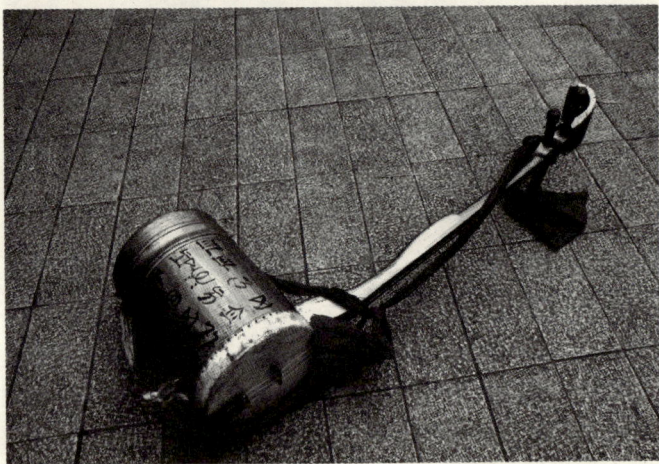

图 39　撒尼乐器——小三弦

我们只有采取办法，开始时，拿出一些小茶杯，对村民说："来，来，哪个能唱就奖茶杯。"开始时，大家很羞涩，还不好意思唱自家歌，一回、两回、三回，害羞的人一个茶杯也拿不着，不害羞的人拿着茶杯回家倒水喝。他们的爹妈看到了，也鼓励他们唱，随便唱唱就可以得到茶杯了。所以，下一回我们搞这类活动，他们都很积极唱了。（2002 年）我们专门上来请尹老师他们下去，我们现在的年轻人呢，不认得以前的唱歌习俗了。所以，又想出了一个办法，老年人唱歌奖品轻一些；中年人多一些；小姑娘、小伙子不会唱，奖品就更重一些。目的就是拼命把这些民族文化挖掘出来，不要让它失传了。

专家组给我们做得最好的是哪一点呢？就是刚才我们看到的那一个祭祀场地，这个祭祀场地我们原来没有，现在给我们的崇拜习俗做一个标志。原来我们祭天时，必须要爬到山顶上去，东去一天，西去一天，搞了这么一个场地后，我认为这些活动就不会失传了。我们每年都有许多节日，都可以在这个祭祀场地举行活动。另外，还在现在的寨心放了一个石虎，每年大年初一，都要牵着自家的牛来到这里，把自家去年做了哪些事，今年要做哪些事，都拿到这里来说。原来是没有寨心这样一个标志的，我们就喊着尹老师他们，还有村子的干部、老师全部都来开会，最后把这个事情定下来了。

搞民族文化生态村以后，我们挖掘了那么多的东西，然后是进行开发，既然在保护、在挖掘，那就应当有开发。我们把它保护下来，挖掘出来，为什么不去开发它呢？我们农民要把自己的活干完，身上要有几个钱才行，最起码要有几个钱买衣服穿，这样我们才会有干劲，大家来搞，共同开发，大家都沾光，我就相信，我不喊他们，他们也会来。搞了生态村以后，我们仙人洞村组织了表演队，有146个人参与进来。老年队两个队，中年队两个队，青年队两个队，最老的老到75岁，最小的小到4岁。那么这些东西我们是怎么把它们开发出来的呢？原来我们要他们唱自己的歌，跳舞，他们好像很不好意思，于是我就喊好几个到别的民族村去唱歌和跳舞，那些客人就说："太好了，我们就是想看你这种表演。"以后，原来不想跳舞的那些人，也开始跳舞了。我们现在是进行包场，每场400块钱，我们搞得好，很多游客都会跟我们预约，我们村民自己有了收入，做起事来才会积极。如果那时没有游客来，我们大家就会在一起复习复习节目，也是丰富自己的生活，有游客就会为他们表演一些原汁原味的节目，所以每年我们农民演出的收入不低于5万块钱，每个星期表演八至十场左右。原来发动他们时，他们不来，现在我不想要他

图 40　仙人洞老年表演队

们，他们就主动要求来。

　　还有一个问题，也是许多专家学者提出来的，就是自己的资源、环境、卫生怎么保护？我想一个地方如果没有一个好的资源、好的条件，旅游也是不可能搞得起来的。你有一个最好的条件，但你把资源和环境破坏掉了，就相当于搬起石头砸自己的脚，所以在这方面，我们对资源环境采取了一些保护措施。

　　自从尹老师他们课题组进入以后，我们还定了村规民约。俗话说："国有国法，家有家规。"我们就定出了一个符合国家政策的村规民约。改革开放以后，仙人洞有很大发展，到现在也没有什么犯罪行为，我们村里的自行车随便放在哪里，不用上锁也不会有人拿。但是，外面一些小姐来这里，穿得暴露，这好似一个很难瞧的地方，所以这样的小姐走进村来，我们就把她们赶回去，让她们穿好衣服再进入我们的村子，这就是我们的传统做法。

　　关于对外资金引入的问题，在去年（2002 年），昆明有一个老板到我们村看了以后，要拨给我们 50 万元做灯光，但他们有一个要求，安了灯以后，要在我们村里搭几根线，我们不同意，一个老妈妈还来骂我们，还打了我们的村长。从这以后，只要是我们不同意的东西，不管用什么办法，我们都不答应。我们的目的也是刚才大家所说的，我们那么淳朴，那么热情，东西乱扔都不会丢，那么好的一个地方。还有我们唱的歌那么好听，原汁原味，你从四川找一个小姑娘来唱，不土不洋、不伦不类的，只会把我们那个地方搞坏。

还有一点就是搞农家乐，我们有 30 多家农家乐。1995 年，要我们搞农家乐我们还不干。2001 年，农家乐办起来以后，我们可以接待游客 300 多个了。2003 年五一"非典"期间，游客下去玩的比较多，他们不愿意在酒店住，全部跑到我们农家乐住。我就问他们怎么的都跑到我们这里住，他们就说："我们怕'非典'，相信农村这些地方养的全部是土鸡，不会有洋鸡。"我们村子的农家乐搞起来以后，人均收入就高起来了。

尹老师他们走了以后，我没有办法，就是我们的民居要怎样改才好？我还请在座的专家帮我们看看，我们的房子究竟要怎么搞才好？原来要我盖土基房，按照现有的土基房样式盖，许多专家学者都去看过了，说，对了，就是要这样保留下来。我们农民究竟该怎么办？

尹老师他们 2001 年撤走以后，我们村的有些农民富裕起来以后，就建起了洋楼，现在就出现了 20 多所洋房摆在那里，而我们的政府还没有拿出一个设计方案出来，所以我向各位老师提出来，一个是邀请大家赶紧下去，我们的房子要怎样设计才好？怎样建才适合我们那个地方？在座的各位会提建议的人比较多，多帮我们出出主意，请尹老师他们下去，再拉我们一把，我想，仙人洞那个地方，如果再不整，则会出现麻烦，而且其他的地方也会来和我们竞争。

关于旅游开发和生态村建设中政府、专家与我们村民的关系，在尹老师他们下去以后帮助我们进行了解决。但是，总要出现一些问题，就是很好的夫妻也要吵架，何况是那么大的事情，但是我们的原则就是哪一位专家或领导为我们办的事最合，跟我们现有的和我们想象的几乎相合，就不管什么风俗、宗教信仰，我们都相信他，不管你有几万人或几方面的压力，如果你提出来的不符合我们的心，我们就不会去理会你。原来有一个老局长，喊我们革除崇拜，我们的山上，就专门有一个求子求神的地方，是一块石头，我们的老祖先早就放在那个地方，我们去那里求子求佛，我就说："求求你，让我生个儿子。"果然，我现在就有三个儿子，所以，就这么好的一个东西，有些不能不宣传，但也不能过分宣传。

2. 南碱村原村长 刀文成①

首先感谢专家学者、感谢生态村课题组为南碱发展所作的贡献、感谢论坛的召开能让自己有机会作发言、感谢主持人、感谢各位领导。对你们的谢意是难以说清楚的。生态村的建设，对我们南碱的贡献非常大。我们南碱村的变化很大啊，第一，从"难整村"到"生态村、文明村"。生态村项目组开始项目运作以后，从各个层面上对南碱村进行了建设和指导，现在，村容村貌已经得到了很大的改观，村中的基础设施建设包括道路等都已经得到很大的改善，村民们的收入也提高了，村子的名声也有了。第二，专家的介入对村民思想意识的影响，村民自觉地改善环境，发展生产，使得民族文化得到了保护，项目组的做法和提法一模一样。2000年以来，村民们在项目组的指导下投工投劳地建设自己的家园，得到了实惠，积极性有很大的提高。第三，

---

① 发言摘引自刀文成在"云南民族文化生态村论坛"（2007年3月，云南玉溪新平）的发言，会议记录由曹津永，王倩整理。

图41　南碱村在传习馆举办的花腰傣文化展

总体来说，生态村的理念及方法对南碱村的文化传承与发展保护作出了很大的贡献。谢谢！

3. 南碱村村民　刀红艳①

在生态村项目组的带领下，我们寨子里的人一起，每户每天出一人的义务工，大家一起建成了村里的传习馆。2003 年 10 月，我们的传习馆就盖好了。

传习馆对我们村里的人来说，是一个宝，以前很多的东西，要是没有放在里面，现在都找不到了。还有就是我们这里有个传习馆，很多人都知道了，我们寨子的名气慢慢地就大了，外面的人都来看，还有很多外国朋友。我们寨子里的人就可以卖一些手工艺品，可以赚到钱，提高我们的生活水平。

———————

① 资料由笔者的田野访谈而来，现为南碱传习馆的文字说明，在传习馆可见。

图42　南碱村民在文化传习馆参观自己的作品

　　本页面展示的第二部分为政府官员眼中的生态村及其建设，将根据笔者目前掌握的资料情况，选择官员的发言及部分访谈作为基本展示内容，展示方式和第一部分是相同的，即直接展示。政府的文化保护行动并不是招商引资，对村民的支持和理解也并不是政绩工程，乡村社区文化的传承和社区的和谐与可持续发展也是政府部门的工作职责之一，尤其是在社会主义新农村建设被提出来以后。浏览者将会从刚才谈及的几个方面看到政府官员的理解和阐释。

　　页面展示的第三部分则是从村民和政府官员的角度如何理解生态村项目建设中所探索出的"村民主导、政府领导、专家指导、社会各界广泛参与"模式。村民如何看待自身的角色，如何实践角色；政府官员如何看待自身的角色，而又如何摸索实践角色。

走向网络

网页资料

政府官员眼中的生态村及其建设

1. 云南省文化厅官员　徐发苍①

我认识云南民族文化生态村是从文物保护开始的，要保护云南民族的传统文化，不仅要注重民族文物、民族民间文化本体保护，而且要连同生成和造就此种文化的生态环境一并加以保护。

实践证明，我省建设云南民族文化生态村的做法是可行的，所谓民族文化生态村就是全省26个民族聚居的、独特典型的示范村。每个民族选择一个或几个有代表性的自然村或生态片区进行大面积的建设和保护。所谓保护就是存其精华；所谓建设就是培育优良。此种民族生态村有三个优点和突出的优势，一是可以将民族优秀文化遗产整体地保存和展示在和谐优美的原生环境中；二是保护的东西不仅包括有形文化，还包括无形文化，不仅包括人文景观，还包括自然景观；三是既注重保护，又注重建设，使各民族优秀传统文化与现代文明接轨，风格民族化，内容现代化。说内容现代化也不是很准确，也有民族的东西。民族文化可以说要造就一种民间文化与现代文明最佳结合的、人与自然高度和谐的、可持续发展的民族乡村发展模式，这句话其实原原本本是尹绍亭教授说的。这样一来，建设和确立民族文化生态村就是一项系统工程，它即是一项多学科综合的科研项目，从科研项目、大专院校来说，它既是科研项目，又是一项多部门，包括物质生产部门和意识形态等通力合作的进行经济和社会发展的项目，以上是我讲的第一点。

---

① 资料节选自在"云南民族文化生态村暨地域文化建设论坛"（2003）的发言，载尹绍亭主编《云南民族文化生态村暨地域文化建设论坛》，2003年9月版，云南民族印刷厂印刷，内部资料。

图43 福特基金会一直支持生态村建设

　　第二点我要讲的是，我对民族文化生态村做的努力和知道的一些信息。2001年7月，文化部、国家文物局会同建设部以及世界银行在北京召开中国文化遗产保护机遇挑战国际会议，我以《文物工作当前亟待解决的几个问题》为题提交参会论文，文中以云南民族文化生态村与贵州生态博物馆的比较性研究，初步论证了我省建设民族文化生态村的必要性和可行性。2000年9月，国家文物局在乌鲁木齐召开西部文物工作会议，我以《西部大开发与民族民间传统文化保护》为题向全国报告了我省民族民间传统文化保护条例和民族文化生态村试点情况。2001年12月，民族民间传统文化保护与立法的国际会议在北京召开，在我提交的论文中将民族文化生态村作为重点内容在会上作了交流、发言。在参加讨论和修改云南建设文化大省纲要的过程中，我积极主张把建设民族文化生态村写进纲要，得到省委宣传部的认可和赞同。2002年10月，民革云南省委将民族文化生态村作为（2003年）的重点调研课题，我十分乐意受聘为本课题的顾问之一。2003 年 4 月，我给国家文物局局长的报告中把确定和建设民族文化生态村作为贯彻和落实省人大实施民族民间传统文化保护条例的重要项目之一。

正如一切创新都要经过一些曲折，人们对民族文化生态村也要有一个认识过程，尤其是得到党内领导的肯定，其意义是特别重大的。曾经有一段时间，人们认为只有民族文化保护区的概念，没有民族文化生态村的概念。有的人认为，民族文化生态村只是大专院校、科研部门的专家学者作为试验的一种研究课题。这句话的意思就是不应成为政府部门的一项工作。在我参加讨论修改省政府研究室起草的一份省长的工作报告稿子时，也有同志主张将建设民族文化生态村的提法去掉，只保留高度重视历史文化遗产和民族文化资源的开发利用这样的表述。这就说明有一个认识的过程，然而，时间没过多久，现在民族文化生态村的呼声又空前高涨起来。2003 年 7 月主管文化的副省长在全省地州市文化局长会议的讲话中指出："要加强重要文化遗产和民间传统文化的保护，促进文化资源和文化生态环境保护的良性互动。"我认为这句话就是认识到民族文化生态村必要性的表现。

怎样来促进文化资源和文化生态环境保护的良性互动呢？比较好的形式，就是我们已经进行了试点而且初见成效的民族文化生态村。使我很受鼓舞的是，这次会议云集了这么多高层次的专家、教授和领导。对民族文化生态村在有效保护我省民族文化遗产、保护文化资源及其生态环境、建设具有民族特色的小康村寨，乃至建设民族文化大省战略中的地位和作用，进行有的放矢的论证和阐述。对试点示范的经验进行总结和评估，这无疑是我省长期的、可持续发展的大事，我们表示热情的支持和积极的参与。这是我表的一个态。最后我想指出的一点，民族文化生态村的建设，用我的话来说，就是第一要把我们的研究成果、示范试点的成果千方百计地变成为政府和群众的共识，我们作为政府部门，主管文化的职能部门，工作可以做，但是作为整个政府的一种政策和行为，还要再努力，要成为一种共识、政府的一个行为。第二呢，能上升也好，能统一也好，先做。就像尹教授的这个项目一样，先做。据我了解的，由于我们的宣传和推动，现在各州市县都在做了，这些都是好的现象。总而言之，通过我们各方面的共同努力，能把这件事情做好，做出成效，为我省社会、经济长期的、可持续的发展做出我们的努力。

2. 省民委和省政协民宗委官员 马立三[①]

现在文化方面的保护、继承、发展也是世界的问题，在市场经济的条件下，民族文化将会受到很大的冲击，这是可以估计得到的。为了钱，五花八门，什么东西都想得出来。我们民委考察过民族工艺品，里面有很多问题，有的东西改头换面，少数民族自己都不认识自己的工艺品；有的工艺品是白族的，但是标的却是彝族撒尼人的。所以，我们对传统民族文化进行保护、传承、发展，意图是好的，意义是重大的。

对于民族文化生态村，我的想法是：

第一，要扩大实践面，所谓扩大实践就是要扩大到我们云南每一个民族，各个层次的文化。比如彝族是个多层次的社会，小凉山是一种层次。不同的文化，层次也不一样。

第二，选点要好，点选不好就搞不起来。我们的民族地区，当年国家的民族政策太好，一方面促进了民族地区的发展，另一方面又养成了他们的惰性。什么都要靠，没钱就不干，有钱才有积极性。选点的时候要注意交通方便，既然搞了这个点，不能只给专家学者看，还要对外宣传，对周围的其他民族起到示范作用。

---

① 资料摘选自在"云南民族文化生态村暨地域文化建设论坛"上的发言，载尹绍亭主编《云南民族文化生态村暨地域文化建设论坛》，2003年9月版，云南民族印刷厂印刷，内部资料。

图44 可供示范的部分"成果"

第三，模式可以多样化，可以搞综合性的，不要零敲碎打。我们去丘北看过，那里的神山不能随便上去，生态环境保护得很好，不像有的地方乱干。模式可以多样化，综合的，单一的，既可单独搞一个民族，又可以多个民族，突出其特点。

第四，理顺关系。旅游部门要管，文化部门也要管，民委也得参加。我建议先在省里面理顺关系，最好由文化厅或民委牵头，按法律来管，按民族政策来管，不能乱套。

第五，强调既重视社会效益，也重视经济效益。没有经济效益而谈保护是没有用的，既要强调开发，也要强调保护；既要见社会效应，也要见经济效应。当然，这只是我的看法，请广大专家提意见。

3. 云南省文化厅官员　邱宣充[1]

生态村是一种综合体，如果说文化遗产中的古建筑是"古代科学技术与文化艺术的综合体"的话，生态村则是社区自然生态环境与人文环境的综合体，物质文明与精神文明的综合体。

民族文化生态村的设立，有利于改变农村单一的社会经济向多种经营的方向发展。我们选择生态村的标准应该是：第一，有良好的自然生态环境；第二，聚落和民居保留传统风格；第三，历史悠久，文化底蕴深厚；第四，交通方便，具有发展旅游的条件。

建设民族文化生态村有四条好处：

其一是有利于文化遗产的保护；其二是有利于弘扬民族文化；其三是有利于学科建设；其四是有利于经济发展。

4. 新平县委宣传部部长　李树华[2]

首先，我要对各位专家和民族文化生态村项目组表示真挚的感谢，谢谢你们不辞辛劳，为新平的发展，为花腰傣文化的传承和保护作出了巨大的贡献。

生态村项目选在南碱村，我们非常高兴能参与、支持他们的建设。我们对生态村的认识，其实也是一个逐渐的过程，最开始并不知道是怎么回事，只是作为上级安排的工作与生态村建设接触，后来在建设过程中才慢慢了解了生态村建设对于我们新平花腰傣文化传承以及彝族、傣族等少数民族发展的重要性，也就积极地参与了进来。在各个方面都积极支持村民和项目专家。说到项目专家，其实我们真的要向他们学习，他们不辞辛劳，常驻条

---

[1]　资料节选自在《云南民族文化生态村暨地域文化建设论坛》上的发言，载尹绍亭主编《云南民族文化生态村暨地域文化建设论坛》，内部资料。

[2]　资料摘引自在"云南民族文化生态村论坛"（2007年3月，云南玉溪新平）的发言，会议记录由曹津永、王倩整理。

件艰苦的试点村子，与村民同吃同住，努力参与和引导村民的建设，为村子的发展付出了艰辛的劳动，洒下了数不清的汗水，他们的精神深深感动着我们。

我们与项目专家也是慢慢了解的，最初不认识，后来就很熟悉了，熟悉了他们，也就慢慢熟悉了生态村的理念。我觉得我们新平的政府部门对生态村的理解还是比较到位的，所以我们合作很愉快，大家都为了共同的目的，为了文化保护和传承，真正让老百姓得到发展。

我们将一如既往地从各个方面支持生态村的建设。

5. 新平县腰街镇人民政府镇长　刀彦伟①

在各级党委、政府和社会各界人士的大力支持下，南碱小组在民族文化生态村的建设过程中，通过不断探索，创新工作方法，创新工作思路，创新建设模式，取得了一些经验。主要表现为：

第一，南碱小组在建设生态文明村过程中，走出了一条"政府领导、村民主导、学者引导"的发展模式。"政府领导"就是政府在宏观层面上，领导村民认真贯彻党的路线和方针政策，支持村民建设家园，发展生产；"村民主导"就是在整个生态村建设过程中，各级党委、政府充分发挥村民主体作用，调动村民的积极性，让村民成为建设家园的主体；"学者引导"就是生态村的建设充分发挥了省专家课题组的作用，在项目规划、文化保护、开发、传承中让专家学者参与进来，利用他们渊博的学识，引导村民建设生态村。

第二，实现了生态、旅游、文化的协调发展。一般意义上的生态村建设，往往注重了生态的保护和旅游的开发，却忽视了文化的保护、挖掘、开发和传承。南碱村民小组在生态文明村的建设中，虽然旅游业的发展速度不是很快，但它在花腰傣文化传习

---

① 资料节引自刀彦伟《花腰傣之乡崛起民族文化生态村》，内部资料。

馆的建设，为新平传承花腰傣文化、打造花腰傣品牌作出了积极的贡献。

第三，文化生态保护和系列文化活动的开展，带动了南碱村民小组精神文明建设。南碱村民小组通过村容村貌的整治，改善人居环境，加强基础设施建设，开发花腰傣文化旅游资源，不但为本组带来了可观的经济收入，而且促进和带动了当地的精神文明建设。

第四，村民的积极参与，使南碱傣族文化生态村建设得以顺利实施。

第五，各级党委、政府和社会各界的大力支持，使南碱小组走上了富裕、文明、生态、和谐之路。

图45　村民、官员与专家

在具体的设计操作上，页面将从上到下均匀地分为三个部分，每一部分将展示上述的一项内容，各自内容中将会插入图片，而主要的图片则会放置在页面的左右两侧。同时，也可以在两侧放置一些访谈村民和政府官员的录音和视频。

第六章　方法讨论与总结

　　结合云南民族文化生态村建设的基本实践和网络生态博物馆的基本理念，旨在介绍云南民族文化生态村项目建设基本情况、基本经验并且提供一个关于文化保护和传承的交流平台的网站设计基本已经宣告完成。从总体上来看，网站以及网页的设计基本上是一种框架的设计。这是由于网站和网页设计的操作性非常强，而在具体操作的时候细节的部分可以根据具体情况而具体斟酌和处理，笔者在进行构想设计的时候不可能，也不必要设计到需要数据计算的每一个细节。也就是说如若设计到每一张图片放置的位置和占用网页空间的大小则是具体操作时的事情了，虽然说"细节决定成败"这样的说法具有一定的通用性，然而，大体上说，一个网站的基本性质仍然是由设计的基本理念、一些基本要素和网站的框架决定的。从整体的角度来看，笔者预想的结合生态博物馆的基本理念与云南民族文化生态村基本实践的研究任务业已完成大半，一些对网站和网页的基本风格有影响的细节，笔者也在文中适当的地方做出了说明和申明。接下来需要对这一研究前面所做的工作做一个讨论，希望能在生态博物馆的基本理念指引下，结合云南民族文化生态村建设以及网站设计建设的基本实践，对这样一个"混合型"① 网站以及网络生态博物馆的建设在方法上提供一些可供借鉴和有用的经验。

---

　　① 指综合了网络生态博物馆（即村寨社区）和项目建设基本情况两个方面的网站建设。

一、方法的讨论

1. 内容与形式的结合

　　结合网络生态博物馆的基本理念与云南民族文化生态村建设的实践，对网站的设计建设实际上很难仅仅停留在所预想的对网络生态博物馆建设方法及途径探讨的问题上。当然，这是其中非常重要的一个部分，因为如果仅仅探讨这个问题，读者和浏览者就很难知道所设计的这个网络生态博物馆（网站）的基本来历和基本情况，这样在一定程度上会造成不必要的误读。同时，网络生态博物馆的基本设计和风格应该受到来自于两个部分的影响，其一是网络生态博物馆的基本理念；其二则是现实博物馆的基本情况。网站的设计必须依据现实博物馆的基本情况，如若不然，则成了浮于网络空间中无根无依的"空中楼阁"。连接虚拟与现实是网络生态博物馆设计建设的基本原则之一，而云南民族文化生态村建设在理念上来源于生态博物馆而又不同于生态博物馆，结合了中国乃至云南省的现实和具体情况，因而，如若不交代项目建设的基本情况，则违背了连接虚拟与现实的基本原则，脱离了云南民族文化生态村建设的基本实践。从这个角度上说，云南民族文化生态村建设的基本情况和基本经验又纳入到了网络生态博物馆的范畴。另外，云南民族文化生态村网站应该是一个"雅俗共赏"的网站，既要具有可供学者和兴趣爱好者研究和借鉴的地方，也要具有可供一般浏览者了解和理解的部分，因而在设计上就需要两方面并重。这也是和日本学者的基本理念有所不同的地方。总之，在网络生态博物馆的基本理念下，网站具体的设计和建设应当对现实中的建设作总结和介绍，把现实中具体的实践内容与网站这一"形式"结合起来，实际上设计出来的网络生态博物馆（即网站）应该是二者的综合，只有这样，网络生态博物馆才能不违背自己的基本原则，才能结合具体的实践，基本做到连接虚拟与现实。

而事实上，在网站的设计建设中，要做到连接虚拟与现实确实异常困难，主要原因一方面在于网络空间属于虚拟部分，而社区则属于现实部分，二者各有自己的归属和规则，要统合起来异常难以把握；另一方面，虽然理论上我们可以用诸多的技术手段保证多样性的展示方式，包括视频、动画、图片、文字、声音，等等，做到可以让浏览者在参观时以尽量多的感官参与进来。然而，从浏览者的角度来说，无论怎么样，其毕竟不能取代现实中的亲身经历。而连接虚拟与现实这一基本原则很大程度上是基于浏览者的感受而提出的。在具体的操作中，我们只能采用一些方法和途径，尽量保证更多地把虚拟和现实连接起来。

2. 充分体现当地人的话语权

网络生态博物馆（网站）的建设应该充分体现当地人的话语权，这是笔者提出的应该在网络生态博物馆建设中给予采用的一个原则。这也是结合云南民族文化生态村建设的具体实践，突破日本学者研究的一个方面。传统博物馆由于是"物的集合"，而且一般都远离文物的原生地，因而是一种"静态保护"，而生态博物馆则不仅把"文物"的原生地，即社区作为保护的基本区域，而且由于社区是有人参与的一个发展实体，因而可以称之为"活态传承"。因为有当地人参与，传统文物的基本外延和内涵都得到了扩展，"文物"已不再仅仅局限于物，而有可能是一个过程，一种状态，或者是一种关系，等等。因此生态博物馆的研究，就应当给予当地社区居民以充分的关注，这是很自然的事情。同时，因为需要关注当地人，这就给以"研究人"为基本要务的人类学很大的参与空间，人类学的一些基本理念和方法得以运用到研究中来，别的暂且不说，生态博物馆的建设应当给予当地人充分的自主权和话语权就是其中非常重要的一项。事实上，云南民族文化生态村建设作为应用人类学的一个具体研究，在研究和建设中一直都践行这一原则，"村民主导"作为项目建设中取得的处理参与建设各方关系的经验中的首要原则，就是对当地人自主权和话语权最大的尊重，而且项目组在实际建设过程中，采取了诸多的措施保证这一基本原则的落实。云南民族文化生态村的网站建设沿用这一原则其实是来自于项目的具体实践和经验。在网站的建设中，由于当地村民在当前的条件下不可能过多地涉足网络，不具备足够的能力，因而我们不能不切实际地采用"村民主导"，只能充分注重当地人的参与并且给予他们充分的话语权。在话语权的把握上，也应当在网站和网页设计的基本框架内，因为网络生态博物馆的设计有自己的原则，只能在设计的相关版块上，发表当地人的理解和意见。这样既保证了"他者"即社区主体的参与，也不损坏网站的基本框架和基本思路。

在本网站的设计中，笔者按照先前所述的原则，尽量保证当地居民充分的话语权。在网站中主要有两个部分，其一是村寨页面的设计部分，即网络生态博物馆的社区设计，这里主要指南碱村和仙人洞村，尽量让村民表述自己对社区和文化的理解；其二则是村民、专家和政府部分，即第三链接主页，这里主要展示村民和政府官员对自身角色和项目建设的理解和看法。在这两个部分，除了文字和图片说明以外，还包括音频文件等形式。虽然预想的原则和理念体现了出来，也掌握了一定的经验，但是在方法和度的掌握方面，笔者仍然觉得不易驾驭。

"村民主导"以及网络生态博物馆的设计中"充分注重当地人话语权"的问题，是将来生态博物馆建设无论是现实建设还是网络设计都将面临的问题。而无论在理论方面还是在实践方面，如何处理和解决这一问题，可能将会需要很多的讨论和研究，希望能看到非常有建设性的研究和成果出现。

126

3. 努力提高网站的可参与性

以开放的形式建设网络生态博物馆（云南民族文化生态村网站），努力提高网站的可参与性，是笔者结合人类学的网络研究而提出的另外一个建议，也是与日本学者的研究不太相同的一点。人类学的网络研究包括诸多方面，其中网络文本的分析是一个重要的部分，就是把现实中的人们在网络虚拟空间中的言行加以研究和分析，从而解释网络空间虚拟身份的特点和现实社会中人们的一些基本问题。而所谓的网络文本，就是与现实身份对应的电子身份在网络中留下的言行，主要是指电子身份的发言等方面，类似于传统博物馆的留言簿。然而，作为一个网络文本，仅仅满足于与留言簿相似的小文本是远远不够的，一方面，这种小文本能提供一些对于网站建设的方法以及内容方面的建议和意见，其他方面的信息则很少；另一方面，网络给虚拟身份提供了广阔的空间和多样的方法。我们应当积极利用起来，这样既可以扩大文本，让网络文本具有更大的研究分析价值，又可以充分吸引与虚拟身份对应的现实中人们的兴趣。因而，笔者把这一文本放大，设计成一个以促进关于民族文化保护和传承的研究者和感兴趣者之间交流的论坛，这样既可以满足文本分析的需要，也可以从一定程度上促进研究成果的交流和共享。

二、总　结

在关于民族文化保护与传承、生态环境保护和促进社区和谐与可持续发展的诸多研究和实践中，民族文化生态村是一个创新而且非常有价值的应用研究。在当今全球化和现代化的背景下，少数民族社会经济的发展、文化和生态环境的保护都面临着和国际政治、经济一样复杂而严峻的形势。新的形势、新的环境，对民族文化、生态的保护以及少数民族社区的综合发展带来了前所未有的挑战。时代在变化，环境在变化，少数民族文化、环境保护以及社区发展的方式也要随之变化。基于生态博物馆的基本理念而又高于生态博物馆的民族文化生态村，正是在这样的情势下应运而生，强调动态保护、在发展中保护、在保护中发展的民族文化生态村建设，为新形势下的民族文化保护和社区的发展作出了不菲的贡献。然而，有实用价值的经验如若由自己紧紧攥住而不与别人分享、不与别人交流，这样未免流于闭门造车，自我禁锢。而作为应用项目，如若成果得不到交流和推广，项目的价值也会大打折扣。笔者的研究以网络和民族文化保护事业的结合应用为基点，以民族文化生态村建设的基本情况为主要展示内容，通过云南民族文化生态村网站的设计，创造了一个具有可参与性的交流平台，利用网络的便捷和快速将能在很大程度上促进生态村建设项目与诸多同行研究的交流，从而促进成果共享和项目理念的推广。

而在促进经验交流的同时，本研究在方法上着眼于如何更好地结合网络技术促进民族文化保护事业的发展，在实践的基础上提出了笔者自己的理解和建议，谨供读者讨论的同时，愿能为民族文化保护，尤其是非物质文化遗产保护事业的发展作出应有的贡献。

附录

民族文化生态区（村）建设评估指标体系

指标类别	建设的领域	建设的内容	考核及评价指标	评估时间	评估者
一、文化建设指标					
1. 物质文化					
（1）生产用具		传统生产用具的种类、特点和使用情况的搜集和整理	种类： 特点： 使用情况： 搜集保存情况：		
（2）服饰		传统服饰的使用状况 传统服饰原材料的生产 传统服饰的制作	时间： 使用场所及人员： A. 自主生产 B. 购买使用本社区 家庭制作占：%		
（3）乐舞道具和宗教道具		乐舞、宗教道具的状况 传统道具制作、演奏艺人的培养 传统道具的制作与使用	道具的种类： 相关情况： 培养方式： 传承机制： A. 较好　B. 一般 C. 差　　D. 无		
（4）饮食		传统饮食的状况 饮食习俗的搜集、整理 饮食制度	保留情况： 开发利用情况： A. 较好 B. 一般 C. 差 D. 无传统与现代的结合情况：		

续　表

指标类别	建设的领域	建设的内容	考核及评价指标	评估时间	评估者
（5）聚落与建筑		聚落形态的规划 传统建筑的保存 建筑工艺工匠的培养及工艺传承	A. 反映了人与环境的和谐 B. 不能反映 A. 较好 B. 一般 C. 差 D. 无培养方式： 传承机制：		
（6）文物古迹		发掘整理情况	A. 较好 B. 一般 C. 差 D. 无		
2. 制度、精神文化					
（1）歌舞		歌舞状况 传统歌舞资料库的建立 歌舞传承机制 歌舞的展演与参与度	歌舞的种类： 相关情况： A. 较好 B. 一般 C. 差 D. 无 A. 建立并发挥作用 B. 建立但未发挥作用 C. 未建立村民参与的比例：%		
（2）节日		节日状况 传统节日活动内容的整理 传统节庆活动的继承与创新	节日种类： 其他相关情况： A. 较好　B. 一般 C. 差　　D. 无 A. 较好　B. 一般 C. 差　　D. 无		

指标类别	建设的领域	建设的内容	考核及评价指标	评估时间	评估者
(3)习俗		习俗状况 婚俗 丧俗 生育习俗 成年礼	习俗种类： 相关情况： 传统形式： 现代形式： 传统形式： 现代形式： 传统形式： 现代形式： 传统形式： 现代形式：		
(4)信仰		宗教信仰 现代科学观念传入及流行情况	传统形式： 现代形式： A. 非常流行 B. 比较流行 C. 一般流行 D. 基本不流行		
(5)语言文字		语言文字的学习和使用	A. 较好 B. 一般 C. 差 D. 无		
(6)习惯法		传统禁忌的种类及流行情况 村规民约	种类： 流行情况： A. 非常流行 B. 比较流行 C. 一般流行 D. 基本不流行 A. 建立并发挥作用 B. 建立但未发挥作用 C. 未建立		
(7)伦理道德		传统美德的发扬	A. 较好　B. 一般 C. 差　　D. 无		

续　表

指标类别	建设的领域	建设的内容	考核及评价指标	评估时间	评估者
(8)文学艺术		神话、民间传说、故事、歌谣、史诗的收集整理　绘画、雕刻、面具等艺术	A. 较好　B. 一般 C. 差　　D. 无 A. 非常流行 B. 比较流行 C. 一般流行 D. 基本不流行		
3. 文化保护与传承					
(1)传承人		文化精英 文化保护与传承的人力资源库建立情况	人数： 占总人口的比例:% A. 较好　B. 一般 C. 差　　D. 无		
(2)传承的物质载体		传承中心、博物馆或传习馆的建立 静态展示和动态保护相结合	A. 建立并发挥作用 B. 建立但未发挥作用 C. 未建立 A. 较好　B. 一般 C. 差　　D. 无		
(3)传承的组织		传承组织的组建及传承活动制度化情况	A. 组建并发挥作用 B. 组建但未发挥作用 C. 未组建		
(4)传承的过程		决定学的动机 开始学的时间 学与教的关系 学习所用时间 学习成果的体现与认可			

续 表

指标类别	建设的领域	建设的内容	考核及评价指标	评估时间	评估者
二、生态系统建指标					
1. 生态资源		发掘优势资源 绿色生态经济	A. 较好　B. 一般 C. 差　　D. 无		
2. 生计模式		生计模式与环境的相互调试	A. 较好　B. 一般 C. 差　　D. 不协调		
3. 传统知识		传统知识的整理 传统知识的应用	A. 较好　B. 一般 C. 差　　D. 无		
4. 村内环境		绿化状况 村内交通 园艺农业	A. 优　B. 良 C. 中　D. 差 A. 优　B. 良 C. 中　D. 差 A. 较好　B. 一般 C. 差　　D. 无		
5. 退耕还林		退耕还林状况	退耕还林土地面积： 退耕地的维护情况：		
三、建设机制指标					
1. 建设的主体					
（1）主体的构成		村民的角色 专家学者的角色 政府相关部门角色 社会团体或组织的角色			

续 表

指标类别	建设的领域	建设的内容	考核及评价 指标	评估 时间	评估者
(2)主体的文化自觉		对本民族文化的认同感 自觉传承民族文化	A. 较好　B. 一般 C. 差　　D. 无		
(3)主体的参与		参与的广度 参与的深度			
(4)主体的主导性		整个建设过程主体的主导性的体现	A. 较好　B. 一般 C. 差　　D. 无		
(5)主体的能力建设		文化传承活动的举办 举办夜校 科技培训	A. 较好 B. 一般 C. 差 D. 无次数：评价： 次数：评价：		
2. 建设的运行与管理					
(1)建设的领导模式		日常建设领导机构的建立 领导机构的人员组成 领导机构的权利和义务			
(2)建设项目的审批		审批的主体 审批的程序 审批的权限			
(3)建设的实施		实施的主体 参与的机构和个人 实施的过程			

续　表

指标类别	建设的领域	建设的内容	考核及评价指标	评估时间	评估者
（4）建设的监督		村民的监督 专家学者的监督 政府相关部门的监督			
（5）建设机制的建立		规范化 长效性 制度化	A. 较好　B. 一般 C. 差　　D. 无		
（6）建设机制的开放性			A. 较好　B. 一般 C. 差　　D. 无		
（7）建设机制的创造性			A. 较好　B. 一般 C. 差　　D. 无		
（8）建设基金的设立		设立情况	来源： 作用发挥：		
3. 评价反馈系统					
（1）主体的自我评价		自我评价及反馈体系的建立	A. 建立并发挥作用 B. 建立但未发挥作用 C. 未建立		
（2）专家学者的调研		研究咨询机制的建立	A. 建立并发挥作用 B. 建立但未发挥作用 C. 未建立		

续　表

指标类别	建设的领域	建设的内容	考核及评价指标	评估时间	评估者
(3)政府相关部门的认同		政府决策纳入情况	A. 纳入 B. 未纳入		
4. 推广示范体系					
(1)参观互访		村民的参与积极性	A. 较好 B. 一般 C. 差 D. 无综合评价：		
(2)经验交流会		村民、专家学者、政府官员的参与性	A. 较好 B. 一般 C. 差 D. 无综合评价：		
(3)媒体宣传		报刊、影视的报道	A. 较多 B. 有一些 C. 没有		
(4)资料库		书面报告、建设日志、音像制品的形式	A. 建立并发挥作用 B. 建立但未发挥作用 C. 未建立综合评价：		
(5)论著		对建设过程进行研究的论文、著作	A. 已有出版,篇数、本数 B. 未有出版综合评价：		
四、经济发展指标					

指标类别	建设的领域	建设的内容	考核及评价指标	评估时间	评估者
1. 村民生活质量		经济来源 闲暇时间	来源形式：各种形式所占比例：% 占日常时间的比例：%		
2. 农业结构		农业 林业 牧业 渔业 其他	% % % % %		
3. 手工业		传统手工艺品的挖掘状况	种类： 挖掘及保护状况：		
4. 旅游等其他服务业		经济效应与文化、生态效应的协调情况			
5. 工矿等其他行业		对文化、生态建设的作用	积极作用： 消极作用：		
五、基本指标					
1. 内外交通		通往外界的道路的修建及维护；村内家户之间来往的便捷度	A. 优　B. 良 C. 中　D. 差		
2. 历史意识		历史及传统的整理和认同状况	A. 较好　B. 一般 C. 差　　D. 无		

续　表

指标类别	建设的领域	建设的内容	考核及评价指标	评估时间	评估者
3. 人口素质		男女比例 各年龄段比例 青壮年劳动力外流情况	男:%;女:% 老:%;中:% 青:%;少:% 占劳动力总量的:%		
4. 教育状况		传统教育在生产、生活中的作用 现代教育状况	儿童入学率和巩固率: 初高中人口: 大专及以上人口:		
5. 社会组织		传统组织 现代组织 传统男性组织 传统妇女组织 传统老年组织 青年组织 妇女组织 老年组织 行政组织	A. 组建并发挥作用 B. 组建但未发挥作用 C. 未组建 A. 组建并发挥作用 B. 组建但未发挥作用 C. 未组建 A. 发挥了组织领导作用 B. 未发挥作用		
6. 卫生状况		家禽、家畜的饲养方式 日常村内卫生 垃圾的处理方式	A. 圈养 B. 放养 A. 有人打扫 B. 无人打扫 A. 集中处理 B. 随便乱扔		
7. 社会秩序与安全		民事纠纷 刑事案件	打架、斗殴、偷盗、酗酒、打砸抢等		

参 考 文 献

著作类

1. 李河：《得乐园·失乐园——网络文明的传说》，中国人民大学出版社，1997年版。

2. ［英］凯文·罗宾斯，弗兰克·韦伯斯特著，何朝阳、王希华译：《技术文化的时代——从信息社会到虚拟生活》，安徽科学技术出版社，2004年版。

3. 周大鸣主编：《中山大学人类学民族学文丛》；刘华芹著：《天涯虚拟社区——互联网上基于文本的社会互动研究》，民族出版社，2005年版。

4. ［日］富田彻男著：《技术转移与社会文化》，商务印书馆，2003年版。

5. 黄俊瑛著：《网络文化与大众传播》，西南师范大学出版社，2003年版。

6. 陈笑、朱萍、张超编著：《DREAMWEAVER 8 实用教程》，清华大学出版社，2005年版。

7. 彭澎主编，杨维抒、周湛、饶简元等编著：《DREAMWEAVER 网页设计艺术与网站建设》，机械工业出版社，2005年版。

8. 聂小燕编著：《Dreamweaver MX 2004 动态网站建设全攻略》，兵器工业出版社；北京科海电子出版社，2005年版。

9. 尹绍亭著：《文化生态与物质文化》，云南大学出版社，2007年版。

10. ［日］秋道智弥、尹绍亭主编：《生态与历史——人类学的视角》，云南大学出版社，2007年版。

11. 尹绍亭主编：《民族文化生态村——云南试点报告》，云南民族出版社，2002年版。

12. 尹绍亭主编：《云南民族文化生态村暨地域文化建设论坛》，2003年9月版，云南民族印刷厂印刷，内部资料。

13. 云南民族文化生态村项目组编印：《云南民族文化生态村学习资料汇编》（一），内部资料。

14. 谢沫华主编：《亚洲博物馆馆长和人类学家论坛文集》，云南教育出版社，2006年版。

15. 高宗裕主编：《云南民族博物馆文库之民族文物探索》，云南民族出版社，2000年版。

16. ［美］唐纳德·哈迪斯蒂著，郭凡、邹和译：《生态人类学》，文物出版社，2002年版。

17. 马戎、周星主编：《社会人类学论坛第七卷——田野工作与文化自觉》，群言出版社，1998年版。

18. 邓卫荣、刘静著：《影视人类学——思想与试验》，民族出版社，2005年版。

19. Aletta Biersack and James B. Greenbery Edited：*Reimagining Political Ecology*. Duke University Press，2006.

20. Kanagawa University 21st Century COE Program：*MEMORIES INSCRIED IN PLACES AND THE BODY：New Horizons in the study of nonwritten cultural materials*. Pressed by Kanagawa University 21st Century COE Program，2008.

文章类

1. 刘华芹：《网络人类学——网络空间与人类学的互动》，载《广西民族大学学报（哲社版）》2004年3月第29卷第3期。

2. 田阡：《基于互联网的人类学资源共享与学科发展》，载

《中山大学学报论丛》2007 年第 27 卷第 2 期。

3. 卜彤，闵红云：《高校民族学人类学网络信息资源的开发和利用》，载《思想战线》2002 年第 4 期第 28 卷。

4. 郭家骥：《生态环境与云南藏族的文化适应》，载《民族研究》2003 年第 1 期。

5. 潘年英：《变形的"文本"——梭戛生态博物馆的人类学观察》，载《湖南科技大学学报》（社会科学版）2006 年 3 月第 9 卷第 2 期。

6. 陶犁：《论云南民族文化生态村建设——以新平县南碱村调查研究为例》，载《云南民族学院学报》（哲学社会科学版）2002 年 5 月第 19 卷第 3 期。

7. 唐魁玉、张明国：《网络技术与文化摩擦》，载《科学理性与科学方法》，2006 年 9 月。

8. 崔唯航：《社会科学：面向网络时代——"网络时代的社会科学问题"学术研讨会综述》，载《哲学动态》2001 年第 1 期。

9. 罗晓辉：《关于建立人类学民族学信息资源库的思考》，载《民族艺术研究》2003 年。

10. 陆萍：《阅尽山林求学问——人类学学者访谈之四十五》，载《广西民族大学学报》2007 年第 3 期。

11. SANO Kenji：*Nonwritten Cultural Materials and the Local Community：The Internet Eco-museum as a system to Transmit a Community's Integrated Information. In MEMORIES INSCRIED IN PLACES AND THE BODY：New Horizons in the study of nonwritten cultural materials.* Pressed by Kanagawa University 21st Century COE Program，2008.

12. KINOSHITA Hirotsugu：*Integration of Reginal Information：Case Study on the Folk Implement Data of Tadami Town. In MEMO-*

走向网络

RIES INSCRIED IN PLACES AND THE BODY: *New Horizons in the study of nonwritten cultural materials.* Pressed by Kanagawa University 21st Century COE Program, 2008.

13. KUTSUKI Ryo: *Turning a Region into a Museum*: *Local cultural Assets in the Form of Memories.* In *MEMORIES INSCRIED IN PLACES AND THE BODY*: *New Horizons in the study of nonwritten cultural materials.*

14. Maxwell L. Anderson: *Online museum coordination.* In *Museum International* (*UNESCO paris*), No. 204, Vol. 51. No. 4, 1999.

15. David Bearman and Jennifer Trant: *Interrectivity comes of a age*: *Miseums and world wide web.* In *Museum International* (*UNESCO paris*), No. 204, Vol. 51. No. 4, 1999.

16. David Scruton: *The Networked Museum.* In *New View of Information Networking*, Vol. 11. No. 2; 2005.

多媒体类（多为网站）

1. http://www.face21cn.cn/12th July, 2008. viewed.
2. http://www.sachina.edu.cn/12th July, 2008. viewed.
3. http://www.himoji.jp15[th] July, 2008. viewed.
4. http://www.ihchina.cn/main.jsp 18th July, 2008. viewed.
5. http://kj.sach.gov.cn/4th August, 2008. viewed.
6. http://www.wenbao.net/8th August, 2008. viewed.
7. http://www.dpm.org.cn/8th August, 2008. viewed.
8. http://www.shanghaimuseum.net/8th August, 2008. viewed.
9. http://www.nmch.gov.cn/15th August, 2008. viewed.
10. http://www.ntm.gov.tw/17th August, 2008. viewed.
11. http://www.britishmuseum.org/8th September, 2008. viewed.

12. http：//www. tnm. go. jp/15th September, 2008. viewed.

13. http：//www. amnh. org/15th September, 2008. viewed.

14. http：//www. digmus. fudan. edu. cn/19th September, 2008. viewed.

15. http：//www. renleixue. com/26th September, 2008. viewed.

16. http：//anthropology. cass. cn/28th September, 2008. viewed.

图书在版编目（CIP）数据

走向网络 / 曹津永著. —昆明：云南大学出版社，2008

（民族文化生态村：当代中国应用人类学的开拓 / 尹绍亭主编）

ISBN 978-7-81112-556-6

Ⅰ.走… Ⅱ.曹… Ⅲ.①计算机网络 — 计算机应用 — 文化遗产 — 保护 — 研究 — 中国②计算机网络 — 计算机应用 — 人类学 — 研究 — 中国 Ⅳ.K203-39　Q98-39

中国版本图书馆CIP数据核字（2008）第177789号

Coming to the Internet

民族文化生态村
——当代中国应用人类学的开拓

走向网络　　曹津永◎著

责任编辑：纳文汇　蒋丽杰

责任校对：何传玉　刘云河

装帧设计：刘　雨

出版发行：云南大学出版社

印　　装：云南省地矿测绘院印刷厂

开　　本：850mm×1168mm　1/32

总 印 张：31.5

总 字 数：800千

版　　次：2008年11月第1版

印　　次：2008年11月第1次印刷

书　　号：ISBN 978-7-81112-556-6

总 定 价：148.00元（共六册）

出版社地址：云南省昆明市一二·一大街云南大学英华园

邮　　编：650091

电　　话：0871-5033244　5031071

网　　址：http://www.ynup.com

E-mail：market @ ynup.com

福 特 基 金 会 资 助 项 目
A PROJECT FUNDED BY THE AMERICAN FORD FOUNDATION

《民族文化生态村——当代中国应用人类学的开拓》丛书编委

尹绍亭　王国祥　罗　钰　李树华　孙　琦

刀彦伟　黄绍忠　陈学礼　刀文成　彭多意

胡仕海　朱映占　张　海　张海超　王　焱

赵文娟　曹津永

◎ 西南边疆民族研究书系

The Ethnic Cultural and Ecological Villages
—— An Exploration in China's Applied Anthropology

The Reflection of Baka Village

主编 尹绍亭 / 副主编 王国祥 罗 钰

民族文化生态村
——当代中国应用人类学的开拓

巴卡的反思

朱映占◎著

云南大学出版社
Yunnan University Press

总　序

　　民族文化生态村，是在中国当代市场经济和全球化背景下形成的一种以文化为中心的乡村和谐发展的理论和开拓探索的实践。

　　市场经济和全球化，是一对"孪生姐妹"。一个国家一旦选择了市场经济，那就必须开放国门，就必须融入世界经济体系，结果自然免不了要淌进"全球化"的潮流之中。实行市场经济和开放政策，是中国发展的正确选择。中国几十年闭关自守实行计划经济，结果贫穷落后、暮气沉沉，而改革开放30年来，便繁荣昌盛、生机勃勃，此足以说明市场经济和全球化的无比伟大。

　　然而，30年来，从文化的角度观之，市场经济和全球化却构成了对中国文化前所未有的严峻考验和挑战。一种文化能否从容应对市场经济和全球化，取决于它的根基、结构、内涵和自信。根基牢固、结构稳定、内涵深厚、传统悠久、自信度高、进取心强，便可能因势利导，兼收并蓄，发展创造，乘势而上，不断迈向新的阶段。反之，则很容易变质、衰落，甚至土崩瓦解。就中国文化而言，其根基不可谓不深厚，其结构不可谓不牢固，其传统不可谓不悠久，然而中国文化的不幸之处在于，当市场经济和全球化的大潮涌来之时，它刚刚经历了史无前例的"文化大革命"的浩劫，根基、结构、传统均遭到了严重的颠覆和破坏，国人陷于深深的彷徨、迷茫和错乱之中，精神空虚、道德沦丧、信仰失落已非个别现象。以如此虚弱、凋敝的状态去应对突如其来、汹涌澎湃、势不可当的市场经济和全球化，去应对崇尚

科技、高度发达的工业文明、以物质和金钱崇拜为核心的工业文化，其结果，盲目、混乱、消极、庸俗、变态自是不可避免，在许多方面，陷入了深深的困境和危机。

环境发生了巨变，促使文化必须作出相应的调适和重建。显然，在当代中国，传统文化、地域文化和民族文化的保护、传承和发展，已成为非常紧迫的重大课题。而欲从事这样的课题，采取本本主义的理论研究是不行的，必须深入实际进行研究和探索，即必须到田野中去进行研究和探索。田野可以选择城市，而我们选择了乡村，因为中国毕竟还是一个乡村大国，而且56个民族的绝大多数人口仍然居住于乡村。基于这样的动机和理念，以文化保护和可持续发展为宗旨、以乡村探索为途径的"民族文化生态村建设"项目，由我们策划和推动，终于应运而生。

该项目受美国福特基金会资助，由云南大学负责组织实施。项目选择了五个试点，分三期进行，从1998年10月开始至2008年10月结束，已历时10个春秋。10年来，项目取得了显著成绩和许多实质性的成果，产生了广泛而深远的影响，当然也有不足乃至不成功的案例和教训。作为一个创造性、应用性、探索性的项目，其主要目标之一，是必须及时总结经验和教训，进行推广和交流，从而丰富和完善成果，并最大限度地实现成果共享。在项目进行的过程中，项目组曾经举行过各种形式的培训和交流活动，此外，项目成员、试点所在地政府、媒体以及国内外的学者和各类考察者，都曾写作发表过大量的关于文化生态村的调查、研究、宣传的文章。在本项目的全部计划即将结束之际，我们又精心推出这套总结性的丛书，希望能够对时下各地区、各民族建设文化生态村的热情和企盼有一个积极的、有效的回应。而且，随着国民文化保护意识的觉醒和增强，随着国家对文化遗产保护事业的日益重视，随着社会各界所参与的文化事业的蓬勃发展，随着学术界、文化界文化研究事业的推进，像民族文化生态

村建设项目这样具有创新性和开拓性的文化保护和传承的理论和方法、勇于实践和富于成效的试验和范例，相信是会受到人们的欢迎的。

俗话说，"十年磨一剑"。平心而论，本丛书尚未达到预期的目标，存在着许多不足和缺憾，然而它毕竟是试点村的村民、干部和学者十年求索、十年实践、十年心血的积累。如果本丛书的问世能够对当代的文化保护、传承事业有些许的贡献，尤其是如果本丛书能够为广大农民、基层干部和文化官员所利用，认为具有参考和应用价值的话，那么我们就感到十分满足了。

尹绍亭
2008 年 9 月

目　录

CONTENTS

民族文化生态村——当代中国应用人类学的开拓

巴卡的反思

3

前　言

　　即将到来的 2009 年是基诺族被识别为单一少数民族的 30 周年，在过去的 30 年里，随着党和国家各项民族政策及经济社会发展政策的逐步落实，基诺社会发生了全面而深刻的变化，当然这些变化对基诺族而言有喜有忧，对于"喜"已有诸多宣传报道在此不用多言，而对于"忧"集中到一点就是基诺族经济社会发展与文化生态保护的矛盾关系。许多社会问题（如"族籍迷失"、自愿失学儿童增多、年轻女性人口大量外流、生态环境恶化等）即因此而生。因而基诺族在取得经济社会低起点快速发展的同时，如何使其民族文化生态得到保护和发展就成为一个棘手而又必须解决的问题。正是为了探索解决这一矛盾关系的方法，基诺族文化生态村建设模式孕育而生。现在呈现在读者面前的这本小书就是以这一模式的探索过程为关注点，主要涉及四个方面的内容：一是基诺族文化生态村建设的原因；二是基诺族文化生态村的建设过程；三是基诺族文化生态村建设停滞的原因及反思；四是基诺族暨人口较少民族文化生态发展道路的探索。

　　通过这些内容，笔者记录了参与基诺族文化生态村建设各方的所思、所为，在此基础上对各方在这项建设工程中，应该做什么、怎么做和如何做的问题进行了探讨；并且通过反思，对基诺族文化深层结构与文化生态保护与发展的关系发表了自己的看法。任何一个民族的文化，都有精华和糟粕之分，既有积极的成分也有消极的因素，基诺族的文化也如此。书中一些观点在某种程度上指出了基诺族文化的消极面，这样做并不是学术的自负，而是希望通过探讨能够把基诺族经济社会发展中的诸多问题更加明晰地呈现出来，从而对基诺族的文化生态建设和发展有所助益，为基诺族社会的和谐发展提供一些思路。

一、为什么要建基诺族文化生态村

作为应用人类学的个案，同时也是山地少数民族传统文化生态保护、传承与发展的具体实践，基诺族文化生态村从 1998 年开始立项建设，到 2008 年，风风雨雨已经 10 年了，在这 10 年中，基诺族文化生态村经历了筹划、建设、短暂兴盛和停滞不前的过程。在这个过程中，专家学者、基诺族村民、当地政府、有关组织和热心人士都直接或间接地参与到基诺族文化生态村建设中来，他们在基诺山巴卡小寨提供的这个平台上，纷纷展现了各自对基诺族文化生态保护、传承与发展的所思和所为。

图 1　基诺族火塘

众所周知，目前基诺族文化生态村建设工作，随着项目的结束和项目专家的撤离而处于停滞状态，基诺族文化生态村也成了现代化背景下探索少数民族传统文化生态保护、传承与发展的不成功案例。然而，作为参与者，当我们不在其中的时候，把曾经发生过的基诺族文化生态村建设活动，放到整个时代的社会历史大背景下，来反观参与各方在其中的行为，以及为何会出现目前这个局面时，我们会发现，许多问题变得清晰了。因而这样的反思不仅有助于我们找到基诺族文化生态村建设停滞不前的问题所在，还可以为类似的实践提供一些经验教训。更为重要的是，这样的反思能为人们对基诺族文化生态建设道路的继续思考提供参考的视角。因此，笔者在此拿起了笔对自己参与过的基诺族文化生态村建设活动进行了省察。

当然，这还得从为什么要建基诺族文化生态村说起。

自 1979 年基诺族被识别为单一少数民族以来，由于其人口较少，直接从所谓的原始社会过渡到社会主义社会等特点，基诺族受到了国家的特别关注和关怀。伴随着国家各项民族政策，特别是针对"直过"民族和人口较少民族的各项政策的落实，基诺族在接下来的社会文化、经济发展过程中呈现出经济快速发展、民族传统文化急剧消失的双重特点。无论是其社会制度上的跨越，还是在经济上的低起点高速发展，民族文化快速变迁，以致出现族籍迷失的现象①，以及教育、科技、卫生和环境等方面的快速变迁，都是许多学者研究达成的共识。② 而在对基诺山这些变迁的评价中，我们注意到人们对基诺族在经济、教育、生产技术等方面的变化多持肯定态度，而对其文化、生态等方面的变

---

① 杜玉亭：《基诺族识别四十年回识——中国民族识别的宏观思考》，载《云南社会科学》1997 年第 6 期，第 59～67 页。

② 吴应辉：《当代基诺社会研究》，云南大学出版社，2000 年 6 月第 1 版，第 180～207 页。

迁却往往持怀疑甚至否定态度。这说明人们对基诺族所呈现出来的发展状况并不满意，特别是对经济发展过程中所对应的文化变异充满了忧虑。

图 2　基诺族的长老们举行仪式

在此，特别值得注意的是，对基诺族识别作出重要贡献的学者，自 1958 年开始至今，长期对基诺族进行跟踪研究的基诺族研究专家杜玉亭[①]先生对基诺族传统文化的当代命运作出的预言，他认为"基诺族在中国 56 个民族中颇具民族特色的服装有可能在 20 年内消失；适应热带山区特点的基诺族传统竹楼有可能在 10 年内消失；与生命过程相伴的基诺族歌唱文化与舞、乐可能消失于 30 年内；与民族意识密切相关的生命礼仪、传统年节与上新房仪式可能在 30 年内消失；既是民族特征之一又是无

[①]　杜玉亭先生的主要学术经历可参考杜玉亭：《求中国民族学之魂》，载郝时远主编《田野调查实录——民族调查回忆》，社会科学文献出版社，1999 年 9 月第 1 版，第 17~30 页。

文字民族传统文化载体的基诺语言，有可能在 50 年内消失。"①
作出上述预言的时间是 1989 年，在当时可谓振聋发聩，开社会
主义制度下少数民族传统文化危机意识的先河，也直接提出了基
诺族传统文化消失的时刻表。无疑，这样的预言在社会各界引起
了强烈的反响，特别是基诺族自身，也为这个预言所深深震撼。
6 年后，杜玉亭先生又对基诺族传统文化消失的时间进行了如下
预测："基诺族服装有可能在 10 年内消失；基诺族传统歌唱文
化与舞、乐可能在 20 年内消失；生命礼仪、年节仪式可能消失
于 20 年内；基诺族传统竹楼可能在几年内消失；基诺族语言可
能在 30 年内消失。"② 可见，他的预测与 6 年前相比显得更加悲
观了。显然，在现代化的进程中，在学者的眼中，基诺族在取得
经济快速发展的同时，传统文化生态全面告急。

（一）基诺族：我们的文化要消失了，怎么办？

面对学者的预言，基诺族的有识之士也意识到了问题的严重
性，特别是一些著名长老，目睹着祖辈们传下来的文化在一天天
消失，深感心痛，他们对自己，也对整个社会提出了"我们该
怎么办"的问题。他们一有机会接触到从事基诺族文化研究的
人员，就会表达出对本民族文化的忧虑，他们真正意识到了，如
果基诺族自己的民族文化消失了，那么基诺族和其他人就没有什
么区别了，本民族的自信心、自豪感和认同感也将随之消失，作
为社会意义上的基诺族也就消失了。

---

① 杜玉亭：《基诺族识别四十年回识——中国民族识别的宏观思考》，
载《云南社会科学》1997 年第 6 期，第 59～67 页。
② 杜玉亭：《基诺族识别四十年回识——中国民族识别的宏观思考》，
载《云南社会科学》1997 年第 6 期，第 59～67 页。

图 3 刀耕火种地

事实上，当一个外来者走进基诺族村寨时，村寨中回荡的流行歌曲，迎面而来穿着入时且染了黄发的年轻人，新盖的石棉瓦房等，确实会让来者有不知身在何处的感觉。如果再走进村民家中，向正津津有味地看着电视的村民询问一些关于基诺族的历史及文化方面的知识，村民除了摇头还是摇头。只有从村民羞怯的神态，以及不时从口中说出来让外来者听不懂的基诺话中，才让人多少觉得确实到了一个陌生的地方。

然而对基诺族文化何去何从的问题，大多数基诺族同胞是困惑的。年轻人没有归宿感，没有生活的目标，也没有可以为之奋斗的理想，只有通过模仿大众文化、外来流行文化才能找到一点精神上的短暂慰藉；中老年人也担心自己变成了落后分子，对于各种新潮的东西，他们虽然很迷惑，但还是接受下来，自己慢慢去适应。从整体上看，在现代化进程中，基诺族正在逐步失去从自身文化的角度对事物作出价值判断的能力。因而，基诺族文化就要消失了，基诺族该怎么办的问题紧紧逼迫着年纪越来越大、

图4　知名长老沙车

人数越来越少的基诺族文化精英，即长老们。于是，跟长老们交往最多、最密切的研究人员成了他们倾诉忧思的对象，也成了他们期望可以依靠的朋友。

（二）学者：我们来了，你们欢迎吗？

可以说，基诺族的命运、基诺族的发展变化与学者的研究密切相关，在基诺族还没有被识别前，从20世纪50年代开始，随着国家民族工作队的到来，学者就已经开始了对当时称为"攸乐人"的基诺族的研究，而今天的基诺族从原来的"攸乐人"成为被国家承认的单一民族——基诺族，这就是学者研究的成果得到国家认可的具体表现。应该说这是学者的研究对基诺族作出的贡献，基诺族也没有忘记为他们作出贡献的学者，因此，著名基诺族研究专家杜玉亭先生得到了基诺族人民的爱戴，基诺族把杜先生当做了自己的长老来尊敬。

当然，一方面学者在研究中涉及基诺族社会的各个方面，为基诺族的经济、社会文化发展等进行科学的分析阐释或建言献策，这是学者对基诺族的贡献；但另一方面，研究基诺族的学者们正是通过研究基诺族，奠定了自己的学术地位，或者走上了民族文化研究的道路。在某种程度上，又可以说，基诺族成了一些学者的衣食父母。正是基于这样的认识，对基诺族的文化生态进行长期关注的尹绍亭教授，通过调查研究，正面回应了杜玉亭先生的预言和基诺族长老们的呼吁，决定在基诺山树起基诺族文化生态保护与传承的大旗，力求通过参与实践的方式与基诺族同胞一起探索民族文化的保护与传承之路，从而承担起学者关注民生的社会责任以及履行回馈研究对象的学术伦理。

然而，民族文化变迁是一个恒常的过程，项目组在这个恒常过程的某个时段介入进来，其作用没有人能预料，而且民族文化生态保护与传承还是一项公益事业，不可能有产业的收益。那么基诺族本身会支持民族文化生态保护与传承活动吗？为此以尹绍亭教授为代表的学者找到了以沙车为代表的基诺族知名长老，找到了在政府任职的基诺族领导，也找到了西双版纳州政府和基诺族乡政府，还对基诺山的巴朵、巴坡、巴卡等村寨进行了实地调查。从这些工作中得出的初步结论是基诺族长老们表示支持，各级政府表示欢迎，村民也充满期待。于是保护与传承民族文化生态为目的的基诺族文化生态村也就呼之欲出了。

图5 尹绍亭教授来到巴卡小寨

（三）基金会：你们试试，我们支持你们

众所周知，民族文化生态村的建设，需要智力、人力和物力的投入，而这项没有直接经济效益的项目，学者、基诺族长老和村民可以更多地在智力和人力上进行投入，而物力或者说财力则不是他们的长项。那么，谁愿意在财力上进行支持呢？为此，提出文化生态村建设理念的尹绍亭教授，把项目组的想法与福特基金会的官员进行了交流，并把建设民族文化生态村的方案作为科研实践项目，向福特基金会提出了资助申请，而有志于在全球化背景下为世界文化多样性的保存和发展作出贡献的福特基金会，对尹教授及项目组的思路和理念表示了肯定，并决定对这一项具有探索性和时代意义的项目给予资金上的支持。希望通过这个项目的开展来探索民族文化保护与经济社会发展、民族文化保护与旅游开发、文化多样性与经济全球化之间的关系等众多热点问

题，为世界文化多样性的存续提供经验。

于是，在智力、人力、财力都基本具备的情况下，基诺族文化生态村的建设实践在项目组的引导下开始实施了。

二、基诺族文化生态村建设的展开：
摸着石头过河

1998 年，基诺族文化生态村建设开始起步，建设地点确定为基诺族乡的巴卡小寨。事实上，在基诺族文化生态村建设构想提出之初，巴卡小寨并不是民族文化生态村项目组的唯一选择。首先进入项目组视野的是基诺族乡的巴朵寨。① 巴朵的特点是离乡政府近，仅 0.5 千米，村寨分为两部分，坐落于小腊公路两侧，如果在巴朵建设文化生态村，便于与乡政府协调关系，同时交通便利易于对外交流。然而巴朵也存在传统民居保留不多，纺织刺绣从事人员较少，传统的歌舞消失较多，节日、祭祀仪式很少举行，生态环境破坏严重，村寨环境不易规划等问题。接着项目组又比较考察了巴卡小寨的情况，一方面，巴卡小寨地处基诺山的边缘地带，其建寨较晚，这使巴卡小寨处在基诺族传统文化变异的前沿，同时其作为基诺族村寨，它的基诺族文化根脉没有割断，这使巴卡小寨在显现传统与现代关系上有着典型性；另一方面，巴卡小寨虽然靠近公路，但是其村寨仍较好保留了基诺族传统村寨的特点，而且巴卡小寨与勐仑国家级自然保护区相邻，又与西双版纳热带植物园仅 6 千米之隔，因而项目组考虑在这样的区位建设基诺族文化生态村，可以发挥小寨文化生态方面的特点。当然，与巴朵相比巴卡小寨离乡政府所在地较远，然而当时

---

① 云南民族文化生态村建设项目组：《云南民族文化生态村建设项目前期成果报告》，美国福特基金会资助项目，1999 年，第 38～56 页。

巴卡小寨村民的热情却比巴朵村民高得多。两相比较，最终项目组决定在巴卡小寨进行"基诺族文化生态村"的建设。

图6　巴卡小寨远眺

　　在民族文化生态村项目组的建设理念当中，"民族文化生态村建设的依托村是一个动态实体，它既可以是一个自然村，也可以是一个行政村，乃至一个乡。因而村在这里更多的是强调地域性和本土性，也就是说文化保护与传承必须根植于产生和应用此种文化的环境，不能离开该文化生长的土壤。但同时我们也必须意识到一种文化的生存与发展，必须具有一定的开放性，界限分明的文化种类的彼此之分是理想化的，因而我们不能把一种文化或知识类型完全地与一个地域单位画等号。村作为人类群体在长期生产、生活中形成的社会单位，在一定程度上，其成员有着相互认同感，并且这种认同往往先于民族的、国家的认同，具有明显的地方意识和乡土本色，因而村对民族文化生态村建设而言是一个基本的出发点，但是一个自然村寨又不是孤立的，与其他村寨多少都会发生婚姻、物品交换、行政联系等，因而民族文化生态村建设如果只停留在一个村寨，而不把建设的理念以点带面、推而广之，那无异于闭门造车，把文化孤立起来保护，无疑这样是不可能取得持续发展的局面的。所以民族文化生态村建设需要以村寨为依托，但又必须高于村寨，也就是说民族文化生态村之'村'具有两个层面的含义，一是作为实体的一个个规模适中的自然村；二是贯彻民族文化生态村建设理念从而进行民族文化生态保护、传承与发展的广大地域。前一层面是理念培育、建设模式探讨的阶段，这个阶段具有明显的实验性和探索性特征，此时的村指的是民族文化、地域特色具有明显体现，同时又面临着社会转型带来的种种问题的自然村寨。后一层面是自然村的扩大化，可以是经济、宗亲、行政、宗教等关系形成的地域共同体，此一层面指的是民族文化生态村经验推广阶段和深入探讨、广泛建设阶段，其表现形式不一定是一个个界限分明的实体，更多的是指受民族文化生态村建设理念影响的区域。总之，民族文化生态村建设以具体的地域空间切入，目的在于取得超村寨的文化、生态的和谐发展"①。

（一）村　寨

对于巴卡小寨的村情，项目组在已有研究的基础上，采取派专人长期参与观察与小组人员集中短期调查相结合的方式进行了

---

① 　朱映占、尹绍亭：《再论民族文化生态村建设的理论与方法》，载方铁等主编《民族文化与全球化》，民族出版社，2006 年 7 月第 1 版，引用时有所改写。

解。通过多次调查①得出的结论有：

①巴卡小寨自建寨之日起就面临人多地少的问题，并且随着勐仑自然保护区的划定，使得人地矛盾更加突出；

②巴卡小寨在山地、林地承包到户之后，大范围的土地轮歇耕种已不可能，因此每块山地连续耕种的年份越来越长，土地肥力日趋下降，表土流失严重；

③传统的生态知识、生产技术和生产组织形式的改变，致使民族文化随之变异，因而出现民族文化与生态环境恶性互动的情况，对于基诺族而言，无论是传统的刀耕火种制度，还是采集、狩猎形式，都是祖祖辈辈积累下来的人与自然和谐相处的模式，但是随着现代化的加速，基诺族传统文化存在的条件发生了改变，自身的传统变得越来越脆弱；

④由于巴卡小寨的区位，其接触、吸收外来文化比较容易和超前；

⑤巴卡小寨在解决温饱后，未能找到使经济进一步发展的办法。村民四季辛苦仅能求饱，使得村民并不满足现状，然而由于人多地少，即使是村寨已推广混农林生产模式，能够起到的作用也非常有限，仅在山地内做文章，并不能完全解决小寨未来的发展困境；

⑥在人多地少的同时，村内有 30 个左右剩余的青壮劳动力（约占全村总劳动力的 20%）滞留，整日无所事事，白天打扑克、搓麻将，晚上到集镇泡吧、蹦迪、唱卡拉 OK；

⑦对于传统的民族歌舞，中老年人由于忙于生产而无暇顾

---

① 街顺宝：《文化失衡与生态危机——西双版纳基诺山巴卡小寨的调查研究》、曾益群：《生态人类学视野中的热带山区的混农林——以西双版纳巴卡小寨为例》，载古川久雄、尹绍亭主编《民族生态从金沙江到红河》，云南教育出版社，2003 年 1 月第 1 版；尹绍亭：《基诺族文化生态村的变迁》，《人与自然》2002 年 6 月。

及，同时青年男女早已被影视剧、流行歌舞征服。因此基诺族的传统文化，在经受多次政治运动、社会变革之后，又处于现代化的风浪之中。在今天，基诺社会如果不能在进行现代化建设的同时，及时成功地把基诺族传统文化传于后人，基诺族传统文化有可能从此断裂，基诺族认同的基础将面临消失和重建的境地。

针对巴卡小寨的这些情况，项目组认为村中存在的诸多问题正是当代基诺族社会的一个缩影，因而在巴卡小寨进行实验，有助于对当代基诺族文化生态的发展道路提出合理的设想和规划。并且，在巴卡小寨，有文化精英老村长的支持，有村民的热情期待，这些都让项目组专家对在巴卡小寨开展文化保护与传承活动充满了信心。正是在这样的背景下，基诺族文化生态村项目组明确提出了保护、传承和发展基诺族优秀传统文化的建设宗旨，并开始主动参与到巴卡小寨基诺族文化的日常建构中来，从而引导村民重新认识自身文化的价值，逐渐培养村民对本民族文化的自觉，触动村民在充分利用自己传统文化的基础上，来思考村寨社会经济的建设思路，从而为基诺族村寨的综合开发寻找理想的出路，最终实现巴卡小寨民族文化与生态、经济及社会的协调发展。

但不巧的是在项目组进入巴卡小寨，开始进行建设之后不久，正赶上村干部推行民主选举的初期，巴卡小寨村民也按照形式，懵懵懂懂地民主推选出了年轻的村长。对于民族文化生态村建设，以年轻村长为代表的年青一代的认识与老村长为代表的老一代人，既有差异，也存在一些共同点。差异是，年青一代简单地认为民族文化生态村建设就是旅游开发，而老一辈人则希望民族文化生态村建设可以帮助恢复过去丰富的歌舞、节庆等文化活动，吸引更多的人关注基诺族；而他们的共同之处是，希望民族文化生态村建设，能够起到改善目前生活状况的作用。因此，对于民族文化生态村建设，巴卡小寨村民虽然在具体的期望上有差

图7　巴卡小寨的民主选举

别，但总体而言都很期待。所以，项目组请村干部组织召开的村民动员大会，村民都很积极；选拔人员组建歌唱队、舞蹈队，大家也都很踊跃。老村长资大爹更是成了忙人，他白天教年轻人怎么制作和演奏传统乐器七柯、聂别、阿布列列等，晚上则与妇女们围着火塘，教她们唱《巴什》等传统歌曲。

特别是随着项目的展开、村内水泥道路的修建和"基诺族博物馆"在小寨的破土动工，村民都开始有些欢欣鼓舞了。并且部分村民参加到博物馆建设工程中，领到了一定的工钱，更是加强了他们对民族文化生态村建设的憧憬。虽然，绝大多数村民对博物馆的认识是模糊的，他们更多的是把博物馆当做一个旅游开发的景点，特别是博物馆基建工程的建设过程中，外来的民工在与村民的互动中，相互谈论的话题，弥漫的是博物馆作为一个景点的诸多设想和预测，并且他们时时把巴卡与基诺山的旅游景点，即巴坡的基诺族民俗山寨相比较。从博物馆建成开馆后村民的认知来看，也可以体会到，这种意识是深潜在村民的思想当

图 8　巴卡村民间艺人制作竹筒打击乐器

中的。

　　但项目组在项目开始之初，之所以要建立一座基诺族博物馆，是考虑到博物馆的建立不仅能够了却基诺族文化精英们的一个夙愿，取得民族文化的上层支持，而且更重要的是博物馆能够把基诺族已经消失、正在消失和即将消失的文化事项进行就地保护。并且通过建设博物馆以及收集藏品和展示物的过程，可以促进基诺人对本民族文化的自觉和价值的再认识。在这个过程中，项目组专家吃住在现场，希望通过自己的价值倾向来引导村民对本民族文化的价值趋向。因此，建设基诺族博物馆成为基诺族文化生态村第一阶段工作的重点。

　　2001 年 6 月 6 日，在巴卡基诺族文化生态村，基诺族博物馆正式落成开馆，此事了却了基诺族人民心怀已久的夙愿，同时它也宣告基诺族文化生态村全面建设的开始。在接下来的工作中，项目组在巴卡小寨主持成立了民族文化生态村管理委员会，

图9 基诺族博物馆侧面

管委会成员有：资大爹、村长、妇女组长、村会计、村保管等。人员的组成是按照"长老＋村干部＋积极分子"的模式设计的。在成立管委会的基础上，建立了值班制度。管委会成员轮流值班，具体负责接待来访人员，召集妇女、民兵打扫卫生，维护生态环境，负责召集舞蹈队、歌唱队训练。制度执行之初，管委会成员和村民的热情都很高。

在文化生态村挂牌和博物馆建立后，基诺族文化生态村又筹划着下一步的工作。

村民想到的是举办节日，如："特懋克"节、"三八"妇女节、"五四"青年节等，然而对于节日期间搞什么活动，村民并没有太多的主意，他们想要的是节日的热闹和欢快气氛。在尊重村民想法的基础上，项目组又同基诺族文化精英和基诺族研究专家进行交流，征询和听取他们的意见，大家一致的看法是先易后难。面对基诺族传统文化丧失严重的现实，首先从有形的可见的

图 10 基诺族博物馆内景

文化入手，促发村民对本民族文化的自觉和对本民族文化价值的再认识，进而引导村民深入到对无形的不可见文化的重视和保护。于是项目组决定从物质文化着手，结合村民的节日来举办一些活动。从而提出了在巴卡基诺族文化生态村举行纺织刺绣比赛的意向，希望通过文化生态村这一平台，能为基诺族人民提供一个对内、对外相互交流学习的场域，同时来发挥文化保护与传承的功能。因此项目组建议当地政府组织全乡 45 个寨子的村民都来参与比赛，经过项目组专家的努力，这种想法得到了乡政府和村民的积极响应，他们热情地和项目组共同商讨在节日举行比赛的具体细节问题，如：参赛人员的选拔和组织、参赛作品的范围、参赛作品等级的评定、比赛举行的日期等。

对于参赛人员，除巴卡小寨名额不限外，其余寨子每个寨子限定两名参赛人员，具体选谁参赛由各村寨自己决定，并要求参赛人员的作品统一交到乡政府；对于参赛作品的范围，纺织品限定为基诺挎包（筒帕），而刺绣品形式不限；参赛作品等级的评定，将由项目组会同基诺族乡妇联、乡文化站等部门来进行，设立一等奖至鼓励奖五个等级，每个等级发给一定的奖金，参赛作品最后将作为基诺族博物馆的馆藏而留下；至于参赛时间，当时并没有确定下来，因为对比赛的各项准备工作要多久才能完成，项目组、村民、当地政府，谁都不能预知。因此商定在准备工作做好、做充分之后，随即就举行比赛活动。当时提出了两个预定的时间，一为2002年2月6日基诺族的"特懋克"节，一为2002年3月8日国际劳动妇女节。最后根据比赛活动的准备情况和比赛内容的特点，决定比赛活动在2002年3月8日举行。

图11 制作织布机

2002年2月底，云南文化生态村项目组巴卡基诺族文化生态村课题负责人前往西双版纳为比赛的准备工作做协调和指导。首先到景洪，拜会了州委、州政府和市委、市政府的有关领导，向他们汇报和陈述了项目组和村民组织这次活动的意图和具体内容等情况，得到州、市两级政府的首肯和支持。接着项目组负责人赶往基诺山基诺族乡，向参与活动的乡妇联、乡文化站等部门了解比赛活动准备的具体情况，并会同他们对收集来的参赛作品进行统计、分类和初步评定，然后携同乡政府派出的工作人员一道赶往巴卡小寨，对比赛活动的各项准备工作做最后的落实。

如前所述，巴卡小寨由于地处基诺山的边缘地带，加之建寨较晚，经济收入来源单一，经济状况与其他寨子相比较而言比较差，故而无论在文化传统，还是在经济发展上巴卡小寨一向都受其他寨子和外来人员的忽视。然而随着文化生态村的建立，基诺族博物馆的落成，巴卡小寨逐渐成了基诺山的焦点。而且，随着比赛日期的临近，巴卡小寨再次成为基诺山和基诺族乃至全州的热点。此刻的村民在外人的瞩目中似乎找到了自信，感受到了文化生态村建设给全寨带来了生机和荣誉，这一切对他们而言是前所未有的。

同样，外面工作人员的到来也使村民深受鼓舞，整个村寨提前进入到节日气氛当中。全寨妇女、民兵被组织了起来，成为节日准备活动的主力军，他（她）们在项目组和文化生态村管理委员会的带领下，民兵负责全寨的公共卫生、比赛场地的修缮和布置、搭建等工作，妇女则负责为比赛准备食物。在此，使人想起了基诺族的两种传统社会组织，即男性青年的"绕考"和女性青年的"米考"，民兵组织可谓是"绕考"在当代的变体，而妇联则相当于"米考"在今天的体现，只不过现在，他（她）们加入组织的年龄没有了限制，活动的场所也由原来的"绕考米考尼高卓"变为时下的"民兵之家"和"妇女之家"，当然各自的功能，毫无疑问也有所损益，但从传统形式到现代形式，组织的结构特点得到了继承，因而在活动中，无论民兵，还是妇女都容易组织，并能很好地完成任务，可以说这得益于民族文化传统的作用。

3月7日，节日准备活动进入冲刺阶段，项目组协同文化生态村管委会，对各项工作进行逐一落实。第一，落实节日期间的饮食。项目组出资由管委会到附近勐仑镇购买牛肉、鸡肉等肉类

图 12　基诺族的传统织布方法

和各种蔬菜，同时发动妇女采集一些野菜，如：野竹笋、芭蕉花、刺菜等，另外项目组出资在村内买两头猪，宰杀后分给全寨人共享；第二，落实节目场地，为举行各项活动准备设施。项目组和管委会带领村民，把征集来的木杆分排，竖立在广场上，作为纺织表演时固定纺线的柱子，与此同时，民兵在广场四周插上彩旗，在显眼的地方挂上活动的主题布标，并忙着整饬广场，为节日营造良好的气氛和环境，这些事到中午时分已告完成；第三，考虑到活动期间可能有大量外来人员涌入小寨，大家决定搭建两个临时厕所，方便来客，此事由村中的老年人完成；第四，布置参赛作品，按等级顺序粘贴在展布上，该项工作已由项目组成员带人完成；第五，检查村内卫生，并决定以后由民兵负责检查和维护村寨公共卫生；第六，清扫和整理博物馆。擦拭展品，检查馆内灯光等设备。以上工作在项目组、管委会及全体村民的共同努力下，下午已基本就绪。在此期间，基诺族乡的领导几次来查看节日的准备情况，因为州、市领导要来，他们可不敢怠

21

慢，当他们看到准备工作正有条不紊地进行着，也就放心了。

图13　村民采集的野菜

　　准备工作完成后，村民集中到一处，开始杀猪分肉，全寨男性一起动手，年长者主刀砍肉，村干部亦即管委会成员主持分肉。按户把猪肉分成63份①，户均2.7斤，多退少补，用秤称平，也许这种场面就是所说的公社平均主义。在分肉的同时，要参加歌舞表演的青年也忙着调试表演用的各种乐器，在楼下一小伙子正向老村长资大爹学习调试和演奏"七柯"。显然，活动的举办为村民展示自己的文化提供了机会，并在此过程中，通过长者的言传身教把民族文化的一些内容传给了后代，这正是项目组所期待的。

　　3月8日，大家都早早地起床，首先到会计家吃早餐，内容为芭蕉叶包糯米饭，很是可口。不久，参加纺织、刺绣比赛和表演的村民已从基诺山的各个寨子陆续赶来，他（她）们分别来

----

　　① 实际参加此次活动分肉的村民63户。

自基诺族乡45个寨子中的31个寨子，共有183人参赛，其中32人参加纺织比赛，151人参加刺绣比赛；80人参加表演，其中50人参与纺织表演，30人参与刺绣表演。她们一到，就立即布置好织机，开始织布，广场上46台织机同时工作，场面十分壮观。此时游客也从四面八方赶来，触角灵敏的商贩（有基诺人，更多的是傣人）把摊点摆到了广场旁边，出售小食品、饮料、民族服饰、手工艺品等商品。可以说，在此文化为经济搭了台。

省、州、市官员和专程赶来参加活动的学者驱车到达，落座后，在巴卡村公所主任的主持下，"大会"暨庆祝"三八"国际劳动妇女节的活动正式开始，首先他向村民和游客介绍到场的各位领导、来宾，接着是领导讲话，完了后，大家自由参观或参与纺织、刺绣表演，参观获奖作品和基诺族博物馆。广场上，专家学者、官员、游客、记者、村民来来往往，不时在织机前停下，或拍照、或询问、或动手一织；在获奖作品前，流连着许多村民和游客，有的村民看到自己的作品挂在展布上展出，难掩心中的喜悦和激动，久久不肯离去，而没能参赛的姐妹则是对参赛者充满了羡慕之情，特别是一位德国老太太对参赛作品和今天举办的活动称赞不已，当她得知巴卡村民是在经济状况较差的情况下完成上述举动时，被深深感动了，随即表达了自己想通过文化生态村项目组为村民提供一笔小额低息贷款的心愿。

中午时分，来客被分别安排在村民家中用餐。此时，纺织刺绣表演已结束，而博物馆仍然开放着，参赛作品也还在展出。一部分工作人员或空腹或抬着饭碗坚守在自己的岗位上，接待着八方来的客人。尤其是博物馆里面，参观的人络绎不绝，他们有勐仑镇上小学师生组成的团队；有附近乡镇单位的职工；更有附近基诺族或傣族村寨的村民。而从其他文化生态村来的代表，无论是在参赛作品前，还是在博物馆里，都看得非常仔细，问得非常认真。或许，他（她）们想从中得到某种启发。

图 14　纺织比赛

　　午饭后，节日活动继续进行。由巴卡小寨村民表演自己编排和导演的歌曲和舞蹈，首先小寨妇女合唱"迎宾歌"，接下来表演的节目有村民自编自演的"大鼓舞"（太阳鼓舞）、"劳动歌"、独唱、"竹竿舞"、男女合唱等。看到此番景象，基诺族村民深有感触，特别是长者，见到多年不演的歌舞，自己仿佛又回到了童年时代。来客也为这些虽不算精练，但朴实无华的歌舞所吸引，对每个节目的上演，他们都给予了热烈的掌声。虽然他们来自不同地方，但是我们有理由相信大家的掌声都是同样地真诚。而且因为文化生态村的存在，也为大家提供了相互交流和展现自我的舞台。

图 15　歌舞表演

　　房屋柱子上"三个代表"的红纸标语显示着国家力量的在场，文化生态村的活动也就被名正言顺地纳入到精神文明建设和建设文化大省的语境当中，这是政府想要做而做不了或做不好的事，现在由民间力量做到了，而政府对这种方式的认可，本身就说明，文化大省建设有多种渠道和多种模式，因而政府在此项事业上要倾听多种声音，此时政府官员的掌声也就显得弥足珍贵了；项目组的掌声是对村民文化自觉的回应，我们似乎感到专家学者和基诺族长老们的悲观预测，有可能不会成为事实，若能如此，那项目组的努力也就没有白费了；村民鼓掌是为自己的荣耀，他们并不知道太多的大道理，也不明白文化有多么重要，但是自己的东西有人欣赏，也该敝帚自珍才行。

　　歌舞表演结束后，项目组和管委会为纺织、刺绣获奖者颁发奖金，一等奖 300 元，二等奖 100 元，三等奖 50 元，鼓励奖 15

元。到此，节目已上演完毕，来客也开始渐渐散去，参赛和参加表演的其他寨子的村民领着奖金，拿着织机，换下民族服装，坐着拖拉机返回各自村寨。政府官员也已离去，村内还有零星的游客在参观。云南民族文化生态村项目组组织来的工作人员，除巴卡基诺族文化生态村的成员外，其余全部乘车到勐仑，准备参加第二天早上在勐仑召开的云南民族文化生态村工作会议。

巴卡基诺族文化生态村项目组成员留下来的目的是帮助村民收拾会场，回收展品，并参加村民组织的篝火联欢晚会。晚上，村民似乎并没有受白天的劳累所影响，放下碗筷就赶往会场，为晚会准备桌子、电视机、VCD机、音响等设备。篝火燃了起来，老村长带着大家围着火堆跳起了"西双版纳三跺脚"。20世纪80年代以前，集体生活时的场景似又回到了面前，老村长脸上露出了由衷的微笑，作为民族文化保护的积极倡导者，他似乎看到了民族文化再生的希望，正如篝火一样已被点燃了。序曲舞蹈过后，是歌舞表演。虽然歌舞表演的内容有的是在重复白天演出的节目，但是大家仍是兴致不减，跳得认真，看得仔细。而卡拉OK演唱，则是把流行的和民族的东西都搬出来，你来一首流行歌曲，我来一首民族歌曲，内容此刻变得次要了，而形式重要了起来，这种热闹的场面，这种自我呈现的过程才是大家所喜爱的。这里就向我们提出了一个问题，即民族文化不接受或者说不运用现代媒介而要实现其在当代的自我转变是不可能的，那么民族文化与现代媒介又应该如何来结合呢？

另外，通过节日的举办，我们可以看到，节日期间展示的纺织、刺绣技艺和纺织品、刺绣品作为基诺族文化的象征，首先得到了项目组的欣赏；而受邀而来的各级政府官员，则为基诺族文化的保护和传承提供了合法性；慕名而来的观众看到了基诺族精彩的一面。在此，项目组希望他者的眼光不再是一种诱惑，而是一种探求；不再是俯视，而是平视。项目组的精心准备和组织，要向基诺族村民证明的是基诺族文化是别人没有的，是基诺族的财富和宝贵遗产。来自31个寨子的共183名参赛、表演人员及46台织机的宏大规模和场面，把他者带入到一个基诺族文化复兴的临场氛围之中。然而他者总是要询问一个令人尴尬的问题："除了节日，你们平时也穿民族服装吗？"但回答往往是否定的。这在他者心中不免掠起丝丝惆怅。殊不知，无论外来的专家学者，还是游客，总是从某些文化特质入手，认为基诺族村民已经逝去的日常生活情景才是基诺族文化的体现，而今天基诺族的日常生活，却没什么民族文化可言的悖论。于是民族文化只有到历史文本中去寻找，今天大家的责任是重建文本提供的基诺族文化。然而时空的改变，随之而来的是人群的推陈出新，在代代相传的濡化过程中，有的东西会被抛弃，有的东西会被创造出来，有的东西会被借来。当基诺族制作、使用传统服饰的生态、经济和社会环境都已改变时，还要强调基诺人天天穿戴传统服饰是不尽合理的。项目组也意识到了这样做是不合理的。因而项目组强调以发展的眼光来看待基诺族文化的保护；强调传统技艺的改良；强调基诺族传统文化的当代创新。实际上，从参赛的纺织品和刺绣品来看，既有传统的基诺族挎包、刺绣图案、钱包等，又有极具现代特色的刺绣图案、传统与现代结合的领带等。可见，在基诺族文化生态村项目组的努力下，村民继承和创新自己传统文化的能力得到了一定的发挥①。

但是，从节日期间上演的节目中，我们也可以多少体会村民的真正想法和对传统文化的真正态度。首先来看大会正式开始时妇女合唱的"迎宾歌"，歌词内容为：

---

① 节日相关内容引自朱映占《纺织刺绣能手大赛》，载尹绍亭主编《民族文化生态村——云南试点报告》，云南民族出版社，2002年12月第1版，第65~69页，引用时有所改写。

图 16　歌舞排练

远方的客人请到山寨来

A. 远方的客人请到山寨来，请喝一杯山村的茶暖心窝，茶花的芳香客人尝一尝，远方的客人进村来，进呀进村来，山村的人民向你招手。

B. 远方的亲人请到山村来，山村人民唱山歌唱起来，歌声迎接远方的亲人，各族人民快快来，迎接亲人来，山村的人民向你问声好。

C. 远方的同志们请到山村来，帮助人民想办法建设山村，改革政策带到山村来，各级政府来帮忙出谋划策，我们共同建设山村，我们携手建设山村啊——

歌曲唱出了村民对客人、亲人和同志们的欢迎之情和对村寨发展的期盼之心，同时他们把各地来的客人都化约为政府人员，希望大家能对村寨建设出力，可见在村民的心目中政府始终是村寨建设的合法性的源头和依靠力量，项目组作为一种社会力量，村民把其组成人员即省城来的专家、学者想象为从省府来的人，纳入到自己的思维逻辑中来，从而对当下的文化生态村作出了自己的理解。

"迎宾歌"之后的歌舞，如大鼓舞、竹竿舞、情歌独唱等庆祝形式，说明传统文化的具体内容得到了继承，但传统文化的文法却遭到了破坏。学者研究表明，大鼓舞以往只有三个时刻上演，而今天的表演与那三个时刻都无关。当然，这是因为传统文化的根基已经变迁之故。

图 17　歌舞表演

巴卡的反思

"劳动歌舞"基诺语称"扩瑟",即犁,在形式上虽为青年男女们的自创,然而其表演的内容反映的是基诺族从刀耕到犁耕的生产变迁过程。男耕女织的劳动场景,以及男女之间的爱情、休闲等传统与现实的生活,则较为完整地再现了基诺族的生产、爱情和休息、娱乐等场面。可见传统在年轻人的心里面并非完全没有位置。当然,晚上村民对着麦克风,唱起卡拉 OK,展现给人们的又是另外的一种景象。《神鹰》、《康巴汉子》、《想你,最后一次想你》等流行歌曲则把人们带出了村寨。那么我们是否可以就此认为外来的大众文化已经彻底改变了村民的思想呢?影响是明显而持久的,而且当今世界大众媒介已经成为世人的生活内容,村民同样有权利享受它,但问题的关键在于村民没有能力通过大众媒介表达自己的心声,他们往往只是接受者,受话方。

当然,一种文化的变异,无论其作用因素有多么复杂难解,其最终都要通过文化主体的实践来体现。基诺族文化持有者所体现出来的文化建构取向与实践行为,已使学者和本民族的文化上层忧心忡忡。通过分析,我们也知道基诺族文化的变异或传统文化的消失的原因和动力是多方面的,因而我们不能盲目指责文化主体的文化建构行为,把基诺族文化变异的责任完全归咎于基诺人。那么,基诺人在本民族传统文化保护与传承中扮演着什么样的角色呢?下面我们将从三个层面来进行分析。

1. 普通村民:我们的文化我们的责任?

无疑,基诺族民众是基诺族文化的主要载体,对当时当地的文化他们最有发言权,然而他们"并不是独立自持的,而是由文化建构的"。[①] 因而基诺族民众与基诺族文化之间的关系实是刀刃与刀身之间的关系,也就是说基诺人既是自身文化的创造者

---

① 罗钢、刘象愚主编:《文化研究读本》,中国社会科学出版社,2000 年 9 月第 1 版,第 12 页。

同时又是自身文化的创造物。

我们知道，基诺族民众的生活世界也并非完全处于一个封闭的状态当中，近代以来，在军事、经济和政治等目的的促动下，基诺人受外界的影响日趋显著，特别是新中国成立后，在屡次政治运动、社会变革中，基诺人与全国一道向着相同的目标，亦步亦趋地进行着社会变革。作为基诺族传统文化背负者的基诺人，他们的宇宙观、价值观和认知世界的方式都是通过祖先继承而来的，因而在他们行事之前和之中，思考和实践的都是自己的传统，然而，当他们对外交流越来越频繁时，在对比中往往看到的是自己的传统是那样渺小，那样无力和无所适从。生存的压力使得他们选择了从外引进或对传统的改造创新，特别是在强大的外力作用的同时，伴随的是"基诺族原始落后"的评价与定位。因而在对外交流中，仰视的视角，使得基诺族民众对外来的事物很少具有批判的眼光，学习、模仿和借用作为追赶先进的方法被基诺族民众实践着。随着各种社会变革的进行，基诺社会产生新的社会权威，实践了新的土地制度和生产方式，与此同时，也创造了新的社会伦理关系、生产模式。这些创造都是基诺人为了适应当代社会、跟上时代的具体表现。

那么，作为整体的基诺族传统文化，已经在基诺族民众的创造下，从物质技术层面、制度层面到精神层面都发生巨大改变，然而对于这种改变，基诺族民众是在没有对本民族的文化自觉的状态下完成的，也是在被动适应之下的一种选择。因而，对于基诺族文化的快速消失，我们不能完全归咎于基诺族，但作为文化持有者却有责任继承和发扬本民族文化。当然，这就需要普通村民文化自觉意识的提高。

2. 文化精英：我们能做什么？

长老是基诺族传统文化的象征，这一点，无论是在传统的刀耕火种的生产方式实践中，还是在农耕礼仪、节日庆典、婚丧嫁

图 18　村民舂的糯米粑粑

娶中都能得到体现。然而随着基诺山的现代国家行政管理体制的
建立，长老的权威让位于国家的法律权威和政治权威，并且在
"文革"中，长老成了革命的对象，也正是在此时基诺族的许多
文化人离开了人世，他们的离去不仅带走了他们身上所蕴藏的传
统，而且也带走了人们对传统文化割舍不掉的依恋之情。

改革开放后，许多在世的长老，作为科研调查人员获取基诺
族社会历史资料的主要报告人，他们在与学者等外来人员的密切
接触过程中，逐渐又被促发出了重新认识自身文化的意识，在他
们把大量资料提供给研究人员的同时，研究人员也把自己对基诺
族文化的评价、对基诺族社会历史的定性和定位情况传达给了这
些长老。因此，长老在长期的对外讲述中，充当着基诺族文化代
言人的角色，而这种角色又往往被人们用来作为宣传基诺族、了
解基诺族的一个切入点，长老也成了基诺族文化的一个象征，于

图19　省级民间艺人资木拉夫妇

是长老代表基诺族表演传统文化被人看成了常事，对此长老们很欣慰，也很无奈。对于传统文化虽然长老们觉得丢了可惜，但是他们无力，也没有具体的办法来改变现实。一方面本民族原始、落后的意识也是他们对本民族文化的一种看法；另一方面以往国家、社会的强大改造力量已使他们认为自己已成为历史和历史的标志，而这本身就是所谓的落后的一部分，当然，他们也不想开历史的倒车。

自古以来，基诺族长老在现实生活中，没有脱离生产，因而也没有依凭自己长老的角色产生一种可供利用的经济资本和社会资本，因而传统文化的消失，并不能激起他们自觉产生比普通民众有更多的补救意识。当然，他们也为自己作为基诺族的文化人而尴尬，因为正是他们提供的资料，经学者的文本处理、理论提升，而作为国家在基诺山实施政治改革、经济改革的理论依据和事实前提。从这个过程看，他们似乎与学者、社会、国家连接在一起，制造了外部世界所知的有关基诺族社会历史状况的舆论和传统文化的变异，可以说长老们是间接地参与和动员了普通民众的，同时他们也适应性地直接参与了基诺社会的变革实践，因而基诺族长老对现状的否定，其实就包含着对自身行为的某些方面的否定，继续下去就是对学者的一些研究成果、研究结论的否定，对国家的一些社会政策的否定。

图 20　基诺族老人在切草烟

　　而基诺族文化要繁荣或者说复兴，就需要基诺族长老对以往的一些看法和行为进行改变，能够带头参与到民族文化的保护与传承中来。然而，就目前来看，为数不多的基诺族长老，在充当外来研究者的报告人的同时，对本民族传统文化的保护与传承，他们却觉得自己心有余而力不足。

　　3. 基诺族干部：我想做什么？

　　这里的基诺族干部指的是基诺山的当地政府以及在各级政府

中占有一席之地的基诺族代表。可以说，他们对外代表基诺族而发言，对内则代表国家行事。很长一段时间以来，在全国一盘棋的格局中，基诺族干部在与外界的不断接触和横向比较中，在他们心中，本民族的落后意识比普通民众更为强烈，而且他们负责宣传本民族在全国各民族大家庭中的位置，带领基诺族民众在社会经济上追赶先进民族，因而无论是基诺山的政治运动，还是社会变革，他们都是由上而下政策的执行者。而在他们潜意识中，有基诺族社会发展缓慢、基诺族原始落后等观念，这就使得他们在政策执行过程中，对传统的东西变革意识强。特别是当经济发展成为衡量民族发展的主要标志之后，为发展经济，摒弃和改造传统文化成为基诺族干部义务承担的一项任务，因为这在他们看来是提高本民族素质的必要前提。因而基诺山电视转播的覆盖率、学校教育状况、农业生产的现代科技含量等都成为基诺山历届政府列举工作成绩的主要内容。无疑，基诺族干部是基诺族传统文化的当代变迁的主要推动者之一。他们行事的初衷是为本民族争光、为本民族的发展出力，孰料却使本民族的一些特点在追赶先进，向内地、向城市看齐的过程中，也逐渐丧失掉，而追赶的目标似乎也还未实现。

因而对于基诺族干部而言，要保护和传承民族文化关键在于转变发展观念。

（二）管理者

1. 省：可以给政策

基诺族文化生态村建设，把识别较晚、人口较少的基诺族作为依靠的主体力量，希望激发基诺族的主动性和创造力，恢复基诺族对本民族的文化自信，从而在基诺族地区实现人与自然、人与社会，经济与生态环境的协调发展。对于这样的目标，省人

图21 村民议事

大、省政协和省政府相关的职能部门给予了充分的肯定。并且，有关部门还组成了考察组对基诺族文化生态村的建设工作进行了调研，撰写了调研报告和学习材料，把基诺族文化生态村建设中所倡导的理念和方法，建议政府在全省范围内推广。

显然，西部大开发、民族文化大省、绿色经济强省建设等大的发展战略，为探索民族文化发展道路提供了广阔的空间。因此，在民族文化生态村出现之后，随即又出现了民俗村、旅游村、民族工艺村、文化保护区等形式，它们或进行文化传承保护，或进行民族文化的旅游开发，或进行生态环境的保护。可以说，省级政府对基诺族文化生态村等形式的民族文化保护与传承的探索在政策上是给予鼓励和支持的。

2. 州（市）：谁来搭台？谁来唱戏？

对于省级政府的政策，其效果如何，关键要看州（市）一级政府如何结合本地实际进行落实。对于西双版纳州而言，由于地处亚热带雨林地区，境内有原始森林、国家级自然保护区多处，加之傣族、哈尼族、基诺族、布朗族等民族的存在，使得这里生物多样性、民族文化多样性和独特性都比较明显。因此，相比较而言，西双版纳州在贯彻落实省委、省政府建设民族文化大省、绿色经济强省的战略方面，具有一定的资源优势。也就是说西双版纳州经济社会的发展，问题的核心在于如何把这里独特的生态环境和民族文化作为自身发展的优势来进行思考，从而寻求良好的发展途径。

图22　州政府

当然，在20世纪90年代末期以前，人们对西双版纳的独特生态和民族文化，更多的是把它们看做旅游资源来开发，虽然人们多少也意识到了民族文化生态保护与传承的重要性，但是从事旅游开发的商家很少有人愿意出资从事这项工作，而州一级政府更多时候是集中精力和财力抓产业发展，搞经济建设，在财力上无暇顾及民族文化保护与传承的问题。可以说，对于当时的州一级政府而言，谁来搭台，又由谁来唱民族文化保护与传承这出戏，还是一个没有进行具体筹划的问题，也是一个面临要解决的

巴卡的反思

难点问题。而此时，基诺族文化生态村项目组的到来，想通过民间的力量来唱这出戏，州一级政府喜出望外，当然也很愿意把这个项目纳入本地区实践民族文化大省建设的规划当中来。

3. 乡：唱什么戏呢？

那么，具体到基诺族乡，当地政府对基诺族文化生态村建设又是如何看待的呢，他们又想通过这项工程做点什么呢？

其实对在基诺山进行民族文化生态保护工作，乡政府的官员并没有形成一个统一的认识，一些官员注意到了基诺族文化生态村项目要保护、传承基诺族文化，但具体怎么操作以及可以做些什么项目、应该做些什么，在他们看来还得依靠项目组专家；而一些官员简单地把基诺族文化生态村建设项目，当成了一项扶贫开发项目，希望有大笔资金进入，来改善村民的经济生活，同时也可以缓解政府的财政压力；还有一些官员则把基诺族文化生态村，看做一项旅游开发项目，希望通过基诺族文化生态村建设带动旅游业的发展。

应该说这些想法都是无可厚非的，但是我们知道，基诺族文化生态村建设既不是旅游项目，也不是扶贫性质的项目，这多少有些让部分基层领导失望，因而通过基诺族文化生态村这个平台要唱什么戏就成了他们很少关心的话题，只是在上级政府已经重视的情况下，一些基层领导才来过问一下，但他们对建设成效、建设过程并不感兴趣，当然要基层政府对试点建设的村寨给予一定政策倾斜和资金支持，在当时也就成为比较困难的事情了。

可见，对基层政府而言，最现实的情况是，每年的财政支出远远大于收入，而这个缺口仍然需要国家财政来支持，因而基层政府最为关心和最为迫切的任务是本地生产的发展和产业的升级。因此，期望基层政府拿出资金来从事民族文化生态村的建设，在当时也是不太现实的事情。然而，当前当地政府正积极筹划建设民族文化旅游开发项目"卓巴文化园"，这也说明民族文

图 23　基诺山广场纪念碑

化的资本化应用，当前依然是当地政府兴趣的重点所在。

（三）专家学者

　　基诺族文化生态村建设，是专家学者主动参与到基诺族文化变迁的过程中的尝试，而事实上，学者参与到基诺族文化的建构中来，已经由来已久，正是通过学者的书写，外界才得以了解、认识无文字的基诺族。如果没有学者的参与，没有国家的确认，基诺族也许就不会像今天一样，以一个单一民族实体的身份呈现在我们面前了。而学者的研究行为使得今天的基诺族得以诞生，这一事实也说明专家学者在基诺族文化生态的发展、变迁过程中一直起着重要而独特的作用。

20世纪50年代，在国家消除民族隔阂、"抢救落后"的号召下，已经有大批学者、研究人员参加了中央派往各地的访问团（或慰问团）和民族工作队，这说明在各民族被纳入到当代国家体系中时学者就产生了影响；并且这种影响在了解民族情况、识别确认民族群体、实施民族平等等一系列国家政策的实践中得到不断体现。

学者在对基诺族社会文化的研究过程中，在继承原有的"车里攸乐人"的认识基础上，带有倾向性地应用社会进化论观点，给攸乐人的社会发展定了性。而其族属，也因找到了满足斯大林民族定义的四大标准而单独识别为基诺族。随之而来的《基诺族简史》、《基诺族语言简志》、《基诺族》、《基诺族文化大观》、《基诺族文化史》等著作及上百篇论文，使得一个完整而立体的基诺族出现在了世人的面前。

在人文、社科学者研究基诺族的同时，科研院所的科研人员和学者也参与了进来。基诺山独特的生态环境为科研人员提供了良好的实验场地，植物学、动物学、民族植物学、农业科学等更多的是从量化的角度，为我们提供了基诺山从刀耕火种、采集狩猎到发展混农林业的转变过程；也探讨了基诺族与生物多样性的关系等，展现了基诺山区人与自然的互动与共生关系。当然，在此过程中，除了一些研究型的学者进入之外，一些担负着科技应用的人员也进入了基诺山，特别是把生产、生活中的现代科学技术和手段引入了基诺社会。而在这些现代科学技术人员的眼中，现代科学是与当地村民生产、生活的现代化成正比的。因而在他们的教导下，为了提高生产力，基诺山区就有了"两化上山"①，那么现代技术取代传统知识也就是顺理成章的事情了。

图 24　轮歇地

　　而随着研究的深入，生态学、生态人类学、民族植物学的专家却在基诺山看到了地方性知识或传统知识的作用。他们对现代科技，特别是化肥、农药的引入持审慎的态度，可以说科学技术对基诺族的生产、生活都产生了直接影响，并且以持续的生态效应影响着山区的未来。因而科研院所的理论探讨和实践也会对基诺山区人民的日常生活产生巨大的影响，并最终反映到国家政策和人文社科学者研究的实践当中来，从而对基诺社会的发展形成综合影响力。可见，学者或科研人员对于基诺族的文化生态不是也不可能是完全的旁观者。

1. 实践参与者：为伊消得人憔悴

　　正是基于以上认识，学者通过基诺族文化生态村建设，主动参与到基诺族的文化建设过程中来，他们殚精竭虑，为基诺族文化生态的保护与传承，做了大量工作，具体的表现如下：

----

　　①　指化肥、农药进入到基诺社会的生产当中。

（1）改变村民的观念

1999 年项目组开始以明确的身份进入巴卡小寨。当时，项目组成员满怀信心和热情，希望立即把自己的理想付诸实施，更希望在文化保护上，自己的行为能起到立竿见影的作用。然而，项目组初来乍到，当把文化生态村的建设构想向村干部和村寨文化精英宣传之后，却从他们那里得到"可以跟我们签合同吗？"的反问。这犹如当头泼来的一盆冷水，浇醒了带着理想主义色彩的项目组成员。大家意识到，基诺族文化生态村建设并非水到渠成的事，不可能一蹴而就，更不可能毕其功于一役，而必须做好受冷遇、长期工作的准备。因而项目组面临的首要问题就是如何取得村民的理解和支持，进而转变村民的观念，引导他们进入到基诺族文化生态村的建设中来。

长久以来，村民作为"没有文化的人"而成为国家、社会进行教育和改造的对象。长此以往，"我们是没有文化的"变成了村民的无意识之思。而今天文化生态村建设却要告诉村民："你们是有文化的"。其实项目组与村民对文化的理解是不同的。村民的文化概念是与受过何种程度的学校教育，是否出生城市，能否跟上时代潮流等相联系的，而项目组的文化却是指基诺族自身所拥有的由物质技术层面、社会制度层面以及精神层面等组成的整个生活方式。然而这早已被人们贴上了原始落后的标签，今天项目组要想让村民相信他们是有文化的，可能会让村民误解，以为项目组是要让他们承认自己的原始落后。因此转变村民的观念，首先要使村民树立对本民族文化的自信心。对此，项目组的具体做法包括举办培训活动、召开村民大会、家庭访谈等。

①培训。主要召集村干部（组长、会计、保管、民兵排长、妇女组长）和寨子中谙熟本民族文化的老人，就项目组对基诺族文化现状的认识，文化生态村建设的理念等向他们进行详细说明，听取他们的意见。而他们的回应主要有："搞文化好是好，

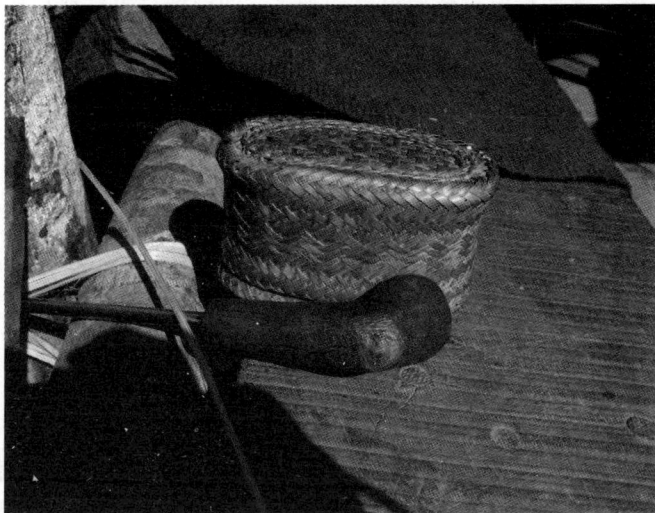

图 25　竹篾烟盒和烟锅

就是怕没有时间"、"我们土地少，困难"等。对此，项目组强调文化生态村建设不仅不会牺牲村民的经济发展，而且将对村民进行力所能及的帮助，而只是希望村民在搞经济建设的同时不要把自己变为市场的附庸、外来文化的附庸。经项目组的努力，虽然村寨骨干表示了对项目组工作的支持，但是项目组专家意识到，如果项目组不能通过事实来说明保护传统文化对村民自身有什么益处，就不能令村干部和村民信服。而实际可见的工作的开展也需要一个过程，而口头的东西在村民看来都是虚的。因此，项目组除了说理之外，还得以实实在在的行动来说服村民。

②召开村民大会。村民是项目实施的主体，没有村民的认同与参与，项目的进行就不可能，也毫无意义。为此，项目组组织召开了村民大会，就项目组要做什么事、准备如何做、所做的事是为了什么、村民在其中处于什么样的位置等问题向村民做出一

一解答。希望村民理解项目组的举措，明白项目组是来与他们一道共谋小寨未来发展的。当然村民并不完全明白村寨的发展与自身传统文化的保护、传承之间的关系。因而对项目组来说，村民怀疑多于信任、观望多于参与、冷漠多于热情。对此，项目组已有思想准备，通过召开村民大会，让村民知情，是项目组工作的一部分，也是第一步，通过这样的会议，有助于在村寨之内形成人人关注文化生态村建设的舆论。项目组相信村民的争论有助于存在问题的显现和解决。从村民那里听到不同声音才是正常的。项目组希望在建设过程中来解决问题，如果有问题就不行动，可能项目永远实施不了。

③家庭访谈。主要针对村寨的文化精英，项目组的学者在作调查的过程中曾与他们有过多次交往，因而家访比较容易开展。项目组希望他们发挥作为本民族文化代表的作用，带头参与到文化生态村的建设中来。但是他们在由被调查对象转向参与者的角色转换中，还有思想包袱。一直以来，他们已习惯于按政策行事，要让他们在政府政策之外思考村寨的未来，在现实中把传统文化的作用体现出来，无疑这也需要一个过程。但项目组的工作有他们的支持，在传统文化上的保护与传承方面就有了基础。

（2）机构和设施建设

项目组在村寨中做了民族文化生态村建设的宣传工作和舆论准备之后，正式在资金、人力和智力上投入巴卡小寨。然而，基诺族文化作为一个整体，要通过村民的行动来实现对其保护、传承的目的，应该从何入手呢？项目组又在其中扮演着什么角色呢？我们知道作为整体的基诺族传统文化已经发生了巨大变异，完整的传统文化体系已经看不到。因而基诺族传统文化的保护、传承应该是一项系统工程，当务之急是把传统文化作为一个整体来调查、收集和展示，以促进和加深村民对自己文化的了解与认识，如果村民对本民族文化不知有何内容，就谈不上保护与传承。因此项目组决定首先在巴卡小寨建立一座博物馆，这样一方面可以把已经消失、正在消失或即将消失的文化因子收集起来，从而起到保存的作用；另一方面，通过收集展示物及神话、传说等的过程，可以触发村民的文化意识，加深村民对本民族文化的认识。当然，在行动之前，项目组在建设中应起什么作用也应该明确。一直以来，人类学者一直对参与项目持审慎的态度，人类学者被要求尽量避免干预研究对象的生活，通过参与观察，从主位的角度出发去写关于研究对象的民族志，自马林诺夫斯基以来这已成为人类学者从事研究的圭臬。而事实上，"在科学的研究中，不管你承不承认，它都包含了研究者的某种价值观在内，这是不可避免的事实。"[①] 因此项目组认为人类学者应该联合志同道合的其他学科的人员，在研究的基础上，通过项目的实施积极参与和介入到村民的生活中来，推广和实践一些价值，从而对村寨发生影响，并促进科学研究和村寨发展的相互推动。当然学者的这种介入不是以顾问的形式，而是作为村寨发展的参与决策者、规划者和实践者。据此，项目组在巴卡小寨开展了如下工作：

①建设基诺族博物馆。自20世纪90年代以来，建立一座本民族的博物馆就已经成为基诺族文化精英们梦寐以求的事，但是由于资金、技术和人员等方面的原因，他们的愿望始终未能实现。而随着文化生态村建设的开展，项目组提出的建设基诺族博物馆的想法使他们看到了希望，他们纷纷表示支持项目组的工作。

1999年，基诺族博物馆在巴卡小寨开始动工兴建。2001年3月开始在整个基诺山各个寨子进行展品征集。2001年6月6

---

① 石奕龙：《应用人类学》，厦门大学出版社，1996年5月第1版，第20页。

日，布展完毕，并举行了隆重的开馆仪式，从此，基诺族博物馆正式落成，其由一座基诺族传统的氏族长房和侧房的广场组成，馆内即长房内有两个展厅、六个展室和两个收藏室。

图26　基诺族博物馆开馆迎宾

当然，博物馆作为一个外来事物，许多村民都是在项目组把这个名词引入后，才第一次听说过。因而建立博物馆具体有什么用，村民的认识是模糊的。而在项目组一方，正如基诺族博物馆的布展前言中的一段话所说："建设这座小型的基诺族博物馆，旨在展示该族独具特色的传统文化，虽然这座博物馆规模很小，设施简陋，但是它是基诺族自己的博物馆，对于基诺族保存和传承本民族文化必将产生积极作用。"[①] 同时在博物馆的建设、收集展品和布展过程中，项目组专家吃住在现场，手把手地指导村

---

① 尹绍亭主编：《民族文化生态村——云南试点报告》，云南民族出版社，2002年12月第1版，第52页。

民，项目组专家希望通过自己的价值倾向来引导村民的价值趋向，通过收集藏品和展示物的过程影响村民的文化自觉，并且在整个基诺山营造人人关注基诺族博物馆、人人关注基诺族文化生态村建设、人人关注自身传统文化的社会氛围。

在2001年6月6日，基诺族博物馆落成后，其作为中国第一个建立在自然村的单一民族的博物馆而逐渐广为人知，国内外不断有人慕名而来参观，此时它就不仅仅是一个民族文化生态村的建筑了，而是代表着整个基诺族文化被保护和展示的事实，这也逐渐为当地政府所认识。同时，对当地政府来说，基诺族博物馆的建成，有助于宣传本地区各种民族发展政策，有助于民族文化大省建设战略在基诺族地区的实现，同样也有利于精神文明建设的落实。因此，当地政府对基诺族文化生态村建设不闻不问的态度有所改变。州、市领导开馆时的到场，为基诺族博物馆，也为基诺族文化生态村正了名。在受各级政府关注的同时，社会各界和来访的各界人士也对基诺族博物馆作出了积极评价。

当然，项目组也清楚博物馆的保护、展示和传承功能的发挥，因受其规模和形式所限，实际作用始终是有限的，博物馆更多的是发挥一种象征作用，也就是说，它的意义在于它是个人经验与社会事实的中介，人们通过他对外部世界及其变化进行自我调适。此时，基诺族博物馆对村民而言，它已经成为村寨的标志；在与其他村寨的交往中，它是小寨村民确认自己的一个新符号；而在与其他民族的接触中，基诺族博物馆成为政府展示民族认同的一部分；而对于项目组，博物馆反映的是具体的基诺族传统文化，是村民与项目组之间的桥梁，也是建设工作起点的一个标志；而在当地政府眼中，博物馆这一"先进"形式正是其要从事的文化建设的一部分，其看重的是形式的先进，而馆内的东西在其看来倒是其次的；就访客而言，博物馆为他们提供了一个便于了解基诺族文化的场所，博物馆中的传统与村寨中的现实并

巴卡的反思

图 27　外国人参观基诺族博物馆

置，让来访者多少感受到了基诺族的变与不变，在来访者看来，这比看许多纯文本的东西来得更生动、也更深刻。

　　显然，基诺族博物馆的落成，具体而形象地把基诺族文化生态村建设的旗帜树立了起来。但接下来如何管理、如何运作等问题，项目组又得去面对和一一解决。项目组深刻认识到文化生态村建设，最终要体现为村民的行动才是有生命力的，才能持续进行下去。如果不从观念和能力上对村民进行培育和锻炼，项目组的工作就不能取得成功。为此，项目组以博物馆的管理为契机开展了对村民自我管理能力的提升。

　　②建设文化生态村管理委员会。为了保障民族文化生态村和基诺族博物馆功能的正常发挥，并锻炼村民自我管理、内外协调的能力，项目组组织成立了由乡政府领导、乡文化站成员、民族文化精英、建设积极分子组成的"基诺族文化生态村管理委员会"。管委会成员的工作内容主要包括：第一，接待来访人员；

第二，带领和组织妇女和青年民兵打扫博物馆内外卫生，维护村寨环境；第三，订立村规民约，对村寨的公共设施进行维护和管理；第四，宣传文化生态村的建设；第五，组织村民参与文化生态村的建设等。管委会的成立，基本上理顺了文化生态村建设的组织实施关系，其对内代表项目组，对外代表文化生态村。这种机构是现有村寨管理系统的扩大，因而如果这个机构的有效运作可以促进原有村寨管理系统的功能发挥，同时也可以促进村寨管理向着民主化的方向发展。

③村寨环境建设。在博物馆建设的同时，项目组针对巴卡小寨人居环境不佳（如家户与家户之间、村寨与山脚公路无像样的道路相连，来往不便；卫生条件差；村内绿化不足等），人多地少，山地多水田少，村民一年劳动时间长，劳动量大，闲暇时间少，经济基础薄弱等情况，项目组通过多方努力，筹措资金，联系技术人员，组织村民修建了一条从寨脚小腊公路穿村而上至村寨最高处的水泥路。由于修建道路与村民的利益密切相关，因而村民积极主动地投工投劳，即使下雨，劳动也不停息。在修路过程中，项目组看到了村民的力量，同时村民也开始正视和理解项目组的工作，意识到项目组是在为他们做实事。

另外，项目组注意到巴卡小寨各家各户的鸡、狗、猪、牛等家禽和家畜都放养于户外，任其自由活动和吃喝拉撒，这样不仅破坏了村寨周边的生态环境，糟蹋了大量庄稼，而且恶化了村内的卫生环境。为此项目组工作人员进家入户，向村民解释这种情况对村寨的种种不利，并征询村民解决问题的建议，召开村民大会讨论该怎么办。最后村民商定把家禽和家畜圈养起来，还制定了对违反者的惩罚措施。这样由项目组牵头，村民自己来解决问题，明确了村民的主体性地位，也让村民意识到村寨卫生的改善是自己生活改善的一部分。

帮助村民改善家居环境是项目组开展的又一项工作。项目组

图28　项目组争取资金支持村民
修建的村寨道路

发现巴卡小寨虽地处亚热带地区，阳光、雨水充足，花草树木易于生长，但小寨村民却没有利用这一条件，在房前屋后栽花种草植树。于是项目组动员村民在家屋周围修建竹篱笆，绿化家居环境，发展庭院经济，促使村民的居住环境和经济条件同时改善。这一建议赢得了村民支持，开拓了村民的思路。

当然，同村民一同思考如何改变生产方式，促进生活方式的改变也是项目组工作不可缺少的部分。小寨因人口与拥有的土地相比，人多地少，山地多水田少，因而村民一年四季绝大部分时间都用于山地的耕种、锄草、收割、管理上，却往往仅能保障温饱。在此情况下，客观上村民就没有太多的精力从事歌舞、纺织刺绣及各种复杂的仪式活动。显然，村民的生计形式和闲暇时间的多少，是村民参与文化生态村建设的基础条件之一，在广泛征求村民意见后，项目组决定帮助村民联系水利部门的项目改造河道、开挖水田，彻底改变村民的生计方式，为村民更好地参与文化生态村的建设提供保障。

通过博物馆和村寨环境的建设等工作的开展，村民逐渐意识到项目组专家学者确实是来为自己办实事的，项目组的所作所为他们都看在眼里，记在心里，并把自己的感受化为行动来支持和参与文化生态村的建设活动。在道路修建、庭院改造等活动中，项目组专家都感受到了村民的这种力量。据此，项目组趁热打铁，接着又在巴卡小寨举办了"首届基诺族纺织刺绣能手比赛大会"、并组织村民外出参观、举办培训和锻炼村民自主思考和行动的能力等活动。

（3）能力建设

显然，在文化生态村前期建设工作中，项目组在其中发挥了主导作用，项目组是把筹划好的建设内容拿来指导村民依照自己的思路去行事，这在工作的起步阶段是必要的，这样可以让村民充分体会到项目的理念、项目组的工作方法及项目建设的目标等，能够起到加深相互了解的作用，建立村民对项目组的信任。然而，随着项目建设的进一步深入，如果项目组不能把自己的行为方式、建设理念转为村民的自觉行为，仍然包办代替，那么人类学者的行为最终将起不到探讨传统文化与村寨现代发展相结合的目的，人类学者引导文化合理变迁的作用也将无法体现。事实上，村民很多时候有自己的思考和想法，但不能付诸实施，一方面因为村民缺乏自信；另一方面村民对所想之事缺乏经验依据，而且村寨之外的许多因素村民是无力去调动的。因此项目决定通

图 29　巴卡小寨基诺族的干栏式木楼

过举办活动、组织外出参观交流和举办培训等形式来培育村民的自信，让村民积累依靠村寨集体的力量来行事的经验，引导村民的思考和行为。为此，基诺族文化生态村做了如下工作：

①举办"首届基诺族纺织刺绣能手比赛大会"①。

②组织村民外出参观学习。2003 年初，项目组组织村民代表男 10 人，女 7 人到西双版纳著名旅游景点橄榄坝傣族园参观，主要是向景区内村民借鉴家屋管理和村寨环境维护方面的经验，以及民居改造的方法等，村民走出来，在对比中看到了自己的长处和不足。在参观回来的总结大会上，项目组要求村民自行分组讨论自己参观的收获，然后反馈给项目组，村民反馈出来的信息有：第一，小寨不论是在村寨环境上，还是在家庭卫生方面与傣

----

① 　大会的具体内容参见朱映占《纺织刺绣能手大赛》，载尹绍亭主编《民族文化生态村——云南试点报告》，云南民族出版社，2002 年 12 月第 1版，第 65～69 页。

图30 巴卡村基诺族妇女缝制服装

族园村民相比都有差距；第二，小寨从前制订的村规民约，曾对村寨的环境卫生起到过促进作用，但在执行一段时间后已经松弛；第三，应该结合实际，召开村民大会重新制订村规民约，让每家每户都在村规民约上签字，同意遵照执行，若不执行，愿意接受相关惩罚；第四，在家庭卫生方面，采取先进帮助后进的方法，促进小寨家庭环境有一个整体改善。项目组把村民的想法记录下来，促动村民自主来解决这些问题，而项目组在旁协助。当然项目组知道这些问题的解决需要一定的时间，而且村民的办事方法也有待改进。

③组织村民培训。与前期的培训相比，项目组在后面的培训活动中，主要有以下几个新变化：第一，培训对象的范围扩大了，包括了能参加的所有村民；第二，培训内容方面，在继续强调转变村民参与态度、宣传文化生态村建设理念的同时，也在提高村民办事能力、丰富村民办事的方法等方面下工夫；第三，培

训采取互动的形式即项目组与村民共同讨论，突出以村民为主的原则等。如2003年的一次培训，项目组把博物馆的管理、正在建盖中的公厕、"妇女·民兵之家"的管理等问题提出来，然后让村民自己分组讨论，讨论结果由每个小组选一名代表发言，让项目组和其他小组的成员听取并对此发表意见。如在公厕的打扫上，妇女组的意见是一周打扫一次，发言的人刚一说完，其他组的人马上就起来反对，说至少一周要打扫两次。通过这样的热烈讨论，开启了村民的思路，同时把民主决策的方式带到村寨中，让村民体会到作为村寨的一员有责任也有能力与大家一道把自家的事和村寨的事都做好。而村民的能力提高了，才能真正做到传统文化的保护、传承与创造发展。

（4）曾经开展的其他工作

项目组在边工作边总结时，认识到基诺族文化的当代发展最终要体现在文化持有者的日常行为当中，项目组在其中更多地只能是为文化主体优化文化建设的外部环境，并且项目组应该逐渐从文化建设的主导位置退出来，让村民来唱主角。因此，项目组提出在各项工作的展开过程中要逐步实现专家、学者主导建设向村民主导建设的转变。而这一探索曾经通过以下几项工作来体现。

①建盖"妇女·民兵之家"。2002年12月下旬，由基诺族乡政府出资5 000元人民币，由小寨村民自主设计选址、设计的巴卡基诺族文化生态村"妇女·民兵之家"开始建盖。建设的具体操作形式为：在村干部的主持下，村民三户一组出工上山砍一棵柱子及一些椽条等木材。材料备好后，又采取村民自愿出工，然后从建设资金中抽取一小部分，为出工的村民提供一顿午饭，作为报酬的方式解决劳力的问题。建盖的技术指导则由民族文化生态村建设的骨干义务承担，他们是平时起房盖屋的师傅。在资金、技术、人力解决后，长13米，宽约10米的"妇女·民

图31　村民正在修路

兵之家"在一周之内即建成。

"妇女·民兵之家"建成后，市、乡妇女、青年相关机构欲来此挂牌，把这里树立为自己辖区内的一个模范试点。显然，市、乡政府希望借助民族文化生态村的影响，把政府的部分工作即文化建设、精神文明建设、科教活动等由点到面地开展和推广下去，因而在巴卡基诺族文化生态村投资建设"妇女·民兵之家"之后，乡政府计划出资在其他40多个寨子建盖类似的活动场所。

虽然在"妇女·民兵之家"的建盖过程中，出于转变建设模式的考虑，项目组没有直接参与，但也并非是完全的旁观者。在这次建设活动中，项目组在建设的建筑物的式样、建筑的地址选择上提出了自己的意见，当然项目组没有去主导整个建设的实施，而是充当顾问和协调者的角色，为村民的行为提供理论支持并协调各方关系。在"妇女·民兵之家"的内部陈设上和功能发挥上，项目组也只是在民族文化生态村建设目标的指导下，提出自己的设想。一般而言，项目组的意见多会被采纳。因为就当地政府而言，采纳项目组的意见，能够把自己无太多精力顾及的工作做得更好，加上项目组的理论支持自己的工作也容易被上级政府所了解和认可；就村民而言，项目组强调以村民为主的建设，其实在一定程度上就是在为村民从政府、社会各界争取权利和各种实惠。可见，项目组从建设的前台走到后台，只是放弃了演员的角色，而导演的身份当地政府和村民始终为它留着，而当项目组想把导演的身份也放弃，只做一个热情的评论者时，村民和当地政府是否已经做好了准备？

②恢复传统节日"特懋克"。以往"特懋克"的举行时间，在基诺山的各个寨子各不相同，即使相同的寨子，在不同的年份，举行"特懋克"的日子也不一样。具体哪天过节，传统上是等山上的"杰波"花开后，由村寨长老推算决定。而从 1988 年起，西双版纳州人大常委会将基诺族庆祝"特懋克"的日期统一定在每年公历的 2 月 6 日到 8 日。虽然这种决定在形式上得到了各个寨子的认可，如在面对外人询问他们过什么节时，基诺族村民都会说"我们攸乐人过二陆了嘛！"的回答。而事实上，今天基诺山各个寨子庆祝节日的日期仍不统一。现在真正在 2 月 6 日庆祝节日的是乡政府，其从 20 世纪 90 年代中后期开始，每年在全乡范围内选定一个寨子，作为全乡庆祝"特懋克"的地点，然后组织全乡各个寨子的村民以表演节目的形式来参加，节日期间邀请省、州、市党政领导和各级新闻工作者来采访报道，

图32 "妇女·民兵之家"落成

同时从附近村寨、城镇甚至昆明等地会涌来大批看客。此时庆祝"特懋克"成了对外宣传基诺族的一种形式,各级领导和新闻工作者的到来也体现了国家的关注和民族平等精神的实现。节日期间举行的各种活动,具有许多创新性和表演性。在此是找寻不到一个完整的传统意义上的节日的。同样,在各个寨子自筹自办的"特懋克"中,一个完整的"特懋克"也很难找到。

对于从事民族文化生态村建设的巴卡小寨,在2003年之前已经有多年不过"特懋克"了,随着民族文化生态村的建设又把庆祝"特懋克"的事提了出来。而村民对是否恢复"特懋克"存有争议,并且庆祝这个节日还涉及凑钱买牛,参加仪式表演的人员安排和各种道具准备等事情。为此,村干部先后组织召开了三次村民大会,把问题提出来让大家讨论。对于凑钱买牛的事,由于今年(2003年)在"特懋克"之前,村民已经凑钱买来了三头牛准备过春节,因而号召大家再凑钱买牛,多数村民都面有难色，然而如果过"特懋克"不杀牛，许多仪式就不能进行，这样"特懋克"就不完整。为此民族文化生态村项目组人员提议从过春节用的三头牛中留下一头到庆祝"特懋克"时宰杀，这个意见得到了村干部和多数村民的赞同，但有一部分村民仍未表态，因而几次会议下来这个问题仍未解决。而参加表演的人员组成和道具准备却很容易解决，因为对村民而言，他们可以借机自娱同时娱人，这是他们乐意为之的事。

图33　庆祝"特懋克"节

虽然今年（2003年）的"特懋克"是要过了，但是能不能杀牛始终是一个问题，因而村干部遭到了主张杀牛隆重庆祝"特懋克"的村民的批评，而村干部则想在涉及村民利益的问题上充当好好先生。所以杀牛的事一直到春节杀牛的时刻才见分晓。村民在牛被杀倒一头后纷纷表示同意留一头牛到过"特懋克"时杀。可见要恢复一个节日并不是轻而易举的事。

一个传统的比较完整的"特懋克"一般要举行三天。第一天，村寨长老卓巴任命铁匠，铁匠进行修铁房、象征性的打铁活动，并且杀鸡和用南瓜献祭；第二天，要举行杀牛、修寨门、尕拉（凑食物）、尕祝里（辞旧迎新）、祭鼓（跳大鼓舞）、打陀螺等仪式活动；第三天，卓巴带领大家举行象征性的号地、砍地等备耕仪式以及举行结账活动等。然而 2003 年巴卡小寨的"特懋克"，由于仪式专家和村中 20 多名成年男子要在 2 月 6 日之前赶往"曼武"寨履行承包盖房的协议，而 2004 年的"特懋克"已定在了 2 月 5 日庆祝，为两不耽误，大家决定在一日之内把各种仪式举行完毕。

2 月 5 日清晨 7 点左右，天还未亮，穿戴着基诺族服装的基诺族男子们，拎着皮桶或端着铁盆陆续来到寨脚公路道班处集中，等组长牵来牛，大家又汇集到窝罗河滩，一起动手杀牛。牛杀倒后，仪式专家领着人拿着牛身上的 7 匹肉和两个达了对寨门进行维修，把两个达了分挂寨门的两侧，同时把 7 匹肉也挂上。牛肉完全分割好后，在三名村干部的主持下，由会计按凑钱的户数和各户凑钱的多少进行分配。这次分肉，四条腿分别分给了组长、会计、保管和妇女组长，以奖励他们节日前几天轮流放牛的功劳，其他各部分则分成了 64 份，堆放在芭蕉叶铺的场地上。所有的肉分完，再用秤称一下，以求各家所得牛肉与所出的钱相匹配。10 点左右牛肉分配完毕，村民把其拿回家进行加工，准备午餐所用。

午饭后，接着举行尕拉仪式，由事先准备好的村民用瓷碗抬着米、鸡蛋，拎着酒等陆续把这些东西送到这次节日的卓巴房即基诺族博物馆，由村寨长老在馆内的大鼓下负责收下村民凑来的各种食物。传统上这些食物是节日期间给全寨人共爨同食的，凑食物一般是每家都必须参加的，而这次只是象征性地凑一点，让人们从中多少体会到过去是如何欢庆的。今天卓巴事实上已不存在，集体生产劳作的形式也早已消失，要把分散的各家组织起来

图 34　分牛肉

共爨同食不太可能，因而人们在参加或观看尕拉仪式时往往得借助于想象，才能找到它的意义。

　　尕拉仪式刚刚完毕，天下起了大雨，参加表演的人和围观的群众聚集到仪式专家资大爹家楼下，一边避雨，一边准备尕祝里仪式。尕祝里有"辞旧迎新"之意，参加尕祝里表演的人既有男性，也有女性，一般不得少于 20 人。跳尕祝里时，参加表演的人员组成一个长方形的队伍，在队伍最前排的中间，两名青年男子扛着大鼓边走边敲，其后两名妇女一左一右分持铜锣和镲，和着鼓声敲打，在她们后面是伴舞的 20 名妇女，她们排成两列，每列 10 人分站路的两侧。而路的中间位则为尕祝里仪式的主角留着，而他们都为男性，手中拿着一根木棍，身背一个用鲜花装饰的背篓或葫芦等，穿着"努浆树皮"制作的上衣，满脸涂黑，并弄得面目全非，穿着破烂裤子，戴着奇形怪状的帽子和用苦子果穿缀而成的项圈，跳尕祝里时这些主角不得少于 5 人。他们跳时，要做出各种引人发笑的滑稽动作，如忽然跌倒又爬起来、东张西望、抱着用布制作的小孩抢来抢去、与旁边的妇女逗乐等。近4点，雨稍停，尕祝里仪式正式开始，队伍从寨脚几步几停脚地跳着顺路而上，旁边围观的村民跟着队伍行进，并时时被队伍中穿破烂衣裤的男子们的举止逗得大笑，由于下雨路滑更为他们的表演增添了几分滑稽色彩，这样在鼓声、锣声、镲声和笑声中，队伍在人们围观下行进到博物馆前停下。接着穿破烂衣裤的男子退场，换上新衣新裤，而伴舞的妇女们则留下，她们还要参加献祭大鼓、跳大鼓舞。男子退场就意味着尕祝里结束，他们穿着破烂衣裤时代表的是旧的一年，穿上树皮衣服则是为追忆先辈们所过的生活，在此旧的、破的成了人们戏谑的对象，新的、完整的和丰收的明天成为人们的祈盼，仪式结束时穿上新衣，多少隐喻美好的愿望已经实现。

图35　制作仿树皮衣服

尕祝里仪式刚结束，天又下起了大雨，祭鼓仪式不得不挪到博物馆下举行。此时大鼓用鼓架支了起来，伴舞的妇女也是分两列而站，在队列之间留出空地。长老们从卓巴房即博物馆收藏大鼓的展厅下楼，轮流祭鼓，他们手拿鼓槌，顺着伴舞队列之间的空地走到大鼓前，面向大鼓，低下头，双手举鼓槌过头，向大鼓献祭。献祭毕，即用手中鼓槌敲响大鼓，并一边和着妇女舞蹈，同时大家口中喊着"扯、扯，扯、扯……"的调子。寨中的所有长老都献祭过后，他们又回到卓巴房围着放有各种食物和酒的竹桌而坐，开始商量来年的农事，并念诵祝词，这之后祭鼓仪式结束。接着在村干部的主持下，凑来的牛肉、鸡蛋、酒等分给了参加仪式的老年人。

祭鼓仪式之后，接着举行修铁房、打铁仪式。首先由六七个中老年男子到铁房修风箱、火坑，接着几名妇女拎着酒，拿着竹杯来敬铁匠。喝过酒后，风箱抽了起来，炉火燃了起来，不久铁块被烧红，用火钳取出放在铁砧上，一人抢起打铁锤，开始打铁，铁花四溅，人们又看到了久违的情景。因为现在大家用的铁制工具都是从市场上买回来的，打铁在基诺人的现实生活中已基本消失，就像这次举行打铁仪式用的风箱都是临时赶制的。

打铁仪式结束，天色已晚，参加表演的村民和围观的群众纷纷回家，准备晚饭。而村干部和几位村寨长老拿来以前记事用的刻竹表演结账。当然今天村民与村干部在上公粮、集资等方面都需要事后结算，但今天村干部早已用白纸黑字作记录，刻竹、刻木已成为历史文物被收藏在了博物馆。因而今天管账的会计拿着记事竹片与几位长老核对账目的举止，总给人一种表演的感觉。

晚饭后不久，村民又集中到博物馆下面，年轻人搬来了电视机、功放机、组合音响等准备举行晚会，而中老年男子则在仪式专家的组织下，试吹着竹号，准备火把。人员到齐后，仪式专家带着大家，点着火把，吹着竹号来到村寨口，挥舞着砍刀，有的

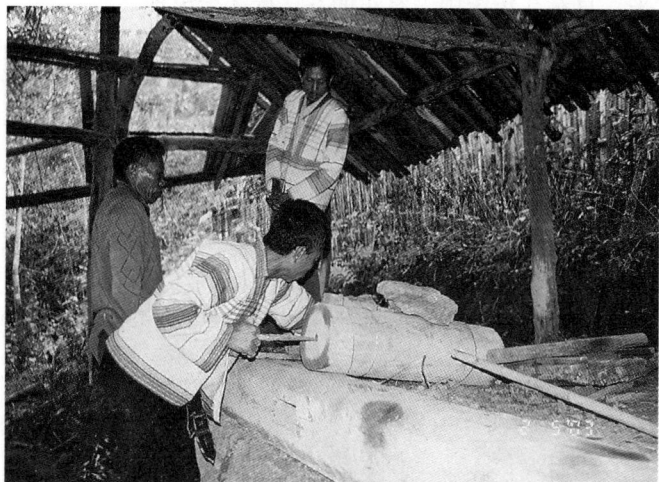

图36　打铁仪式

人口中说着"这块地是我的了"的话，仪式专家则口中念"第一刀砍××妖魔，第二刀砍××，第三刀砍出丰收成果……"等诵词。很快号地、砍地仪式结束，这次节日计划举行的活动也就上演完毕了。

当然，因为下雨和在有限的时间内要举行的活动内容太多，打陀螺、跳竹竿舞等传统上在特懋克节从事的活动，这次并没有举行。但在一日之内举行了这么多活动也算是一个不小的创举。并且在仪式活动的举行过程中，一些仪式举行的先后顺序有颠倒，而这些村民却丝毫没有不适的感觉，可见特懋克离村民的现实生活是越来越远了，今天人们举行它，纯粹是为了表演给自己和别人看，同时也可以借机从事一些其他的活动，如开晚会，此时此刻青年人成了主角，儿童的现代舞、青年的卡拉OK赛等向人们展示着村民当下生活的现实一面。传统仪式的上演在此成了一种象征，其代表着基诺人的过去，代表着基诺族文化，而在外

63

人看来，只有在传统中，真正的基诺族才会出现。

图 37　打陀螺的基诺族小孩

　　可见，虽然项目组在 2003 年已经促动村民把放弃多年不过的"特懋克"恢复了，但是项目组并不能确信村民到下一年还会接着庆祝"特懋克"，因而项目组又考虑引导村民把以往"特懋克"上演的仪式，搬到春节来进行，这样既尊重村民当下过春节的习惯，同时又可以把过"特懋克"的传统保留下来，从而实现"特懋克"与当代春节结合。当然，这种做法村民是否能够把它延续下去，也需要时间来检验。

　　③公厕建设和民居改造示范。传统上，生活在山林中的基诺族是没有厕所的，人们的粪便一般是排放于村寨周围的山林中，由于山高林密，大大小小的飞禽走兽多，人们排放的污秽，要么很快被山林中的动物消费掉，要么经雨水冲刷被山林吸收。因而有限的人口所生产的个人排泄物不足以威胁到村寨的卫生状况，

但是山林的削减，人口的增加，飞禽走兽的减少，使得人自身产生的垃圾，得不到及时地分化，个人卫生问题对村寨环境的影响变得越来越大。因此，厕所的引入变得十分必要了。基于以上考虑，项目组决定出资在巴卡小寨建设一座公共厕所，并在"妇女·民兵之家"修建家户式厕所以向村民示范传统民居的改造。两种厕所的建设，均采取乡政府负责雇请技术人员，村民有偿投工参与的方式来进行，而项目组在村民与当地政府之间起到了中介的作用。项目组这样做的目的是：第一，尊重当地政府，把文化生态村的建设正式纳入到当地政府的行政决策考虑中；第二，检验在项目组退出前台后，当地政府和村民能否把文化生态村建设理念坚持下去；第三，检验当地政府在文化生态村建设上究竟能提供多少有利的外部环境；第四，通过建设、使用和管理厕所的过程可以检验村民对外来事物的态度，引导村民理智认识外部事物，锻炼村民使用和管理外来事物的能力；第五，促使村民用自己的传统知识来改造引进的事物；第六，探讨文化生态村建设模式等。

通过厕所的建盖过程，项目组体会到了村民传统知识的价值。如在厕所地基的选择问题上，项目组采取项目组成员、当地政府领导和村民一同商讨的办法来决定，起初项目组提出了三个地基方案，一是博物馆后面的一块平地；二是基诺族博物馆前广场的边缘处；三是在村寨路口处的坡地下方一蓬竹子旁的平地上。对于博物馆后的地块，村民认为不能使用，他们的解释是，这里有一个臭水塘，人是不能在此大小便的，前两年村寨中的一个小伙子在此大便，由于时间不对，后来得病死了；还有一个在此小便，病了好久，差点也死了。事实上，博物馆后面已是村寨的最高处，在此建厕所会影响其下的水源和村寨的环境。对于广场前的位置，村民说，这里以前是箐沟，这块平地是建设博物馆时，用平地基从上面推下来的土填平的，在此建设可能地基夯实

巴卡的反思

很费力，也不能保证以后不下陷；而对村口的地基，村民认为能行，虽然其处在一个山坡上，但其下都是老土层，不会下陷，并且其旁有竹篷掩映，看起来美观，排污也比较容易。应该说项目组的初衷是偏向于前两个地方的，因为在项目组看来，这两个地方都与博物馆接近，一方面便于管理、维护，另一方面是来访人员易于找到。但经村民的解释说明，项目组觉得应该依靠村民的知识，毕竟他们长久地生活在这块土地上，是这里的主人，对这里情况的了解超过任何人类学家。另外村民传统知识的发挥也是项目组在项目建设中所需要强调的重要方面，如果在引入外来东西的同时，能够把村民的传统知识和地方性知识的发挥融在其中，那么外来的新事物就不再是纯移植的东西，经过这样的引入，外来的新事物就可以变成村寨自己的东西，其将按村寨中村民的逻辑存在下去。

2. 研究者：得失寸心知

基诺族文化生态村的建设，是人类学者联合其他如生态学、建筑学、美学等学科的学者从应用人类学的角度去参与一个少数民族村寨传统文化的保护、传承与发展的项目。其目的是想从传统文化入手，探索少数民族村寨在现代化进程中，如何既保有自身传统，同时又与时俱进。当然文化是一个整体，其在任何时候都与一定的生态基础、社会环境结合在一起，因而项目组认为传统与现代的良性结合应该体现在村民自我发展的内部环境和外部环境上，不仅表现在自然生态方面，而且表现于社会关系、人神关系改善上的。项目组的建设过程，力求做的就是以文化之名，与村民共同开拓村民自我发展的空间。虽然项目组有"维柯斯计划"、"福克斯计划"① 等较为成功的应用人类学案例以资借

---

① 具体内容参见石奕龙《应用人类学》，厦门大学出版社，1996 年 5 月第 1 版，第 204～233 页。

鉴，但是中国各民族形成发展的历史与现实、中国的政治运作模式、中国学者的体制内生存等多种因素都决定了文化生态村建设的中国特色。显然，走弯路是不可避免的，但这并不是问题的关键所在，问题的关键在于项目组与村民的合作能否对村寨的总体情况，无论是经济、社会方面，还是生态方面起到实质性的促进作用。

图 38　文化生态村建设经验交流

对于文化生态村建设前两个阶段的工作，其产生的结果和影响我们可以从三个方面来看：一是村寨内部。项目实施以来，通过专家学者的说服，村民对自身文化、对外界的认识都有了一些转变，项目组的介入使得村寨道路，村寨环境都有了明显改进；博物馆建设开馆，引来了更多的"客人、亲人和同志"，不仅提高了村寨的知名度，也在一定程度上提高了村民的自信；道路的修建、博物馆的建盖、厕所的引入等，引发了村民对传统与现代良性结合的思考。二是整个基诺山。项目的实施过程强调传统文化保护、传承与发展的言行和举动直接或间接影响了基诺族乡政府在精神文明建设，或者说文化发展上的决策，也影响了基诺山的其他 40 多个寨子对其村寨文化建设所采取的方法和途径。他们纷纷借鉴巴卡小寨的经验，即使在 2001 年底已经有普细、么卓、巴飘、巴亚中寨、查地和扎吕等地分别建盖了"卓巴"房，并且乡政府还在全乡实施每个寨子建一座"妇女·民兵之家"的工程，希望以民族文化生态村建设为契机，从而全面开展挖掘、保护和弘扬基诺族优秀传统文化的工作。可以说，在项目组主导实施运行的初级阶段，基诺族文化生态村建设项目的实施在整个基诺山产生了积极影响。三是基诺山之外。外界通过电视、报刊和来访等形式把巴卡小寨的经验介绍到了全国各地，同时福特基金会把建设的过程向世界发布，基诺族文化生态村曾经受到国内外许多机构和人员的广泛关注。上述三个方面说明，基诺族文化生态村的工作强调保护、传承与发展传统文化的行为所产生的影响，确实达到了从村寨内向村寨外扩散的效果。

当然，在民族文化生态村受到关注的同时，由于对外交流的日趋频繁，项目组也担心业已取得的成绩能否经受得住更多外来影响的冲击。显然，要把村寨孤立起来研究是不现实的，也不符合民族文化生态村建设的理念。但是，外部因素的干扰和进入是项目组和村民都无法左右的，因而迎接外部的挑战是项目组不可回避的问题。另外，项目组总有一天是要撤离巴卡小寨的，项目组退出后，文化生态村建设如何运作，如何继续下去，项目组和村民一直都在探索中，能否找到一个继续下去的良好模式也未可知。加之"文化生态村"在中国是一个全新的应用人类学案例，项目组在工作当中遇到的问题，都需要项目组、村民以及社会各界人士一同去继续探索和总结。

就传统文化保护、传承与发展而言，项目组基于人类学田野研究的事实，没有把文化与政治、经济、生态等割裂开来看，而把文化保护与传承的行为寓于项目进行的各项建设之中。有人认

图 39 村民烤茶

为，有些建设，如道路、公厕等似乎与文化无直接关系，其实不然。道路的建设可能影响甚至改变村寨中家户之间来往的频率，从而影响村寨中人与人的关系，进而影响村寨的交往模式；而厕所的引入，则可能改变村民的卫生观念和社会风化。可见，项目组把文化生态村的建设目标定位为促进人与人、人与自然、人与社会的和谐相处，也就是探寻村寨综合发展的模式，是对文化、生态、经济、社会不可分割这一事实的尊重。一个村寨，一个社区如果具有自我发展的方向和目标，并且这种方向和目标是由村寨自身民主决策作出的，那么其表现在政治、经济、文化上的结果，我们就应该尊重。即使在其中一些传统文化因子会被放弃，一些会被继承，而有的则被改造创新，这时我们应该做的是把这些现象放到村寨内外互动的过程中来看，如果外部的力量扰乱了村寨自身运作的规程，那么，一方面我们需要注意外部力量可能对村寨变迁产生的不良影响；另一方面我们更应该向村民解释说明，他们目前在实践着的那些受外部因素影响，而由基诺社会产生的生活方式，可能会有更好的选择替代方式。当然，项目组在文化保护与传承上，并不是替村民作出选择，而是让村民在熟知村寨内外的情况下，在尽可能少受外部因素干扰的情况下自己作出选择，也就是说促使村民探索出一套文化传承、文化抗拒、文化涵化相结合的机制。当然，这就关系到村民经济的发展、教育状况等因素，因此文化保护和文化建构是一项系统工程。项目组只是在一个时段上进入到其中，而且是一个未竣也不可能被完成的工程。

（四）外部社会力量

1. 基金会：有创新吗？可持续吗？可推广吗？

基诺族文化生态村能够实施建设，可以说福特基金会的作用非常关键，一方面基金会提供资金支持，使得文化传承与保护所产生的各种费用有了着落；另一方面基金会项目官员的理念对于文化保护与传承道路的探索也产生了积极的影响。基金会官员明确提出，基诺族文化生态村（当然也包括其他试点建设村寨）建设，不是基金会出钱建设几个具体的实物，也不是完全由项目专家去组织搞一些活动，而是需要村民的广泛参与，形成一种村民为主体的社区文化生态保护与传承的模式。另外，建设所取得的一些经验可以为一些面临同样文化生态保护与传承困境的地方或民族提供参考。

基金会在评价建设成效时，更看重建设理念的培育，村民思想观念的改变以及村民自主能力的提升。或者说，基金会之所以愿意资助"民族文化生态村建设"这个项目，主要是因为：一是项目采取文化静态展示与动态传承相结合的方法，但更注重动态的保护与传承，就是说，强调在生产、生活中进行文化生态的保护与传承；二是项目强调就地保护，也就是文化生态的保护不脱离村民生活的背景；三是项目主要依靠专家学者和村民，以民间的力量来探索文化生态保护的可能性。

图40　基诺族妇女

显而易见，基金会官员与项目专家在依靠村民、发动村民、提高村民能力上达成了共识，因为，在他们看来没有村民的参与，没有村民的主动性，没有村民在项目组专家退出后的持续性，民族文化生态村就没有创新可言，也就达不到探索边缘族群在日趋全球化的今天如何传承自己的文化，如何为文化多样性的世界作出贡献的问题。

而在民族文化保护的地域范围上，基金会和项目组专家也在依托一个规模适中的村寨上达成了一致。但基金会在全球范围内都有资助项目，因而基金会官员希望在基诺山取得的经验能够在其他地方进行一定的推广，或者至少能够为文化多样性保护提供一个独特的案例，从而为其他地方提供参考。

正是基于以上的共识，基金会在提出"创新、可持续、可推广"的要求之后，资助专家学者充分发挥才智，大胆探索现代化加速进行的中国及其边缘族群的文化发展。

2. 友好人士：我们支持你们

对于民族文化，并不缺乏热心者，对于他们可以分为不同类型。第一类人士是"美己之美，也美人之美"者，他们认为世界是多姿多彩的，世界在文化上应该是一个多样性的世界，而不是一种文化一统天下的世界，人类历史上是这样，人类的将来也是这样；第二类人士是深受现代都市问题困扰者，他们想在异乡、边疆、民族地区寻找乡愁，走到异地他乡具有民族特色的文化生态时空当中，他们可以放松自己，暂时忘却烦恼；第三类人士是文化开发商，他们对民族文化的热心，最重要的是看到民族文化可以资本化应用的方面，希望通过民族文化来发家致富；第四类是文化发烧友，他们对民族文化的热心很多时候是把自己的行为看成一种时尚，并不过多地去想一些大道理或者深层次的东西。

从基诺族文化生态村的建设过程来看，上述四类人都对其表示了兴趣。当然，在探索基诺族文化保护与传承的过程中，他们所起的作用是不一样的，对于第一类人，他们认为在文化多样性的世界中，各个民族的优秀文化都有其存在的价值，基诺族的传统文化也是这个多样性构成的一部分。因此，他们中一部分人愿意力所能及地无偿资助基诺族文化生态村进行尝试性的建设，而且不干预基诺族文化生态村的建设过程，他们的资助为基诺族文化生态村的探索提供了一些物质保障；而另外一部分人对基诺族

图41　颁发名誉馆长聘书

文化生态村的探索给予精神上的鼓励，为基诺族文化生态村的建设赢得了一定的社会环境和舆论空间。对于第二类人，以各种类型的游客为代表，他们或慕名而来或偶然来到，他们的到来在一定程度上间接鼓励了村民继续参与民族文化保护与传承活动，也使得部分村民得到了一定的经济实惠，客观上对基诺族文化生态的保护、传承与发展作出了贡献。对于第三类人，他们对基诺族文化生态村不进行旅游开发表示不解，并对基诺族文化生态村建设活动泼冷水，也对基诺族文化生态村建设选择巴卡小寨进行试点表示疑惑，并且他们的关注激发了村民对旅游业在本村兴起的期待，在一定程度上影响了村民的理念，这类人对基诺族文化生态村建设的负面影响大于正面影响。对于第四类人，他们的到来，间接鼓励了村民参与文化保护、传承与发展的行为，但在一定程度上也激发了村民追求、模仿大众文化的意识。

3. 游客：轻轻地我来了，还能轻轻地走吗？

随着云南旅游业的发展，西双版纳早已名声在外，此地的热

73

带风光、民族风情在他者眼中都充满了神秘色彩。由国家、学者合力提供给外界的基诺族形象，更是让充满好奇心的游客心向往之。从国外到国内，踏入这片山谷的人越来越多，他们的言语、行为举止被村民看在眼里，记在心里，不时模仿一下。大山里的年轻人终于坐不住了，"我们这里除了山，还是山"的告白透露了走出大山的渴望，尤其是女孩，大多初中毕业就纷纷离家到景洪、昆明等地打工，从此她们基本上就告别了养育自己的这片土地，而在异地他乡落地生根，而留下年轻的小伙子们，在寨子里喝着闷酒，打着光棍，而小伙子们在村里面也是身在此地心在他乡地混日子。其实，游客在满足了好奇心、看到了所谓的原始落后的同时，他们也带走了许多年轻村民的心，刺激了村民对本民族文化的自卑情结。正如一位基诺族乡领导曾说过："说我们基诺族落后倒是事实，但是哪个要是看不起我们基诺族，我不答应。"

当然，游客的到来，带走的信息也会被社会各界所关注，一些人还带着他们的理念和梦想来到基诺山，通过资金、技术等渠道，以项目开发等形式参与到基诺族文化的当代发展中来。可以说旅游者的到来往往会涉及基诺族日常生活的方方面面，其影响会渗透到社会现实的每个角落，在生活的细枝末节中逐渐改变整个文化的形貌。

在现代化不断发展的今天，旅游业的兴起对民族文化既是一种机遇也是一种挑战，基诺族文化生态村的建设无疑是不能回避它与旅游开发之间究竟是什么关系的问题。虽然基诺族文化生态村建设不以旅游为目的，但并不排斥旅游的发展。而是说在开展旅游的过程中，我们首先得问发展旅游能给广大村民带来什么？能给他们的生态环境和文化状况带来什么影响？发展旅游最终的目的是什么？我们知道旅游有三个基本要素，"它们形成了一个等式，即旅游 = 休闲时间 + 可供自己支配的收入 + 积极的地方认可（即对旅游目的地的认可）。"① 从这个等式中我们可以看出，旅游目的地相对于游客而言往往是处于被动状态的，因而为了吸引游客，东道主一方就有可能采取积极的迎合行为，而往往忽视这种行为是否与本地区的文化生态实际相适应，从而产生在旅游过程中，民族文化被扭曲、过度商品化、当地人生存环境被破坏的局面。与此同时，从旅游业中获利的往往是外来的开发商和当地少数人，而大多数人的生活状况在旅游开发中并未有实质性的改观。因此我们对民族文化的旅游发展应采取审慎的态度。当然，旅游发展与民族文化的保护和发展也并非完全矛盾，正如上面提到的几个问题，关键在于旅游发展的目标和实际运作的情况如何。如果旅游的发展是适度的，并且能够在发展过程中把民族文化不卑不亢地展示出来，能够促进广大村民获得并进行公平的财物分配，这样的旅游是可以在民族文化生态村中开展的。在民族文化生态村建设中，项目组与村民一道要保护和发展的民族文化以及当地独特的生态环境是吸引游客的主要因素，由此就存在着进行适度的开发旅游的可能，如果在旅游发展中强调当地人的自主管理、自主经营，并由此带动当地餐饮、住宿、娱乐等行业的发展，使当地广大村民得到实惠，而村民得到了实惠，对民族文化的保护与发展以及对生态环境的维护热情自然也就提高了。这就促进了民族文化、生态保护与旅游发展的良性循环。

当然要做到民族文化、生态保护与旅游发展的良性循环需要文化、生态、人员等多方因素的协调，因而很难在各地实现，特别是受外来文化影响深刻的地区就更难做到，因为对多数地区而言，恢复本地区文化、生态与人的良性互动和动态平衡才是首要的，旅游发展只应是民族文化生态村建设过程中的副产品，不可

① ［美］瓦伦·L. 史密斯主编：《东道主与游客——旅游人类学研究》，云南大学出版社，2002 年 2 月第 1 版，第 1 页。

图42　游客和村民在一起

强求，并且地方的发展除了旅游业、工业化外，理应有其他选择。

　　更进一步的来看，民族文化旅游的发展，一方面少数民族村民要依靠传统文化、民族特色来吸引游客，另一方面，游客所代表的现代性、都市生活又是少数村民所追求的目标。因而，少数民族村民在传统与现代的连续体中是希望借助传统的、民族的来实现、达到现代的目的，而游客在这个连续体中，是以现代作为资本，其偶然进入到少数民族独特的文化时空当中，以满足自己的好奇心或怀旧情感，因而民族文化并不是他们最终想要的。可见，民族文化旅游这一现象中，民族文化已作为一种符号而存在，在某种程度上，加强了游客自身现代性身份的认同。也加强了少数民族村民对本民族文化的表面化应用。因此，就目前来看，民族文化旅游并不能给少数民族传统文化的继承提供一条最理想的途径。

4. 传媒：塑造"好"的基诺族形象

现代媒介延伸了人体各部分的功能，使得人们之间的空间距离变得越来越小，从而世界展现出一幅"地球村"景象。昔日人们心目中的瘴疠之区、闭塞之地——基诺族居住的基诺山，在电视、电话、广播等传媒和通讯方式的内引、外传的作用下，也加入到了世界的信息化浪潮之中，与外部世界紧密地连为一体了。到2001年底，"全乡实现了村村通电、通路。通讯方面，已开通了巴坡、巴亚新寨、巴亚中寨、巴朵、新司土、巴昆、巴来中寨和巴飘8个村小组程控电话，开通了移动通信电话。广播电视方面，全乡有7个村委会14个村寨已解决闭路电视，完成从景洪至基诺乡机关电视光缆架设安装"。[①] 上述作为基诺山经济社会发展中的基础设施建设，作为基诺山经济低起点，快速发展的证据，在不同时期都被人们屡屡提及。然而这些事物所带来的影响，除经济方面的表现外，其他如对基诺族社会、文化等方面可能带来的负面影响却鲜有人提及。

事实上，今天在基诺山看电视已成为人们日常生活的一部分，成了人们了解外部世界的主要途径，世界的风情、城市的风尚，村民都历历在目。小伙子、小姑娘们的穿着打扮，交友待客方式都可以从电视剧中找到源头。城市流行看韩剧、听阿杜的歌曲，基诺村民有过之而无不及。电视媒介以一种无可争议的形式，对村民宣扬着山区之外各种色彩斑斓的生活方式，影视剧中的生活才是值得过的生活，是大众媒介给基诺人的答案。毫无疑问，影视媒介带来的主流文化或者说大众文化、广告消费文化从外到内，渐渐形塑着村民的文化价值方向。而这种方向更多地表

① 纳培：《统一认识 坚定信心 转变作风 扎实工作 努力促进经济持续健康发展和社会全面进步》，在基诺族乡第四届人民代表大会第一次会议上的报告，2002年1月24日。

现为简单地模仿如青年的披头、染发，也表现在如庆祝生日、婚礼、丧葬等活动之中的借用。显然，今天大众媒介所带来的大众文化在日常生活中正侵蚀和改变着基诺族传统的面貌。基诺族传统文化如上所述在整体上已发生了改变，而现在在具体的文化特质上也在丧失原有特色。

图43　穿着时髦的基诺族

今天走进基诺山寨的家庭，几乎家家有电视，并且大部分家庭已有了VCD、组合音箱。从基诺族文化生态建设的巴卡小寨来看，在从事民族文化生态村建设之初，全寨总共64户人家，仅有7户没有电视，而没有电视的村民，一般会在空闲的时候，特别是晚上集中到有电视的村民家观看。许多村民家在电视前还设了地铺，或躺或坐于此，神情专注于电视中，特别是到假期，学生放假回家，在村寨中，从早上起床到晚上入睡前，都可以听到流行音乐在山谷中回荡，在此作调查，会被这些音乐勾起对城市的思念。面对电视剧、影碟的轰炸，村民在充满迷惑的同时也充满了好奇与向往，青年们纷纷从影视剧中找到了偶像，竞相模仿，披头、染发、穿风衣、牛仔裤，外人走在他们中间会有一种迷失之感。毫无疑问，影视媒介带来的异文化从外到内，正渐渐形塑着村民的文化建构方向。

虽然在媒介的主流话语中，直接以基诺族为体裁的文艺作品很少见，但是"56个民族，56枝花，56族兄弟姐妹是一家"的歌声，也为基诺族在文艺界谋得了一席之地。各种类型的民族歌舞会演、民族大联欢、民族艺术丛书等活动和形式，自然有基诺族的身影。而且在此过程中，人民又获得了认识基诺族的另一种形式，即基诺族大鼓（太阳鼓）和大鼓舞（太阳鼓舞）在他者眼中成了基诺族的代名词。然而外界借助媒体，往往从文艺界的表演过滤中，仅仅把基诺族大鼓和大鼓舞看做一种娱乐形式，而没有认识到其在基诺族传统社会中具有的其他社会功能。而基诺族在哪儿？是什么样的？仍是少数专家学者争论和关注的问题，而对普通的他者而言，基诺族依然是脑海中一个遥远的概念。

三、基诺族文化生态村的停滞：
我们能改变什么？

　　在基诺族文化生态村各种活动举办过后，来访的人虽然不时都有，但是依然很稀疏。于是管委会的值班制度渐渐松懈了，出现了来人参观无人接待，村寨卫生无人问津，生态环境无人维护，关起来圈养的猪又放了出来等情况，村民的热情也消减了，活动场上的电灯亮了一个晚上，往往等不到一个人来练舞蹈。面对这种局面，在项目组主持下，小寨召开了村民大会，商讨应该怎么办？

图44　巴卡基诺族文化生态村标牌

在大会召开过程中，村民你一言，我一语，有的说，地里活计比较忙，没有时间参加活动；有的说，我们老百姓只会种地；有的说，生活太困难，如果生活好一点就会参加；还有许多村民私下说，门票的钱都被"当官的"用了，我们老百姓一点好处都没有。同时在管委会成员内部也出现了分歧，互相埋怨，计较谁真正做了些事，谁没有认真履行职责。面对此情此景，项目组陷入了沉思之中。

项目组的出发点，是希望民族文化生态村建设能够带动村民积极广泛参与到民族文化的保护与传承中来。据此，项目组首先向村民说理，村民虽然不是太明白，但都还是抱着试试看的态度参与了，房前屋后打起了竹篱笆，猪也关进了圈，道路也做了修整，整个村寨确实给人一种焕然一新的感觉。而事实上，村民这样做是等着游客来参观，而不是项目组希望的那样成为村民日常生活的一部分。随着时间的推移，隔三差五来参观的人并没有走进村民家里，而村民也不知道如何把访客吸引住，到访的人在村中转一圈，至多花五块钱进博物馆参观一下就走了。由于村民没有得到直接的经济实惠，时间长了，对民族文化生态村的建设开始变得灰心了。竹篱笆腐朽了没人愿意再修，泥泞的道路召集大家修整，没人响应，没人愿意出义务工。民族文化保护与传承受到了村民经济生活现实的考验。当然，小部分人还是一直在支持着项目的建设。比如资大爹，虽然也希望能够从本民族文化中得到一些实惠，但他也愿意花时间把他所知道的民族文化传给下一代人。

那么，普通村民、当地政府、参与实践的学者和社会各方，他们究竟能为基诺族文化生态的建设做什么呢？

（一）村民：我是谁？

把一个民族的文化生态保护与传承的重担放在几个人的肩上，或仅仅依靠一个村寨来完成是不现实的，但是每个文化持有者的主体意识、文化自觉意识却是至关重要的。如果能够以点带面促发这种意识，那么思想上的问题解决了，行动起来就容易得多。而如果大多数村民对自己所背负的民族文化，没有认同感、自豪感，也就不会有向下传的意识。

因而，对村民而言，对"我是谁？"问题的回答，就能够看出他们的思想意识处于一个什么样的位置。巴卡小寨基诺族村民像千千万万普通人一样，认为自己是老百姓，种地吃饭是自己的本分，当然在村民眼里即使是粮食不够吃，共产党也不会让我们饿死。村民觉得搞"攸乐"文化，搞一些活动，大家可以在一起跳跳唱唱，这样很好，但是这需要人来组织，需要有人支持活动经费，"我们老百姓，还得看当官的"。

今天，当人们再次走进巴卡小寨时，可以看到村民基本都种上了橡胶树，且大部分已经开始割胶，经济条件与前两年相比已经有了明显的好转，但种橡胶后的生态问题，如箐沟里面的水变少了；种橡胶树的山地里面除了橡胶树一片光秃，地里面的多样性种植在丧失；旱稻无人再种，村民的"百宝地"消失了，许多传统知识也随之消失。割胶之余，大家喝喝酒、打打牌、看看电视；各家各户的房屋从外到内都在翻新，家具、电器购置了更新更好的；家里面不仅安上了固定电话，小伙子们手里面还拿着个头又大声音又响的手机；去串门、上街、走亲戚，骑上摩托一溜烟就走了。

经济生活出现了富足，当别人有的物质生活自己也基本拥有时，一些村民又有些怀念民族文化生态村建设时热热闹闹搞活动

图45　正在拉线为织布做准备的老年妇女

的时光了，对目前什么活动都不搞、不组织的状况表示了不满，对年轻的村干部发出了怨言；部分村民还向笔者提出了希望帮忙争取一下重新把基诺族博物馆的日常工作恢复起来，把各种歌舞活动恢复起来。是否村民的文化自觉正在觉醒呢？如果这样，那么基诺族文化生态村建设曾经产生的作用是不可忽视的。

（二）当地政府：民族文化是敲门砖还是发展的根基所在？

今天，国家正倡导建设一个和谐的生态文明社会，力求在改革开放不断深化、经济建设不断前进的同时，促进各个民族文化的大发展、大繁荣。因而，作为最基层的一级政府，即基诺族乡政府如何认识本民族文化价值，将对基诺族文化的变化发展起到关键作用。如果基层政府仍然只把民族文化作为一块敲门砖，只是在争取扶贫资金，享受各种优惠政策的时候才拿来用一下，那么，可以想见，基诺族传统文化将继续不断消失，而在文化消失的同时，经济的发展将使得越来越多的基诺人生活在迷茫之中。和谐、文明的基诺社会将难以呈现在世人面前。目前，基诺族初中生升高中，高中生升大学的比例在不断下降；适婚女性外流不断增多；适龄未婚男性不断增加等都是基诺社会中的不和谐因素。而这些因素的产生，很重要的一点就是基诺人失去了对本民族文化的自信，进而失去了对自我的信心。正因为这样，基诺族在经济上要追赶，要让人看得起，而在思想观念上则要把代表原始落后的民族文化抛弃掉。正如一位乡政府领导所说："我们基诺族从原始社会走过来，不努力追赶，我们就永远落在后边。"

图46　基诺山新盖的洋楼

也正是在这种意识之下，基诺族文化生态村建设不以直接的经济发展为目标的行为受到了基层政府的冷落，基层政府最多把基诺族文化生态村看做一个可有可无的文化招牌。这种态度也直接影响了村干部和村民，当基诺族文化生态村项目组退出后，由于得不到当地政府的继续支持，基诺族文化生态村建设也就停滞下来了。然而，就是在基诺族文化生态村走入困境之时，建设生态文明、繁荣文化的发展理念却在全国兴起，可以说，文化生态村建设的理念和国家未来发展的理念是正好契合的。

可见，作为基诺社会生态文明建设的引路人的基层政府，有必要对基诺族文化进行重新认识，看到其在构建基诺社会和谐中不可替代的价值，而不仅仅把基诺族文化生态当成争取外界关注和物质支持的敲门砖。也就是说，基层政府应该在推动基诺族社会发展变化的过程中，突出基诺族文化的精神价值，引导基诺族群众发掘和弘扬基诺族传统文化中有助于家庭和睦、社会和谐、生态保护等的文化因素。在此基础上来求得经济的发展，这样基诺社会的发展才是健康的。但这有赖于基层政府发展观念的转变和对基诺族文化价值的重估。情况究竟如何，我们拭目以待。

（三）社会：内部的缺失与外部的强势

基诺族文化生态村建设走入困境，从社会层面的原因看，一方面是基诺社会内部在传统社会组织形式消失后，没有形成一个强有力的共同体，从而使村民处于一种松散状态；另一方面，市场主导的强大外部社会，不太可能自动为基诺族文化的保护与传承提供空间。从基诺族社会与主流社会的关系来看，基诺族文化始终处于低位，并且在相互的接触中，主流文化往往以理所当然、不容置疑的姿态加入，从而使得基诺族文化与主流文化的交往从一开始就成了受话一方，这就决定了基诺族文化向外借用的建构表现。而基诺族文化生态村的建设，首先想做的就是树立村民对本民族文化的自信，也就是改变基诺族文化与外来文化之间的对话关系和交往模式。项目组无论是在培训、召开村民会议的时候强调基诺族文化自身的价值，还是通过引入厕所、洗澡间等来引导村民在村寨、在本民族文化的逻辑之上改造外来的东西，初衷都是转变基诺社会与外部社会不对等关系的探索性实践。而事实上，村民也并非异文化的奴隶，他们同样有着民族自豪感，项目组以尊重的态度进入到基诺族文化当中时，我们仍然能看到基诺族文化的丰富性与生命力，同样也能体会到村民的创造力，而这种创造力是村寨把现代性引入并村寨化的条件。项目组进入村寨，作用就在于激发村民的潜力，并为这种潜力的发挥创造条件。然而，项目组的力量与市场主导的整个社会相比，毕竟是有限的。项目组虽然可以在一定程度上影响社会的价值导向，也可以从村民方面做一些工作，但是不能改变整个社会，因此，基诺族文化生态建设，需要参与其中的社会各方处于适当的位置上，为基诺族文化生态建设创造广阔空间。

图47　正在炸米花的基诺族

（四）学者：回到书斋还是走向田野？

我们看到，作为基诺族传统文化消失与保护言论的回应，以尹绍亭为代表的一些学者应用人类学的视角和方法，主动参与到基诺族当代的文化建构中来，主动引导基诺族的文化变迁方向。他们的这些实践行为往往也受到一些人的质疑，加上基诺族文化生态村到目前的停滞不前，更让人们对人类学者能否在社会流变中探索出一条对基诺族而言，能实现人与人、人与自然、人与社会和谐发展的路径表示怀疑，甚至出现了一些对人类学者探索性工作所作出贡献的诋毁。

我们看到，在基诺族文化生态村建设的过程中，学者们通过多种方法动员和号召村民举办了一系列的文化传承活动，从硬件和软件两个方面都做了工作，他们不以开发为目的，为的是使基诺族文化能够在村民的日常生活中得到的继承与弘扬。

虽然，今天随着基诺族文化生态村项目组的撤离，基诺族文化生态村并没有能够独立成长起来，各种文化传承活动逐渐停止了；基诺族博物馆没人管理了；"妇女·民兵之家"闲置了；村寨卫生、公共厕所也没人打扫了；公共活动场所也长上了荒草。可以说，目前的状况与项目组成立之初要达到的目标是格格不入的。

但是，专家学者毕竟不是村民，也代表不了政府，他们从坐而论道转向用自己的知识服务于自己的研究对象，已经是难能可贵了，因此我们应该向他们致敬，从他们身上我们可以看到中国知识分子的社会关怀与学术良心。正如马克思所说："哲学家们只是用不同的方式解释世界，而问题在于改造世界。"因而，行动着的人类学才是有生命力的，才是世界真正所需的。

特别是今天，在国家层面正积极制定建设生态文明和促进文

图48　学者和村民一起进行建设

化大发展、大繁荣的战略之时，我们看到了民族文化生态村实践者的先见之明，也注意到民族文化生态村建设所积累的经验，将为正逐步展开的生态文明建设和文化繁荣的各种实践提供参考的可能。

四、基诺族文化生态村建设停滞
原因的分析与思考

通过对基诺族文化生态村建设过程的回顾，我们已经看到，基诺族文化生态建设个案之所以停滞不前，既有基诺社会外部的原因，更有其内部的。然而，同为民族生态村试点建设的村寨，并且在基诺族文化生态村之后建立的仙人洞彝族文化生态村、南碱傣族文化生态村，在文化生态村项目组专家退出之后，今天却仍然在继续建设，持续发展，那么基诺族文化生态村与其他两个村寨相比较，究竟缺少什么才导致了目前的状况，在此，有必要对巴卡小寨基诺族文化生态村与其他两个文化生态村进行一番比较，从而来思考巴卡小寨建设停滞的原因。

（一）起点上的比较

仙人洞彝族文化生态村项目组 1999 年成立，当时，仙人洞村有 173 户，759 人，除 1 户汉族外，其余全为撒尼人。村民人均水田 2 亩、旱地 1.5 亩，约 2/3 的村民从事农业种植，其余从事渔业，经济形态单一，1997 年以前，村民人均收入仅 280 元，约有 40% 的村民未解决温饱。仙人洞村自然环境优美，村旁有天然湖泊仙人湖，湖水面积 2 平方千米，仙人洞村的民族文化资源丰富，民族语言、服饰、民居建筑、宗教信仰、婚恋习俗、伦理道德、歌谣传说、歌舞、工艺等都有保存，但村民的文化生活却十分贫乏，传统文化处于走向衰弱的过程中。

而南碱是一个花腰傣村寨，2000 年开始立项建设，全村有

图49 巴卡村民建盖茅草房

55户，271人，村民自称"傣卡"。全村有耕地面积438亩，其中水田216亩，山地213亩，人均占地8~9分，属于人多地少的典型村寨。南碱位于元江上游的漠沙江江口之畔，适宜种植热带水果，具有优美的田园风光，村旁还生长着大量野生稻；同时，傣卡的语言、服饰、饮食、工艺、文艺、体育、节日、歌舞、宗教信仰等虽然在南碱有遗存，但大多已无文化传承人，在现代化逐步推进的情况下，南碱傣卡的传统文化当时已经处于濒危状态。

与仙人洞村和南碱相比，巴卡小寨的基诺族文化生态村，1998年立项，1999年正式开始建设，属于建设较早的村寨。建设之时，巴卡小寨有61户，267人。人均土地面积12亩，属山区地区土地较少的村寨。村民主要以山地旱稻、玉米等粮食作物种植为主，同时兼种西番莲、砂仁、橡胶等经济作物。在建设之初，巴卡小寨虽然离集镇比较近，但却是基诺族地区民族文化保留较为完整的寨子，当然巴卡小寨也存在关心民族文化的多为老年人的现象。

通过以上比较，可以看到三个村寨起步时有一些共同特点：①村寨人多地少；②村民经济生活贫困；③村寨具有区位优势或生态优势；④民族传统文化既有一些保存，但同时面临异化、消失的危险。

通过比较，也可以看到，在建设的起步阶段，巴卡小寨与仙人洞村和南碱相比，在村寨基本情况方面，并没有显现出明显的劣势。而且作为人口较少民族，基诺族在经济发展上还享受国家的一些特殊扶贫政策。也就是说，从物质层面看，巴卡小寨并没有明显落后于另外两个村寨。

在起步之后，仙人洞村在发掘整理民族文化的基础上，结合当地有山、有水的特点，发展起了民族旅游，村民开办起了农家乐，为游客提供食宿，村里面组织建立了歌舞队，为游客进行参与式的表演。实践证明，仙人洞村吸引游客的主要原因是彝族撒尼人独特的文化和仙人洞村独特的生态环境。当然，这一点村民也深知，因此，在村干部的带领下，仙人洞村举办了彝文学习班、毕摩培训班；对民族文化资源进行了收集、整理、保护和传承；对村寨的民居、排水系统等进行了改造和建设。在村民的积极参与下，在村干部有力的带领下，在地方政府的指导下，在项目组专家的协助下，仙人洞村取得了以民族文化的恢复和发展带动旅游业的发展，以旅游业带动村社经济发展，以村社经济发展带动生态环境的维护和民族文化的发掘、保护、传承和革新的良性循环。

而在南碱，旅游并没有像仙人洞村那样形成产业。村民种植了水稻、甘蔗、青枣等大量农作物，这也使得村民一年四季并没有太多闲暇时间。而南碱花腰傣村民却借助文化生态村的建设，恢复了"四月节"、"花街"、"祭竜"等民族传统文化内容；并在此基础上，在南碱形成了一个周期相对固定的乡村集市。在赶集之时，附近村镇的人纷纷来到，在此进行物资、商品、友情和亲情的交流。可以说，文化生态村的建立，使得南碱在地方社会中，取得了独特的位置和名声。特别是传习馆的建立，馆内展品的陈列，民族文化的现场传承，不仅让南碱周围的村社羡慕，也使得不时有远方的客人慕名而来。这样的情况，使得在地方社会人们的观念当中形成了一个共识，即来南碱，这里不仅有吃的、有喝的，还有花腰傣文化可以欣赏、学习。因此，在人们看来，来南碱在满足口腹之欲的同时，还可以提升个人的层次。村民也因此而自豪，在与人分享各种美食的同时；还要带人参观传习馆，告诉别人里面的文物，哪件是自家的，哪件又是谁送来的，这些已变成村民接待客人的一个重要活动内容。事实上，南碱村民并没有想通过文化生态村建设，获取多少物质利益，他们更看重随着文化生态村建设的进行，南碱逐步受人关注，村民在自娱自乐的同时，能够与人分享快乐，并且能够得到别人的欣赏和尊重，这是支撑着南碱村民积极主动推进文化生态村建设的主要原因。

而对于巴卡小寨，面朝国家级自然保护区、近邻著名的旅游景点，区位优势，生态优势都比较明显。并且项目组还组织人力、物力在寨中建立了基诺族博物馆；改造了道路；支持村民修建了"妇女·民兵之家"；修建了厕所；进行了民居改良示范；举办了系列文化传承活动等等，然而，在种种努力过后，巴卡小寨的文化生态村建设却出现了停滞的局面，原因何在呢？

（二）停滞原因的多种说法

对于巴卡小寨基诺族文化生态村建设的停滞，村民、当地政府、科研人员和参与建设的专家都有着自己的解释。在此，笔者

图 50　巴卡小寨旁边的睡美人山

进行逐一叙述并与仙人洞和南碱进行一些横向的比较。

巴卡小寨村民自己的解释，主要可以归结为：①自己生产劳动忙，没有时间搞文化生态村建设的事情。对于这一点限制性因素，正如上面所述，其实在仙人洞、南碱也存在，因而这一点不能成为解释基诺族文化生态村建设停滞的原因。②政府不够重视。前面已经说到，省、州、市政府，至少在政策上面对民族文化生态村建设是重视的；当然，在资金的投入上面应该说各级政府，特别是当地政府确实是很少的。整体而言，政府在民族文化保护、传承方面的投入，从目前的资金投放情况来看，仍然只能开展一些普及性的调查、摸底和搜集整理工作。虽然省政府也逐步命名了一些省级民族民间文化艺人，但这些艺人有证书、有荣誉，而没有民族文化保护、传承的经费。因此他们对本民族文化的作为如何，要看各个民族民间艺人的个人观念、能力，及其在

93

当地人当中的地位和角色。巴卡小寨与仙人洞、南碱相比，在政府支持方面，既有相似的地方，也有不同之处。相似之处就是，三个村寨都面临着相同省情和民族文化保护、发展政策；不同之处在于，地方政府在看待民族传统文化的价值，以及在发挥民族传统文化价值方面。在政府的作为方面，与仙人洞和南碱相比，巴卡小寨和乡政府主动性相对弱一些，相关部门很少到县、市、州、省城等就本民族文化的发展去呼吁、奔走，寻求帮助，因而可以说在一心一意发展经济的思想指导下，当地政府没有文化保护的紧迫感，没有民族文化消失的危机意识，思想上对民族文化发展不够重视，行动上也就没有太多表现。因此，当地政府对民族文化发展不够重视是基诺族文化生态村建设停滞的原因之一。这样的说法是不违背事实的。③没有旅游的带动。当今社会，少数民族文化从"原始落后"的象征转变成了"旅游的名片"。基诺族村民也受到此观念的影响，但在如何把民族文化转变成旅游资源方面，巴卡小寨乃至整个基诺山都缺乏具体的规划，对本民族文化缺乏准确的认识。如在基诺山开发出来的民族文化旅游景区里面，为了迎合游客而建起了"野人谷"，招来一些外地人，在这一景点里面表演吃生肉、风餐露宿等所谓的原始生活场景。而这样的景点不仅没有得到当地基诺族同胞的认同，而且还把不属于基诺族的历史形象加在了基诺族的头上，引起了部分基诺族长老的愤慨。显然"野人谷"这样的景点是为了短时的经济利益而歪曲民族文化的事例；并且外来公司组织开发的旅游并没有让村民参与进旅游行业中来，旅游景点旁边的村民与旅游景点完全是隔离的，当地村民并没有从旅游中获益，村民的文化保护、传承活动也没有因旅游景区的存在而有明显的改进。而以民族文化生态保护、传承与建设为目的的民族文化生态村，其建设的重点很明确不在发展旅游上，因而村民发展旅游的愿望通过民族文化生态村建设也是不能够实现的。当然，如果要在巴卡发展旅游，必须有赖于村民发挥自己的能力的提高，有赖于当地政府的规划与资金支持。但这一切的前提是巴卡小寨要有发展旅游的资源，要能既吸引游客，又能吸引资金的进入。如前所述，巴卡小寨处于亚热带山地河谷地区，具有独特的亚热带风光和典型的刀耕火种农业；民族文化也独具特色，具有发展生态旅游和民族文化旅游的潜力，但是可以看到，巴卡小寨村民，乃至整个基诺社会的民族文化旅游意识，或者说民族文化旅游的从业意识尚未真正形成。那么，没有发展旅游是不是就不能进行民族文化生态的保护、传承呢？南碱的个案已经向我们表明，旅游并不是进行文化生态建设的必要条件。因此，这项理由也不能成为解释巴卡小寨民族文化生态建设停滞的原因。④不能为自己带来实实在在的好处。在巴卡小寨，可以看到各家各户互相帮忙不用报酬是很正常，也很经常的事情，如村中有建房、结婚、丧葬等事情，村民都会不请自来，很热情的共同参与，让人深深感受到巴卡小寨村民集体行动的力量。当然，村民积极参与这些集体活动，是因为这些事情都处于村民的互惠系统中，在这些集体活动中的村民参与，要么是为了自己需要或是得到别人的回报，要么是回报别人。而民族文化生态村建设，作为一项外来学者引入的集体活动，村民仍然按原有的村社互惠逻辑来看待。因此，村民就会想，自己来参与之后，谁来回报自己，以什么样的方式来回报，多久能够得到回报等问题。而民族文化生态村建设是把所有村民当做主体，因而村民就找不到回报自己的主体。因此，要解决这一问题，就还需要村民文化自觉的进一步提高。如果巴卡小寨村民能够像南碱村民那样以民族文化生态村建设为荣，并以文化生态村建设为契机，主动搭建对外交流的平台，那么希望通过民族文化生态村建设得到实实在在好处的问题就能够得到解决。

而对于当地政府，在面对询问时，一些部门和官员给出的解释往往是：①巴卡小寨离乡政府太远，不便于管理。众所周知，

图51　集体劳动中的巴卡小寨村民

巴卡小寨离乡政府35公里，由于路况不好，驱车单程约2个小时。同时巴卡小寨地处基诺山的边缘，当地政府长期以来也很少花费精力来关注，这样的情况在民族文化生态村建设之后，曾经有所改变。由于上级政府的关注，曾经使得当地政府官员时常出入巴卡小寨，但是上级政府做出姿态之后，当地政府并没有把文化生态建设作为一项长期的工作来规划，而是有事则来看看，无事则任其自然。当然当地政府对巴卡小寨的文化生态建设也就谈不上有什么具体的管理了。②巴卡小寨的文化生态建设是学者自己的行为，与政府关系不大。正如前面所提到的，当地政府更看重的是扶贫开发项目，对于具有公益性质的文化生态保护项目，一方面是不能带来经济效益；另一方面也无暇主动去征求专家学者的意见。因而，当地政府更多的时候是配合上级政府的工作安排时才会找到专家学者，了解一下建设情况。因此，当地政府还没有形成基诺族文化生态村建设是自己事的意识。③发展经济才是硬道理，旅游开发更重要。在当地政府的眼里，基诺族在经济上落后的事实，是基诺族被认为落后的根本所在，并且经济发展也是政府考核工作业绩的主要指标。因此，在当地政府官员的眼里，经济发展比任何事情都重要。而对于基诺族文化，无论是对其进行保护也好，传承也罢，都应该以能够为基诺族经济发展提供帮助为前提。在这样的观念之下，在当地政府看来，民族文化的价值的体现就在于发展民族旅游，而旅游能够给当地政府带来财政方面的收入，这是当地政府最为看重的。而民族文化生态村建设，不仅没有发展旅游，没有为当地政府带来收入，还要当地政府官员无偿出义务工，当地政府官员的对巴卡小寨民族文化生态村建设，所持的态度就可想而知了。因此，无论从当地政府官员个人的利害，还是从整个政府机构的运转的成本来考虑，民族文化生态建设都将被放在比较次要的位置。

图 52 新建的基诺汽车客运站

而一些科研机构关心基诺族经济社会、文化生态发展的研究人员，经过研究后认为巴卡小寨个案停滞的原因是：①经济形式单一，且以种植业为主，特别是忙于种植橡胶。"因为橡胶不仅价格看好，而且技术简单，也容易进行家庭管理。在项目组调查的45个样本农户中，有36个农户种植了橡胶，面积达1 112亩，户均30.9亩，最多的80亩，最少的3亩。这已经超过了乡政府给我们提供的全村的橡胶总面积，说明多数农户已经把重点放在了橡胶的生产上。"① 确实，巴卡小寨近些年来，橡胶种植发展很快，但橡胶种植与民族文化生态建设并不是必然矛盾的。而且橡胶一般都是在一天的上午收割，而空闲出来的下午和晚上就为村民从事其他活动创造了条件。但巴卡小寨在没有文化生态村项目组专家进行组织之后，即使有空闲时间，也没有人站出来带头组织文化生态建设活动。②没有发展民族旅游。"由于旅游没有发展起来，巴卡小寨的经济目前仍然以种植业为主。博物馆没有得到有效管理，且已经破败不堪，里面的陈列物开始脱落或者布满灰尘的门是锁着的，看上去已经很长时间没有开了。年轻人向老年人学习传统艺术的活动也停了。由此可以看出，如果没有经济利益的驱动，巴卡小寨的民族文化的传承似乎将难以为继。"② 这里的问题是，没有民族文化自觉的意识，民族旅游又如何开展？即使旅游已经开展了，是否就一定能够带动民族文化的保护与传承？③没有发展文化产业。"巴卡小寨有紧靠西双版纳旅游东环线和国家级旅游风景区——中国科学院西双版纳热带植物园仅6千米的区位优势，联系旅游局等有关部门建立基诺族旅游小区，作为基诺族传统文化中优秀部分的宣传窗口，通过提供民族旅游产品如民族服装、民族餐饮、旅游纪念品等使村民获得经济效益的同时，又学习、意识到本民族传统文化的独特，从而加以

---

① 郑海、罗明军、萧云鑫：《巴卡小寨的启示——基诺族乡脱贫与发展的设想与建议》，载《今日民族》2007年第2期。

② 郑海、罗明军、萧云鑫：《巴卡小寨的启示——基诺族乡脱贫与发展的设想与建议》，载《今日民族》2007年第2期。

尊重和爱护，达到保护民族传统文化的目的。基诺族生态文化博物馆作为一种单一的旅游资源很难为当地社区带来显著的经济回报。它同时也说明，政府有关部门和外界的支持对社区发展旅游业能够起到重要作用，但替代不了社区自身。面对种植橡胶丰厚的回报，如果没有社区的自我组织和有效管理，如对养狗的控制、牲口实行圈养，在政府的支持下采取协调一致的行动，旅游难以发展和壮大。"① 针对以上局面，学者研究后提出了尝试社区参与式旅游开发管理模式的建议，"倡导社区参与公司的旅游开发管理，包括规划的制定、制度的修订和执行、利益的分配等，建立真正意义上的与'公司＋农户'模式相适应的民主管理模式。"② 从而来增加村民的收入，改善社区的生计安全。当然，学者也认为这一模式的成功有赖于"社区居民自身文化素质的提高、商业意识的增强、从业能力的建设、社区旅游资源的保护意识等方面。"③ 可见，在研究人员看来，观念和意识问题，仍然是巴卡小寨发展旅游和进行文化生态建设的关键因素。

而参与项目建设的专家经过反思后，认为巴卡小寨基诺族文化生态村建设停滞的原因主要在于：①村民缺乏文化自觉。文化自觉是费孝通先生一直在提倡的，他认为"其意义在于生活在一定文化中的人对其文化要有'自知之明'，明白它的来历、形成的过程，所具有的特色和它的发展的趋向，自知之明是为了加强对文化转型的自主能力，取得适应新环境、新时代文化选择的

---

① 郑海、罗明军、萧云鑫：《巴卡小寨的启示——基诺族乡脱贫与发展的设想与建议》，载《今日民族》2007 年第 2 期。

② 郑海、罗明军、萧云鑫：《巴卡小寨的启示——基诺族乡脱贫与发展的设想与建议》，载《今日民族》2007 年第 2 期。

③ 郑海、罗明军、萧云鑫：《巴卡小寨的启示——基诺族乡脱贫与发展的设想与建议》，载《今日民族》2007 年第 2 期。

图 53　参加订婚仪式的村民

自主地位。"[1] 在巴卡小寨，村民虽然自认为"攸乐人"（基诺族），但对于基诺族有些什么样的文化，除了几位长老外，普通村民已经不能说清楚。虽然在现实的生产、生活中，村民在实践着自己本民族的文化，但是随着外来文化的不断涌入，村民对本民族文化的认识越来越模糊。村民统一的民族文化方面的集体活动，也越来越难组织。特别是年轻村民，一方面是对本民族文化的意识淡薄；另一方面是在模仿和学习外来文化的时候，缺乏分辨和判断的能力，在与外界交往时文化自卑感明显。特别在当下，当橡胶为村民带来可观的收入之后，大部分村民买了手机、摩托车，甚至有的村民还买了电冰箱、皮卡车，安装了太阳能；但是村民并没有在文化自卑感上有多少改进，在对外交往上仍然自信不足。酗酒情况依然严重，大龄未婚男青年仍然很多。巴卡

①　费孝通：《文化自觉的思想来源与现实意义》，载《文史哲》之《文化自觉与社会发展（笔谈）》，2003 年第 3 期，第 15 页。

小寨村民在经济条件改善之后，文化如何发展的问题更加凸显。②村寨缺乏得力的村干部。巴卡小寨和其他基诺族村寨一样，在从传统社会向现代社会的转变过程中，村寨长老的角色逐渐由村干部来取代。因而村寨集体活动的组织，生产、生活的安排现在都由年轻的村干部代替长老来执行。然而，通过自然法则产生的长老，在当代基诺社会中，仍然有一定的权威，发挥着影响。如在婚丧嫁娶中，基诺族长老或作为仪式的主持人，或作为婚姻的见证人都还起着不可或缺的作用。而年轻的村干部虽然是通过村民投票选举出来的，但其权威却没有多少保证。特别是在文化保护、传承方面，由于年轻人对本民族文化知之甚少，就更没有发言权。因此，在文化生态村建设过程中，如果年轻的村干部能够虚心向长老们学习，并尊重长老们的意见，发挥长老的作用，基诺族文化生态保护就能够取得较好的成效。如果年轻的村干部自作主张，只是为了在任职期间谋求一些个人的实惠，那么村干部就很难发动长老们带头参与文化生态建设活动，文化生态村建设活动就不能有效地开展。而在巴卡小寨，自从村干部实行村民直接选举产生之后，村干部选举轮换比较迅速，特别是最近三届（三年一届）村干部都由不同的年轻人担任。由于年轻，生活阅历浅，任职时间短，工作经验难于积累，他们在村干部的位置上就很难获得权威，也很难有所作为。这样的情况，一方面说明，在长老退出村寨管理之后，巴卡小寨还没有较为固定的权威能够得到大家的信任；另一方面也说明，在村寨层面，巴卡小寨的文化生态建设活动，没有得力的村干部的带领，很难有连贯性。而与巴卡不同的是，在仙人洞和南碱，年轻的村干部对民族文化生态建设活动都比较热衷，村干部的办事能力得到了大家的肯定，这样村干部连任的情况就比较多，村寨的发展连续性就比较强。③文化生态建设活动缺乏当地政府的有效支持。在前面已经说到，民族文化生态建设在起步阶段，在专家学者的参与下，在基金会和友好人士资助下，进行了一些基础设施的建设，如建设博物馆、修建村寨道路、修缮寨门等。项目组开展这些基础性的工作，目的是让村民从文化生态建设中获益，并参与到建设活动中来。同时希望能够引起当地政府的重视，把文化生态建设活动提到议事日程上，引导村民把这项工作有步骤的继续开展下去。因为，项目开始组建之时，项目组专家就知道，自己迟早是要从参与的这项工作中退出的，因而在文化生态建设过程中，探索一种长效机制，也是项目组专家一直在努力的事。无疑，对于文化生态建设长效机制的建立，项目组专家首先想到的是当地政府，因为项目组撤销之后，只有当地政府才有能力持续不断地把这项工作开展下去。然而，正如前面所说，当地政府尚未把民族文化生态保护、传承和建设工作放在自己工作的重要位置。因此，在巴卡小寨就可以感受到政府的支持力度比较小，主动性不强。所以，今天走进巴卡小寨基诺族博物馆，看到展示的图片坏了没有人来修；有的文物发霉了没人来管理；灯不亮了没人来换。这样一座以一个民族命名的博物馆，遭受如此命运，就已经能够很好地说明当地政府对民族文化的保护究竟是什么样的态度了。

总之，在项目组专家看来，基诺族文化的主体，无论是巴卡小寨的基诺族村民，还是当地基诺族政府，并没有在项目组的影响下很好的实现文化自觉。也就是说，虽然地方政府和村民都想借助民族文化发展旅游，或者实现民族文化产业化发展，但是他们并没有对本民族文化进行一个准确的认识和定位，因此，与基诺族文化相关的旅游项目或产业也并没有很好的发展起来。

（三）停滞之后的思考

显然，巴卡小寨基诺族文化生态村建设停滞原因是多方面和多层面的。而找出停滞原因的目的是为了思考和寻求解决问题的办法。综合而言，巴卡小寨的案例在以下几个方面值得从事或参与民族地区应用性项目的参与者作进一步思考。①学者参与的程度和方式如何体现出民族差异和地区差异。学者所掌握的学科理论和方法，都是一些普适性的，其实在把这些普适性的理论和方法用来解决一些民族地区的普遍现象时，如何把学科理论和方法与具体的民族文化差异和区域差异相结合，是一个难点。如要在巴卡小寨、仙人洞、南碱实现同样的目标，在具体实践中，无疑要遵循一些相同的操作规程，而当按照这些规程行事时，可能在仙人洞、南碱就能够取得建设的成效，而在巴卡小寨却不能取得，那么对于巴卡小寨，在操作规程上，又应该如何创新就是必须解决的问题。另外，在参与的程度上，一是学者参与的时间长度方面；二是在参与的角色方面都要体现出民族和地区差异。因为不同地区、不同民族的文化自觉性是有差异的，然而这种差异又如何体现仍需要探讨。②本民族的学者和人才的培养。学者参与到少数民族文化的保护与传承工作中，都是阶段性的，而只有本民族的人随时都离不开本民族的文化，因此，如果有本民族学者和人才加入到民族文化生态村的建设中来，其影响作用是远远大于外来学者的。如在云南，本民族学者比较多的少数民族，其民族文化研究得比较深入，成果比较丰富；而只是外来学者在研究的少数民族，其研究成果往往屈指可数。这样的事实说明民族文化需要文化主体自己的研究，这是文化主体实现文化自觉的重要条件。③村民自主创新能力的培养。虽然，目前有 PRA 等一些培养村民参与意识和能力的方法，但是这些方法往往把视角放在村社之内。而事实上，村民文化自觉意识的养成、能力的提高都要在对外交往中实现。也就是说，只有在对外交往中，村民才能建立起文化的适应和调节机制，来应对外来的事物。这就需要有村民走出去，又走回来，在此过程中来审视自己的民族、自己的村寨。但除了升学、参军、打工等途径外，如何来建立一种促

图54　专家学者和村民在一起

进村民提高对外交往和适应能力的社会机制是值得思考的问题。④民族文化产业化是否就是民族文化保护、传承与发展的唯一或最佳出路。民族文化的产业化，是希望本民族文化能够为本民族经济社会带来发展。然而，民族文化作为一复合性的整体，也承载着民族认同的功能，也就是说它可成为一种经济资本，但一定是一种符号资本或象征资本。因此，民族产业化发展的前提条件是文化主体对民族文化有准确的认识，知道哪些文化是可以产业化的，哪些文化是不能产业化的。同时也不能认为不能产业化的民族文化就不值得珍视，能够产业化的民族文化就一定是民族文化的精华。如果只希望实现民族文化在经济资本上的目的，而不管民族文化在作为民族的符号和象征方面的事实，民族文化就可能被异化。而当通过民族文化所要达到的经济目标没有实现时，民族文化也就可能面临被冷落的境地。因此，民族文化产业化只是民族文化保护、传承的初级阶段的一种方式，民族文化保护、传承要走向深入；就需要超越民族产业化这样的单一诉求，但这种超越的出路又何在呢？

五、路在何方：基诺族暨人口较少民族文化发展道路探讨

随着现代化的不断推进，像基诺族这样的人口较少的民族，民族文化被边缘化的可能性越来越大，因而人口较少民族的文化发展问题有时显得比经济发展问题更为迫切。正如费孝通先生所说："中国 10 万人口以下的'人口较少民族'就有 22 个，在社会的大变动中他们如何长期生存下去？特别是跨入信息社会后，文化变化得那么快，他们就发生了自身文化如何保存下去的问题。我认为只有从文化转型上求生路。要善于发挥原有文化的特长，求得民族的生存与发展。"[①]

以云南为例来看，云南有七个人口较少特有民族，其总人口共 22.6 万多人（布朗族 9 万人、普米族 3.3 万人、阿昌族 3.2 万人、怒族 2.7 万人、基诺族 1.9 万人、德昂族 1.7 万人、独龙族 0.6 万人），分别占全省总人口和少数民族人口的 0.51% 和 1.57%。主要分布在云南省怒江、德宏、西双版纳和丽江、保山、临沧等地州、市中的 25 个乡镇，169 个村委会。

截至 2001 年，云南七个人口较少特有民族人均纯收入 678 元，人均生产粮食 359 千克，仅为全省平均数的 46% 和 82%。按国家制定的温饱标准尚有 50% 的人口处于绝对贫困状态。其中，布朗族、德昂族、普米族、独龙族中的贫困人口占本民族人

---

① 费孝通：《文化自觉的思想来源与现实意义》，载《文史哲》之《文化自觉与社会发展（笔谈）》，2003 年第 3 期，第 15 页。

口的 65% ~ 70% 。而在经济处于不发达的同时，人口较少民族的文化却处于急剧变迁之中。由于人口较少，而分布又相对集中，同时没有系统的信仰体系来凝聚，使得这些人口较少民族的传统文化的许多因子在屡经社会变革后，消失了就无法再恢复，即使勉强存留下来也已变得羸弱不堪了，因而对现代文化和市场的冲击难以形成有效的抵御机制，其变迁步伐呈现加速趋势。另外，在关于人口较少民族的发展问题上，人们更多关注的是经济如何发展的问题，而很少关注他们的文化发展问题。虽然随着国家文化大发展、大繁荣发展战略的提出，在经济发展的同时，文化的发展也将得到更多的关注。然而通过基诺族文化生态村的建设实践说明，在现代化进程中少数民族文化的发展问题，在一定程度上比经济的发展问题更难解决。经济发展问题可以通过扶贫开发等明确的形式来解决，而文化发展的问题却显得复杂而难于着手。

实践证明，要解决人口较少民族的文化发展问题，首先要解决人口较少民族在文化上的自卑感，而要克服这种自卑感，最主要的是要消解造成这种文化自卑的社会机制，这个机制首先表现在经济上的依赖性和从属性；其次表现在文化价值判断上的错位；再次表现在社会发展形态认识上的简单化。那么解决这三个方面的问题，参与社会运行的各个主体又能做什么呢？

（一）村民何为？

文化要发展，要繁荣，无疑村民是主体，而当村民生活在相对封闭的状态下时，村民的价值取向和认同多受文化传统的制约。自我价值的体现也在自身文化体系内来完成。然而随着村民所处的社会由封闭走向开放，可对比和参照的异文化体系的出现和增多，以及在社会形态上划分出来的先进与落后之别，使得向

图55　长老祭天

外看的基诺族等其他人口较少民族产生了追赶意识，而这种追赶意识尤其表现在经济上，于是改变贫穷落后的面貌就成为所有基诺族同胞和被称为"原始落后"民族的目标。而与此同时，经济上的贫穷，在人口较少民族这里又变成了一种资本，成为享受国家各种扶贫政策的依据。当然，这也使得基诺族村民和其他人口较少民族一样确确实实感受到了我们社会主义国家不让人挨饿的优越性。

　　然而经济上的不发达，导致主位（人口较少民族自己）和客位（外来人或力量）的认知都把人口较少民族所持有的民族文化视为思想落后的体现和经济发展的绊脚石。于是在经济上追赶的同时，人口较少民族丢弃自己的传统文化成为当务之急。在这样的情形下，人口较少民族很难产生对本民族文化的自信，而通过自己民族文化所产生的认同，也往往是一种负面的认同，即在他们心目中民族文化是落后的象征，抛弃它则是本民族进步的

表现。因而在现实的实践当中，基诺族社会或其他人口较少民族
社会中，表现出来的就是经济、社会、文化的全方位巨变。

"当世界的物质生产发展到一定地步以后，人们就要开始重
视精神的生产了。"① 随着经济的发展，在现代化的进程中，"我
是谁？"的问题，开始逐渐成为许多少数民族反问自己的问题。
正如在民族文化生态村科研项目已经结题的今天，当我们再次走
进巴卡基诺族文化生态村时，一些村民主动提出，希望恢复民族
文化生态村的建设，在他们看来，现在经济条件比前两年好了，
生活比以前宽裕了，但是现在文化活动却没人带头搞了，过年、
过节也没什么意思了。也就是说，在经济发展后，作为一个少数
民族怎样认同的问题凸显出来了。"中国语境中的民族认同大致
包含三层含义：一是国内各民族的内部认同，是为族群认同
（ethnic identity）；二是国内各民族之间的整体认同，是为国民认
同（national identity）；三是跨国的中外籍人士（包括海外华人）
对中国历史文化或文明的认同，是为文化认同（cultural identi-
ty）。这三层认同含义多数情况下相互重叠，所以用一个民族认
同来表示有其便利之处。"② 可以说族群认同是各民族自身特色
的体现，是以各自独特的文化作为标志的；而国民认同则是在统
一多民族国家下形成的，特别是在中华人民共和国成立后，实行
了民族平等政策，在法律上确立了各个民族的平等地位，并使得
各个少数民族在各级权力机关中都有了自己的代表，可以说各个
少数民族在客观事实上，已经取得国民身份；而在中华文化认同
方面，在全球化的今天，不仅少数民族，而且包括汉族也存在文
化如何认同的问题，也就是说今天，汉族与少数民族之间的经济

① 费孝通、方李莉：《关于西部人文资源研究的对话》，载《民族艺
术》2001年第1期，第8页。
② 见张海洋《中国的多元文化与中国人的认同》之"导论"，民族
出版社，2006年3月第1版，第1~2页。

109

文化交流已经不再是汉化与非汉化的问题，而是演变成了现代化与地方化的关系如何处理的问题。

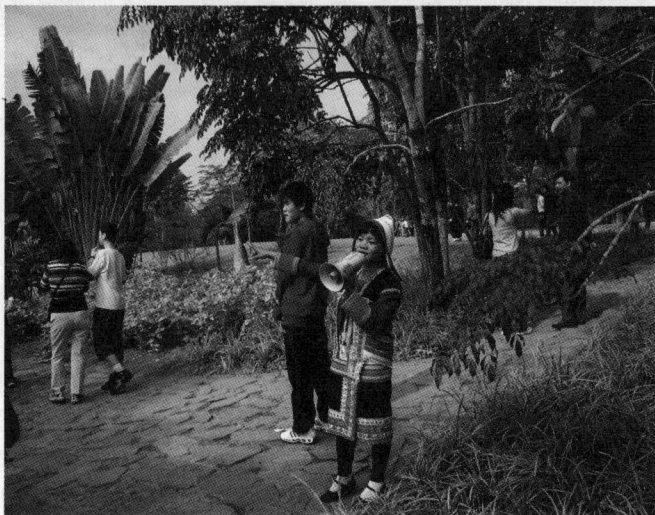

图56　勐仑植物园中的基诺族导游

对于基诺族等人口较少民族要同时保持上面三种认同，基础是自身的族群认同，有了这种族群认同，在多民族国家里面才有自己的身份标识，而族群认同的核心又是在民族文化基础上形成的民族心理。正如基诺族著名长老所说，"我们基诺族与其他民族不同的地方就是基诺族文化"，而这种心理在基诺族文化快速变异的今天，也随着发生了较大的变化。今天，在取得国民身份、国民认同时，一方面，基诺族等人口较少民族感觉自己与汉族和其他民族在经济发展的要求上、政治参与的权利上是没有太大差别了，似乎都是一样了；而另一方面，基诺族等人口较少民族又感觉到自己在人口规模，生产、生活环境等方面与其他民族又不一样。在"一样"与"不一样"的双重作用下，基诺族等人口较少民族感觉自己及自己所拥有的文化无所适从，也就采取了随波逐流的态度，而在信息化的今天，基诺族和其他人口较少民族的文化也日趋卷入现代化的浪潮中，逐渐找不到了自己的位置。

因此，对于基诺族和其他人口较少民族，要在现代化不断发展的时代，找到自己的位置，明确自己的身份，最重要的不仅是要发展经济，而且是在求得经济发展的同时，努力发展和维系建立在民族文化基础上的认同心理。并且，由于整个社会在不断发展变化，基诺族文化也不可能一成不变，而建立在民族文化基础上的民族认同心理也要随之变化，对于基诺族而言，要发展和维系这种心理，关键在于不断传承和发展本民族文化，克服民族性格方面存在的一些不足，如想象力、创造力有限，从众心理严重，自我封闭性强，对外交往冷漠等①，因为这些民族性格方面的不足，导致基诺族在对外文化交流中，往往停留于表层，只看到异文化物质层面的丰富性，而不去深究这些物质文化背后的制度和精神层面的东西。向外学习，大都只抓到表面的东西，因而也就很少从其他民族的发展中借鉴到文化发展的经验。另外，由于历史的原因，虽然基诺族热爱集体，但这种热爱往往仅限于本村寨，一个村寨对其他村寨的基诺族很难产生协作情感，这也影响到基诺族在发展问题上很难产生一种合力。再次，基诺族在以血缘为纽带的社会组织关系解体之后，在亲情方面没有发展出很好的价值标准。目前整个社会亲情很淡，实用主义气氛较为浓厚，缺乏远见，容易受眼前利益的驱使。还有，基诺族不同年龄段、不同性别的人对本社会传统的一些价值观产生了分歧，依靠

---

① 这些民族性格方面的特点主要参考韩忠太、傅金芝《民族心理调查——基诺族》，贵州教育出版社，1992年3月第1版，第175～207页。另外，根据笔者参与民族文化生态村建设，在实践和观察中也作了一些总结。

巴卡的反思

传统文化建立起来的社会价值标准基本解体，新的取得一致认同的价值标准尚未建立，因而表现在个人身上，就会反映出缺乏主见，易受他人影响的一面。

可见，要发展基诺族文化，作为主体的基诺族，必须正视本民族在历史发展过程中产生的民族性格方面的不足以及社会组织方面的不健全，从而努力克服这些不足，来为本民族的发展创造动力。为此，作为基诺族的一员，在经济发展上应该从本村寨、本地区的独特生态环境出发，积极探讨致富之路，而不是采取等、靠、要的思想，如果经济发展的主动性得到加强，基诺族的自信心也将得到增强；在价值观念和文化认同方面，基诺族村民可以从家庭到村寨，自觉弘扬本民族的传统美德，如尊老爱幼、团结协作、平等互助、和谐友爱等，这些价值如果能够在新的社会历史条件下，继续成为基诺族认同的基础，那么基诺族文化的发展将是可以期待的。

（二）政府何为？

政府以社会发展五种社会形态学说为基础，把基诺族和其他人口较少民族划分到最简单的社会发展形态当中，而为了落实民族平等政策，国家在这些民族当中进行了与其他地方无差异的组织建构。特别是改革开放以后，为了实现各民族的共同富裕，政府不断对少数民族，特别是人口较少民族，在政策、资金和人力等方面进行扶持。而这些扶持往往以取得经济发展、社会进步为目标，但在具体落实时，政策的执行者大都把焦点集中在经济成效上而忽视民族文化的发展，或者说在民族文化的发展方面政府没有充分认识到自己应该起到的作用，其结果是在文化发展方面政府主导的实践不多。也就是说，在经济发展的同时，特别是在现代化不断推进的今天，政府如何引导少数民族人民传承和发展少数民族优秀的传统文化尚未积累足够的经验，而政府的文化主管部门，很多时候仅仅把文化或者民族文化简单地理解为少数民族文学艺术。在发展民族文化方面，舞台化呈现的多，而扎根于生活现实，在现实中引导老百姓发展自己的文化的工程少，而由民间组织或团体取得的一些文化发展的好经验，政府在推广方面又缺乏足够的支持。

这一方面是因为政府在以经济建设为中心的工作中，无暇顾及文化的发展；另一方面是因为政府相信经济的发展将必然带来文化的发展，然而文化是一个复杂整体，有其自身的发展规律和特点，特别是在中国这样一个多民族国家，文化的多样性、地方性特点十分突出。在国际交流有限的古代，在多元一体的文化格局下，中国境内的多样文化、独特的地方文化都保持了自身的发展，并时有交融。然而在全球化时代的今天，中国境内的各个民族都直接面对现代化浪潮，各民族文化、各种地方文化如何发展，何去何从的问题就变得比以往任何时候都紧迫了。在这种情形下，对于文化发展而言，政府不应该、也不能像以往那样，期待无为而治了。可以说，在全球化的今天，在汉文或者说儒家文化也不断受到冲击的情况下，中华民族的文化认同、各个民族的族群认同都面临着现代化的挑战，而以上两种认同如果没有很好地得到维系，势必将影响各个民族的国民认同。因此，弘扬中华文化、发展各民族文化也将成为中国政府坚定各族人民认同的重要任务。

当然，文化的发展不像经济的发展那样容易实施和见效迅速，但是受各种文化保护、传承与发展实践行为的影响，在国民经济不断发展的同时，政府已经意识到了文化发展的重要性。"人们将认识到经济的发展并不是我们的唯一目的，经济的发展只能解决我们生存的基本问题，但如何才能生存得更好，更有价值，使自我价值的发挥得到更宽阔的拓展，并从中发展出一种新

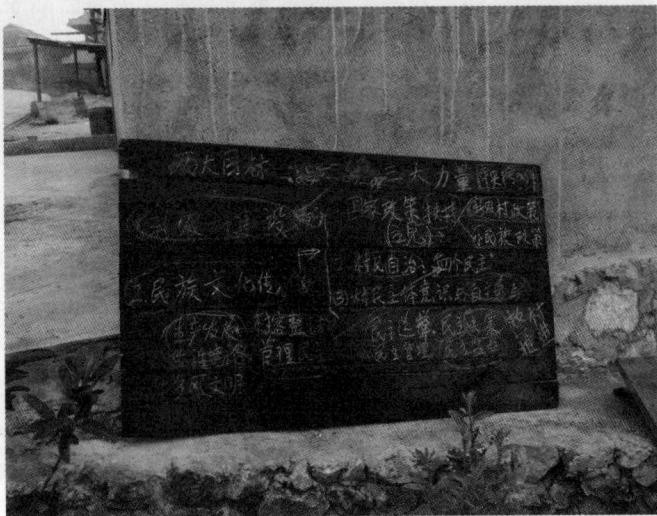

图57 基诺山宣传政策的黑板

的人文精神，是需要在原有的人文资源的基础上，用文化和艺术的再发展来解决的。"①

正是基于以上这些认识，政府在全国广大农村开展了"建设社会主义新农村建设"的工程，并进一步在中共的十七大报告中又明确提出了"建设生态文明"和"社会主义文化大发展、大繁荣"的目标，来解决人们在物质上变富的同时，如何在精神上也变得富有的问题。而在云南这个多民族的边疆省份，政府也启动实施了"温饱和农业产业化、基础设施建设扶贫、科教扶贫、民族文化建设扶贫和人才培养扶贫"五项工程及各种具体项目。省政府也在民族民间艺人的命名、民族民间文化保护的立法方面做了大量工作，然而在人口较少民族文化的发展方面，

① 费孝通、方李莉：《关于西部人文资源研究的对话》，载《民族艺术》2001年第1期，第8页。

政府在民族文化保护立法、民族文化保护项目实践、民族文化传承人才培养等方面还可以做更多的工作。特别是为各民族保护、传承和发展本民族文化提供多元化的实践空间方面，政府应该提供更多的平台，更需要在少数民族文化保护、传承人才培养，制度建设，资金投入等方面加大力度。

（三）社会何为？

随着经济的发展，政府职能的转变，社会力量①在中国社会发展建设中将扮演越来越重要的角色。而在少数民族文化发展方面，一些社会团体，如福特基金会，把民族文化发展看做一项社会事业，在探索民族文化与全球化的关系方面发挥了重要作用。而一些企业从产业发展的角度，把少数民族文化看做可以发展的文化产业，试图从旅游开发、民族文化商品开发等方面做文章。其实把民族文化看做产业，其着眼点还是经济的发展，只是其借助的手段是文化，也就是说，文化发展不是发展的目标而是手段。然而，对于民族文化的生命力，产业化发展是处于低层次的发展，如何在产业化发展的基础上，始终坚持、继承和发展本民族的文化核心，才是民族文化发展的关键。无疑，社会各方面的力量在此可以作为积极的支持者、参与者介入其中。

就社会舆论而言，在推介民族文化方面，坚持客观、科学的态度，而不是有一个先入之见，不是在没有调查之前就有一个先进或落后的导向性判断，也就可以避免因为自己所营造的舆论对基诺族和其他人口较少民族对其自身文化的认识产生过多的负面影响，也可避免社会舆论过多影响外界对基诺族和其他人口较少

---

① 这里所说的社会力量是指各种社会舆论、企业、社会团体和机构等。

民族文化价值的判断。同时要发挥社会舆论在文化多样性价值宣传上的作用，让不同民族文化的持有者充分认识文化多样性的价值何在，营造多元文化共生并存的舆论空间。

图58　电视台采访基诺族长老

对于参与文化发展的企业，在发展自己产业，获得经济利益的同时，应该想方设法保有民族文化的原有独特性，因为民族文化的发展，创新的思想源泉是在民族文化本身之中，并且应该尽量广泛地让文化持有者参与进来，这样民族文化产业化发展才能保持不断向前的动力；对于各种社会团体、组织或机构，民族文化发展这项工程和其他社会事业一样，需要他们不断探索和介入，来弥补政府、当地人和其他社会力量所忽视或无力顾及的事情。

（四）学者何为？

学者作为文化发展的研究群体，往往存在多种倾向。一种倾向认为，少数民族文化在现代化进程中，已经不适应现代社会的发展需要，理应抛弃，以使得少数民族能够跟上时代发展；另一种倾向认为，少数民族文化必须得到完整的保护，尽量减少外来因素的影响，甚至可以在一定程度、一定范围内进行封闭性保护。另外，还存在少数民族物质文化可以改变，而精神文化应该保留的认识，等等。

作为研究者的学者，有不同的观点是一种正常的现象，但是在对待文化发展上，学者应该多一些理性的思考，避免产生现代化可以解决一切的观点。也就是说在少数民族文化发展上也要避免现代化的陷阱。

图 59　学者在基诺族博物馆内布置展品

　　当然对于民族文化，学者可以在三个层面上开展自己的工作：一是搜集和保存各种民族文化，包括各种已经消失、正在消失和仍然起作用的文化，做到存而不论，为民族文化的研究、发展提供资料；二是就民族文化保护的理论、方法和手段等发表自己的看法，为民族文化的发展提供理论指导；三是直接参与到民族文化发展的实践当中，在实践中检验自己的理论观点，在实践中总结自己的理论观点。如果在这三个层面都有足够多的学者参与，发展民族文化的多元实践格局将会出现，这将对基诺族和其他人口较少民族文化的发展产生积极的影响。

结语：基诺族文化生态村建设是一项 需要不断持续探索的工程

通过基诺族文化生态村的建设实践，我们可以看到，民族文化生态村项目在转变村民观念、激发村民文化自觉方面曾经取得了一些进展，并且在乡村文化建设的方法方面积累了一些经验，更为重要的是通过民族文化生态村这一形式，使得文化保护、传承和发展问题受到政府、媒体、游客等各个层面的更多关注，也引起了许多专家、学者对此问题研究的兴趣。因而，目前在全国范围内推行的乡风文明建设、生态文明建设和文化发展繁荣政策，或许可以从基诺族文化生态村这样的实践个案中吸取经验教训。

然而，民族文化是一个恒常变迁的过程，项目组只是在这一过程的一个时段上参与进来，其局限也是难免的，因而随着文化生态村建设的不断深入，基诺族文化生态村这一项目本身遇到了许多老大难问题，并不时有新问题出现，需要参与民族文化建设的人们去面对和解决。

这些问题在大的方面有：经济发展如何与文化保护相协调；经济发展如何与生态保护相协调；村民、政府、项目组专家等参与者在文化生态村建设中的地位和角色如何定位；基诺族文化生态村建设的可持续性和推广性如何体现；基诺族文化生态村建设的理论、方法如何体系化和创新；基诺族文化生态村建设的短期目标、长期目标和最终目标如何科学规划，等等。

具体来看有：①在目前情况下，村民对民族文化生态村建设

图 60　正在学习的基诺族儿童

能否带来直接的经济效益非常关注，因而他们对民族文化生态村建设的态度会因经济效益方面的考虑而容易出现反复，因而村民对民族文化生态建设的支持是需要一定的物质条件的。②在民族文化生态村实施过程中建立的设施，如博物馆、公厕、"妇女·民兵之家"等，如何进行有效的管理，还需要继续摸索。虽然在村中有"文化生态村管理委员会"，但他们的管理行为都是义务的，他们要从事日常的生产劳动，用于日常管理的时间有限。另外，这些公共设施出现破损后谁来维修，谁来出资购买新设备也是需要解决的问题。③地方政府对民族文化生态村建设不能带来可观的旅游收入，而对民族文化发展的探索不能保持长久的热情，因而如何调动地方政府的积极性也是此类项目建设必须解决的问题。④对于基诺族等少数民族的文化遗产和自然遗产，其保护的责任，在国家？在基诺族？还是在具体的村民？在文化保护、传承和发展过程中必须有统一而明确的认识。⑤作为课题研究结束后，基诺族文化生态村作为一种实践形式，如果要继续下去，那么谁来制订它的建设方案、谁来推动建设的进行，需要作出明确的回答。⑥保护文化生态就可能牺牲一些当代人的发展机会和途径，这又如何来补偿或找到替代，是建设实施者头疼的事。⑦依托节日举办活动对民族文化生态村的建设起到了宣传和促进作用，但是村民的日常生活还是按部就班地进行，村民的文化、生态环境似乎依然如故。因而民族文化生态村建设如何深入到村民的日常生产、生活中来，也是有待参与实践必须解决的问题。⑧基诺族文化生态村项目组毕竟不是一个常设组织，它的行为与政府的关系有必要进一步明确。但是哪些是项目组可以做，哪些是项目组不应该做的有时很难界定；并且政府能够在多大程度上支持民族文化生态村及类似形式的探索，需要有更具体的政策出台来支撑。⑨在大众文化盛行的情况下，项目组的工作很难与现代传媒相抗衡，电视节目所带来的观念对村民的影响远远大于项目理念对他们的影响，如何激发村民的文化自觉是一项长期而艰巨的任务，而有效的方法需要深入的探讨。⑩项目要继续开展下去，就必须在是做社会公益事业还是搞投资项目之间作出选择。因为这个问题关系到项目建设资金的来源，研究项目结题后，应用性项目所产生的费用必须有一个稳定的来源，各项实践才有继续进行的可能。

当然，在历史的长河中，基诺族文化生态村这一建设模式在形式上迟早会消失，但这一模式所宣传的理念和思考的问题，却是不同时代的人们在面对民族文化变迁时，都可能会遇到的。因此可以说，基诺族文化生态村建设是一项需要不断持续探索下去的工程。而参与基诺族文化生态村建设的各方，以基诺族文化生态村搭建的平台，加入到对基诺族文化保护、传承和发展这一社会问题的探讨中来，以自己的行动为我们提供了或积极或消极的表现，这对我们认清在基诺族文化生态村建设中，参与各方应承担什么样的责任的问题提供了参考答案。在此，基诺族文化生态

村形式的存留与
否已不再是解决
问题的关键，而
其对基诺族社会
发展的核心问题
的探索以及在此
实践过程中积累
的经验教训才是
真正的社会财富，
才是进行反思的
核心所在。

图 61　挂着达了的祭天柱

参 考 文 献

1. 云南民族文化生态村建设项目组：《云南民族文化生态村建设项目前期成果报告》，美国福特基金会资助项目，1999年。

2. 尹绍亭主编：《民族文化生态村——云南试点报告》，云南民族出版社，2002年12月第1版。

3. 尹绍亭主编：《云南民族文化生态村暨地域文化建设论坛》，2003年9月第1版。

4. 石奕龙：《应用人类学》，厦门大学出版社，1996年5月第1版。

5. 中国社会科学院杂志社编：《人类学的趋势》，社会科学文献出版社，2000年12月第1版。

6. 中国社会科学杂志社编：《社会转型：多文化多民族社会》，社会科学文献出版社，2000年12月第1版。

7. 《云南民族文化生态村项目简报》各期。

8. 中共云南省委宣传部、云南省人民政府研究室：《云南民族文化大省建设纲要》（讨论稿），2000年8月。

9. 郝时远主编：《田野调查实录——民族调查回忆》，社会科学文献出版社，1999年9月第1版。

10. 杜玉亭：《基诺族识别四十年回识——中国民族识别的宏观思考》，载《云南社会科学》1997年第6期。

11. 尹绍亭：《优势弘扬：民族文化的保护与发展》，载《锻铸发展的魂魄》（云南"民族文化大省建设理论探索"第二卷），云南人民出版社，2002年10月第1版。

12. 杜玉亭调查整理：《基诺族社会历史综合调查》，载《基

诺族普米族社会历史综合调查》，民族出版社，1990 年 12 月第
1 版。

　　13. 杜玉亭：《基诺族简史》，云南人民出版社，1985 年 5
月第 1 版。

图书在版编目（CIP）数据

巴卡的反思 / 朱映占著. —昆明：云南大学出版社，2008

（民族文化生态村：当代中国应用人类学的开拓 / 尹绍亭主编）

ISBN 978-7—81112—556—6

Ⅰ. 巴… Ⅱ. 朱… Ⅲ. 少数民族 — 居住区 — 研究 — 云南省

Ⅳ. K280.74

中国版本图书馆CIP数据核字（2008）第177787号

The Reflection of Baka
Village

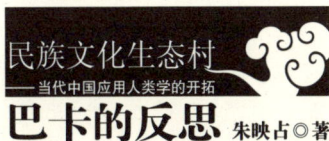

民族文化生态村
——当代中国应用人类学的开拓
巴卡的反思 朱映占◎著

- -

责任编辑：纳文汇　蒋丽杰

责任校对：何传玉　刘云河

装帧设计：刘　雨

出版发行：云南大学出版社

印　　装：云南省地矿测绘院印刷厂

开　　本：850mm×1168mm　1/32

总 印 张：31.5

总 字 数：800千

版　　次：2008年11月第1版

印　　次：2008年11月第1次印刷

书　　号：ISBN 978-7-81112-556-6

总 定 价：148.00元（共六册）

- -

出版社地址：云南省昆明市一二·一大街云南大学英华园

邮　　编：650091

电　　话：0871-5033244　5031071

网　　址：http://www.ynup.com

E-mail：market @ ynup.com

福 特 基 金 会 资 助 项 目
A PROJECT FUNDED BY THE AMERICAN FORD FOUNDATION

◎ 西南边疆民族研究书系

The Ethnic Cultural and Ecological Villages
—— An Exploration in China's Applied Anthropology   The Excavation of Traditional Knowledge

主编 尹绍亭 / 副主编 王国祥　罗　钰

民族文化生态村
——当代中国应用人类学的开拓

传统知识发掘　陈学礼◎著

云南大学出版社
Yunnan University Press

总　序

　　民族文化生态村，是在中国当代市场经济和全球化背景下形成的一种以文化为中心的乡村和谐发展的理论和开拓探索的实践。

　　市场经济和全球化，是一对"孪生姐妹"。一个国家一旦选择了市场经济，那就必须开放国门，就必须融入世界经济体系，结果自然免不了要淌进"全球化"的潮流之中。实行市场经济和开放政策，是中国发展的正确选择。中国几十年闭关自守实行计划经济，结果贫穷落后、暮气沉沉，而改革开放 30 年来，便繁荣昌盛、生机勃勃，此足以说明市场经济和全球化的无比伟大。

　　然而，30 年来，从文化的角度观之，市场经济和全球化却构成了对中国文化前所未有的严峻考验和挑战。一种文化能否从容应对市场经济和全球化，取决于它的根基、结构、内涵和自信。根基牢固、结构稳定、内涵深厚、传统悠久、自信度高、进取心强，便可能因势利导，兼收并蓄，发展创造，乘势而上，不断迈向新的阶段。反之，则很容易变质、衰落，甚至土崩瓦解。就中国文化而言，其根基不可谓不深厚，其结构不可谓不牢固，其传统不可谓不悠久，然而中国文化的不幸之处在于，当市场经济和全球化的大潮涌来之时，它刚刚经历了史无前例的"文化大革命"的浩劫，根基、结构、传统均遭到了严重的颠覆和破坏，国人陷于深深的彷徨、迷茫和错乱之中，精神空虚、道德沦丧、信仰失落已非个别现象。以如此虚弱、凋敝的状态去应对突如其来、汹涌澎湃、势不可当的市场经济和全球化，去应对崇尚科技、高度发达的工业文明、以物质和金钱崇拜为核心的工业文化，其结果，盲目、混乱、消极、庸俗、变态自是不可避免，在许多方面，陷入了深深的困境和危机。

环境发生了巨变，促使文化必须作出相应的调适和重建。显然，在当代中国，传统文化、地域文化和民族文化的保护、传承和发展，已成为非常紧迫的重大课题。而欲从事这样的课题，采取本本主义的理论研究是不行的，必须深入实际进行研究和探索，即必须到田野中去进行研究和探索。田野可以选择城市，而我们选择了乡村，因为中国毕竟还是一个乡村大国，而且56个民族的绝大多数人口仍然居住于乡村。基于这样的动机和理念，以文化保护和可持续发展为宗旨、以乡村探索为途径的"民族文化生态村建设"项目，由我们策划和推动，终于应运而生。

该项目受美国福特基金会资助，由云南大学负责组织实施。项目选择了五个试点，分三期进行，从1998年10月开始至2008年10月结束，已历时10个春秋。10年来，项目取得了显著成绩和许多实质性的成果，产生了广泛而深远的影响，当然也有不足乃至不成功的案例和教训。作为一个创造性、应用性、探索性的项目，其主要目标之一，是必须及时总结经验和教训，进行推广和交流，从而丰富和完善成果，并最大限度地实现成果共享。在项目进行的过程中，项目组曾经举行过各种形式的培训和交流活动，此外，项目成员、试点所在地政府、媒体以及国内外的学者和各类考察者，都曾写作发表过大量的关于文化生态村的调查、研究、宣传的文章。在本项目的全部计划即将结束之际，我们又精心推出这套总结性的丛书，希望能够对时下各地区、各民族建设文化生态村的热情和企盼有一个积极的、有效的回应。而且，随着国民文化保护意识的觉醒和增强，随着国家对文化遗产保护事业的日益重视，随着社会各界所参与的文化事业的蓬勃发展，随着学术界、文化界文化研究事业的推进，像民族文化生态

村建设项目这样具有创新性和开拓性的文化保护和传承的理论和方法、勇于实践和富于成效的试验和范例，相信是会受到人们的欢迎的。

俗话说，"十年磨一剑"。平心而论，本丛书尚未达到预期的目标，存在着许多不足和缺憾，然而它毕竟是试点村的村民、干部和学者十年求索、十年实践、十年心血的积累。如果本丛书的问世能够对当代的文化保护、传承事业有些许的贡献，尤其是如果本丛书能够为广大农民、基层干部和文化官员所利用，认为具有参考和应用价值的话，那么我们就感到十分满足了。

尹绍亭
2008 年 9 月

目　　录

CONTENTS

民族文化生态村·当代中国应用人类学的开拓

传统知识发掘

3

前　　言

　　由云南大学民族生态学专家尹绍亭教授 1997 年率先提出的"民族文化生态村"构想，是在美国福特基金会支持下，以捍卫村民民族文化保护、传承的主人翁地位，实现民族文化就地保护及传承，探索具有创新性、可推广性的民族文化保护、传承模式为目标的实践项目。本项目根据拟订的五个选择条件，在云南省范围内选择了腾冲县的和顺乡、石林彝族自治县的月湖村、西双版纳州基诺山乡的巴卡小寨、玉溪市新平县的南碱村、丘北县的仙人洞村、弥勒县的可邑村 6 个试点村进行建设，力图根据不同村寨的实际情况，探索不同的建设思路和模式，最终服务于民族文化生态村项目总体建设、推广模式的总结。

　　尹绍亭教授在《民族文化生态村——云南试点报告》中提出：民族文化生态村是"在全球一体化的背景下，在现代化的进程中，力求有效地保护和传承优秀的民族传统文化，并努力实现文化与生态、社会、经济的协调和可持续的乡村发展模式"①。2003 年 6 月，在昆明举办的"民族文化生态村暨地域文化建设论坛"主题发言中，尹教授对民族文化生态村建设的五个原则进行了发展和延伸，指出"实行就近即原生地的保护；以文化拥有者即村民的自觉保护为中心；强调文化保护并注重吸收现代

---

　　① 尹绍亭：《云南民族文化生态村项目报告》，载尹绍亭主编《民族文化生态村——云南试点报告》，第 8 页，云南民族出版社，2002 年 12 月。

文明即强调优秀传统与现代文明的结合；重视发展经济、消除贫困；努力实现社会、经济、文化的和谐与可持续发展"①。

在民族文化生态村项目建设中，有三个发挥着重要作用的主体：村民、学者和政府（具体对象是指政府主管或相关部门的官员）。这三个主体在项目建设过程中，因为利益、工作性质、自身实际情况、工作方式的不同，都会不自觉地站在自己的立场上思考问题，解决问题，以实现不同的目标。学者希望通过项目建设来检验自己的学术构想和理论，最终使研究的内容达到"学以致用"的目的；政府则希望通过项目建设，促进一方的经济建设和社会发展；村民则希望通过项目建设改善生活环境、提升生活质量、获得经济发展、维系并传承祖先遗留下来的文化遗产。要在同一个村寨、同一个建设项目中实现三方不同的愿望，这本身就是一个巨大的挑战。这不仅要求三个主体之间建立和谐的沟通环境，还要求三方合力面对来自于市场的、不良经济发展模式的影响和威胁，同时还要求每个主体在向对方学习工作方法及理念的同时，学会适当的妥协和放弃。

所以，如何协调三个建设主体之间的关系，并在此基础上形成一个合力，创造既有利于提升村民生活质量，又有利于民族文化保护、传承的社会环境和空间，成了项目建设过程中必须勇敢面对的问题。在项目建设的摸索与实践中，项目组成员不断总结，最终提出了"村民主导、学者指导、政府倡导"的建设理念。在这个建设理念中，不仅规定了三方建设主体在项目中的地位和作用，也指出了三方主体必须合力才能实现民族文化就地保护、传承的目标。

"村民主导"就是让村民成为项目决策、项目实施、项目问

---

① 尹绍亭主编：《民族文化生态村暨地域文化建设论坛》，第5页，2003年9月。

题解决、项目成果受益的主体，并始终如一地捍卫村民在这些领域中的主人翁地位。为实现村民主导的目标，项目组成员应用了诸如文化人类学主位研究方法、参与式行动、能力建设、民族文化生态村项目概念及宗旨培训等方法和理念，来指导项目的建设。在应用这些理论和工具的过程中，项目组不断总结经验，进一步验证了村民主导的合理性和必要性。首先，学者、政府、村民三者所希望实现的不同目标都必须依赖于同一个主体，即村民；其次，只有在项目建设过程中不断提高村民的能力，才能保证村民担当起项目可持续管理的重任。

捍卫村民在项目建设中的主人翁地位，最重要的莫过于尊重村民的人格。项目组从以下三个方面体现对村民人格的尊重：首先，在民族文化生态村项目建设理念中，明确提出村民既不是扶贫帮困的对象，也不是传统人类学研究意义上的被研究对象，也不是纯粹被教育和被培训的对象，而是项目建设最重要的合作伙伴。其次，项目组始终如一地坚持赋予村民充分的权利和权力。目前学术界已经充分认可，村民应该具有选择自己生活方式、文化发展方向的权利和权力，而民族文化生态村项目组根据实际情况，把该观点所包含的内容进行了延伸和发展——在培养村民正确辨识能力的基础上，为村民创造发展平台、信息交流平台的前提下，把文化发展方向选择的权利和权力交给村民。在此过程中，项目组成员扮演的角色是协助者和协调者。再者，尊重村民的文化和知识。民族文化生态村项目组要求项目成员不仅仅停留在尊重村民风俗习惯的浅表层面上，也就是说，尊重村民的文化知识不仅仅是做到"入乡随俗"就可以了，而是要求项目组成员在内容上尊重村民文化、村民传统知识的方方面面；在方式上要求项目组成员站在村民文化的立场上，与村民一起思考民族文化在村寨发展、民族文化传承中的运用。

现实中"村民主导"有时候会被曲解为"一切由村民说了

传统知识发掘

算"，这个来源于"民族文化盲目浪漫主义"的结果，把民族文化的研究者推到一个纯粹"旁观"，甚至于"看热闹"的位置，这样的认识根本不利于民族文化的保护、传承和健康发展。所以，学者作为"指导者"的角色地位是必须不断培养和巩固的。学者不能包办村寨建设和文化保护、传承的工作，但是能够通过自己的研究和思考，为项目的建设提出具有建设性、预见性的思路和指导方案。

传统文化是一个宏观的概念，包括了一个民族几乎所有物质技术层面与精神思想层面的文化要素。从这个角度来看，传统文化的保护成了一个很抽象的概念。目前可见的传统文化保护实践中，民族歌舞、民族服装、民族建筑等这些有形可循的东西，往往最先成为被操作的对象。一方面，因为这些保护的方面容易取得显著、可见的成效；另一方面，因为项目实施者不愿意触动那些沉淀在民族文化拥有者意识深处的内容，或者由于其他种种原因导致保护工作把重心放在了有形的物质载体上。这种做法往往为那些"嘴行千里，屁股不动"的评论家提供了批判的机会，认为这样的保护等同于保存，没有任何实际意义。这些理论家的批判难免有些偏颇，但也道出了当今民族文化保护工作中存在的一些问题：保护有形的文化实体要比保护无形的文化因子简单得多；这种有形但缺乏深层知识支撑的物质载体保护到底有多少意义？这些问题的提出促使学者不断地思考民族文化保护的出路以及保护和传承所指向的对象。

民族文化这个大而全的概念，是由千千万万个文化要素、文化因子构建起来的。在这些文化因子中，可见的、有形的因子往往与其背后的一整套知识紧密关联在一起，这些藏在有形文化因子背后的知识体系的生命力往往决定着该文化要素的命运。所以，如果说一个民族的文化受到灭亡的威胁，那么应该是这个民族文化中深层的内容受到了威胁。同样地，要能够真正做到保护和传承民族文化，应该保护和传承的不仅仅是有形的物质文化载体，而是藏在其背后的深层知识体系。所以，一个民族文化中深层的传统知识才是一个民族文化的核心所在。

民族文化生态村项目组在总结这些问题的基础上，提出了深度发掘民族文化中传统知识的建设思路，拟在深度理解村民传统知识的基础上，总结村民传统知识传承机制，寻找适合于村民传统知识在现代社会中传承发展的理想道路。

民族文化生态村项目的创始人尹绍亭教授于 1998 年提出的试点村选择的"五个条件"中，排在第一位的是"文化富有特色，文化资源丰富"，并以"村民具有朴素的文化生态保护意识"① 对其进一步界定。这两个条件的提出进一步阐明了民族传统文化在项目建设中不可动摇的重要地位。在试点村选择条件的第四点中，尹教授还提出"交通便利，位于国家或省级旅游区内或附近"②。这个条件的提出并非是为了试点村发展旅游，而是只有在这样的村寨进行试点建设，才能探索出具有抵抗市场冲击和威胁的建设模式，才能培养出村民真正的文化自觉意识。这些条件中蕴涵了一个道理：村寨必须有丰富的文化资源，同时这些文化资源因为便利的交通正面临着消失的严峻考验。

民族文化生态村项目选定的 6 个试点村，都具有积淀深厚的民族文化：月湖和仙人洞村的撒尼民族民间文化；南碱村代表了花腰傣傣卡支系的文化特征；可邑村融合了阿细人典型的文化因子；巴卡小寨算得上基诺族文化的缩影；和顺则呈现了与内地有

---

① 见尹绍亭《民族文化生态村——一个民族文化保护与传承的重要课题》，载尹绍亭主编《民族文化生态村——云南试点报告》，第 25 页，云南民族出版社，2002 年 12 月。

② 见尹绍亭《民族文化生态村——一个民族文化保护与传承的重要课题》，载尹绍亭主编《民族文化生态村——云南试点报告》，第 25 页，云南民族出版社，2002 年 12 月。

着诸多差异的汉文化。然而，石林风景区、普者黑风景区、西双版纳热带植物园、火山热海风景区带来的外部信息不断地挑战、啃噬着村民的传统文化。因为试点村独特的民族文化资源优势以及这些文化资源正面临逐渐消失的危险和挑战，民族文化生态村项目把建设的重点放在村民的传统文化上；为了让项目的建设工作更加具体化，项目组把工作开展的具体目标放在村民传统知识的保护和传承上。具体来说，就是对试点村的传统知识进行调查、记录、整理，从中找到保护、传承村民传统知识的思路和途径，最终服务于传统文化的就地保护和传承。

发掘和整理试点村传统知识为了实现三个目的：第一，通过调查、搜集整理村民的传统知识，构建村民传统文化的全貌。即通过试点村传统知识的发掘和整理，相对全面地了解村寨民族文化的基本构架和概貌，并在此基础上分析村寨传统文化的现状和面临的问题。第二，调动村民参与传统知识整理的积极性，培养村民对自己民族文化的自信心和自豪感，最终实现所谓的"文化自觉"。即通过组织各种形式的活动，促使村民重新审视本民族的传统文化，在此基础上培养村民对自己传统文化的自信心和自豪感，在村民内部培养民族文化保护和传承的自觉行为。第三，利用传统知识以及村民传统知识传承的机制，为村民民族文化在新时代背景下的健康发展服务。为解决民族传统文化面临的危机和挑战，不仅要保护传统知识，而且要善于利用传统知识解决村寨发展问题，还要善于总结试点村传统知识的传承机制，以便服务于新形势下民族文化的保护、发展、创新和传承。

民族文化生态村项目自立项至今，已经有近十年的时间了。作为项目参与者，想通过本书回顾民族文化生态村项目组在各试点村开展传统知识发掘、记录、整理与应用的实践过程，对项目实施取得的经验和教训进行总结。如今，"民族文化生态村"这一概念和名称已经获得了较广的使用范围，项目组希望本书能够为类似建设项目的开展提供一些借鉴，在促进项目建设的过程中，避免一些不必要的建设浪费和错误；同时，期望为民族文化保护、传承实践及理论研究的不断丰富作力所能及的贡献。

第一章 民族文化生态村建设的核心支持 ——传统知识

民族文化生态村项目建设最直接的目标是民族传统文化，而民族传统文化依赖于传统知识构建其基本面貌，所以村民掌握的传统知识成了本项目建设最重要的内容。项目建设的基本目的在于保护村民的传统知识，同时也要应用传统知识为社区经济、生态、文化、社会的和谐发展服务。正是基于此原因，项目组把传统知识界定为民族文化生态村建设的核心支持。

本章拟从民族文化生态村的宗旨和理念出发，结合民族文化生态村项目的实践，对传统知识进行界定，以便更好地理解传统知识在民族文化生态村项目建设中的核心地位。

第一节 传统知识的概念及研究现状

一、传统知识概念界定及文化生态村视野中的传统知识

最早作为世界知识产权组织工作用语的"传统知识"（Traditional Knowledge），是指"基于传统产生的文学、艺术或科学作品、表演、发明、科学发现、外观设计、标志、名称及符号、未披露信息，以及一切其他工业、科学、文学或艺术领域内的智

力活动所产生的基于传统的创新和创造"①。在这个列举性的定义中，传统知识主要指那些带有机密性质，在现代社会中能够产生直接经济效益，因而需要通过法律或制度进行保护的知识。如1999年9月30日，印度启动了目的在于保护传统知识的"数字化数据库项目"，"设立该项目的目的在于防止外国人对这些知识抢夺专利"②。该定义还没有纳入与文化多样性、生物多样性相关的概念和思想。

在联合国人权组织的有关文件中，提出了"土著居民遗产"，以及联合国教科文组织在1989年通过的《保护传统的民间文化建议案》中界定的"传统民间文化"，其内涵更加接近文化人类学研究中所说的传统知识，指"来自某一文化社区的全部创作，这些创作以传统为依据，由某一群体或一些个体表达，并被认为是符合社区期望的作为其文化和社会特性的表达形式；它的准则和价值通过模仿和其他方式口头相传。它的形式包括语言、文学、音乐、舞蹈、游戏、神话、礼仪、习惯、手工艺、建筑及其他艺术"③。

近些年，"传统知识"在人类学研究、社会学研究、民族文化保护实践研究、发展研究等领域中频繁出现，也出现了诸如"地方性知识"、"乡土知识"等与传统知识内涵相近的概念，这些概念的界定往往根据研究内容的不同、应用领域的不同而各有侧重。

为此，笔者有必要结合民族文化生态村项目理念的实际情

---

① 见南振兴、董葆莉《传统知识概念界定及特性研究》，载《经济与管理》2007年7月，第21卷，第7期。

② 见孙雷心《印度启动数字化数据库项目保护传统知识》，载《生物技术通报》，第53页，2000年第1期。

③ 见德利娅·利普西克《著作权与邻接权》，第65页，中国对外翻译出版公司。

况，尝试着给传统知识下一个定义：传统知识是指居住在特定区域内的人群不断创造、扬弃并继承下来的一系列用于解决他们生产生活、个人心理、社会协调需求、民族文化良性发展变迁等方面的知识。这些知识既能解决社会个体的生理需求，也能解决社会个体的心理需求，还有助于协调人与自然之间的关系，有助于处理社会个体之间的相互关系，并协调整个社区的和谐进程。具体来说，传统知识应该包括如下方面：

（1）为解决衣食住行问题而创造的知识。如关于生产工具制造、生活用具制造、狩猎采集、农作物种植、畜禽饲养的知识；与食物加工、取水、卫生医疗相关的知识；与纺线、织布、制衣、服装饰品制作、服装制作原材料作物种植相关的知识；与房屋建盖、房屋地基选择、建筑材料获取等相关的知识；为实现迁移、运输而创造的交通知识等。

（2）为解决社会个体心理需求或者战胜社会个体"自我"这个敌人而创造的知识。如诗歌、小说、戏剧、音乐、歌舞等能够给社会个体带来精神享受的知识。

（3）为协调社区内部人与人之间的相互关系，为进一步促进整个社会和谐发展而创造的知识。如习惯法、村规民约、典章制度、社会价值观、社会道德准则、伦理道德准则等。

（4）确立社会个体在社会中、宇宙中的位置而创造的知识。不同年龄阶段的人生礼仪成就了社会个体在社会中的角色和地位；宗教信仰进一步规定了神灵、祖先、他人、自己在社会中的位置，也规定了各个主体在该社区中的空间网络关系。

（5）服务于本民族文化传承的知识。在社会内部确立的、潜在的、保证民族文化从上一辈向下一辈传承的内在机制。这样来界定传统知识的话，传统知识似乎可以等同于当前政府、学术界所倡导的非物质文化遗产。也就是说，传统知识所包含的内容应该是隐藏在有形的物质文化载体背后的知识，而不是物质载体本身。也可以等同于文化人类学研究中界定的"传统民族文化"，而且偏重传统民族文化中的"非物质"部分。这样的理解为民族文化生态村项目建设提供了契机，即拒绝简单地、仅仅对民族文化赖于存在的物质载体进行保护的模式。这样界定传统知识的原因在于：在现代社会发展进程中，那种对物质文化载体进行保护的工作，最多能够"保存"一个有形的实体，根本不能保护民族文化本身，或者说不能保护民族文化的核心部分。虽然民族文化生态村是一个要通过实践来验证民族文化保护、传承理论和道路的项目，但是项目一直强调对民族文化本身以及其内部传承机制的深入研究和深度理解，最终从研究的结果中提炼出指导民族文化保护、传承项目建设的理论依据。

二、为什么用传统知识这一概念

1. 学术界用于描述传统知识内容的其他概念

在学术界特别是社区发展建设的项目中，有很多与传统知识相似或相近的名称被用来描述或指代前文所阐述的知识体系。这些名称或者直接表示传统知识的内容，或者表示的内容和范围上有所侧重，如"传统技术知识"（Traditional Technical Knowledge）、"原住民技术知识"（Indigenous Technical Knowledge）、"传统知识"（Traditional Knowledge）、"乡土知识"（Local Knowledge）、"本土知识"（Native Knowledge）、"土著知识"（Aboriginal Knowledge）、"民间知识"（Folk Knowledge）、"原住民知识"（Indigenous Knowledge）、"传统知识系统"（Traditional Knowledge System）、"部落人的知识"（Tribal People Knowledge）、"地方性知识"（Local Knowledge）等。

这些用来界定一定地域内，由具有共同文化认同的人群，在一定历史时期内创造的知识的概念，有的偏重其地域特征，强调知识被创造的地理概念，如"乡土知识"、"本土知识"、"地方性知识"等；有的偏重创造这些知识的主体，强调知识创造者的角色地位，如"原住民技术知识"、"土著知识"、"民间知识"、"原住民知识"、"部落人的知识"等；有的概念在强调知识被创造的时间特征的同时，也对知识本身的特征进行一些界定，如"传统技术知识"、"传统知识系统"等。

在诸如"原住民知识"、"土著知识"、"部落人的知识"等偏重知识创造者的概念中，因为称呼上含有"异"、"他者"的意思，往往被认为是具有歧视性的，所以容易激起知识创造者的抵触情绪，研究者也不太乐意使用。诸如"传统知识"、"传统知识系统"、"传统技术知识"等概念因为其中含有"传统"一词，而被认为是老的、旧的，是"现代"彻底的对立面，并因此戴上了"过时"、"不能解决现代社会发展问题"的帽子。

相反，诸如"乡土知识"、"本土知识"、"地方性知识"等概念，因为其偏重地域概念的特点，能够避免"异文化"所产生的歧视，亦能充分展示其"共时"优势而避免其"历时"弱点，所以颇受部分学者欢迎。

然而，笔者依旧坚持使用"传统知识"来界定少数民族掌握的知识主要基于以下几个原因：第一，文化人类学视野中的"传统知识"与世界产权组织界定的概念有着很大的区别；第二，本书自始至终坚持从文化发展变迁的角度去理解"传统"；第三，从民族文化生态村项目建设经验摸索、理论总结、成功模式推广的实际需求出发，需要这样来理解和界定传统知识，并使用这一概念。

2. 对传统的理解

首先，《现代汉语词典》中对"传统"的解释为："世代相传，具有特点的社会因素，如文化、道德、思想、制度等。"①通常情况下，"传统"是等同于过时、陈旧、非现代的，应该废弃的、不能与时俱进的内容。在这个意义上，传统知识的划分是以时间为依据的，而且是以"现在"为划分时间点。在这个划分的标准下，"现在"之前的所有内容都应该归入传统。事实上，这样来看待传统，特别是以此标准对诸种内容进行所谓"传统"与"现代"的划分，并非完全科学。只要略加考究"现在"这一时间概念，那么以"现在"为时间点进行"传统"与"现代"划分的同时，也否定了所谓的"现代"。因为所有的"现代"都会随着时间的推移而步入传统的行列，进入过时的领域。既然这样，今天的现代必将成为明天的传统；而那些被视为传统的东西也曾经闪耀过现代的光辉。既然不能单纯地以时间为基础和标准来界定传统的话，本书使用"传统知识"来界定少数民族创造的知识也就具备了理论的支撑。

其次，从文化总是不断发展变迁的观点来看，使用"传统知识"对本书涉及的内容进行界定也是合理的。文化总是在不断发展变迁、不断扬弃的，今天可见的、流行的文化现象可能明天，或者十天半月后就只有少数人守着，而更长的时间后就可能被放到垃圾堆里面，也就变成了一般意义上的"传统"了。尽管现实中的文化发展变迁速度没有那么快，但是道理却没有什么分别。在这个发展变迁的过程中，有的文化因子被淘汰了，有的文化因子却能够保留下来，成了我们现在还能够看见的"传统"。而且，这个"传统"里面所包含的更多都是优秀的、精英的部分，是经过时代发展变迁不断洗练、不断选择的结果。如此看来，单纯把"传统"看成过时的、老的、应该废弃的观念显得过于片面。不过，这样的方式理解"传统"，有助于我们对

① 《现代汉语词典》，外语教学与研究出版社，2002年。

所谓"现代"的理解，所谓"现代"的东西在明天、或者将来无法避免地变成"传统"的命运。

再次，使用"传统知识"还能避免强调知识创造主体、知识地域性所带来的局限。强调知识创造主体不仅会导致歧视的可能，而且会直接否定文化人类学研究者的研究立场，否定文化相对论所主张的内涵和精神。强调知识地域性的概念容易产生知识在特定地域内部独立发展的误导。而现实情况是，文化从来都不是孤立发展的，而是与相邻地域的人群在生活、经济往来的过程中，不断地向外传播自己的文化因子，同时不自觉地吸收外来的文化因子。所以，用一个地域的概念来修饰这些本来不受地域限制的内容，显然是不科学的。

除了这些从概念的内涵与外延角度来看传统知识外，本书之所以使用"传统知识"一词，还因为它和民族文化生态村项目建设的宗旨及理念相关。首先，本项目最直接的保护和建设对象是民族文化，所以，囊括一个民族物质技术、精神思想、伦理道德、精神享受、心灵信仰等方面的"传统知识"，也就成了本项目实践的直接目标。如何实现民族文化的有效保护和传承，一定意义上也就是如何实现这些传统知识的有效保护和传承。其次，民族文化生态村项目所开展的建设工作，关注的对象是具体的文化要素、文化因子，而非民族文化本身这个大而泛的概念。所以，把能够构建民族文化概貌的传统知识作为调查、发掘、研究、实践、保护、传承和发展的对象，会使得项目建设工作更加明确而具体。再次，传统知识本身以及该民族在特定历史条件下传承民族文化的机制，是新形势下探寻民族文化保护、传承机制的基础。

三、目前研究、项目实施中传统知识的位置

1. 传统知识受到越来越多的重视

20世纪末期，传统知识在社区经济发展、社区农业发展、社区自然资源管理、社区文化和谐、生物多样性保持、文化多样性保护中的作用和重要性日益凸现出来。在此背景下，出现了从不同角度入手的传统知识研究。首先，是对传统知识概念界定及特征分析的研究。如卫欢在《对传统知识和民族传统文化的界定和理性辨析》[①]一文中，不仅对传统知识和民族传统文化的概念作了界定，还从传统知识与民族传统文化的"共质性"、"异质性"角度对二者之间的异同进行了辨析；再如南振兴、董葆莉在《传统知识概念界定及特性研究》[②]一文中，梳理了世界知识产权组织、联合国教科文组织等对传统知识的界定，在此基础上总结了传统知识的七大特征。其次，是对传统知识本身进行研究。如崔明昆从生态人类学的视角，对"云南新平傣族植物传统知识进行研究，探讨植物分类的基本原理、采集利用的传统知识，以及植物在村寨、家庭、婚礼和葬礼中的象征意义"[③]；再如李建钦、郭辉军、刀志灵关于云南省腾冲县界头沙坝地"麻栎薪炭林管理的传统知识及实践研究"[④]。再次，是对传统知识

---

① 见卫欢《对传统知识和民族传统文化的界定和理性辨析》，载《贵州师范大学学报（社会科学版）》，2007年第2期。

② 见南振兴、董葆莉《传统知识概念界定及特性研究》，载《经济与管理》2007年7月，第21卷，第7期。

③ 见崔明昆《植物民间分类、利用与文化象征——云南新平傣族植物传统知识研究》，载《中南民族大学学报（人文社会科学版）》2005年7月，第25卷，第4期。

④ 见李建钦、郭辉军、刀志灵《腾冲沙坝地麻栎薪炭林管理的传统知识与实践机制研究》，载《云南植物研究》，2001年。

保护的探讨和研究。如顾海波、洪晓梅指出："我国应该根据传统知识的特征，制定和完善民族传统知识的国内法和民族自治地方条例。"[1] 最后，是在总结少数民族地方传统知识的基础上，利用传统知识为社区发展服务。如邵志忠等对广西瑶族石牌制的研究报告，认为"石牌制在维持社区生产制度，维护社区安全等方面发挥着重要的作用"[2]。还有许多项目把传统知识应用到社会性别研究、社会性别平等的争取、社区能力的建设等方面。

总之，不仅有越来越多的研究者把研究集中在了传统知识的整理和保护上，而且有越来越多的项目在尝试应用传统知识为项目建设、社区发展服务。在急剧发展变迁的现代社会中，传统知识之所以能够获得逐渐提升的地位，不仅仅因为越来越多的人意识到应该重视当地人看待问题的角度，也因为不断地实践经验表明，并非现代的就是最好的、最优秀的。恰恰相反，这些属于现代社会的技术手段有时候却根本无法解决非主流经济文化社区中存在的现实发展问题。而且，与那些经历多年变迁依然存留下来的传统知识相比，现代技术手段的使用还面临着一个极大的挑战，即这些被使用的现代技术手段，以及能够产生的结果还有待时间的检验。

诸多只注重外部支持、输血式扶贫的建设项目，在屡次失败之后，频繁地抱怨项目受益者如何缺乏商品经济观念，如何缺乏财富积累意识。与此同时，他们也不得不认真思考问题产生的真正原因：项目建设者过于主观，项目受益者袖手旁观；项目建设思路脱离实际情况，而项目受益者缺乏参与出谋划策、建设的机

---

① 见顾海波、洪晓梅《民族传统知识的法律保护初探》，载《黑龙江民族丛刊》（双月刊），2007年第2期。

② 见邵志忠、俸代瑜、陈家柳、刘建平《传统社区组织与农村可持续发展——传统知识与农村可持续生计行动调研报告之一》，载《广西民族研究》，2005年第1期。

会；项目建设者认为受益者缺乏学校系统教育下所谓的"知识"，项目受益者也因此丧失了对自己掌握的传统知识的信心；项目建设者全盘包办，项目受益者缺乏能力建设的机会；项目组撤出后无法实现可持续管理等。在这些被总结出来的经验中，潜藏着同一个道理：如果没有让项目受益者真正参与到建设中，如果项目受益者没有成为建设的主人，如果项目没有真正成为当地人的项目，那就绝对不会有成功的可能。所以，项目受益者的传统文化、能力建设、自信心及自豪感的培养等都成为决定项目成败与否的重要因素。而所有这些要素的提出，都是为了实现一个目标：如何成功地、最大限度地把外部支持转化为内部动力，并最终实现发展、民族文化保护、传统知识传承等目标。

在村民能力建设、自信心培养、教育发展、村民参与等可能促进项目受益者自我提高的活动中，传统文化从来都扮演着双刃剑的角色。它既可能是促进因素，也可能是巨大的障碍和阻力。但不论出于哪种原因，项目建设都必须拿传统文化开刀，以民族文化保护和传承为宗旨的民族文化生态村项目是没有任何一项建设工作可以离开传统文化的。在传统文化中，传统知识是最核心的部分，所以，尊重村民的传统知识，利用传统知识为现代发展服务，利用传统知识中的优秀因子解决贫困问题，利用传统知识服务于能力建设等都成了各类发展项目工作开展的重要内容。

2. 偏重传统知识技术层面而忽略精神层面的现实状况

传统知识在诸多发展项目中逐渐获得了自己应有的舞台和地位，然而，在这些围绕传统知识开展的工作中，传统知识在纯粹研究领域被重视的程度远远比不上其在发展项目中被重视的程度。在脱贫致富、疾病防治、水利建设、教育发展、健康医疗、旅游开发、自然资源利用与保护、生产力提高等发展项目中，传统知识从来都被认为是一个极其重要的因素。

在这些应用传统知识服务发展项目的案例中，物质技术层面的传统知识备受关注。从时间的角度看，可以在相对短的期间内完成物质技术传统知识的搜集整理，并能够快速加以利用；从操作层面看，这样的实施策略不会触动太多精神层面的内容，可以避免一些不必要的阻碍。因此，那些可见的、有形的生产工具、生活用具、服饰、手工艺制品、建筑式样，以及那些容易悦人耳目的婚礼仪式、宗教仪式、舞蹈样式、音乐调式等，都会很快地成为被开发和利用的方面。

相反，那些藏在有形可见的文化载体背后的传统知识，那些潜在舞蹈、仪式背后的深层文化内涵往往被忽视。在那些民族文化不是建设直接对象或核心部分的项目中，项目操作者往往认为没有必要发掘民族文化的深层内涵，或者没有足够的时间、精力、人力、财力来开展传统知识的深度发掘工作。在纯粹的文化人类学研究领域中，传统知识从来都被看成是一个极其重要的内容。可是，这些传统知识往往被扣上"学术"的帽子，从而被拒之于应用的大门之外。在这些纯粹传统知识的研究中，那些存在于人们大脑、精神世界中的内容往往被人类学研究者用来分析、构建村民的文化意义网络，并对其所具有的文化意义进行深度发掘。

可以看出，在偏重发展和应用的项目中，那些为解决村民精神领域的传统知识，往往很少被触及，当然更谈不上对其进行发掘整理和利用了。这种过分偏重技术层面知识的发掘和利用，忽略理念、精神层面内容的现实状况，很不利于传统知识的研究及利用。不过，这一现实状况为民族文化生态村项目的建设提供了契机。民族文化生态村项目不仅要求了解、记录、整理村民拥有的传统知识，利用可能的办法保护这些传统知识，同时，要应用传统知识解决项目建设中遇到的问题，最后，还要充分利用传统知识，特别是传统知识的传承机制为新形势下传统知识的保护作贡献。这就需要深度发掘村民传统知识精神层面的深度内涵，而不是停留在简单的如食物如何制作、房屋如何建造、宗教仪式活动如何举办等相对浅表的内容。孩子怎么学习祖辈传下来的知识，村寨规模的活动如何被组织起来，宗教信仰如何规定人、祖先、神灵的各自位置，伦理道德体系如何规范社会个体的行为等，都是民族文化生态村项目关注的重点内容。

鉴于以上原因，民族文化生态村项目自始至终坚持使用"传统知识"这一概念。当然，于民族文化生态村项目实践的特点而言，在具体的文化事项、传统知识方面开展工作，比争论使用什么概念重要得多。

第二节　民族文化生态村项目对传统知识的理解和界定

前文尝试着对传统知识进行了界定，并对传统知识进行了分类。为了方便论述传统知识与民族文化之间的相互关联，这里姑且把传统知识划分为物质技术层面的传统知识和精神层面的传统知识。围绕人们衣食住行而创造的一切知识为物质技术传统知识，而为了解决个人心理需求、个人在社会及宇宙中的位置、社会中人与人之间的相互关系而创造的一切知识为精神层面的传统知识。这样界定和划分传统知识，便于阐述民族文化生态村项目如何处理传统知识在民族文化中的位置；如何处理传统知识保护、传承与民族文化保护、传承之间的相互关系；项目组成员如何在具体的建设工作中实践和应用项目理念。

一、物质和技术传统知识组成了民族文化的基本概貌

一个群体所创造的物质技术文化能够解决该群体的日常生活问题。这些知识使人们避免遭受饥饿、遭受寒冷、遭受风吹雨淋之痛，使人们获得一个安逸、舒适的环境。比如人们为了获取身体需要的淀粉、蛋白质等必需元素，就必须到野外采集或种植富含淀粉的颗粒或块茎食物，就必须学会捕鱼和狩猎，或者驯养野生动物等；人们创造的各种类型的建筑，都能给创造者提供一个温暖的避风港；为了保暖、遮羞，也为了审美，衣服和各种装饰品被创造出来。

这些为解决人们日常生活问题而创造的传统知识，构成了一个群体文化的基本概貌。人们种植的农作物、种植农作物使用的工具、储藏和保管农作物的工具、加工农作物的工具、从作物到食物的转化工具、成品服装和各种首饰、为制作服装而种植的作物、建造好的房子、建造房子的工具、渔猎使用的工具、为交通和运输而创造的各种交通工具等能够标志一个群体文化的各种可见的、物质的、有形的文化载体，是能够被直接看到的对象，也是能够勾勒出该群体基本文化概貌的内容。

物质技术层面的传统知识包括两个方面的内容：一是那些可以看得见、摸得着、承载着一定文化内涵的实体，小到一根缝衣针，大到一个外观辉煌、技术知识内涵丰富的建筑物都属于这个行列；二是隐藏在这些文化实体背后的、关于如何制作、生产这些实体的知识。这两个方面的内容解决了人们日常生产生活、社会个体生理需求的问题，也构建了一个社会、一个民族群体文化的基本面貌。物质技术传统知识的功能还不仅仅在于此，它还是构建一个社会精神传统知识不可缺少的基础，是精神传统知识发

展变迁必须依赖的载体。

比如，村民在长期的生产知识积累过程中，根据土地的性质、耕牛的特点、当地的气候等因素创造了一些适合于水稻种植的生产工具，创造了一套水稻种植的物质技术传统知识。可是，这些物质技术传统知识并不能与冰雹、干旱、涝灾等自然灾害抗衡。鉴于此原因，村民往往求助于神灵对庄稼进行保护，而这种被认为能够给村民带来风调雨顺环境的神灵，以及对神灵进行祭祀的一系列知识，都是以这些水稻种植的物质技术传统知识为载体。再如，居住在云南西盟、临沧一带的佤族，与村中摆放在木鼓房中的木鼓相关的知识，既包含一整套选材、伐木、凿木鼓的技术知识，还包括木鼓来源的传说故事，以及木鼓承担"通天神器"的角色。一个木鼓中同时蕴涵了物质实体、创造物质实体的知识、与该物质实体相关的文学和宗教知识。

二、作为传统知识核心内容的精神传统知识

一个社会的人生礼仪，诸如出生、满月、周岁、生日、成年礼、婚礼、葬礼等赋予了社会个体应该具有的社会地位和角色，也规定了社会个体在社会中可以享受的权利及应该承担的责任和义务。诗歌、小说、音乐、舞蹈等成为满足社会个体心理需求，调适社会个体心理状况和情绪，培养社会个体性格及情操的文化要素。

同时，社会个体并非是一个孤立存在的单位，任何个体都与其他个体以及社会整体有着密切的联系，所以任何一个个体都必须学会如何处理与其他人之间的相互关系，如何把握自己与亲人、朋友、陌生人、敌人之间的距离。社会本身作为一个整体，也在某些个体的促动下，形成了相应的法律法规、伦理道德标准来规范社会中人与人之间的相互关系。

如果说物质技术传统知识所指向的对象是有形的民族文化载体的话，精神层面的传统知识所指向的对象则是物质技术传统知识创造者的精神领域。

除了人为制定的规范和准则外，社会还会借助神灵的力量来规范社会个体的行为，最终实现社会整体的和谐，这就是一个社会中宗教信仰所具有的力量。自然界不可抗拒的力量引出了超自然的神力，掌管不同领域的神灵在服务于社会个体的同时，也规定了社会个体能做和不能做的事情。这种规范使得所有的社会个体逐渐形成了统一的特征，这种统一既包括能够掌握相同、相似的技术解决自己现实生活中衣食住行的问题，也包括长久以来形成的共同的心理素质、共同的看待问题和评价问题的社会道德价值准则，还包括其他所有一切作为一个社会中个体应该具有的特质。

三、物质与精神传统知识之间的相互依赖关系

人们在创造这些有形物质文化的同时，也摸索出了如何制作这些物质实体的传统知识；同时，人们还会赋予这些物质文化实体以象征意义，让这些实体和本民族的宗教信仰、文学艺术等产生关联。比如石林彝族自治县的撒尼人，在举行诸如求雨的祭祀活动中，通常要使用一个以华山松为材料制作的人形道具，人们在制作这个道具的时候必然涉及一系列相关的知识，比如枝条生长的形状、曲直程度、分权情况、枝条上面有无小鸟的粪便，以及削去向阳还是背阴一面的树皮等。同时，这个人形的道具是用来和神进行沟通的，神灵通过这个道具传达对村民的护佑，最终起到慰藉人们心灵、确定社会个体在宇宙中位置的作用。这样一来，这个社会中的成员，特别是参加祭祀活动的成员就会习得祖辈传承下来的关于该道具制作的相关知识；同时，与撒尼人心目

中掌管雨水的神灵相关的一整套知识，也被赋予在这个道具上，也因为这个道具的存在而不断传承下来。如果人们不再使用这个道具，那么它背后的一整套知识，以及相关的信仰体系也会受到威胁。从这个层面看，物质技术传统知识是精神传统知识得以在社会成员内部延伸其意义的载体。

有形物质文化载体具有容易被破坏、容易消失的特点。当那些支撑物质技术传统知识的精神传统知识消失时，那些物质文化载体也将以惊人的速度消失。正如前文人形道具的例子一样，如果撒尼人的宗教信仰都不存在了，那些与此相关的宗教仪式也不举行了，那么除了博物馆以外，那个人形道具就不可能再找到存在的空间了。从这个层面看，精神传统知识是物质技术传统知识得以存续的保障。

所以，物质技术传统知识与精神传统知识是相互依赖，不可分开的。传统知识的保护应该在保护可见物质实体的同时，保护无形的精神知识。那种博物馆式的、纯粹保护物质文化载体的做法，根本无法实现真正保护及传承传统知识的目的；当然，纯粹注重传统知识理论研究，忽视物质实体存在与否的做法，也是不科学的。民族文化生态村项目之所以这样分类传统知识，目的在于把实践和理论研究相结合，有效地实现民族传统文化的保护和传承。

四、从操作层面看传统知识

1. 记录和资料保存

对传统知识进行详细的发掘与整理，其最基本的意义在于民族传统文化基础资料的记录和保存。民族文化生态村项目作为专门致力于民族文化保护及传承的建设项目，如果连一个民族的文化的基本构成都弄不清楚，当然就谈不上保护该民族的文化，更谈不上通过项目实现该民族文化的传承。这些构建民族文化的基本资料，不仅能够为学者提供丰富的研究资料，还能为当今世界倡导的文化多样性作贡献。此外，这些资料还能为现代社会文明建设提供历史参照。从长远来看，特别是当社会经济发展到一定程度时，人们回头追寻自己已经丢失的祖先文化、追寻自己的"根"的时候，这些基础资料的重要性就会凸现出来。目前，这种重要性在诸多经济发达国家已经得到了验证。

2. 利用优秀因子服务于社区经济发展和民族文化传承

传统知识起码可以在两个方面发挥重要作用：一方面，解决社区发展中面临的实际问题，比如促进社区经济发展、提升社区居民生活质量、增进社会和谐、提高社区文明程度等；另一方面，继承并发扬传统知识中的优秀因子，解决新形势下民族文化面临的实际问题，最终实现民族文化的新发展。

在此观点的对立面，那些或者从根本上蔑视传统知识，或者根本不懂得传统知识的人，认为传统知识在现代社会中一无是处。这类人总是以自己为中心，认为自己掌握的方法和技术能够解决所有问题；认为现代技术和理念都无法解决的问题，传统知识更是无能为力。在这些人的观念中，传统知识不仅不能解决问题，相反会成为现代技术、理念应用的绊脚石。不得不承认，确实有一些传统知识的因子会成为现代发展的阻碍因素，尤其是某些根植于人们大脑深处的传统观念。但是，这些现在看起来是"障碍"的因素未必就完全是有害无益的。虽然村民有意识地对传统知识的继承只是短短几十年的事情，可是传统知识本身在一个群体内部发展、变迁、扬弃、沉淀的过程是极其漫长的，这是一个不断尝试、不断失败、不断总结经验教训而得来的结果。所以，一概否定传统知识的做法和态度是极其不明智的。

在许多发达国家，或者在发展中国家开展的一些发展项目中，传统知识总是被放在一个很受重视的位置。一方面，这些曾经一段时期内被弃置一旁的传统知识，能够解决一些现代社会中依靠现代技术和理念无法解决的问题；另一方面，传统知识中蕴涵的人与自然和谐相处的道理，正好是现代社会发展所面临困境的理想教材；再一方面，因为地域隔绝而形成的、相对独立的传统知识是组成世界人类文化多样性的根本要素。

当然，不是说所有的传统知识都能够被利用起来以解决现代社会发展遇到的困境。正如现代技术和理念必须接受时间的检验一样，传统知识也必须接受新形势的考验，因为传统知识赖以产生的社会、文化，甚至自然状况等环境也在发生着变化。所以，应该充分考察传统知识发源地当前的各种因素，诸如地理、气候、水源、文化变迁状况等，来决定是否利用这些传统知识为当前经济发展、社会和谐进程服务，这是传统知识利用的第一个层次。另外，充分发掘传统知识在社会内部传承的规律和机制，探寻新形势下传统知识的传承机制。这样的做法能够营造一个知识传承的良性社会环境，包括目前称得上"现代"的知识，也可以在这个良性的环境中成长为"传统"，最终被不断继承下去。

第三节　传统知识在项目建设中的定位

一、传统知识与项目建设宗旨及理念的整合

1. 区别脱离原生地保护的做法，探索就地保护道路

民族文化生态村建设一直坚持探索并实践民族文化就地保护的道路。这一理念主要为了区别那种脱离民族文化原生地进行保护的做法。有的学者和项目主持者为了自己所谓的研究，竟然希望或者通过不同方式让少数民族始终保持他们几十年前的样子，而一旦发生变化，他们就认为这已经不再是该民族的文化了，叹

息他们的文化被破坏了。这样的思想和做法根本不能和文化保护挂钩，更别说文化传承了，甚至连保存都做不到。

相反，民族文化生态村项目主张的是"活水养活鱼"，让民族文化在其原来的生存环境中，循着良性的方向向前发展。在特定的生态环境中孕育的民族文化，自然能够与其所处的环境协调共存。而那种把文化抽离其原生环境的做法，与把鱼拿到旱地上养，或者把淡水鱼移居到咸水环境中没有什么两样。

民族文化生态村项目就地保护民族文化的理念包括三个层面的内容：一是让民族文化在原生地进行保护；二是保护并非为了保存，而是让民族文化在保护中得以继承，并在继承中良性发展；三是保护的不仅仅是民族文化本身，还包括创造民族文化良性发展的地理、人文及社会环境。

作为民族文化最基础部分的传统知识，成为项目建设中民族文化保护最直接的对象。通过发掘、记录、整理传统知识，展现和复原民族文化的基本面貌，在此基础上通过各种参与式行动，不断培养村民在新形势下对自己传统知识的强烈认同，培养他们对自己传统文化的自信心和自豪感。最终在村寨领域内部、群体内部、民族内部形成民族文化保护的自觉意识。

2. 传统知识的保护是基础，传承是核心

当今学术界有的学者很反对使用"民族文化保护"一词，一方面，他们认为文化是不断发展、不断变迁的，所以无从保护；另一方面，他们把民族文化的保护等同于民族文化载体的保存；再一方面，他们认为保护就必须把民族文化的某些要素抽离出来，如在传统博物馆中进行陈列一样。

事实上，因为采取的措施不一样，民族文化"保护"也就具有更加丰富的内涵，不应该把保护纯粹等同于"保存"而一棍子打死。正如前文所述，保护不仅可以是保护民族文化的不同要素，也可以是保护民族文化赖以存在的生态环境与人文社会环境。在保护的基础上如何让民族文化健康、良性发展，并最终实现文化从上一辈到下一辈的传承才是核心部分，当然也是最具有挑战性的部分。在项目建设的过程中，保护传统知识，保护传统知识良性发展所依赖的自然与社会环境是最基本、也是最具体的工作。同时，总结传统知识中适合现代发展的因素，创造在新形势下传统知识得以继承、发展的理想空间是项目追求的目标。只有这样，传统知识的发掘与整理才不会停留在纯粹学术研究的层面上，传统文化的保护、传承也才会有希望。

3. "村民主导、学者指导、政府倡导"的道路

文化是村民的文化，村民是民族文化的创造者，当然也应该是民族文化保护及传承的主体。这不仅仅因为他们具有选择自己民族文化发展道路的自主和自由权，更因为只有他们才具有民族文化保护和传承的资格和能力。所以，村民主导是任何时候进行民族文化保护、传承都必须坚持的道路。

在谁是农村社区发展的主体、谁是民族文化保护、传承主体的讨论中，目前已经取得了相当一致的意见，即村民或者社区居民。可是这种认识有时候被推到了一个过于极端的境地，而把学者、政府以及其他外部支持都看得一无是处。这种观点认为外来的都是具有破坏性的，外来者都带着另外一种标准来看待和处理问题，所以都具有"侵略性"。在项目进程中必须保证并捍卫村民的主人翁地位，但是不等于盲目排斥一切外来的力量。其中，学者和政府的位置与角色就是一个必须认真对待和处理的问题。学者能够通过历时和共时的比较研究方法，全面、系统地研究、分析当地民族文化的主要特质以及民族文化发展变迁过程中所面临的问题、挑战和机遇，并能够站在全局的立场上提出具有前瞻性的，关乎民族文化保护、发展及传承的策略和道路。

然而，学者不能，而且永远不能取代村民的位置和角色，理论的根据在于学者不能"越位"包办村民的事情；现实的原因

在于学者没有足够的时间和精力呆在同一个点上从事具体的建设工作。所以，学者的任务当在于为创造一个村民保护文化的有益环境出谋划策。

政府能够提供的政策支持、资金支持、资源协调分配等都是民族文化保护与发展极其重要的因素。可是一直以来，政府都处在一个颇为尴尬的位置上，要么对项目进行包办或全权操作，要么被项目彻底排斥在外。因为诸种原因，政府甚至被认为是民族文化遭到破坏的罪魁祸首。在此舆论背景下，有的学者一开始就在拒绝与政府官员沟通、协调的情况下，得出政府官员什么都不懂的结论。其实，政府开展、操持项目的出发点和愿望是无可非议的，都是怀着福泽一方的善良愿望，都是为了经济和民族文化的发展。

村民、学者、政府都是民族文化保护、传承中不可缺少的力量。其中，任何一方都不能替代另外一方的位置，少了任何一方都不能把工作做好。如何界定三方的角色和位置显得极其重要。根据各方的特点和优势，民族文化生态村项目总结了"村民主导、学者指导、政府倡导"理念。任何一方都必须妥善地处理自己的角色和所处的位置，不能"越位"。只有这样，才能取得良性的发展模式，这也是被实践证明了的。

村民是民族文化的拥有者，是传统文化的第一创造者，所以也是传统知识的创造者和拥有者。对于本民族传统知识的历史发展、来龙去脉，村民是最有权威的发言者。所以，关于如何保护、发展并传承民族文化，村民应该而且必须是当仁不让的主体。这不仅要求项目组成员了解村民对于传统知识的理解、需求，还要求村民提供关于如何保护、传承传统知识的意见和建议，还要求村民尽可能地参与到项目建设中来，也就是如何收集、整理、记录自己的传统知识，如何采取措施保护、传承本民族的传统知识。只有这样，才能捍卫村民在传统文化保护、传承

传统知识发掘

和发展中的主人翁地位。

4. 传统知识的传承机制是项目创新的基础

民族文化生态村这一概念于 1997 年最早由尹绍亭教授提出，可是当时并无后来这么全面的项目理念，也没有绝对完善的、预设的项目工作方法。可以这么说，项目全新的性质决定了项目建设必须在不断摸索、不断尝试中进行。这种没有现成理论指导，没有任何经验可供借鉴的情况，为项目的开展增添了很多无法预想的困难。然而，也正是因为这一点，促使项目成员不断地结合当地实际情况，不断尝试，不断追求创新，并最终真正实现创新。

项目的创新并非可以凭空而来，特别是在把传统知识作为建设重点的子项目中，实现创新的难度就更加大了。民族文化多样性的特点，决定了无法套用任何现成的思路和模式去开展一个地方的民族文化保护、传承工作。这就要求项目工作者从内源角度出发，站在村民传统文化的立场上思考文化将来的发展方向。也正是这个要求给民族文化生态村项目创新提供了契机——在了解民族文化、记录、整理具体传统知识的同时，总结传统知识的传承机制，汲取其间适合现代社会发展的文化因子，结合民族文化面临的实际情况，摸索出新型民族文化保护、传承道路。这就是创新，而且是有根据、经得起考验的创新。

5. 传统知识"致用"模式的可推广性

民族文化生态村项目力图通过各方建设，使 6 个试点村获得良好、和谐的民族文化保护与传承环境。但是，这样做的最终目标并不仅仅是把这 6 个村子建设好，而是力图从试点村的建设中总结出一套适合在云南，乃至全国范围内推广的民族文化保护与传承模式。

现实中，确实有很多可以称得上"精品示范"的建设项目。这些所谓的"精品"建设项目，或者是耗费巨资打造出来的，或者是政府部门单方建设起来的，或者是某些学者"代理"完成的，或者是项目本身过度依赖于特殊的地理气候环境，或者是项目建设根本没有村民的真正参与。很显然，这些项目根本不具有推广的可能性，因为政府根本不可能在每个需要民族文化保护、传承的村子如此耗费巨资。没有通过能力建设途径实现能力提高的村民，很难做到在政府学者撤出后进行可持续管理。这种犹如机械化、流水线生产的建设模式，与民族文化多样性、生态多样性的要求是格格不入的。

民族文化生态村项目组总结了这些不可推广模式的缺点和不足，要求项目组成员在不同的试点村寨摸索不同的可推广模式，如生态与文化协调发展模式、传统知识发掘整理的模式、旅游促动经济发展最终实现民族文化复兴与保护的模式、通过年龄或性别组织实现文化传承的模式、大型活动组织传承民族文化的模式等。在这些模式中，传统知识的发掘、整理、总结、利用模式，是可以在任何一个进行民族文化保护、传承，甚至纯粹的发展项目中进行推广的，因为传统知识整理的方法、理念、立场是任何一个项目，特别是民族文化保护、传承项目都必须面对的问题。

二、传统知识在项目建设中的定位

民族文化生态村项目以民族文化的活态保护和传承为宗旨，这就决定了该项目实践、操作过程中提倡参与式行动的性质。于是，与村民沟通，了解村民的需求愿望，深度发掘整理村民祖辈相承的传统知识，让村民了解、理解并接纳项目的理念，召开不同规模和级别的村民会议，开展各种知识的培训工作，借助传统组织模式与方法发动村民参与项目建设，协助村民筹建项目管理委员会等都成了项目组成员必须努力开展的工作。其中，与传统知识相关的工作是最基本的、必须的，也是相对特殊的。

传统知识是民族文化最核心的部分，也是民族文化生态村项目建设最直接的对象。从这个层面上看，传统知识可能算得上是本项目建设中的最为重要的部分了。不仅因为部分传统知识可以直接解决项目建设过程中所碰到的现实问题，还因为从传统知识中总结出来的传统文化传承机制，是新形势下民族文化保护、传承模式决策的参考依据。所以，传统知识不仅是民族文化的核心部分，也是民族文化传承的核心内容，还是项目建设的核心部分。

1998 年，民族文化生态村项目组在创始人尹绍亭教授的带领下，提出了试点村选择的五个条件："第一点，文化富有特色，文化资源丰富；第二点，生态环境好，风景优美；第三点，民风淳朴，村民具有朴素的文化生态保护意识；第四，交通便利，位于国家级或省级旅游区内或附近；第五，当地政府支持，当地文化部门可选择有能力、工作积极负责的合作伙伴"①，并根据拟订的条件完成了选点工作，同时对试点村拟开展的建设内容进行了定位。在这些条件中，排在第一位的是"文化富有特色，文化资源丰富"，指出了项目建设的"第一直接对象"在于民族文化。

项目组要求各试点村在摸索不同可推广模式的同时，要求把民族文化资源的调查、整理作为各村最基本的工作来抓，充分强调民族文化，特别是传统知识的重要性。其中，月湖彝族文化生态村摸索的可推广模式是：通过各种方式发动村民参与，深度发掘、整理和应用村民拥有的传统知识。这样选择鉴于如下原因：首先，与月湖村周边的村寨相比，月湖村具有更加深厚的民族文

---

① 见尹绍亭《民族文化生态村——一个民族文化保护与传承的重要课题》，载尹绍亭主编《民族文化生态村——云南试点报告》，云南民族出版社，2002 年 12 月。

化积淀。这个距离昆明仅百余公里、距石林风景区仅 15 公里的撒尼村庄，竟然能够保持如此深厚积淀的民族文化，说明其内部必然有一套有效的民族文化保护、传承机制。其次，月湖村得天独厚的交通、地理和区位优势，使得其民族文化正面临着能否像过去一样继续传承和相对独立发展的考验。这一矛盾的存在，凸现了民族文化生态村项目建设的必要性；同时，只有在这一矛盾环境下总结出来的传统知识建设模式，才是经得起考验的模式，才是具备可推广性的模式。

　　把月湖彝族文化生态村的建设模式界定在传统知识发掘、整理和利用上，不等于其他试点村建设中没有传统知识发掘的内容，也不等于月湖村建设中只有传统知识发掘整理的内容。只是月湖彝族文化生态村在开展项目理念培训、村民能力建设、村民参与建设工作的同时，把更多的精力放在传统知识上面。或者说把项目理念培训、村民能力建设、村民参与建设工作等糅到传统知识的发掘与整理当中来。所以，本书在集中探讨月湖彝族文化生态村传统知识发掘、整理及利用模式的同时，兼顾另外几个试点村的情况，探讨民族文化生态村项目是如何在建设过程中不断总结、相互借鉴各村建设的经验，以摸索能够推广的传统知识发掘与应用模式。

第二章　试点村传统知识的发掘与整理

第一节　试点村传统知识状况及挑战

一、积淀深厚的民族文化

1. 月湖村文化与生态的协调发展

2000 年 4 月，笔者第一次去石林彝族自治县北大村乡的月湖村，当时呈现在眼前的各种景象至今依然记忆犹新。从昆明出发到石林县城，再坐上去西街口的微型车，经过石林风景区入口，上了通往泸西、尚未铺沥青、垫着狗头石的"九石阿"（宜良九乡—石林风景区—泸西阿庐古洞）旅游专线。穿过北小村后，路边的景象在四月炽热的阳光下显得极其扎眼，头年已经干枯、尚未见新芽的草地上，裸露着黑白相间、形态各异的石头，多看一些时间眼睛便会有一种刺痛的感觉。忍受了大约一个小时的颠簸后，微型车偏离了主道，向左驶入了一条铺有沥青的公路，眼前竟然呈现出一个顺着山势蜿蜒而下的绿色带，虽然处在拥挤闷热的车厢里，依然能够感受到一丝清凉。卸下随身携带的行李，随石林县民族宗教事务局的工作人员（笔者到月湖彝族文化生态村之前的项目工作人员）前去踏勘，爬上村子的最高处，眼前的景象使我大为惊讶。近处是隐约可见、显露着茅草屋顶和瓦顶的房屋，掩映在刚长出新叶的公鸡树间，自然地透着一派和谐的氛围；东边是一个面积约 4 000 亩，轮廓犹如一弯新月的岩溶湖泊，也就是当年张冲将军命名的月湖；南面是长满上百年古树、面积近百亩的密枝林和另外几个面积稍小的岩溶湖泊；西边有生长着茂盛、高大乔木的老鹰山；北边有长满密密麻麻灌木的后山。整个月湖村犹如沉静在一片绿色的海洋中，是如此的宁静，如此的安详……

　　走进村子，踩着当年过往客商、马帮走过的石板古驿道，感受着因为历史厚度而蕴涵的美。茅草房与散落在村间的高大的公鸡树相互映衬，透着自然与和谐。以泥土、茅草、木头、秸秆、薄石板等为主要建筑材料筑就的茅草房，以其特有的凉爽特点抵

图 1　月湖村的茅草房

御着四月午后的闷热。村里成百株树龄在 100～500 年之间的公鸡树，不仅能够起到微调局部气候的作用，还是村民储藏包谷的理想粮仓。每年秋收以后，村民都会把收获的包谷辫成串，挂到公鸡树上，无需其他遮盖工具就能够做到包谷防潮防霉；在靠近公鸡树根部的部分缚上铁皮或塑料布，就能把偷吃包谷的老鼠拒之树下；冬天公鸡树的叶子纷纷落去，挂在树上的包谷展露出金黄的颜色，为村寨增添了一道绝佳的风景线。

图2　月湖村民挂在公鸡树上的包谷

　　走进茅草房，立刻便能用身体感受它的"夏凉"。房屋的墙壁上，挂着撒尼妇女的麻布挎包、各式生产工具、捕鱼用具、生活用具等，简直就是一个未经特意布置的微型博物馆。若是家中有老人逝世，房屋的正堂一定会供奉着用云南松、青冈栗、竹节草、死者头发等材料做成，撒尼话称"脑司"的祖先灵位。

再说月湖村四周的山林，几乎每一片山林都与村民的宗教信仰有着密切的关系。月湖每年八次集体性的大型宗教祭祀活动，都是在山林中举行的。如密枝祭祀在密枝林中举行；每年农历六月二十三的"库恩哈砸"与七月十五的"召司"祭祀都在后山的林间举行；每年四月的祈雨活动地点设在村庄东边的小松林和密枝林；村子还有一个专门供放祖先灵位的祖灵山；祭祀山神的地点山神庙也在一片茂密的森林里面。这些山林不仅是祭祀活动得以开展的空间，也是村民宗教信仰所信奉的神灵的家园。据村子里面的老人讲，解放以前，从月湖到北小村之间都是密密麻麻的森林，可后来都被破坏了。很明显，前述的这些山林之所以能够保存今天这个样子，宗教信仰的作用是无可否认的。

月湖村子四周现存的山林，除了作为宗教祭祀活动的场所外，还是人们传统饮食的取材之地。春天，人们可以在山林中找到棠梨花、青刺尖、野蒜、蕨菜等；农历五至十月，山林中长满了各种野生菌；随后，村民把长在山上的"街伟"扯回家，通过蒸、晒、晾等工序，做成具有清凉消暑、可一年四季饮用的凉茶。

除了被称为"嘎滇玛"的月湖之外，村子周围还有大大小小40多个岩溶湖泊，如鲤鱼塘、七锅塘、小秧塘、螺蛳塘、转云塘、淹猫塘等，村民长年累月在这些湖泊中捕鱼，逐渐积累了内容丰富的渔文化，湖泊则为村民实践和传承祖辈创造的"渔文化"提供了场所。村民在创造独特的渔文化的同时，也会从外界引进一些捕鱼工具，这些都一点一点丰富着月湖的渔文化。

在这样一个文化与生态环境协调发展的环境中，村民不断地创造并丰富着自己的文化，这些文化以其独特的魅力塑模着村民的人格，并营造着人与自然和谐相处的理想氛围。

　　2. 月湖村积淀深厚的民族文化

　　如果详细、深入地对月湖村的民族文化进行调查，会发现第一眼所看到的连冰山一角都够不上。而这也正是月湖村民族文化最大的特点之一，如果仅凭第一眼看到的东西来评价该村的民族文化积淀程度，很多人都会认为不值一提；如果发现了月湖村民族文化含蓄内敛的特点，并深入进行细致考究的话，定然会发现淘到的不是一个"鸡窝矿"，而是有着无穷魅力的宝藏。

　　先说月湖村独具特色的茅草房。月湖村的茅草房以茅草、木头、麻秆、土基、泥土、石板为主要建筑材料，不仅具有古朴的外观，还具有良好的透气性能。村民熟知农历十月是采集茅草的最佳季节，积累了如何晾晒茅草、如何保存茅草的知识；积累了相对复杂的建筑工序和技艺；积累了丰富的选材知识（比如如何鉴定树的性别、何时砍伐可避免生虫等）；积累了考究的选址知识。这种独具特色的建筑样式，培养了一批常年在本村和其他村寨盖茅草房的师傅，他们在完成房屋建盖后，会用火烧去露出来的茅草边叶，当然也是为了展示他们炉火纯青的技术。

　　再说月湖村民自古以来积累的生产知识。在每年定期举行的密枝祭祀活动中，有关撒尼人如何在密枝神带来种子之后学会种地的传说故事；每年农历四月举行的祈雨活动、农历六月举行的"库恩哈砸"活动中，都有关于农业生产的仪式。据路南彝族自治县志记载："明万历十三年（1585），跃宝山村民张普寿等6人，倡导村民凿穿20丈岩岭，引月湖水流灌。"[1] 跃宝山村就是今天的月湖村，四百多年前张普寿等村民的义举，创造了月湖村水稻种植的历史和文化，村民创造的犁、耙等生产工具也广泛使

---

　　① 昆明市路南彝族自治县志编纂委员会编：《路南彝族自治县志》，第14页，云南民族出版社，1996年11月。

用在水稻种植中。此外，村民还种植荞麦等传统作物，种植麻以提供纺线织布的原材料。

还有月湖村民的服饰。月湖的撒尼妇女在不同年龄阶段，要穿戴不同的服饰，根据她们穿戴的服装，就可以判断其大体年龄、婚姻状况、在家中的地位等。最富有特色的莫过于妇女服装上极其精美的手工刺绣图案，有蝴蝶花、人字花、万字花、小树花、小鱼眼睛花、三角花、四角花、犁头花、梨花、海菜花、太阳花、十五花、十七花、十八花等。这些刺绣的图案或源于生产，或源于捕鱼活动，或源于自然界。撒尼妇女从小就跟随妈妈、姐姐或其他绣花能手学习绣花的技巧和图案，所以，撒尼妇女个个都是刺绣能手。同时她们也是纺织能手，她们能把绵羊毛纺成线，织成背篓带子；用麻线织成麻布，做成男性穿的麻布裙子。而最具有撒尼民族特点的是用火草纺线织布，最终做成男女两性都可以穿的火草衣。农历七八月，村民到长着云南松、背阴的山坡上采集火草；背回家洒水后，用草席盖起捂几天，遂撕下火草叶子上白色的毛被，上纺车纺成火草线，最后织成火草布，再缝成火草衣。找一个晴朗的日子，用白泥浆洗，一天之内晒干，火草衣就变得又白又板。月湖妇女佩戴的包头，蕴涵着更加丰富的文化内涵，这里就不再多说了。

撒尼男人除了从事生产劳动以外，还会去村子周边的湖中捕鱼，用卖鱼得来的钱贴补家用。村民在捕鱼过程中，创造了独具特色的夹网、虾网、鱼罩、渔叉、牛蛙叉、黄鳝笼、半头笼等；同时引进了挂网（各种类型）、撒网、罾网、长关笼、下水鱼笼、鱼钩等捕鱼工具。他们不仅能够熟练地根据天气状况、水位情况确定使用捕鱼工具的种类，还能根据水面出现的征兆来判断鱼的种类及大小。近些年，部分村民还根据捕鱼积累的知识发展渔业养殖。

月湖村每年都有杀年猪的习俗，并在此过程中创造了"生

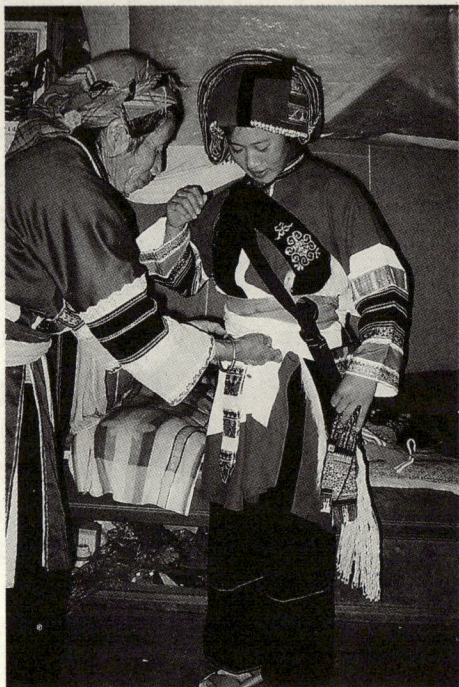

图3　月湖村撒尼妇女的服饰

猪肝"、"骨头参"等颇具特色的饮食。撒尼妇女都会腌制卤腐、腌菜、萝卜条、豆豉、野蒜、蒜薹等，而且各家腌菜的味道独具特色，体现了一个村寨内部食物味道的"多样性"。荞疙瘩饭、包谷饭是现代都市人向往的健康食品。"苦荞粑粑蘸蜂蜜"不仅是绝佳的食品，其背后还有撒尼人摔跤起源的传说故事。

晚饭过后，村子里面常年活动的民间文艺队便开始了文艺节目的排练活动。除了自娱自乐之外，那些乔迁新居的主人、生了小孩的主人、婚丧嫁娶活动的主人都会邀请他们去表演节目；同时，他们还会带着自己精心排练的节目去参加其他村寨举办的民

图 4　月湖村捕鱼用的鱼罩子

间歌舞比赛。2005 年大年初二，由石林彝族自治县政府组织的文艺表演队，到昆明参加例行文艺会演。那个包括领队方阵、三弦方阵、鼓号方阵、细乐方阵、舞蹈方阵等组成的石林代表队，一共 300 多名舞蹈演员和乐手，都是来自于月湖村。如此算来，月湖村大约每 7 人中就有 1 人具有出场参加文艺表演的天分。他们的领队方阵打着"石林月湖彝族文化生态村"的旗帜，从昆明市政府门口到小西门，一路以精彩的舞姿、动听的音乐引得街道两旁的观众掌声阵阵，喝彩不断。

　　月湖村有六七个毕摩，他们除了主持村子里面一年四季例

图 5　2005 年正月初二月湖村到昆明的表演队

行的八次大型宗教祭祀活动以外，还要主持诸如婚礼、葬礼、喊魂、择地基等活动。月湖人相信密枝神能够保佑村寨人丁兴旺、五谷丰登；相信"召司神"能够保佑孩子避免天花及其他传染疾病的伤害；相信山神能够达成人们的愿望。这些神灵所具有的灵性深深地嵌入到了村民的心中，并体现于日常生活的每一个细节中。毕摩举行的仪式，被赋予了"实现神灵与村民沟通"的功能。

　　尽管现代碾米磨面的设备已经完全取代了传统的碾坊，但是过去在碾坊中形成的礼俗秩序依旧留存在人们心中，并影响着他们的现代生活。过去任何人在公共碾坊中放一个牛担子或者一把扫帚为记号，就不会有人抢在他前面去碾米磨面。尽管 20 世纪 90 年代中期，月湖撒尼青年男女相识相恋的公房逐渐消失了，但是撒尼人传统的公房习俗中，非同辈或者非同性的人在一起不能说的话，以及背后的一整套规则，现在依然发挥着作用。

　　月湖的很多老人还依然维系着各种各样的民间工艺和技术。

图6　月湖村的毕摩在举行宗教仪式

例如用阴干的草编织出的"使内戈";用石头雕刻出来、放在屋顶避邪趋吉的小石虎;用竹子制作的用于大三弦、小三弦舞蹈音乐伴奏的笛子;用牛皮制作的鼓;用羊皮制作的大三弦、小三弦;用刺桐树制作的月琴等。

在月湖,不仅能够用文化氛围,即一种关于文化积淀深厚与否的感觉来判定它所拥有的民族文化资源,而且能够应用详细罗列的方法来细数民族文化的不同要素。也就是说,不仅可以从宏观的角度来总结月湖的传统文化,也可以从微观的角度来分析月湖的民间文化。而不论采用哪种方法,都必然走向这样一个结论:月湖具有积淀深厚的民族文化,月湖村民有着丰富、精彩、独特的传统知识。

3. 其他试点村的状况

其他几个试点村也有着类似的情况,如巴卡基诺族文化生态村"寨中男女老幼平时穿着民族服装的人相对较多,也是保留纺织刺绣最多的寨子,而且该寨的刺绣纹样有自己鲜明独到的特

图7　月湖村工匠打制的小石虎

点；寨中尚有谙熟民族乐器和民歌的老人7人；该寨尚保留有部分传统祭祀活动，如祭天、祭地等，并且还保留着互助生产、平均分食等习俗"①。仙人洞彝族文化生态村"包括这样一些内容：①保留着完整古老、纯正的撒尼语；②妇女仍然穿戴多姿多彩的撒尼服饰；③尚有土墙瓦顶的传统民居；④尚存在'花房'和'情人房'以及'背着娃娃谈恋爱'的习俗；⑤至今尚存有传播彝族传统文化的祭司——毕摩，保留着密枝林和密枝节；⑥有规范道德行为的社会机制和乡规民约，民风淳朴；⑦古老的民间歌

---

① 见罗钰《巴卡基诺族文化生态村项目报告》，载尹绍亭主编《民族文化生态村——云南试点报告》，第36页，云南民族出版社，2002年12月。

谣、传说、工艺和歌舞。"① 南碱傣族文化生态村可以代表花腰傣"傣卡"的传统文化状况，其土掌房、服饰、竹编、饮食、民间文化和体育活动都颇具特色。

与同民族、同类村庄相比，这几个试点村具有更加丰富的民族文化，而且能够展现文化与生态协调发展的氛围。依山而建的巴卡基诺族文化生态村的传统文化与山林有着紧密的联系；南碱傣族文化生态村村民的传统知识、传统文化都来自于流经村庄的丫味河和元江；仙人洞彝族文化生态村的传统文化则孕育于被誉为"云南小桂林"的普者黑风景区中。这些积淀深厚的民族文化，以及文化与生态协调发展的模式，为民族文化生态村项目的建设提供了平台。

二、试点村传统文化面临的挑战和危机

有些人一旦看到少数民族村民不再穿本民族的服装，就禁不住叹息，说他们已经汉化了。这一结论中，必须讨论"汉化"一词的使用是否合适；仅仅凭借没有穿本民族服装这一表面现象就得出他们已经被"汉化"的结论是否合适？看一个民族的文化是否发生变迁或消失，应该考察该民族文化的核心内容是否真的消失了，或者被所谓的"汉化"了，如民族语言、价值观、道德观、宗教信仰、传统社会组织功能等深层方面。而且，他们脱下自己的民族服装，穿上的是所谓"汉"的服装么？在这一方面，少数民族接受的东西与汉族接受的东西没有什么两样，都是外来的。

---

① 见王国祥（孟翔）《仙人洞彝族文化生态村项目报告》，载尹绍亭主编《民族文化生态村——云南试点报告》，第82页，云南民族出版社，2002年12月。

不穿本民族服装的表面现象，不能完全说明少数民族丢失了自己的传统文化，但是，这一现象起码能够表明他们在本民族服装与外来服装之间的取舍标准。月湖村的男人只有在逢年过节，或到外村去看摔跤斗牛的时候，才会穿上表征民族身份的麻布褂子，其余时候都着夹克、西装等。老年的撒尼妇女虽然一直保持着穿戴本民族上衣和宽脚裤的习惯，可是包头已经大大简化，过去那个略显复杂的包头已经被一块简单的头巾代替了；年轻的撒尼妇女或者不穿本民族的服装，或者在逢年过节时才穿那些从集市上买来的衣服，这些流水线生产的现代服饰，既缺乏质感也没有文化的厚度。虽然不能说撒尼人已经丢掉了自己的传统文化，也不能一概否定这种文化的发展趋势，但是这种现象也已经隐含着一些民族文化传承发展所面临的危机。

把月湖作为民族文化生态村试点之一的论证中，月湖村得天独厚的区位优势曾经是其参与试点村竞选的条件之一。首先，月湖村距离云南省城昆明约100公里，不论是开展项目建设工作、文化调研，还是文化资源展示、学习交流等都显得极其方便；其次，月湖村距离国家级风景名胜区石林仅仅15公里，完全可以把月湖建设成为民族文化保护传承示范基地，向那些对撒尼人传统文化感兴趣的学者、游人展示，以弥补石林风景区只有自然风光没有人文内容的缺陷；再次，月湖村处在即将建成的"九石阿"旅游专线上，这无疑给月湖村撒尼文化的展示提供了潜在的机遇和舞台。

然而，在民族文化生态村项目没有进入村寨之前，这些优势却成为撒尼民族文化保护、传承的绊脚石，有时候甚至会变为破坏性的因素。因为这些所谓有利的因素往往会逐渐弱化村民民族文化自我保护、传承的意识，最终导致民族文化因子消失于无形之中。

事实也证明了这一点，最为明显的莫过于月湖村有形文化载体的不断消失。虽然有关碾坊内部的秩序规则还在规范着人们的行为，但是村中外形若蘑菇的茅草顶碾坊早就已经被废弃了，残留的石碾子和碾槽也被埋在了地下；撒尼妇女系于胸前的围腰也随着老人的过世而不断被烧毁，如今竟然无一件遗留；过去主要的运输工具——木制牛车也被闲置在房前屋后，任凭风吹雨打，直至腐烂消亡；那些旧时用于育秧的生产工具，也因为薄膜秧、漂浮秧、旱育秧模式的推广而几乎无法找回；过去几乎每个老人、每个家庭都使用的取火用具——火镰子也成了稀有的物件；20世纪90年代中后期依然存在的、撒尼青年男女相互认识、恋爱的场所——公房，如今要么已经被废弃，要么已经改变了用途。在月湖，还有很多类似的有形文化载体正在不断地消失，这里就不再一一列举了。

媒体和外界传递进来的信息正逐步蚕食着传统知识在人们头脑中的空间。靠"大锅盖"接收到的卫星电视节目、收音机收听到的节目中，不断播放着主流社会中人们的道德观念、社会价值取向、生活方式、生活环境，甚至着装打扮等。这些媒体所播放的节目中，因为技术、传播方式单向的特点而造就的"霸权"性质，使得村民的信息接收落入了一种无可选择的境地。"只要是能够拿出来秀的东西就是好的"，这种观念自然地、霸道地、潜在地深入到村民的观念中，而这种观念又被其他的一些社会事实不断地证明着。过去村里德高望重的老人可以用折断一根树枝、包谷棒子的做法来为感情无法延续的夫妇办理离婚手续，可是这种事情现在必须由民政部门办理才有效了。过去可以通过捞油锅，在山神老爷跟前焚香起誓，老人监理来完成官司判定的方法，现在也已经成为了历史。

村民有意无意放弃一些有形文化载体和无形文化遗产的同时，还有一些缺乏社会责任感的人流窜到村子里，用所谓"市场"的力量摧毁着撒尼人的文化体系。一是四处流窜，以贩卖

传统知识发掘

民族民间文物牟取利润的文物贩子;一是带着摄像机、照相机到村子来对村民文化指手画脚的所谓艺术家和专家学者。笔者至今依然清晰地记得,某画报社的一帮人员,带着他们的设备来到月湖村,让一群青年男女在一个房间里面表演"公房相识"的场景。文物贩子贩走了不能像工艺品一样批量生产的民族民间文物;而那些指手画脚的艺术家、专家学者们则剥夺了村民对自己文化的自信心、自豪感和主人翁意识。

这些既在的事实给月湖村的年轻人带来的伤害、挑战无疑是最强烈的。他们自小接受学校的教育,自然失去了很多参与认识祖辈传统文化的机会;而初中毕业、高中毕业回家后,又面临着重新整合到传统文化中的艰难历程。既没有办法完全脱离村寨这一生存环境,又不甘心像祖辈一样全身心地投入到传统的生活方式中,他们成了真正意义上的"边缘人"。他们不喜欢传统的服饰,认为那些宗教活动应该被革除,认为自己的生活环境比不上城市人,认为祖辈传下来的文化落后,不入流。在这样一些抱怨、怀疑以及对现实生活的向往中,他们更喜欢电视里面呈现的信息,更喜欢那些从盗版 VCD 中传达出来的信息。于是,更换头发的颜色,穿劣质的奇装异服等活动成了年轻人的追求。

基诺山乡巴卡基诺族文化生态村也面临这样的危机和挑战。云南省社会科学院著名学者杜玉亭教授,在看到基诺族年轻人漠视传统文化,一味盲目追求和模仿现代时尚的现状,写下这样的警语:"鉴于中青年已不穿或压根儿不再有传统民族服装,甚至有些老年人也跟着时尚穿上西装,所以,民族传统服饰有可能在 10 年内消失;民族口碑文史及其风俗传承机制,有可能在 20 年内消失;民族传统歌舞可能在 20 年内消失;作为民族文化传承载体且是民族特征之一的语言，有可能在 30 年内消失。"① 杜玉亭教授的预言揭示了基诺族传统文化面临的危机，也说明了民族文化保护的迫切性。

仙人洞彝族文化生态村因为新中国成立以来频繁的政治运动，摧毁了村民的传统文化体系，也打击了村民对自己民族文化的自信心。"到 90 年代中期，村中已经无一人认识彝文，不存一卷彝书。能系统掌握宗教祭祀仪程并能诵经的毕摩只有 1 人，年事已高，且由于长年不行祭祀，法具法衣均已消失殆尽。宗教文化已经面临消失的危险"②。不仅如此，仙人洞村处于普者黑风景区内，在没有采取任何保护措施，村民缺乏任何保护意识的情况下，很容易在不知不觉中丧失自己的传统文化。1999 年以前，仙人洞村的村民或者参加旅游公司组织的划船队，按时上班，领取公司发给的酬劳。在民族文化生态村项目进入仙人洞村后，村民才学会利用自己的传统文化资源，坐在家中赚钱。

南碱傣族文化生态村，"在'现代'浪潮的冲击下，傣卡的传统文化已处于濒危状态。例如，颇具特色的土掌房已逐渐为不合当地风土的盒式楼房所取代，刺眼的白瓷砖房与环境极不和谐；著称于世的花腰傣服装少见了，年轻女子已不爱穿戴本民族服饰，认为'土气'。年青一代不喜欢说本民族的语言，傣语面临逐渐消亡的危机；'牙摩'（原始宗教女祭司）已寥寥无几，其中一位著名的'牙摩'已 64 岁，后继乏人；中年和青年人已

---

① 见杜玉亭《基诺族识别四十年回识——中国民族识别的宏观思考》，载《云南社会科学》1997 年第 6 期，转引自罗钰《巴卡基诺族文化生态村项目报告》，载尹绍亭主编《民族文化生态村——云南试点报告》，第 36 页，云南民族出版社，2002 年 12 月。

② 见李继群《仪式传承》，载尹绍亭主编《民族文化生态村——云南试点报告》，第 119 页，云南民族出版社，2002 年 12 月。

听不懂古歌谣……"①

这些现象在中国少数民族村寨正将成为一个普遍的事实。在全球经济一体化进程中，少数民族有意无意或者无奈地放弃自己的传统文化。有形物质文化载体的不断流失，使少数民族物质技术传统知识受到极大的威胁；老年人的不断去世，永远地带走了少数民族祖辈创造的精神传统知识；年轻人对传统文化不感兴趣的现实状况，使少数民族传统文化的传承前景堪忧；主流社会产品流水线生产的模式，使少数民族独立创造、耗费更多时间成本的手工制作品失去了市场的竞争力。"越是民族的，就越是世界的"口号，并不能如实反映少数民族传统文化在现代社会中据有的空间。这一时代背景下，在这些潜藏着各种挑战的村寨开展民族文化保护、传承工作，可能碰到的困难和阻碍可想而知。但是，如果民族文化保护、传承的试点建设能取得成功，那么这些成功的经验和模式就绝对具备可推广性。所以，项目组知难而进，准备全力迎接各种不可预见，但是值得尝试的挑战。

三、有所为和有所不为于传统知识

现代经济浪潮中，少数民族的传统文化本来据有的空间被一点一点蚕食，民族文化的出路到底在哪里？是任其在现代浪潮中自生自灭呢，还是创造一个彻底远离现代的环境保护民族文化，还是把民族文化产业化，还是让民族文化在旅游的大潮中磨炼自己的生命力？如果冷静思考这些观点的话，会发现以什么样的实际行动应对民族文化面临的处境，比仅仅思考民族文化的出路在

---

① 王国祥（孟翔）：《南碱傣族文化生态村项目报告》，载尹绍亭主编《民族文化生态村——云南试点报告》，第215页，云南民族出版社，2002年12月。

哪里更加重要。

1. 任其发展直至消亡的观点

有人喜欢把自然界"适者生存，优胜劣汰"的原理套用在民族文化传承发展上。认为村民有选择自己生活方式的自由和权利，也有放弃自己传统文化、接受新生事物和外来文化的自由及权利。学者和民族文化事业热心者所做的一切，在他们看来是多此一举。在他们的观点中，现今的民族文化会像过去一样，在历史发展的长河中，自然地淘汰糟粕部分，继承优秀的因子。如果民族文化的某些因子不能在现代经济浪潮中占有一席之地，则说明其不能适应新时代的发展；用优胜劣汰的观点来看，这些民族文化都可以列入"垃圾"的行列。尽管这种观点存在着很多弊端，但还是有一部分人借着"尊重民族发展选择权利"的伪善外衣，支持这种观点。持这种观点的人除了最终成为"顾自扫尽门前雪，休管他人瓦上霜"的"圣人"之外，没有任何可取之处。

2. 完全隔绝式保存道路

一些民族文化事业的热心者，看到民族文化不仅不能在急剧发展的现代经济浪潮中获得一席之地，相反面临着灭亡的命运。凭着他们的热心和善良愿望，倾自己所有，寻找一个避开现代经济浪潮的宁静之地，把民族文化传承的事业搬到这里来经营。表面上看，这种实践模式获得了一个不受外界影响的、清净的桃源胜地。在这里，传承者和学习者沉醉在单纯的、具有良好学习氛围的环境中，拒绝与外界进行交流。这种力图避免传统文化受到任何现代社会发展冲击的做法，也许确实能够培养一批传统文化、传统知识的继承者，可是，这样的结果能够在多大程度上抵御外来力量的冲击？

为了民族文化的传承和发展，这样的精神确实令人感动。可是，只要略有生活经验的人都知道，这样的做法彻底违背了民族文化产生、发展、传承、再创造的自我规律。传承和学习民族文化的人离开自己居住的村庄，离开自己的生产生活，文化传承成了唯一的工作，成了他们生活中唯一的活动，而不是像过去那样传统知识的教授与学习是"生活中的一部分"。在这一文化传承模式之下，即便年轻人学习了自己祖辈的传统文化，但是这种缺乏与外界交流，缺乏与其他文化进行对比和考验的文化，与保存一个物质文化载体的行为能有多大的区别呢？其次，这种脱离文化原生土壤进行文化传承的做法，不仅缺乏与现代浪潮接触和对抗的生命力，还缺乏随着环境变化而不断变迁的适应性。再者，这一操作模式的资金来源必将成为一个很大的问题，一旦用于文化传承的资金短缺，便只有关门停业。所以，这种违背民族文化发展变迁规律、缺乏可持续性的实践模式，也是不科学的。

3. 介于二者之间的实践道路

介于完全隔离式保存、优胜劣汰自然选择的观点之间，还有一种对民族文化保护、传承进行完全包办的做法，为这种操作模式撑腰的是外来资金形成的霸权和所谓的"知识权威"。这一实践的操作者看到"优胜劣汰"观点的伪善，也意识到"脱离原生地进行保护"的做法是不科学的，于是把文化保护和传承的地点放在了村子。然而，因为他们是投资者，理所当然地认为如何开展项目，如何保护民族文化的决定权应该由他们掌握，村民则无权过问，也无权参与项目建设的事情；那些所谓的"知识权威"则认为村民不懂得新形势下如何保护自己的民族文化，认为高等教育以及对现代社会的了解，能够帮助他们作出比村民更加英明的决策。于是，完全包办，或者自诩为"民族文化代理"的做法就出现了。在这一理念的支撑下，他们要么凭空制订民族文化保护、传承方案，要么把村民完全排斥在项目建设之外。这种根本不考虑内源角度的做法，于项目建设者而言，村民是外人。于村民而言，外来投资者和学者是外人。这样一来，村民和外来者都成为项目的外人。这样的做法必然导致诸多风险：建设的项目是否能够反映村民的意愿并最终解决亟待解决的问题；实施的民族保护策略是否能够反映民族文化面临的实际危机和挑战；在项目撤走后，作为项目建设"外人"的村民能否实现项目的可持续管理；这样的模式能否实现推广，如果不能，其意义何在？

4. 民族文化生态村项目的实践

针对试点村传统知识所面临的状况和危机，民族文化生态村项目组总结了"完全隔绝式保存道路"与"任其发展不论其存亡道路"两种主张的优点和不足；总结了发展项目中如何把外部支持转化为内在动力的经验和教训；同时，对当今学术界、政府部门、非政府组织关于民族文化保护、传承的摸索与实践进行梳理，总结这些实践中取得的宝贵经验和存在的问题，并在此基础上提出了"有所为，有所不为"的工作理念和建设策略。

所谓"有所为"，就是在尊重学者的知识，尊重政府领导的善良愿望，尊重村民发展愿望的基础上，对传统知识进行发掘整理，总结传统知识中优秀的、适合于现代社会发展的因子，服务于民族文化的保护、传承，服务于村民社会经济的发展、生活质量的提高。在急剧发展的现代社会中，民族传统文化犹如缺乏抵抗力的初生婴孩，需要一个不断强健自己免疫力和适应力的环境。所以，需要政府和学者通过各种努力，创造适合新形势下民族文化自我发展的环境，培养村民对自己传统文化的自信心和自豪感。同时，需要政府和学者有意识地创造一些机会，让民族文化与现代经济浪潮中的各种势力接触，培养新形势下民族文化的适应性。也就是说，在民族文化没有适应外界环境的情况下，政府和学者必须"有所为"，而不是闪到一旁，作壁上观。

所谓"有所不为"，是指在充分考虑村民风俗习惯、充分尊重村民对自己文化发展方向选择权利的基础上，绝不用学者、政府以及一切外来势力的标准和价值观念去左右村民的文化发展方向，绝不依仗因为资金形成的"霸权"、因为所谓学识形成的"权威"对村民文化发展的方向横加干涉。有所不为是避免完全包办的有效途径，也为学者、政府以及一切外来者提供一个冷静思考问题的方向和空间，也是真正捍卫村民主导地位的有效办法。

"有所为，有所不为"的实践思路背后，蕴涵着如何找准学者、政府、村民三者各自位置的道理，以及如何协调三者之间相互关系的理念。三个项目建设的主体，必须做到充分发挥自己"位置"作用的同时不"越位"。只有这样，项目建设才会取得理想的成效。

正如新形势下民族传统文化面临各种挑战一样，民族文化生态村项目的理念也面临着前所未有的挑战。首先，这样的操作模式无法找到现成的、可供借鉴的经验；其次，在同一个项目中协调三方关系，比过去完全包办的操作模式要复杂得多；再次，如何把握"为"与"不为"的分寸，也是需要不断探索的。

第二节　试点村传统知识的发掘与整理

根据前文对传统知识的界定，民族文化的保护和传承在一定程度上可以理解为传统知识的保护和传承。那么，试点村传统知识的发掘与整理，起码应该包括以下四个方面的内容：一是深入了解、发掘、记录试点村物质技术层面和精神思想层面的传统知识；二是认真总结这些传统知识之间的相互关系以及祖辈相承的方式、途径和内部机制；三是尝试着应用村民的传统知识解决村寨社会经济发展过程中遇到的问题；四是在村民传统知识传承机制的基础上，创新适应新形势下民族文化保护、传承的机制。

为实现以上目标，项目组在月湖彝族文化生态村开展了诸如乡土教材编纂、物质文化遗产普查、影视资料拍摄、村民"传统知识在我心"绘画等工作；在巴卡基诺族文化生态村开展了民族文物征集、民族歌舞传统知识发掘整理、传统生计知识调查研究等；仙人洞彝族文化生态村子项目对传统歌舞、宗教信仰、重大节日等传统知识进行记录和整理；在南碱傣族文化生态村，专门开展了文化资源调查工作，其内容包括建筑、生态资源、语言、服饰、竹编工艺、饮食、民间歌舞、主要节庆等。

一、月湖乡土教材的编纂

至 2000 年 11 月，项目组已经先后派驻 5 名工作人员前往月湖村长期蹲点，进行民族文化资源普查工作；同时聘请来自昆明植物所、昆明理工大学、云南师范大学的专家学者，到月湖彝族文化生态村开展专项调研，并撰写了涉及不同领域的调查报告。可是，这些文化资源调查报告存在着两个方面的不足：一是缺乏对月湖村传统知识深层领域，特别是精神传统知识的细致发掘与整理；二是找不到合适的途径让这些调查报告发挥超越于资源普查层面的作用。

在文化人类学研究中，确实有一些调查报告帮助政府、企业或村民解决了一些现实问题，但是更多的调查报告或者为了理论的验证与探讨，或者写完以后就放在箱子里面任其尘封。这些报告之所以陷入这样的局面，一方面因为调查者主观上不想利用其为现实服务，另一方面因为其学术味道太重、太过艰涩而不能使用。

为了发挥项目组整理的传统知识"致用"的作用，项目组决定把月湖彝族文化生态村的传统知识编纂成一本乡土教材，并对这本乡土教材提出了要求：编写内容集中反映月湖村传统知识的基本概貌；编写教材的绝大部分成员必须是月湖本村的人；体例活泼，能保证绝大部分村民，特别是村里的年轻人看得懂；条件允许的话，争取成为月湖小学学生的课外教材之一。让村民参与传统知识的搜集和整理，在整理的过程中不断学习自己的传统；力图把传统知识纳入现代教育体系，尝试传统与现代相结合的传承模式。这就是乡土教材编纂的初衷。

要求教材的编写成员绝大部分是村民，可是具体由谁来编写这本乡土教材呢？除了1个项目组成员可以确定之外，另外的人得在2 000多村民中挑选。然而，不是每个村民都具有传统知识搜集、整理及编写的能力。项目组最初把搜集及编写成员的目光放在月湖小学在任的教师身上，因为当时在校任教的老师中，有5位老师自小就长在月湖，有另外3位老师是其他村寨的撒尼人。他们不仅熟悉撒尼文化，还懂得如何编写出浅显易懂的版本，这样的组合确实很理想。可是，因为他们教学任务太重太紧而导致这个团体最终没能组建起来。

但是这个未获得最终成功的努力，为项目组把目标人群锁定在退休老教师身上打下了基础。离开了自己的教学岗位，回家帮扶部分农活与家务活计的张凤羚、张忠恒、姜卓志、方文成、张体良、张一天6位退休老教师听了项目组编写乡土教材的设想后，都非常高兴，说这是月湖人的一件大事，这将成为月湖历史上第一本相对系统介绍村寨文化的书。

2000年12月中旬，项目组在月湖小学内建立了乡土教材编纂室，并完成了编纂内容大纲的商定。6位退休老教师也根据自己的兴趣爱好，以及自己对本民族文化的熟悉程度挑选了各自可以调查的内容，随后就投入到了紧张而有序的调查工作之中。

在月湖几十年的生活、经历和体验使他们对自己的民族文化有着很深入的了解，各种话题说起来都如数家珍。可是，这种过于熟悉的程度反而不利于他们整理自己祖辈相承的民族文化。于

图8 月湖村乡土教材编纂成员

是，项目组专门组织了关于人类学田野调查方法的培训，目的在于从技术、理念、眼光培养的角度来对退休老师进行培训，但是不涉及调查内容。有了这样的培训，他们不久就能尝试着操作诸如参与观察法、深度访谈法等人类学的经典调查方法。每逢村子里面有建盖新房、婚丧嫁娶、宗教祭祀等活动时，总能看到几位退休老教师的身影，他们一边观察，一边访谈，一边记录。而更多时候，诸多文化现象就发生在他们身边，如为自家的小孙孙举行祝米客仪式，或被邀请去参加自己亲戚朋友家的各种活动等。尽管他们每天都要帮助家里面带小孩、煮饭、做家务，他们还是坚持不懈地进行着传统知识资料的搜集整理工作。

2001年3月底，乡土教材编纂成员完成了资料搜集工作，并转入乡土教材的撰写工作。至2001年7月底，完成了月湖乡土教材初稿的撰写，其内容包括建寨历史、生产工具和生产节令、建筑、服饰、饮食、交通运输、生态、宗教信仰、祝米客、婚姻、葬礼、公房习俗、大事记等。

49

图 9　月湖村乡土教材编纂成员在访谈

最后，编写成员集中在一起，请来村子里高寿、具有丰富知识的老人和毕摩，把写好的书稿——念出来，请他们指出错误的、不恰当的地方，大约一个星期的时间，才完成了初稿的初步修改工作。

尽管后来这个成果没有按原计划以乡土教材的形式单独出版印刷，但是这种尝试和努力实现了预期的几个目标：证明了并非只有外来的人、只有学者才具有文化记录的能力；实现了村民对传统知识搜集整理、乡土教材编纂的参与，而且成为编写的中坚力量；教材编写活动让相当一部分村民意识到祖辈传统知识的重要性，也开始以另一种眼光来审视自己民族的传统文化。

二、月湖物质文化遗产普查

在乡土教材编纂过程中，项目组成员发现许多东西只能凭着老人的记忆和想象去描述了。这些属于村寨的"古董"或者被文物贩子收购了，或者因为保管不善而遭破坏了。即使那些费尽周折找出来的东西，也面临着残破、虫蛀、生锈等问题。6 位退休老教师对这一现实深有感触，不断为这些祖辈流传下来的文化载体的命运叹息。

项目组认为可以通过物质文化遗产普查，摸清月湖有形物质文化遗产的现实状况，为物质文化遗产保护策略的制定提供依据；同时，为将来建设一个集文化载体展示、民族文化传习于一体的综合场馆做准备。

普查工作的主要精神和思路不变，依然提倡并真正促成村民的参与。为保证建设工作的连续性，物质文化遗产普查的工作仍然由编纂乡土教材的 6 位退休老教师完成。几个月下来，他们一共对月湖村 170 多件物质文化遗产进行了普查。具体的工作步骤如下：

（1）确定物质文化遗产普查的范围。在征求村中高寿老人意见的基础上，初步罗列出应该普查的物质文化遗产类别和项目。

（2）走访。根据确定的普查类别与范围，有目的、有针对性地到各家各户走访，察看物质文化遗产项目保存情况。

（3）登记造册。根据走访的结果，进行比较并确定物质文化遗产登记的家庭。登记的内容包括家庭的户主姓名、门牌号码、物质文化遗产名称、物质文化遗产尺寸及体积大小、性能及用途说明等。

（4）协议。为了保护这些物质文化遗产，项目组与登记的家庭达成口头协议，要求他们在没有征得项目组、月湖村民委员会同意的情况下，不得随意处理、出售、出让已经登记在册的物质文化遗产。下表罗列的是月湖彝族文化生态村物质文化遗产普查登记册的部分内容。

月湖彝族文化生态村物质文化遗产普查登记表

社别	户主姓名	门牌号	物质文化遗产名称和描述
三社	普照云	104	织布架（主要用木头和竹竿做成，用于把麻线、羊毛线、火草线等织成缝衣服的布）
三社	普照云	104	纺车（用于把麻、羊毛、火草等纺成织布的线）
六社	姜卓明	42	麻布口袋（长115厘米，宽17厘米，口长17厘米，用于上街时背粮食，通常搭在肩头上面）
六社	李文光	12	草编口袋（用山草编织而成的口袋，下地干活或上街时背东西）
五社	李光荣	330	洗脸盆（一段圆木雕刻而成，用于洗脸洗脚）
六社	集体所有		碾坊（旧时碾米磨面的地方，有圆形的茅草屋顶，如今已经弃置不用，茅草屋顶和土夯墙体已经倒塌，石碾子和碾槽被埋在土里）
二社	潘志祥		捕鱼工具（有木船、船桨、虾网、挂网、捞兜、鱼罩、半头笼、渔叉、牛蛙叉、黄鳝夹、撒网等捕鱼用的工具）
四社	张体华	74	老年妇女包头1套
四社	张体华	74	老年妇女裤子（裤长95厘米，裤腰宽50厘米，裤脚宽40厘米）
四社	张体华	74	伞套（用于装过去使用的油布伞，外面有撒尼刺绣图案）

社别	户主姓名	门牌号	物质文化遗产名称和描述
四社	张体华	74	火草衣（衣长57厘米，宽53厘米，袖口宽24厘米，领口宽15厘米；撒尼人特有的服饰之一；先把火草背面的白色毛被撕下来，在纺架上纺成火草线，再上织布架织成火草布，再缝成衣服）
四社	张光辉	73	小孩围腰（围腰上部有领口，不分男女）
四社	张体安	71	女青年包头1套6件；中年女性包头1套6件；共12件
四社	张体安	71	绵羊毛褂子（长71厘米、宽53厘米、领口19厘米、袖口34厘米）
四社	张国义	340	明清小围腰
四社	张国和	341	小孩"秦始皇帽"
四社	张体康	76	十三四岁女孩戴的包头
二社	昂建明	244	明清大围腰
四社	张体良	75	婴儿帽子1顶，不分男女
四社	张体良	75	小孩五六岁时戴的护耳帽
五社	潘自荣	249	飘带小蝴蝶帽（小孩十岁左右戴）
四社	张国康	238	小圆帽（十多岁的小男孩戴）
四社	张国康	238	大叶子帽（用树叶编织成的帽子，可防雨或遮阳）
四社	张国康	238	蓑衣（以棕皮织成，主要用于防雨）
三社	张凤羽		斜开短衣（青布或者黑布做成）；老年男性包头（长310厘米、宽75厘米）

续　表

社别	户主姓名	门牌号	物质文化遗产名称和描述
三社	张凤羽		宗教用物（毕摩念诵经文时用的铃铛、彝文经书、置于房顶的小石虎）
一社	李秉贵		乐器类（大鼓1个、三线胡1个、二胡1个、月琴1个、过山号1支、口弦1支、霸王鞭1根、叉1支）
四社	张仕有		大三弦1把、小三弦1把
五社	尹华	176	东北战场（1948）、华北战场（1950）、华南战场（1950）、海南战场战役的四个纪念章
五社	尹华	176	木盆1只（圆木凿成，长63厘米、宽36厘米、高12厘米，用于揉面）
四社	张仕新		曾祖父辈张洪恩，六品官员，委任状至今依然保存
五社	潘文明	292	用头发编成的绳子1根；架长78厘米、轴长42厘米的扭松毛架1个；长180厘米的草叉1个
六社	张忠仁	18	用于外出防身的钩镰1把
六社	李文亮	3	"共产挎包"1个
六社	张有华	28	水车一台（用于稻田灌溉）
六社	高志邦	49	旧时牛车的木头轱辘1对；长29厘米、宽17厘米，有齿赶草扒板，用于茅草房建盖过程中抓理乱草；长40厘米、宽20厘米，无齿赶草扒板，用于茅草房建盖过程中弄平茅草；长21厘米的缝草针，用于穿引固定麻秆和茅草的棕绳
五社	普文峰	277	洗麻木锤1个
六社	李文华	11	牛刮子1个（用于刮身上的虱子）

续 表

社别	户主姓名	门牌号	物质文化遗产名称和描述
四社	毕主亮		牛嘴套1个（竹子做成，用于犁地时不让牛吃草，路过庄稼地时避免牛吃庄稼）
四社	高兴和		竹网（旧时用于诱捕野鸡）
六社	张志光		烟盒1个（用清香木做成，用来装烟丝）
三社	普照云	104	手镯1对、祖传小铜人像1个
三社	张一学	59	保存有1块革温村界址碑（革温村是月湖的旧称）
三社	张一学	59	礼炮、土炮（每年山神祭祀活动中使用）
三社	张	32	网1个、扣子1个
六			房夯土墙的墙笆1套；木头制成的 1个；跳舞用的木刀1把；土箕模
二			钝钢制作，用于打火；配备有火石
六社			形碾坊的墙板1套
一社			个（用于犁水田）；旱犁1个 地）；耙1个（可水、旱两用）；用于晒谷子）；篮子1个（用于
六社	高志忠		独牛水犁1个、旱犁1个（水旱不能换用）

续　表

社别	户主姓名	门牌号	物质文化遗产名称和描述
三社	张一天	37	用于割草、割谷子的镰刀 1 把；用于挖地的四角锄 1 把；用于铲平地或铲去草的板锄 1 把；用于开荒的条锄 1 把；用于掼谷子（稻谷脱粒）的掼槽 1 个；用于掼荞的掼槽 1 个；石水缸 1 个；石猪食槽 1 个
四社	张体良		背箩（竹制，上口长 52 厘米、宽 45 厘米，高 49 厘米，下底长 27 厘米、宽 22 厘米）
六社	毕跃光	9	趟耙 1 个（用于育秧时把秧田泥土弄细，把长 304 厘米，耙宽 79 厘米）；骨头参刀 1 把（用于剁骨头参）；竹子臂套（用于薅稻谷秧时套在手臂上，避免手臂被稻谷叶子划伤）
一社	姜汝和		木制风箱 1 个（用于扬谷子、荞子等）
五社	潘树明	309	堆草用扑板（把长 116 厘米、上底宽 28 厘米、下底宽 35 厘米、高 21 厘米，堆稻草时，用来把稻草弄齐整，或打成圆锥形）；刺叉 1 个（长 155 厘米）
五社	潘自云	319	碗箩（把长 89 厘米、大口 53 厘米、小口 48 厘米，用于装碗筷）
六社	姜卓明	42	绕线筒 1 个（长 14 厘米）；春米用的碓 1 套（春棒长 82 厘米、碓窝直径 67 厘米，用于春谷子等）

　　通过物质文化遗产的普查，不仅摸清了月湖村现存物质文化遗产的基本状况，与已经发掘整理的传统知识相互照应，还为将

来实施保护、传承措施（比如不同形式的展示）打下基础。此外，更多的村民（170件物质文化遗产的户主）参与到了项目建设进程中，为进一步培养村民文化保护、传承的自觉意识作出了贡献。

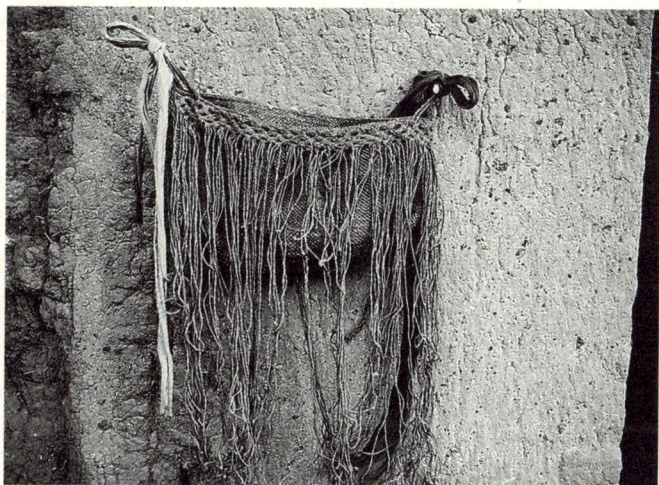

图10　月湖村传统麻布挂包

三、月湖影视资料拍摄

乡土教材的编纂，以文字的形式描述和记录了月湖的传统知识，物质文化遗产的普查则以实物呈现的形式对传统知识进行说明、补充和映照。同时，项目组还利用数字设备对月湖的密枝祭祀、农历六月二十三日的"库恩哈砸"、农历六月二十五日的喊魂、旧时青年男女婚恋习俗、撒尼纺织、捕鱼、民间舞蹈、文艺队活动、民间歌舞大赛筹备等文化事项进行记录；以照片的形式记录了月湖正月初二祭祖、正月十五祭山神、二月祭龙、三月祭

传统知识发掘

白龙、四月祈雨、五月接雨、十一月密枝祭祀、斗牛、建筑、生产、饮食、祝米客、葬礼、纺织等方面的内容。

其中密枝祭祀、民间歌舞大赛筹备、月湖民间文艺队表演节目、旧时撒尼青年男女婚恋习俗等四个题材的影像资料已经剪辑成片。

再现月湖村密枝祭祀的影片《撒尼男人的盛典》，记录了撒尼人一年一度最隆重的宗教节日密枝节。这个只有撒尼男人可以参加的宗教祭祀活动，从每年鼠月鼠日到马日共7天的时间。在祭祀过程中，主持祭祀活动的毕摩通过经文念诵的形式，讲述密枝神给撒尼人送来种子、教撒尼人种地的传说故事，讲述密枝祭祀执事团一共9个人的来源（月湖建寨时有"夫妻双双三十家，男性成员一共80人"，每10个人选一个代表去祭祀密枝神，一共要8人，加上1个毕摩共9人）。虽然只有男性成员可以参加密枝节，但是所有的撒尼村民都要吃用羊肉煮的稀饭，以求获得密枝神的护佑。

记录月湖彝族文化生态村首届民间歌舞大赛筹备进程的影片《月湖首届民族民间歌舞大赛》，再现了月湖民间艺术团全体成员修路、搭建舞台、准备参赛队伍的伙食、组织参赛队伍抽签等过程。其中，村民委员会也专门召开会议，组建维持秩序的治安队伍。从影片可以看出，作为大赛主办主体的村民，如何发挥传统活动组织方法的优势，促成整个活动的顺利完成。

记录月湖村8个民间文艺队自编自演节目的影片《月湖之韵》中，有老年文艺队表演、反映村寨领域内地名的舞蹈"地名歌"，反映一年四季农作物种植节令的"四季歌"以及提醒大家出门时携带防身武器的"叉舞"；有中年队表演的反映收获稻谷的"筛谷舞"，以及具有强身健体功能的"霸王鞭舞"；有青年队表演的再现撒尼人传统婚俗的舞蹈"闹婚"，以及反映撒尼人传统纺织的"洗麻舞"等。

叙述撒尼青年男女公房习俗的影片《撒尼人的公房习俗》，通过一群老年人讲述他们年轻时认识小姑娘的公房，再现当时撒尼青年男女恋爱的场景；通过访谈，描述撒尼青年男女相互认识的规则、不同辈分人群在一起应该注意的问题等。通过影像的手段，对撒尼公房背后的传统知识进行记录和整理。

四、月湖"传统知识在我心"绘画

2002 年 7 月，云南大学人类学系师生一行 15 人，到月湖彝族文化生态村调研，以完成暑期社会实践调查报告。为了让学生能够了解到更多的民族文化知识，项目组要求学生进行调研的同时，协助村民完成项目组计划很久的工作——"传统知识在我心"绘画，即请村民用绘画的形式反映自己懂得的传统知识以及月湖村在自己心中的形象。

在这项工作中涉及三个类别的主体：项目组、云南大学人类学系的学生、村民。项目组负责工作的策划以及对学生的培训；学生负责协助村民完成绘画工作；村民负责具体内容的绘画。项目组培训学生的目的在于：让学生了解参与式行动的精神和内容，以及该项工作对于激发村民文化自觉意识的意义；同时，要求学生把握自己"协助者"的角色定位，尽力为村民提供绘画的各种条件和方便。

在人类学系学生的协助下，村民姜卓志、潘正华、尹俊飞、潘秀兰、普吉多、张凤飞、张凤羽、潘树明、张国祥、尹翠萍、王琼英等参与了绘画，他们有的是在校学习的小学生或中学生，有的是退休在家的老教师，有的是刺绣能手，有的是村子里声望很高的毕摩，有的是在家务农的村民，有的是捕鱼能手，或是具有高超技术的木匠师傅，或是对撒尼音乐舞蹈有着浓厚兴趣的村民。他们用不同颜色的彩笔，把他们心中的传统知识展现出来。

下面是村民绘画的9个类别：

（1）乐器及舞蹈动作。包括霸王鞭、叉、鼓、二胡、三线胡、口弦、月琴、唢呐、笛子、树叶、号、锣、钹、镲等在内的乐器；舞蹈包括狮子舞步伐、三弦舞步伐、叉舞步伐等的舞蹈动作以及阿诗玛与阿黑骑马共舞图。

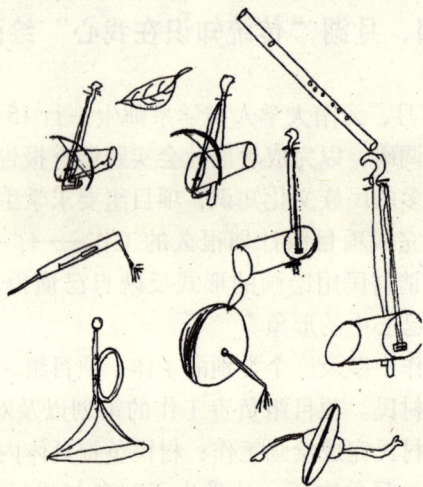

图11　月湖村民绘画的乐器图（潘正华绘）

（2）生产生活用具。包括斧子、提箩、锄头、镰刀、碗箩、火钳、火炉、茶壶、沙锅、草墩、牛车、犁、耙、三脚架、烟筒、撮箕、连杆、筛箕、簸箕、扬叉、铡刀、草帽、粪箕、掼槽、风箱、钉耙、刺叉等。

（3）生产节令、家乡印象。包括春耕、乳饼制作、玉米种植、彝家闹春耕、烤烟生产、水稻种植、彝家清晨、山间孤居等。

图12 月湖村民的绘画图（潘正华绘）

（4）宗教祭祀。有再现每年农历二月祭龙祭祀道场、农历三月祭白龙祭祀道场、农历六月二十三日的"库恩哈砸"祭祀道场、婚礼中"米色歹"祭祀道场等示意图，以及宗教祭祀活动中使用的纸鸟、木牌、松球、弓等图案。

（5）刺绣与服饰。包括展示妇女刺绣中使用的蝴蝶花、人字花、万字花、小树花、小鱼眼睛花、三角花、四角花、犁头花、梨花、海菜花、太阳花、十五花、十七花、十八花等图案，以及女性不同年龄阶段的服装，特别是火草衣等典型的服饰。

（6）饮食。有描述撒尼人卤腐腌制、萝卜条腌制、骨头参腌制及豆豉、腊肉腌制过程的图案；有描述本地茶"街伟"制

图13　月湖村民绘画的阿诗玛、阿黑共舞图（尹俊飞绘）

图14　月湖村民绘画的生产生活用具图（潘秀兰绘）

作过程的图案；有诸如青头菌、干巴菌、牛肝菌等野生菌类，以及棠梨花、青刺尖等可食用野菜的图案等。

　　（7）渔猎。包括小船、船桨、夹网、罾网、挂网、长关笼、半头笼、鱼笼、撒网、罩子、渔叉、牛蛙叉等用于捕鱼的工具；

图 15 月湖村民绘画的春耕图（普吉多绘）

月湖境内生长的如草鱼、鲤鱼、鲫鱼、鲢鱼、泥鳅等鱼类图案；村民在湖上捕鱼的场景图案；旧式狩猎用具展示图等。

（8）建筑。村民绘画了包括茅草房、瓦房两种典型的住房样式；建盖房子使用的各种工具如赶草扑板、穿草针等。

（9）村寨示意图。有标明村寨学校、大礼堂、水源、卫生所、山林、神林、田地、湖泊等重要地理标志物及专门命名为"月湖彝族文化生态村"的图案。

传统知识发掘

图 16　月湖村民绘画的乳饼制作图（尹翠萍绘）

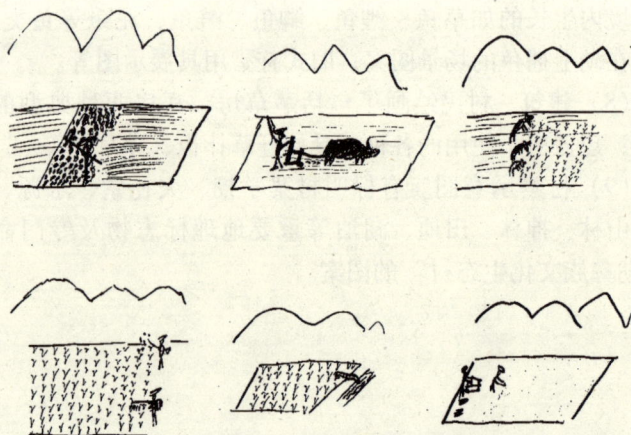

图 17　月湖村民绘画的水稻生产节令图（普吉多绘）

图18　月湖村民绘画的彝寨清晨图（普吉多绘）

图19　月湖村民绘画的刺绣图（王琼英绘）

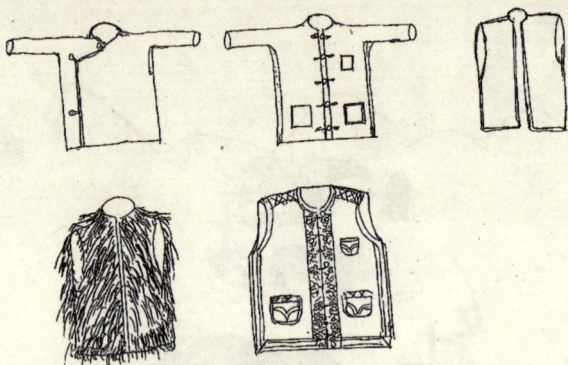

图20　月湖村民绘画的撒尼传统上衣图（张体良绘）

图21　月湖村民绘画的食物种类图（姜汝和绘）

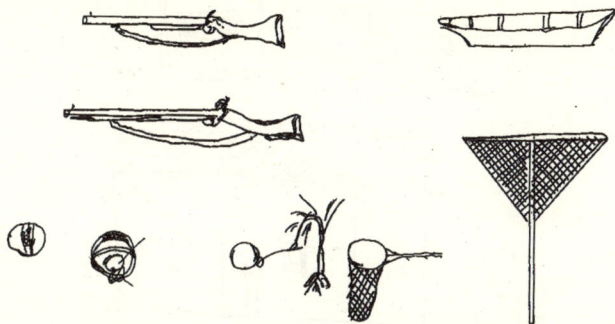

图22　月湖村民绘画的渔猎工具图（普云荣绘）

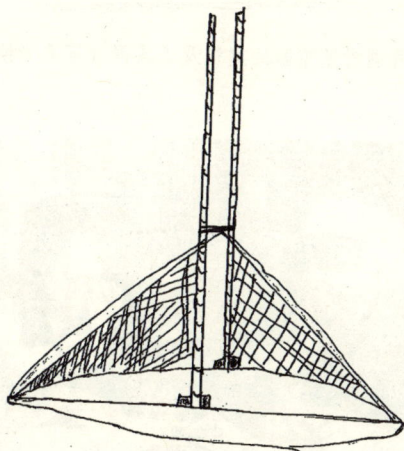

图23　月湖村民绘画的夹网图（尹福忠绘）

图24　月湖村民绘画的建筑及工具图（普兆光绘）

图25　参与"传统知识在我心"绘画的村民（一）

图 26　参与"传统知识在我心"绘画的村民（二）

五、其他试点村传统知识的发掘与整理

为了建设基诺族博物馆，项目组成员在听取老人和干部意见的基础上，和基诺族干部一起在基诺山"征集到基诺族文物 200 多件，拍摄了照片 500 多张"①。2003 年 2 月 5 日，"项目组成员拍摄了西双版纳巴卡基诺族文化生态村传统的新年仪式'特懋克'（意为打铁节）"②。2004 年 8 月，项目组一行 4 人，"赴巴

---

① 见罗钰《巴卡基诺族文化生态村项目报告》，载尹绍亭主编《民族文化生态村——云南试点报告》，第 38 页，云南民族出版社，2002 年 12 月。

② 见云南民族文化生态村项目组、云南大学人文学院人类学系编《"云南民族文化生态村项目"简报》（项目第三期·4），2003 年 5 月 10 日。

卡基诺族文化生态村，对基诺族民间艺人资木拉的生活、从艺经历、乐器制作及技艺传承等方面进行拍摄"①。除此之外，项目组成员还对巴卡小寨的农业生产、采集、上新房、民族歌舞、捉小红尾巴鱼、找蚂蚁蛋等方面的传统知识进行调查和研究。

南碱傣族文化生态村开展了包括"土掌房、河流、田园风光、野生稻、语言、服饰、竹编、傣味、民间文艺和体育、赶花街和'祭龙'等文化生态资源的调查"②。为了启发村民的历史文化记忆，"孙琦从四十二户人家中收集了部分老照片，运用先进的科技手段对这些照片进行修复、翻拍、放大……陈学礼与孙琦一起，对南碱村的亲属谱系进行了详细的梳理"③。同时，项目组成员以影视手段对南碱村"祭龙"、传统民歌小调、生产生活等方面进行了记录。

针对仙人洞彝族文化生态村 20 世纪 50 至 80 年代民族文化传承发生断层的现实，项目组成员与村中的老人一道，对传统节日、宗教信仰、婚恋习俗、文化与生态协调发展模式、传统民居、传统服饰等传统知识进行发掘整理，并撰写了调查报告或论文，如李继群的研究论文《旅游生态与文化调适——丘北县仙人洞的调查研究》（2002 年 6 月），伍琼华《民族传统文化保护中的支持、引导、参与——以仙人洞彝族文化生态村的建设经验为例》（2002 年）等；以影视手段对仙人洞村"村民生活、村

---

① 见云南大学人类学博物馆、云南民族文化生态村项目组编《"云南民族文化生态村项目"简报》（项目第三期·15），2004 年 9 月 16 日。

② 见王国祥（孟翔）《文化生态资源调查》，载尹绍亭主编《民族文化生态村——云南试点报告》，第 218～222 页，云南民族出版社，2002 年 12 月。

③ 见云南民族文化生态村项目组、云南大学人文学院人类学系编《"云南民族文化生态村项目"简报》（项目第三期·2），2003 年 3 月 31 日。

寨概貌、密枝林、祭祀场所"以及民间艺人张玉先的"日常生活、从艺经历、三胡演奏、山歌伴唱以及由三胡伴奏的传统捕鱼舞蹈"进行了记录。这些整理的资料供研究之用的同时，也为仙人洞文化生态村传习馆建设打下了基础；从传统知识中总结出来的传承机制，为仙人洞村节日创新、活动组织提供了参考依据。

在腾冲县和顺汉族文化生态村开展的传统知识发掘、整理工作主要包括以下方面："……在当地学者和村民的热心帮助下，不断扩大调查研究范围，对和顺的宗祠文化、建筑文化、饮食文化、民间文艺、民风民俗等亦开展了多角度的调查；课题组由杨大禹教授两次带学生到和顺进行测绘实习，测量了和顺部分寺院、宗祠、公共建筑和民居建筑；对和顺的历史人物、文物古迹、地名等进行调查，拟建标志牌。"[①] 这些前期的调查研究以及在其影响下开展的研究，在杨发恩主编的《和顺·乡土卷》（云南教育出版社）中得到了很好的体现。

如前文所述，尽管民族文化生态村项目组把月湖彝族文化生态村试点建设的重点放在传统知识上，对传统知识进行发掘整理，并寻求应用的可能途径。但是，项目组从来没有削弱传统知识在其他试点村建设过程中的地位和重要性，而是根据各试点村的不同情况，应用不同方法，对不同领域的传统知识进行搜集整理。在后文传统知识总结成果的应用中，将会看到各试点村如何继承和发扬传统知识传承机制的作用，为村民文化自觉意识、民族文化的保护和传承服务。

---

① 见李正、杨发恩《和顺汉族文化生态村项目报告》，载尹绍亭主编《民族文化生态村——云南试点报告》，云南民族出版社，2002 年 12 月。

第三节　传统知识整理方法体现的项目理念

一、村民、学者、政府三方参与共建模式的探索

2003 年民族文化生态村暨地域文化建设论坛上，笔者在提交的论文《论民族文化生态村建设中的双向参与》中①，着重讨论了项目建设中学者与村民之间互动关系的重要性，强调学者与村民在参与项目建设的同时也要参与到对方中去，即尝试着站在对方立场上思考问题，看待民族文化的发展，最终实现相互之间的理想互动。如今看来，实际上民族文化生态村项目从一开始就尝试着创建村民、学者、政府三方参与共建的模式。

村民是项目的受益者，当然应该是项目建设的主体，因此也是最应该强调参与的主体。民族文化生态村项目所强调的村民参与有三个层次：一是通过村民会议，项目理念培训实现思想上的参与；二是通过建设工作的开展，让村民参与并投身到项目建设中去，实现行动上的参与；三是通过行动和思想上的参与，最终促成村民主人翁意识的建立。在几个试点村传统知识发掘整理过程中，村民参与工作的范围以及参与工作的村民的数量都不断扩展。

政府是项目建设中很关键的主体之一，这不仅因为项目工作开展离不开政府，还因为政府必须明确自己在项目建设中的角色和地位。也就是说，政府既要参与到项目建设工作中，又必须把握自己参与的"度"。在月湖彝族文化生态村传统知识发掘整理

---

① 见尹绍亭主编《民族文化生态村暨地域文化建设论坛》，第 79 页，（内部印刷）2003 年 9 月。

的过程中，既作为项目组一部分，又代表石林彝族自治县人民政府的民族宗教事务局，在不断摸索中找到了自己合适的位置：开辟并装修乡土教材编纂室，为村民参与教材的编纂创造条件；筹资修筑密枝林的围墙，避免洪水与牛马牲口对神林的破坏；在县政府组织的各类会议和活动中，积极倡导民族文化保护、传承的思想，为项目建设赢得政策和舆论支持；积极筹措资金，购置乐器、恢复并壮大因为资金缺乏问题而消失的文艺表演队。在月湖彝族文化生态村项目建设中，政府既能解决一些实际问题，又不包办民族文化的保护与传承工作。再如南碱傣族文化生态村的建设，以新平县委宣传部、腰街镇政府为主的政府部门，积极营造理想的政策环境，筹措建设资金，为南碱村容村貌改善、环境绿化、道路修筑等方面作出了很大的贡献。

在那些认为民族文化应该接受优胜劣汰之自然选择法则的观点中，学者参与到民族文化保护、传承工作中，纯粹是对村民生活方式、民族文化发展方向，甚至村民选择发展方式权利的干涉。这种观点确实偏激，但也道出了学者在项目建设中有时候所处的尴尬境地。何况现实中确有一些学者认为有了项目资金的支持，加上自己的"知识"，便可以理所当然地为村民包办或代理民族文化的保护、传承事宜，认为即使没有村民和政府的支持，一样可以实施项目建设。不可否认，他们也确实能够在一定时间内把工作干得很漂亮，可是一旦涉及项目撤出后可持续发展与管理时，他们便无能为力了。除非他们能够找到足够的资金，像村民一样生活在村子里面，一辈子守着这个建设成果，维护其生命。

所以，学者的角色和位置也是一个值得深思的问题。在各试点村传统知识的发掘与整理中，学者一直扮演着指导、协调、协助的角色。比如从项目理念的角度出发，强调传统知识在项目建设，也就是民族文化保护、传承中的重要意义，并通过村民会议或培训，让村民了解、理解这些理念以及项目建设的重要性；对月湖彝族文化生态村乡土教材编纂成员进行适当的田野调查方法、物质文化遗产知识的培训；带领学生协助月湖村民利用图画表达自己心中的传统知识；在南碱傣族文化生态村、仙人洞彝族文化生态村建设中，项目组成员充分利用人类学学科的优势，在政府与村民之间实现协调与润滑的作用。当然，学者还必须负责一些专业性很强的工作。如邀请昆明理工大学的建筑学专家前往月湖彝族文化生态村进行民居测绘；邀请中国科学院昆明植物所的植物学专家，对月湖的生态资源进行普查；邀请昆明理工大学建筑学专家对和顺汉族文化生态村的宗祠、民居建筑进行测绘。这些普查工作所得的结果，不仅能作为传统知识的直接记录对象，还能有效服务于政府的决定，服务于村民文化传承发展方向的选择。

在村民、学者、政府三者之间，项目建设的主体、主导者非村民莫属。在月湖彝族文化生态村的建设中，项目组不断创造条件，让村民参与自己家园建设事宜，培养他们解决问题、事务管理、项目管理的能力。只有实现了村民主导，项目组成员撤出后建设才能持续发展，这种可持续的项目建设模式才具有可推广的条件和资本。所以，喜爱音乐舞蹈的人加入民间文艺表演队；具有写作能力的退休老教师加入到乡土教材的编写中；具有石刻、木刻工艺技术的人加入到月湖宗教生态文化展示区建设中；具有组织能力的团体则负责月湖首届民族民间歌舞大赛的筹备；具有绘画天分的村民则用画笔表达自己心中的传统知识。在巴卡基诺族文化生态村建设中，村民积极参与到村寨道路的修建、民间文艺表演队的组建、民间刺绣纺织大赛的举办等活动中。由杨发恩主编、反映和顺汉族文化生态村传统知识的《和顺·乡土卷》、《和顺·人文卷》、《和顺·华侨卷》（云南教育出版社）中，很多和顺乡的村民参与了调查和书稿的撰写。总之，村民凭借自身拥有的特长、技艺，投入到试点村项目建设的各种工作中来，不断地锻炼自己的能力，提升对民族文化生态村建设，特别是民族文化保护、传承重要意义的认识。

"村民主导、学者指导、政府倡导"作为民族文化生态村项目建设指导理念，规定了三个建设主体各自在建设过程中的角色和位置，这是该理念具有的第一层意思。同时，强调三者之间换位思考的重要性，要求各主体守住自己立场的同时，站在另外两者的立场上思考某些问题，并在充分沟通的基础上实现"三方参与"。

二、调查及记录方法上的创新

在试点村传统知识的发掘整理中，所采取的方法与传统人类学调查方法有着一些区别。

第一，发掘整理传统知识的主体不一样。在传统人类学田野调查中，调查者是研究者，是来自于各研究机构的知识分子，是具有人类学专业训练素养的学者。而民族文化生态村项目试点村传统知识整理的工作由村民和项目组成员共同完成，村民在其中占主导地位。

第二，人类学研究者的立场问题。传统人类学研究中，始终强调研究者必须站在被研究者的立场上去思考问题，而非用自己的标准去评价、衡量被研究者的文化。在试点村传统知识整理过程中，村民很自然地就站在了自己文化的立场上去开展工作；也无须涉及评判文化的价值标准，只要能够用文字的形式再现、陈述本民族的文化就行了。

第三，采用的调查方法。传统人类学田野调查强调深入体验当地生活，利用参与观察、结构或半结构访谈、调查问卷等方法进行调查，辅以摄影、绘画等方式记录被研究者的文化。作为试点村传统知识整理工作人员的村民，虽然不能熟练掌握以上方法，但是他们的观察和访谈没有时间、人际关系、语言上的障碍，对一个只需要了解、整理、用文字陈述出来的内容而言，这已经足够了。何况，村民自己通过绘画所表达的传统知识与人类学者绘画所记录的传统知识及文化肯定有着形式和内容选择上的差别。

第四，传统知识记录的手段。在文字记录传统知识的基础上，项目组充分发挥自己具有的优势，以数码摄像机对试点村一些文化事项进行了记录，一方面与文字资料进行对比照应，同时，这些用影像手段记录的资料，可以独立成为试点村传统知识展示及研究的文本。

三、发掘、整理结果使用目的上的创新

项目组在几个试点村发掘整理的传统知识，不仅能够作为展示、概括村寨民族文化基本概貌的文本，而且能够作为村寨传统民族文化研究的基本资料。这是发掘整理传统知识最基础的目标。

在本章第二节的开篇部分，指出传统知识发掘整理的四个内容，其中提到传统知识"致用"的两个方面，即尝试着应用村民的传统知识解决村寨社会经济发展过程中遇到的问题；在总结村民传统知识传承机制的基础上，创新适应新形势下民族文化的保护、传承机制。

这样的思路和操作方法让传统知识发挥了超越"被研究"的作用，成为可以解决试点村新形势下经济社会发展问题的一把钥匙。项目组注重试点村精神传统知识的深度发掘，从中找出试点村千百年来民族文化传承的内部机制，根据新形势下民族文化面临的问题和危机，继承、改革、创新新型的民族文化传承机

制，服务于民族传统文化在现代社会中的发展。

民族文化生态村项目通过传统知识搜集整理，寻找并创新其内部传承机制的探索，是一条可推广的实践道路。首先，不同试点村因为地域、民族的不同而拥有不同类型的传统知识，利用这些传统知识为当地经济社会发展服务，其科学性是不容怀疑的。其次，在本民族传统文化传承机制的基础上，创新传承机制服务于本民族文化在现代社会中的发展和传承，也是经得起时间和实践检验的。再者，拒绝直接套用其他民族、其他地区民族文化保护、传承的成功做法和经验，从试点村传统知识入手，从内源角度出发，利用适合当地实情的方法保护和传承民族文化，这本身就是值得推广的一种建设理念。

按照民族文化生态村项目的建设理念，在试点村中总结出来的民族文化传承机制，不能用到其他民族的文化保护和传承中。可是，这种操作的方法、思路可以用在任何一个民族文化保护、传承的实践项目中。

第四节　试点村传统知识传承机制的总结

一、传统文化传承机制释义

为了后文的论述，笔者在此试着给传统文化的传承机制下一个定义：传统文化的传承机制可以理解为文化从上一辈向下一辈传递的方式、渠道以及内部规律，可以是单个文化事项祖辈相承的方式及规律，亦指整个民族文化网络得以祖辈相承的方式及规律。下面列出一些指标，以便对传统文化传承机制进行更进一步的阐释。

（1）有一系列提供创新基础、可供修改变异、可供继承发展的文化要素。

（2）有一批熟练掌握这些文化要素，并具有把知识向下一辈传递能力的成年人。

（3）有一批愿意学习，并具有学习文化要素能力的年轻人。

（4）从横向看，传统文化的传承应该涉及内容不同但具有相互关联的文化领域。

（5）从纵向看，传统文化的传承应该伴随社会个体的整个社会化过程，或者说社会个体整个文化习得的过程。

（6）社会应该具有支持文化祖辈相承的氛围、组织和社会团体。

（7）社会应该具有一系列保证传统文化祖辈相承的、成文的、非成文的规定或准则。

从以上提出的指标来看，民族文化的传承并非只是一个纯粹的"教"与"学"的过程。以月湖彝族文化生态村的渔文化为例，水面约4 000多亩的湖泊为村民祖祖辈辈摸索、积累捕鱼传统知识提供了场所。村里的捕鱼能手如果要把自己的知识，以及在捕鱼人群中形成的规则、价值准则传承下去，首先，必须有学习这些知识的主体，也就是有年轻人或小孩；其次，捕鱼还必须能够像现在一样，是村民家庭经济收入、饮食文化中不可或缺的一个部分；再者，国家的政策、社会的规定必须给捕鱼活动创造有利的环境；最后，捕鱼者之间应当遵守的规则、伦理道德等都必须得到某种程度上的保障。也就是说，仅仅有经验丰富的捕鱼能手，或者仅仅有愿意学习捕鱼知识的年轻人，是不一定能实现渔文化传承发展的。还必须有来自于文化、社会、政策、生活需要等方面的条件和环境，渔文化的传承才有实现的可能。

再如月湖彝族文化生态村最隆重的宗教节日——密枝节。从宗教存在的条件来看，必须有仪式和信仰两个部分的内容，即村民相信密枝神所具有的神奇力量，相信这种力量给村寨发展、人丁繁衍、庄稼种植带来好处的同时，也能够带来灾难性的后果；同时，村民必须创造一整套仪式，实现与密枝神的沟通，最终祈求密枝神护佑村寨的发展。但是，从密枝节的传承来看，仅仅有信仰和仪式还远远不够。首先，必须保证年轻人用继承和发展的眼光来看待与密枝神相关的信仰；其次，维系仪式的举办活动，让年轻人和小孩有不断学习的机会；再次，国家和地方的民族宗教政策，必须给予该类型宗教信仰一个合法的名分和环境，因为在诸如"破四旧、立四新"浪潮中，几乎没有任何"传统"的东西可以存续下去。只有这样，密枝节及其相关的文化事项才能顺利传承下去。

罗列传统文化内部传承机制的指标，有助于综合考虑民族传统文化延续过程中可能涉及的各种因素；有助于避免那种把单纯的"教"与"学"作为实现民族文化传承的途径的简单做法；也有助于民族文化生态村项目组传统知识整理工作的开展——在总结传统知识内部传承机制的过程中，充分重视社会、组织、环境、政策等因素的促进和制约作用。

二、保存传统文化之"标"的不利之处

在民族文化保护、传承的建设项目中，那些有形的、可见的物质文化遗产，往往最先成为民族文化保护、传承研究者和实践者开展工作的起点和对象，当然也是最容易取得暂时性显著成果的内容。但是，诸多实践也已经证明了这种重"标"而忽"本"的做法，不能真正有效地达到民族文化保护、传承的目的，而且会因为管理不善、资金缺乏等原因，导致对这些民族文化之"标"的保存都不能实现。

所以，要真正实现民族文化保护、传承目的，必须重视民族文化的"本"，也就是民族文化得以发展、继承、延续的内部因

素和机制。只有掌握了这些内部规律，正确认识这些内部规律在新形势下面临的问题，才能找到新形势下文化保护、传承的思路和方法。那种使民族文化脱离其原生环境的"保护"，确实使那些承载着民族文化的实体获得了一个免遭破坏的环境，能够提供一个场所，让该民族后代看到自己祖先创造的文化结晶。但是，这到底有什么样的现实意义呢？

民族文化生态村项目坚决反对这种重"标"而忽"本"的做法，主张深度发掘村民掌握的传统知识，特别是沉淀在村民意识深处的传统知识，在此基础上，总结蕴藏在传统知识背后、保证这些传统知识不断延续的规律和杠杆。这样的实践思路既有别于纯粹保存有形物质文化载体的做法，也有别于为了经济发展不顾一切把民族文化推到现代经济发展浪潮中的做法，而是总结村民原有的传统知识内部传承机制，结合村民传统知识面临的挑战和危机，尝试并创造新型的民族文化传承机制；在现代经济发展浪潮中，让民族传统文化与新型传承机制不断磨合，培养民族传统文化的适应性和生命力。随后，有选择地逐步把民族文化的某些内容推向市场，培养其耐受力的同时，为增加村民经济收入、提高村民生活质量服务，最终为新形势下民族文化的保护和传承构建坚强的经济后盾。

三、传统知识传承机制总结的思想支持

本部分将从文化人类学研究的方法和视角入手，从传统知识的习得过程、保证传统知识得以存续的组织和单位、保证传统知识祖辈相承的伦理道德体系、维系社区或聚落凝聚力的信仰体系、聚落群体的自我认同五个方面出发，寻找支持试点村传统知识传承机制总结的思路。

1. 传统知识的习得过程

在探讨人类文化的特点时，"文化是后天习得的"是其中一个重要内容。社会个体不是生来就有文化的，而是要向自己的祖先、亲人、同伴，在家庭、公共场合学习诸如语言、信仰、习俗、道德准则以及作为社会个体应该具备的一切能力，最终才会具备在该社会中生活的特质和资本。

所以，在民族文化的传承中，社会个体如何习得传统文化是一个极其重要的环节。正如前文所述，传统知识组成了传统文化的基本概貌，所以，通过考察社会个体如何习得传统知识的过程，也就可以揭示社会个体传统文化习得的过程。

说到学习传统知识的过程，教育无疑成了最受关注的焦点。当然，这里所要说的教育与学校教育有着很大的区别，主要指家庭内部的教育和特定社会公共领域内部的教育。父母教给孩子各种亲属称谓去称呼孩子的亲人，不仅让孩子逐渐明白社会的亲属关系构成，还让孩子懂得了人与人之间相处的礼貌、伦理知识；母亲告诫自己的女儿必须亲手为自己缝制嫁妆时，不仅传给了女儿具体的衣服缝制、绣花技术，还不断塑模了女儿的社会性别意识和特征；同样地，父亲教给儿子渔猎、生产技术的同时，也强化了男孩的社会性别意识和特征；父母给孩子讲述各种历史传说故事，并让孩子参加各种宗教祭祀仪式的过程中，不仅培养了孩子关于本民族的族源知识，还让孩子正确认识信仰中的神灵、祖先、家人以及自己在社会中、宇宙中的位置。在家庭之外，孩子与自己的伙伴、朋友相处时，也习得了人与人之间相处的道德准则；学会了社会所规定的男人和女人分别应该具有的知识和社会角色；学会了如何处理事情才算得上维护了本民族的声誉、顾全了本民族的大局。

传统知识的习得方式并非一定像学校教育一样，有着正式的、明确的、明显的"教"与"学"的主体和形式。相反，传统知识的习得更多采取非正式的、耳濡目染的传承方式。这一特点在诸多没有文字的民族中尤其突出。

2. 保证传统知识得以存续的组织或单位

传统知识能够不断地传承下去，除了社会个体习得过程之外，还必须有一些组织形式上的保证。如：

（1）具有认同同一种民族文化的人群组成的地缘聚落，也就是普通意义上的村寨。

（2）由血亲和姻亲关系组合而成的亲缘聚落，即家庭。

（3）由相同和相近年龄的不同个体组成的年龄群，如老年人组织、青年人组织。

（4）由相同或相近技艺、兴趣组成的团体，如文艺表演队。

（5）由社会需求决定，由不同成员组成的临时性团体，如很多少数民族每年都要组建不同成员担任不同工作的宗教祭祀团体。

（6）具有特殊社会服务职能的团体，如基诺族小孩组成的火塘检查队等。

在任何一个社会里，都会因为不同的原因、理由而形成的不同组织，这些地缘、亲缘、事缘组织在传统知识纵向、横向的传播中起到至关重要的作用。它们使得传统知识传承过程突破了家庭内部单向传递的模式，为社会个体提供了更多的场所、更多的机会不断学习新的知识，以及巩固已经习得的知识，同时传播自己拥有的知识。

这些组织和单位使得那个原本就有、为绝大多数社会个体所认同的民族文化更加趋于统一，而且获得不断被验证、传承、发展的空间。

3. 保证传统知识祖辈相承的伦理道德体系

在云南很多少数民族中，简单的一张饭桌四周都有着极其丰富的传统知识，如什么人应该坐在什么位置上，一只鸡的不同部位分别应该留给什么人吃，给老人盛饭的时候应该怎么做，如何摆放碗筷的位置向主人传达"已经吃饱"的信息等。那些涉及精神领域、文化深层部分的传统知识就更不用说了，如何确立和选择可以通婚的群体和对象，如何通过调侃、禁忌等方式来规范不同辈分或两性之间的相互关系等都属于这一范畴。

这些知识能够一辈一辈地传承下去，除了有父母对孩子的教育以外，还必须有一套规范人与人之间相互关系的行为准则，也就是规定在特定的场合和时间内，什么事情可以做，什么事情不可以做；在特定的场合中，什么话可以说，什么话不可以说的一系列准则。比如月湖彝族文化生态村每年密枝节的第二天晚上，村里的撒尼小男孩要扛着竹竿，到各家各户门前，通过敲打门的方式来讨米。在此过程中，他们会高声齐喊："毕摩与猫交媾、挑水的挑夫与青蛙交媾、伙夫与蟑螂交媾"，最后还要问"你家要不要交媾?"这些话，只有在这天晚上可以喊，而且当听到喊话声临近家门时，围坐在家中火塘边上的男人们会自觉地走开或者忙其他事情去，以避免不必要的尴尬。除此之外的场合中，如果有人说这几句话，会被认为是没有大脑、猪狗不如、不具有人类智商和道德观念的动物。

上述的这些准则，除了对事情本身以及做事情的主体进行要求和规范之外，还对人与人、人与自然、人与神灵之间的相互关系进行界定和规范。而且这些准则所规范的内容并不是孤立的，而是在内容上相互交错、相互关联的。在具有神林信仰的民族和群体中，为了给信仰的神灵创造一个存在的空间，往往把特定地域内的森林划定为神林并保护起来，人们不能随便出入神林，不能在神林中大小便，不能砍伐神林中的树木等，这些准则规范了人与神灵之间供奉与祈福的关系，也规定了人与自然、人与他们依赖的生态系统之间的相互关系。为了实现对神林的保护，由村民制定的成文或非成文的习惯法、乡规民约也就随之产生了，这在一定意义上转化成了人与人之间的相互关系。

这些起源于民族群体抽象伦理道德观念的具体规范和准则，使民族伦理道德体系的内容得以具体化的同时，也为其他传统知识的传承提供了舆论上的保障。

4. 维系社区或聚落凝聚力的信仰体系

从项目试点村的建设来看，维系社区聚落凝聚力的信仰体系应该包括以下内容：

（1）所有能够护佑村民的神灵，以及这些神灵之间相互统属的关系或独立的空间领域。

（2）拥有一系列的仪式活动，以及组织这些仪式的人或组织，以实现人与神灵之间的沟通和交流。

（3）由神灵派生出来的一整套规范人们世俗生活行为、规范人与神灵之间相互关系的禁忌。

（4）人为划定的供神灵居住、生活、娱乐的现实空间，如神林、神山等。

在人们的观念中，往往存在着很多看不见的神秘力量，认为这些力量能够主宰人们的生产生活，或者带来幸福吉祥，或者带来灾难。在有的社会群体中，这些力量或神灵会被按照实力或等级标准进行划分，实力大或等级高的神灵可以管辖小的神灵，这种把现实社会中统治与从属的社会关系复制到灵界的做法很普遍。也有一些社会的神灵，其相互之间没有任何的统属关系，不同神灵对应人们生产生活的不同方面。然而，无论如何，与不可抗拒的力量联系在一起的神灵，以及人们对这些神灵的信仰和供奉，是信仰体系存在的基本保障。

为了祈求神灵对特定地域和人群的护佑，人们必须建立与神灵沟通的渠道和方式，宗教仪式往往被作为理想的沟通方式。由祭司或祭司带领的祭祀团体举行仪式活动，用猪、鸡、牛等动物作为祭祀的牺牲，通过祭司念诵经文的方式传达人们面临的问题以及希望神灵帮助解决的问题。如月湖彝族文化生态村和仙人洞彝族文化生态村的毕摩，就是负责把村民的愿望转达给密枝神、山神等各神灵的中介；南碱傣族文化生态村的"白玛"也担当同样的工作和角色。他们除了代表一个村寨向神灵转达愿望以外，也为个体或家庭举行宗教仪式，以期神灵解决他们生活中的问题。

人们祈求神灵解决问题的同时，往往以神灵的名义，派生出一套规范人们世俗生活的准则，也就是通常所说的禁忌。这些禁忌主要用于规范人与神灵之间的相互关系，如月湖彝族文化生态村的密枝节期间，任何村民不可以进入密枝林，所有人不能干农活，不能动织布机，不能弹奏任何乐器等；即便在密枝节7天之外的时间里，村民也不能随便进入密枝林，不能把猪、牛等动物放进密枝林，当然更不能随便在林间大小便或者任意砍伐林间的树木；主持祭祀活动的9个成员，一年之内绝对不能和丧葬相关的事情有任何接触等。这些禁忌在规范人们行为的同时，培养了村民对神灵的敬畏，彰显了神灵所具有的力量，并进一步巩固人与神灵之间的相互关系。

此外，社区聚落信仰体系的维系，还依赖于一个神灵生活的虚拟空间。如山神住在山神庙里，密枝神居住和娱乐的地方是密枝林等。在村民世俗生活的领域内，通过人为的方式建立神灵居住的空间领域，不仅使一整套信仰体系有了可见的载体，也使得村寨实体具备了精神信仰的支撑。也就是一个村寨聚落能够成为一个聚落，并长期保持相对稳定状态的精神支撑。信仰体系除了规范人与神灵之间的相互关系和位置，还无形地塑模着群体内部社会个体的特质，还肩负着塑模和规定整个群体文化发展方向的作用。

5. 聚落群体的自我认同

实际上，逐渐放弃本民族文化的过程，在一定意义上是社会个体对自己群体文化的认同感逐渐消失的过程。所以，培养或找回社会个体对本民族文化的认同感，在一定程度上有助于民族文化的保护和传承。但是，哪些细节会涉及聚落群体的自我认同呢？项目组从具体建设工作的要求入手，提出了如下与聚落群体自我认同相关的方面。

（1）认可并在日常生活交流中使用本民族的语言，也不会试图阻止下一代学习本民族的语言。

（2）对于社会个体而言，本民族的宗教不仅是一种知识，而且是扎根于社会个体心灵深处的信仰，这些信仰以及由此形成的禁忌在规范社会个体行为、塑模社会个体灵魂的同时，也对整个社会发生作用。

（3）认可祖辈制定的各种行为准则、道德价值标准，并在日常生活中自觉去遵守。

（4）认可本民族历史上曾经出现的英雄人物，并把英雄人物作为自己的榜样。

（5）认可并自觉学习祖辈创造的各种传统知识、技艺技能，并自觉地为这些传统知识在现代社会中的发展谋出路。

（6）社会个体对自己祖辈创造的各种知识有着强烈的自豪感，而不是认为自己的文化不如其他民族的优秀。

当然，社会个体对于聚落群体的自我认同内容远远不止这些，但是从以上罗列的内容中可以看出，只有一个群体中全部、或者大部分个体都认可的内容才能逐渐沉淀为该民族的传统文化，也只有在这一认同的基础上，该民族的传统文化才有延续和向前发展的可能。

所以，在民族文化生态村项目建设中，探寻各试点村社会个体认同本民族文化的方式和途径，以及整个社会如何利用有效的方式培养社会个体对本民族文化的认同，就显得很重要。只有弄清楚这些问题，才能真正明白一个村寨文化表象趋同的内在原因和动力，才能在新形势下使社会个体对本民族文化认同感的培养有据可依。

四、试点村传统知识传承机制总结

1. 家庭内部传承是试点村传统知识传承的主要途径

父母作为孩子的启蒙老师，把本民族的语言教给孩子，让孩子拥有与他人沟通的必备工具。在随后的成长过程中，孩子将陆续从父母和其他亲人那里学到生产、饮食、礼貌等方面的知识。这是社会个体学习本民族传统知识的第一步，也是最重要的一步，而且这个学习的过程不会因为孩子童年的结束而结束，而是伴随该社会个体的整个人生历程。

在月湖彝族文化生态村，刺绣是撒尼妇女最擅长的技艺之一。她们自小就向自己的奶奶、妈妈、姐姐、嫂子及自己的同伴学习刺绣技艺，学习图案色彩的搭配，学习诸如太阳花、鱼眼睛花、梨花、犁头花、四角花、五角花、十角花等不同图案的刺绣方法。同时，她们还要学习如何把长短不一的绵羊毛纺成线，如何把火草的白色毛被纺成火草线，如何撕麻、绩麻、纺麻，并学会缝制自己漂亮的嫁衣。除此之外，女孩子还必须学习如何处理家务，出嫁之后如何处理与婆家不同成员之间的关系等。相反，撒尼男孩则需要学习捕鱼、狩猎、上山打柴、放牧、房屋建盖、乐器制作、石器打制等知识和技能。捕鱼世家的父亲会让孩子学习不同类型渔网的使用季节和使用技巧，教孩子如何根据水面上水泡的特征来判定鱼的种类和大小；教孩子如何巧借风的力量来划船、布置渔网等。旧时撒尼男孩常在冬、春季节赶着自家的羊群，朝弥勒和泸西方向而去，逐丰美水草而行。在远离家乡的放牧途中，孩子们必须学会如何处理一些特殊的、突发的问题，还要学会如何在野外制作乳饼、储藏乳饼等。

传统知识发掘

再说巴卡基诺族文化生态村，基诺族小男孩能够从父亲那里学习到获取酸蚂蚁蛋的技巧。他们根据父亲教授的经验，把藏有蚂蚁蛋的树枝砍下来，放在一个竹篾编制的簸箕里，为了避免被惊慌失措的蚂蚁伤害，他们以极其快捷的速度挪动簸箕的位置，以摆脱那些已经爬出簸箕的蚂蚁。这样循环往复，直到只有少量蚂蚁留存在簸箕里的时候，把蚂蚁蛋和剩余的蚂蚁一同倒进一个装满水的盆里，此时用一段布条在其中搅拌，那些剩余的蚂蚁竟然粘在了布条上面，重复几次之后，盆里就只剩下白花花的蚂蚁蛋了。同样地，这些孩子还学到了如何找山螃蟹、如何捉小红尾巴鱼、如何处理被蚂蟥叮咬等。

可以这样说，家庭是孩子成长最重要的环境，也是传统知识得以继承和发展的理想土壤。在社会个体不断成长的过程中，不同的年龄阶段要求社会个体学习不同的知识和技能，一个撒尼男性到了十三四岁的时候，要学习传统公房里面的各种习惯、规则和知识，为自己的恋爱做准备；到了适婚年龄时，要了解本民族"吃小酒"、"吃大酒"的习俗，并妥善处理自己在其中的角色和位置；等有了孩子，父母会把"祝米客"、为人父母的知识和标准教给初为人父的他们。总之，家庭在孩子成长、社会个体传统知识习得过程中扮演着非常重要的角色。这种在家庭内部实现知识传承的机制和途径，为民族文化生态村项目尝试新型民族文化传承机制提供了示范。

2. 组织形式为试点村民族文化传承提供了保障

在试点村传统知识发掘整理的过程中，发现保障传统知识祖辈相承的组织形式包括两种类型，即有明确组织规章和组织形式的组织，如妇女组织、老年协会、民兵组织、民间文艺队等，以及没有明确规章和组织形式、依靠无形准绳维系的隐形组织，这些组织形成的基础包括年龄、性别、相同兴趣爱好、相同或相似的工作等。在承担民族文化保护、传承任务的过程中，两种类型的组织形式往往各有千秋，如果能够很好地利用其功能，则能够相得益彰。

在巴卡基诺族文化生态村，民兵组织、妇女组织、民间文艺队，以及前文提到的由小孩组成的防火队，都是具有明确规章和形式的组织。民兵组织维护了村寨和边境的安定；妇女组织通过开展各种活动活跃气氛，传承必须在妇女内部延续的知识；防火队在培养村民防火意识的同时维护了村寨的安全；民间文艺队通过组织的形式学习祖辈的传统音乐舞蹈。月湖村每年都要选举两个宗教祭祀执事团，来主持密枝祭祀组和山神祭祀组的仪式活动，这种每年都要更换人选的选举办法，在一个固定的组织形式下，不断轮流更换新鲜血液，让月湖村几乎所有的男人，其实是几乎所有的家庭都参与到宗教祭祀的工作和管理中。月湖村还有一个专门负责丧葬事宜的组织，过去，这一组织的头人由村里能干的村民担任，现在由村委会下设的各社社长担任。一旦村中有老人过世，该组织的头人必须立即到场，协助主人家处理诸如报丧、伙食准备等事务。他们要安排本片区或本社的男性成员准备招待客人的食物，安排女性成员负责洗刷客人吃饭用的碗筷。

除了上述可见的组织形式外，几个试点村中还存在着很多隐形的组织。在月湖彝族文化生态村，给新生婴儿举行"祝米客"仪式时，村里德高望重的老人都会被请到主人家，以年龄大小为顺序，在主人家房屋正堂坐下，享受主人家奉上的食物。随后，主人家请求每个老人给婴儿取一个名字，这些老人所取的名字中，有一个将来会成为小孩的大名。撒尼人的婚礼中，在新娘即将离开娘家的时候，要请新娘家的所有长辈到正堂就座，好酒好菜好烟款待，祈求老人赐给年轻夫妇关于生活的智慧以及美好生活的祝福。如果婚后夫妻之间出现感情破裂，实在无法维系的情况，他们会请一个德高望重的老人当离婚证人。老人把一根木棒，或其他不易腐坏的东西折成两段，让夫妻双方各执一段，这就是他们的"离婚证书"。旧时，若村里有什么民事纠纷，那些明事理的老人总是以"民事调解员"的身份出现，他们的评判总是能够令村民心服口服。在现代意义上的妇女组织成立之前，月湖村的妇女担负着刺绣、纺织、家庭畜禽饲养等传统知识的延续和传承。同样道理，在青年团体成立之前，月湖村青年男女公房恋爱的习俗，成就了以性别和年龄进行划分的隐形组织。在此组织中，青年男女不仅学会了公房中应该遵守的各项规则、非成文制度，还学会了如何与他人相处的道理。同样地，在巴卡基诺族文化生态村，掌握着丰富传统知识的老人们，也是村民日常生活中的重要角色。在这些隐形的组织中，老人、青年男女、撒尼女性被诸如年龄、性别、拥有传统知识等隐形的标准连在了一起；在特定的时候，一些无形的规则、准绳把这些具有相似特点的人集中到一起，形成临时性的组织，处理村寨事务，或进行传统知识的传承。

上述的两种组织形式，在几个试点村传统知识的延续和传承中，发挥着极其重要的作用。所以，发掘整理这些有形和隐形的组织形式，分析村民如何构建这些组织形式，如何利用这些组织形式为民族文化的发展服务，是项目组发掘民族传统文化传承机制的又一项重要内容。

3. 集体活动与试点村村民的文化自觉意识

通过举办集体活动培养和增强村民文化自觉意识，也是试点村民族传统文化传承机制的一个重要内容。这里所说的集体活动既指家庭成员、家族成员、亲戚朋友之间举行的各种活动，也指在村寨层面上的集体活动。逢年过节、结婚、老人去世、新生婴儿祝贺仪式等，那些具有血缘、姻缘的人们都会聚在一起，在处理事务的同时，获得情感上的交流，也对处理事务的方式方法获得统一的认可。

本部分讨论的集体活动主要针对建立在村寨层面上的集体活

动。巴卡基诺族文化生态村每年公历2月6日的节日——"特懋克"（意为打铁节），全体村民都要参加，在分牛肉、穿树皮衣跳舞、跳大鼓舞、脱去树皮衣表示辞旧迎新的各种活动中，老人把这个节日的意义、举办程序等传授给年轻人和小孩。和顺汉族文化生态村每年农历五月，待插秧结束之后，就要举行盛大的"打保境"仪式，以祈求当年风调雨顺、五谷丰登和村寨人丁兴旺。虽然整个活动的大部分内容由称为"承头"的承办人负责，但是，村中各巷的群众会自发彩扎台阁，参与送龙舟当天的游行活动。届时，本村的村民、外村的群众都会前来观看龙舟游行，热闹非凡。这样的仪式活动，除了懂得仪式内涵、程序的老人外，还要有愿意出资承办的"承头"以及村民的认可和积极参与，才能不断传承下去。除此之外，还有南碱傣族文化生态村每年农历四月属马日的祭龙活动；仙人洞彝族文化生态村每年农历三月三举行的花脸节，农历十一月初三举行的"密枝节"。月湖彝族文化生态村每年例行的8次宗教祭祀活动、由村寨承办的传统摔跤比赛、略有一些历史的斗牛比赛、最近一些年才兴起的民间舞蹈比赛等都是村寨层面的集体活动。

这些集体活动在促成人与人之间、村寨与村寨之间相互交流的同时，使村民尽力保持本村文化的特质，不断强化那些为本村大多数村民所接受的文化因子，最终促成村民保护和传承本民族文化的内在动力。

4. 信仰体系的不断巩固是试点村民族文化传承的重要途径

信仰体系是几个项目试点村传统知识精神内容得以保持、传承的关键因素。

首先，信仰体系是宗教仪式活动得以保护、传承、继续的坚强后盾。宗教仪式和信仰体系从来都是密不可分、相互依赖的。离开信仰体系，宗教活动就缺乏精神支持；没有仪式活动，宗教信仰就缺乏依附的载体。在二者之间，信仰体系占据着更加重要的位置，因为信仰体系规范了村民宗教领域内的所有事务，规范了村民心目中所有神灵的位置，规范了这些神灵之间的相互关系以及村民自己在这个信仰体系中的位置。而且，信仰体系本身就是试点村传统知识的重要组成部分，同时又是维系村民其他传统知识不可或缺的纽带。

其次，宗教信仰并不会脱离村民日常生活而成为纯粹的、仪式的文化因子。相反，它与村民的生产生活之间有着水乳交融的关系，它是牢牢根植于村民心灵深处的文化要素。在月湖，每年农历六月二十三至二十五日，村民会在自家的稻田里杀一只白公鸡，祈求掌管庄稼的神灵保佑稻谷丰收；患病的人在现代医药无法医治的情况下，往往会请求村里的"饰玛"为其测算病因，再请"毕摩"举行仪式，以期革除病痛；村民还会到山神庙去许愿，祈求山神老爷保佑家畜兴旺、人丁安康。最近一些年，村民在山神庙许的愿望有了新的内容，希望子女能够考上好学校、生意兴隆等也成了山神老爷管辖的事情。

再次，宗教信仰所具有的神力还规范了村民为人处世的准则。如旧时月湖村民在山神庙前举行的"捞油锅"仪式就属此列。村民甲认为村民乙偷了自己的耕牛，但是村民乙矢口否认此事，而且村民甲无法找到村民乙偷自己耕牛的确凿证据时，为了弄清楚村民乙是否真的偷了耕牛，往往请村中德高望重的老人出面，在山神庙前举行捞油锅仪式。据说有理的一方能够抓出煮在油锅中的钱币或石头而手臂安然无恙，这是因为他不理亏，心中踏实。跳出这个仪式的细节来看，可以说这是一个关于做人诚信的测试，而这个诚信测试所依赖的基础是：对山神老爷睿智、超常神力的深信不疑。所以，在现实的捞油锅仪式中，当了小偷的村民乙会在仪式开始之前就主动承认自己的罪行。同样道理，月湖村民深信随意闯入密枝林，在密枝林中大小便，偷砍盗伐密枝林中树木等都会遭到密枝神的惩罚；相信如果做出有损家族声誉和利益的事情，会遭到过世祖先的责罚。正是这些来源于宗教信仰的神圣力量，有效阻止了村民从事那些不合乎社会道德规范、不合乎本民族伦理精神的行为，最终起到协助维护社会和谐的作用。

最后，信仰体系强化了村寨的凝聚力，也强化了村民的集体意识。村民之间的团结、凝聚力并不能凭空而来，必须依靠村民共同认可的文化要素来不断强化。在村民认同的共同文化要素中，信仰体系处于统领其他要素的核心位置上。因为信仰体系是一个民族文化的核心部分，是根植于村民精神领域深处的文化因子，是村民世俗生活行为的指路明灯。当村民精神领域深处的信仰体系知识不断积累，最终外化出来，形成村民身上可见的统一特质时，村民之间的相互认同，以及村民对本民族文化的认同也就具备了可靠的基础。村寨内部的不同个体，因为对共同文化要素的共同认可而培养了相互支持、相互协作的风尚。作为村寨的个体，做任何事情都必须以集体的声誉为重，以集体的利益为重。这就是本文所说的集体意识。

5. 聚落群体自我认同与民族文化传承机制

在试点村传统文化传承机制的总结过程中，通过家庭内部传承、组织形式、集体活动、信仰体系四个方面来阐述传统民族文化的传承机制。而特定聚落的群体对本民族文化的认同，算不上民族文化的传承机制，但是如果没有聚落群体对本民族文化的认同，也就没有讨论民族文化传承机制的可能。也就是说，如果一个人连本民族的文化都不认可了，那么再优秀的文化传承机制也无法在他身上发生作用。

在传统社会，因为交通、信息传递模式与速度的限制，似乎没有必要讨论聚落群体对自己民族文化的认同问题，而民族文化自我保护、传承机制作用于每个社会个体也是顺理成章的事情。可是，在当前全球经济一体化浪潮中，年轻人是否依然认同祖先创造的传统文化，已经成为一个必须纳入讨论日程的严峻现实问题。当然，旧时传统民族文化传承的机制能否在这些年轻人身上发挥作用，也就成了一个必须给予高度重视的问题。所以，探讨和创新试点村民族文化的新型传承机制，必须考虑社会个体对本民族文化的认同和特定聚落内部的人群对本聚落共有文化特质的认同。

项目组在此探讨聚落群体自我认同与传承机制之间的关系，还有另外一个目的，即不断提醒项目组成员，在开展各项建设工作的过程中，着力分析试点村村民对本民族文化的认同状况，特别是年青一代如何看待祖先创造的文化。只有这样，对传统民族文化传承机制的总结，以及新形势下民族文化传承机制的创新，才能够做到有的放矢。

第三章　试点村文化传承机制总结成果的应用和发展

前面对几个试点村传统民族文化传承机制进行了一些总结，但是，并非表明试点村的文化传承机制就只有这些内容，而是起一个抛砖引玉的作用。众所周知，文化移植为真正的民族文化保护、传承实践者所不齿；同样地，文化传承机制的简单移植也不会取得什么理想效果。所以，就其他需要进行民族文化保护、传承的村寨而言，如何总结传统民族文化的传承机制，如何结合实际情况，在新形势下对总结出来的传承机制进行批判、继承和发展性的应用，才是正确的思路和方法。

本章将阐述的各种尝试，是对传统民族文化传承机制的检验，也是对创立新型民族文化传承机制的努力。就论述内容而言，将以月湖彝族文化生态村的实践为主，其他试点村为辅展开讨论，以期真正做到抛砖引玉。

第一节　月湖村"宗教文化生态展示区"的建立

一、作为月湖村传统知识核心内容的宗教信仰

1. 月湖村宗教信仰概况

月湖村每年都有例行的 8 次大型宗教祭祀活动，它们分别是：农历正月十五的山神祭祀、农历二月的祭龙仪式、农历三月

的祭白龙仪式、农历四月的祈雨仪式、农历五月的接雨仪式、农历六月二十三至二十五日的"库恩哈砸"和喊魂仪式、农历七月十五日祭祀"召司"神的仪式、农历十一月的"密枝"祭祀仪式。为了组织好这些宗教祭祀活动，每年农历十月要举行一个祭祀活动主持者的卜选仪式，该仪式由上一任毕摩主持，上一任所有祭祀组成员和男性村民小组长（限撒尼）参加，依靠硬币数字面朝上的数量来决定下一任祭祀组成员。最终选出由毕摩（1人）、密枝头（1人）、酒师（1人）、挑夫（2人）、屠夫（2人）、伙夫（2人）组成的"密枝祭祀执事团"和由大头目和小头目组成的"山神祭祀小组"，分别负责上述的8次宗教祭祀活动。在这些祭祀活动中，老人、男性村民和小孩往往成为活动的主角。宗教信仰是月湖村传统文化中最为显著的一个方面，也是最能体现月湖传统知识、思想、精神内涵的方面。

月湖村民举行祭祀山神的仪式，以祈求山神护佑村民的庄稼不遭水灾、旱灾，人、牛马牲口、猪鸡猫狗不得瘟疫和各种传染病。村民在山神庙前的空地上野炊，以及随后在跤场举行的摔跤活动，不仅体现村民与神同乐的思想，还希望借用摔跤获胜选手所具有的力量，把那些导致瘟疫和各种传染病的邪恶力量拒斥于村外。祭龙、祭白龙、祈雨仪式、接雨仪式都是为了祈求神灵和龙赐给村民一个庄稼丰收的好年时。农历六月二十三至二十五日的"库恩哈砸"和喊魂仪式，一个目的在于祭祀并感谢后山神灵阻止了一支从泸西方向而来无恶不作的军队，使月湖村民免遭战争之苦；另外一个目的在于把月湖村民在外游走的魂魄招回家，与留守在家的魂、附着在身上的魂团聚，实现"三魂合一"。农历七月十五日祭祀"召司"神的仪式，则是为了祈求神灵保佑村寨的小孩免遭天花之害。而农历十一月举行的密枝祭祀，也是月湖村最大、最有影响的宗教祭祀活动，在于祈求作为村寨保护神的密枝神护佑村寨来年人丁兴旺、五谷丰登。在月湖村撒尼人的观念中，不同的神灵具有不同的神力，这些神力一直在善与恶之间摇摆，所以人们必须通过举行各种仪式活动，以祈求神灵把他们具有的神力释放到从善的方面，而不是从恶的方面。

图27　月湖村正月十五到山神庙前空地上野炊的村民

除了这些大型的、集体性的，由"密枝祭祀执事团"、"山神祭祀小组"分别完成的宗教祭祀活动以外，村民还有一些以家庭或家族为单位进行的宗教祭祀活动，比如正月初二缅怀祖先的活动，农历七月十五到祖灵山杀鸡宰羊祭祀先祖的活动，不定期到山神庙许愿和还愿活动，请毕摩为病人喊魂或攘灾的活动等。村民在山神庙许下的愿望中，既有祈求婴儿顺利出生保佑母子平安的，也有祈求患病的家人尽快痊愈的，还有祈求山神老爷保佑尽快找到丢失的牛、马、羊以及其他物件的，甚至还有祈求子女考上好学校、经商的人生意兴旺等愿望。

月湖村的宗教信仰不仅是根植于村民精神领域深处的重要知识，也是村民日常世俗生活必不可少的内容。村民对各种宗教仪

图28　月湖村每年二月祭龙活动中烧猪的火堆

式的参与，不仅熟悉了宗教仪式的操作程序，还强化了信仰在自己精神世界中的地位。与此同时，村民也相信，如果密枝祭祀执事团成员没有把仪式活动搞到最好，没有做到让密枝神满意的程度，密枝神就会把自己的灵力释放到恶的方面，那么村子出现瘟疫、非正常死亡村民偏多、自然灾害严重等现象都会与祭祀活动质量联系在一起。宗教信仰是属于精神领域的内容，但是如果没有世俗生活中存在的各种不确定性，它也没有生存的土壤。正是因为信仰体系和世俗生活之间如此紧密联系，月湖村的宗教信仰及仪式才能够有如此深厚的积淀。

2. 宗教信仰中蕴涵着人与自然和谐相处的道理

如果对上述宗教祭祀活动举行的地点进行一个考察的话，会发现月湖村几乎所有的宗教祭祀活动都和森林或树木有关。密枝祭祀活动在一个面积约百亩、生长着茂盛百年古木的密枝林中举行；山神庙本身就建在山林之中；"库恩哈砸"、"召司"祭祀的活动地点都藏在后山树林深处；与雨水相关的两次祭祀活动的地点设在小松林和密枝林；两次祭龙活动的对象是两棵生命力旺盛的大树；藏放月湖村民三代以上祖先灵位的祖灵洞，也设在长着茂密树林的祖灵山上。同时，很多以家庭或家族为单位的祭祀活动，也会与某片树林、某棵大树有着紧密关系。月湖撒尼人的宗教信仰与森林、树林之间有着如此紧密联系，以至于目前村寨四周保留下来的所有植被，几乎都被赋予了神秘的色彩。

图29　月湖村掩映在树丛中的山神庙

很显然，月湖彝族文化生态村现有的植被并不能算得上非常好的类型。然而，如果了解这样的生态植被所处的现实环境，以及其经历的残酷历史，就会觉得这是极其难能可贵的事情。石林彝族自治县大部分地区属于喀斯特岩溶地貌，生长在这种地貌上的植被，容易被破坏，可是恢复起来极其困难。如今，从北大村出发，经过北小村，直到月湖的道路两旁，除了一些开垦的田地外，全是裸露在外的岩溶石头，雨季尚可见一些来自于杂草的绿色，干季则除了萧条还是萧条。据月湖村的老人讲，新中国成立前从月湖到北大村的道路两边，全部是密密麻麻的森林，专事

图30　月湖村藏放密枝神的石头房子

抢劫的土匪必须爬到地理位置最为优越的贼望山上，才能获悉商队、马帮、官员的踪迹。现在可以一览无余的月湖，新中国成立前四周也还是麂子、豹子、猴子等野兽出没的地方。可是，"大跃进"期间为了炼钢铁，为了修木制"共产主义火车轨道"运送粮食和粪肥，为了换取诸如电灯泡等生产生活资料，月湖村四周的参天古木几乎被破坏殆尽，就连最为神圣的密枝林也没有彻底逃脱劫难。20世纪80年代初家庭联产承包责任制在月湖落实后，村民为了扩大种植面积，又一次进行大规模的毁林开荒等活动，把月湖村除了上述几片林子以外的森林全部砍尽伐绝。

颇有些讽刺意味的是，这些被保存下来的森林植被，是过去人们曾经一度嘲笑为"迷信"的宗教信仰保护的结果。在月湖撒尼人的心目中，每个神灵都有自己居住、生活的特定领域，这些领域也就是不同片区的森林。他们为这些神灵划定宗教领域界限的同时，也培养了对这些宗教领域敬畏和崇拜的思想情结。在这些思想情结的驱使下，村民学会了如何规范自己的行为，诸如不在神林里面大小便，不随便进入神林深处，以避免对神圣领域的打扰。同时，村民还通过制定乡规民约的办法对这些山林进行保护，诸如不能到神林里面拾柴，禁止砍伐神林里面的树木，禁止牛马牲口进入神林等。正是这种源于宗教信仰的思想情结和村民制定的制度，使得月湖村现有森林植被相对完好地保存下来成为可能。

新中国成立后的50余年中，月湖村绝大部分森林植被遭到了破坏，从剩下为数不多的一点植被中，可以看出村民宗教信仰与这些植被之间的关系，也把历史以来形成的人与自然和谐相处的道理展现出来。目前仅存的那点与宗教祭祀相关的山林，成了村民引以为傲的资源和自然景观。村里的公鸡树是村民储藏包谷的天然粮仓，公鸡树作为储藏包谷的仓房已经不仅仅是一个工具的概念，而是一个已经植入村民生态系统理念中的文化因子。长年以来，村民在自家房前屋后栽种各种用材树木、果树，已经成了一种自觉的行为。在人口急剧膨胀的现实面前，自然资源保护和村民能源需求之间似乎存在着永远不可调和的矛盾。然而，月湖村民积极响应政府的号召，建立沼气池，以解决每天必须面对的燃料问题。过去，月湖村民坚守着人与自然和谐相处的生态发展道路，在严峻的现实问题面前，月湖人利用现代技术的优势，让传统生态理念得以在现代社会中获得继承和发展。

鉴于有些民族一个村寨只有一片神林的事实，有些人认为这样的宗教信仰对森林植被保护的作用是微不足道的。因为神林的面积与整个村寨的生态环境相比，确实太少了，何况村民往往在保护了小片神林的同时，破坏了更大面积的森林。这种只通过数量比较，只看历史发展结果，不关注导致历史结果的原因的做法，是存在很大片面性的。而且，在不断发展变迁的社会进程中，不能期望直接利用原有的生态观念来解决现实的问题。而要求不断丰富和发展传统生态观念的内容，甚至引进现代科学技术来解决当今面临的生态环境问题，这才是应该采取的思路。而月湖村民正是应用了这一思路和办法，才使其人与自然和谐发展的思想不断散发出灿烂的光辉。

二、宗教文化生态展示区的建立

1997 年，项目组在月湖村开展了前期文化资源调查工作；1998 年，月湖村正式被命名为"月湖彝族文化生态村"。为了月湖彝族文化生态村的和谐发展，月湖村民委员会于 1998 年 8 月制定了一个村规民约，以期规范村民的行为，利用传统文化的力量处理一些现代法律中没有明确规定的内容和行为。其中，就有专门针对月湖村目前保留下来的森林植被而制定的内容，在第二章林业管理第七条和第八条①中，明确了月湖村封山区的界限，也明确了对偷砍盗伐者的惩罚措施。

项目组通过月湖文化资源的普查、乡土教材的编纂，发现宗教信仰是月湖村传统知识中极其重要的部分，也总结出传统知识与森林植被之间的紧密联系。现有的森林植被不仅是月湖宗教信

---

① 见月湖办事处耀宝山村 1998 年 8 月制定的《乡规民约·第二章林业管理》第七条：本村所属山林、树木、村庄风景树不得乱砍滥伐，偷砍烧柴者，一挑（背）罚款 15 元，一车（牛、马）罚款 120 元，一拖拉机（手扶）罚款 240 元；偷砍成材林木者，按厘米计算，1～10 厘米以内的每厘米罚款 5 元，11～20 厘米的每厘米罚款 10 元，21 厘米以上的每厘米罚款 15 元。第八条：全村封山区为：村后山、山松坡、老坟山、小松园、密枝山、老羊山、李家大山、跤场周围。①任何人不准进封山区拾柴（学校、抽水站、五保老人经批准的除外）。凡在封山区内拾柴一挑（背）罚款 20 元，一车（牛、马）罚款 150 元，手扶拖拉机一车罚款 300 元；②牛、马、羊进封山区，猪进密枝山上的每头罚款 15 元（羊每只 2 元）；③进入封山区一律不准带刀，违者每把刀罚款 5 元；④封山区内葬坟需砍树者，必须在 5 市尺以内，且经批准后方可砍伐，违者按厘米数处理。

仰最主要的载体，也是月湖宗教信仰体系最大的受益对象。在月湖村民委员会制定乡规民约保护森林植被的基础上，项目组打算在现有的宗教祭祀点上建立"宗教文化生态展示区"。一方面可以展示月湖信仰体系与生态环境之间协调发展的关系；另一方面可以在强化这一关系的基础上，体现现有森林植被的重要性，为山林的保护尽一份力量；再一方面希望通过这种尝试，寻找传统信仰体系在新形势下的传承模式。

为了让宗教文化生态展示区在地域、形式上形成一个统一的整体，项目组多方筹措资金，在村口雕刻彝汉对照的"月湖彝族文化生态村"标牌；在密枝林与村庄连接的部分，用石头垒筑围墙，防止疏于照看的牲口进入树林，对密枝林造成破坏；在摔跤场、山神庙、祖灵山，以及这些涉及宗教信仰的山林连接地上种植树木，恢复那些被破坏的森林植被；动员村民积极参与到项目建设中来，由村民投工投劳，项目组投入铺路材料，铺设连接各宗教信仰展示点之间的道路；为村民提供恢复祖灵洞建设的建筑材料，让村民把供奉在家、三代以上的祖先灵位迁到祖灵山上；在宗教文化生态展示区的各展示点竖立木质标牌，对该祭祀点的宗教文化内涵进行说明。

不能不提的是，完成这些工作的人都是月湖村村民。普兆光与他的两个儿子不辞辛苦，完成了宗教文化生态展示区所有木质标牌的文字雕刻工作；毕光华、普绍忠等发挥自己优秀的石刻工艺技术，把彝汉对照的"月湖彝族文化生态村"雕刻在村口右边的石堆上；村里常年在外承包建筑工程的包工头，也带领自己的工人，主持密枝林围墙的修筑工程；老年协会也不甘落后，主动承担了摔跤场、山神庙、祖灵山、密枝林四周的绿化工作；在各家族负责人的带领下，村民主动选择吉日，把供奉在家、三代以上的祖先灵位搬到祖灵山上，并恢复重建了各家族的祖灵洞；村民委员会也广泛宣传，发动村民投工投劳，把连接宗教文

传
统
知
识
发
掘

图 31　月湖村宗教文化生态展示区一角

图 32　月湖村民的祖灵洞

化生态展示区各展示点之间的道路修筑起来，全村所有家庭都参与了此项工作；在竖立宗教文化生态展示区各展示点木质标牌的当天，许多村民主动前来，充分发挥他们对本村气候条件熟悉的优势，献计献策，最终顺利完成了标牌的竖立。

图 33　月湖雕刻宗教文化生态展示区展牌的村民

月湖宗教文化生态展示区的建立，是一项关乎月湖村民信仰体系的建设。然而，即使在这样一个偏重民族文化精神世界的建设领域中，项目组也还是不遗余力地，让村民从不同角度，以不同方式参与到建设工作中来，让村民在建设自己家园的过程中不断锻炼自己的能力，强化他们对本民族宗教文化与生态协调发展精深的理解，也不断强化他们对民族文化生态村项目理念和宗旨的理解，不断朝着培养村民文化自觉意识的方向努力。

以下是月湖彝族文化生态村宗教文化生态展示区各展示点标牌的内容。

标牌之月湖简介：月湖村隶属于石林彝族自治县北大村乡，

图34 月湖村主动前来竖立展示区展牌的村民

位于中国国家级风景名胜区石林东北方向15公里处。全村6个社480户，约2 000人，其中撒尼占总人口的80%以上。月湖村史称革温村、哑巴山、耀宝山等，20世纪50年代，张冲副省长根据村庄东北角上状如弯月的湖泊把该村的名称改为月湖。月湖村海拔1 905米，属典型的喀斯特岩溶地貌，村子周围有40多个面积大小不一的湖泊，面积最大者约4 000亩。村民主要栽种水稻、玉米、洋芋等农作物，同时依靠栽种烤烟、饲养乳羊、捕鱼、出售纺织和刺绣制品增加经济收入。村内有成百株树龄在100～500年之间的公鸡树，村子周围有密枝山、祖灵山、村后山、山松坡、老坟山、老羊山、李家大山等保存完好的森林植被。不仅如此，村子还保留有内涵丰富、形式多样的民族民间文化，因此，该村于1998年被命名为月湖彝族文化生态村。

标牌之莲花台：月湖村后有一石山，最高处石头形若莲花，村民呼之为莲花台。登台远眺，可见远处湖水清波，近处则村庄、密枝林、祖灵山等尽收眼底。此为鸟瞰整个宗教文化生态展示区的最佳去处。

标牌之古驿道：月湖村曾经是过往客商、马帮从弥勒出发，经泸西、宜良到昆明的要道关卡。如今山神庙附近长约 400 米，保存完好的石头路面，就是过去客商、马帮的重要通道。

标牌之山神庙："沙喜"是彝族撒尼话的汉语音译，指山神的意思。月湖过去的山神庙在"文化大革命"、"破四旧、立四新"浪潮中被炸掉了，现在所能看见的山神庙是 20 世纪 80 年代中期重新修建的。山神庙前 6 个供祭祀时插香的香炉中，正前面两个是山神的门；中间两个左边的代表路南的狮子山，右边的指月湖的密枝神；靠近山神庙的两个左边的代表"库恩哈砸"，右边的代表"召司"。每年农历正月十五，山神祭祀小组用一头黑猪祭祀山神，目的在于祈求山神保佑村民的庄稼不遭旱涝灾害，人、牛马牲口不得瘟疫和各种传染病。届时，每家每户的男性成员，以及家中十一二岁以下的小女孩，要带上一只会叫的红公鸡，来山神庙前的空地上野炊。同时，山神庙也是村民许愿和还愿的地方。为了祈求婴儿顺利出生、母子平安，祈求生病的人尽快痊愈，祈求尽快找到丢失的牛、马等牲口，祈求子女考上好的学校等，村民会在每月的初一、初五、十五、二十五这几天，带上酒、米、香、水果、糖果等前来许愿，求山神老爷保佑实现自己所许愿望。如果愿望实现了，村民会在一个月或几个月后来山神庙前杀猪、羊、鸡还愿。

标牌之祖灵洞：祖灵洞是月湖撒尼村民供奉三代以上列祖列宗灵位的地方，每年农历七月十五，村里各家族成员会聚在祖灵洞前杀鸡宰羊，祭祀祖先，既表达对祖先的缅怀，也是家族成员团结的象征。

标牌之密枝林：密枝林，彝族撒尼话为"密枝堵"。在村民观念中，面积 100 亩左右的密枝林是"密枝神"居住和娱乐的地方。每年鼠月（农历十一月）第一轮属鼠的日子，由当年猪月（农历十月）第一轮属鼠的日子卜选出来的"密枝祭祀执事团"在此祭祀密枝神，祈求密枝神保佑全村来年人丁兴旺、五谷丰登。密枝林中一个小石头房子里面一块颜色青黑、状如青蛙的石头是月湖密枝神的载体。月湖密枝祭祀活动举行于鼠日至马日共7天的时间，祭祀所用的牺牲是一只毛色净白、健壮无病的雄绵羊；祭祀期间村民不能干农活，按照旧时的传统，祭祀期间男性村民上山打猎、下湖捕鱼，女性村民聚在一起一边绣花一边交流刺绣技艺和心得体会；祭祀的后6天禁止任何人进入密枝林。因为密枝祭祀只有男性可以参加，故密枝祭祀又被称为男人节。月湖的密枝林在"文化大革命"和农业合作化期间遭到严重的破坏，20世纪80年代后期，村里的领导干部号召村民投工投劳，用石头把密枝林围了起来，恢复了祭祀活动，并制定相应的村规民约来惩罚破坏密枝林的行为。所以，现在林子里面还保存着许多树龄在百年之上的麻栎古树。密枝林以及祭祀活动是维系月湖民间宗教的载体，也在客观上具有保护生态环境的积极意义。

标牌之祭龙处：每年兔月（农历二月）第一轮属龙的日子，山神祭祀小组的成员要在此杀一头黑猪祭龙，祈求龙赐予保证庄稼丰收的充足阳光和雨水。按照祖辈的传统，当天用于祭龙的猪只能用火烧，不能用开水烫。据说猪烧得越黄，就预兆当年的雨水越好，庄稼越丰收。

标牌之祭白龙处：每年龙月（农历三月）第一轮属龙的日子，密枝祭祀执事团的成员要代表全体村民，在此杀一只红公鸡和一只白公鸡祭祀白龙。祈求白龙把冰雹洒在山沟山箐里，而不是月湖村子和田地里面。

标牌之库恩哈砸堵："库恩哈砸堵"，彝族撒尼话的汉语音译，是月湖村每年农历六月二十三在村后山祭祀后山神灵的说法。届时，村民在此杀一头黄牛祭祀后山神灵。按照传统，黄牛只能用斧头敲而不能直接用刀杀。这天的黄牛肉要平均分配到每家每户，村民也会带上鱼、腊肉和其他蔬菜来后山野炊。当天分得的牛肉不能全部吃完，要留下一部分于六月二十五日晚上用来煮喊魂仪式的牛肉稀饭。

标牌之召司堵："召司"，彝族撒尼话，是指月湖村民每年农历七月十五在后山上举行的一次宗教祭祀活动。过去月湖的小孩容易感染天花，轻则在身体上留下疤痕，重则有生命危险。村民每年用一只绵羊祭祀召司神，祈求神灵保佑村里小孩健康成长，不患天花。

标牌之公鸡树：植物名黄连木，具有生命力旺盛、生长速度慢、韧性好的特点。全村有成百株树龄在百年以上的公鸡树，树龄最长的约500年。村中百树掩映，环境优美。每至秋收，公鸡树又是村民的"粮仓"，挂满玉米，树树金黄，成了月湖村亮丽的风景线。

三、传统知识中命名习惯的发扬

撒尼人喜欢给自己村寨周围大大小小的山坡、低地、水塘、水沟、石崖等取名字。这些名字中有的含有某个传说故事，有的命名过程充分运用了"比"、"兴"的手法，如月湖村民吟唱的地名歌中，有"木瓢打水打不满，再打三瓢喝一喝，我爱家乡的吃水塘"，"老绵羊毛短，小绵羊毛长，我爱家乡的绵羊山"，"苦荞没有棱，甜荞三个棱，我爱家乡的荞地山"等。月湖人给具有显著特点的地面标志物取名的做法，勾勒出了这些地点、地名之间的相对位置和相互关联，给人们的生产、交通、方位识别带来了极大的方便；同时，也确定了自己的村寨、自家的住房、自己在这个村寨内部的位置。月湖宗教文化生态展示区的建立，不仅彰显了前文所说的宗教文化与生态环境之间协调发展的关系，还体现了撒尼人喜欢给地方命名的特点。

然而，宗教文化生态展示区的建立，不仅仅是照搬撒尼人给地方命名的文化模式。在理念上，宗教文化生态展示区的建立，把月湖村宗教与生态之间紧密联系的文化特征凸现出来，通过这一建设行动让村民更加充分地认识这一文化特征；在传统知识传承机制的继承与发扬上，从过去泛泛的对地方命名的模式，到现在集中的以宗教文化生态展示区域为主的命名模式；从村民能力建设、文化自觉意识培养的层面上看，宗教文化生态展示区的建立，让更多的村民参与到了展示区的建设中来，不仅磨炼了他们建设自己家园的动手能力，而且在月湖村传统知识发掘整理、物质文化遗产普查的基础上深化了村民的文化自觉意识。

第二节　月湖老年协会的成立与妇女组织活动的开展

如前文所述，以性别、年龄、相同兴趣爱好、相同工作职责等组成的团体或组织，在月湖传统知识延续和传承过程中，肩负着重要的作用。如撒尼妇女担任着刺绣、纺织知识和技能的传承，撒尼男性肩负着把狩猎、捕鱼、放牧知识和技术传授给下一代的任务；老年人因为其丰富的阅历，而被视为撒尼文化最丰富的拥有者；未成年撒尼小男孩在每年密枝祭祀活动中，是祭祀第一天密枝林中接羊肉稀饭无可替代的角色；对歌舞感兴趣的男女老少，自发组成了民间文艺队，每天到固定的地点排练文艺节目，不仅愉悦、放松了白天劳累的身体，还把撒尼民间传统的曲调、乐谱和乐器演奏知识传承下去；具有建盖新房技能的工匠们，总有各种各样相聚的机会，他们在一起不断交流、提高自己技艺的同时，构筑了撒尼人的建筑文化；一年一度的全村性宗教祭祀活动中，"密枝祭祀执事团"和"山神祭祀小组"要相互协作，圆满完成所有祭祀工作，并不断学习祖辈传承的知识。这些或者具有明显组织形式，或者没有明确组织形式的组织，在月湖村传统知识传承的过程中，担负着不同的功能与角色。

鉴于月湖村的这一传统知识传承机制——组织形式的发现，项目组把民族文化新型传承机制摸索的一个重心放在了组织和团体建设方面。通过筹建老年协会、丰富妇女组织的作用与能力、为文艺队组建创造有利条件等方面来实践、探索团体与组织如何在新形势下发挥民族文化保护、传承的功能。

一、月湖老年协会的组建

1. 新型体制下月湖老年人作用的缺失

在人类社会的历史进程中，老人从来都和传统文化连在一起，很多时候他们直接被等同于传统文化。特别是在那些没有文字记载、传统知识必须依靠口耳相传的社会中显得尤其突出。老人不仅通晓村寨的历史，而且往往是地理、天文、医药、宗教知识的掌握者；老人要么掌握着高超精湛的房屋建筑技能，要么能够制作出精美的乐器和其他手工艺品，或者是婚姻的见证人，或者是家庭、邻里纠纷的仲裁者，或者是民歌古调、口传史诗的拥有者。总之，老人是一个民族、一个群体极为宝贵的精神财富，他们所拥有的知识，他们的行为准则、做人标准、道德观念、价值观念等，都是体现一个民族文化内涵的精神旗帜。

然而，在月湖，老年人除了晚上集中在一起排练舞蹈、拉家常外，再没有其他类型的活动形式。老年人总是叹息民族文化的不断消失，也总是感叹自己于民族文化保护心有余而力不足的无奈现实。在月湖现行的村民委员会之下，设有妇女之家、党支部、共青团等现代组织，这些组织虽然也以性别、年龄、共同信仰为组建的依据，可是仅有少量的老年人被纳入到党支部中。在这个社会发展急剧变迁的年代和村寨一切发展以经济增长为重心的新形势下，在村民委员会党支部中的老人几乎没有办法介入任何发展事务，何况党支部的主要精力并不在传统文化的保护和传承上。

于月湖村的传统知识而言，老年人是最为富裕的拥有者。他们不仅能够讲述先人张鱼手用聪明才智击溃土匪、创建村寨的传说故事，讲述密枝神给撒尼人送来种子、教会村民种地的神话传说，还能讲述开天辟地之初，洪水泛滥中彝族的祖先幸存的故事，以及制作撒尼人祖先灵位"脑司"要使用竹节草、青冈栗等材料的历史根源。此外，他们还能吟唱诸如库吼调、创世歌、哭嫁调、地名歌、四季歌等百余种传统撒尼民间调子。这里无法一一列举月湖村老人所掌握的各种传统知识，相反，必须认真面对一个极其不对等的事实：老人拥有丰富的传统知识，与老人们缺乏保护、传承这些传统知识的社会文化环境之间的非对等关系。这种非对等的关系，助长了现代经济发展浪潮对月湖传统知识的冲击。

以年龄为基础的老年人隐形组织，在传统社会中能够自觉发挥其特殊的作用和功能，社会也会自觉地创造和维系老年人发挥作用的社会文化环境，这一良性循环保障了传统知识的延续和传承。可是到了现代社会，这种隐形的组织形式渐渐失去了过去特殊的地位，变成了与经济发展不搭界的边缘组织形式，在形式和实质上都沦落到真正"隐形"的田地。当然，依赖于这一隐形组织形式的传统知识，也受到了"边缘化"的威胁。

解决问题的办法有很多，但是，把过去老年人隐形组织变成可见的、具有明确规章和任务的显性组织，并为这一组织创造有利于他们传承民族文化的社会文化环境可能是比较有效的办法。

这也正是民族文化生态村项目组设想并打算实践的路子。为此，项目组打算在月湖成立老年协会。但是，月湖村老年协会因为组建的特殊宗旨和思路，决定了它与一般意义上的老年协会有着本质上的区别。

2. 老年协会的成立

由于诸多历史的、现实的原因，月湖村有史以来一直没有像其他村寨一样，组建老年协会。项目组工作人员了解了基本情况后，积极主动地充当了老年人与月湖村民委员会之间的润滑剂，把老年人成立自己协会的意愿以及老年人愿意主动承担传统文化保护、传承任务的心声，反映给村民委员会的领导，积极争取村民委员会政策和经济上的支持；与此同时，还把村民委员会关于老年协会成立的程序和要求传达给老年人。几个月的努力最终有了结果，村民委员会领导在广播中告知全体村民：在规定年龄以上的老年人，都可以在自觉、自愿的基础上报名参加老年协会。

2002 年 3 月 21 日，酝酿了近半年的老年协会终于成立了。在村民委员会支部书记、村民委员会主任主持的成立大会上，参加老年协会的全体成员投票选举了包括会长、副会长、出纳、会计和保管员在内的领导班子。村民委员会决定把产权属于村寨共有的老供销社作为老年协会暂时的活动场所。

3. 老年协会作用的发挥

不可否认，在协会成立之初，老年人对该组织的理解与项目组认为老年协会应该承担的职责有着较大的差距。月湖村的老年人喜欢用自己的现实状况与别的村庄比较，总是叹息偌大的一个村子竟然没有一个老年协会，竟然没有一个老年人相聚闲聊的地方，他们想要有一个"老有所养、老有所乐"的场所；然而，项目组希望该组织在发挥"老有所养、老有所乐"作用的基础上，肩负起传统知识保护与传承的职责，希望能够通过老年人团结一切力量，为他们祖辈创造的文化作出力所能及的贡献。这个差距凸显了利用传统名称命名该组织存在的问题，也指出了项目组下一步工作的方向和目标——在一个新兴的组织内，通过民族文化生态村项目理念的培训和具体建设工作的开展，建设一支强有力的、愿意投身于本民族文化保护、传承事业的队伍。

经过近两年多的努力，老年协会的工作逐渐走上轨道。他们根据年龄、音乐舞蹈专长、乐器演奏技能等标准自愿组合，成立了自娱自乐的文艺队；并多方筹集资金，配备老年协会文艺队所需的乐器、音响、电视等设备；成立了老年人慰问工作小组，负责看望生病的老人，给过世的老人送花圈，并在出殡的当天随着出殡队伍表演文艺节目；他们积极争取，对闲置的村卫生所进行修缮，作为老年协会固定的活动地点，从此老年人有了一个娱乐、交流思想的地方。为了获取维持老年协会日常活动的资金，老年人准备在协会场地内修建一个待客处，给举行婚礼、葬礼、新生儿"祝米客"的人家提供方便，同时收取一些租金；老年协会主动承担了宗教文化生态展示区的后续管理和维护工作，以及展示区内各展示点之间的绿化和看护工作；老年人不只一次到石林彝族自治县民族宗教事务局、文化体育局、文物管理所等部门，争取各方支持，逐步健全老年协会的硬件设施；老年协会的领导班子先后两次到昆明，到民族文化生态村项目组负责人所在单位云南大学人类学博物馆，提出他们关于月湖彝族文化生态村传统文化保护、传承的思路和设想；福特基金会对月湖项目建设的支持结束后，他们多次召开全体大会，商讨月湖村寨建设和文化生态保护的策略；随后与项目组在昆成员协商，最终形成老年协会关于月湖彝族文化生态村建设思路的项目申请报告，并报请石林彝族自治县民族宗教事务委员会、石林彝族自治县文化遗产保护办公室等，以期获得政策和资金上的支持，并由老年人带领继续开展月湖村的后续建设工作。

当民族文化生态村项目组没有了福特基金会的资助后，开始把试点村工作的重心转到了建设指导和建议上。由于种种无法掌控的原因，月湖老年协会继续开展月湖传统文化保护、传承的善良愿望最终未能完全实现；老年协会自己拟定的月湖彝族文化生态村"项目建设建议书"，也由于资金无法落实而未能发挥预期的作用；他们与石林彝族自治县相关政府部门协商的建设思路也未能付诸实施。

然而，就项目建设而言，并不能在这些后期的结果与失败之间画一个简单的等号。首先，通过开展各项建设工作，激发了老年人保护和传承本民族文化的热情。其次，老年人积极寻找各种可能的途径，把自己的热情转化为实际行动，如积极争取成立老年协会，以及主动承担宗教文化生态展示区的管理和看护工作，都证明了这一点。再次，他们能够像高校、研究单位的研究者一样去申请"项目"，去争取政府、学者等力量对月湖彝族文化生态村建设的继续支持。也正是月湖老年协会的这些举措，决定了它与其他村寨老年协会之间有着本质意义上的区别。

从民族文化生态村的建设理念来看，广泛发动村民参与项目建设，并在此过程中培养村民对本民族文化的深度认同和保护、传承的热情，锻炼村民建设自己家园的能力和管理项目的能力，以实现项目组撤出试点村后的可持续管理，这是一个连续的过程。项目组通过组建老年协会，积极引导老年协会投身于各项建设工作中，最终实现了老年协会自主申请"项目"，自觉寻求各方支持的结果。虽然老年协会的这些行动未能取得预期的结果，但是他们的不断努力和尝试是值得肯定的。

二、妇女组织作用的发挥

1. 月湖传统知识传承中妇女作用的缺失

在月湖村，妇女是纺织、刺绣、家庭畜禽饲养、饮食、大部分农业生产传统知识的创造者和继承者。旧时，并没有明确的组织、规章来约束妇女的行为，促进相关传统知识的创造、发展和传承。但是，正如前文所述，没有明确的、可见的组织形式并非等于她们内部没有组织形式，只不过她们的组织是无形的、看不见的罢了。相反，月湖的妇女在她们自己认可的无形组织形式下创造、相互学习交流、传承各种传统知识。20世纪80年代以前，因为社会发展变迁速度相对缓慢，这种无形的组织形式能够在组织相对散漫、信息交流相对缓慢的情况下维系着，并发挥着民族文化创造、保护与传承的功能。

可是，在现代急剧发展变迁的社会背景下，这种无形的组织形式正在经受着严峻的考验和挑战，这种无形组织形式存在的弊端也越来越明显。集市上各种现成的布料和服装，使一部分年轻妇女认为不必再学习传统的撕麻、绩麻、纺线和织布技术；运用电脑程序设计制作出来的刺绣产品，以低廉的价格充斥旅游市场的现状，使得妇女们依赖传统手工制作的刺绣产品失去了应有的市场竞争力；缺乏高尚品位、追求速成的外来"快餐"式需求，大大限制了妇女刺绣的领域，她们习惯了利用化纤毛线、十字绣手法绣制桌布、盖电视机的布等。这些能够在很短时间内完成的刺绣作品，虽然能够获取部分经济收入，可是与传统的刺绣工艺品相比，几乎谈不上什么艺术价值和文化内涵。

月湖很早就有"月湖妇女之家"这一现代组织，可是这个有着明确组织形式的组织的主要工作是计划生育、宣传、组织妇女活动等方面，传统民族文化保护、传承在月湖妇女之家的工作中，几乎没有任何位置。这就出现了与老年协会类似的问题，即如何在保证妇女组织本身功能和职责的同时，把传统社会中隐形妇女组织的功能整合到现代社会有形的妇女之家中，把民族文化保护、传承的内容有机地融入妇女组织的工作中去。

2. 以刺绣为主的文化传承活动

现实中，无法找到一条具有继承性的道路来完成从隐形妇女组织到有形妇女组织的转变，而只能依据实际情况，把隐形妇女组织具有的功能继承性地整合到现代妇女之家中，而比较有效的办法是把民族文化传承、保护的工作贯穿到现代妇女之家的各项活动中去。2001年，项目组给"月湖妇女之家"一定的资金，用于购买进行刺绣的布料、丝线等原材料，在月湖的妇女中开展了以刺绣为主要内容的传承尝试活动。这一活动没有规定专门的地点，也没有强调特殊的传承模式，更没有固定的"教"与"学"的对象，而是以妇女主任、每个社的两名妇女联络人共11人作为活动的核心成员，每个核心成员发动2～3名年轻人加入到该活动中来。要求参加传承活动的成员完成不同图案的刺绣工艺品，随后把那些可以镶嵌在背篓、女性衣服袖口、领口的绣片拿到市场上出售，赚取的收入中一部分用于维系传承活动的持续发展，一部分用于参与传承活动的妇女的误工补助。

颇为遗憾的是，这个以刺绣传承为切入点，力图启发妇女有意识地把自己掌握的各种技艺和知识教给女儿和身边妇女的活动，最终没能持续下去。不过，该传承尝试活动的失败，传达了这样一些信息：首先，月湖妇女对该活动的热情和支持，说明她们已经意识到撒尼女性拥有的传统知识所面临的危机；她们愿意加入到该活动中来，说明她们已经具备了一定的文化保护、传承自觉意识。其次，就传统知识的传承而言，特别是那些很容易受市场干扰的传统知识的传承，应当充分考虑传统知识在现代市场中具有的竞争力。再次，应当在充分培养传统知识自身免疫力的基础上，逐步走高品位市场化的道路。

虽然以刺绣为切入点的传承活动未能取得成功，但是项目组引导和支持月湖妇女之家的养殖技术培训、民族文化保护知识培训等活动却开展得有声有色。2002年1月，月湖村荣膺"昆明

传统知识发掘

市优秀妇女之家"的光荣称号。

三、月湖民间文艺队的组建

撒尼人喜爱音乐、歌舞是众所周知的事实。民族文化生态村项目进入月湖之前，村民自发组成的"月湖民间艺术团"是最为活跃、也是经常进行舞蹈排练、经常被邀请到别的村庄去演出的文艺队。他们利用农活以外的时间进行歌舞排练，在自娱自乐的基础上不断编排一些新的节目，增强民间文艺队的竞争实力，以便获得更多机会在本村或其他村寨各种大型活动中演出。也正是这种表面上似乎只是"自娱自乐"的活动中，隐藏着撒尼人音乐、舞蹈知识的传承机制。依靠自愿参加文艺队的组织方式，依赖于文艺队队员对音乐舞蹈的兴趣爱好，借助与其他村寨文艺队之间的竞争机制，把民族民间的音乐和歌舞知识不断传承下去，并在传承传统音乐、舞蹈知识的同时，实现形式和部分内容上的创新。这就是对月湖彝族文化生态村音乐、歌舞传统知识传承机制的总结。

鉴于月湖村民间文艺队组建的实际状况，项目组决定通过支持文艺队发展的办法，进一步引导和促进撒尼民间音乐歌舞的传承。一方面，项目组筹集部分资金，购置大三弦、小三弦、月琴等乐器，为文艺队的发展提供音乐器材上的支持；另一方面，有意识地培养对撒尼民间乐器制作具有强烈爱好的村民，让他们向老人学习各种乐器制作的知识和技能；再一方面，把购置的乐器放在公共的地方，由专人管理，鼓励村中对音乐舞蹈感兴趣、苦于没有条件学习的年轻人，充分利用这些器材资源，向老年人学习祖先传承下来的音乐舞蹈。

经过多方积极努力，月湖村出现了前所未有的，几乎可以称得上全民参与的音乐舞蹈热潮。在短短几年的时间里，月湖竟然组建了 8 支民间文艺队，每个文艺队都着力发展自己的特色和优势，以凸现本文艺队在村里所有文艺队中的位置。青年队总是能够跟上时代的脚步，能够和石林县阿诗玛艺术团取得很多交流的机会，学习到一些具有现代气息的撒尼舞蹈，如"饰玛舞"、"洗麻舞"等。老年队则继续排练节奏相对缓慢的小三弦舞蹈，演唱具有浓烈民族特色的库吼调和地名歌，演奏彰显撒尼人深厚音乐底蕴的细乐，表演带有战争和搏斗色彩的叉舞，同时还把一些年轻人不知道的传说故事编成舞蹈，搬上了舞台。中年队则结合自己的实际情况，利用舞蹈形式再现撒尼人生产生活、爱情等各种场景，当然他们也不放弃透着健康气息的大三弦和霸王鞭舞蹈。除了这 8 支有着固定成员、稳定组织的文艺队之外，村子里面还会在春节、三八妇女节等时候，组织由放假回来的小学生组成的少年文艺队，他们表演的节目往往让人耳目一新。

图 35　月湖村老年文艺队

　　撒尼人往往会在新房盖好之后、老人过世、婚礼、新生儿祝米客，甚至春节前吃杀猪饭时，邀请民间文艺队前来表演文艺节目，也正是这一传统，为这些文艺队到别的村寨表演节目创造了机会。他们在提高本文艺队知名度的同时，也能够获得一些经济收入，以支付文艺队的公共开支和队员的误工补助。所以，项目组除了把主要的投入放在音乐舞蹈设备器材的添置上以外，还鼓励、引导文艺队把更多的传统文化以音乐舞蹈的形式再现出来。月湖的文艺队在相互比较，相互竞争的氛围中，根据日常生活、传说故事不断进行音乐舞蹈的创新。也正是这样，才可能出现前文提到的 2005 年正月初二，一个由全部来自月湖村 300 多人组成的文艺队在昆明市政府到小西门街头表演歌舞的景象。

　　月湖的普兆光，是早年月湖民间艺术团的创始人之一，也是月湖宗教文化生态展示区所有木质标牌文字的雕刻者。在过去几年中，他潜心研究各种乐器的制作方法，以及制作乐器所用材料的性能，如今他已成为昆明市具有突出贡献的民间音乐艺人。他制作的大三弦、小三弦、月琴、竹笛、三线胡等撒尼传统乐器，有的销往山西、湖北，有的陈列在云南大学人类学博物馆、日本国立民族学博物馆等地方。因为他制作的乐器质量好、造型佳，还雕刻有撒尼文化特色的图案，所以远近村寨找他订制各种撒尼乐器的人也是络绎不绝。

第三节　月湖村主办的首届民族民间歌舞大赛

1. 大型活动体现的村寨意识、集体意识

　　每年农闲期间、春节前后，撒尼人都会举行大型的摔跤、斗牛或舞蹈比赛活动。活动举行的日期一旦确定，村民便把这个消

息传递出去，不出几天就能达到无人不晓的程度。撒尼人传播消息的速度着实快得惊人，这种惊人的速度背后蕴藏着另外一个重要信息——村民对这些大型活动有着强烈的兴趣，这些大型活动在他们的传统文化中占据着极其重要的地位。实际上，那种用张贴简易海报的方式发布活动消息的行为，是最近几年的产物。一旦确认活动消息后，"明天你去不去看摔跤（或斗牛）"，马上就会成为村民的高频问候语。那些想参加比赛的人，会在选定的日子里为自己或自家的牛报名，想去看比赛、瞧热闹的村民自然会把时间安排妥当。

图36　撒尼人的斗牛活动

　　活动结束后，该村活动举办水平如何，比赛、斗牛精彩与否，就会成为村民津津乐道的话题。某某是当前撒尼人公认的大力士，某某家的牛是当前最勇敢、最具有智慧的"选手"，某某村的某支文艺队排练的舞蹈节目最精彩等，都成了村民茶余饭后的重要谈资。当然，举办活动的村寨所提供的各种设施，活动安排水平也会成为讨论的内容，还会直接影响到该村子的"公共形象"。

过去，举办摔跤的村子不仅要把活动办得精彩，还要负责招待前来比赛，甚至观看比赛的部分观众的食宿，所以，人们可以谈论和评价的内容就更多了。撒尼人传统的摔跤活动，表面上是一个显示力量、娱乐大众的体育活动，实际上是通过摔跤活动，选出勇猛剽悍的大力士，让他把本村所有的邪恶力量镇住，并于摔跤当天带出村外，以保村寨来年平安。所以，在撒尼人举办的摔跤活动中，本村人绝对不会在本村举办的摔跤活动中争冠军，即便本村的选手具有十成赢得胜利的把握，也要故意地、不露痕迹地输给从其他村寨来的选手。

图 37　月湖村的摔跤场

传统摔跤活动最为直接的目的在于：借助外来的力量，把村寨内的所有邪恶力量带走，使村民获得一个安定祥和的生活环境。从一个村寨到全体村民，再到一个为了村寨全体村民福祉的摔跤活动，彰显的是作为一个整体的村寨形象，是村寨全体村民共有的集体意识。为了招待好比赛选手和观看比赛的观众，村民自身的形象，村民提供的服务成了又一个构成村寨"公共形象"的要素，这就需要全体村民在相对统一的标准之下展示自己的形象。在传统社会，村民习得的相对统一的文化因子，是形成统一"公共形象"的基础。

2. 月湖首届民族民间歌舞大赛的举办

除了前文所述的传统摔跤比赛以外，最近一些年，在石林彝族自治县兴起了以村寨为主办单位的民族民间歌舞比赛和斗牛比赛。民间歌舞比赛也被称为文艺会演，主办者可以是村民委员会，也可以是村子里面的民间文艺队，但是，斗牛比赛的主办者一般都是村民委员会。民间歌舞大赛的主办者确定了比赛时间、奖励办法、报名规则之后，以张贴海报或口头发送消息的形式，把这些信息传递出去。远近村寨的民间文艺队得知消息后，便会踊跃前来报名参加比赛。参赛的队伍往往包括领队、协调员、舞蹈演员。他们缴纳了规定的报名费和伙食费后，便获得了参赛资格，如果赢得前三名，还会获得一笔奖金。获奖的文艺队或者把奖金分给参赛的成员，或者留作文艺队公共发展资金。参加斗牛比赛的主角是牛，报名、参赛的一切事物都由牛的主人去打理。近年来，由于斗牛活动的发展，饲养斗牛的热潮也逐渐兴起。

在月湖，常年坚持进行歌舞排练和演出的民间文艺队有8支，可是历史最为悠久的是月湖民间艺术团，这个由老年队、中年队、青年队三个文艺队组成的民间艺术团，其知名度在石林彝族自治县几乎到了家喻户晓的地步。该艺术团表演的节目在很多村寨举办的歌舞大赛上获过奖，他们从来都被参赛选手认为是最强的竞争对手。可是，在石林县其他村寨频繁举办歌舞大赛的热潮中，月湖村却由于种种原因一直没有主办过歌舞比赛。

民族文化生态村项目组进入月湖村后，传统知识发掘整理工作取得了初步成效，并准备完成宗教文化生态展示区的竖牌仪式，当然也是月湖彝族文化生态村正式的挂牌仪式。月湖彝族文化生态村挂牌仪式将在 2002 年 3 月 22 日举行的消息传出去后，月湖民间艺术团的负责人，特别是老年文艺队部分队员率先提出了举办"月湖彝族文化生态村首届民族民间歌舞大赛"的设想。他们说："民族文化生态村项目组把我们生态村的牌子挂了起来，我们想把月湖村的民族民间文化跟上"（张凤进、普兆光、张凤和等村民如是说）。

在项目组看来，月湖民间艺术团提出该设想，说明他们已经具有自觉主办活动的意识，在这一自觉意识的背后，蕴藏着村民保护和传承本民族文化的意识。举办民间歌舞大赛是对过去传统大型活动举办的继承和发展，村民必须在应用传统大型活动举办知识的基础上，结合村寨的实际情况，找到适合月湖民间歌舞大赛举办的组织规则和方法。看上去似乎简单的民间歌舞大赛，涉及如何定位活动的意义和目标，如何分配工作任务，如何最大限度地发挥村民在组织工作中的作用，如何管理资金，如何树立月湖村的公共形象等问题。所以，这是锻炼村民提升自主管理项目能力的绝好机会。基于以上原因，项目组鼓励月湖民间艺术团，争取把这个设想变成现实。

举办这样的大型活动，确定舞蹈比赛场地是头等大事。经过踏勘，月湖民间艺术团的负责人顺利地找到了两个现成的地方：密枝林林间空地、月湖小学操场。可是，在民间艺术团全体成员的民主抉择下，最终否定了这两个现成的选择。就密枝林林间空地而言，虽然能够全面地展示月湖村积淀深厚的宗教文化与生态环境的协调关系，但是茂密的森林可能给治安与防火问题带来困难；在月湖小学操场举办歌舞大赛不会存在上述问题，但是根本不能体现撒尼民族文化的特点。几经商讨，最终选定了距离摔跤场不远的一个湖心小岛作为比赛场地，这里既能展现月湖亮丽的风景，又能体现月湖民族文化特色。

比赛场地确定之后，接着成立了民间歌舞大赛筹备委员会，负责工作的统筹安排。海报张贴、消息发布、对外联络、报名接待、比赛细节解释、舞台搭建、食品采购、路面铺修等工作便紧张有序地展开了。从 2002 年 3 月 20 日起，歌舞大赛的各项准备工作进入了最后攻坚阶段，几乎每天都有 80 人出工，负责铺修从村子到比赛地点的路面，以及搭建比赛的舞台。3 月 29 日，一个漂亮、气派的水上舞台完工了；一座用木头搭建起来的小桥，连接着湖心小岛，成为舞蹈演员入场和出场的水上通道。艺术团的队员们把旧式的木头牛车、金黄的包谷、鲜红的辣椒，以及犁、耙、簸箕、筛箕等生产生活用具布置在舞台四周，以渲染舞台的民族文化氛围。3 月 30 日，月湖首届民族民间歌舞大赛如期顺利举行，来自石林彝族自治县不同村寨的 45 支文艺队、约 1 000 名舞蹈演员、上万名观众参加了这场盛大的比赛。从石林彝族自治县政府、石林镇政府、北大村乡政府来当评委的领导感叹地说，这可是县级以上才能组织起来的规模啊，一个村子的一支民间文艺队就把比赛活动搞得如此盛大，确实出乎意料。

对整个民间歌舞大赛的筹备和举办而言，项目组除了鼓励月湖民间艺术团按照自己的设想大胆开展活动，对活动给予理念上的支持和指导外，几乎没有干预他们的任何工作，更谈不上包揽民族民间歌舞大赛所有的组织、策划工作。项目组成员至今依然记得，当初对民间歌舞大赛最大的"干预"，就是帮助他们写了几张用来散布比赛消息的海报，以及在比赛的头天晚上听取了大赛筹备委员会各项工作筹备情况的介绍。之所以这样做，并不是因为项目组成员懒惰或工作失职，而是遵从项目建设理念，出于对村民选择组织策划措施、方法的充分尊重，当然也是对当地村民所拥有的传统知识的尊重，对这些传统知识所具力量的充分信任。后来歌舞大赛顺利举办的结果正说明了这种对传统知识的尊重的重要性和正确性。

图38　月湖首届民族民间歌舞大赛现场

3. 村民主导的集中体现

月湖传统知识传承机制总结的过程中，项目组成员发现，举办大型集体活动是维系和发展撒尼传统文化的重要途径之一。在诸如摔跤、斗牛等活动中，村民已经总结出了一套成熟的、完整的知识和规则，用于活动的策划、筹备和组织。月湖首届民间歌舞大赛得以成功举办的原因，除了村民积极投身于村寨建设的热情、项目组的鼓励和指导之外，还有村民策划和筹备大型活动的传统知识。歌舞大赛筹备委员会把历史以来在摔跤、斗牛活动中积累的组织策划知识、文化规则应用到新兴的民族民间歌舞比赛活动中，正好体现了民族文化生态村项目组"传统知识传承机制推向现代应用"的运作理念。在此理念的指导下，项目组成员也找到了自己合适的位置——尽力促成村民自主完成建设工作的理想环境。当然，这个理想环境的促成，不是简单地要求项目组成员往后边站，也不是简单要求项目组成员冷静地作壁上观，而是要求项目组成员通过培训、会议的形式，让村民真正明白

"村民主导"的内涵，明白"村民能力建设"的重要性；在此基础上，正确指导，大胆放手，营造一个能够让村民自主发挥创造性的环境。

正是在这样的指导思想下，月湖村民在民间歌舞大赛的举办中真正实现了"村民主导"。首先，在月湖彝族文化生态村建设过程中，艺术团的负责人代表艺术团主动提出举办歌舞大赛的设想，这与"项目组筹划、村民实施"的方式有着截然不同的意义。其次，村民应用自己掌握的传统知识，进行比赛场地的选择、消息的发布、比赛活动的筹划、具体工作的分配等，保证了村民在活动组织过程中的主人翁地位，也使月湖首届民间歌舞大赛保持了"民间"的特点。再次，村民在舞台布置、活动组织中极力展示撒尼文化的特色，体现了他们民族文化主导的自觉意识。最后，村民充分利用民族文化认同的力量，邀请在外工作的本村村民参加活动，以获取资金、智力上的支持。

各新闻媒体对月湖首届民族民间歌舞大赛的报道，以及参赛的45支民间文艺队的宣传，让更多的人知道了月湖彝族文化生态村，也知道了月湖村正在开展的建设工作，也获得了石林彝族自治县各级政府对月湖村的理解和支持。同时，该活动的举办也为村民、学者、政府之间提供了一个交流的平台，使项目建设的三个主体获得一个相互理解、相互支持的环境。

值得一提的是，在此次歌舞大赛中，月湖村民委员会以一个"重要但不强势"的角色出现在活动过程中。首先，村委会领导在舆论和政策上极力支持月湖民间艺术团筹办歌舞大赛；其次，发动并组织年轻力壮的男性村民，组成负责公共安全、秩序维护、野外防火的队伍，以保证歌舞大赛顺利举行；再次，村委会领导及时把比赛筹备的进展状况汇报给北大村乡政府、石林镇政府，为歌舞大赛争取各方面力量的支持。至于民间歌舞大赛的具体事宜，村民委员会从不干涉，大胆放手，让月湖民间艺术团下设的筹备委员会去打理。

月湖民间艺术团组织的民间歌舞大赛，是民族文化生态村项目组"村民主导"理念的成功体现。村民之所以能够在此次活动中拥有主导地位，除了他们自己积极争取主人翁地位的意识以外，还得益于学者和政府对自己应该扮演角色的清醒认识。这一活动的成功举办，再一次说明了正确把握三个项目建设主体各自位置的重要性。

第四节　月湖家庭传习的建设构想

一、月湖传统知识家庭传承的特点

在月湖传统知识传承机制的核心内容中，传统知识的习得过程是一个重要的特点和指标。依赖于家庭教育得以实现的濡化过程以及依赖于社会环境才能完成的社会化过程，是传统知识习得的两个重要步骤。在农村和少数民族村寨，绝大多数人的濡化以及后来的社会化过程，几乎都是在家庭内部实现的。同样的道理，作为社会的个体，其在家庭内部习得的传统知识，要远远超过在家庭之外的收获。所以，传统知识家庭内部传承完全可以算得上传统知识传承机制的核心内容之一，月湖彝族文化生态村传统知识家庭传承的显著特点也足以印证这一理论。

直到如今，月湖的普文林依然经常上山采集野生中草药，根据祖先流传下来的药方给村民治病。他已经过世的父亲和伯父都是医术精湛的老中医，按辈分算来，他是月湖村普姓中医世家的第五代传人。其伯父留下的很多轶事至今仍然为大家广为传颂：他不仅能够做到药到病除，而且一定要等病人痊愈后才收取少量的药费，如果病人家实在太穷困无法支付药费，他就免费给村民治病。这样一来，很多付不起医药费的人家，会想着别的办法来报答自己的救命恩人，比如弄到好吃的食物给他送一些来，农忙季节主动帮他家料理田地里面的活计等。他93岁那年，还只身一人闯了一趟昆明，开车的司机看到胡须银白但精神矍铄的他，连车票都不要他买。后来，他用一味无人能救的中药材结束了自己的生命，至于那味中药是什么一直成为家族后人无法揭开的一个谜团。作为月湖普姓中医世家第五代传人的普文林，不仅继承了祖辈传承下来的中草药知识，还自学了西医的相关知识。他在自家门前开辟了一个园圃，用于移栽野生中草药，他把那些平时不容易找到，或者使用频率较高的野生药材移栽到自家园圃里，平时没事的时候就去除除草，或者教自己的子女识别各种药材。

就乳羊饲养和乳饼制作而言，普跃云是月湖村村民公认的能手和专家之一。他自小就听祖父、父亲讲述到泸西、弥勒放羊的种种经历和传奇故事，懂得了什么样的水、哪些植物有助于提高羊的产奶量；懂得了如何预防羊在野外可能感染的各种疾病；学会了如何处理一些突发事件；除了挤奶、煮奶、点酸水、乳饼成型的技术以外，他还从祖父那里学到了如何在没有现代制冷设备和条件的情况下储藏乳饼，这是他祖辈常年在外牧羊总结出来的传统知识。如今，他不仅继承了祖辈饲养乳羊和乳饼制作的传统技术和知识，还结合一些现代技术，逐步总结新的经验，不断丰富乳羊饲养和乳饼制作的知识和技能。

普兆光的父亲不是以乐器制作为主要谋生手段，但是撒尼人对音乐舞蹈的强烈爱好熏陶了普兆光，如今，他不仅能够熟练制作大三弦、小三弦、月琴、二胡、三线胡、口弦、四种不同音高的竹笛，还把自己雕刻的艺术天分应用在这些乐器上，所以，音色优美的各种乐器上还配备了阿诗玛、阿黑、龙、马、花等雕刻图案。因为他制作的乐器不仅音色纯正，还具有形式上的美感，所以，远近村寨、省外，甚至国外找他定做乐器的人也络绎

图39 月湖村放牧奶羊的人家

不绝，这一点在前文已经有过描述。他的两个儿子也因为喜爱乐器制作，每天给普兆光打下手，如今他们已经具备了独立制作各种撒尼传统乐器的能力了。

除此之外，月湖还有专门打制石猫、石盐臼、石水缸、石碓、石碾子等生产生活用具的毕光华，专门从事各种宗教祭祀活动的毕摩张凤飞，具有丰富捕鱼经验和知识的普绍忠等，这里就不再一一列举了。

前文对传统知识进行界定的论述中，指出只有那些为民族群体绝大部分成员共同认可的文化因子才能够纳入该民族文化的体系。但是，这一观点不等于只有那些为民族群体绝大多数成员创造的文化因子才能够作为该民族文化的要素。正如月湖的每个村民都懂得如何按照撒尼的传统知识来栽种农作物，或者制作诸如腐乳、骨头参、甜白酒等特色饮食，他们也把这些知识和技能作为本民族文化的标志。但是，并不要求每个村民都亲自去制作自己需要的石头水缸、石猫和各种乐器，更无法要求每个村民都

图40　月湖村正在制作月琴的民间艺人

学习中草药知识为自己治病。对于这些相对特殊的知识和技能，村民愿意接受，并利用这些知识创造的成果为自己的生产生活服务就足够了。这也就是一个认同于本民族成员创造出来的成果的过程。作为社会基本组织细胞的家庭，不仅承担着创造和传承特殊传统知识的任务，还承担着应用这些传统知识为本民族发展服务的责任。从这个角度看，这些家庭在创造并保持自己擅长的文化因子的同时，也维系了整个村寨、整个民族的文化基本面貌。村民则通过使用这些家庭创造出来的成果来强化自己对本民族文化的认同感。在这个意义上，家庭内部传统知识的传承可以等同于整个社会的传统知识的传承，也是整个群体民族文化的传承。

图41　月湖村正在打制石器的民间艺人

二、有所为——强化家庭传承、传习的环境

　　家庭内部实现传统知识、传承是月湖村传统文化传承机制中的一个核心内容，而且目前依然在发挥着一些作用。为了培养这种文化传承模式在现代经济浪潮中的免疫力，也为了摸索这种传承模式在现代社会中可能的道路，项目组提出月湖民族文化"家庭传习展示"的建设构想。即在那些具备家庭内部文化传承特点的家庭里，建设传统知识家庭传习展示点，营造一个明确的文化家庭内部传承的环境。为此，项目组在全面摸底的基础上，召开村民大会，商议如何实现家庭传习的事宜，并在村民自愿的原则下，确定了九个家庭作为家庭传习的建设试点：

　　（1）在张凤飞家建设"毕摩之家"，拟建设的内容包括：①用具展示："比子"、"饰子"、经书、罗盘。②宗教祭祀所用植物展示：华山松、云南松、"狗柏"、"鸡吃鸡米"、青冈栗、清香木、尖刀草、青刺尖、麻秆、小楼梯等。③其他宗教用品展示：鸡蛋、盐巴、大米、丝线、红布等。④解说：一年四季月湖村的宗教仪式，毕摩主持的各种活动，相关传说故事。⑤参与式活动：外来人员学习书写彝族文字。

（2）在普跃云家建设"乳饼之家"，拟建设的内容包括：①乳饼制作的用具展示：锅、盆、灶、竹架、桶。②乳饼制作过程展示：挤奶、煮奶、点酸水、乳饼挤压和成型。③参与式活动：喂羊、挤奶、学习和制作乳饼。④解说：养羊世家的故事和传说，饲养食物分类，乳饼制作的传统知识，乳饼的保存知识，乳饼制作工艺的演化知识等。

（3）在潘树华家建设"纺织之家"，拟建设的内容包括：①纺织用具展示：织机、纺线架、绕线架、理经工具等。②纺织成品和半成品展示：火草衣、麻布褂子、火草布、麻布、背篼带、火草线、麻线、羊毛线等。③纺织原材料展示：火草、麻秆、麻、羊毛、白泥等。④羊皮鼓风机的手工制作。⑤参与式活动：学习纺线和织布。⑥解说：获取原材料的传统知识，纺织用具的相关知识介绍。

（4）在毕丽家建设"刺绣之家"，拟建设的内容包括：①服饰展示：七个不同年龄阶段的妇女帽子和包头，男女两性不同阶段的服饰，男性包头，布鞋和草鞋，背小孩的背篼，背包，领带等。②刺绣图案展示：用实物展示撒尼人20余种传统经典刺绣图案。③参与式活动：学习刺绣。④解说：不同图案的刺绣方法。

（5）在普文林家建设"中药之家"，拟建设的内容包括：①中药材的展示：主要限于本地产中药材。②制作中药工具的展示：切药、研药用具。③药园展示：种有数十种中药的园圃。④解说：中医世家传承的历史（其为第五代），部分中药种植及药

传统知识发掘

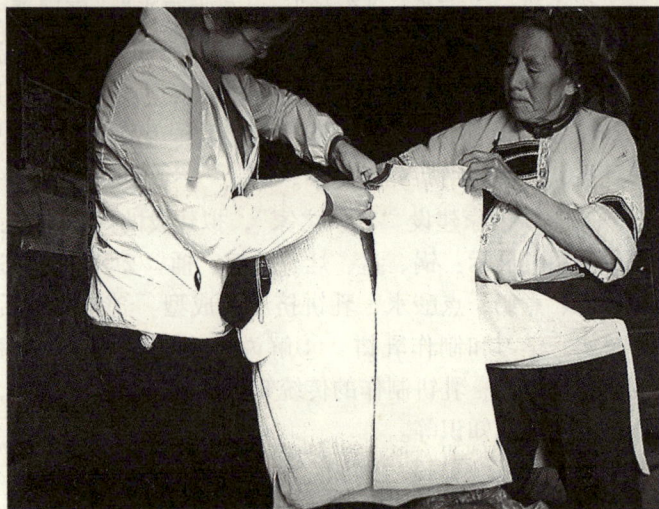

图42 月湖村民的传统服装火草衣

图43 月湖村民用来制作火草衣的火草

性的解释。

（6）在普绍忠家建设"捕鱼之家"，拟建设的内容包括：①捕鱼工具展示：夹网、各种类型的挂网、剿丝网、撒网、罾网、虾网、长关笼、渔叉、黄鳝笼、牛蛙叉、鱼篓、下水鱼笼、船、桨、鱼钩等。②参与式活动：学习捕鱼。③解说：捕鱼世家的传说故事，户主捕鱼的经历和故事，捕鱼的传统知识等。

（7）在毕光华家建设"石器之家"，拟建设的内容包括：①石器展示：小石虎、石观音、石阿诗玛、石小狗、盐臼、磨（两种类型）、碓（脚碓和手碓）、石水缸、猪食槽。②参与式活动：磨和碓的使用，学习简单石器制作。③解说：小石虎，小石狗的文化意义，各种石器的用法。

（8）在普兆光家中建设"乐器之家"，拟建设的内容包括：①撒尼乐器展示：大三弦（近百年历史）、小三弦（近五十年历史）、三线胡（大、中、小三种类型）、二胡、月琴（大、小两种）、笛子（闷笛、高音、中音等四种）、口弦、树叶（三种可以吹奏曲调的叶子）、鼓（两种）、钹、镲、唢呐、过山号、狮子面具等。②农耕及生活用具展示：牛车全套、犁（四种）、耙、刀（两种）、撒秧用具（三种）、稻谷掼槽、吊包谷的木头滑轮、牛皮索子、木桶、揉面木盆、锅盖、绕草架、碓、石水缸、石磨等。③茅草房子：茅草房、茅草房建盖的原材料和工具展示。④参与式活动：参与乐器制作和演奏。⑤解说：乐器的传说故事，乐器制作的传统知识，茅草房建造的传统知识，农耕用具传统知识。

（9）在张兰芬、高文英、姜子英三家建设"饮食之家"，拟建设的内容包括：①各式腌菜展示：卤腐、酸腌菜、骨头参、猪血旺、豆豉果、野蒜、蒜薹、萝卜条、萝卜酸菜、酱、腊肉。②甜白酒的制作。③解说。④参与式活动：品尝和学习制作。

三、家庭传习展示构想的工作步骤

月湖家庭传习试点建设的工作步骤如下：

（1）前期调查：在前期传统知识发掘整理的过程中，有意识地发现具有家庭内部传承特点的案例，进行分析、对比、总结，归纳出家庭内部传承的规律和特点，找出具有典型特点的家庭，作为家庭内部传承、示范对象。

（2）村民会议：召开村民会议，提出项目组关于家庭传习的建设构想，请有该愿望、能力和热情的家庭到项目组成员处报名。

（3）户主会议：召集在村民会议上确定的9个家庭传习建设示范户主，进一步解释家庭传习的构想、意义；同时，通过民主推选的方式，确定两名户主（一男一女）组成月湖彝族文化生态村家庭传习示范领导小组。

（4）逐户踩点：对9个示范户的基本状况进行详细了解和记录，内容包括传习示范的名称、户主姓名、传习主题、可展示的内容、可采取的展示方式等。

（5）听取户主建设构想：在逐户踩点的基础上，请户主站在他自己的立场上，根据自己的实际情况，提出他们的建设思路。

（6）共同商议经费预算：结合项目组的设想、户主自己的建设思路，一同商议可能涉及的经费预算。

（7）签订建设协议：由户主、石林彝族自治县民族宗教事务局、云南民族文化生态项目组一起签订建设协议，明确各方具有的权利和应该承担的义务。协议内容包括石林彝族自治县民族宗教事务局和民族文化生态村项目组负责筹措资金，协助"传习示范之家"的建设；传习示范之家负责各项具体建设内容的实施；传习之家建设取得的成果由三方共同享有，由传习之家户主管理和使用，建设成果和使用权的变动须取得三方一致认可；传习之家的所有建设工作都必须在规定的时间内完成，协议从签订日期起生效。

（8）实施：完成家庭传习示范的建设；示范的试运行；示范运行中总结经验和教训。

（9）完善：不断完善家庭传习示范；总结可推广的模式。

第五节　其他试点村传统知识总结成果的应用

在民族文化生态村项目选定的几个试点中，月湖彝族文化生态村的建设目标在于发掘和整理村民的传统知识，从传统知识传承中总结月湖传统民族文化传承的途径和规律，也就是前文所说的传承机制。在此基础上，试着通过项目活动的开展，力图探索出新型的民族文化传承机制，以解决当前民族文化保护、传承面临的问题。正如前文所述，这一建设目标并不等于在月湖彝族文化生态村纯粹进行民族文化传承机制的理论总结，也不等于其他试点村就不关注传统知识的传承机制。相反，项目组要求各试点村的工作人员，始终把民族文化放在一个重要的位置，始终把村民传统知识作为解决问题的首选智囊源，始终坚持总结试点村民族文化传承的机制，并把这些知识运用到建设过程中。后文即将阐述的内容，就是月湖彝族文化生态村以外的几个试点村，对传统知识以及传统知识传承机制应用的案例。

一、民族文化展示和传习的实践

创建展示民族文化的场馆，创造传习民族文化的环境，是民族文化生态村项目用于培养村民文化自豪感、文化自觉意识的两大法宝。巴卡基诺族博物馆、和顺弯楼子民居博物馆、南碱傣族文化生态村传习馆的建设，以及月湖村家庭传习建设的构想等，都是为了不断培养村民对本民族文化的自信心和自觉保护、传承本民族文化的意识和行动。

2001 年 6 月 6 日，也就是基诺族被国务院承认为单一民族 22 周年的日子，在巴卡基诺族文化生态村建设的基诺族博物馆迎来了隆重的开馆庆典。"博物馆建筑按传统长房式样而建，为干栏式木楼，……6 个展室的展示内容分别为'村寨民居'、'采集狩猎'、'刀耕火种'、'纺织服饰'、'歌舞艺术'、'宗教习俗'，较全面地表现了基诺族文化的面貌"①。"该馆的建立，作为基诺族文化保护、传承和展示的中心，作为西双版纳、云南乃至中国第一座单一民族的乡村博物馆，业已产生了很大的影响，发挥了积极的示范作用。"② 基诺族博物馆的建设，基本的目标在于展示基诺族独特的文化，为其他民族文化的展示提供示范和借鉴。但是，博物馆建设过程本身具有的意义又不仅仅在于此。第一，博物馆的建设蕴涵了基诺族老人对本民族文化未来前景的担忧。第二，按照基诺族传统长房的式样来建设博物馆，体现了项目组把村民传统知识作为解决问题首选智囊源的工作思路。第三，村民对博物馆选址、博物馆建设过程的参与，在不断

---

① 尹绍亭：《建设基诺族博物馆》，载尹绍亭主编《民族文化生态村——云南试点报告》，第 41 页，云南民族出版社，2002 年 12 月。

② 尹绍亭：《建设基诺族博物馆》，载尹绍亭主编《民族文化生态村——云南试点报告》，第 41 页，云南民族出版社，2002 年 12 月。

培养村民主导意识的同时，促使村民逐渐放弃改革开放 30 余年来形成的"等、靠、要"惰性思想。第四，博物馆的建设，在国际基金会、国外友人、学者、西双版纳州各级人民政府、村民等主体之间，建立起了相对融洽的协作关系。第五，继博物馆建成之后，项目组指导村民，通过选举的方式组建了管理委员会，并培训了一批基诺族本族的接待和讲解人员。这是放手让村民自己管理项目的尝试，也是项目可持续管理和可持续发展的必由之路。

建设基诺族博物馆的主要目的在于展示基诺族独特的民族文化，而和顺弯楼子民居博物馆的建设，除了展示和顺独具特色的民居建筑以外，还力图对和顺民居进行有效保护和科学开发利用。具有"用料讲究、设计合理、布局紧凑、工艺精良、色调素雅、装饰含蓄"[①] 特点的和顺民居，"晚清和民国初期建的许多民居建筑构件雕刻、装饰、匾联，在'文化大革命'的浩劫中遭到劫难。在改革开放的今天，部分民居建筑又受到不同程度的破坏和面临被拆除的厄运，有的被改头换面，失去了原有的韵味"[②]。种种事实和迹象表明，对和顺具有代表性的民居进行保护已经是刻不容缓的事情了。通过民居测绘、民居建筑传统知识调研等活动，项目组选定了和顺十字路村大石巷弯楼子作为"和顺民居文化博物馆"的建设地点。经过两个月的艰苦奋战，和顺弯楼子民居博物馆终于建成并正式开馆。到 2001 年底，和顺民居文化博物馆已经"接待了大量的中外参观者，产生了良

---

①　云南民族文化生态村项目组：《创建和顺民居博物馆》，载尹绍亭主编《民族文化生态村——云南试点报告》，第 162 页，云南民族出版社，2002 年 12 月。

②　云南民族文化生态村项目组：《创建和顺民居博物馆》，载尹绍亭主编《民族文化生态村——云南试点报告》，第 162 页，云南民族出版社，2002 年 12 月。

好的影响，为提高民众文化遗产保护意识发挥了重要作用"①。

南碱傣族文化生态村前期建设中，项目组成员发现"村民的文化传习活动多处于个人层次和家庭规模水平之上"，"随着广播、电视、电话等通信和影视产品的普遍使用，村民在一起聊天的时间少了，聚集在一起纺织、刺绣、歌舞、娱乐的场面消失了"②。南碱村文化传承活动从公众领域退缩到家户领域的现实状况，导致村民失去了相互交流的机会和场所，这样的文化传承方式，除了逐渐消磨文化因子的生命力以外，似乎没有其他好处。为此，项目组与当地村民、政府官员协商，决定建设花腰傣文化传习馆，以期能够创造一个新型的服务于村民文化传承活动的公共领域。2003 年 10 月 2 日，筹建了一年多的花腰傣文化传习馆终于迎来了隆重的开馆庆典仪式。这个占地 260 平方米的传习馆，展示了新平县花腰傣生活的生态环境、花腰傣服饰及其制作用具、渔猎、歌舞游戏、仪式信仰等内容。与基诺族博物馆、和顺弯楼子民居博物馆的建设相比，南碱傣族文化传习馆在以下方面取得了显著的突破。首先，传习馆的建设力图为村民文化传承、日常交流提供一个公共领域，而非一个纯粹花腰傣文化展示的场所。有外人来参观的时候，传习馆肩负着文化展示的功能，其他时候，传习馆是村民聚会闲聊、民歌小调对唱、乐器演练的场所。其次，村民完全主导了传习馆场馆的建设。花腰傣文化传习馆按照村民传统土掌房式样建造，所需的土基、木料、竹笆都由村民提供，场馆建设完全由村民投工投劳完成。这是村民从参与建设到主导建设的一次有益尝试。再次，就场馆建设投入的资

---

① 云南民族文化生态村项目组：《创建和顺民居博物馆》，载尹绍亭主编《民族文化生态村——云南试点报告》，第 164 页，云南民族出版社，2002 年 12 月。

② 云南大学人类学博物馆、云南民族文化生态村项目组编：《"云南民族文化生态村项目"简报》（项目第三期·7），2003 年 10 月 23 日。

金而言，完全具备可推广性。这种利用本地材料、发挥当地村民传统知识优势的做法，不仅可以节省资金，还能够保证建设场馆对气候条件的适应性，当然也具备在类似项目建设中推广的条件和优势。最后，传习馆展示本村村民物质文化遗产的做法，大大提升了村民的文化自豪感，拉近了村民与传习馆之间的距离，使传习馆成为村民生活中不可缺少的一部分，也成了村民新形势下文化传承活动的一个重要链条。

作为项目组摸索民族文化保护与旅游协调发展道路的仙人洞彝族文化生态村，村民在依靠旅游发展经济的过程中，最终清醒地意识到，民族文化是支持经济发展、提升村民生活质量的最主要动力和源泉。除了利用展示本民族文化的办法吸引游客之外，还必须保证本民族文化不断发展的活力，才能保证民族文化成为村民经济发展永不衰竭的动力。为此，村民主动提出建设仙人洞文化传习馆的设想，希望项目组为他们设计传习馆建设方案，但是具体建设和资金都由村民自己负责解决。于是，"三年来专家组经过多次调研、讨论，先后提出三个方案供村民选择。……2004年7月28日至7月30日，项目组成员施红赴仙人洞彝族文化生态村，……最终完成了传习馆的建设方案。课题组和村民都希望把该传习馆建设成集文化展示、文化传习、露天歌舞表演、会议和休闲为一体的场所，以承担对外展示、对内保护和传承民族文化的功能"[①]。

从基诺族博物馆的建设到仙人洞彝族文化生态村村民要求建设撒尼文化传习馆，是一个专家学者从部分主导到纯粹指导、村民从参与建设到主导建设的过程。村民主导建设、主动要求建设并自己寻求资金支持的结果，仅仅依靠项目组成员对村民的培训

---

① 云南大学人类学博物馆、云南民族文化生态村项目组编：《"云南民族文化生态村项目"简报》（项目第三期·14），2004年8月15日。

是不够的，而是在探索民族文化传承道路的实践中，不断总结经验，不断创新的结果。

二、各试点村大型活动的举办

2001年底，"民族文化生态村"这一概念已经形成了近4个年头。项目组成员通过召开村民会议，开展项目理念培训，深入调研村民传统知识等活动，使民族文化生态村保护、传承民族文化的宗旨逐渐深入人心，也唤醒了各试点村村民的文化保护自觉意识。各试点村村民主动提出举办活动，弘扬本民族传统文化的举动，正是体现这种文化保护自觉意识的一个方面。

在月湖民间艺术团提出举办首届民间歌舞大赛设想之后不久，玉溪市新平县腰街镇和南碱村民小组的主要负责人也主动来到昆明，与项目组成员一起商讨在南碱傣族文化生态村举办"四月节"的具体方案。2002年5月21日以前，分批抵达南碱的项目组成员，与腰街镇政府、南碱村民小组一起组建了"四月节"工作班子，并"按职能把工作班子分成策划组、秘书组、展演比赛组、接待组、后勤组、财会组、保卫组等"[1]。这个包括"祭龙"、舞蹈表演、花腰傣服装展演、传统武术表演、竹筏漂流比赛的节日，吸引了大批的记者和游客，也引来了附近村寨的村民，整个南碱村内人头攒动，热闹非常。除了这些节日议程之外，最引人注目的莫过于摆小吃摊的村民了，他们提供的狗肉汤锅、风味面条、特色米线、江鱼等，颇受游客的欢迎，很多小吃摊老板也都狠赚了一笔。朱映占在《举办文化传承活动"四

---

[1] 朱映占：《举办文化传承活动"四月节"》，载尹绍亭主编《民族文化生态村——云南试点报告》，第245页，云南民族出版社，2002年12月。

月节"》一文中，提出文化滞后与经济发展超前之间的矛盾，以及"经济发展后，文化的构建就可能存在多种选择"① 的忧虑。在笔者看来，他的这种忧虑主要来源于当前某些人"文化搭台、经济唱戏"的惯常做法，在这一理念的指导下，经济发展是唯一的目的和动力，所谓文化的展演、文化的保护都是为经济发展服务的。在现实中，这一行为的真正目的还够不上发展经济，而只给某一部分人提供一个赚钱的机会而已。可是，民族文化生态村项目组所做的工作不一样，项目强调的是民族文化的保护和传承，而摆小吃摊这样的经济行为是处于从属地位的。正如石林彝族自治县各种大型活动的举办一样，小吃摊也是极其显眼的一个角色，但是，小吃摊往往成为参与活动的村民聚会闲聊、交流情感的地方。在这个层面上，把小吃摊看成这些大型文化传承活动中不可分割的部分也未尝不可。另外，面对熙熙攘攘的游客，村民也已明了吸引游客的真正动力在于他们祖辈创造的传统文化，而不是小吃摊上的各种美食。后来南碱傣族文化生态村的良性发展，也给这一观点的检验提供了有力的论据。

2001 年 6 月 6 日，基诺族博物馆建成正式开馆，为巴卡基诺族文化生态村的全面建设擂响了战鼓。如何在基诺族博物馆开馆热潮的带领和引导下，真正唤醒村民的文化自觉意识，成了项目组特别关注的问题。"在尊重村民想法的基础上，项目组又同基诺族文化精英和基诺族研究专家进行交流，……首先从有形的、可见的文化入手，促使村民对本民族文化的自觉意识和对本民族文化价值的再认识，进而引导村民深入到对无形的、不可见

① 朱映占：《举办文化传承活动"四月节"》，载尹绍亭主编《民族文化生态村——云南试点报告》，第 247 页，云南民族出版社，2002 年 12 月。

的文化的重视和保护。"① 这一过程所导向的最终结果就是2002年3月8日举办基诺族"纺织刺绣能手大赛"。来自于"基诺族乡45个寨子中的31个寨子,共有183人"② 参加了比赛,从省、州、市来的官员、学者、记者、游客也前来参加活动。大赛把依靠妇女传承的纺织刺绣知识作为活动的主旋律,那些在基诺族日常生活中显得平淡无奇的刺绣图案、纺织技能,登上了一个接受外人艳羡目光的舞台,极大地鼓舞了基诺族妇女对自己拥有的知识技能的自信心。这是民族文化生态村项目组在试点村开展的第一个纯粹以妇女掌握的传统知识为中心内容的文化传承活动,具有开创性意义。该活动让基诺族妇女和其他试点村前来观摩比赛的妇女代表认识到,女性掌握的传统知识同样是传统民族文化中不可或缺的内容。大赛之后,月湖彝族文化生态村的妇女积极参与撒尼刺绣传承活动,南碱傣族文化生态村兴起传统服饰制作热潮等,都对此次大赛作出了积极的响应。

在巴卡基诺族文化生态村举办的纺织刺绣能手大赛,是项目组尝试着恰当引导村民开展的文化传承活动;在南碱傣族文化生态村举办的"四月节"活动,则体现了当地政府和村民的善良愿望;在月湖彝族文化生态村举办的首届民间歌舞大赛,不仅体现了村民对民族文化保护和传承的愿望,还集中体现了"村民主导、学者指导、政府倡导"的项目建设理念;而仙人洞彝族文化生态村举办的"农民赛装会",不仅体现村民的意愿和主导意识,还体现了项目理念中的"创新性"原则,即"农民赛装会"的举办,不是传统文化活动的恢复,也不是其他民族文化或本民族其他地方文化传承活动的简单移植,而是村民自己创造

---

① 朱映占:《纺织刺绣能手大赛》,载尹绍亭主编《民族文化生态村——云南试点报告》,第65页,云南民族出版社,2002年12月。

② 朱映占:《纺织刺绣能手大赛》,载尹绍亭主编《民族文化生态村——云南试点报告》,第65页,云南民族出版社,2002年12月。

的一项新兴文化活动。"赛装会系专家、当地干部和村民所创，其目的在于以服装的展演促进传统服饰的传承，也是该区不同民族的联欢活动。……2000 年 5 月，包括联合国教科文组织官员在内的众多专家、学者、游人参加了赛装会，来自不同村寨的苗族、彝族、壮族、撒尼人和僰人以歌舞的形式展演他们的民族服装，赢得了所有来宾的赞赏，显示了赛装会这一新兴节日的活力和魅力。"① 与政府主办的新兴节日旅游节、荷花节、辣椒节相比，村民自创的农民赛装会具有更加浓烈的乡土气息，也不是直接以发展旅游经济为目的的节日。赛装会为当地不同民族展示自己的服饰文化提供了一个理想的场所，这个场所不属于政府，也不属于外来游客，而是属于当地村民。仙人洞彝族文化生态村在延续传统祭龙节、花脸节、火把节、密枝节的基础上，创造了新型的、集歌舞表演和服饰展演为一体的赛装会，这就是传统民族文化传承机制在新形势下的发展和创新。

三、试点村组织作用的发挥

在试点村传统知识传承机制总结中，提出组织形式为传统文化传承提供了保障的观点，也分析了可见组织、隐形组织的存在形式和作用。把这一传承机制的理论应用到新形势下文化保护、传承的实践中，项目组充分发挥原有组织形式的力量和作用，或者把传统文化保护、传承的任务和目标整合到新兴组织中去。如巴卡基诺族文化生态村的建设实践中，作为基诺族文化精英的老年人组织，成为建设决策和项目实施监督的中坚力量；月湖彝族文化生态村文化保护、传承活动中，负责每年宗教祭祀活动的密

① 李继群：《节日歌舞传承》，载尹绍亭主编《民族文化生态村——云南试点报告》，第 65 页，云南民族出版社，2002 年 12 月。

枝祭祀执事团、山神祭祀小组，在传承宗教祭祀活动相关知识的同时，不断维系和巩固着村民的信仰体系。与此同时，项目组引导月湖老年协会，让老年人逐渐承担部分文化生态村的建设和管理工作，把月湖撒尼文化保护、传承的任务整合到新成立的老年协会中，使月湖老年协会的工作内容和性质实现了质的突破；在巴卡基诺族文化生态村，项目组充分发挥民兵组织的纪律、管理机制优势，发动民兵组织成员广泛参与、带头参与村寨的建设工作；至于所有试点村都存在的妇女组织，在项目组的培训和积极引导下，很快就成为文化传承活动的积极参与者和组织者。

把组织形式引进民族文化传承活动中，不仅扩充了参与文化传承活动的人员数量，还丰富了文化传承活动的组织形式，丰富了活动组织的知识体系，当然也有利于新形势下民族文化传承机制的继承和发展。

如果说前文所述的各种组织形式，目的在于服务于民族文化的保护和传承活动的话，那么，文化生态村管理委员会的成立，其目的主要在于实现文化生态村项目的可持续管理和可持续发展。成立文化生态村管理委员会，让管委会在项目建设过程中不断磨炼自己的能力，以便在项目组撤出后继续维系项目的运作和发展。在巴卡基诺族文化生态村，项目组成员"召开村民会议，选举产生了'巴卡文化生态村管理委员会'。管委会由9人组成（其中巴卡村民代表5人，乡政府领导和文化站4人），负责文化生态村的管理和建设工作"①。在仙人洞彝族文化生态村，项目组"为协调、组织各方面的力量，1999年10月成立了由专家组、基层官员、村民代表三个方面的人员组成的仙人洞彝族文化

① 罗钰：《巴卡基诺族文化生态村项目报告》，载尹绍亭主编《民族文化生态村——云南试点报告》，第38页，云南民族出版社，2002年12月。

生态村管理委员会和建设项目组"①。其他试点村虽然没有明确提出文化生态村管理委员会，但是也组建了由专家、基层领导、村民代表组成的课题组。试点村的管委会和课题组，给文化生态村后期可持续管理和可持续发展带来了曙光。

四、试点村传统知识总结成果应用的可推广性

民族文化生态村项目选择试点进行建设，终极目标并不仅仅在于单纯保护和传承该村的传统民族文化，使该村的传统民族文化获得一个健康发展的环境，而是力图把试点村建设成为民族文化保护、传承的精品示范村，而且必须是可以推广的示范村。很显然，注入巨额资金、政府或学者主导、村民袖手旁观的建设项目，无法具备推广的条件，当然也成不了示范项目，民族文化生态村项目的几个试点都不属于此列。同时，示范也不等于能够被简单地模仿和复制，应用同样的方法去保护、传承不同民族的传统文化，不仅与民族文化多样性的特点相悖，而且也不会有任何理想的结果。所以，必须从实践的角度出发，讨论民族文化生态村项目试点村的示范意义和可推广性，才具有现实意义。

首先，从项目受益群体的文化入手，总结蕴涵在传统知识背后的文化传承机制的思路和做法是可以推广的。民族文化生态村项目把月湖彝族文化生态村作为传统知识发掘整理、民族文化保护、传承机制总结的对象，但是不等于其他的试点村就不关注传统知识的发掘与整理。从前文的论述可以看出，月湖彝族文化生态村应用传统文化传承机制开展文化传承活动的同时，其他试点

---

① 王国祥（孟翔）：《仙人洞彝族文化生态村项目报告》，载尹绍亭主编《民族文化生态村——云南试点报告》，第 83 页，云南民族出版社，2002 年 12 月。

村也没有停止过文化传承活动的举办，而且在内容、形式、组织机构等方面各有千秋，尽显本民族文化的特点。

其次，从几个试点村总结出来的传承机制形式是可供借鉴和推广的。虽然前文强调从项目受益群体的文化入手，总结该民族文化的传承机制。但是，民族文化生态村项目组总结和摸索出来的文化传承机制形式是可供借鉴的。如创造家庭内部传习的环境，建设文化传习馆为村民文化交流提供场地，把文化传承的任务整合到新兴组织形式中去，举办大型活动提升村民的文化自信心和自豪感，组建民族文化生态村管理委员会为可持续管理铺垫基础等，都是很好的文化传承机制形式。拟开展文化保护、传承项目的村寨，可以借鉴以上做法，把项目受益群体的文化内容整合到这些形式中，以获取理想的文化保护、传承效果。

最后，结合不同民族文化的特点，创新文化传承机制的思路是可以推广。从传统知识中总结出来的文化传承机制，是一个民族的文化得以延续的关键所在。但是这些传统民族文化的传承机制适应的时代已经发生了变化，如果简单借用这些传承机制服务于现代背景下的民族文化传承，必然会导致药不对症的结果。在总结民族文化传承机制的基础上，理性分析当前民族文化面临的问题，摒弃传统文化传承机制中不适应时代发展的成分，注入新鲜的血液，形成新型的民族文化传承机制，最终实现了民族文化传承机制的创新。这一思路不仅是传承机制创新的思路；也是民族文化生态村不断摸索、勤于实践的指导思想。

第四章 结 语

　　作为本书的结语部分，笔者不想再浪费笔墨去总结和升华前文所述的诸种理论和理念；所谓传统知识发掘与整理所体现的人类学研究方法；传统知识的运用所体现的村民、政府、学者之间的相互协作关系；传统知识是文化生态村建设工作开展的智囊源；传统知识是培养村民文化自觉意识的根本；民族文化传承机制创新是项目可持续发展的基础等理论，与民族文化生态村项目试点村建设的具体工作相比，相反显得有些苍白和无力。于这样一个需要理论指导、学者指导和协助、村民主导、政府倡导的实践项目而言，开展具体、可行、有效的工作，并从这些实践中吸取经验和教训，让成功的经验和失败的教训服务于民族文化的保护与传承，才是本项目的意义所在。

　　本书拿月湖彝族文化生态村的传统知识发掘整理开刀，试图说明传统知识与民族文化生态村项目建设之间的相互关系。想必读者也很想知道月湖彝族文化生态村的现状如何，那些传统知识发掘整理工作所产生的作用和影响是否依然生效。在本书的结语部分，笔者就试着回答这两个问题。

一、项目组撤出后的月湖彝族文化生态村

　　2003 年底，民族文化生态村项目在月湖村的具体建设工作暂时告一段落，进入经验总结、建设理念提升的阶段，这就意味着美国福特基金会不再投入资金进行文化生态村的建设工作。然而，月湖村的群众和领导干部已经开始尝试着去争取各方力量来

建设自己的家园。"2004年2月9日，月湖村的支书、村委会主任、副主任一行3人特地从月湖来到昆明，与项目组的专家学者就月湖彝族文化生态村建设工作进行交流和讨论，在讨论会上，他们介绍了自己对月湖村的一些构想和县长考察月湖的情况……"① 同时，月湖老年协会的负责人几次前来昆明，和民族文化生态村项目组成员一起商讨月湖后续建设的事情。在此基础上，月湖老年协会根据自己的设想，撰写了月湖彝族文化生态村进一步发展的项目建议书，呈交给石林彝族自治县民族宗教事务局、石林彝族自治县文物保护办等部门，积极争取继续建设的机会和资金。因为资金的原因，项目组已经无法把月湖村民委员会、老年协会自发提出的优秀建设构想付诸实施，只能继续给予他们建设理念和思路的指导，鼓励他们多方寻求资金和政策上的支持，以完成自己的建设构想。

在他们的积极争取下，石林彝族自治县相关部门积极筹措资金，在月湖村的密枝林入口处竖起了雕刻有彝族文化图案的大门，在祖灵山的石头上雕刻了反映彝族历史传说和生产生活文化的图案。但这两项工作的开展，月湖村民都没能够获得参与建设的机会，月湖村民直到看见密枝林大门竖起来，听到祖灵山上轰鸣的机器声才知道有事情发生了。这两项工作有很多值得商榷的地方，首先，在宗教文化生态展示区的自然状态中，加入人为痕迹很重的大门、机器雕刻的图案，是否合适？其次，就算这项建设工作合乎时宜，那么放着村里的木工师傅、石匠不用，聘请外来师傅的操作方法是否合适？再次，缺乏参与建设机会的村民，到底能够在多大程度上认可这两个外来的文化因子呢？其他的各种可能，这里就不再一一列举了。

---

① 云南大学人类学博物馆、云南民族文化生态村项目组编：《"民族文化生态村项目"简报》（项目第三期·9），2004年2月11日。

从上面的分析来看，似乎可以得到诸如缺乏村民参与、文化包办、文化代理、文化移植等可能的猜测和结论。但是，如果仅仅纠缠这些貌似结论的内容，而放弃对导致这些结论的原因进行考察的话，就可能犯舍本逐末之错了。因为这是月湖村民委员会、月湖老年协会积极努力争取来的建设项目，是石林县人民政府对村民努力给予充分肯定的结果。而支持村民积极争取力量继续建设月湖的真正动力，是村民想继续建设家园的愿望，是村民已经萌发的民族文化自觉意识。

然而，月湖彝族文化生态村不像仙人洞彝族文化生态村那样，走上了旅游与民族文化协调发展的道路；也不像南碱傣族文化生态村一样，项目建设成了构建和谐新农村的中坚力量；也不像基诺族文化生态村一样，可以看见一个标志基诺族文化传统的基诺族博物馆。当年月湖民间艺术团组织首届民间歌舞大赛的地方，只有那湖心小岛不畏风雨，依然挺立如初；当年村民参与修筑宗教文化生态展示区道路的热烈氛围，都已经化为平静，融入静谧的山林之中；月湖6位退休老教师和项目组工作成员跑遍村庄的身影和脚步，只能在那本出版的村寨调查报告里面细细寻味了；宗教文化生态展示区里的木质标牌，也因为风吹日晒雨淋，变得残破不堪，平添了几分沧桑。昔日项目建设的热潮，也已经融入村民宁静的日常生活中了。

项目组撤出月湖彝族文化生态村后，村民数次找项目组商议村寨后续建设事宜，四处寻找资金支持，尝试着自主撰写村寨建设项目建议书，村民在家庭内部自觉自主传承传统知识，民间文艺队依然利用农闲时间坚持舞蹈排练和创作，参加2005年昆明市春节文艺会演的月湖人方阵依然骄傲地打起"月湖彝族文化生态村"的旗号……在村民为继续村寨建设的各种努力面前，以上那些表面现象所具有的力量显得有些苍白。

2005年，由石林彝族自治县人民政府办公室牵头，启动了名为"石林彝族自治县阿诗玛民族文化旅游生态村"建设项目，该项目一共提出了7个村子作为第一批建设试点。其中，月湖村也被列入项目继续建设，命名为"石林县月湖阿诗玛民族文化旅游生态村"。石林彝族自治县人民政府的这一举措，是对月湖村积淀深厚的文化资源的肯定，是对项目组在月湖村开展的工作的肯定，也是对项目组撤出后村民持续努力的肯定。

二、石林彝族自治县政府关于民族文化的举措

2003年6月21日至22日，由云南大学人文学院人类学系、民族文化生态村项目主办的"民族文化生态村项目暨地域文化建设论坛"在云南大学科学馆召开，来自云南省文化厅、云南省民委、云南省人大、民革云南省委、云南大学、云南民族大学、云南省社会科学院、红河州、西双版纳州、玉溪市新平县、民族文化生态村项目5个试点村的代表等参加了这个论坛。这是云南民族文化生态村项目实施以来的第二次盛会。由于"SARS"的影响，项目组本打算小范围内召开会议，可是没有想到竟有百余人踊跃报名参加，项目组只有扩大会议规模以适应新的需求。"会议使项目组收获了大量宝贵的建议和信息，为政府官员、村民代表、专家学者提供了直接对话的平台，有力地宣传了民族文化保护及持续发展的理念。……与会者一致认为必须加强村民的能力建设，必须发展经济、消除贫困，必须与小康社会的建设目标相结合，并且要努力构建和实现'政府领导、专家指导、村民主导'运作机制。"[①] 会议取得的巨大成功，说明民族文化生态村项目过去5年内的实践道路以及取得的成绩，已经获得社会

---

① 尹绍亭主编：《云南民族文化生态村暨地域文化建设论坛》前言，2003年9月，云南民族印刷厂印刷。

各界的广泛认可。

在民族文化生态村第二次盛会举办的前后，项目组专家学者也频繁地被邀请到各地指导项目建设，如"2002年9月、10月，应有关方面的邀请，尹绍亭、杨德鋆、罗钰、杨兆麟、杨大禹、陈学礼几位专家分三批赴迪庆州香格里拉县霞给民俗文化生态村指导工作……"[①]"尹绍亭教授应邀到宁蒗县"、"杨红卫副书记邀请王国祥（孟翔）等项目组成员到弥勒县参观"[②]。云南民族文化生态村项目的建设理念和工作方法也随之不断传播出去。随后几年内，"民族文化生态村"、"民俗村"、"生态村"、"民族文化生态旅游村"、"民族文化旅游生态村"、"文化生态村"、"民俗文化村"等名称在云南各地被广泛地使用起来。云南各地政府、村寨、旅游局、民族文化开发公司等，都开始尝试着应用民族文化生态村项目的理念开展民族文化保护、传承工作。

2005年，根据石林彝族自治县人民政府办公室拟定的"阿诗玛民族文化旅游生态村入选条件"[③]，指出"建村历史悠久、民族文化特征单一、民族文化习俗保存完整、特殊的自然生态景观、一批文化传承人、在旅游专线公路沿线"等为该项目试点村的入选条件。在此标准下遴选出了石林镇月湖村、石林镇大老挖村、圭山镇大糯黑村、长湖镇海宜村、长湖镇维则村、长湖镇蓑衣山村、鹿阜镇上蒲草村7个村子作为项目建设的试点。并根

---

① 云南民族文化生态村项目组、云南大学人文学院人类学系编：《"云南民族文化生态村项目"简报》（项目第三期·1），2002年11月30日。

② 云南民族文化生态村项目组、云南大学人文学院人类学系编：《"云南民族文化生态村项目"简报》（项目第三期·6），2003年8月13日。

③ 石林彝族自治县阿诗玛民族文化旅游生态试点村建设点工作领导小组办公室编：《石林彝族自治县阿诗玛民族文化旅游生态试点村建设方案》，第10页。

据村寨的不同情况，把这些建设试点分为民族文化生态村、民族历史文化名村、民族传统文化保护村、民族历史文化保护村四个类别①。这 7 个试点村的建设工作主要由石林县民族宗教事务局、石林县文化体育局的工作人员担任负责人。

石林彝族自治县人民政府在本县境内旅游专线沿途选择 7 个试点进行建设，显示了他们对民族文化充分重视的远见和意识。政府把民族文化的保护、传承纳入了社会主义新农村建设的领域；把阿诗玛民族文化旅游生态村作为解决"三农问题"的有效途径；把阿诗玛民族文化旅游生态村看成是推进石林旅游二次创业和民族文化产业发展的迫切需要②。在此基础上，阿诗玛民族文化旅游生态村建设的主要任务放在"环境治理"、"民俗博物馆建设"、"民族文化中心建设"三个方面③。从该项目的指导思想和理念来看，不难发现民族文化被放在了一个极其重要的位置，而且是通过具体的建设工作来体现民族文化的重要性，而不是纯粹理论或口头上的重视。

在石林阿诗玛民族文化旅游生态村建设实施方案中，提到"将保留着浓郁民族传统文化的村寨命名为各级'民族文化生态村'，是近年来开创的适合中国国情的一种民族文化保护与利用

---

① 石林彝族自治县阿诗玛民族文化旅游生态试点村建设点工作领导小组办公室编：《石林彝族自治县阿诗玛民族文化旅游生态试点村建设方案》，第 10 页。

② 石林彝族自治县阿诗玛民族文化旅游生态试点村建设点工作领导小组办公室编：《石林彝族自治县阿诗玛民族文化旅游生态试点村建设方案》，第 8 页。

③ 石林彝族自治县阿诗玛民族文化旅游生态试点村建设点工作领导小组办公室编：《石林彝族自治县阿诗玛民族文化旅游生态试点村建设方案》，第 9 页。

的新理念和管理方式……"① 这说明了最先由尹绍亭教授提出的
"民族文化生态村"概念，以及项目实施取得的成果已经得到广
泛的认可。而在石林彝族自治县一举推出 7 个村子进行建设，其
建设的理念以及民族文化建设致用的特点，正是民族文化生态村
项目一直奉行的原则。这样的结果，已经足以告慰月湖村试点建
设中所有碰壁的经历、所有成功和失败的经验。这批试点村的建
设，拓展了更多的空间，让更多有志于民族文化保护与传承、村
民生活质量提高的仁人志士加入到建设行列中来。相信他们的建
设经历和即将取得的成功经验和失败教训，必定会大大丰富民族
文化保护、传承的理论。

三、圭山镇大糯黑村的建设历程

2005 年，石林彝族自治县政府组织推行了"阿诗玛民族文
化生态旅游村"建设项目，其中石林镇的月湖村、圭山乡的大
糯黑村的建设工作，由石林彝族自治县民族宗教事务局负责。有
趣的是，作为两个村寨建设指导员的李毅飞和金亚丹，以及他们
的同事毕华玉、王向芳、杨贵宏等，都是月湖彝族文化生态村的
项目组成员。从 1998 年开始，就一直在月湖彝族文化生态村开
展各项建设工作。他们在月湖村建设过程中碰壁的经历、成功的
启示、失败的教训，如今都成了开展大糯黑村建设工作的制胜法
宝。大糯黑村在过去三年内发生如此巨大的变化，除了他们严谨
认真的工作态度外，还得益于他们在月湖彝族文化生态村建设中
积累的各种经验和教训。因为一直以来我们都是很好的合作伙伴

---

① 石林彝族自治县阿诗玛民族文化旅游生态试点村建设点工作领导
小组办公室编：《石林彝族自治县阿诗玛民族文化旅游生态试点村建设方
案》，第 5 页。

关系，每每见面，笔者都会鼓励他们，把大糯黑村建设的经验总结出来，或供其他建设者借鉴，或考虑建设经验的推广。遗憾的是，他们一直为民族宗教事务局的各种工作所累，迟迟未能动笔，那些宝贵的经验也只能暂时封存在他们的工作日志中。在此，笔者就自己看到的建设成果和自己了解到的建设经验，先对大糯黑村的建设进行一个粗浅的总结，抛砖引玉，希望不久的将来能够一睹他们建设大糯黑村的制胜法宝。

第一，在他们的影响下，2004年新上任的毕玉昌局长，把本部门传统的宗教事务管理、输血式扶贫的工作方法，逐渐转变为从民族文化的角度入手，寻求解决问题的方式，在此基础上探求可持续发展的道路。过去，民族宗教事务局通过下乡考察的办法，确定资助和扶持的村寨及项目，随后把上级主管部门下拨的资金分成数块，支持不同地方的建设。这些建设确实解决了一些困扰老百姓生活的现实问题，可是这种打一枪换一个地方的工作方式，几乎不会带动村民自发开展其他项目的建设。在大糯黑村的建设过程中，他们充分重视发掘村子石板房、密枝节、传统舞蹈、村寨历史等内容，从民族历史文化的保护、传承和展示角度入手，积极争取石林彝族自治县政府、云南省民委、昆明市民委的资金和政策支持，不断尝试着大糯黑村传统文化保护和传承的道路；同时，充分利用大糯黑村具有的民族文化与传统饮食优势，鼓励村民发展具有彝族文化特色的农家乐，以增加村民的经济收入，提升村民的生活质量。这种既重视村民传统文化保护，又注重村民经济发展的思路，不仅改变了过去纯粹扶贫救困的短见操作模式，而且还是村民经济与文化协调发展的有益尝试。他们想通过大糯黑村的建设，总结出一套适合石林彝族自治县农村发展的模式和思路，在条件成熟的情况下逐步推广。

第二，切实落实了村民传统知识、传统文化的发掘与整理。在参与月湖彝族文化生态村前期文化资源普查、后期传统知识发掘、整理与利用的过程中，他们对民族文化重要性，以及民族文化可能带来的阻碍作用有了深刻的认识。他们不仅开展了大糯黑村的文化资源普查工作，还筹资购买了数码摄像机和数码照相机，培训专门的摄像工作人员，记录大糯黑村密枝节、何氏祭祖、山神祭祀等典型文化事项以及村民积极参与项目建设的热情和历程。原定于2008年7月在中国昆明召开的"第16届人类学、民族学世界大会"中，大糯黑村独特的民族文化优势为其赢得了田野考察点的资格。县民宗局也准备把他们拍摄的影像资料编辑成片，在会上展映。

第三，在具体的建设过程中实现村民的能力建设。在众多的建设项目中，村寨主干道修建最能体现这一特点。由民族宗教事务局筹资购置水泥砂浆，村民自筹石板，采用最低价竞标的方式，让村民分段承包，把村子的主干道修筑成与石板房格调协调一致的石板路。主干道的修筑，带来了一个有趣的连锁反应——大部分村民自发修筑了自家院心到主干道之间的路面。于是，整个村寨的面貌和卫生状况都得到了很大的改善。这一操作模式背后隐含的道理看似很简单，就是要通过各种可能的渠道锻炼村民的动手能力，提升他们项目建设、项目管理的能力。可是能够这样做，而且是大胆放手让村民去做的勇气和胆识却不是一般人能够具备的。通过村寨道路竞标分段承包的方式，在本村培养了一批具有动手能力的工匠和小包工头，因为有了承包工程的经验，他们经常到其他村寨去承包建筑工程。

第四，他们既注重传统知识在工作开展和村寨建设中的运用，也不放弃撒尼传统文化的深度研究。在各方积极努力和争取下，2004年大糯黑村被正式确定为云南大学"云南少数民族调查研究基地"，基地建设项目组聘请两位村民做村寨日志记录的同时，不断邀请各方专家学者到此开展田野调查，对撒尼文化进行研究；同时，这也成为云南大学、云南艺术学院、西南林学院等高校学生的实习点以及新闻记者、电影电视工作者采风和实地拍摄的理想场所。2007年，大糯黑村被列为"第16届人类学、民族学世界大会"田野考察点，在会议期间，大糯黑村每天要接待上百名国内外会议代表，向这些代表展示他们独特的民族文化。

第五，大糯黑村被确定为"第16届人类学、民族学世界大会"田野考察点的消息，极大地鼓舞了村民对本民族文化的自信心和自豪感。因为笔者是本次大会中大糯黑田野考察点的学术负责人，有机会与村民一道商讨如何向会议代表展示撒尼文化的各种细节。在商讨的结果中，有一项活动是让与会代表到村民家参观访问。当村民委员会领导把这一消息散布出去后，很多人家主动前来，找村民委员会领导协商，请求给予机会，让自家作为大会的家访点。并力陈自家在本民族建筑、刺绣、编织、舞蹈、传说等方面的优势，以争取作为家访点的机会。要面对来自世界各地的与会代表，家访点的户主凭借的并非是对有着不同肤色的会议代表的好奇，也不仅仅是对自己民族文化的简单热情，而是对自己民族文化的充分自信。还有另外一个与此类似的现象，通过石林彝族自治县民族宗教事务局组织的会议、培训，让村民充分认识到石板房独特的文化价值和意义。目前，已经没有任何一家人会购买瓷砖贴在自家的墙面上，原来那些曾经贴过瓷砖的人家，大部分已经自觉地把瓷砖撬去，换成本地可以取到的不规则形薄石板，村民还骄傲地称这种石板为"糯黑瓷砖"。

第六，民间文化保护、传承人的出现。石林彝族自治县原县长王光华的父亲王有志，把子女全部培养成才后，开始了村寨历史、撒尼人文化的研究，他跑遍了昆明市、石林县、曲靖市、陆良县、泸西县的档案馆和历史遗址，通过文献、考古的方法研究大糯黑的历史和撒尼人的文化。为了让年轻人了解这些历史和文化，他在自家的新房子中开设了影视室、图书阅览室，准备对村里的年轻人和撒尼人文化爱好者开放。除此之外，还收集了许多撒尼人文物、与撒尼历史相关的老照片，在图书阅览室和院子里面陈列起来。我们不能说他的举动就是村寨项目建设影响的结果，但是他的行动所体现的成熟的"民族文化自觉意识"是无可否认的。

　　大糯黑村的建设还在继续，我们对大糯黑村的期待也在继续，同时，对整个人类文化保护、传承的期待也不会停止。

参考文献

1. 民族文化生态村建设项目组:《民族文化生态村建设项目前期成果报告》,美国福特基金会资助项目,1999 年。

2. 尹绍亭:《民族文化生态村——一个生态人类学的课题》,载林超民主编《民族学通报》（第一辑），云南大学出版社，2001 年 7 月。

3. 尹绍亭主编:《民族文化生态村——云南试点报告》,云南民族出版社，2002 年 12 月。

4. 尹绍亭主编:《民族文化生态村暨地域文化建设论坛》（内部印刷），2003 年 9 月。

5. 民族文化生态村项目组、云南大学人文学院人类学系（云南大学人类学博物馆）编:《"民族文化生态村项目"简报》（项目第三期·1—16.）。

6. 民族文化生态村项目组编印:《民族文化生态村学习资料汇编》（一），2003 年 3 月。

7. 石林彝族自治县阿诗玛民族文化旅游生态村建设试点工作领导小组办公室编:《石林彝族自治县阿诗玛民族文化旅游生态试点村建设方案》，2006 年。

8. 何丕坤、何俊、吴训锋主编:《乡土知识的实践与发掘》,云南民族出版社，2004 年 1 月。

9. 云南民族文化生态村月湖项目组（杨政权执笔）:《月湖彝族文化生态村建设发展规划》，1998 年。

10. 云南民族文化生态村月湖项目组:《月湖文化生态村工作简报》，2000 年。

11. 陈学礼：《月湖彝族文化生态村总结报告》，2001 年。

12. 陈学礼：《编一本书，月湖人的大事情》，载《云南大学人类学系通讯》，2002 年。

13. 陈学礼：《月湖文化生态展示区简介》，2002 年。

14. 月湖项目组，陈学礼执笔：《月湖彝族文化生态村第二期建设报告》，载尹绍亭主编《民族文化生态村——云南试点报告》，云南民族出版社，2002 年 12 月。

图书在版编目（CIP）数据

传统知识发掘/陈学礼著. —昆明：云南大学出版社，

2008

（民族文化生态村：当代中国应用人类学的开拓/尹绍

亭主编）

ISBN 978—7—81112—556—6

Ⅰ.传… Ⅱ.陈… Ⅲ.少数民族 — 居住区 — 研究 — 云南

省 Ⅳ.K280.74

中国版本图书馆CIP数据核字（2008）第177786号

The Excavation of Traditional
Knowledge

民族文化生态村
——当代中国应用人类学的开拓

传统知识发掘 陈学礼◎著

责任编辑：纳文汇　蒋丽杰
责任校对：何传玉　刘云河
装帧设计：刘　雨
出版发行：云南大学出版社
印　　装：云南省地矿测绘院印刷厂
开　　本：850mm×1168mm　1/32
总 印 张：31.5
总 字 数：800千
版　　次：2008年11月第1版
印　　次：2008年11月第1次印刷
书　　号：ISBN 978-7-81112-556-6
总 定 价：148.00元（共六册）

出版社地址：云南省昆明市一二·一大街云南大学英华园
邮　　编：650091
电　　话：0871-5033244　5031071
网　　址：http://www.ynup.com
E-mail：market @ ynup.com